21世纪高等院校财经类专业核心课程规划教材

（第二版）

微观经济学

Microeconomics

王立成 辛波 主编

中国财经出版传媒集团
经济科学出版社
Economic Science Press

图书在版编目（CIP）数据

微观经济学／王立成，辛波主编．—2版．—北京：经济科学出版社，2018.5

ISBN 978-7-5141-9310-7

Ⅰ.①微… Ⅱ.①王…②辛… Ⅲ.①微观经济学-教材 Ⅳ.①F016

中国版本图书馆CIP数据核字（2018）第096486号

责任编辑：刘怡斐
责任校对：靳玉环
责任印制：邱 天

微观经济学
（第二版）
王立成 辛 波 主编
经济科学出版社出版、发行 新华书店经销
社址：北京市海淀区阜成路甲28号 邮编：100142
编辑部电话：010-88191348 发行部电话：010-88191522
网址：www.esp.com.cn
电子邮件：esp@esp.com.cn
天猫网店：经济科学出版社旗舰店
网址：http://jjkxcbs.tmall.com
固安华明印业有限公司印装
787×1092 16开 27.75印张 700000字
2018年7月第1版 2018年7月第1次印刷
印数：0001—3000册
ISBN 978-7-5141-9310-7 定价：52.00元
（图书出现印装问题，本社负责调换。电话：010-88191510）

总　　序

《西方经济学》是一门研究经济基本理论和政策建议的课程。具体讲，是研究在资源稀缺情况下，人们采取的经济决策原则和行为规律的一门专业化知识涉及微观层面如何实现资源配置最优化和宏观层面如何实现经济又好又快发展等一系列问题。也就是说，通过学习《西方经济学》可以了解市场经济运行的机理和一些重要的经济变量之间的关系，熟悉和掌握一套较为完整的分析经济问题和剖析经济现象的理论框架和较为有效的方法体系，进而清楚经济当事人的行为规律和经济现象背后的本质属性，为政府部门制定经济政策和实施经济管理提供思路，也为经济个体科学决策提供理论基础。

由于当今社会发展的特性决定了经济发展对人类社会生存和发展具有基础性和战略性作用，经济学类课程成为高等学校普遍开设的热门课程。作为经济学类课程的先导性和基础性课程，《西方经济学》也成为高等学校经济类、管理类和其他人文社科类专业必修课程。为搞好《西方经济学》课程教学，许多学者编写了大量的《西方经济学》教材。这些教材的编写框架和基本内容相差不大，反映了《西方经济学》课程的基本要求和课程定位。但由于各高校的定位和学生未来去向不同，所编写的《西方经济学》教材的章节内容的繁简取舍和难易程度有所不同。根据应用型高校特点，编写一本适合应用型高校定位和满足学生学习经济学相关课程以及考研需要的《西方经济学》教材，对于加强《西方经济学》课程建设和提高《西方经济学》课堂教学质量和效果都是十分必要的。基于以上认识，我们组织力量编写了这套《西方经济学》教材。

为满足《西方经济学》课程教学安排要求和有利于学生学习，编写这套教材时我们确定了一条基本原则，即以学生为中心。一是，便于学生学习。比如提供图表化的章节逻辑框架；章节内容相对细化，推演步骤相对完整，便于学生自主学习；提供相关案例，便于学生理解理论知识等。二是，提供贴近学生生活的学习情景。比如每章提供一些贴近学生日常生活或易于理解的经济问题；书中案例以学生现实生活和我国实际经济的案例为主；增加“即问即答”小栏目，便于学生及时根据所学知识积极思考。三是，为参与式教学过程改革提供条件。比如提供名家观点、延展性阅读内容或书目，便于引导学生深入学习和课堂讨论等。在此基础上，围绕学生学习和提高，从编写体例安排上，采用多样性教材构件，丰富了教材板块内容。一是，内容构成多样性。每章内容包括：学习目的、学习目标、经济问题、即问即答、案例分析、名家观点、经济学家简介等。二是，课后复习多样性。章节内容后部分包括：本章内容的逻辑关系图、内容提要、复习与思考、参考文献、进一步阅读提示等。

本套《西方经济学》教材分为《微观经济学》和《宏观经济学》，是集体工作的结晶。参与编写的人员围绕教材结构、撰稿原则、编写体例、章节内容等方面进行广泛讨论。在第一版中，刘冰担任本套教材的总编辑，负责整套教材的策划、教材结构、撰稿原则、编写体例的确定，以及本套教材的组稿工作。王立成担任《微观经济学》主编，负责《微观经济学》编写策划、结构安排、撰稿原则、编写体例、组稿和统稿工作，并撰写《微观经济学》第四、五章；辛波担任《宏观经济学》主编，负责《宏观经济学》编写策划、结构安排、撰稿原则、编写体例、组稿和统稿工作，并撰写《宏观经济学》第一、二、三章。参与《微观经济学》撰稿人员还有：牛勇平（撰写第九、十、十一章）、唐松林（撰写第十二、十三章）、谢孟军（撰写第三、六章）、江秀辉（撰写第二、七章）、李爱（撰写第八章）。参与《宏观经济学》撰稿人员还有：张平（撰写第四、五、六章）、林德荣（撰写第七、八、九章）、殷允杰（撰写第十、十一章）。

本教材2012年出版至今已历时6年，出版以来得到了广大同学和读者的认可和喜爱，在此深表感谢。本次修订在不变动本书基本体系、基本结构和基本内容的前提下，更新、增加了部分案例，改动和更正了部分习题，对第一版书中的错误、不足之处和部分具体内容进行了的修正和调整。第二版由王立成、唐松林、张丽淑负责修订组织工作，由王立成、辛波担任《微观经济学》主编，负责《微观经济学》修订编写策划、组稿和统稿工作；王立成、辛波担任《宏观经济学》主编，负责《宏观经济学》修订编写策划、组稿和统稿工作。参与《微观经济学》撰稿人员还有：唐松林、牛勇平、谢孟军、江秀辉、李爱、周文兵等。参与《宏观经济学》撰稿人员还有：张平、张丽淑、崔换金、殷允杰、张广威、边志强等。本书修订由各位编者合作完成，是集体工作的结晶，也听取了使用本教材的教师和学生反馈的意见和建议，针对教师和同学们指出的错误和不足之处也在此一并感谢。

本教材编写和修订过程中，编写人员借鉴了大量相关的《西方经济学》教材、著作和研究文献，并力求做到规范性引用。在这里对这些教材、著作、文献的作者表示衷心感谢，如出现引用遗漏敬请谅解、海涵。

编　者

2018 年 1 月

目　　录

第一章 导 论

经济学理论并没有提供一套立即可用的完整理论。它不是一种教条，只是一种方法、一种“心灵的器官”、一种思维的技巧，帮助拥有它的人淂出正确的结论。

——约翰·梅纳德·凯恩斯（John Maynard Keynes）

经济学讨论的是我们身边真实的生活，为什么要学习经济学的一条重要理由是，在你的一生中——从摇篮到坟墓——你到处都会碰到无情的经济学真理。

——保罗·萨缪尔森（Paul A. Samuelson）

学习目的

通过本章的教学使学生了解经济学研究的基本内容是什么？稀缺性资源如何配置？知道机会成本的含义；了解经济学的研究方法有哪些？经济学对我们来说为什么是重要而不可或缺的？

学习目标

1. 了解经济学的基本问题。

2. 学习经济学的方法和理论。

3. 运用理论联系实际，来指导生活和工作，解释生活中的各种经济现象，了解国家的经济政策和措施，让经济学理论更好地为个人和社会服务。

关键概念

经济（economy）；稀缺性（scarcity）；机会成本（opportunity cost）；生产可能性曲线（production possibility frontier）；微观经济学（microeconomics）；宏观经济学（macroeconomics）；实证分析（positive analysis）；规范分析（normative analysis）；个体分析（individual analysis）；总体分析（aggregate analysis）；静态分析（static analysis）；动态分析（dynamic analysis）。

☞ 经济学家简介

N. 格里高利·曼昆①

N. 格里高利·曼昆（N. Gregory Mankiw，1958～）是美国著名经济学家，哈佛大学

① 资料来源：笔者整理。

的经济学教授。29 岁成为哈佛历史上最年轻的终身教授之一。就读于麻省理工学院、普林斯顿大学，他在普林斯顿大学开始自己的经济学学习。1980 年以全优的成绩获得学士学位。获得麻省理工学院博士学位之后，他于 1985 年开始在哈佛大学任教，并在 1987 年晋升为正教授，并定期为本科生和研究生讲授宏观经济课程。担任过设在麻省坎布里奇的非营利性思想库国民经济研究局货币经济学部主任，他还是全国经济研究局的研究员，布鲁金斯经济活动讨论小组的成员，波士顿联邦储备银行和国会预算办公室的主任和美国总统经济顾问委员会主席。

N. 格里高利·曼昆教授是一个著作颇丰的学者，并经常参加学术与政策争论。他的研究范围涉及经济学的许多领域，其中包括价格调整、消费者行为、金融市场、货币与财政政策及经济增长。他也是颇受欢迎的经济学入门教科书《经济学原理》（*Principles of Economics*）的作者，并提出了经济学十大原理，介绍如下①。

原理一：人们面临权衡取舍（people face trade-offs）。

当人们组成社会时，他们面临各种不同的权衡取舍。典型的是在“大炮与黄油”之间的选择。认识到人们面临权衡取舍本身并没有告诉我们，人们将会或应该做出什么决策。然而，认识到生活中的权衡取舍是重要的，因为，人们只有了解了他们面临的选择，才能做出良好的决策。

原理二：某种东西的成本是为了得到它而放弃的东西（the cost of something is what you give up to get it）。

一种东西的机会成本是为了得到这种东西所放弃的东西。当做出任何一项决策，例如，是否上大学时，决策者应该认识到伴随着每一种可能的选择而来的机会成本。

原理三：理性人考虑边际量（rational people think at margin）。

“边际量”是指某个经济变量在一定的影响因素下发生的变动量。经济学家用边际变动这个术语来描述对现有行动计划的微小增量调整，边际变动是围绕你所做的事的边缘的调整。个人和企业通过考虑边际量，将会做出更好的决策。而且，只有一种行动的边际利益大于边际成本，一个理性决策者才会采取这项行动。

原理四：人们会对激励做出反应（people respond to incentives）。

由于人们通过比较成本与利益做出决策，所以，当成本或利益变动时，人们的行为也会改变。这就是说，人们会对激励做出反应。然而，政策有时也会有事先并不明显的影响。在分析任何一种政策时，不仅应该考虑直接影响，而且还应该考虑通过激励发生的间接影响。如果政策改变了激励，那就会使人们改变自己的行为。

原理五：贸易能使每个人状况更好（trade can make everyone better off）。

也许你在新闻中听到过，在世界经济中日本人是美国人的竞争对手。实际上，两国之间的贸易可以使两个国家的状况都变得更好。从某种意义上说，经济中每个家庭都与所有其他家庭竞争。尽管有这种竞争，但把你的家庭与所有其他家庭隔绝开来并不会使大家过得更

① 资料来源：［美］N. 格里高利·曼昆. 经济学原理［M］. 北京：北京大学出版社，2006

好。通过与其他人交易，人们可以按较低的成本获得各种各样的物品与劳务。

原理六：市场通常是组织经济活动的一种好方法（markets are usually a good way to organize economic activity）。

现在大部分曾经是中央计划经济的国家已经放弃了这种制度，并努力发展市场经济。在一个市场经济中，中央计划者的决策被千百万企业和家庭的决策所取代。这些企业和家庭在市场上相互交易，价格和个人利益引导着他们的决策。

原理七：政府有时可以改善市场结果（governments can sometimes improve market outcomes）。

为什么我们需要政府呢？一种回答是，“看不见的手”需要政府来保护它。只有产权得到保障，市场才能运行。但是，还有另一种回答。政府干预经济的原因有两类：促进效率和促进平等。尽管“看不见的手”通常会使市场有效地配置资源，但情况并不总是这样。经济学家用“市场失灵”这个术语来指市场本身不能有效配置资源的情况。我们说政府有时可以改善市场结果，但并不意味着它总能这样。学习经济学的目的之一就是帮助你判断什么时候一项政府政策适用于促进效率与公证。

原理八：一国的生活水平取决于它生产物品与劳务的能力（a country's standard of living depends on the its ability to produce goods and services）。

世界各国生活水平的差别是惊人的。随着时间的推移，生活水平的变化也很大。用什么来解释各国和不同时期中生活水平的巨大差别呢？答案是几乎所有生活水平的变动都可以归因于各国生产率的差别。生产率与生活水平之间的关系对公共政策也有深远的含义。在考虑任何一项政策如何影响生活水平时，关键问题是这项政策如何影响我们生产物品与劳务的能力。

原理九：当政府发行了过多货币时，物价上升（prices rise when the government prints too much money）。

什么引起了通货膨胀？在大多数严重或持续的通货膨胀情况下，罪魁祸首总是相同的——货币量的增长。当一个政府创造了大量本国货币时，货币的价值下降了。

原理十：社会面临通货膨胀与失业之间的短期权衡取舍（society faces short-run trade-off between inflation and unemployment）。

当政府增加经济中的货币量时，一个结果是通货膨胀，另一个结果是至少在短期内降低失业水平。说明通货膨胀与失业之间短期权衡取舍的曲线被称为菲利普斯曲线（phillips curve）。

（1）货币量增加，提升支出水平，从而刺激物品与劳务需求；

（2）长期的高需求引起高物价，继而引起企业更多的生产，更多的雇用；

（3）更多的雇用则意味着更少的失业。

经济学家仍对菲利普斯曲线有所争议，但大多数经济学家现在接受了这样一种思想：通货膨胀与失业之间存在短期权衡取舍。这就简单地意味着，在1~2年的时期中，许多经济政策在相反的方向推动通货膨胀与失业。

什么是经济学？为什么学习经济学？一般人很难有一个准确的、科学的回答。在日常生活中，每个人其实又都在自觉不自觉地运用着经济学知识进行选择、权衡。例如，在生活中买东西时，人们喜欢与商贩讨价还价；到银行存钱时，人们要决定是存定期还是活期？存多久？找工作时，人们要选择城市、行业和薪酬等。生活无处不选择，经济学可以帮助人们更好地做出选择。

第一节　经济学研究对象

一、稀缺与经济学

经济这个词来源于希腊语，其意为“管理一个家庭的人”。乍一看，这个起源似乎有点奇特。但事实上，家庭和经济有着许多共同之处。一个家庭面临着许多决策。它必须决定家庭成员的分工，以及作为回报每个家庭成员能收获到什么。例如，谁在家做家务？谁外出工作？谁有权选择看什么样的电视节目？简言之，家庭必须考虑到每个成员的能力、努力和愿望，以及在各个成员中配置家庭资源。和家庭一样，一个社会也面临着许多决策。一个社会必须决定将要做哪些工作和谁做这些工作。社会需要一些人种粮食，另一些人做衣服，还有一些人设计电脑软件。一旦社会分配人们去做各种工作，它还应该分配他们生产的物品与劳务量。社会必须决定谁将吃鱼子酱而谁将吃土豆，必须决定谁将开保时捷跑车而谁将坐公共汽车。

英文中“economy”一词，是由希腊文“家庭”与“管理”两词合并而成。古希腊思想家色诺芬（Xenophon）在《经济论》（*Economics*）中使用“经济”一词原意是家庭管理。当时，家庭是社会的经济单位，奴隶们分属于各个奴隶主家庭，所以，家庭管理实际上就是研究如何搞好各个奴隶主庄园的组织和管理。他强调经济（家庭管理）应成为一门学问，这个学问研究的是：优秀的主人如何管理好自己的财产，使自己的财富不断增加。后来，“家庭管理”扩展为“社会管理”和“国家管理”，这意味着，将管理的范围扩展到整个国家和社会。

“经济”一词是在19世纪末由日本学者引入中国，最初译为“生计”，后改译为“经济”。在现代汉语词典中，“经济”一词，含义有三：一指“经世济民”“经邦济世”，有治国富国、利民裕民之道，涵盖着广泛的人类社会经济活动；二指日常生活中的俭省节约，“经济实惠”；三指金融工商等事业的活动。

现在“经济”一词的含义，则泛指人类社会中人们获取各种物质财富或物质生活资料的一切谋生活动。

什么是经济学呢？不同时代和不同国家对经济学有各种各样的定义与说明。有人从经济学研究和考察人们的经济活动角度，认为经济学是研究人类社会生活中经济问题的一门科学；有人从面对稀缺性现实必须做出选择角度，认为经济学是研究经济主体怎样进行选择的一门学科；有人从经济社会的福利角度，认为经济学是研究在既定资源条件下怎样增加社会福利的一门学科。

从20世纪30年代起，西方经济学界普遍接受了英国经济学家L. 罗宾斯（L. Robbins）提出的定义：经济学是研究用具有各种用途的稀缺资源来满足人们目的的人类行为科学。以后的经济学定义都以此为基础演化发展。

经济学是研究人们和社会如何做出选择，来使用可以有其他用途的稀缺的经济资源在现在或将来生产各种物品，并把物品分配给社会的各个成员或集团以供消费之用的一门社会科学。

中国清朝的胡澹庵，在其编辑的《解人颐》一书中，收录了一首《不知足》诗：

终日奔波只为饥，方才一饱便思衣；
衣食两般皆具足，又想娇容美貌妻；
娶得美妻生下子，恨无田地少根基；
买得田园多广阔，出入无船少马骑；
槽头拴了骡和马，叹无官职被人欺；
县丞主簿还嫌小，又要朝中挂紫衣；
做了皇帝还嫌小，更想登天跨鹤飞；
若要世人心里足，除是南柯一梦西。

资源相对于人类无尽的欲望而言，总是有限的，经济学把资源的这种有限性称作资源的稀缺性。首先，资源具有绝对稀缺性，即无论何时何地资源都是有限的。据预测，用不了几十年，世界上的石油资源将被耗尽，石油危机已向人类敲响了“警钟”。中国的耕地面积正在以每年一个贵州省面积的速度递减。其次，资源具有相对稀缺性，即相对于人类无穷的欲望而言资源总是不足的。

经济学把满足人类欲望的物品分为“自由物品”（free goods）和“经济物品”（economic goods）。前者指人类无需通过努力就能自由取用的物品，如阳光、空气等，其数量是无限的；后者指人类必须付出代价方可得到的物品，即必须借助生产资源通过人类加工出来的物品。其数量是有限的。其实，过去认为可以取之不尽、用之不竭的阳光、空气和水等，也是有限的，滥用的结果也必然带来灿烂阳光的减少、空气的污染和可用水资源的缺乏。

A. H. 马斯洛（A. H. Maslow）的需要层次理论形象地说明了人类欲望的递进性。其理论包括以下五大层次。

（1）生理需要。它是指人类生存最基本的需要，如衣、食、住、行等。例如，经常处于饥饿状态的人，首先需要的是食物，为此，生活的目的被看成填饱肚子。当基本的生活需要得到满足后，生理需要就不再是推动人们工作的最强烈的动力，取而代之的是安全需要。

（2）安全需要。安全需要是指保护自己免受身体和情感伤害的需要。这种安全需要体现在社会生活中是多方面的，如生命安全、劳动安全、良好的社会环境。反映在工作环境中，员工希望能避免危险事故、保障人身安全、避免失业等。

（3）社交需要。它是包括友谊、爱情、归属、信任与接纳的需要。A. H. 马斯洛认为，人是一种社会动物，人们的生活和工作都不是独立进行的，经常会与他人接触，因此，人们需要有社会交往、良好的人际关系、人与人之间的感情和爱、在组织中能得到他人的接纳与信任。

（4）尊重需要。它包括自尊和受到别人尊重两方面。自尊是指自己的自尊心，工作努力不甘落后，有充分的自信心，获得成就后的自豪感。受人尊重是指自己的工作成绩、社会地位能得到他人的认可。这一需要可概括为自尊心、自信心、威望和地位等方面的需要。

（5）自我实现需要。它是指个人成长与发展，发挥自身潜能、实现理想的需要。

资源是稀缺的，为了有效地利用资源满足人的需求或者欲望，人们就要进行选择，选择包括五个基本问题，简称为“4W1H”。

（1）生产什么（what）？生产多少？即在既定的资源条件下，生产什么产品的选择。例如，同一块儿耕地，是种植玉米还是花生。

（2）怎样生产（how）？即以什么样的生产方式或资源比例来生产产品。每种生产要素一般有多种用途，而任何一种产品一般也可采用多种生产方法。例如，同一种产品，既可采用多用劳动力少用资本的方法，也可采用多用资本少用劳动力的生产方法。这里有一个生产效率的问题，即如何组织生产使生产要素能够最有效率地被使用的问题。例如，为种植花生，是采用人工种植还是机械种植。

（3）为谁生产（who）？即社会产品如何分配的问题，是为那些社会成员生产的。比如，服装厂生产出来的衣服，销售定位是谁，卖给谁，男人还是女人，年轻人还是老年人。

（4）何时生产（when）？即选择什么时候生产。例如是在产品销售的旺季还是淡季生产。

（5）何地生产（where）？即在什么地点生产。例如，是在销售地生产还是在原料地生产。

按照前面所说，当你为既定资源选择了一种用途之后，就不能再用于其他，这就涉及机会成本。当把一定经济资源用于生产某种产品时所放弃的其他产品生产上的最大收益，就是机会成本。假如你有一笔资金，可以在一年内作 3 个项目的投资：A 项目能赚 20 万元；B 项目能赚 16 万元；C 项目能赚 12 万元。那么，如果你选择 A 项目，你的机会成本就是 16 万元。如果你选择 B 项目，你的机会成本就是 20 万元。

资源的稀缺性决定了在一定社会的一定时期内，可以利用的资源是有限的，从而可以生产的产品数量也是有限的。生产可能性是指在一定的资源条件下，利用现有资源可能生产的最大产量组合。

假定某一国家资源有限，只能生产两种商品 X 产品和 Y 产品，表 1－1 显示了生产 X 产品、Y 产品两种产品可能的组合。依此可绘出图 1－1，即生产可能性曲线。

表 1－1　　生产可能性组合

可能性	X 产品	Y 产品
A	0	15
B	1	14
C	2	12
D	3	9
E	4	5
F	5	0

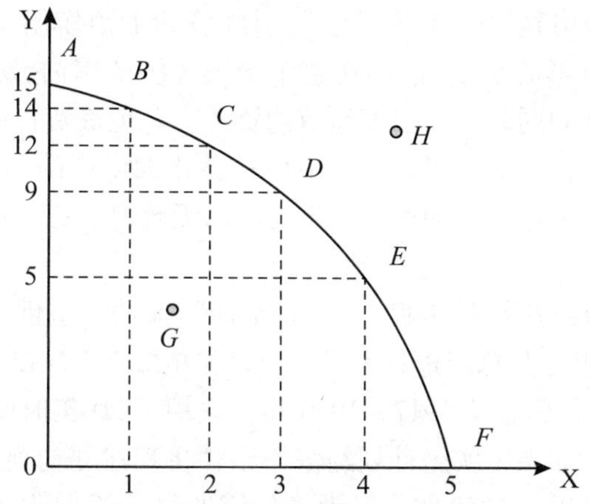

图1-1 生产可能性曲线

在图1-1中，由A、B、C、D、E、F六个点所连起来的曲线即为生产可能性边界。若把资源全部用来生产X产品，则为5单位，若把资源全部用来生产Y产品，则为15单位，若同时生产X、Y两种产品，其数量组合则为线上的点。图1-1中G点位于生产可能性边界以内，H点位于生产可能性边界以外。G点所示的X、Y产品的数量是可以生产的，但不是最大生产能力的体现，如果将G点向外移，X、Y产品的数量仍可以增加，这说明现有资源没有得到充分利用，存在闲置资源或者低效率生产。H点所示X、Y产品的数量组合，是目前资源条件所达不到的，即“可望而不可及”。由于资源的相对稀缺性，在一定技术条件下，在生产可能性曲线的多种可能性组合中，究竟该选择哪一种，到底选择C点还是E点？或者AB线上的任何其他一点？这就有个选择问题。所谓选择就是如何利用既定的资源去生产经济物品，以便更好地满足人类的需求。

生产可能性曲线是指在资源既定的条件下所能达到的两种产品最大产量的组合的轨迹。

☞ **即问即答**

学了机会成本，你如何理解上大学、工作、赋闲在家（啃老族）这三个选择的关系？

二、经济体制与资源配置

经济资源配置和利用的方式就是所谓的经济体制问题，主要有两种：计划经济体制和市场经济体制。

（一）计划经济体制

计划经济或计划经济体制，又称指令型经济，在这种体系下，国家在生产、资源分配以及产品消费各方面，都是由政府事先进行计划。由于几乎所有计划经济体制都依赖政府的指令性计划，因此，计划经济也被称为“指令性经济”。

计划经济强调的是政府这一“有形的手”对经济的干预作用。不可否认的是，计划的力量是强大的。一双“有形的手”，能够在整个国民经济范围内，合理地利用现有的人力、物力和财力，在发展经济的同时最大限度地节约资源，避免浪费；能够按计划有步骤地、积极地采用和推广当代科学技术的成果；能够适应社会化大生产的要求，使生产力布局协调，保证社会生产按比例地发展等，从而避免生产劳动的无政府状态，保证国民经济有计划、按比例持续发展。

计划经济的实践曾有过辉煌的历程：“十月革命”前的沙皇俄国是一个资本主义发展较晚的落后农业国，1913 年工业总产量只占世界总产量的 2.7%，仅为美国的 6.9%，居世界第五位。“十月革命”后，苏联从 1917～1936 年，只用了 20 年时间，国民生产总值就从世界第五位上升到第二位。如果不实施计划经济，苏联在其建立初期要战胜帝国主义的包围、进攻，并且其经济地位从欧洲的第四位、世界的第五位一跃为欧洲的第一位、世界的第二位，成为两个超级大国之一，几乎是不可能的。在这个时期内，苏联遭受了两次世界大战的严重破坏，而美国不仅未受到战争破坏，反而发了战争财，但两国的经济差距仍然极大地缩小了。

如果不实施计划经济，像中国这样一个曾经“一穷二白”的、刚刚建立的社会主义国家，要在 20 世纪 50 年代完成一百多项重点工程，并在 60 年代就建立起国民经济体系，同样是很难想象的。众所周知，正是在那个时期奠定了我国社会主义工业化的基础。1953～1979 年，我国的经济总量年平均增长率高于一般国家的增长率，我国经济面貌发生了根本性的变化。

但是，高度集中的计划经济体制，也有它的缺陷和历史局限性。随着社会主义工业化初期任务的完成，国民经济的规模不断扩大，经济联系日益复杂，这种经济体制的一些弊端就逐渐暴露出来了。它不利于调动劳动者的积极性及创造性；不利于企业的成长与发展；容易形成官僚主义作风。

（二）市场经济体制

市场经济体制是指以市场机制作为配置社会资源基本手段的一种经济体制。它是高度发达的、与社会化大生产相联系的大商品经济，其最基本的特征是经济资源商品化、经济关系货币化、市场价格自由化和经济系统开放化。市场经济体制下的政府只能作为经济运行的调节者，起到宏观调控的作用，是经济生活的“守夜人”。

市场经济不是一种特定的社会制度，只是社会资源配置上的手段和经济运行方式。它可以存在于不同的社会制度下。市场经济体制的一般特征主要有以下四点。

（1）一切经济活动都直接或间接地处于市场关系之中，市场机制是推动生产要素流动和促进资源优化配置的基本运行机制；

（2）所有企业都具有进行商品生产经营所应拥有的全部权力，自觉地面向市场；

（3）政府部门不直接干预企业的生产和经营活动的具体事务，而是通过各项经济政策、法律、法规等调节和规范企业的经营活动；

（4）所有生产、经营活动都按照完整的法规体系来进行，整个经济运行有一个比较健全的法制基础。

（三）计划经济体制和市场经济体制的比较

计划经济与市场经济的区别主要表现在三个基本问题上：第一，决策机制不同。在计划经济条件下，决策由中央机构集中做出；在市场经济条件下，决策由消费者和企业分散、独立地做出。第二，协调机制不同。计划经济是个“金字塔”式的等级体系，用自上而下的命令来贯彻决策；而在市场经济条件下，由价格机制来协调市场中的各种决策。第三，激励机制不同。计划经济强调集体利益（国家利益）；而市场经济强调利益驱动。

20 世纪 80 年代之后，原来实行计划经济的国家纷纷转向实行市场经济。但是市场经济也并非完美，它还需要政府用各种干预手段来纠正其缺陷。人们把这种以市场调节为基础，又有政府适当干预的经济制度称为混合经济制度。在现实中，许多国家的经济制度都是市场与计划不同程度的结合，但这种结合并不是一半对一半，总是以一种经济制度为主，以另一种为辅的。越来越多的人认识到，市场经济从总体上看比计划经济效率更高，更有利于经济的发展。

☞ **扩展阅读**

经济学对日常生活到底有多大作用，有一则关于经济学家和数学家的故事可供思考。

故事说的是三个经济学家和三个数学家一起乘火车去旅行。数学家讥笑经济学家没有真才实学，弄出的学问还摆一堆诸如“人都是理性的”之类的假设条件；而经济学家则笑话数学家们过于迂腐，脑子呈线性，缺乏理性选择。最后，经济学家和数学家打赌，看谁完成旅行花的钱最少。三个数学家于是每个人买了一张票上车，而三个经济学家却只买了一张火车票。列车员来查票时，三个经济学家就躲到了厕所里，列车员敲厕所门查票时，经济学家们从门缝里递出一张票说，买了票了，就这样蒙混过关了。三个数学家一看经济学家们这样就省了两张票钱，很不服气，于是在回程时也如法炮制，只买了一张票，可三个经济学家一张票也没买就跟着上了车。数学家们心想，一张票也没买，看你们怎么混过去。等到列车员开始查票的时候，三个数学家也像经济学家们上次一样，躲到厕所里去了，而经济学家们却坐在座位上没动。过了一会儿，厕所门外响起了敲门声，并传来了查票的声音。数学家们乖乖地递出车票，却不见查票员把票递回来。原来是经济学家们冒充查票员，把数学家们的票骗走，躲到另外一个厕所去了。数学家们最后还是被列车员查到了，乖乖地补了三张票。经济学家们只掏了一张票的钱，就完成了这次往返旅行。①

这个故事只是一个虚构的笑话，希望能激起同学们学习经济学的兴趣。

☞ **即问即答**

我国实行的是有宏观调控的市场经济体制，有人说就是“计划＋市场”，为什么？

① 资料来源：高鸿业．西方经济学［M］．北京：中国人民大学出版社，2008

三、微观经济学与宏观经济学

现代经济学把经济学原理或经济理论，区分为两大组成部分：微观经济学和宏观经济学。

（一）微观经济学

微观经济学是分析个体经济单位的经济行为，在此基础上，研究现代西方经济社会的市场机制运行及其在经济资源配置中的作用，并提出微观经济政策以纠正市场失灵。

微观是希腊文“μικρο”的意译，原意是“小”。微观经济学是研究社会中单个经济单位的经济行为，以及相应的经济变量的单项数值如何决定的经济学说。微观经济学的中心理论是价格理论。微观经济学包括的内容相当广泛，其中主要有：均衡价格理论、消费者行为理论、生产者行为理论（包括生产理论、成本理论和市场均衡理论）、分配理论、一般均衡理论与福利经济学、市场失灵与微观经济政策。

微观经济学研究市场中个体的经济行为，亦即单个家庭、单个厂商和单个市场的经济行为以及相应的经济变量数值的决定。它从资源稀缺这个基本概念出发，认为所有个体的行为准则就是设法利用有限的资源取得最大的收获。

在商品与劳务市场上，作为消费者的家庭根据各种商品的不同价格进行选择，设法用有限的收入从所购买的各种商品量中获得最大的效用或满足。家庭选择商品的行动必然会影响商品的价格，市场价格的变动又是厂商确定生产何种商品的信号。厂商是各种商品及劳务的供给者，厂商的目的则在于如何用最小的生产成本，生产出最大的产品量，获取最大限度的利润。厂商的抉择又将影响到生产要素市场上的各项价格，从而影响到家庭的收入。家庭和厂商的抉择均通过市场上的供求关系表现出来，通过价格变动进行协调。因此，微观经济学的任务就是研究市场机制及其作用，均衡价格的决定，考察市场机制如何通过调节个体行为取得资源最优配置的条件与途径。

微观经济学还考察市场机制失灵时，政府如何采取干预行为与措施的理论基础。微观经济学是在阿尔弗雷德·马歇尔（Alfred Marshall）的均衡价格理论基础上，吸收美国经济学家 E. H. 张伯伦（E. H. Chamberlin）和英国经济学家 J. 罗宾逊（J. Robinson）的垄断竞争理论以及其他理论后逐步建立起来的。凯恩斯主义的宏观经济学盛行之后，这种着重研究个体经济行为的传统理论，就被称为微观经济学。

微观经济学的三个基本假设。

1. 理性人

每一个从事经济活动的人都是利己的。作为经济决策的主体都是充满理智的，既不会感情用事，也不会盲从，而是精于判断和计算，其行为是理性的。在经济活动中，主体所追求的唯一目标是自身经济利益的最优化。如消费者追求的满足程度的最大化，生产者追求的是利润最大化。

2. 完全信息

指市场参与者拥有的对于某种经济环境状态的全部知识。完全信息条件下的市场是完全市场，完全市场是指市场参加者对于环境（产品价格和质量等）具有完全信息，市场参加者在任何时间和地点都能拥有任何希望获得的信息。

3. 市场出清

指在市场调节供给和需求的过程中市场机制能够自动地消除超额供给（供给大于需求）或超额需求（供给小于需求）市场在短期内自发地趋于供给等于需求的均衡状态。在给定的价格之下，市场上的意愿供给等于意愿需求。

（二）宏观经济学

宏观经济学是以国民经济总过程的活动为研究对象，着重考察和说明国民收入、就业水平、价格水平等经济总量是如何决定的、如何波动的，故又被称为总量经济学。“宏观经济学”一词，最早是挪威经济学家 R. 弗里希（R. Frisch）在 1933 年提出来的。宏观经济学是在约翰·梅纳德·凯恩斯的《就业、利息和货币通论》（*The General Theory of Employment, Interest and Money*）发表以来快速发展起来的一个经济学分支。

宏观经济学是研究国民经济系统整体运行的经济理论。宏观经济学采用总量分析方法，对经济运行的总量及其影响因素进行考察，特别是对经济社会中商品和劳务的总产量、价格水平和就业水平进行分析，说明这些有意义的宏观总量如何决定以及引起这些总量波动的原因，并且提出促进增长和减少波动的对策。

具体地说，宏观经济学研究以下四个方面：第一，作为消费者的家庭部门和作为生产者的厂商部门如何选择，以决定消费和投资数量，从而决定整个经济的总需求。第二，家庭和厂商部门如何选择供给投入以决定整个经济的总供给。第三，经济中的总需求和总供给决定资源总量和价格水平。第四，资源总量和价格总水平的长期变动趋势。

与微观经济学中的单个市场一样，经济中均衡的产量和价格由市场需求和市场供给的均衡所决定。然而，当问题的分析由个量扩展到整个经济中的宏观总量时，首先遇到的障碍是均衡总量的度量问题。例如，一个钢材市场上的均衡数量可以以吨为单位加以衡量；但在总量分析的意义下，经济总产量由众多的商品和劳务构成，它们并没有一个共同的单位。因此，阐明宏观总量技术规定的国民收入核算理论构成了宏观经济分析的前提。国民收入核算要解决宏观经济运行总量的价值度量，特别是说明以国民收入形式度量的总产量，说明现有资源的利用及其产品的去向，从而了解宏观经济运行的全貌。

遵循国民收入核算理论提供的线索，宏观经济学试图解决的中心问题就是建立说明宏观总量决定的理论，其中包括总消费、总储蓄、总投资与均衡国民收入的决定，货币、利息率与国民收入的关系，就业、国民收入与价格总水平的决定等理论模型。上述理论有利于说明国民收入、物价及失业总水平的大小，揭示它们之间的相互关系及其规律，同时也为政策制定者提供理论依据。由此，宏观经济学所要解决的另一个问题就是根据经济运行的状况，提出相应的宏观政策，包括宏观财政政策、货币政策等。

（三）微观经济学与宏观经济学的联系与区别

微观经济学与宏观经济学只是研究对象有所不同，两者的立场、观点和方法并无根本分歧。两者均使用均衡分析与边际分析，在理论体系上，它们相互补充和相互依存，共同构成现代西方经济学的理论体系。两者之间既存在着密切联系，又有着显著的区别。

1. 微观经济学与宏观经济学的联系

第一，目标相同。经济学的目的是要实现社会经济福利最大化。为达到这一目的，就要实现资源的优化配置与充分利用。它们从不同的角度分析社会经济问题，共同组成经济学的基本原理。

第二，供给与需求研究。宏观经济学与微观经济学都是通过需求曲线和供给曲线决定价格和产量，只是微观经济学研究的是个体经济活动参与者的行为与结果，宏观经济学研究的是社会总体的经济行为及其结果。

第三，微观经济学是宏观经济学的基础。宏观经济学分析总是以一定的微观经济分析为基础的。例如，就业理论和通货膨胀理论作为宏观经济学的重要组成部分，总是要涉及劳动的供给与需求和工资决定理论，以及商品价格决定理论。

第四，分析方法大都相同。微观经济学和宏观经济学使用的分析方法大致都是相同的。如二者都使用静态分析和动态分析方法，都使用理论分析和实证分析方法，都使用模型分析方法。

2. 微观经济学与宏观经济学的区别

微观经济学与宏观经济学的区别主要有以下五个方面。

第一，研究对象不同。微观经济学的研究对象是单个经济单位，如家庭、厂商等。而宏观经济学的研究对象则是整个经济，研究整个经济的运行方式与规律，从总量上分析经济问题。

第二，解决的问题不同。微观经济学要解决的是资源配置问题，即生产什么、如何生产和为谁生产的问题，以实现个体效益的最大化。宏观经济学则把资源配置作为既定的前提，研究社会范围内的资源利用问题，以实现社会福利的最大化。

第三，研究方法不同。微观经济学的研究方法是个量分析，即研究经济变量的单项数值如何决定。而宏观经济学的研究方法则是总量分析，即对能够反映整个经济运行情况的经济变量的决定、变动及其相互关系进行分析。这些总量包括两类：一类是个量的总和；另一类是平均量。因此，宏观经济学又称为“总量经济学”。

第四，基本假设不同。微观经济学的基本假设是市场出清、完全理性、充分信息，认为“看不见的手”能自由调节实现资源配置的最优化。宏观经济学则假定市场机制是不完善的，政府有能力调节经济，通过“看得见的手”纠正市场机制的缺陷。

第五，中心理论和基本内容当然也不同。微观经济学的中心理论是价格理论，还包括消费者行为理论、生产理论、分配理论、一般均衡理论和福利经济学等。宏观经济学的中心理论则是国民收入决定理论，还包括失业与通货膨胀理论、经济周期与经济增长理论、国际经济理论等。

☞ **案例讨论**

某日，老师在课堂上出了一道智力题，请同学回答，老师的题目是这样的："树上有10只鸟，开枪打死1只，还剩几只？"小明站起来反问："是无声手枪吗？""不是。""枪声有多大？""80~100分贝。""那就是说会震的耳朵疼罗？""是。"

"在这个城市里打鸟犯不犯法？""不犯法。""您确定那只鸟真的被打死啦？""确定。"老师已经不耐烦了。"拜托，你告诉我还剩几只就行了，Ok!"

"Ok，树上的鸟里有没有聋子？""没有。""有没有关在笼子里的？""没有。""边上还有没有其他的树，树上还有没有其他鸟？""没有。""有没有残疾的或者饿得飞不走的鸟？""没有。""算不算怀孕肚子里的小鸟？""不算。""打鸟的人眼睛有没有花？保证是10只？""没有花，就10只。"

老师已经满脑门是汗，且下课铃响起，但小明继续问："有没有傻的不怕死的？""都怕死。""会不会一枪打死两只？""不会。""所有的鸟都可以自由活动吗？""完全可以。"

"如果您的回答没有骗人，"小明满怀信心地说，"打死的鸟要是挂在树上没掉下来，那么就剩1只；如果掉下来，就一只不剩。"

老师当即晕倒。

请问：经济学中理性人假定在现实生活中是否可行，为什么要做如此假定？

☞ **即问即答**

在美国独立战争时期，当乔治·华盛顿（George Washington）率领大陆军跟英国人打仗的时候，大陆军穿得破破烂烂，而英国军队则穿着鲜亮优雅的红色制服。通常，人们对此的评论是："英国人真愚蠢，居然穿着色泽鲜亮的红色制服。你在几英里之外就可以发现他们。"

作为当时世界上最强大的军队，英国人会犯这么明显的错误吗？①

第二节 经济学的研究方法

一、实证分析与规范分析

实证分析和规范分析是经济分析的两种方法，它们之间是相辅相成的。实证经济学对应

① 资料来源：[美] R. A. 阿诺德. 经济学（第5版）[M]. 北京：中信出版社，2004

的是实证分析，规范经济学对应的是规范分析。

实证分析是分析经济现象“是什么”的方法，即是对事实判断的分析，对客观事物的状况及客观事物之间的关系是什么的事实性陈述的分析。实证分析的特点是对有关命题进行逻辑分析，旨在理解经济过程实际是什么，将是什么，而不涉及对结果的价值评价，中间没有任何的价值判断。实证分析既有定性的分析又有定量的分析。实证分析要运用一系列的分析工具，诸如个量分析与总量分析、均衡分析与非均衡分析、静态分析与动态分析、定性分析与定量分析、逻辑演绎与经验归纳、经济模型以及理性人的假定等。简单来说，实证分析是对现象的事实陈述，如2008年的金融危机引起的资本流动性不足，导致资产价格下跌；又如，中国的经济增长速度大大高于美国等。

规范分析是以一定的价值判断为出发点，提出行为的标准，并研究如何才能符合这些标准。它说明的是“应该是什么”的问题。规范经济学研究和回答的经济问题是：（1）经济活动“应该是什么”或社会面临的经济问题应该怎样解决；（2）什么方案是好的，什么方案是不好的；（3）采用某种方案是否应该，是否合理，为什么要做出这样的选择。如“对富人应该多纳税”，“失业率5%比较合理”。

实证经济学研究经济运行规律，不涉及评价问题；规范经济学则对经济运行进行评价。但是，很多规范的问题也包括了实证的问题。例如，要知道政府是否应该采取某种措施，首先必须知道政府是不是有采取这种措施的能力，其次要弄清楚采取这种措施后可能产生的结果。有些人指出，实证的、完全没有价值倾向的经济分析是不存在的。规范分析必须建立在实证分析的基础上，而实证分析的结论通常被用作规范分析命题的依据。经济学究竟是实证经济学还是规范经济学，西方经济学界目前仍在争论。一般地说，西方经济学的正统学派如凯恩斯主义学派和货币主义学派，比较重视实证分析方法；而非正统学派如新制度经济学则比较强调规范经济分析。

☞ 案例讨论

实证经济学与规范经济学的根本区别是对价值判断的态度。经济学的道德与不道德涉及价值判断问题，因为，价值判断是道德问题的基础。实证经济学排斥价值判断，也就不涉及道德问题，实证分析只认识事实本身，研究经济本身的规律。

我国现在上至国务院、下至普通百姓都非常关心我国的GDP总量和人均GDP，因为，这两个数字，前者代表一个国家的综合国力，后者反映老百姓生活的富裕程度。从实证角度看，这些数字的统计归纳过程就是实证分析的过程，如果对某些数据有怀疑还可以重新检验。具体数字是客观的，在统计过程中不涉及道德问题，只回答是什么。从规范分析的角度来研究，首先在我国目前的发展情况下确定一个合理的经济增长率，确定一个反映人民生活水平小康的标准。为了实现这一目标，国家就应该要制定相应的产业政策、货币政策和财政政策。后者涉及了道德问题。对于后者问题，不同人站在不同角度得出的结论是不一样的。有的人认为，经济增长率提高是好事；有人认为，经济增长率提高太快是坏事，应停止经济增长。这些都是主观的好坏判断无法检验。

从这个例子中，我们要怎样理解实证分析和规范分析二者的关系呢？

二、个体分析与总体分析

微观经济学运用个体分析即个量分析方法研究微观经济活动；宏观经济学运用总体分析即总量分析方法研究整个国民经济活动。

个量分析方法是指以单个经济主体（单个消费者、单个生产者、单个市场）的经济行为作为考察对象的经济分析方法，又称为微观经济分析法。个量研究主要以单个经济主体的活动为研究对象，在假定其他条件不变的前提下，研究个体的经济行为和经济活动，其特点是把一些复杂的外在因素排除掉，突出个体经济主体的现状和特征。这种研究方法在实践中主要分析单个企业中要素的投入量、产出量、成本和利润的决定及单个企业有限资源的配置、单个居民户的收入合理使用，以及由此引起的单个市场中商品供求的决定、个别市场的均衡等问题。

总量分析方法就是指对宏观经济运行总量指标的影响因素及其变动规律进行分析，又称为宏观经济分析法。总量分析主要是一种动态分析，因为，它主要研究总量指标的变动规律。同时，也包括静态分析，因为，总量分析包括考察同一时期内各总量指标的相互关系，如投资额、消费额和国民生产总值的关系等。

三、均衡分析

均衡是从物理学中引进的概念。在物理学中，均衡是表示，同一物体同时受到几个方向不同的外力作用而合力为零时，该物体所处的静止或匀速运动的状态。英国经济学家阿尔弗雷德·马歇尔把这一概念引入经济学中，主要指经济中各种对立的、变动着的力量处于一种力量相当、相对静止、不再变动的境界。均衡一旦形成后，如果有另外的力量使它离开原来的均衡位置，则会有其他力量使它恢复到均衡。

均衡又分为局部均衡与一般均衡。局部均衡分析是假定在其他条件不变的情况下，来分析某一时间、某一市场的某种商品（或生产要素）供给与需求达到均衡时的价格决定。一般均衡分析在分析某种商品的价格决定时，则在各种商品和生产要素的供给、需求、价格相互影响的条件下，来分析所有商品和生产要素的供给和需求同时达到均衡时，所有商品的价格如何被决定。一般均衡分析是关于整个经济体系的价格和产量结构的一种研究方法，是一种比较周到和全面的分析方法，但由于一般均衡分析涉及市场或经济活动的方方面面，而在现实生活中这些又是错综复杂和瞬息万变的，使得这种分析非常复杂且耗费时间，人们对它使用和作用还在争论之中。所以在西方经济学中，大多采用局部均衡分析，一般就称为均衡分析。

四、静态分析与动态分析

宏观经济学和微观经济学所采用的分析方法，从另一角度看，又可分为静态、比较静态和动态分析。静态分析就是分析经济现象的均衡状态以及有关的经济变量达到均衡状态所需要具备的条件，它完全抽掉了时间因素和具体变动的过程，是一种静止地、孤立地考察某些经济现象的方法。比较静态分析就是分析在已知条件发生变化以后经济现象均衡状态的相应变化，以及有关的经济总量在达到新的均衡状态时的相应的变化，即对经济现象有关经济变量一次变动（而不是连续变动）的前后进行比较。也就是比较一个经济变动过程的起点和终点，而不涉及转变期间和具体变动过程本身的情况，实际上，只是对两种既定的自变量和它们各自相应的因变量的均衡值加以比较。动态分析则对经济变动的实际过程进行分析，其中包括分析有关总量在一定时间过程中的变动，这些经济总量在变动过程中的相互影响和彼此制约的关系，以及它们在每一时点上变动的速率等。这种分析考察时间因素的影响，并把经济现象的变化当作一个连续的过程来看待。在微观经济学中，无论是个别市场的供求均衡分析，还是个别厂商的价格、产量均衡分析，都采用静态和比较静态分析方法。在宏观经济学中，则主要采用的是比较静态和动态分析方法。

☞ **即问即答**

有人将市场经济形象地比喻为“胡萝卜加大棒”制度，在市场经济环境中，“胡萝卜与大棒”分别指的是什么？

第三节　学习经济学的用途

一、指导经济实践

总的来说，学习经济学：首先，“有助于你做出更好的个人决策”，从而可以得到更有质量的生活、更好的工作；其次，“有助于你理解，你生活于其间的世界是如何运转的”，这可以帮助你提高个人生活的素养；再次，“有助于你理解政府政策的优与劣”，如买房、投资、理财等方面相关的政策措施；最后，“可以改进你的思考方式”。

经济学教授对他们的学生最常说的一句话是：“学习经济学并不能让你摆脱失业，但至少能让你知道为什么会失业。”这句话的意思是，尽管经济学有些内容不切实际，但至少可以让你见多识广。经济学能让人更好地了解这个世界，但是经济学能给你的不只这些。我深信，经济学是一门“活”的科学！经济学不仅能帮助你了解周围的世界，还能理顺你的思维过程，让你能够作出有利的决定。经济学对思维和行动都是一个实用的知识体系。你没有必要对于学习经济学这件事太过严肃，经济学只是人们认识世界的一种方式，是帮助人们作出合理决定的一种方式。从根本上来看，经济学是一种常识，比直觉稍微理性一点，比你所知道的最普通的常识要深奥一些，涉及范围更广一些。就像一个经济学家说的：“经济学是精练的常识。”现在，我们就来讨论如何让经济学帮助我们在日常生活中作出更好的决定。

首先，你需要明确目标。假如你想要作出正确的决定，你必须很清楚地知道你的目标是什么。因此，一个好的（经济学家说“理性的”）决定的第一要素是：首先，你试图完成什么目标；其次，你应该意识到你可支配的资源是有限的，如金钱、时间等。你必须认真配置这些资源，使用尽量少的资源达到你的目标，因为，你将来做其他事的时候还会用到这些资源。这就是构成一个理性决定的第二个要素。下意识地遵守这些规则并不难，但是，当你真正有意识地照着这两个要素去做的时候，你会发现自己在下决心作决定时，更有可能真正融会贯通，并且正确地使用它们。作出理智决定需要你多付出一些努力，而这些额外的努力会给你的生活带来巨大好处。

二、进一步学习的需要

学好经济学能让人变得更聪明。它研究问题的基本方法和工具，考虑问题的方式，都可以用到日常生活当中及其他社会科学领域中去。它同时也涉及许多其他学科中的知识，如心理学、哲学、数学、生物学、社会学及政治科学等，是一门庞大精深而又普通的学科。

现代经济学中大多数结果都是实证分析，主要是用来解释客观世界并作出理论推断。经济学除了用来解释现实中的经济现象和经济行为外，它还能够通过现代经济学的基本分析框架和研究方法，提出符合国情的改革方案或制度安排。只要现实经济环境基本满足一个理论成立的那些约束条件，它就能指导改革，得出科学的逻辑结论，并能据此作出科学正确的预测和推断，而不一定需要用实验就能知道最终结果。

大文豪乔治·萧伯纳（George B. Shaw）说过，经济学是使人幸福的学问。的确，经济学的强项就是研究人类如何利用有限的资源实现最大化的收益。对于人类而言，生命短暂，没有人能够永久地活下去。有限的生命，应当充分利用，尽可能多地获得幸福。

☞ **即问即答**

想一想，你学习西方经济学的动机（原因）有哪些呢？

本章框架

本章主要介绍经济学的一些基本概念。首先，从经济学的基本前提——资源是稀缺的开始，从经济学的研究对象引出经济学的两个层次：微观经济学和宏观经济学；其次，重点讲解了经济学的主要的一些研究方法，规范分析和实证分析、个体分析和总体分析、均衡分析等；最后，简单讨论了经济学的用途。本章逻辑关系见图1-2。

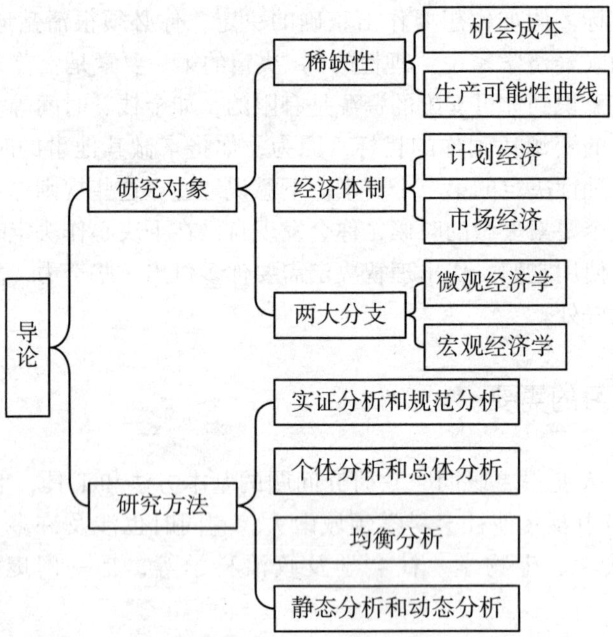

图1-2　本章的结构框架

内容提要

1. 稀缺是指人的欲望的无限性和经济资源、经济物品的有限性。

2. 经济学就是要解决生产什么、生产多少、如何生产和为谁生产的问题。

3. 在既定的资源之下所能生产商品的最大产量的组合，就是生产可能性线。反映了资源稀缺性的特征。

4. 当具有多种用途的稀缺资源使经济主体需要选择时，选择会带来成本，选择的成本我们称为机会成本，即当把一定资源用于生产某种产品时所放弃的另一产品的最大收益就是机会成本，它是作出一次决策时所放弃的其他可供选择的最好用途。经济问题的解决被归结为如何使得选择的机会成本达到最低。

5. 微观经济学的含义。微观经济学通过对单个经济主体的经济行为的研究来说明现代经济中市场机制的运行和作用以及改善这种运行的途径，其中心理论为“看不见的手”价格机制。

6. 宏观经济学是研究国民经济系统整体运行的经济理论。宏观经济学采用总量分析方法，对经济运行的总量及其影响因素进行考察。

7. 实证经济学分析只考察经济现象是什么，即经济现状如何，为何会如此（原因分析），其发展趋势如何。

8. 规范经济学分析对经济现状及变化要作出好不好的评价，或该不该如此的判断。

复习与思考

一、名词解释

稀缺性；机会成本；生产可能性曲线；微观经济学；宏观经济学；实证分析；规范分析；个体分析；总体分析；均衡分析；静态分析。

二、选择题

1. 资源的稀缺性是指（　　）。
   A. 世界上的资源最终会因为人们生产更多的物品而消耗光
   B. 相对人们无穷的欲望而言，资源总是不足的
   C. 生产某种物品所需要的资源的绝对数量较少
   D. 以上均不正确
2. 经济学产生的原因是（　　）。
   A. 生产的需要　　B. 欲望满足的需要
   C. 稀缺性的存在与选择的必要　　D. 选择的需要
3. 经济学的研究方法包括（　　）。
   A. 静态分析、比较静态和动态分析　　B. 局部均衡分析与一般均衡分析
   C. 个量分析与总量分析　　D. A、B、C
4. 如果一国在生产可能性曲线内部生产（　　）。
   A. 只能通过减少一种商品的生产来增加另一种商品的生产
   B. 是高效率的生产
   C. 资源被平均分配给所有商品的生产
   D. 有些资源被闲置
5. 一种行为的机会成本是指（　　）。
   A. 为这种行为所花费的钱　　B. 为这种行为所花费的时间的价值
   C. 当你不必为这种行为付钱时就等于零　　D. 投入这种行为全部资源的其他可能的用途
6. 实证经济学与规范经济学的根本区别是（　　）。
   A. 研究方法不同　　B. 研究对象不同　　C. 研究范围不同　　D. 以上均不正确
7. 当经济学家说人们是理性的时，这是指（　　）。
   A. 人们不会作出错误的判断　　B. 人们总会从自己的角度作出最好的决策
   C. 人们根据完全的信息而行事　　D. 人们不会为自己所作出的任何决策而后悔

三、问答题

1. 你认为研究人们的消费问题属于微观经济学还是宏观经济学的对象？
2. 用生产可能性边界说明经济学既要研究资源配置又要研究资源利用问题。
3. 西方经济学的假定前提有哪些？
4. 微观经济学和宏观经济学的研究内容各有哪些？
5. 举例说明经济研究的规范性和实证性。

6. 简述计划经济和市场经济配置资源的方式。

7. 既然理论行为不需要完全是自私自利的，为什么经济分析又要假定个人行为的基本动力是追逐个人利益？

8. 怎样认识学习西方经济学的意义？

☞ 扩展阅读

喜欢经济学的理由①

在社会科学中，着实喜欢经济学。

从功利的角度讲，学习经济学并不容易出人头地。经济学是显学，但吸引的人也多，其中不乏高智商的人士，不下一番功夫，没有超过平均水平的智商，要凭借它来吃饭，是很难的。经济学现在已经有了一个比较成熟的知识体系，所使用的分析工具也有相当难度，经济学领域的“南郭先生”与真正的行家里手并不难区分，所以，经济学家不能“打肿脸充胖子”。此外，经济学又主要生长在西方国家，要窥得经济学的堂奥，还要相当的外语知识。学习经济学真是要付出很大代价。但是，还是着实喜欢经济学。说来是两个理由。

喜欢经济学的第一个理由，是经济学所研究的问题可以用人类一般思维加以理解。只要有一定的训练，人们就可以坐下来讨论经济学的问题。但别的学科就少有这样的好处。例如，“高贵”的哲学就不像经济学那样易于理解。我举个例子。下面是国内一位著名哲学家评论另一个哲学家的著作时引述的一段话：

“死也是一种在，而且是更大的在，是永恒的在”“生无了，死还在”。“个体化的生无了，整体化的死还在”“死之在，就是精神之在，它是由人类的全体死者的体验构成的整体，它是死了的、永恒的、等级分层的、最大的在，它是所有个体灵魂的家。每一个灵魂都可以在它曾经体验过的等级位置上安置自己”。

由这种文字构成的文章，相信能读下去的人很少。如果对上面文字中的每一个词语都做出严格的定义，我们总能够理解作者想说什么，但这不等于我们承认这种文字对于提升人们思想水平的意义，更不等于我们承认它的科学价值。事实上，这位写下这些文字的哲学家也说：这种“在是不可言说的（除了我们用‘无’来言说）”。用经济学方法的术语来说，这位哲学家讲得东西，是不可证明的，既不能证明它的存在，也不能证明它的不存在，永远不能证明；就像我们对“上帝”一筹莫展一样。

喜欢经济学的第二个理由，是经济学的确对人类福利的提升做出了贡献。人类理性进驻社会事务，应该说是从古典主义经济学出现以后开始的。卢梭认为，人是生而平等的，国家只是自由人民自愿协议的产物，国家主权在人民；如果自由被剥夺，人民有权用强力夺回自由。强力不可能产生任何权利，只有契约约定才是人间一切合法性的基础。这里，卢梭有研究问题的正确的视角，他事实上把人们之间的相互行为看成一种交易，并需要交易的规则，

---

① 党国英. http：//www. docin. com/p－12233209. html

而规则首先是自由平等。

直接对社会福利的增长做出贡献的经济学知识，在微观方面是“复式簿记”为特点的会计核算方法，在宏观方面是 J. R. N. 斯通（J. R. N. Stone）主持下开发的国民经济核算方法（system of natienal accounts，SNA）。

如果说“复式簿记”不是经济学家的贡献，至少也有赖经济学家的推崇与普及，而在我看来，这个簿记制度对于人类财富增长的意义远远甚于牛顿物理学的意义。应用性的微观经济学知识都以成熟的企业核算理论为基础。企业投入和产出有了比较的办法，企业未来的发展有了预测的工具，财富生产的不确定性大大降低了。

SNA 以约翰·梅纳德·凯恩斯的宏观经济学理论为基础，它的出现完全是现代经济学的创造。第二次世界大战以后，西方国家的经济周期被“熨平”了许多，SNA 的运用功不可没。此前的经济学对宏观经济问题认识有偏差，而实践中，政府更是用政治家的经验主义来管理国民经济。像美国 1929 年爆发的经济危机，多少与当时财政部长 A. 梅隆（A. Mellon，美国大财阀）的错误政策有关。现在美国有了懂得宏观经济专家，又有了比较精确的国民经济统计，对经济管理的确比过去有章有法了。这几年的信息产业泡沫如果搁在 20 世纪 30 年代，美国恐怕是在劫难逃了。

经济学家可以通过教育来培养下一代政治家，影响未来政治家的知识结构和社会理念。至于经济学家创造的工具性知识，对任何时候的政府政策都会发生影响。

在经济学面前没有浪漫主义的“容身之地”，浪漫主义是政治家的“天敌”。经济学的基本理念有助于防止政治家的浪漫主义式疯狂。政治家把人看作“经济人”，并不去试图改造他们，而民众在剥离政治家的华丽外衣以后去看政治家，把政治家看作社会分工体系中的一部分工作者，上面讲得喜欢经济学的两个理由，第一个是因私的，第二个是因公的。人的一生时光短促，用来思考的时间更短。而思考才是做人的意义（这纯属个人价值判断）。幸亏有了经济学，我们不至于被一些无用的知识所蒙蔽，也不至于让一些假的科学命题浪费我们的时间。这个价值实在是大。

【参考文献】

1. 厉以宁．西方经济学［M］．北京：高等教育出版社，2000
2. 梁小民．寓言中的经济学［M］．北京：北京大学出版社，2005
3. 陈建萍．微观经济学：原理、案例与应用［M］．北京：中国人民大学出版社，2006
4. ［美］N. 格里高利·曼昆．经济学原理［M］．北京：北京大学出版社，2006
5. 高鸿业．西方经济学［M］．北京：中国人民大学出版社，2008
6. 吕建军．微观经济学原理［M］．广州：暨南大学出版社，2008
7. 尹伯成．西方经济学简明教程［M］．上海：上海人民出版社，2009
8. 何忠伟，郑春慧．微观经济学［M］．北京：中国农业科学技术出版社，2009
9. 俞宪忠等．微观经济学［M］．北京：中国人民大学出版社，2010

【进一步阅读提示】

【报纸】

《国际商报》《国际金融》《中国经济时报》《国际经贸消息》

【杂志】

《经济研究》《经济学动态》《中国工业经济》《世界经济》《改革》《经济学家茶座》

【数据来源及分析报告】

《中国统计年鉴》及各地方统计报告

【网址】

中国经济学教育科研网：http：//www. cenet. ccer. edu. cn

北京大学中国经济研究中心：http：//www. ccer. pku. edu. cn

中国社会科学院：http：//www. cass. net. cn/webnew/index. asp

国务院发展研究中心：http：//www. drc. gov. cn/

国研网－教育版：http：//edu. drcnet. com. cn/DRCNet. Edu. Web/

国际货币基金组织：http：//www. imf. org

第二章　需求和供给理论

你可以使鹦鹉成为一个经济学家，但前提是必须让它明白“供给”和“需求”。

——保罗·萨缪尔森（Paul A. Samuelson）

学习目的

通过本章的教学，要求学生掌握供求原理，要求学生在分别掌握需求和供给的相关知识的基础上，掌握均衡价格理论及其应用，进而理解弹性理论，最后要求学生了解蛛网理论。本章的重点是供求理论的内容及应用。这一章图形分析方法的引入，要求能够将相关知识体现在图形中，这是本章的难点。

学习目标

1. 掌握需求和供给的基本概念、影响因素及变动。
2. 理解需求规律、供给规律和供求规律。
3. 掌握均衡价格理论，并用其分析支持价格、限制价格和征税的影响。
4. 理解弹性理论。了解需求和供给的影响因素对需求或供给的影响程度。其中，需求弹性包括需求价格弹性、需求的收入弹性和需求的交叉价格弹性；供给弹性主要针对供给价格弹性。
5. 了解蛛网模型的假定、推导和应用。

关键概念

微观经济学（microeconomics）；“理性人”（“reasonable man”）；需求（demand）；供给（supply）；均衡价格（equilibrium price）；支持价格（floor price）；限制价格（ceiling price）；需求价格弹性（price elasticity of demand）；需求的收入弹性（income elasticity of demand）；需求的交叉价格弹性（cross-price elasticity of demand）；供给价格弹性（price elasticity of supply）。

☞ 案例思考

雪天的杂货店①

1967 年，一场大暴雪使得芝加哥市区的交通瘫痪，外面的生活必需品难以进入，当时

① 资料来源：尹伯成．西方经济学［M］．上海：上海人民出版社，2008

还是大学学生的詹姆斯在住所附近有两家杂货店，一家杂货店慈悲为怀，坚持在大雪天对店内商品不涨价，其店中的商品很快被抢购一空，因为，如此低的价格难以使其以高价向外界继续采购新的商品，这家店很快就关门大吉。另外一家杂货店则将所有的商品和价格暂时提高到原来的两倍，同时，这家杂货店的老板出高价请当地的孩子乘雪橇从外地运进当地市民需要的各种商品。涨价的杂货店因为能够支付较高的雇用雪橇拉货的成本，一直在暴雪过程中保证了对居民的基本供应，同时高的价格也自然促使居民根据新的价格状况中调整自己的需求，将自己采购的物品控制在自己能够承担的、确实也是必需的范围内。

问题：(1) 案例揭示了市场经济的基本原理是什么?

(2) 请思考“看不见的手”在调节供求关系中的作用。

第一节　微观经济学的研究对象

一、微观经济学的起源和发展

微观经济学的历史渊源可追溯到亚当·斯密（Adam Smith）的《国富论》（*The Wealth of Nations*）和阿尔弗雷德·马歇尔的《经济学原理》（*Principles of Economics*）。20 世纪 30 年代以后，英国的 L. 罗宾逊和美国的 E. H. 张伯伦在阿尔弗雷德·马歇尔的均衡价格理论的基础上，提出了厂商均衡理论。标志着微观经济学体系的最终确立。

微观经济学的发展，迄今为止，大体上经历了四个阶段：第一阶段：17 世纪中期到 19 世纪中期，是早期微观经济学阶段，或者说是微观经济学的萌芽阶段。第二阶段：19 世纪晚期到 20 世纪初叶，是新古典经济学阶段，也是微观经济学的奠定阶段。第三阶段：20 世纪 30 年代到 60 年代，是微观经济学的完成阶段。第四阶段：20 世纪 60 年代至今，是微观经济学的进一步发展、扩充和演变阶段。通观微观经济学的发展过程与全部理论，始终围绕着价格这一核心问题进行分析，所以，微观经济学又被称为“价格理论及其应用”，其中心理论是价格理论。

微观经济学以社会中单个经济单位的经济行为为基础，研究现代西方经济社会的市场机制运行及其在经济资源配置中的作用，并提出微观经济政策以纠正市场失灵。微观经济学研究的基本问题是资源配置的决定，其基本理论是通过供求来决定相对价格的价格理论。所以，微观经济学的研究范围包括均衡价格理论、消费者行为理论、生产者行为理论（具体分为生产理论、成本理论和市场均衡理论）、分配理论、一般均衡理论与福利经济学、市场失灵与微观经济政策。

二、微观经济学的研究对象

微观经济学是研究社会中单个经济单位的经济行为，以及相应的经济变量的单项数值如何决定的经济学说。因此，微观经济学的研究对象是个体经济单位。其中，个体经济单位指单个消费者、单个生产者和单个市场等。

微观经济学对个体经济单位的考察，是在下面三个逐步深入的层次上进行的。

第一个层次是分析单个消费者和单个生产者的经济行为。它分析单个消费者如何进行最优的消费决策以获得最大的效用，单个生产者如何进行最优的生产决策以获取最大的利润。通俗地讲，也就是消费者如何进行消费，选择合适的商品，以最大地满足自己的需求；生产者如何合理地进行资源配置，优化生产过程，以获得最大的利益回报。

第二个层次是分析单个市场的均衡价格的决定。即影响价格的决定因素，分析的范围是在单个市场里，排除其他市场的影响因素，从影响市场价格的内因，也就是单个市场内部，消费者与各个相同生产者之间的联系来分析问题。因此，单个市场均衡价格的决定，是作为单个市场中所有的消费者和所有的生产者最优经济行为的相互作用的结果而出现的。虽然带有一定的片面性，但是可以更好地分析问题的本质。

第三个层次是分析所有单个市场的均衡价格的同时决定，即分析的范围扩大到所有市场，着重在于分析单个市场与市场之间的关系以及它们的相互制约因素。因此，所有单个市场的均衡价格的同时决定是作为所有单个市场相互作用的结果而出现的，或者说，是作为由经济社会中全部市场上的全部消费者和全部生产者的最优经济行为的相互作用的。相对于单个市场来讲，第三层次可以理解为对外因的分析。

显然，微观经济分析所涉及的经济变量都是经济个量，也正是从这个意义上，它才被称为微观经济学或个量分析。

三、微观经济学的两个基本假定

在微观经济分析中，经济理论是以一定的假定条件为前提的。由于所研究的问题和所要建立的理论的不同需要，假定条件也存在着差异。

（一）“理性人”假定

“理性人”假定（hypothesis of rational man）是指作为经济决策的主体都是充满理智的，既不会感情用事，也不会盲从，而是精于判断和计算，其行为是理性的。在经济活动中，主体所追求的唯一目标是自身经济利益的最优化。如消费者追求的满足程度的最大化，生产者追求的是利润最大化。“理性人”假定实际是对亚当·斯密“经济人”假定的延续。在经济学里，“合乎理性的人”的假定通常简称为“理性人”或者“经济人”的假定。西方经济学家指出，所谓的“理性人”的假定是对在经济社会中从事经济活动的所有人的基本特征的一个一般性的抽象。这个被抽象出来的基本特征就是：每一个从事经济活动的人都是利己的。也可以说，每一个从事经济活动的人所采取的经济行为都是力图以自己的最小经济代价去获得自己的最大经济利益。西方经济学家认为，在任何经济活动中，只有这样的人才是“合乎理性的人”，否则，就是非理性的人。

“理性人”是对经济生活中的一般人的抽象。一是自私。即人们的行为动机是趋利避害，是利己的。二是完全理性。即每个人都能够通过成本—收益或趋利避害原则来对其所面临的一切机会和目标及实现目标的手段进行优化选择。具体而言，在信息充分的前提条件下：“理性人”具有关于他所处环境的完备知识，而且，这些知识即使不是绝对完备的，至少也相当丰富，相当透彻；“理性人”有稳定的和条理清楚的偏好；“理性人”有很强的计算能力，能算出每种选择的后果；“理性人”能使其选中的方案自然达到其偏好尺度上的最高点，即“理性人”总是选择最优。“理性人”假定是微观经济分析的基本前提，它存在于微观经济学的所有不同的理论之中。

（二）完全信息假定

完全信息是一个有效率的完全竞争市场所必需的理论前提条件。在某种意义上，它也是经济理论中“理性人”假定所必需的条件。

所谓完全信息（complete information），是指市场参与者拥有的对于某种经济环境状态的全部知识。在现实经济中，没有人能够拥有各个方面经济环境状态的全部知识。某些新古典经济学家声称：我们并不需要完全信息，因为，价格体系已经集中我们所需的全部信息，在市场机制运行良好的条件下，经济主体只要能够获得有关他们自己偏好和价格方面的信息就已足够。但是，市场机制事实上并不集中所有经济主体所需的市场信息，价格体系也不能长期保证社会稀缺资源的有效配置。更为重要的是，不同的信息结构将导致经济体系发挥不同的经济功能。假如所有经济主体都拥有更多的有关经济变量的知识，那么，在一个理想的经济模型中，人们使用价格信号和市场信息方式方法的不同，将可能出现极为不同的经济结果。由此可见，价格的信息内容并不像某些经济学家所言的那样富有价值，一个功能良好的经济体系需要比价格体系所能够包含的市场信息更多的信息。

所谓不完全信息（incomplete information）是指市场参与者不拥有某种经济环境状态的全部知识。具体地，不完全信息通常表现为信息不完全和信息不对称。信息不完全即信息不充分。信息不充分既包括绝对意义上的不充分，也包括相对意义上的不充分。绝对意义上的不充分是指由于受认识能力的局限使人们无法获得完全的信息，人们不可能知道在任何时候、任何地方已经发生或将要发生的任何情况；相对意义上的不充分则是指市场本身不能够生产出足够的信息并有效地配置它们，也包括信息供求双方所掌握的信息具有不对称性。无论是何种性质的信息不充分，都会对市场机制配置资源的有效性产生负面影响，使资源不能实现最优配置。信息不对称理论是指在市场经济活动中，各类人员对有关信息的了解是有差异的；掌握信息比较充分的人员，往往处于比较有利的地位，而信息贫乏的人员，则处于比较不利的地位。

“理性人”假定和完全信息假定是微观经济学的基本假定。西方经济学者承认，上述两个假定条件未必完全合乎事实，它们是为了理论分析的方便而设立的。

☞ 经济学家简介

亚当·斯密①

亚当·斯密（Adam Smith，1723～1790 年）出生于英国苏格兰法夫郡的寇克卡迪。父亲也叫亚当·斯密，是一名律师，也是苏格兰的军法官和寇克卡迪的海关监督。14 岁进入格拉斯哥大学。由于成绩优秀，17 岁被推选到牛津大学。毕业后，1748 年在爱丁堡大学讲授修辞学、文学。1751～1764 年在格拉斯哥大学讲学，先后讲授逻辑学（包括修辞学和文学）和道德哲学（包括神学、论理学、法学和政治学，政治学中又包括政治经济学），于 1759 年出版《道德情操论》（*The Theory of Moral Sentiments*）。1762 年获法学博士学位，同年担任格拉斯哥大学副校长。1764 年辞去教职，以私人教师身份，随贝克莱公爵访问欧洲大陆，期间实地考察了当时欧洲大陆最先进的国家——法国，并和法国的一些著名人士结识和交流学术见解，这都对他后来的理论的形成有重要影响，旅行后期开始撰写《国民财富的性质和原因的研究》（以下简称《国富论》，*An Inquiry into the Nature and Causes of the Wealth of Nations*），1773 年《国富论》已基本完成，但亚当·斯密花3 年多的时间润色此书，1776 年3 月此书出版后，引起大众广泛的讨论，影响所及除了英国本地，连欧洲大陆和美洲也为之疯狂，于 1776 年出版。亚当·斯密作为经济学的主要创立者，被誉为“经济学之父”“微观经济学的鼻祖”。他首次提出了全面系统的经济学说，为经济学的发展打下了良好的基础。因此，完全可以说《国富论》是现代政治经济学研究的起点。

亚当·斯密的主要理论包括分工理论、货币理论、价值理论、分配理论、资本积累理论和赋税理论。亚当·斯密认为分工的起源是由人的才能具有自然差异，那是起因于人类独有的交换与易货倾向，交换及易货系属私利行为，其利益决定于分工，假定个人乐于专业化及提高生产力，经由剩余产品之交换行为，促使个人增加财富，此等过程将扩大社会生产，促进社会繁荣，并达私利与公益之调和。分工促进劳动生产力的原因有三：第一，劳动者的技巧因专业而日进；第二，由一种工作转到另一种工作，通常需损失不少时间，有了分工，就可以免除这种损失；第三，许多简化劳动和缩减劳动的机械发明，只有在分工的基础上方才可能。货币的首要功能是流通手段，持有人持有货币是为了购买其他物品。当物物交换发展到以货币为媒介的交换后，商品的价值就用货币来衡量，便产生了货币的价值尺度智能。亚当·斯密也谈到货币的储藏功能、支付功能。但是，他特别强调货币的流通功能。提及价值问题，亚当·斯密指出，价值涵盖使用价值与交换价值，前者表示特定财货之效用，后者表示拥有此一财货取另一财货的购买力。亚当·斯密的分配论，是即劳动工资、资本利润及土地地租自然率之决定理论。资本累积是大量进行分工必备的另一要素。分工的扩张与生产效率的提高跟资本的总额成正比。赋税理论方面，亚当·斯密提出四大赋税原则，即公平、确定、便利和经济。

① 资料来源：笔者整理。

第二节　需　　求

在市场经济中，消费者和厂商的经济行为的相互联系表现为产品市场和生产要素市场供求关系的相互作用，而正是这种供求关系的相互作用形成了市场的均衡价格。价格是经济参与者相互之间联系和传递经济信息的机制，并且，价格机制也使经济资源得到有效率的配置。任何商品的价格都是由商品的需求和供给这两个因素共同决定的。正因为如此，对需求曲线和供给曲线的初步论述，通常被当作为微观经济学分析的出发点。

一、需求的含义

需求（demand）是指在一定时期内，对应于商品各种可能的价格水平，消费者愿意而且能够购买的商品数量。

根据定义，如果消费者对某种商品没有购买欲望，就不可能购买该商品，当然也不会形成需求；如果消费者对某种商品只有购买的欲望而没有购买的能力，也不能算作需求。需求必须是指消费者既有购买欲望又有购买能力的有效需求。而商品的需求以消费者的货币购买力为前提，是有支付能力的需要，如果消费者对于商品只有购买的欲望而没有购买的能力，就不能构成需求。需求涉及商品的价格和购买数量两个变量。根据日常经验和常识可知，人们购买商品的数量随着商品的价格发生变化。例如，当电脑的价格是8000元/台时，某企业会购买200台；当价格下降为6000元/台时，该企业就会增加购买量，达到400台。因此，需求实际上反映的是消费者的购买数量和商品的价格之间的关系。

需求可以分为个人需求和市场需求。个别消费者或家庭对商品的需求量形成个人需求。个人的需求数量汇集成市场的需求量，厂商根据市场的需求数量进行生产，而个人不切实际的愿望和欲望是厂商不会考虑的。因此，个人需求是构成市场需求的基础，而市场需求是所有个人需求的加总。

☞ **案例讨论**

限　购　令①

为遏制迅速增长的房地产“泡沫”，自2010年“新国五条”出台后，我国多地政府相继实施“限购令”，并强化对房地产市场的宏观调控。例如，2017年3月，长沙推出了楼市调控新政：暂停对在限购区域内已拥有1套及以上住房的非本市户籍家庭出售新建商品住

① 资料来源：http：//www. depeat. com/I heng Ce GaiGe/218820. html

房；无住房的非本市户籍家庭限购1套住房；首套房首付比例不低于30%。这些措施彰显了我国政府管控楼市的决心，但结果却不尽如人意。限购令出台后，多地出现购房热乃至抢购的现象，北京、上海、广州等一线城市的房价依旧持续飙升。与此同时，“空城”和烂尾楼的问题也越发严重。

问题：(1) 我国政府为何要颁布“限购令”？

(2)“限购令”的作用为何有些出人意料？

二、需求的影响因素

商品的需求数量是由许多因素共同决定的。其中主要的因素有：商品的自身价格、消费者的偏好、消费者的收入、其他商品的价格和消费者对商品的价格预期等。它们对商品的需求数量的影响如下：

商品的自身价格。商品的市场价格越高，人们愿意购买的数量就越少；相反，市场价格越低，人们愿意购买的数量就越多。因此，在其他条件相同的情况下，商品的市场价格与其需求数量之间存在着一定的关系，而且是一种反向的变动关系。

消费者的偏好（preference）。当消费者对某种商品的偏好程度增强时，该商品的需求量就会增加；相反，偏好程度减弱，需求量就会减少。人们的偏好一般与所处的社会环境及当时、当地的社会风俗习惯等因素有关。

消费者的收入（income）。一般来说，在其他条件不变的情况下，消费者的收入越高，对商品的需求越多。但随着人们收入水平的不断提高，消费需求结构会发生变化，即随着收入的提高，对有些商品的需求会增加，而对有些商品的需求会减少。经济学把需求数量的变动与消费者收入同方向变化的物品称为正常品，把需求数量的变动与消费者收入反方向变化的物品称为劣等品。一些较低档的日用消费品如化纤服装、黑白电视机等，在居民收入有较大提高时，其需求就会下降。

相关商品的价格。当商品本身的价格不变，而和它相关的其他商品的价格发生变化时，这种商品的需求数量也会发生变化。如果其他商品和被考察的商品是替代品，如牛肉和猪肉、苹果和梨子等。由于，它们在消费中可以相互替代以满足消费者的某种欲望，故一种商品的需求与它的替代品价格呈同方向变化，即替代品价格的提高将引起该商品需求的增加，替代品价格的降低将引起该商品需求的减少。如果其他商品和被考察的商品是互补品，如汽车与汽油、影碟与影碟机等，由于，它们必须相互结合才能满足消费者的某种欲望，故一种商品的需求与它的互补品的价格呈反方向变化，即互补品价格的提高将引起该商品需求的降低，互补品价格的下降将引起该商品需求的增加。

消费者的价格预期（expectation）。当消费者预期商品的价格在未来会上升时，对商品的需求量就会增加；反之，当消费者预期商品的价格在将来会下降时，对商品的需求量就会减少。

此外，还有很多因素会影响商品的需求，如气候、人口的数量、结构和年龄，政府的消费政策等。

☞ 扩展阅读

汽油价格与小型汽车的需求

如果市场对某几种产品的需求相互影响，纠缠不清，可能出现什么情况呢？其中一种情况就是，导致一种产品的价格发生变化的因素，将同时影响对另一种产品的需求。举例而言，在20世纪70年代，美国的汽油价格上升，这一变化马上对小型汽车的需求产生了影响。

回顾20世纪70年代，美国市场的汽油价格两次上升。第一次发生在1973年，当时石油输出国组织切断了对美国的石油输出；第二次是在1979年，由于伊朗国王被推翻而导致该国石油供应瘫痪。经过这两件事件，美国的汽油价格从1973年的每加仑0.27美元急剧猛涨到1981年的每加仑1.40美元。作为“轮子上的国家”，石油价格急剧上升当然不是一件小事，美国人面临一个严峻的节省汽油的问题。

既然公司和住宅的距离不可能缩短，人们只好继续奔波于两地之间。美国司机找到的解决办法之一就是当他们需要放弃自己的旧车、购置新车的时候，选择较小型的汽车，这样每加仑汽油就可以多跑一段距离。

分析家们根据汽车的大小来分类确定其销售额。就在第一次汽油价格上升之后，每年大约出售250万辆大型汽车、280万辆中型汽车以及230万辆小型汽车。到了1985年，这三种汽车的销售比例出现明显变化，当年售出150万辆大型汽车、220万辆中型汽车以及370万辆小型汽车。由此可见，大型汽车的销售自20世纪70年代以来迅速下降；反过来，小型汽车的销售却持续攀升，只有中型汽车勉强算是保持了原有水平。

对于任何产品的需求曲线均假设其互补品的价格保持恒定。以汽车为例，它的互补品之一就是汽油。汽油价格上升导致小型汽车的需求曲线向右移动，与此同时，大型汽车的需求曲线向左移动。

造成这种变化的理由是显而易见的。假设你每年需要驾驶汽车行驶15000英里，每加仑汽油可供一辆大型汽车行驶15英里，如果是一辆小型汽车就可以行驶30英里。这就是说，如果你坚持选择大型汽车，每年你必须购买1000加仑汽油，如果你只满足于小型汽车，那么你只需购买一半的汽油，也就是500加仑就足够了。当汽油价格处于1981年的最高点，即每加仑1.40美元的时候，选择小型汽车意味着每年你可以节省700美元。即便你曾经是大型汽车的拥有者，在这种情况下，在每年700美元的数字面前，难道你就不觉得有必要重新考虑一下小型汽车的好处吗？①

三、需求的表达

需求关系有多种表达形式，包括叙述法、图解法、函数法和表格法。其中，叙述法，直接用文字描述；函数法，用需求函数进行描述；图解法，用需求曲线进行描述；表格法，用

① 资料来源：[美] 约瑟夫·斯蒂格利茨. 经济学——小品和案例 [M]. 北京：中国人民大学出版社，1998

需求表进行描述。几种表达方式在一定程度上可以相互转换。

（一）需求函数

需求函数（demand function）是指表示商品的需求量和影响该需求量的各种因素之间的相互关系的函数。将需求量作为因变量，将需求量的影响因素作为自变量，就可以构造出最一般的需求函数。即：

$$Q_d = f(P, I, P_r, T, P_e) \tag{2.1}$$

式（2.1）中，P 表示商品的价格，I 表示消费者的收入，P_r 表示其他商品的价格。T 表示消费者的偏好，P_e 表示消费者对未来价格的预期。

在式（2.1）中，我们把影响商品需求量的所有因素同时进行分析，这就会使问题变得复杂起来。在处理这种复杂的多变量的问题时，通常可以将问题简化，即一次把注意力集中在一个影响因素上，而同时假定其他影响因素保持不变。在这里，由于商品的价格是决定需求量的最基本的因素，所以，我们假定其他因素保持不变，仅仅分析商品的价格对商品需求量的影响，即把商品的需求量仅仅看成是商品价格的函数，于是，需求函数就可以简化为：

$$Q_d = f(P) \tag{2.2}$$

在微观经济分析中，为了简化分析过程，在不影响结论的前提下，大多使用线性需求函数。线性需求函数的通常形式为：

$$Q_d = a - bP \tag{2.3}$$

其中，a、b 为常数，且 $a>0$、$b>0$。该函数所对应的需求曲线为一条直线。

（二）需求表

需求表（demand schedule）是指某种商品的各种价格和与各种价格相对应的该商品的需求量之间关系的数字序列表。表 2－1 是电脑的需求表。通过需求表可以清楚地看到商品的价格与需求量之间存在的反向变动关系。

表 2－1　　电脑的需求

价格－数量组合		*A*	*B*	*C*	*D*	*E*	*F*
价格（元/台）		3000	4000	5000	6000	7000	8000
个人需求量（台）	甲	600	500	400	300	200	150
	乙	650	540	450	350	240	200
	丙	900	810	720	510	430	350
	丁	…	…	…	…	…	…
	…	…	…	…	…	…	…
市场需求量（万台）		70	60	50	40	30	20

另外，从表 2－1 中，可以清楚地看出个人需求和市场需求的区别。例如，表 2－1 描述

了某一时期内，电脑的个人需求和市场需求：当价格为3000元/台时，甲、乙、丙……的个人需求量分别为600台、650台、900台……，而整个市场的需求量为70万台；当价格为4000元/台时，甲、乙、丙……的个人需求量分别为500台、540台、810台……，而整个市场的需求量为60万台；依次类推，当价格涨到8000元/台时，市场需求就会降为20万台。

（三）需求曲线

需求曲线（demand curve）是根据需求表中的商品的不同的价格与需求量的组合，以几何图形表示的商品的需求量和价格之间函数关系的曲线。根据表2-1中，每一个商品的价格——需求量的组合，在平面坐标图中描绘相应的点，然后连接这些点，就可以得到市场需求曲线D，如图2-1所示。它表示在不同价格水平下，消费者愿意而且能够购买的笔记本电脑的数量。特别地，与数学上的习惯相反，在微观经济学中，在表示需求曲线和供给曲线时，通常以纵轴表示自变量P，以横轴表示因变量Q。

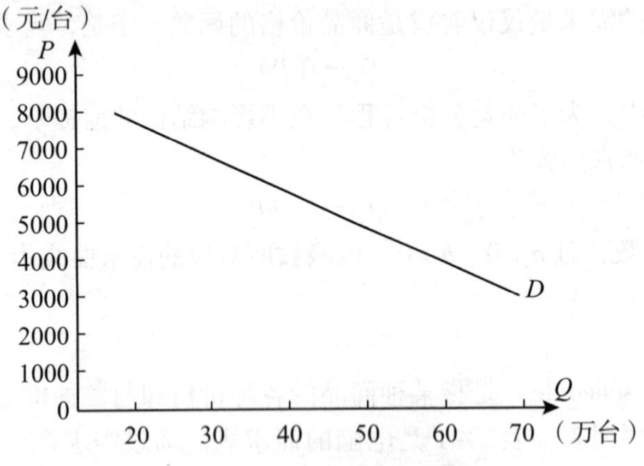

图2-1　电脑的需求曲线

四、需求规律

（一）需求规律

从图2-1中可以看出，需求曲线是向右下方倾斜的，这意味着在其他条件不变的情况下，商品的需求量与其价格之间存在着的反向的依存关系。即：商品价格上升，需求量减少；商品价格下降，需求量增加。这就是所谓的需求规律（law of demand）。

只有向右下倾斜的需求曲线才符合需求定理。在理解需求定理时要注意以下三点。

（1）其他条件不变是指影响需求的其他因素不变，离开了这一前提，需求定理就无法成立。例如，如果收入增加，商品本身的价格与需求量就不一定呈反方向变动。

（2）需求定理指的是一般商品的规律，但这一定理也有例外。例如，炫耀性商品与吉芬商品。

（3）需求定理反映了商品价格与其需求量之间的反方向变动关系，这种变动关系是由收入效应和替代效应共同作用形成的。

（二）需求规律的例外

1. 吉芬商品

1845 年在爱尔兰大饥荒时期，出现了一件奇怪的事，马铃薯价格在上升，但需求量也在持续增加。英国经济学家罗伯特·吉芬（Robert Giffen）观察到了这种与需求定理不一致的现象，这种现象也就被经济学界称为“吉芬效应”（Giffen goods effect），而具有这种特点的商品被称为吉芬商品。

但是，吉芬物品与其说是一种商品，不如说是一种现象。吉芬商品得以产生的前提条件有两个：其一，这种商品是必需品；其二，不存在更廉价的替代选择。对于过去的西方人来说，土豆是一种廉价的主食，当土豆和其他食物，例如，肉类的价格恒定时，穷人消费土豆的量是一定的，但是一旦土豆价格下降的时候，由于，土豆变便宜了，所以，花比原来更少的钱就可以买到和原来一样多的土豆，穷人的生活一般来说是没有什么结余的，由于土豆降价了，他们就没必要买和原来一样多的土豆，这个时候他们很可能会选择减少土豆的需求量，凑钱去购买比土豆昂贵的替代品。

但是，土豆的这种价格同需求的同方向移动现象并不是一直存在的，确切地说，应该是需求曲线的某一段产生了向上的现象，也就是说，当土豆价格高到一定程度，需求又开始下降，因为，这个时候穷人连土豆都吃不起了。所以，吉芬物品并不是指其需求曲线永远向上，而是需求曲线带有这种反常现象的商品。

2. 炫耀性商品

消费者购买这些商品时出于向别人炫耀的心理，不是价格贵了少买，价格便宜了多买，而是反过来，价格越贵，越要多买，即需求量与价格呈同方向变动关系。价格贵，是赖以炫耀的条件，只有价格贵了，多数人买不起，少数买得起的人才能拿出来向别人炫耀。它反映了人们进行挥霍性消费的心理愿望。

其实，消费者购买这类商品的目的并不仅仅是为了获得直接的物质满足和享受，更大程度上是为了获得心理上的满足。这就出现了一种奇特的经济现象，即一些商品价格定得越高，就越能受到消费者的青睐。由于这一现象最早由美国经济学家托斯丹·凡勃伦（Thorstein B. Veblen）注意到，因此，被命名为“凡勃伦效应”（Veblen effect）。凡勃伦效应它是指存在于消费者身上的一种商品价格越高反而越愿意购买的消费倾向。

这种消费的目的并不仅仅是为了获得直接的物质满足与享受，而在更大程度上是为了获得一种社会心理上的满足。由于某些商品对别人具有炫耀性的效果，如购买高级轿车显示地位的高贵，收集名画显示雅致的爱好等，这类商品的价格定得越高，需求者反而越愿意购买，因为，只有商品的高价，才能显示出消费者的富有和地位。这种消费随着社会发展有增长的趋势。随着社会经济的发展，人们的消费会随着收入的增加，而逐步由追求数量和质量过渡到追求品位格调。只要消费者有能力进行这种感性的购买，“凡勃伦效应”就会出现。

☞ **经济学家简介**

罗伯特·吉芬爵士[①]

罗伯特·吉芬爵士（Sir Robert Giffen，1837～1910年），1837年生于英国拉纳克郡，是英国著名的经济学家。“吉芬商品”就是后人纪念罗伯特·吉芬而命名的，阿尔弗雷德·马歇尔的需求和价格理论也是来自罗伯特·吉芬的经济理论。阿尔弗雷德·马歇尔把经济学定义为研究财富，同时也研究人的学问。1910年4月12日罗伯特·吉芬在苏格兰突然去世（一说是因心脏病猝死），终年73岁。

最初，罗伯特·吉芬加入了格拉斯哥的律师事务所，并在那个地方读完了他的大学课程。他后来又参与新闻杂志界。1862年罗伯特·吉芬在伦敦为《斯特灵刊》（地球版）工作，提拔了一个叫约翰·默林（J. Merlin）的人当半月刊编辑。1868年罗伯特·吉芬在《经济学家》（*The Economist*）担任沃尔特·巴格浩特（Walter Baghot）的助理编辑，1873年他担任《城市新闻日报》的编辑。1879年罗伯特·吉芬投身于金融和统计事业，终其一生奋斗于此。

罗伯特·吉芬是享有盛誉的一位财政新闻记者和统计学家。1882年罗伯特·吉芬被任命为统计大臣秘书助理，1892年他成为英国主计长，1897年退休。在这期间，罗伯特·吉芬担任了政府统计顾问委员会主席。同时他又担任皇家统计学会会长，并成为英国皇家学会会员，获得了英国皇家学会最高金奖——盖伊奖。他出版有《经济调查学》（*Economic Inquiries and Studies*）、《资本增长论》（*The Growth of Capita*）和《财政评论》（*Essays on Finance*）等。在这期间，罗伯特·吉芬研究了“爱尔兰土豆问题”和“伦敦雨伞问题”等，并提出著名的“吉芬现象”和“吉芬商品”理论。

五、需求量的变动和需求的变动

为了区别商品本身价格和其他因素对商品需求量的影响，微观经济学提出了需求量变动和需求变动两个不同的概念。虽然，需求量的变动和需求的变动都是需求数量的变动，但是，引起这两种变动的因素是不同的。

（一）需求量的变动

需求量的变动是指在其他条件不变时，由商品的价格变动所引起的商品的需求数量的变动。在几何图形中，需求量的变动表现为商品的价格——需求数量组合点沿着一条既定的需

① 资料来源：www. baike. com/wiki/罗伯特·吉芬

求曲线的运动。也就是说，需求曲线上的任一点到该需求曲线上其他点的移动是需求量变动，它表明当商品本身价格变动时商品的需求量变动。点向左上方移动表明价格上升需求量减少，点向右下方移动表明价格下降需求量增加。如图 2－2（a）所示，当价格由 P_a 依次下降为 P_b、P_c 时，需求量随之由 Q_a 上升为 Q_b、Q_c，这样 a 点依次移动到 b 点、c 点。需求的变动则表现为整条需求曲线的移动。

（二）需求的变动

需求的变动是指在某商品价格不变的条件下，由于其他因素变动所引起的该商品的需求数量的变动。这里的其他因素变动是指消费者收入水平变动、相关商品的价格变动、消费者偏好的变化和消费者对商品的价格预期的变动等。在几何图形中，需求的变动表现为整个需求曲线的平移。也就是说，需求曲线从某一位置移动到另一位置是需求变动，它表明在同价格水平上，当除商品本身价格外的其他影响需求量的因素发生变化时商品需求量的变动。需求曲线向右移动表示为需求增加，它表明在同一价格水平上的需求量增加；需求曲线向左移动表示为需求减少，它表明在同一价格水平上的需求量减少。如图 2－2（b）所示，当价格为 P_0 时，由于某种因素的变化（偏好的增加或收入的增加等），将会使需求量由 Q_0 上升为 Q_1，在所有其他价格水平上也是如此，这样需求曲线就从 D_0 移至 D_1；反之，需求曲线就会从 D_0 移至 D_2。

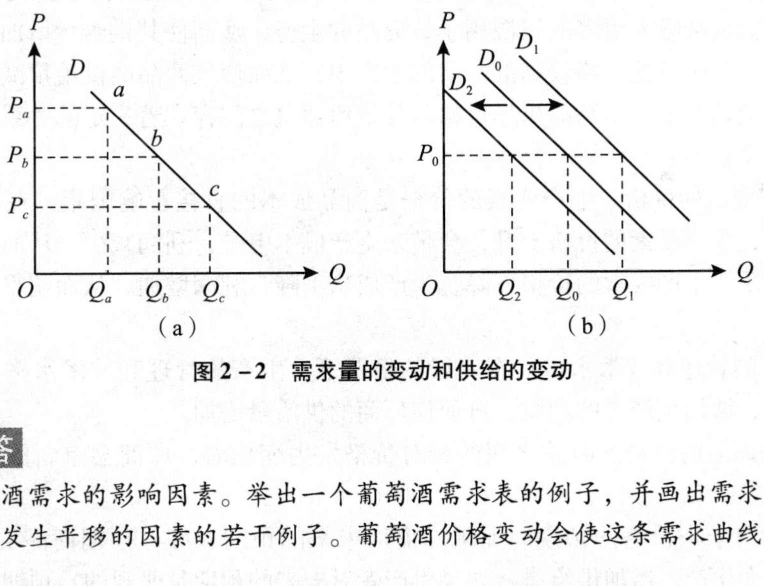

图 2－2　需求量的变动和供给的变动

☞ **即问即答**

列出葡萄酒需求的影响因素。举出一个葡萄酒需求表的例子，并画出需求曲线。列举使这条需求曲线发生平移的因素的若干例子。葡萄酒价格变动会使这条需求曲线移动吗？

第三节　供　　给

一、供给的含义

供给（supply）是指在一定时期内对应于商品各种可能的价格水平，厂商愿意而且能够生产的商品数量。

根据定义，如果生产者认为商品价格不合适，就不可能生产该商品，当然也不会形成供给；如果生产者对商品只有生产的欲望而没有生产的能力，也不能算作供给。供给必须是指生产者既有生产欲望又有生产能力的有效供给。供给涉及商品的价格和产量两个变量。根据日常经验和常识可知，生产者的产量随着商品的价格发生变化。例如，当电脑的价格是8000元/台时，生产者生产700台；当价格下降为6000元/台时，生产者就会减少产量，达到600台。因此，供给实际上反映的是生产者的产量和商品的价格之间的关系。

类似的，供给也有个人供给和市场供给之分。个别厂商对商品的供给量形成个人供给，个人供给汇总起来，构成市场供给。因此个人供给是构成市场供给的基础，而市场供给是所有个人供给的加总。

二、供给的影响因素

商品的供给数量是由许多因素共同作用决定的。其中主要的因素有：商品的自身价格、生产成本、生产的技术水平、相关商品的价格和生产者对未来的预期。它们对商品的供给数量的影响有以下具体体现。

（1）商品的自身价格。在厂商利润最大化的目标下，当其他条件不变时，如果商品的价格上升，厂商就会投入更多的资源用于该商品的生产，从而使其供给量增加；反之，厂商就会将生产资源用于其他价格较高的商品的生产中，从而使该商品的供给量减少。因此，在其他条件相同的情况下，商品的市场价格与其供给数量之间存在着一定的关系，而且是一种正向的变动关系。

（2）生产要素的价格。生产要素的价格是商品成本的直接影响因素。在其他影响因素不变的条件下，生产要素的价格上升，会带来生产成本上升，利润减少，从而使得商品的供给量减少。相反，生产要素的价格下降，生产成本下降，利润增加，从而使得商品的供给量增加。

（3）生产的管理和技术水平。在一般的情况下，生产的管理和技术水平的提高，可以降低生产成本，增加生产者的利润，进而使厂商的供给量增加。

（4）相关商品的价格。商品之间的相对价格发生变化时，厂商会重新配置资源，从而影响商品的供给。

（5）厂商对未来价格的预期。如果厂商对未来的预期看好，预期商品的价格会上涨，厂商往往会扩大生产，增加供给量；如果生产者对未来的预期是悲观的，预期商品的价格会下降，厂商就会缩减生产，减少供给量。

另外，气候、厂商数量、时间等其他因素也可能影响商品的供给数量。

三、供给的表达

供给关系有多种表达形式，包括叙述法、图解法、函数法和表格法。其中，叙述法，直接用文字描述；函数法，用供给函数进行描述；图解法，用供给曲线进行描述；表格法，用供给表进行描述。几种表达方式在一定程度上可以相互转换。

（一）供给函数

供给函数（supply function）是指表示商品的供给量和影响该供给量的各种因素之间的相互关系的函数。我们将供给量作为因变量，将供给量的影响因素作为自变量，就可以构造出最一般的供给函数。即：

$$Q_d = f(P, T, P_r, P_f, P_e) \tag{2.4}$$

在式（2.4）中，P 表示商品的价格，T 表示生产技术和管理水平，P_r 表示其他商品的价格，P_f 表示生产要素的价格，P_e 表示生产者对未来价格的预期。

在式（2.4）中，把影响商品供给量的所有因素同时进行分析，就会使问题变得复杂起来。在处理这种复杂的多变量的问题时，通常可以将问题简化，即一次把注意力集中在一个影响因素上，而同时假定其他影响因素保持不变。在这里，由于商品的价格是决定供给量的最基本的因素，所以，假定其他因素保持不变，仅仅分析商品的价格对供给量的影响，即把商品的供给量仅仅看成是商品价格的函数，于是，供给函数就可以简化为：

$$Q_s = f(P) \tag{2.5}$$

在微观经济分析中，为了简化分析过程，在不影响结论的前提下，大多使用线性供给函数。线性供给函数的通常形式为：

$$Q_s = a + bP \tag{2.6}$$

其中，a、b 为常数，且 $a>0$、$b>0$。该函数所对应的供给曲线为一条直线。

（二）供给表

供给表（supply schedule）是表示商品的各种价格水平和与各种价格水平相对应的该商品的供给数量之间关系的数字序列表。表 2－2 是电脑的市场供给表。从供给表中，可以清楚地看到商品的价格与供给量之间存在的正向变动关系。

表 2－2　　笔记本电脑的供给

价格－数量组合	A	B	C	D	E	F
价格（元/台）	3000	4000	5000	6000	7000	8000
市场供给量（万台）	45	65	75	85	95	105

表 2－2 描述了某一时期内，电脑的市场供给：当价格为 3000 元/台时，市场供给量为 45 万台；当价格为 4000 元/台时，市场供给量为 65 万台；依次类推，当价格涨到 8000 元/台时，市场供给就会升为 105 万台。

（三）供给曲线

供给曲线（supply curve）是根据供给表中的商品的不同价格与供给量的组合，以几何图形表示的商品的供给量和价格之间函数关系的曲线。根据表 2 -2 中，每一个商品价格——供给量的组合，在平面坐标图中描绘相应的点，然后连接这些点，就可以得到市场供给曲线 S，如图 2 -3 所示。它表示在不同价格水平下生产者愿意而且能够生产的电脑的数量。特别地，与数学上的习惯相反，在微观经济学中，在表示供给曲线时，通常以纵轴表示自变量 P，以横轴表示因变量 Q。

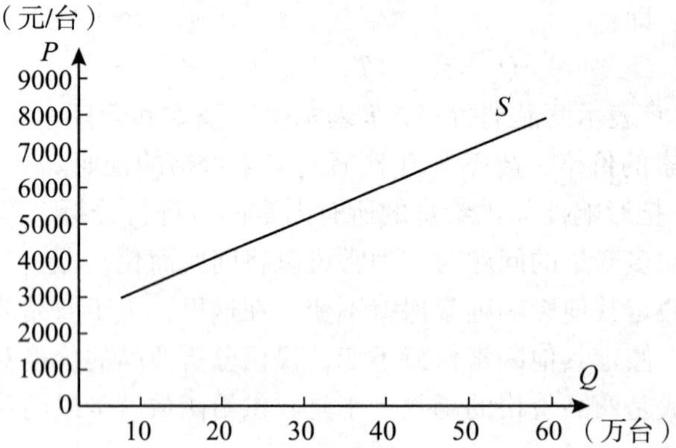

图 2 -3　电脑的供给曲线

四、供给规律

从图 2 -3 中可以看出，供给曲线是向右上方倾斜的，这意味着在其他条件不变条件下，商品的供给量与其价格之间存在着正向的依存关系。即：商品价格上升，供给量增加；商品价格下降，供给量减少。这就是所谓的供给规律（law of supply）。

只有向右上方倾斜的供给曲线才符合供给定理。在理解供给定理时要注意以下三点。

（1）其他条件不变是指影响供给的其他因素不变，离开了这一前提，供给定理就无法成立。例如，如果技术水平提高，商品本身的价格与供给量就不一定呈正方向变动。

（2）供给定理指的是一般商品的规律，但这一定理也有例外。

（3）供给定理反映了商品价格与其供给量之间的正方向变动关系。

五、供给量的变动和供给的变动

为了区别商品本身价格和其他因素对商品供给量的影响，微观经济学提出了供给量变动和供给变动两个不同的概念。虽然，供给量的变动和供给的变动都是供给数量的变动，但是，引起这两种变动的因素是不同的。

（一）供给量的变动

供给量的变动是指在其他条件不变时，由商品的价格变动所引起的商品的供给数量的变动。在几何图形中，供给量的变动表现为商品的价格——供给数量组合点沿着一条既定的供给曲线的运动。也就是说，供给曲线上的任一点到该供给曲线上其他点的移动是供给量变动，它表明当商品本身价格变动时商品的供给量变动。点向左下方移动表明价格下降供给量减少，点向右上方移动表明价格上升供给量增加。如图 2－4（a）所示，当价格由 P_a 依次上升为 P_b、P_c 时，供给量随之由 Q_a 上升为 Q_b、Q_c，这样 a 点依次移动到 b 点、c 点。

（二）供给的变动

供给的变动是指在某商品价格不变的条件下，由于其他因素变动所引起的该商品的供给数量的变动。这里的其他因素变动是指生产成本、生产的技术水平、相关商品的价格和生产者对未来的预期等。在几何图形中，供给的变动表现为整个供给曲线的平移。也就是说，供给曲线从某一位置移动到另一位置是供给变动，它表明在同价格水平上，当除商品本身价格外的其他影响供给量的因素发生变化时商品供给量的变动。供给曲线向右移动表示为供给增加，它表明在同一价格水平上的供给量增加；供给曲线向左移动表示为供给减少，它表明在同一价格水平上的供给量减少。如图 2－4（b）所示，当价格为 P_0 时，由于某种因素的变化（技术提高或要素价格降低等），将会使供给量由 Q_0 上升为 Q_1，在所有其他价格水平上也是如此，这样供给曲线就从 S_0 移至 S_1；反之，供给曲线就会从 S_0 移至 S_2。

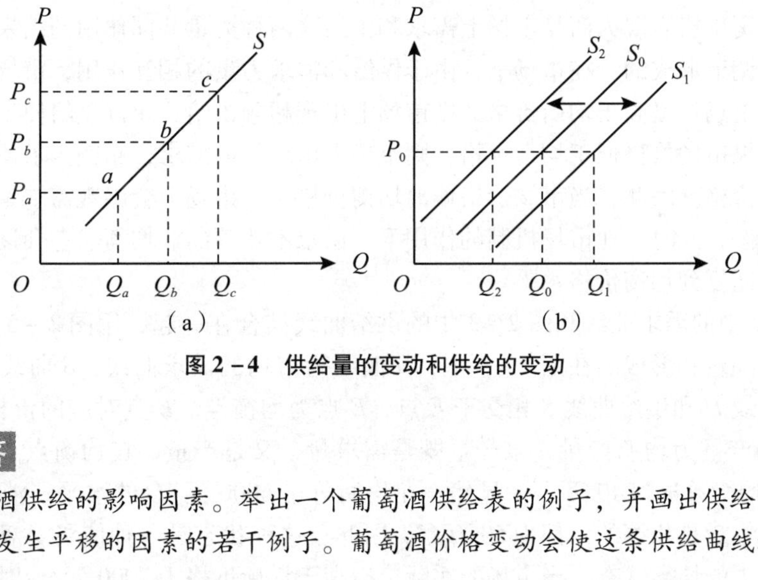

图 2－4　供给量的变动和供给的变动

即问即答

列出葡萄酒供给的影响因素。举出一个葡萄酒供给表的例子，并画出供给曲线。列举使这条供给曲线发生平移的因素的若干例子。葡萄酒价格变动会使这条供给曲线移动吗？

第四节　均衡价格

一、市场均衡的含义

到目前为止，我们一直在孤立地研究供给和需求。我们知道在每一价格水平上人们愿意购买或生产的数量。在其他因素不变的条件下，消费者对于电脑的需求量是其价格的函数，同样，厂商愿意供给的电脑数量也取决于其价格。当我们把市场的两个方面放在一起时，供给和需求的力量相互作用，就产生了均衡价格和均衡数量，即市场均衡。

市场均衡是指市场中某种商品的供给和需求达到一致，商品的价格和产量达到相对静止、不再变化的状态。此时，消费者所愿意购买的数量正好等于厂商所愿意生产的数量。因此，均衡价格（equilibrium price）是指该种商品的市场需求量和市场供给量相等时的价格。也就是商品的供给量与需求量相等，商品的供给价格与需求价格相等时的价格。均衡数量（equilibrium quantity）是指均衡价格水平下的相等的供求数量，又称为均衡交易量。

从几何意义上说，商品市场的均衡出现在商品的市场需求曲线和市场供给曲线相交的交点上，该交点被称为均衡点。均衡点所对应的价格和供求量分别为均衡价格和均衡产量。所以，均衡价格是商品的供给曲线与需求曲线相交时的价格。

均衡价格在一定程度上反映了市场经济活动的内在联系，特别是均衡价格理论中关于供给的价格弹性和需求的价格弹性的分析，对企业的生产经营决策有重要实用价值。

二、均衡价格的形成

商品的均衡价格表现为商品市场上需求和供给这两种力量共同作用的结果，是市场的供求力量的自发调节形成的。在市场上，由于供给和需求力量的相互作用，市场价格趋向于均衡价格。如果市场价格高于均衡价格，则市场上出现超额供给，超额供给使市场价格趋于下降；反之，如果市场价格低于均衡价格，则市场上出现超额需求，超额需求使市场价格趋于上升直至均衡价格。因此，当市场价格偏离均衡价格时，市场上会出现需求量和供给量不相等的非均衡状态，此时，在市场机制的作用下，供求不相等的非均衡状态会逐步消失，市场价格会自动地回复到均衡价格水平。

将图 2－1 中的需求曲线和图 2－3 中的供给曲线结合在一起，用图 2－5 说明商品的市场均衡价格的决定和形成。在图 2－5 中，D 曲线为市场的需求曲线，S 曲线为市场的供给曲线。需求曲线 D 和供给曲线 S 相交于 E 点，E 点为均衡点。E 点对应的价格为均衡价格，与 E 点对应的产量为均衡产量，该产量既是需求量，又是产量。在均衡点 E，均衡价格为 6000 元/台，均衡数量为 40 万台。显然，在均衡价格 6000 元/台的水平，消费者的购买量和生产者的销售量是相等的，都为 50 万台。因此，这种状态是一种使买卖双方都感到满意并愿意持续下去的均衡状态。当市场的实际价格高于均衡价格为 7000 元/台时，商品的需求量为 30 万台，供给量为 50 万台。显然，供给量大于需求量，出现商品过剩或超额供给，从而使价格下降。价格的这种下降，一方面，会使消费者的需求量增加；另一方面，又会使厂商的供给量减少。这样，商品的超额供给就会减少。而减少的超额供给使价格再下降，价格下降又使超额供给再减少，价格继续下降，这个过程会一直持续下去，直到价格下降到均衡价格 5000 元/台的水平，同时，商品的需求量逐步地由 30 万台增加为 40 万台，商品的供给量逐步地由 50 万台减少为 40 万台，从而实现供求量相等的均衡数量 40 万台。相反，当市场的实际价格低于均衡价格时，就会出现商品短缺或超额需求，从而使价格上升，并一直上升到均衡价格为止。由此可见，当市场上的实际价格偏离均衡价格时，市场上总存在着变化的力量，最终达到市场均衡或市场出清。

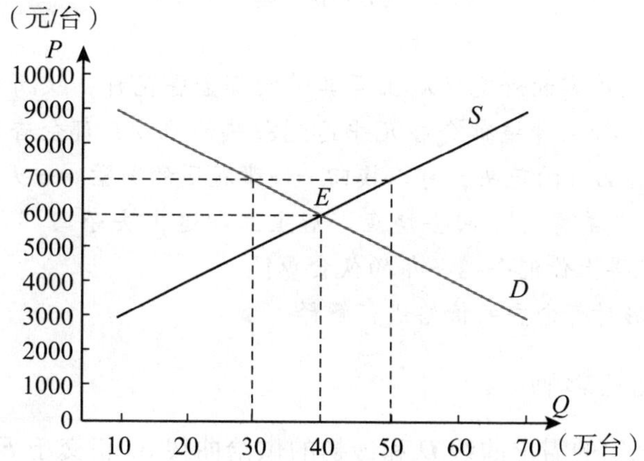

图 2－5　均衡价格和均衡产量

三、供求均衡的变动

商品的均衡价格是商品市场的需求曲线和供给曲线的交点所对应的价格。因此，需求曲线或供给曲线的位置发生移动都会使均衡价格水平发生变动。下面介绍有关需求曲线和供给曲线位置移动对均衡价格和均衡数量的影响。

（一）需求变动的影响

在图 2－6 中，不变的供给曲线 S 和最初的需求曲线 D_1 相交于 E_1 点。均衡价格为 P_1，均衡产量为 Q_1。需求增加使需求曲线向右平移至 D_2 曲线的位置，与 S 曲线相交于 E_2 点。此时，均衡价格上升为 P_2，均衡产量增加为 Q_2。相反，需求减少使需求曲线向左平移至 D_3 曲线的位置，与 S 曲线相交于 E_3 点。此时，均衡价格下降为 P_3，均衡产量减少为 Q_3。

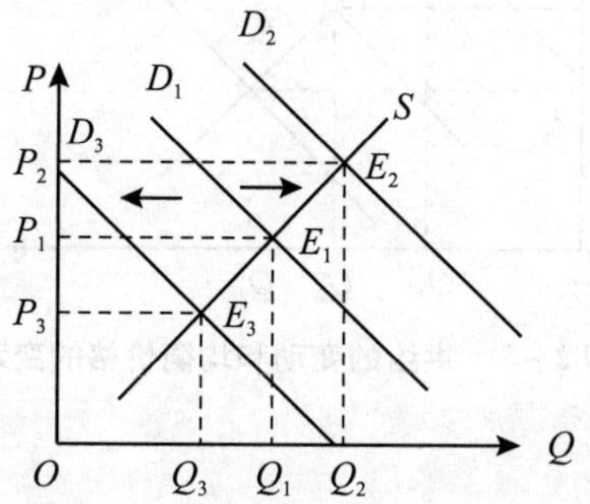

图 2－6　需求的变动和均衡价格的变动

☞ 案例讨论

郁 金 香

1550年，一位欧洲国家的外交官从土耳其带回郁金香花种，欧洲立刻掀起一场“郁金香热”。到了17世纪，荷兰种植郁金香几乎达到狂热的地步，郁金香价格也令人咋舌。当时，一个罕见的郁金香品种的花头，可以换回一幢带花园的别墅。一天，一个海员买了一条鱼，临走时拿了一个“洋葱头”回去烧鱼。店主立即追上去夺回“洋葱头”，愤愤地说，“这是郁金香花头，抵得上你们全船一年的伙食费！”

问题：请结合图形对郁金香的价格进行解释。

（二）供给变动的影响

在图2-7中，既定的需求曲线D和最初的供给曲线S_1相交于E_1点。均衡价格和均衡产量分别为P_1和Q_1。供给增加使供给曲线向右平移至S_2曲线的位置，与D曲线相交于E_2点。此时，均衡价格下降为P_2，均衡产量增加为Q_2。相反，供给减少使供给曲线向左平移至S_3曲线的位置，与D曲线相交于E_3点。此时，均衡价格上升为P_3，均衡产量减少为Q_3。

总之，在供给不变的情况下，需求增加会使需求曲线向右平移，使得均衡价格和均衡数量都增加；需求减少会使需求曲线向左平移，使得均衡价格和均衡数量都减少。在需求不变的情况下，供给增加会使供给曲线向右平移，使得均衡价格下降，均衡数量增加；供给减少会使供给曲线向左平移，使得均衡价格上升，均衡数量减少。

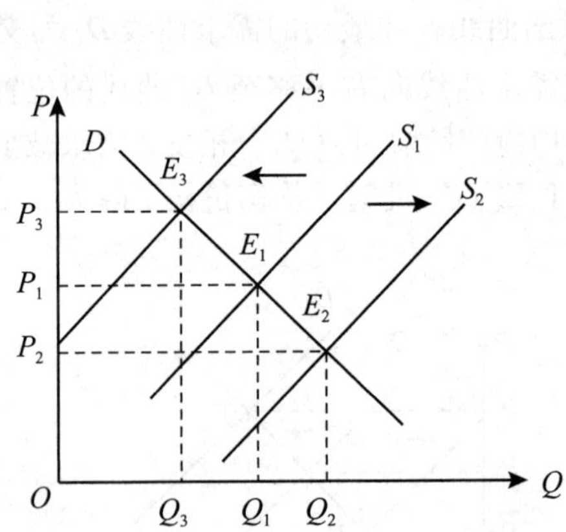

图2-7 供给的变动和均衡价格的变动

☞ 扩展阅读

减少香烟需求量的两种方法①

公共政策制定者常常想减少人们吸烟的数量。政策可以努力达到这一目标的方法有两种。减少吸烟的一种方法是使香烟或其他烟草产品的需求曲线移动。公益广告、香烟盒上有害健康的警示以及禁止在电视上做香烟广告，都是旨在任何一种既定价格水平时减少香烟需求量的政策。如果成功了，这些政策就使香烟的需求曲线向左移动。

此外，政策制定者可以试着提高香烟的价格。例如，如果政府对香烟制造商征税，烟草公司就会以高价格的形式把这种税的大部分转嫁给消费者。较高的价格鼓励吸烟者减少他们吸烟的数量。在这种情况下，吸烟量的减少就表现为沿着同一条需求曲线移动到价格更高而数量更少的点上。

吸烟量对价格变动会有多大的反应呢？经济学家试图通过研究香烟税变动时出现的情况来回答这个问题。他们发现，香烟价格上升10%会引起需求量减少4%。还发现青少年对香烟价格特别敏感：香烟价格上升10%使青少年的吸烟量减少12%。

第五节　弹　　性

已知，当商品的价格发生变化时，商品的需求量会发生变化。此外，当消费者的收入或者其他相关商品的价格等影响消费者需求量的其他因素发生变化时，这种商品的需求也会发生变化。同样地，当商品的价格发生变化，生产成本等影响厂商供给量的其他因素发生变化时，这种商品的供给量会发生变化。那这些因素究竟在多大程度上影响需求量或供给量呢？例如，当商品的价格上升1%时，商品的需求量和供给量究竟分别会下降和上升多少呢？当消费者的收入水平上升1%时，商品的需求量究竟会增加多少？等等。下面用弹性概念解决这类问题。本节将以需求的价格弹性为重点，考察与需求和供给有关的几个弹性概念。需求方面的弹性主要包括需求的价格弹性、需求的交叉价格弹性和需求的收入弹性。供给方面的弹性主要关注供给的价格弹性。

一、需求价格弹性

（一）需求价格弹性的含义及计算

需求的价格弹性，又被简称为需求弹性，指商品的需求量对其价格变动的反应程度，表示在一定时期内，当商品的价格变化1%时，所引起的商品的需求量变化的百分比，其弹性系数等于需求量变动的百分比除以价格变动的百分比。

---

① 资料来源：［美］N. 格里高利·曼昆. 经济学原理［M］. 北京：北京大学出版社，1999

假定需求函数为 $Q=f(P)$，Q 和 P 分别表示需求量的变动量和价格的变动量，以 E_d 表示需求的价格弹性系数，则需求的价格弹性的公式为：

$$E_d=-\frac{\Delta Q/Q}{\Delta P/P}=-\frac{\Delta Q}{\Delta P}\times\frac{P}{Q} \tag{2.7}$$

特别地，在通常情况下，由于商品的需求量和价格是呈反方向变动的，$\Delta Q/\Delta P$ 为负值，所以，为了便于比较，就在公式（2.7）中加一个负号，以使需求的价格弹性系数 E_d 取正值。

需求的价格弹性可分为弧弹性和点弹性。

弧弹性是指商品需求曲线上两点之间的需求量的变动对应于价格的变动的反应程度，即表示需求曲线上两点之间的弹性。

$$E_d=-\frac{2\Delta Q_d/(Q_{d1}+Q_{d2})}{2\Delta P/(P_1+P_2)}=-\frac{\Delta Q_d}{\Delta P}\times\frac{P_1+P_2}{Q_{d1}+Q_{d2}} \tag{2.8}$$

而点弹性是指需求曲线上某一点上需求量变动对于价格变动的反应程度。

$$E_d=\lim_{\Delta P\to 0}-\frac{\Delta Q_d/Q_d}{\Delta P/P}=-\frac{\mathrm{d}Q_d}{\mathrm{d}P}\times\frac{P}{Q_d} \tag{2.9}$$

它们的区别在于：前者表示价格变动量较大时，需求曲线上两点之间的弹性；而后者表示价格变动量无穷小时的需求曲线上某一点的弹性。

☞ 注意

弹性不等于斜率

切勿混淆曲线的弹性与斜率的区别。二者的区别可在考察直线需求曲线时得到明显体现，一般来说较陡的斜率并不意味着缺乏弹性，而较平缓的斜率也不标志着富有弹性。这是因为斜率取决于 P 和 Q 的变化，而弹性则取决于它们的百分比的变动。这可从 E_d 始终等于 1 的需求曲线上得到印证，在该曲线的任何一点上，价格变动的百分比都等于需求量变动的百分比，但该种曲线的斜率却是不固定的。

（二）需求价格点弹性的几何意义

需求的价格点弹性还可以用几何图形来表示和测度。可以用图 2-8 来说明。

在图 2-8 中，线性需求曲线上 A 点的横坐标和纵坐标分别为 P_1 和 Q_1，F 点的横坐标和纵坐标分别为 P_2 和 Q_2。根据点弹性的定义，A 点的需求的价格弹性可以表示为：

$$E_d=\frac{\Delta Q}{\Delta P}\times\frac{P}{Q}=\frac{Q_1Q_2}{P_1P_2}\times\frac{OP_1}{OQ_1}$$

因为$\frac{Q_1Q_2}{P_1P_2}=\frac{GF}{GA}$，又因为△$AGF$ 相似于△AQ_1D

所以$\frac{GF}{GA}=\frac{Q_1D}{Q_1A}=\frac{Q_1D}{OP_1}$

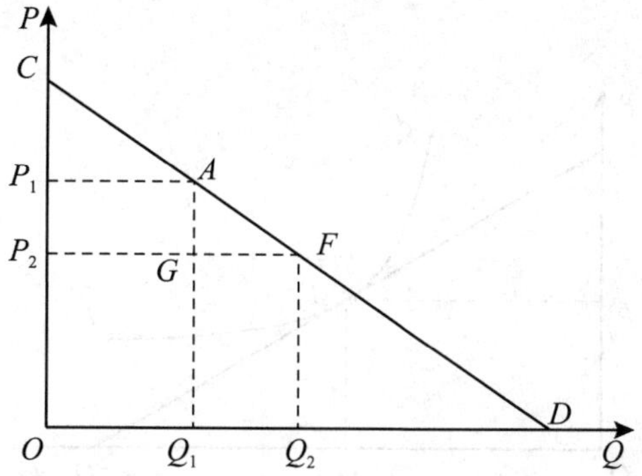

图 2－8　线性需求曲线的点弹性

则 $E_d = \dfrac{Q_1D}{OP_1} \times \dfrac{OP_1}{OQ_1} = \dfrac{Q_1D}{OQ_1}$

又因为$\triangle AQ_1D$相似于$\triangle CP_1A$，得$\dfrac{Q_1D}{OQ_1} = \dfrac{AD}{AC}$

所以，A 点的价格弹性为

$$E_d = \frac{AD}{AC} \tag{2.10}$$

由此可见，如果需求曲线是线性的，那么，需求曲线 CD 上任何一点 A 的需求价格弹性都可以用 AD/AC 来表示。若 A 位于 CD 的中点，则该点的弹性系数的绝对值等于 1；若 A 位于 CD 的中点以上，则该点的弹性系数的绝对值大于 1；若 A 位于 CD 的中点以下，则该点的弹性系数的绝对值小于 1，如图 2－9 所示。

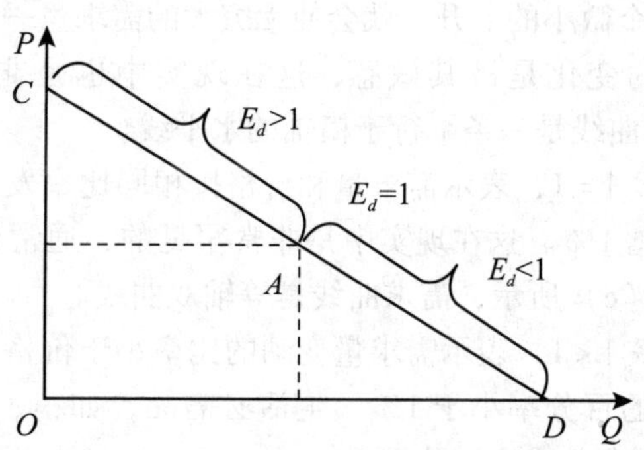

图 2－9　线性需求曲线与需求价格弹性

如果非线性的需求曲线如图 2－10 中的 dd 线，需求曲线上任一点 A 的价格弹性可以过 A 点作一条 dd 线的切线，与纵轴相交于 C，与横轴相交于 D，则 A 点的弹性系数仍可由 AD/AC 来决定。

由此可得结论：线性需求曲线上的任何一点的弹性，都可以通过由该点出发向价格轴或数量轴引垂线的方法来求得。

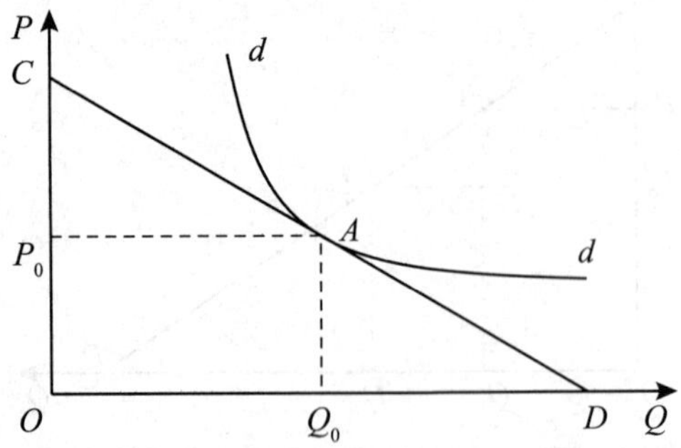

图 2－10　非线性需求曲线的点弹性

（三）需求价格弹性的分类

需求价格点弹性的几何意义说明商品在不同的价格水平上其需求价格弹性是不相同的。现在讨论一下不同商品的需求价格弹性的差异。根据弹性系数绝对值的大小可以将需求价格弹性分成五种类型。

（1）完全无弹性。即 $|E_d|=0$，表示无论价格怎么变动，需求量都不会随之改变，需求量的变化量总是为零。这说明商品的需求量对于其价格的变化极其不敏感，这在现实中是非常罕见的，通常认为像棺材、火葬、特效药这样的商品或服务接近于这类商品。如图 2－11（a）所示，需求曲线是一条平行于纵轴的垂线。

（2）弹性无穷大。又称为完全弹性，即 $|E_d|=\infty$，表示在既定的价格水平上，需求量是无限的；只要价格有一个微小的上升，就会使无穷大的需求量一下子减少为零。这说明商品的需求量对于其价格的变化是极其敏感，这在现实中也是非常罕见的极端情况。如图 2－11（e）所示，需求曲线是一条平行于横轴的水平线。

（3）单元弹性。即 $|E_d|=1$，表示需求量和价格按相同比率发生变动。商品的价格每升降 1%，需求量就刚好减增 1%。这在现实中是非常罕见的，通常认为国外的牙医服务接近于这类商品。如图 2－11（c）所示，需求曲线是等轴双曲线。

（4）缺乏弹性。即 $|E_d|<1$，表示需求量变动的比率小于价格变动的比率。商品的价格每升降 1%，需求量变动的百分率小于 1%。生活必需品，如粮、油等大多属于这种类型。如图 2－11（b）所示，需求曲线比较陡峭。

（5）富有弹性。即 $|E_d|>1$，表示需求量变动的比率大于价格变动的比率。商品的价格每升降 1%，需求量变动的百分率大于 1%。奢侈品和价格昂贵的享受型服务等大多属于这种类型。如图 2－11（d）所示，需求曲线比较平坦。

综合图 2－11 中需求曲线的五种形态可以看出：需求价格弹性越大，需求曲线越平坦。

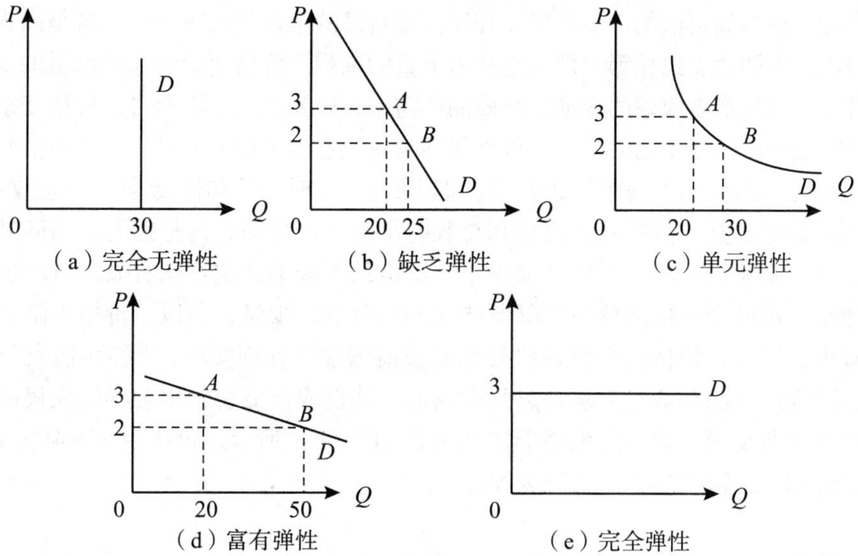

图 2－11　需求曲线的不同类型

（四）需求价格弹性与销售收入

☞ **扩展阅读**

博物馆门票的定价①

你是一个大型艺术博物馆的馆长。你的财务经理告诉你，博物馆缺乏资金，并建议你考虑改变门票价格以增加总收益。你将怎么办呢？你是要提高门票价格，还是降低门票价格？

回答取决于需求弹性。如果参观博物馆的需求是缺乏弹性的，那么提高门票价格会增加总收益。但是，如果需求是富有弹性的，那么提高价格就会使参观者减少得如此之多，以至于总收益减少。在这种情况下，你应该降价，参观者人数会增加得如此之多，以至于总收益会增加。

为了估算需求的价格弹性，你需要请教你的统计学家。他们会用历史资料来研究门票价格变化时，参观博物馆人数的逐年变动情况。或者他们也可以用国内各种博物馆参观人数的资料来说明门票价格如何影响参观人数。在研究这两种资料时，经济学家还需要考虑到影响参观人数的其他因素——天气、人口、藏品多少等——以便把价格因素独立出来。最后，这种资料分析会提供一个需求价格弹性的估算，你可以用这种估算来决定你的财务问题做出什么反应。

当某种商品的价格变动时，商品的需求价格弹性的大小与生产者销售该商品得到的收益变动密切相关。在实际的经济生活中，有的厂商提高自己的产品价格，能使自己的销售收入得到

① 资料来源：［美］N. 格里高利 · 曼昆. 经济学原理［M］. 北京：北京大学出版社，1999

提高，而有的厂商提高自己的产品价格，却反而使自己的销售收入减少了。这是因为，生产者的总收益与消费者的总支出相等，即价格和需求量的乘积。价格变动引起需求量的变动，从而引起消费者支出或生产者收益的变动。当商品的需求价格弹性大小不同时，价格变动所引起的总支出或总收益的变动是不同的。需求价格弹性与总收益的关系一般可分为三种情况。

第一种情况：当商品为需求缺乏弹性，即 $|E_d|<1$ 时，价格降低会减少总收益，相反，价格提高会增加总收益，即商品的价格和总收益呈同方向变动。这是因为，当商品需求缺乏弹性时，价格下降所引起的需求量增加率小于价格的下降率，这意味着需求量增加所带来的总收益增加量并不能全部抵消价格下降所造成的总收益减少量，所以，价格下降最终带来的是总收益减少；同理，价格提高将最终带来总收益增加。在现实中，“谷贱伤农”就说明了这个道理。因为农产品一般为需求缺乏弹性商品，降低农产品价格则会导致农民的总收益减少，会出现在丰收反而收益下降的情形。如图 2－11（b）所示，价格由 3 下降为 2，产量由 20 上升为 25，总收益随之由 60 下降为 50。

☞ **扩展阅读**

谷贱伤农

“谷贱伤农”是经济学的一个经典问题。农民粮食收割后到底能卖多少钱取决于两个因素：产量和粮价，是二者的乘积。但这两个变量是反向变动的，价格越低，需求量越大；价格越高，需求量越小。另外，粮食是一种必需品，缺乏弹性，其需求量对价格的变化不是很敏感。当粮价下跌时，对粮食的需求量会增加，但增加得不是很多。这样，当粮食大幅增产后，由于粮食需求缺少弹性，只有在农民大幅降低粮价后才能将手中的粮食卖出，这就意味着，在粮食丰收时往往粮价要大幅下跌。而且粮价下跌的百分比超过粮食增产的百分比，则就出现增产不增收甚至减收的状况，这就是“谷贱伤农”。

第二种情况：当商品为需求富有弹性，即 $|E_d|>1$ 时，价格降低会增加总收益，相反，价格提高会减少总收益，即商品的价格和总收益呈反方向变动。这是因为，当商品需求富有弹性时，价格下降所引起的需求量增加率大于价格的下降率，这意味着价格下降所造成的总收益减少量必定小于需求量增加所带来的总收益增加量，所以，价格下降最终带来的是总收益增加；同理，价格提高将最终带来总收益减少。在现实中，生产者应对这类商品实行“薄利多销”，即降低商品价格可增加总收益。如图 2－11（d）所示，价格由 3 下降为 2，产量由 20 上升为 50，总收益随之由 60 上升为 100。

☞ **扩展阅读**

薄利多销

高档消费品的需求价格弹性与粮食不同。一方面，高档消费品的可替代性强，与中低档消费品一般可以相互替代。对消费者来说，高档消费品并不是必需的。而且，高档消费品的价格普遍较高，在消费者预算总支出中所占的比重很大。这些共同决定了高档消费品的需求对价格是富有弹性的。因此，当高档消费品降价时，其需求量会大幅上升，引起销售总收入的增长，出现“薄利多销”的情况。

第三种情况：当商品为需求单位弹性，即 $|E_d|=1$ 时，价格无论降低还是提高，都不会引起总收益变动。这是因为，当商品为需求单位弹性时，价格变动所引起的需求量变动率和价格变动率相等，这意味着价格变动所带来的总收益增加量或减少量刚好抵消需求量变动所带来的总收益减少量或增加量，所以，无论价格降低还是提高，最终带来的是总收益固定不变。在图 2－11（c）中，价格由 3 下降为 2，产量由 20 上升为 30，总收益不变，仍为 60。

表 2－3 说明了商品的需求价格弹性和厂商的总收益之间的关系，是记住价格弹性的要诀。

表 2－3　需求的价格弹性和总收益的关系

需求价格弹性	种类	价格变动	需求变动	总收益变动
$|E_d|>1$	富有弹性	上升	下降更多	减少
$|E_d|=1$	单元弹性	上升	下降	不变
$|E_d|<1$	缺乏弹性	上升	下降较少	增加

最后，厂商的总收益与消费者的总支出是同一事情的两个方面。因为厂商的销售收入就等于消费者的购买支出，所以，以上关于需求的价格弹性和厂商的销售收入之间关系的分析和结论，对于需求的价格弹性和消费者的购买支出之间的关系同样也是适用的。

☞ 案例讨论

航空客运与铁路客运的需求弹性①

从 20 世纪末到 21 世纪初的几年，我国的航空客运票价与铁路客运票价成为媒体与老百姓关注的热点之一。过去，各大航空公司根据航空客运市场的情况，实际上都对机票实行不同程度的折价出售。后来，民航总局为了整顿航空客运市场的票价秩序，强制性统一规定机票一律按全价出售，不得折价出售。这样，机票实际上相当于涨价了。于是，人们纷纷改乘火车等其他交通工具，飞机乘客大幅度减少。那时，一架波音 777 航班上只坐着十几位乘客的现象并不少见。航空公司普遍性亏损。在航空公司的呼吁和现实市场压力下，民航总局后

① 资料来源：叶德磊．微观经济学（第二版）［M］．北京：高等教育出版社，2004

来又对机票折价出售采取默许态度，飞机乘客量马上明显反弹，航空公司的销售收入也相应地明显增加。

与航空客运的较大需求弹性相反，我国铁路客运市场的需求弹性很小，尤其是在春运期间。铁道部为了减轻铁路客运压力，提高了春运期间的列车客运票价，实际上为列车客运经营部门增加了可观的收入。许多消费者对于铁道部的提价行为表示不满，有的消费者甚至于对铁道部的提价行为提起了诉讼。

问题：(1) 为什么我国航空客运的需求弹性大而铁路客运的需求弹性小？

(2) 非春运期间的火车票价适度降低能否增加客运收入？

(五) 需求价格弹性的影响因素

影响需求的价格弹性的因素有很多，其中主要有以下五个方面。

(1) 商品的可替代性。商品的可替代品越多，相近程度越高，则商品的需求的价格弹性往往就越大；相反，商品的需求的价格弹性往往就越小。例如，在饮料市场，当绿茶的价格上升时，消费者就会减少对绿茶的需求量，增加对相近的替代品，如咖啡的购买。这样，绿色的需求弹性就比较大。又如，对于食盐来说，没有很好的可替代品，所以，食盐价格的变化所引起的需求量的变化几乎等于零，它的需求的价格弹性是极其小的。对一种商品所下的定义越明确越狭窄，这种商品的相近的替代品往往就越多，需求的价格弹性也就越大。譬如，某种绿茶的需求要比茶叶的需求更有弹性，茶叶的需求又比饮料的需求更有弹性。

(2) 商品用途的广泛性。商品的用途越广泛，它的需求价格弹性就可能越大；相反，用途越狭窄，它的需求价格弹性就越小。如果商品具有多种用途，当它价格较高时，消费者只购买较少的数量用于最重要的用途上，当它的价格下降时，消费者会增加购买，将商品越来越多地用于其他用途上。

(3) 消费者对商品的需求程度。生活必需品的需求的价格弹性较小，奢侈品的需求的价格弹性较大。商品如果是生活必需品，即使价格上涨，人们还得照样买，其需求就缺乏弹性；而一些非必需的奢侈品，像贵重首饰、高档服装等，只有消费者购买力提高以后才买得起。例如，馒头的需求的价格弹性是较小的，电影票的需求的价格弹性是较大的。

(4) 商品的消费支出在消费者预算总支出中所占的比重。消费者对该商品的支出在消费者整个总支出中占的比重越低，该商品的需求价格弹性就越小；若对该商品支出在整个总支出中占的比重越高，需求的价格弹性就越大。例如，火柴、盐、铅笔、肥皂等商品的需求的价格弹性就是比较小的。因为，消费者在这些商品上的支出是很小的，消费者往往不太重视这类商品价格的变化。

(5) 消费者调节需求量的时间。调节时间越长，则需求的价格弹性就可能越大。因为，当消费者决定减少或停止对价格上升的某种商品的购买之前，一般需要花费时间去寻找和了解该商品的可替代品。例如，当石油价格上升时，消费者在短期内不会较大幅度地减少需求量。但设想在长期内，消费者可能找到替代品，于是，石油价格上升会导致石油的需求量较大幅度地下降。

此外，地域差别、消费习惯、商品质量、售后服务等因素也会影响需求价格弹性。另外，商品需求价格弹性的大小是各种因素综合作用的结果。所以，在分析某种商品的需求价格弹性的大小时，要根据具体情况进行综合分析。

☞ **即问即答**

西方的情人节这一天，为什么玫瑰价格猛涨而巧克力价格涨幅甚微呢？

二、需求的交叉价格弹性

需求的交叉价格弹性是指一种商品的需求量对另一种商品的价格变动的反应程度，是在一定时期内，当一种商品的价格变化1%时，所引起的另一种商品需求量变化的百分比，其弹性系数是一种商品需求量变动的百分比除以另一种商品价格变动的百分比。

假定商品X的需求量Q_X是它的相关商品Y的价格P_Y的函数，即$Q_X=f(P_Y)$，则商品X的需求的交叉价格弹性公式为：

$$E_{XY}=\frac{\Delta Q_X/Q_X}{\Delta P_Y/P_Y}=\frac{\Delta Q_X}{\Delta P_Y}\times\frac{P_Y}{Q_X} \tag{2.11}$$

式（2.11）中，ΔQ_X为商品X的需求量的变化量；ΔP_Y为相关商品Y的价格的变化量；E_{XY}为当Y商品的价格发生变化时的X商品的需求交叉价格弹性系数。

需求的交叉价格弹性可以是正值，也可以是负值，它取决于商品间关系的性质，即两种商品是替代关系还是互补关系。具有互补关系的商品称为互补品，具有替代关系的商品称为替代品。

互补商品之间：$E_{xy}<0$。对于互补商品来说，一种商品需求量与另一种商品价格之间呈反方向变动，所以其需求交叉弹性系数为负值。如照相机和胶卷、录音机和磁带等之间是功能互补性商品，它们之间的需求交叉弹性系数就是负值。一般情况下，功能互补性越强的商品交叉弹性系数的绝对值越大。

替代商品之间：$E_{xy}>0$。对于替代商品来说，一种商品需求量与另一种商品价格之间呈同方向变动，所以其需求交叉弹性系数为正值。如茶叶和咖啡、橘子和苹果等，这些商品之间的功能可以互相代替，其交叉弹性系数就是正值。一般来说，两种商品之间的功能替代性越强，需求交叉弹性系数的值就越大。

此外，若两种商品的交叉弹性系数为零，则说明X商品的需求量并不随Y商品的价格变动而发生变动，两种商品既不是替代品，也不是互补品。

需求的交叉价格弹性系数的符号取决于所考察的两种商品的相互关系。同时，可通过交叉弹性系数来衡量。

☞ 扩展阅读

彩色喷墨打印机的定价[①]

如果互补产品为一家生产，如彩色喷墨打印机和墨盒的定价。彩色喷墨打印机是基本品，墨盒是配套品，基本品应定价低，配套品应定价高，事实也就是这样，彩色喷墨打印机每台售价仅为400～500元，低价很诱人，但买下后才发现更换一个墨盒的价格是200元，一种色彩的油墨用完，不换墨盒就不能保证画面质量，而换四个墨盒的价格比一台彩色喷墨打印机还贵。根据交叉弹性的定价原理，面对基本品——打印机，定价过高消费者处于主动位置需求弹性较大，只有定低价才能吸引消费者购买，一旦基本品买下，配套品的选择余地就小了，消费者往往处于缺乏替代的被动地位，此时定高价能够获取较高利润，如果反过来基本品定价高结果导致需求者寥寥无几，那么配套品定价再低已失去意义。

☞ 即问即答

如何根据需求的交叉价格弹性判断商品之间关系的密切程度？

三、需求的收入弹性

需求的收入弹性是指商品的需求量对消费者收入的反应程度，是在一定时期内，当消费者的收入变化1%时，所引起的商品需求量变化的百分比，其弹性系数是商品需求量变动的百分比除以消费者收入变动的百分比。

假定某商品的需求量 Q 是消费者收入水平 M 的函数，即 $Q=f(M)$，则该商品的需求的收入弹性公式为：

$$E_M=\frac{\Delta Q/Q}{\Delta M/M}=\frac{\Delta Q}{\Delta M}\times\frac{M}{Q} \tag{2.12}$$

或

$$E_M=\lim_{\Delta M\to 0}\frac{\Delta Q/Q}{\Delta M/M}=\frac{dQ}{dM}\times\frac{M}{Q} \tag{2.13}$$

根据商品的需求的收入弹性系数值，可以将商品分为五类。

（1）需求收入无弹性，即 $E_M=0$，消费者收入的变化并不引起对商品需求量的变化，这是一种极端情况。

（2）需求收入弹性为负值，即 $E_M<0$，如果一种商品的需求收入弹性小于零，就说明该商品的需求量与收入变化之间存在反方向变化的关系。当消费者收入增加时，对该商品的需求量反而减少，这样的商品在经济学中称为劣等品或低档商品。

（3）需求收入缺乏弹性，即 $0<E_M<1$，当消费者收入增加时，消费者对某种商品的需求量增加，但是需求量增加的幅度小于收入增加的幅度。这种商品被称为生活必需品（necessities）。

---

① 资料来源：中华经济学习网：http：//jingji. 100xuexi. com/HP/20100909/DetailD1442014. shtml

(4) 需求收入富有弹性，即 $E_M>1$，当消费者收入增加时，消费者对某种商品的需求量增加，但是需求量增加的幅度大于收入增加的幅度。这种商品被称为奢侈品（luxury goods）。

(5) 需求收入单位弹性，即 $E_M=1$，在这种情况下，需求量变动与收入变动的百分比相同。

通俗地说，收入增加了我们不会多吃粮食、食盐，对牙膏的增加也有限；对旧货、低档面料的服装、处理品非但不增加，反而减少；收入增加后我们会增加住房、汽车、化妆品、名牌服饰等的需求。随着收入不断增加，低档品从我们的生活中逐渐消失，而高档品的消费越来越多，这种变化的情况符合恩格尔定律。

19 世纪德国统计学家恩斯特·恩格尔（Ernst Engel），在研究人们的消费结构变化时发现了一条规律，即家庭收入越少，其用来购买食物的支出所占的比例就越大；反过来也是一样。这是因为食品缺乏弹性。而这个家庭用以购买食物的支出与家庭的总收入之比，就叫恩格尔系数。对一个国家而言，这个国家越穷，其恩格尔系数就越高；反之，恩格尔系数越低。就是世界经济学界所公认的恩格尔定律。

联合国根据恩格尔系数的大小，对世界各国的生活水平有一个划分标准，即一个国家平均家庭恩格尔系数大于 60% 为贫穷；50% ~60% 为温饱；40% ~50% 为小康；30% ~40% 属于相对富裕；20% ~30% 为富裕；20% 以下为极其富裕。

☞ 经济学家简介

恩斯特·恩格尔①

恩斯特·恩格尔（Ernst Engel，1821 ~1896 年），德国经济学家和统计学家，社会统计学派中的主要人物。

恩斯特·恩格尔 1821 年 3 月 21 日出生在萨克森邦的德累斯登。1851 年，出任萨克森邦的统计局长，从此开始了他作为政府统计官员的生涯。

由于恩斯特·恩格尔长时期领导萨克森邦和普鲁士邦的统计工作，前后达三十多年，有着丰富的统计实践经验，同时，又有深湛的统计理论知识，因此，他在当时的德国和国际统计界享有盛名。

恩斯特·恩格尔主张，统计学应当既包括统计科学，又包括统计方法。它既是实质性的统计学，又是传统方法论的社会科学。他所提出的关于居民消费结构走势的恩格尔定律受到国际统计学家和经济学家的重视和采用。

恩斯特·恩格尔的主要著作有：《关于统计学是独立科学和方法问题之我见》（*My View on Statistics as an Independent Science and Method*）、《论人口统计的意义》（*Censuses, Their Place in Science and Role in History*）、《萨克森邦的生产与消费》（*Production and Consumption*

① 资料来源：笔者整理。

of Saxon）和《人的价值》（*Human Value*）等。

四、供给价格弹性

在西方经济学中，供给弹性包括供给的价格弹性、供给的交叉价格弹性等。在此只研究供给的价格弹性。

（一）供给价格弹性的含义及计算

供给的价格弹性，又被简称为供给弹性，是指商品的供给量对其价格变动的反应程度，表示在一定时期内，当商品的价格变化1%时，所引起的商品的供给量变化的百分比，其弹性系数是商品供给量变动的百分比除以价格变动的百分比。

假定供给函数为 $Q=f(P)$，Q 和 P 分别表示供给量的变动量和价格的变动量，以 E_S 表示供给的价格弹性系数，则供给的价格弹性的公式为：

$$E_S=\frac{\Delta Q/Q}{\Delta P/P}=\frac{\Delta Q}{\Delta P}\times\frac{P}{Q} \tag{2.14}$$

在通常情况下，商品的供给量与其价格是呈同方向变动的，供给量的变化量和价格的变化量的符号是相同的。

与需求的价格弹性一样，供给的价格弹性也分为弧弹性和点弹性。

弧弹性是指商品供给曲线上两点之间的供给量的变动对应于价格的变动的反应程度，即表示供给曲线上两点之间的弹性。

假定供给函数为 $Q=f(P)$，以 E_S 表示供给的价格弹性系数，则供给的价格弧弹性的公式为：

$$E_S=\frac{\Delta Q_S\Big/\dfrac{(Q_{S1}+Q_{S2})}{2}}{\Delta P\Big/\dfrac{(P_1+P_2)}{2}}=\frac{\Delta Q_S}{\Delta P}\times\frac{P_1+P_2}{Q_{S1}+Q_{S2}} \tag{2.15}$$

而点弹性是指供给曲线上某一点上供给量变动对于价格变动的反应程度。

$$E_S=\lim_{\Delta P\to 0}\frac{\Delta Q_S/Q_S}{\Delta P/P}=\frac{\mathrm{d}Q_S}{\mathrm{d}P}\times\frac{P}{Q_S} \tag{2.16}$$

（二）供给价格弹性的分类

根据 E_S 值的大小，供给的价格弹性也分为五种类型。

（1）完全无弹性。即 $E_S=0$，表示无论价格怎么变动，供给量都不会随之改变，供给量的变化量总是为零。这说明商品的供给量对于其价格的变化极其不敏感。如图 2－12（a）所示，供给曲线是一条平行于纵轴的垂线。

（2）弹性无穷大。又称为完全弹性，即 $E_S=\infty$，表示在既定的价格水平上，供给量是无限的。只要价格有一个微小的下降，就会使无穷大的供给量一下子减少为零。这说明商品的供给量对于其价格的变化是极其敏感。如图 2－12（e）所示，供给曲线是一条平行于横轴的水平线。

（3）单元弹性。即 $E_S=1$，表示供给量和价格按相同比率发生变动。商品的价格每升降1%，供给量就刚好减增1%。如图2－12（c）所示，供给曲线是一条始于原点的射线。

（4）缺乏弹性。即 $E_S<1$，表示供给量变动的比率小于价格变动的比率。商品的价格每升降1%，供给量变动的百分率小于1%。如图2－12（b）所示，供给曲线比较陡峭。

（5）富有弹性。即 $E_S>1$，表示供给量变动的比率大于价格变动的比率。商品的价格每升降1%，供给量变动的百分率大于1%。如图2－12（d）所示，供给曲线比较平坦。

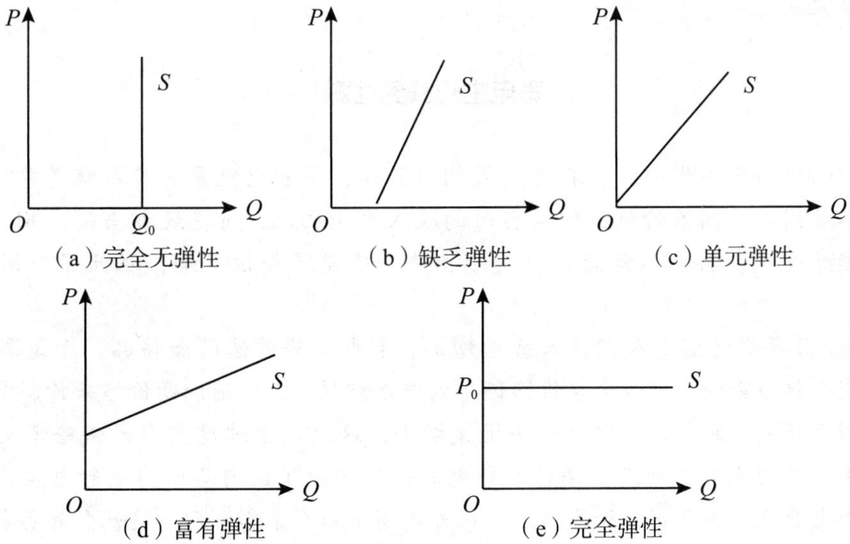

图2－12　供给曲线的不同类型

综合图2－12中供给曲线的五种形态可以看出：供给价格弹性越大，供给曲线越平坦。

现实经济生活中，供给单元弹性、供给完全无弹性和供给完全富于弹性比较少见，如作为不可再生性资源的土地的供给，以及那些无法复制的珍品的供给价格弹性等于零，而在劳动力严重过剩地区劳动力供给曲线具有完全弹性（无穷大弹性）的特点。大多数商品的供给不是富于弹性就是缺乏弹性。

（三）供给价格弹性的影响因素

影响需求的价格弹性的因素有很多，其中主要有以下四个方面。

（1）生产时期的长短。在短期内，生产设备、劳动等生产要素无法大幅度增加，从而供给无法大量增加，供给弹性也就小。尤其在特短期内，供给只能由存货来调节，供给弹性几乎是零。在长期中，生产能力可以提高，因此供给弹性也就大。这是影响供给弹性大小的最重要的因素。

（2）生产的难易程度。一般而言，容易生产而且生产周期短的产品对价格变动的反应快，其供给弹性大。反之，生产不易且生产周期长的产品对价格变动的反应慢，其供给弹性也就小。

（3）生产要素的供给弹性。供给取决于生产要素的供给。因此，生产要素的供给弹性大，产品供给弹性也大。反之，生产要素的供给弹性小，产品供给弹性也小。

（4）生产所采用的技术类型。有些生产采用资本密集型技术。这些产品的生产规模一旦固定，变动就较难，从而其供给弹性也小；有些产品采用劳动密集型技术。这些产品的生存规模变动较容易，从而其供给弹性也就大。

☞ 扩展阅读

彩电由短缺到过剩①

记得20世纪80年代初时，彩电变得相当紧俏，买彩电凭票，有人就是靠“倒彩电”发了财。尽管国家控制着价格，但与当时的收入水平相比，价格还相当高。90年代之后，彩电供求趋于平衡，再以后就是彩电卖不出去，爆发了降价风潮，拉开了中国价格战的序幕。

20世纪80年代时随着人们收入普遍增加，彩电成为首选的奢侈品，于是彩电需求剧增。彩电变得相当紧俏，当时彩电价格仍受到严格控制，无法用调高价格来抑制需求。而彩电生产受到生产能力的制约，供给无法迅速增加，这就产生过度需求或供给不足。为“倒彩电”和彩电票变成货币创造了条件。彩电的短缺刺激了国内各地引进彩电生产线，建设彩电厂。彩电业在全国开花，除西藏自治区外各省市都有了彩电厂。这就引起彩电市场走向均衡，甚至很快又走向过剩，爆发了降价风潮，拉开了中国“价格战”的序幕。

这个过程说明，在需求增加、价格（或变相的价格）上升后，供给的变动是与时间长短相关的。20世纪80年代彩电需求激增时，彩电厂受生产规模限制，难以很快增加，但90年代后供大于求时彩电产量也难以有大幅度减少。正因为如此，这些行业要确定一个最优规模。规模小会失去赚钱的机会，规模大又会形成生产能力过剩。

企业在投资时要根据长期市场需求和行业规模经济特点确定最优规模。短期中要根据暂时的市场变动做出反应。在做出这种决策时一定要考虑到供给弹性这个因素。彩电市场就是没有考虑到这一点，以致现在彩电产量难以随价格下降而减少。恐怕除了开拓国外市场增加需求和实行差别化的产品策略外，难以迅速改变彩电市场过剩的局面。

除了上述在西方经济学文献中经常出现的弹性概念外，根据所研究的具体经济问题的不同需要，经济学家也经常建立一些新的弹性关系。例如，一些经济学家研究一个国家的电力消耗量和国民生产总值GNP之间的弹性关系，这对于如何根据对一国经济增长的预测来合理安排本国的电力工业的发展是有实际意义。

---

① 资料来源：梁小民．微观经济学纵横谈［M］．北京：生活·读书·新知三联书店，2000

第六节 均衡价格理论的应用

均衡价格形成与变动的过程实际上就是价格调节经济的过程，在现实中价格的形成和价格对经济的调节是同一社会经济过程。

在市场经济中，价格在经济中的作用可以归纳为：第一，价格在经济中的作用是传递信息，决定收入分配；第二，作为指示器反映市场的供求状况；第三，价格的变动可以调节需求；第四，价格的变动可以调节供给；第五，价格可以使资源配置达到最优状态。

从理论上说，通过价格调节，就可以使资源配置达到最优状态。但是在现实中，由于种种条件的限制，价格调节并不一定能达到理论上的这种完善境地。而且，从经济的角度看，也许价格的调节能达到那种理论上完善的境界，但从社会或其他角度看，不一定是最好的。这就是经济学家所说的“市场失灵”。为此，通过一定的经济政策来纠正这种失灵就成为必要的。

价格政策就是为了纠正“市场失灵”采取的政策。价格政策也包括许多种，这里主要介绍两种：支持价格和限制价格。

一、支持价格

支持价格（floor price）是指政府为了扶持某一行业的生产而规定的该行业产品高于市场均衡价格的最低价格。支持价格一般应用于农业。

由图 2－13 可知，某商品市场的市场均衡价格为 P_E，均衡产量为 Q_E，政府实行高于均衡价格的 P_f 的支持价格。此时，市场的供给量 Q_S 大于需求量 Q_d，该商品市场出现商品过剩。

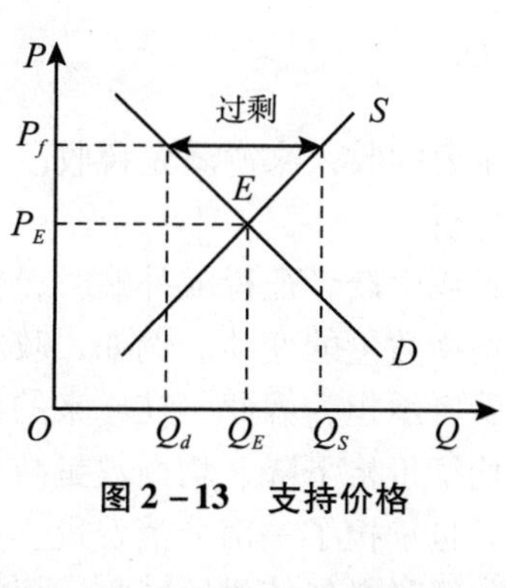

图 2－13 支持价格

为了解决这一问题，政府可采取如下措施：（1）政府收购过剩产品，或用于储备，或用于出口。在储备或出口受阻的情况下，收购过剩商品必然会增加政府财政开支。（2）政府对该商品的生产实行产量的限制，规定将生产的数量控制在支持价格下的均衡产量，使供求平衡。但在实施时需有较强的指令性且有一定的代价。

从长期来看，支持价格政策确实有利于农业的发展：稳定了农业生产，缓解了经济危机对农业的冲击；通过对不同农产品的不同支持价格，可以调整经济危机对农业的冲击，使之适应市场需求的变动；扩大了农业投资，促进了农业现代化的发展和劳动生产率的提高。

二、限制价格

限制价格（ceiling price），是政府为限制某些生活必需品的价格上涨而规定的低于均衡价格的最高价格。限制价格是政府为保护消费者利益而制定，有利于社会平等的实现和社会的安定。

由图 2－14 可知，某商品市场的市场均衡价格为 P_E，均衡产量为 Q_E，政府实行低于均衡价格的 P_C 的支持价格。此时，市场的需求量 Q_S 大于供给量 Q_d，该商品市场出现商品短缺。这种商品短缺就可能使市场上出现抢购现象或“黑市交易”。为此，政府可采取的措施是控制需求量，一般采取配给制，而配给制一方面会刺激需求，产生“黑市交易”；另一方面，会挫伤厂商的生产积极性，使短缺变得更厉害。

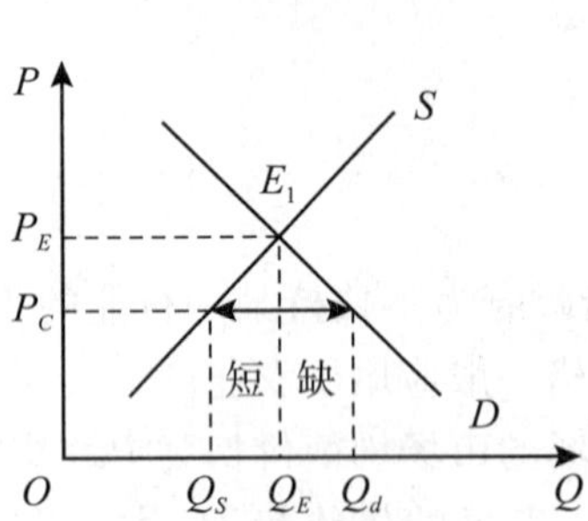

图 2－14　限制价格

三、征税的影响

政府作为一个经济主体，最主要的收入来源就是税收。下面运用供求原理对税收的承担者和税收对市场价格的影响进行分析。

当政府针对某一商品对消费者或生产者征税或补贴时，会导致商品的需求变动或供给变动，从而导致商品的均衡价格和均衡数量的变动。例如，政府对某一特殊的消费品征收消费税，从形式上说，消费税是由消费者承担，因此，在原来的价格上征收消费税，会使需求减少。根据供求定理，需求减少使均衡价格下降、均衡数量减少。均衡价格的下降意味着当政府向消费者征收消费税时，生产者也承担了一部分消费税。如果政府对某一产品向生产者或销售者征税，与原来的价格相比，征税必然使供给减少。根据供求定理，供给减少使均衡价格上升、均衡数量减少。均衡价格的上升意味着当政府向销售者征税时，消费者也承担了一部分税负。如果政府对生产某一种商品的生产者给予补贴，可将补贴视为负的税收。也就是说，与原来的价格相比，补贴的发放会使供给增加。根据供求定理，供给增加使均衡价格下降、均衡数量增加。均衡价格的下降、均衡数量的增加意味着当政府给予生产这种商品的生产者补贴时，消费者也享受了补贴带来的好处。

（一）向生产者征税的情形

政府对生产者征税的效应。为简化分析，假定需求曲线和供给曲线都是直线，在图2－15中，需求曲线 D 和供给曲线 S 相交于 E 点。均衡价格为 P_0，均衡产量为 Q_0。假定政府对生产者征收 T 量生产税，将使生产者的生产成本相应提高，从而使供给减少，因此，供给曲线 S 左移至 S'，垂直移动距离为 T，均衡点 E 移至 E'，均衡价格 P_0 上升为 P_1，均衡产量 Q_0 下降为 Q_1。

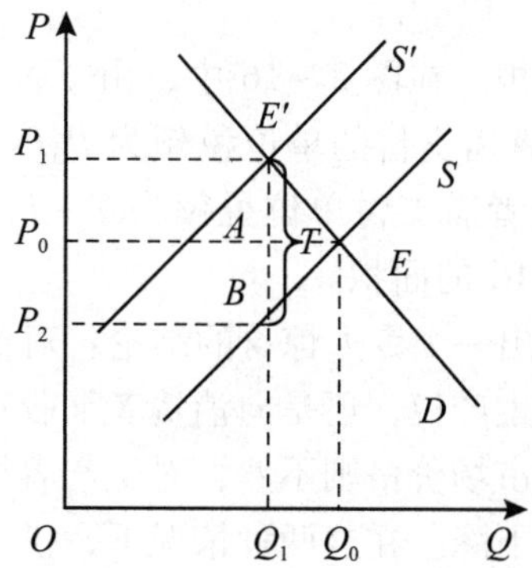

图2－15　向生产者征税

政府对生产者征税的税收负担。在图2－15中，由于征税，均衡点 E 移动到 E'，均衡价格 P_0 上升为 P_1，因此，消费者需支付数量为 P_0P_1 的单位税额，总的税收负担为 $P_0P_1 \times OQ_1$，即图2－15中 P_1P_0AE' 的面积，而生产者需支付的单位税额为 $T-P_0P_1$，即 P_0P_2，总的税收负担为 $P_0P_2 \times OQ_1$，即图2－15中 P_0ABP_2 的面积。

根据上面的分析得出下列两个结论：税收抑制了市场活动，当对商品征税时，均衡产量下降了；消费者与生产者分摊税收负担，在新的均衡时，消费者为该物品支付得多了，而生产者得到的少了。

（二）向消费者征税的情形

政府对消费者征税的效应。为简化分析，假定需求曲线和供给曲线都是直线，在图2－16中，需求曲线 D 和供给曲线 S 相交于 E 点。均衡价格为 P_0，均衡产量为 Q_0。假定政府对消费者征收 T 量消费税，将使消费者的实际收入相应降低，从而使需求减少，因此，需求曲线 D 左移至 D'，垂直移动距离为 T，均衡点 E 左移到 E'，均衡价格 P_0 下降为 P_2，均衡产量从 Q_0 下降为 Q_1。

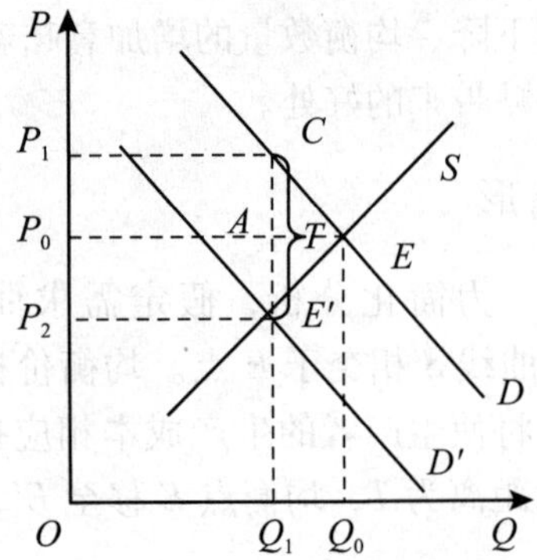

图 2－16　向消费者征税

政府对消费者征税的税收负担。在图 2－16 中，由于征税，均衡点由 E 移至 E'，均衡价格 P_0 下降为 P_1，因此，生产者需支付的单位税额为 P_0P_2，总的税收负担为 $P_0P_2 \times OQ_1$，即图中 $P_0AE'P_2$ 的面积，而消费者需支付单位税额为 $T - P_0P_2$，即 P_0P_1，总的税收负担为 $P_0P_1 \times OQ_1$，即图 2－16 中 P_1P_0AC 的面积。

比较图 2－15 和图 2－16 得出一个令人惊讶的结论：对消费者征税和对生产者征税是相同的。不论政府是向生产者征收生产税，还是向消费者征收消费税，但经过市场调节，最终税收必定会由双方共同承担。而市场价格则不然，对生产者征税会使市场均衡价格上升，而对消费者征税会使市场均衡价格下降。在这两种情况下，供给和需求曲线的相对位置发生了移动。在新均衡时，消费者和生产者分摊税收负担。对消费者征税和对生产者征税的唯一差别是谁把钱交给政府。

（三）弹性大小与税收归宿

当对商品征税时，消费者与生产者分摊税收负担。但税收负担只有极少数情况下是平均分摊的。图 2－17（a）和图 2－17（b）的差别表明需求和供给的弹性的不同会导致买卖双方税收负担的差别。

在图 2－17（a）中，相比较而言，供给富有弹性，而需求缺乏弹性，生产者只承担了一小部分税收负担，而消费者承担了大部分税收负担。这是因为，生产者对某种物品的价格非常敏感，而消费者非常不敏感。所以当征收税收时，生产者得到的价格并没有下降多少，因此，生产者只承担了一小部分负担。与此相比，消费者支付的价格大幅度上升，表示消费者承担了大部分税收负担。

在图 2－17（b）中，相比较而言，供给缺乏弹性，而需求富有弹性，生产者承担了大部分税收负担，而消费者承担了小部分税收负担。因为在这种情况下，生产者对价格不十分敏感，而消费者非常敏感。当征税时，消费者支付的价格上升并不多，而生产者得到的价格大幅度下降。因此，生产者承担了大部分税收负担。

图 2－17（a）和图 2－17（b）两图说明税收负担更多地落在缺乏弹性的一方身上。

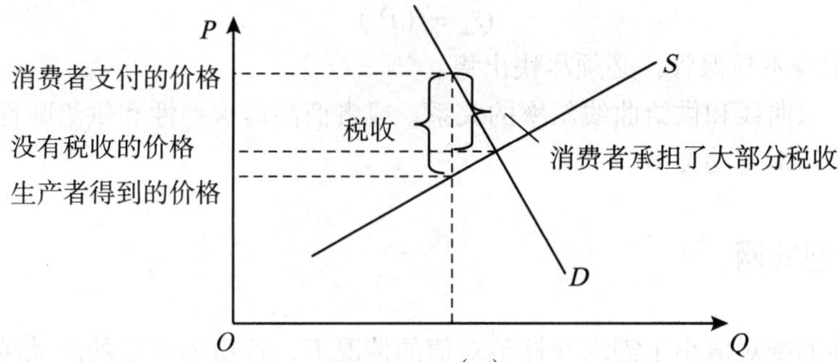

（a）

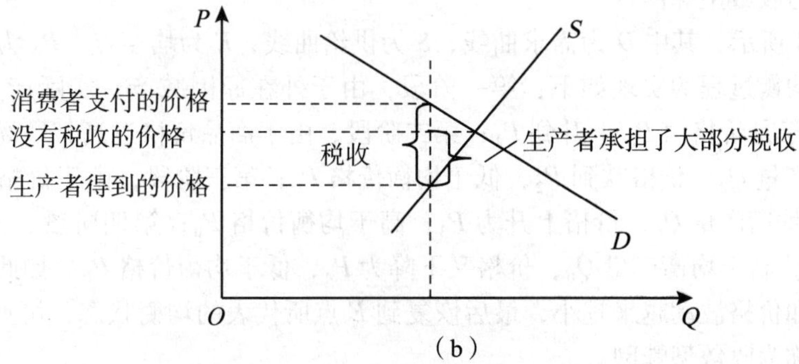

（b）

图 2－17　税收负担分割

第七节　蛛 网 模 型

蛛网模型（cobweb model）是用弹性理论考察价格波动对下一周期生产的影响及由此产生的均衡变动，是一种动态分析。按照这种理论绘制出来的供求曲线图，形状近似蛛网，故名为“蛛网模型”。

蛛网模型引进时间变化的因素，通过对属于不同时期的需求量、供给量和价格之间的相互作用的考察，用动态分析的方法论述生产周期较长的商品的产量和价格在偏离均衡状态以后的实际波动过程及其结果。

一、蛛网模型的假定条件

（1）假定是一种完全自由竞争的市场，$E_d=\infty$，任何厂商和消费者都不能影响产量和价格。

（2）供给量对价格的反应存在时滞。本期产量不决定于本期商品价格，本期产量 Q_{st} 决定于前期价格 P_{t-1}，即前期商品价格决定本期供给量，可用式（2.17）表示：

$$Q_{st}=f(P_{t-1}) \tag{2.17}$$

（3）需求量对价格的反应不存在时滞，价格变动立即引起需求变动。商品本期的需求量 Q_{dt} 决定于本期价格 P_t，可用式（2.18）表示：

$$Q_{dt}=f(P_t) \tag{2.18}$$

（4）商品本身不易保管，必须尽快出售。

根据商品需求曲线和供给曲线斜率的关系，或者商品需求弹性和供给弹性的关系，蛛网理论可分为三种均衡变动类型。

二、收敛型蛛网

在供给弹性的绝对值小于需求弹性绝对值的情况下，价格和产量的波动越来越小，最后恢复均衡，称为收敛型蛛网。

如图2－18所示，其中D为需求曲线，S为供给曲线，E为均衡点，P_0为均衡价格，Q_0为均衡产量。均衡过程的实现如下：第一阶段，由于外在原因减产，实际产量为Q_1，小于均衡产量Q_0，于是价格由P_0上升到P_1；第二阶段，由于商品价格过高，厂商把产量增加到Q_2，大于均衡产量Q_0，价格跌到P_2，低于均衡价格P_0；第三阶段，由于价格过低，厂商减产为Q_3，小于均衡产量Q_0，价格上升为P_3，高于均衡价格P_0；第四阶段，由于价格提高，产量上升为Q_4，高于均衡产量Q_0，价格又下降为P_4，低于均衡价格P_0。如此循环，如图所示，实际产量和价格波动越来越小，最后恢复到E点所代表的均衡状态，可见，E点是稳定的。这种蛛网称为收敛型蛛网。

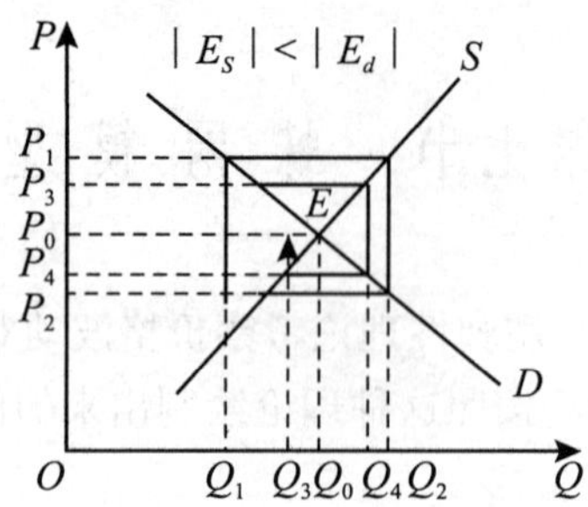

图2－18 收敛型蛛网

为更鲜明地反映收敛型蛛网的价格波动，把图2－18中价格变动的情况，以时间为自变量画在坐标图上，如图2－19所示。图2－19中纵坐标为价格，横坐标为时间t，P_0为均衡价格。价格波动越来越小，逐渐趋近于均衡价格。

三、发散型蛛网

在供给弹性的绝对值大于需求弹性绝对值的情况下，价格和产量波动越来越大，离开均衡点越来越远，称为发散型蛛网。

如图2－20所示，均衡过程的实现如下：第一阶段，由于外在原因减产，实际产量Q_1小于均衡产量Q_0，于是价格由P_0上升为P_1；第二阶段，由于商品价格过高，厂商把产量增

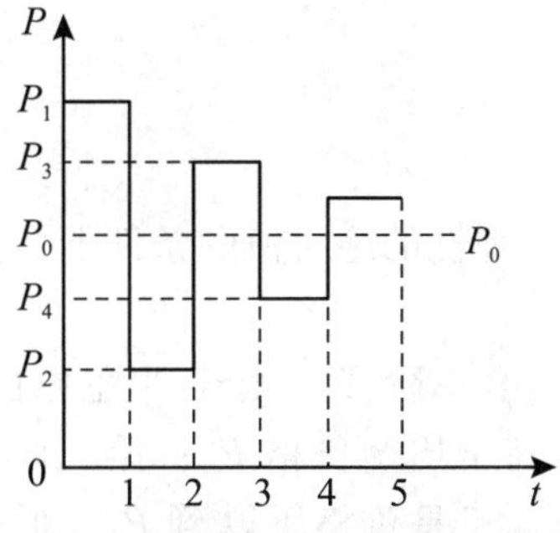

图 2－19　收敛型蛛网价格波动

加到 Q_2，大于均衡产量 Q_0，于是价格下跌到 P_2，低于均衡价格 P_0；第三阶段，由于价格过低，于是厂商减少产量为 Q_3，小于均衡产量 Q_0，于是价格上升为 P_3，高于均衡价格 P_0；第四阶段，由于价格提高，产量上升为 Q_4，高于均衡产量，价格又开始下降。如此循环，如图所示，实际产量和价格波动幅度越来越大，偏离均衡点 E 越来越远，可见 E 点所代表的价格状态是不稳定的。这种蛛网称为发散型蛛网。

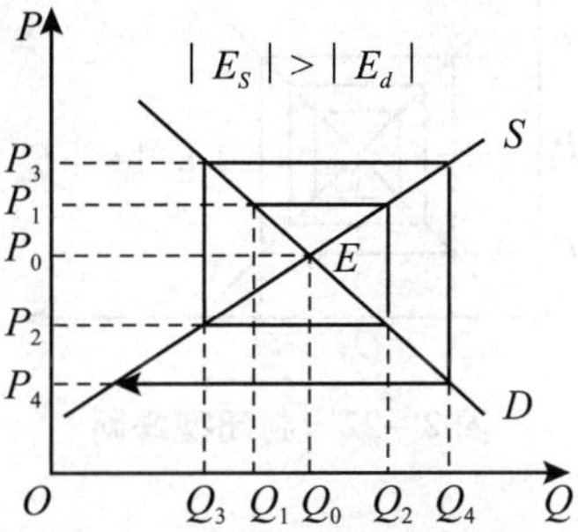

图 2－20　发散型蛛网

为更鲜明地反映发散型蛛网的价格波动状况，把价格波动轨迹连接起来画在以价格为纵坐标、以时间为横坐标的图形中，如图 2－21 所示。价格波动越来越大，且离均衡价格越来越远，是一种不稳定状态。

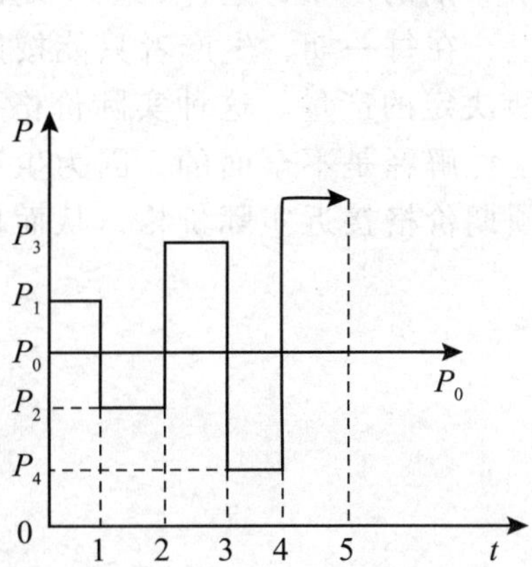

图 2－21　发散型蛛网价格波动

四、封闭型蛛网

当供给弹性的绝对值等于需求弹性的绝对值的条件下，价格和产量波动始终按同一幅度进行，称为封闭型蛛网。

用图 2－22 说明均衡过程。第一阶段，由于外在原因，实际产量为 Q_1，低于均衡产量 Q_0，这时价格上升为 P_1，高于均衡价格 P_0；第二阶段，由于价格上升，厂商把产量增加到 Q_2，大于均衡产量 Q_0，于是价格下跌到 P_2，低于均衡价格 P_0；第三阶段，由于价格过低，于是厂商减少产量为 Q_1，价格又上升为 P_1。如此循环，价格和产量始终按同一幅度曲线均衡点上下波动，既不进一步偏离均衡点，也不逐步趋于均衡点。由于价格和产量的这种波动是始终如一地沿着一个封闭的环路循环不已。因此，称为封闭型蛛网。

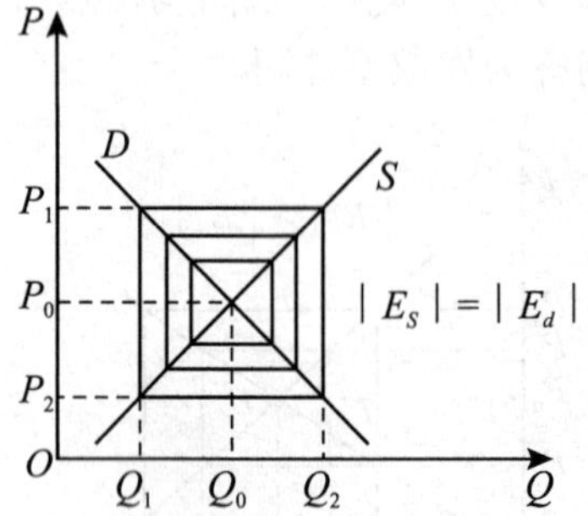

图 2－22　封闭型蛛网

西方经济学家认为，蛛网模型解释了某些生产周期较长的商品的产量和价格的波动的情况，是一个有意义的动态分析模型。但是，这个模型还是一个很简单的和有缺陷的模型。这是因为，根据该模型分析，造成产量和价格波动的主要原因是：生产者总是根据上一期的价格来决定下一期的产量，这样，上一期的价格同时也就是生产者对下一期的预期价格。而事实上，在每一期，生产者只能按照本期的市场价格来出售由预期价格（即上一期价格）所决定的产量。这种实际价格和预期价格不吻合，造成了产量和价格的波动。但是，这种解释是不全面的。因为生产者从自己的经验中，会逐步修正自己的预期价格，使预期价格接近实际价格，从而使实际产量接近市场的实际需求量。

☞ 扩展阅读

农产品的价格波动

在苹果价格比较高的时候，人们纷纷“上马”种植苹果树，若干年后，苹果的数量越来越多，造成苹果供过于求，苹果价格必须大幅度下降，这个时候种植苹果的农民会纷纷将苹果树砍掉，造成种植苹果的纷纷“下马”现象。这种“上马”与“下马”现象在现实的生活当中确实存在，给我国经济建设造成重大损失。所以单纯地凭借市场调节虽然从长远来说可以达到供给与需求的平衡状态，但是，这个过程时间很长，会造成重大的经济损失。由于，价格的波动使得价格偏离合理的状态，价格不合理又给投机分子造成了发不义之财的机会，所以，政府采取干预手段来减少价格的波动。

另外，由于粮食市场也存在着“蛛网效应”，市场一旦受到冲击将无法自动调适。因此，粮食市场不能完全开放。直到今天，很多经济学者（包括部分粮食专家）都认为，由于粮食市场存在着“蛛网效应”，粮食市场中的任何一个外部冲击都会被逐级放大而发散，市场无法自动调整至均衡状态，于是，它将对人们的生活、生产带来不利影响。因此政府必须对粮食市场进行干预。但政府干预不能完全达到预期效果，故期货市场应运而生，较完善的期货市场可以发现未来的价格，平抑现货市场价格，农民可根据期货市场的价格引导种植，并合理地套利，避免在粮食生产领域中收益与损失的大起大落。

本章框架

首先，给出微观经济学的研究对象和基本假定。其中基本假定包括“理性人”假定和完全信息假定。

其次，研究微观经济学的最基本和最核心的理论——供求原理。在对需求和供给的基本概念、影响因素、相关原理及变动进行分别介绍的基础上，提出均衡价格理论。并从支持价格、限制价格和征税的影响三个方面分析了供求原理的应用。

再次，分析弹性理论。在前面需求和供给的影响因素的基础上，进一步分析这些因素对于需求或供给的影响程度。其中，需求弹性包括需求的价格弹性、需求的收入弹性和需求的交叉价格弹性；供给弹性主要针对供给价格弹性。

最后，介绍蛛网模型，这是微观经济学唯一的一个动态模型。

本章结构如图 2 – 23 所示。

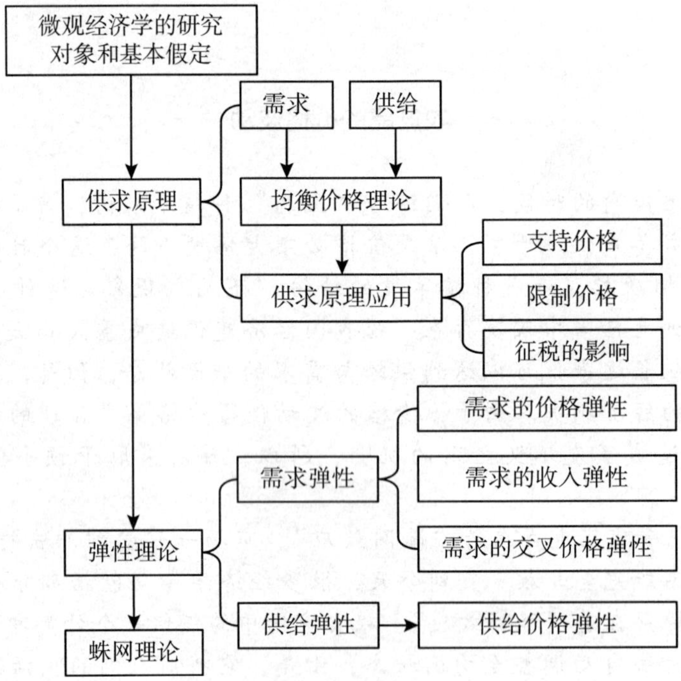

图 2－23　本章的结构框架

内 容 提 要

1. 市场是经济活动的中心，在市场这只“看不见的手”的作用下，会形成最优的资源配置，一般情况下，可将市场划分为竞争性市场和非竞争性市场。

2. 供给和需求分析是微观经济学的一个基本工具。在竞争性市场中，供给和需求曲线告诉我们，在不同的价格水平上，厂商将生产多少产品，而消费者将需要多少产品。

3. 在竞争市场上，供给与需求的均衡发生于供给与需求的力量处于平衡的价格水平上。均衡价格就是需求量正好等于供给量的价格，在图形中，均衡价格发生在供给曲线与需求曲线的交点。当市场上的实际价格偏离均衡价格时，市场上总存在着变化的力量，最终达到市场均衡。

4. 弹性描述了当价格、收入或其他变量变动时，供给和需求对其变动的反应程度。

5. 需求价格弹性反映了价格变动对总收益的影响。如果价格下降增加了总收益，则需求富有弹性；如果价格下降减少了总收益，则需求缺乏弹性；在单位弹性的情况下，价格变动对总收入不产生影响。

6. 政府主要通过实行支持价格可以支持或者保护某些行业的发展，保护厂商的利益；通过实行限制价格可以保护消费者利益，防止生活必需品的价格过高，控制通货膨胀。政府不论是向厂商还是向消费者征税，经过市场调节，最终税收必定会由双方共同承担，对厂商征税会使市场均衡价格上升，对消费者征税会使市场均衡价格下降。

复习与思考

一、名词解释

需求；供给；需求函数；供给函数；需求量的变动；需求的变动；供给量的变动；供给的变动；均衡价格；需求的价格弹性；供给的价格弹性；需求的收入弹性；需求的交叉弹性。

二、选择题

1. 下列体现了需求规律的是（　　）。
   A. 药品的价格上涨，使药品质量得到了提高　B. 汽油的价格提高，小汽车的销售量减少
   C. 丝绸价格提高，游览公园的人数增加　D. 照相机价格下降，导致销售量增加
2. 当汽油的价格上升时，在其他条件不变的情况下，对小汽车的需求量将（　　）。
   A. 减少　B. 不变　C. 增加　D. 难以确定
3. 当咖啡价格急剧升高时，在其他条件不变的情况下，对茶叶的需求量将（　　）。
   A. 减少　B. 不变　C. 增加　D. 难以确定
4. 下列因素中（　　）因素不会使需求曲线移动。
   A. 消费者收入变化　B. 商品价格下降　C. 其他商品价格下降　D. 消费者偏好变化
5. 鸡蛋的供给量增加是指供给量由于（　　）。
   A. 鸡蛋的需求量增加而引起的增加　B. 人们对鸡蛋偏好的增加
   C. 鸡蛋的价格提高而引起的增加　D. 由于收入的增加而引起的增加
6. 假如生产某种商品所需原材料的价格上升，则这种商品（　　）。
   A. 需求曲线向左方移动　B. 供给曲线向左方移动
   C. 需求曲线向右方移动　D. 供给曲线向右方移动
7. 供给规律中可以反映在（　　）。
   A. 消费者不再喜欢消费某商品，使该商品的价格下降
   B. 政策鼓励某商品的生产，因而该商品的供给量增加
   C. 生产技术提高会使商品的供给量增加
   D. 某商品价格上升将导致对该商品的供给量增加
8. 已知某商品的需求函数和供给函数分别为 $Q_d=14-3P$，$Q_s=2+6P$，该商品的均衡价格是（　　）。
   A. 4/3　B. 4/5　C. 2/5　D. 5/2
9. 假设某商品的需求曲线为 $Q=3-2P$，市场上该商品的均衡价格为 4，那么，当需求曲线变为 $Q=5-2P$后，均衡价格将（　　）。
   A. 大于 4　B. 小于 4　C. 等于 4　D. 小于或等于 4
10. 假定某商品的价格从 5 元降到 4 元，需求量从 9 个上升到 11 个，则该商品的总收益将（　　）。
    A. 不变　B. 增加　C. 减少　D. 无法判断
11. 对于一个不吃猪肉的人来说，猪肉的需求量和牛肉价格之间的交叉弹性是（　　）。
    A. 0　B. 负值　C. 非弹性　D. 弹性大小不一定
12. 已知需求方程为：$Q=50-2P$，在 $P=10$ 处的点价格弹性是（　　）。
    A. -6　B. -0.67　C. -0.33　D. 0

三、问答题

1. 下图中有三条为直线的需求曲线。

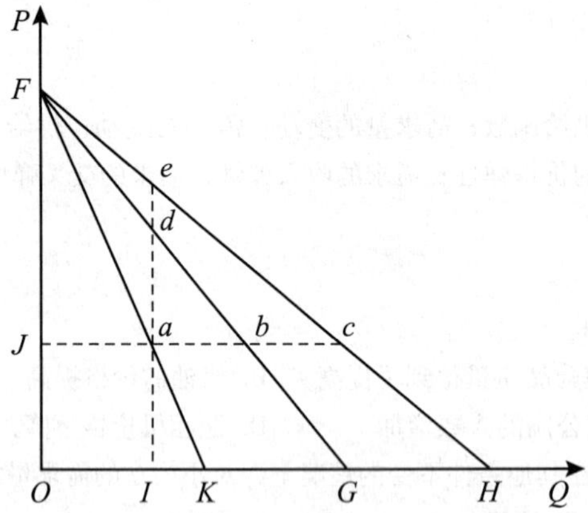

（1）试比较 a、b 和 c 点的需求价格弹性。

（2）试比较 a、d 和 e 点的需求价格弹性。

2. 如果考虑到提高生产者的收入，那么对农产品和轿车一类高级消费品应采取提价还是降价的办法？为什么？

3. 运用供求理论和弹性理论分析“谷贱伤农”或“丰收悖论”。

4. 用供求理论分析石油输出国组织为什么要限制石油产量？

四、计算题

1. 假设某种商品的需求函数和供给函数为：$Q_d = 14 - 3P$；$Q_s = 2 + 6P$，求：

（1）该商品的均衡价格和均衡产销量。

（2）该商品供求均衡时的需求价格弹性和供给弹性。

2. 假定同一市场上的两个竞争厂商，他们的市场需求曲线分别为 $P_X = 1000 - 5Q_X$ 和 $P_Y = 1600 - 4Q_Y$，这两家厂商现在的市场销售量分别是 100 单位 X 和 250 单位 Y。

（1）求 X，Y 当前的需求价格弹性。

（2）假定 Y 降价后使 Q_Y 增加到 300 单位，同时导致 X 的销售量 Q_X 下降到 75 单位，求 X 厂商产品 X 的交叉价格弹性是多少？

（3）假定 Y 厂商的目标是谋求收益最大化，应该采取怎样的价格策略？

3. 甲公司生产皮鞋，现价每双 60 美元，某年的销售量每月大约 10000 双，但其竞争者乙公司在该年 1 月把皮鞋价格从每双 65 美元降到每双 55 美元，甲公司 2 月销售量跌到 8000 双。试问：

（1）两个公司皮鞋的交叉弹性是多少（甲公司皮鞋价格不变）？

（2）若甲公司皮鞋弧弹性是 -2，乙公司把皮鞋价格保持在 55 美元，甲公司想把销售量恢复到每月 10000 双的水平，问每双要降价到多少？

4. 假设：（1）X 商品的需求曲线为直线：$Q_X = 40 - 0.5P_X$；（2）Y 商品的需求函数亦为直线；（3）X 与 Y 的需求曲线在 $P_X = 8$ 的那一点相交；（4）在 $P_X = 8$ 的那个交点上，X 的需求弹性之绝对值只有 Y 的需求弹性之绝对值的 1/2。请根据上述已知条件推导出 Y 的需求函数。

5. 在商品 X 市场中，有 10000 个相同的个人，每个人的需求函数均为 $D = 12 - 2P$；同时又有 1000 个相同的生产者，每个生产者的供给函数均为 $s=20P$。

（1）推导商品 X 的市场需求函数和市场供给函数。

（2）在同一坐标系中，绘出商品 X 的市场需求曲线和市场供给曲线，并表示出均衡点。

（3）求均衡价格和均衡产量。

（4）假设每个消费者的收入有了增加，其个人需求曲线向右移动了 2 个单位，求收入变化后的市场需求函数及均衡价格和均衡产量，并在坐标图上予以表示。

（5）假设每个生产者的生产技术水平有了很大提高，其个人供给曲线向右移动了 40 个单位，求技术变化后的市场供给函数及均衡价格和均衡产量，并在坐标图上予以表示。

（6）假设政府对售出的每单位商品 X 征收 2 美元的销售税，而且对 1000 名销售者一视同仁，这个决定对均衡价格和均衡产量有何影响？实际上谁支付了税款？政府征收的总税额为多少？

（7）假设政府对生产出的每单位商品 X 给予 1 美元的补贴，而且对 1000 名商品 X 的生产者一视同仁，这个决定对均衡价格和均衡产量有什么影响？商品 X 的消费者能从中获益吗？

【参考文献】

1. ［美］N. 格里高利·曼昆．经济学原理［M］. 北京：北京大学出版社，1999

2. ［美］约瑟夫·斯蒂格利茨．经济学——小品和案例［M］. 北京：中国人民大学出版社，1998

3. 尹伯成．西方经济学［M］. 上海：上海人民出版社，2008

4. 高鸿业．西方经济学［M］. 北京：中国人民大学出版社，1999

5. 刘冰．经济学基础［M］. 北京：高等教育出版社，2011

6. 梁小民．微观经济学纵横谈［M］. 北京：生活·读书·新知三联书店，2000

7. 叶德磊．微观经济学（第二版）［M］. 北京：高等教育出版社，2004

8. 中华管理学习网：http：//guanli. 100xuexi. com/HP/20100520/DetailD1062862. shtml

9. 中华经济学习网：http：//jingji. 100xuexi. com/HP/20100909/DetailD1442014. shtml

【进一步阅读提示】

【报纸】

《经济学信息报》《中国经济时报》

【杂志】

《经济研究》《经济学动态》《中国工业经济》《世界经济》《国际经济评论》《世界经济研究》《国际贸易》《国际贸易探索》《改革》《经济学家茶坐》

【数据来源及分析报告】

《世界经济展望》《世界经济年鉴》《中国统计年鉴》

【网址】

中国经济学教育科研网：http：//www. cenet. ccer. edu. cn

北京大学中国经济研究中心：http：//www. ccer. pku. edu. cn

第三章　效用理论

欲望是无止境的，多种多样的，但每一个人的欲望却是有其限度的。

——阿尔弗雷德·马歇尔（Alfred Marshall）

衡量正确与错误的标准是最大多数人的最大幸福……

——杰里米·边沁（Jeremy Bentham）

学习目的

通过本章的教学使学生了解需求曲线背后的消费者行为，了解基数效用论和序数效用论的区别和联系，掌握基数效用论关于消费者选择的分析，重点掌握序数效用论关于消费者选择的分析，理解需求曲线向右下倾斜的原因，能够分析商品的替代效应与收入效应。

学习目标

1. 了解效用的含义及其特点。
2. 了解基数效用论与序数效用论的区别。
3. 掌握边际效用的含义及其与总效用之间的关系。
4. 了解边际效用递减规律。
5. 掌握无差异曲线的含义与特征。
6. 理解边际替代率及其递减规律。
7. 了解预算线的含义与特征。
8. 掌握消费者均衡的条件。
9. 学会分析价格变动对消费者选择影响的两种效应。

关键概念

效用（utility）；基数效用（cardinal utility）；序数效用（ordinal utility）；总效用（total utility）；效用最大化（utility maximization）；边际效用（marginal utility）；边际效用递减规律（the law of diminishing marginal utility）；消费者均衡（consumer equilibrium）；消费者剩余（consumer surplus）；偏好（preference）；无差异曲线（indifference curve）；等产量曲线（isoquant curve）；边际替代率（marginal rate of substitution）；预算线（budget line）；补偿预算线（compensated budget line）；替代效应（substitution effect）；收入效应（income effect）；正常物品（normal good）；低档物品（inferior good）；吉芬物品（Giffen good）。

☞ 案例思考

加薪的激励作用

如果你是公司的管理层，为了提高员工工作的积极性，要给员工涨工资。增加薪水可以提高员工的工作热情，第一次涨薪1000元后，员工非常激动，大大增加了工作热情；第二次涨薪1000元后，员工很激动，增加了一些工作热情；第三次涨薪1000元后，有点激动，可能增加工作热情；第四次……，直至涨薪不能提高员工的任何工作热情。如果要想避免这种情况，每次涨薪都想达到和第一次一样的效果，则第二次涨薪可能需要2000元，第三次可能需要3000元……，或者使用其他的激励方式，例如，第二次可以安排其参加职业发展培训，第三次可以对其职位进行提升，虽然花费可能相当，但由于手段不同，可以达到更好的效果。一般来说给3000元月薪的人增加1000元带来的效应比给6000元月薪的人增加1000元带来的效应要大，可能和给6000元月薪的人增加2000元带来的效应相当，所以似乎给低收入的人增加工资对公司更有利。

问题：加薪的激励作用为什么会越来越小？

第一节 效用论概述

一、效用的概念

效用（utility）是指商品满足人的欲望的能力，或者说是消费者在消费商品与劳务时所感受到的满足程度。人们之所以要消费商品与劳务，是因为他们从消费中能够获得一些满足或享受，例如，喝水可以解渴、穿衣能够御寒、读书能够得到精神上的享受和增长知识等。我们把这种从商品与劳务的消费中所获得的满足程度称为效用。因此，一种商品与劳务对消费者是否具有效用和效用的大小，取决于消费者是否有消费这种商品与劳务的欲望，以及这种商品与劳务是否具有满足消费者欲望的能力。效用这一概念与人的欲望是联系在一起的，它是消费者对商品与劳务满足自己欲望能力的一种主观心理评价，所以，衡量效用大小的标尺是消费者的自我感觉比较。同一种商品对不同的消费者效用不同，例如，同样一个面包对一个饥饿的人来说效用比较大，而对于一个饱餐之后的人来说无效用甚至负效用。同一种商品即使对同一个消费者在不同的时间、不同的地点也会有很大不同。因此，效用因人而异、因地而异、因时而异。

☞ 案例讨论

最好吃的东西①

兔子和猫争论，世界上什么东西最好吃。兔子说："世界上萝卜最好吃。萝卜又甜又脆

① 资料来源：www.360doc.com/content/11/0215/17/1097216_93289211.shtml

又解渴，我一想起萝卜就要流口水。”猫不同意，说：“世界上最好吃的东西是老鼠。老鼠的肉非常嫩，嚼起来又酥又松，味道美极了！”兔子和猫争论不休、相持不下，跑去请猴子评理。猴子听了，不由得大笑起来：“瞧你们这两个傻瓜蛋，连这点儿常识都不懂！世界上最好吃的东西是什么？是桃子呀！桃子不但美味可口，而且长得漂亮。我每天做梦都梦见吃桃子。”兔子和猫听了，全都直摇头。

问题：世界上到底什么东西最好吃呢？

☞ 即问即答

“湖南人不怕辣，贵州人辣不怕，四川人怕不辣”是否意味着四川人最能吃辣？

二、基数效用和序数效用

既然效用是用来表示消费者在消费商品与劳务时所感受到的满足程度，于是就产生了对这种“满足程度”即效用的度量问题。在这一问题上，西方经济学家先后提出了基数效用和序数效用的概念，并在此基础上形成了分析消费者行为的两种方法，即基数效用论者的边际效用分析方法和序数效用论者的无差异曲线的分析方法。

基数和序数是来自数学的两个术语。基数是指 1，2，3，…，基数可以加总求和，例如，基数 6 加 8 等于 14，且 14 是 2 的 7 倍等。序数是指第一，第二，第三，……序数只表示顺序或等级不能加总求和。例如，序数第一、第二和第三，可以是 1、2 和 3，也可以是 2、8 和 10，它所要表明的仅仅是第二大于第一，第三大于第二，至于第一、第二和第三本身各自的数量具体是多少，是没有意义的。

基数效用论是早期研究消费者行为的一种理论。在 19 世纪和 20 世纪初期，西方经济学家普遍使用基数效用的概念。基数效用论者认为，效用如同长度、重量等物理属性一样，可以具体衡量并加总求和，具体的效用量之间的比较是有意义的。计量效用大小的单位称为效用单位。例如，对某消费者来说，一个苹果的效用是 5 个效用单位，一件衣服的效用是 30 个效用单位，则这两种消费的效用之和为 35 个效用单位，且后者的效用是前者的 6 倍。根据这种理论，我们可以用具体的数字来研究消费者效用的最大化问题。

序数效用论是 20 世纪 30 年代大多数西方经济学家所使用的理论。序数效用论者认为，由于效用是主观心理的概念，其具体大小无法衡量，效用之间的比较只能通过顺序或等级来表示，而与效用的绝对值的大小没有关系。利用序数效用分析经济现象时，无需指出各种物品的效用各是多少效用单位，而只需根据消费者的偏好程度，采用序数词第一，第二，第三……来表示各种物品效用的相对水平的高低。例如，消费者认为，从一件衣服的消费中所得到的满足要大于从消费一个苹果中得到的满足，则根据序数效用的概念，我们可以说消费者从一件衣服的消费中得到 30 个效用单位，从一个苹果的消费中得到 5 个效用单位；或者也可以说，该消费者从一件衣服的消费中得到 200 个效用单位，从一个苹果的消费中得到 18 个效用单位。这里的 30，5 和 200，18 没有任何物理或心理意义，只是它们的大小次序，即 30 大于 5，200 大于 18，表达了消费者对这两种商品的喜好程度的差别。以序数来度量效用，避免了由消费者个人主观心理所决定的效用难以计量和效用在不同消费者间无法比较的理论难题，因此，在现代微观经济学中，通常使用序数效用的概念。

三、消费者均衡

基数效用论者除了提出效用可以用基数衡量的假定以外，还提出了边际效用递减规律的假定。边际效用递减规律贯穿于基数效用理论，是基数效用论者分析消费者行为，并进一步推导消费者需求曲线的基础。

（一）有关效用的度量指标：总效用和边际效用

基数效用论者将效用区分为总效用（total utility，TU）和边际效用（marginal utility，MU）。可以用效用函数描述不同消费组合满足消费者需要的程度。总效用是消费者在一定时间内消费特定数量的商品所获得的效用总和。总效用的大小取决于所消费的商品量，它是所消费商品量的函数。边际效用是指消费者在一定时间内，增加一单位商品的消费所得到的效用量的增量。总效用也可以由连续消费的每一单位消费品所获得的边际效用加总得到，假定消费者对某种商品组合的消费数量为 Q，则总效用函数为：

$$TU = U(Q) \tag{3.1}$$

相应的边际效用函数为：

$$MU = \frac{\Delta TU(Q)}{\Delta Q} \tag{3.2}$$

当商品的增加量趋于无穷小，即 $\Delta Q \to 0$ 时为：

$$MU = \lim_{\Delta Q \to 0} \frac{\Delta TU(Q)}{\Delta Q} = \frac{\mathrm{d}TU(Q)}{\mathrm{d}Q} \tag{3.3}$$

一般人都有这样的生活经验：当消费一种商品时，当其消费量不断增加时，起初人们从其所消费的商品中得到的满足程度逐渐增加，但达到某一限度后，满足程度不增反减。下面利用表 3－1 来说明总效用和边际效用之间的关系。

表 3－1　某商品的效用

商品数量	总效用	边际效用
1	10	10
2	18	8
3	24	6
4	28	4
5	30	2
6	30	0
7	28	－2

由表 3-1 中可见，当商品的消费量由 1 增加为 2 时，总效用由 10 增加为 18 效用单位，总效用的增量即边际效用为 8 效用单位。当商品的消费量由 2 增加为 3 时，总效用由 18 效用单位上升为 24 效用单位，总效用的增量即边际效用下降为 6 效用单位。依此类推，当商品的消费量增加为 6 时，总效用达最大值为 30 效用单位，而边际效用已递减为 0。此时，消费者对该商品的消费已达到饱和点。当商品的消费量再增加为 7 时，边际效用会进一步递减为负值即 -2 效用单位，总效用便下降为 28 效用单位了。

还可以根据表 3-1 中提供的数据绘制出总效用和边际效用曲线（如图 3-1 所示）。图 3-1中的横轴表示商品的数量，纵轴表示效用量 *TU* 曲线和 *MU* 曲线分别为总效用曲线和边际效用曲线。在图中，*MU* 曲线是向右下方倾斜的，它反映了边际效用递减规律，相应地，*TU* 曲线是以递减的速率先上升后下降。当边际效用为正时，总效用曲线呈上升趋势；当边际效用为零时，总效用曲线达到最高点；当边际效用递减为负值时，总效用曲线呈下降趋势。

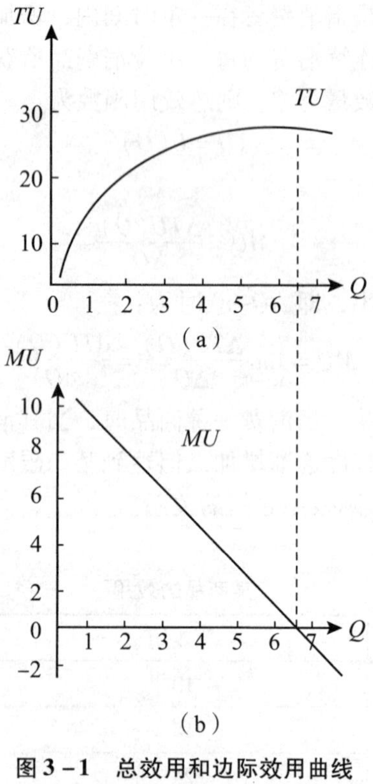

图 3-1　总效用和边际效用曲线

☞ 即问即答

当边际效用增加时总效用是否一定增加？

（二）边际效用递减规律

如表 3-1 和图 3-1 所示，随着消费量的持续增加，每增加一单位的消费量所带来的边际效用呈递减趋势，在图形上表现为边际效用曲线向右下方倾斜。这说明，消费者消费的某一物品数量越多，新增物品对该消费者的重要性越低，伴随着物品数量的增加，边际效用递减，这就是边际效用递减规律。

边际效用递减规律的内容是：假定消费者对其他商品的消费保持不变，则消费者从连续消费某一特定商品中所得到的满足程度，将随着这种商品消费量的增加而递减。边际效用递减规律是人们消费时的一个普遍规律，而且是微观经济学中的一个重要假设，经济学中许多定律都是由这个规律导出的，无此规律经济学中许多原理或结论无从得出。例如，在一个人饥饿的时候，吃第一个面包给他带来的效用是很大的。以后，随着这个人所吃面包数量的连续增加，虽然总效用是不断增加的，但每一个面包给他所带来的效用增量即边际效用却是递减的。当他完全吃饱的时候，包子的总效用达到最大值，而边际效用却降为零。如果他继续吃面包，就会感到不适，这意味着面包的边际效用进一步降为负值，总效用也开始下降。

关于边际效用递减的原因有多种解释，这里介绍其中有代表性的两种。一是设想每种物品有多种用途，而消费者将不同的用途按重要性划分为若干等级。当物品只有一单位时，他必定将该物品用于最重要的用途上；当物品有两个单位时，他会将新增加的物品用于次重要的用途上。依此类推，则新增加的物品给消费者所提供的效用或满足程度是顺次递减的。另一种解释是，由于物品的效用是消费者对他的主观感受，因此，当某种物品数量很多时，消费者生理上或心理上对重复刺激的反应就递减了，从而导致物品增加所带来的追加效用程递减趋势。

☞ 案例讨论

春晚的怪圈①

大约从20世纪80年代初期开始，我国老百姓在过春节的年夜饭中增添了一套诱人的内容，那就是春节联欢晚会。记得1982年第一届春晚的出台，在当时娱乐事业尚不发达的我国引起了极大的轰动。晚会的节目成为全国老百姓在街头巷尾和茶余饭后津津乐道的题材。晚会年复一年地办下来了，投入的人力和物力越来越大，技术越来越先进，场面设计越来越宏大，节目种类也越来越丰富。但不知从哪一年开始，人们对春晚的评价却越来越差了。原来街头巷尾和茶余饭后的赞美之词变成了一片骂声，春晚成了一道众口难调的“大菜”，晚会陷入了“年年办，年年骂；年年骂，年年办”的怪圈。

问题：春晚的怪圈反映了什么经济学原理？

☞ 即问即答

在人们生活中，作为必需品的水，无疑比作为高档饰品的钻石重要得多，但为什么钻石

① 资料来源：胡玲玲. 从边际效用递减规律看央视春晚“怪圈”现象［N］. 商，2015（25）

的价格比水贵得多？

（三）关于货币的边际效用

基数效用论者认为，货币如同商品一样，也具有效用。消费者用货币购买商品，就是用货币的效用交换商品的效用。商品的边际效用递减规律对于货币也同样适用。对于一个消费者来说，随着货币收入量的不断增加，货币的边际效用是递减的。这就是说，随着货币收入量的不断增加，每增加一元钱给消费者所带来的边际效用是越来越小的。

但是在分析消费者行为时，基数效用论者又通常假定货币的边际效用是不变的。据基数效用论者的解释，在一般情况下，绝大部分商品的单位价格只占消费者总货币收入量中的很小部分，所以，当消费者对某种商品的购买量发生很小的变化时，所支出货币的边际效用变化非常小，对于这种微小的货币边际效用变化，可以略去不计。因此，货币的边际效用便是一个不变的常数。

☞ 扩展阅读

富翁和乞丐：1 元钱意味着什么①

谁能从额外的1元中获得更多的效用？是穷人还是富翁？绝大多数会说穷人所获得的效用更多，因为穷人的钱比富翁要少得多。对于一个百万富翁来说，额外的1元钱算得了什么？有人认为边际效用递减规律能够说明，富翁从额外的1元中获得的效用要比穷人少，然而这是对边际效用递减规律的误解。在这个例子中，边际效用递减规律所说明的是，对富翁来讲额外的1元的价值低于先前的1元；对穷人而言，额外的1元也低于其先前拥有的1元。假设富翁有200万元，而穷人只有1000元。现在再给他们每个人1元。边际效用递减规律所能够说明的是，这额外的1元价值对富翁而言低于他的第200万元，同样这额外的1元的价值对穷人来说低于他的第1000元。但是我们不知道，也不可能知道，这额外的1元对富翁来讲是不是比对穷人来讲更有价值，或者更没有价值。总而言之，边际效用递减规律只能说明富翁和穷人各自的情况（对他们而言，最后1元同样没有先前的1元来的值钱），但是它不能说明富翁的效用和穷人的效用相比会怎么样。

要比较富翁和穷人各自从这额外的1元中所获得的效用，就陷入了所谓的效用的人际间比较的陷阱。一个人从某种产品中获得的效用不能和另一个人从同一件产品中获得的效用进行科学客观的比较，因为，效用是主观的东西。谁能肯定地知道，富翁从额外的1元中所获得的满意度和穷人相比孰大孰小？我们不能随意“猜测”某人从消费某物中所获得的效用，再把它和我们对于另一个人从消费某物中所获得的效用的“猜测”进行比较，并把这些“猜测”称为客观的事实。

---

① 资料来源：www. doc88. com/p-9923458426204. html

（四）消费者均衡

消费者均衡是研究单个消费者如何把有限的货币收入分配在各种商品的购买中以获得最大的效用。也就是说，它是研究单个消费者在既定收入下实现效用最大化的均衡条件。这里的均衡是指消费者实现最大效用时既不想增加也不想减少任何商品购买数量的这么一种相对静止的状态。

消费者总是希望在花费一定量货币时能获得最大效用。可以说，总效用最大化原则是支配消费者购买行为的基本法则。基数效用论者认为消费者实现效用最大化的均衡条件是：如果消费者的货币收入水平是固定的，市场上各种商品的价格是已知的，消费者应该使自己所购买的各种商品的边际效用与价格之比相等。或者说，消费者应使自己花费在各种商品购买上的最后 1 元钱所带来的边际效用相等。

假设消费者用既定的收入 I 购买 n 种商品，P_1，P_2，…，P_n 分别为 n 种商品的既定的价格，λ 为不变的货币的边际效用，用 X_1，X_2，…，X_n 分别表示 n 种商品的数量，MU_1，MU_2，…，MU_n 分别表示 n 种商品的边际效用，则上述消费者效用最大化的均衡条件可以用公式表示为：

$$P_1X_1 + P_2X_2 + \cdots + P_nX_n = I \tag{3.4}$$

$$\frac{MU_1}{P_1} = \frac{MU_2}{P_2} = \cdots = \frac{MU_n}{P_n} = \lambda \tag{3.5}$$

式（3.4）是限制条件，即消费者在 n 种商品上的花费总和为 I；式（3.5）是均衡条件，表示消费者应选择的最优的商品组合，即使得自己花费在各种商品上的最后 1 元钱所带来的边际效用相等，且等于货币的边际效用。

下面以消费者购买两种商品为例，具体说明消费者效用最大化的均衡条件。

$$P_1X_1 + P_2X_2 = I \tag{3.6}$$

$$\frac{MU_1}{P_1} = \frac{MU_2}{P_2} = \lambda \tag{3.7}$$

MU_1 及 MU_2 分别代表商品 1 和商品 2 的边际效用，P_1 及 P_2 分别代表商品 1 和商品 2 两种商品的价格，λ 为不变的货币的边际效用。

那么，为什么只有当 $MU_1/P_1 = MU_2/P_2 = \lambda$ 时，才能实现消费者均衡呢？

如果 $MU_1/P_1 > MU_2/P_2$，表示支付同样的货币额，购买商品 1 得到的边际效用大于购买商品 2 的边际效用。这时理性的消费者必然减少商品 2 的购买量，增加商品 1 的购买量，每转移一个单位货币的购买方向，都表明在商品 1 上得到的效用大于商品 2 减少的效用，因而总效用不断增加。同时，在边际效用递减规律的作用下，商品 1 的边际效用会随其购买量的不断增加而递减，商品 2 的边际效用会随其购买量的不断减少而递增。这一过程一直持续到 $MU_1/P_1 = MU_2/P_2$，此时总效用增加到最大程度。

如果 $MU_1/P_1 < MU_2/P_2$，表示支付同样的货币额，购买商品 1 得到的边际效用小于购买商品 2 的边际效用。这时理性的消费者必然减少商品 1 的购买量，增加商品 2 的购买量，每转移一个单位货币的购买方向，都表明在商品 2 上得到的效用大于商品 1 减少的效用，因而

总效用不断增加。同时，在边际效用递减规律的作用下，商品 2 的边际效用会随其购买量的不断增加而递减，商品 1 的边际效用会随其购买量的不断减少而递增。这一过程一直持续到 $MU_1/P_1 = MU_2/P_2$，此时总效用增加到最大程度。

另外，我们还要讨论 MU_2 与 λ 的关系。当 $MU_1/P_1 > \lambda$ 时，表示消费者花 1 元于商品 1 所获得效用大于其拥有 1 元的效用，或者说此时消费者对商品 1 的消费量是不足的，这样消费者会增加对商品 1 的支出，以获得更多的效用，直到 $MU_1/P_1 = \lambda$ 为止。相反，当 $MU_1/P_1 < \lambda$ 时，表示消费者花 1 元于商品 1 所获得效用小于其拥有 1 元的效用，或者说此时消费者对商品 1 的消费量太多了，这样消费者会减少对商品 1 的支出，直到 $MU_1/P_1 = \lambda$ 为止。

综上所述，只有当消费者在两种商品的消费上实现 $MU_1/P_1 = MU_2/P_2 = \lambda$ 时，才能获得最大的满足，实现效用最大化，达到消费者均衡。

下面以表 3 - 2 为例，进一步说明消费者的均衡条件。

表 3 - 2　　某消费者的边际效用

Q	1	2	3	4	5	6	7	8
MU_1	11	10	9	8	7	6	5	4
MU_2	19	17	15	13	12	10	8	6

在表 3 - 2 中，假设消费者将 8 元钱全部用于购买两种商品，两种商品的价格分别是 $P_1 = 1$ 元，$P_2 = 1$ 元。那么该消费者如何实现消费者的最大效用呢？

在商品的边际效用连续下降的情况下，消费者只有使每 1 元钱所带来的效用最大，才能使总效用最大。根据表 3 - 2，理性的消费者将会用第一个 1 元钱购买第一单位的商品 2，由此得到 19 效用单位，他不会用第一个 1 元钱购买商品 1，因为只能得到 11 单位的效用。同理，根据追求最大效用的原则，他将用第二个 1 元钱、第三个 1 元钱、第四个 1 元钱和第五个 1 元钱去购买第二单位、第三单位、第四单位和第五单位的商品 2，分别获得 17、15、13、12 效用单位。第六个 1 元钱会用于购买商品 1，获得 11 效用单位。最后，用第七个 1 元钱、第八个 1 元钱去购买第二单位的商品 1 和第六单位的商品 2，这时，分别花费在这两种商品上的最后 1 元钱所带来边际效用是相等的，都是 10 个单位。至此，该消费者的全部收入 8 元都用完，并以购买 2 个单位的商品 1 和 6 个单位的商品 2 实现效用最大化，即：

$$P_1X_1 + P_2X_2 = 8 \tag{3.8}$$

$$\frac{MU_1}{P_1} = \frac{MU_2}{P_2} = \lambda \tag{3.9}$$

此时，消费者获得了最大的总效用，为 107 效用单位。

如果消费者购买第四单位的商品 1 和第四单位的商品 2，就会出现 $MU_1/P_1 < MU_2/P_2$ 的情况，则消费者自然会减少对商品 1 的购买和增加对商品 2 的购买。相反，如果消费者购买第一单位的商品 1 和第七单位的商品 2，就会出现 $MU_1/P_1 > MU_2/P_2$ 的情况，则消费者自然会增加商品 1 的购买和减少商品 2 的购买。以上两种调整过程都各自要持续到消费者购买第二个单位商品 1 和第六个单位商品 2 的最佳购买组合为止。

四、需求曲线的推导

基数效用论者以边际效用递减规律和建立在该规律上的消费者效用最大化的均衡条件为基础推导消费者的需求曲线。

商品的需求价格是指消费者在一定时期内对一定量的某种商品所愿意支付的价格。按照基数效用理论，商品的需求价格是由商品的边际效用决定。具体地说，如果某一单位的某种商品的边际效用越大，则消费者为购买这一单位的该种商品所愿意支付的价格就越高；反之，如果某一单位的某种商品的边际效用越小，则消费者为购买这一单位的该种商品所愿意支付的价格就越低。由于边际效用递减规律的作用，随着消费者对某一种商品消费量的连续增加，该商品的边际效用是递减的，相应地，消费者为购买这种商品所愿意支付的价格即需求价格也是越来越低的。

进一步地，联系消费者效用最大化的均衡条件进行分析，考虑消费者购买一种商品的情况，那么上述的消费者均衡条件可以写为：

$$\frac{MU}{P}=\lambda \tag{3.10}$$

它表示：消费者对任何一种商品的最优购买量应该是使最后 1 元钱购买该商品所带来的边际效用和所付出的这 1 元钱的货币的边际效用相等。该式还意味着：由于对于任何一种商品来说，随着需求量的不断增加，边际效用 MU 是递减的，于是，为了保证上式均衡条件的实现，在货币边际效用 λ 不变的前提下，商品的需求价格 P 必然同比例于 MU 的递减而递减。

如图 3－2 所示，横轴表示商品的数量，纵轴表示商品的价格，商品的需求量随商品的价格的上升而减少，随商品的价格的下降而增加，即商品的需求量与商品的价格呈反方向变动。从而需求曲线 $Q^d=f(P)$ 是向右下方倾斜的。

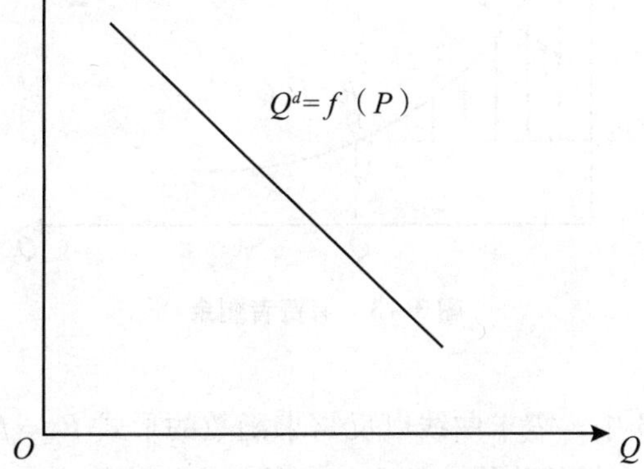

图 3－2 单个消费者的需求曲线

五、消费者剩余

消费者剩余是消费者愿意对某商品支付的价格与实际支付的价格之间的差额，或者说，是消费者消费某种一定量商品所获得的总效用与为此花费的货币的总效用的差额。

在消费者购买商品时，一方面，已知，消费者对每一单位商品所愿意支付的价格取决于这一单位商品的边际效用。由于商品的边际效用是递减的，所以，消费者对某种商品所愿意支付价格是逐步下降的。但是，另一方面，需要区分的是，消费者对每一单位商品所愿意支付的价格并不等于该商品在市场上的实际价格。事实上，消费者在购买商品时是按照实际的市场价格支付的。于是，在消费者愿意支付的价格和实际的市场价格之间就产生了一个差额，这个差额便构成了消费者剩余的基础。例如，某种汉堡包的市场价格为 3 元，某消费者在购买第一个汉堡包时，根据这个汉堡包的边际效用，他认为值得付 5 元去购买这个汉堡包，即他愿意支付的价格为 5 元。于是当这个消费者以市场价格 3 元购买这个汉堡包时，就创造了额外的 2 元的剩余。在以后的购买过程中，随着汉堡包的边际效用递减，他为购买第二个、第三个、第四个汉堡包所愿意支付的价格分别递减为 4.50 元、4.00 元和 3.50 元。这样，他为购买 4 个汉堡包所愿意支付的总数量为 $5.00+4.50+4.00+3.50=17$（元）。但他实际按市场价格支付的总数量为 $3.00\times4=12$（元）。两者的差额为 $17-12=5$（元）。这个差额就是消费者剩余。也正是从这种感觉上，他认为购买 4 个汉堡包是值得的，是能使自己的状况得到改善的。

消费者剩余可以用几何图形来表示。简单地说，消费者剩余可以用消费者需求曲线以下、市场价格线之上的面积来表示，如图 3－3 中的阴影部分面积所示。

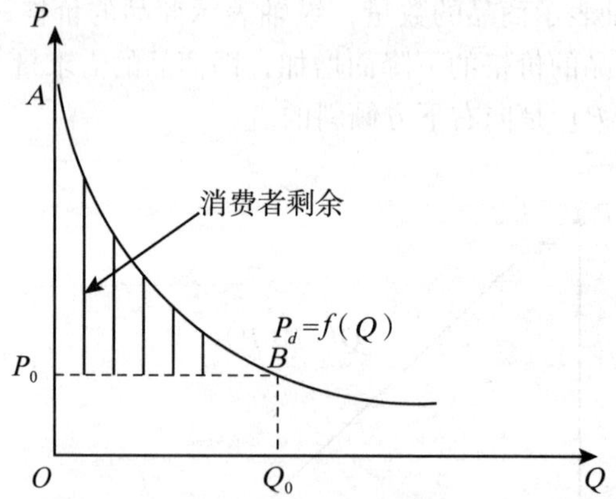

图 3－3　消费者剩余

具体地看，在图 3－3 中，需求曲线以反需求函数的形式 $P_d=f(Q)$ 给出，它表示消费者对每一单位商品所愿意支付的价格。假定该商品的市场价格为 P_0，消费者的购买量为 Q_0。那么，根据消费者剩余的定义，我们可以推断，在产量 O 到 Q_0 区间需求曲线以下的面积表示消费者为购买 Q_0 数量的商品所愿意支付的总数量，即相当于图中的面积 $OABQ_0$；而实际支付的总数量等于市场价格 P_0 乘以购买量 Q_0，即相当于图中的矩形面积 OP_0BQ_0。这两块面积的差额即图中的阴影部分面积，就是消费者剩余。

以上，利用单个消费者的需求曲线得到了单个消费者剩余，这一分析可以扩展到整个市场。相类似地，可以由市场的需求曲线得到整个市场的消费者剩余，市场的消费者剩余可以用市场需求曲线以下、市场价格线以上的面积来表示。

即问即答

消费者剩余是消费者的主观感受吗?

第二节 无差异曲线及其特点

基数效用论是以效用的可测量和可加总为前提的，由于基数效用论的内容是主观的，而用来度量内容的方法是客观的，这种内容和方法的矛盾限制了边际效用理论的进一步发展，从而使基数效用论显现出其局限性。为了弥补基数效用论的缺点，序数效用论者提出用无差异曲线分析方法来考察消费者行为的理论。

一、关于消费者偏好的假定

序数效用论认为，商品的效用是无法用具体数字来衡量的，只能用顺序或等级来表示，因此提出了“消费者偏好”这个概念来取代基数效用论者关于效用的大小可以用“效用单位”来表示的观点。所谓偏好是指消费者对其消费的商品喜爱或不喜爱的程度。对于单个消费者来说，他所消费的不可能是一种商品，而是由几种商品所形成的商品组合。这样，消费者偏好就是指消费者根据自己的意愿对其所可能消费的商品组合进行的喜好程度的排序。

一般认为，消费者在满足以下三个假设时，就可以对其偏好排序了。

假设 1：完全性。对于任何两个商品组合 A 和 B，消费者总是可以做出，而且也只能做出以下三种判断中的一种：对 A 的偏好大于对 B 的偏好；对 B 的偏好大于对 A 的偏好；对 A 和 B 的偏好相同。偏好的完全性保证了消费者总是可以比较和排列所给出的不同商品的组合。

假设 2：传递性。如果消费者对 A 的偏好大于 B，对 B 的偏好大于对 A 的偏好，那么，在 A，C 这两个组合中，必有对 A 的偏好大于 C。偏好的可传递性保证了消费者的偏好是一致的，因而也是理性的。

假设 3：非饱和性。如果两个商品组合的区别仅在于其中一种商品的数量不相同，那么，消费者总是偏好含有这种商品数量较多的那个商品组合。这就是说消费者对每一种商品的消费都没有达到饱和点，或者说，对于任何一种商品，消费者总是认为多比少好。这里我们不考虑诸如环境污染和噪声这些不值得拥有的东西，因为，大部分消费者不会去购买这些商品。

序数效用论者对消费者偏好的这三个基本的假设条件又被称为消费者理论的“公理”。要注意的是：偏好不取决于商品的价格，也不取决于收入，只取决于消费者对商品的喜爱与不喜爱的程度。例如，消费者购买了一辆桑塔纳轿车，但在他心目中仍然觉得奔驰轿车比桑塔纳轿车强，这并不矛盾，因为最后的购买决策不光决定于偏好，还决定于消费可能性曲线。

☞ 扩展阅读

中外首脑为什么对饮食各有喜好——偏好

毛泽东一生中最喜欢吃的荤菜当数红烧肉。他经常说："吃点红烧肉，补补脑子。"中华人民共和国成立后，战争年代十分恶劣的环境和异常艰苦的生活已有好转，保健医生为了毛泽东的健康，曾就吃红烧肉一事与他"约法三章"，但一直到1976年去世前，他也没有改掉吃红烧肉的习惯。

而邓小平的口味又有所不同，从鲜美的"佛跳墙"到一清二白的"七星鱼丸汤"，他对福建菜中原汁原味的海鲜相当赞赏。而京菜传人胡丽妹也表示，当年由邓小平主持的国宴，不仅有京菜，而且经常是充分展示南北各大菜系的风味特色，"南北通吃"成了一段佳话。

上海和平饭店的主厨范正明，多年前曾收到美国前总统克林顿夫妇的一封"表扬信"。原来当年范主厨主理克林顿访华上海站菜肴时，做出了让美国总统难忘的中国虾仁。克林顿夫妇用餐后，认为菜肴美味至极，令人可以忘记"时间"，所以准备取消晚间欣赏上海老年爵士乐队的休闲节目，将中国菜享受"彻底"。

☞ 即问即答

一个消费者喜欢X商品甚于Y商品的主要原因是X商品的价格比较便宜？

二、无差异曲线及其特点

根据消费者的三个理性假设，我们就可以以图形的方式来描绘消费者的偏好，这个图形就是无差异曲线。无差异曲线是指在特定期间内，某消费者为维持一个相同的效用水平所消费的两种物品的各种不同组合所形成的点的轨迹。无差异曲线也叫等效用线，与无差异曲线相对应的效用函数为：

$$U_0 = U(X_1, X_2) \tag{3.11}$$

其中，X_1，X_2 分别表示商品1和商品2的数量，U_0 是个常数，表示某个效用水平。其含义是消费不同的 X_1 与 X_2 的组合给消费者带来的效用是相同的，即对消费者效用无差异。这些使消费者效用无差异点的轨迹就是无差异曲线。由于无差异曲线表示的是序数效用，因而这里只表示某个效用水平，而不表示一个具体数值的大小。

下面通过表3-3来说明无差异曲线的构建。表中列出了关于这两种商品的不同组合，假定表中五个组合给某消费者带来的效用是相同的，即对消费者对于消费30个单位的商品1和5个单位的商品2（A 组合）与消费5个单位的商品1和20个单位的商品2（E 组合）

的偏好程度无差异，给消费者带来的满足程度是相同的。同样，其他几个组合的效用也是一样的。

表 3-3 某消费者的无差异

商品组合	商品 1	商品 2
A	30	5
B	25	7
C	20	10
D	12	15
E	5	20

根据表 3-3 绘制出无差异曲线如图 3-4 所示，图 3-4 中的纵轴和横轴分别表示商品 1 和商品 2 的数量，将表 3-3 中的商品组合 *A* 到 *E* 对应的点描绘在坐标平面内，用平滑的曲线连接每一点得到曲线 *U*，曲线 *U* 代表与表 3-3 相对应的无差异曲线，该曲线上每一点的商品组合代表的效用水平相同。

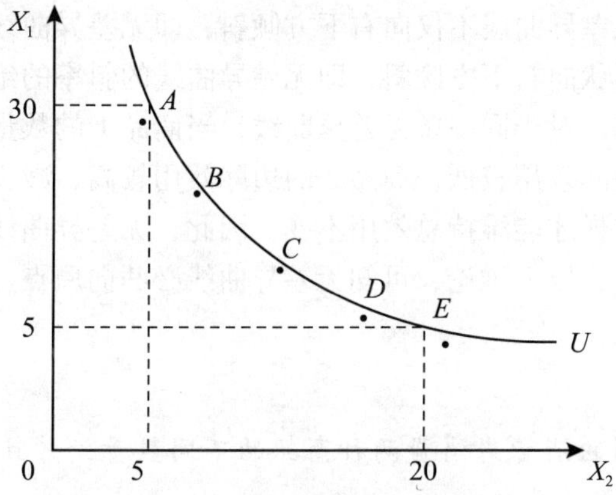

图 3-4 消费者的无差异曲线

无差异曲线有以下三个特征。

第一，无数条。同一平面图上可以有无数条无差异曲线，离原点越远的无差异曲线代表的效用水平越高。由于通常假定效用函数是连续函数，即在同一坐标平面上的任何两条无差异曲线之间，存在着无数条无差异曲线。可以这样想象：我们可以画出无数条无差异曲线，以至覆盖整个平面坐标图。根据消费者偏好的非饱和性假设，所有这些无差异曲线之间的相互关系是：离原点越远的无差异曲线代表的效用水平越高，离原点越近的无差异曲线代表的效用水平越低。

第二，不相交。同一坐标平面上的任意两条无差异曲线不会相交。这一点可以用

图 3－5 来说明。假设无差异曲线 U_1 和 U_2 相交于 A 点，在 U_1 上的点 B 和点 A 的效用相等，在 U_2 上的点 C 和点 A 的效用相等，根据可传递性，则点 B 和点 C 的效用相等，而点 B 和点 C 在两条不同的无差异曲线上，这与不同的无差异曲线代表的是不同的效用水平的结论是矛盾的，所以任意两条无差异曲线不能相交。

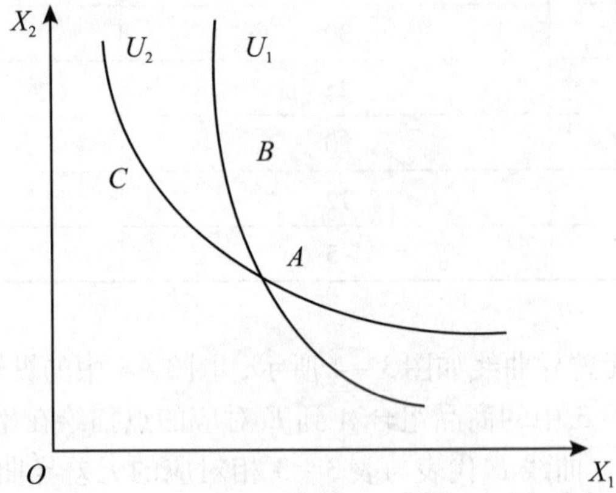

图 3－5　违反偏好假定的无差异曲线

第三，凸向原点。无差异曲线不仅向右下方倾斜，即无差异曲线的斜率为负，而且，无差异曲线以凸向原点的形状向右下方倾斜，即无差异曲线的斜率的绝对值是递减的。这一特征源于边际效用递减规律。对于同一条无差异曲线，当商品 1 的数量较多时，商品 2 的数量比较少，此时商品 1 的边际效用较低，商品 2 的边际效用较高，减少商品 2 的数量，必须以较多的商品 1 来补充，这样才能维持总效用不变，因此，无差异曲线越向右下方延伸则越平坦。反之，则越陡峭。综合以上推论，可知无差异曲线必凸向原点。

☞ **即问即答**

无差异曲线表示不同的消费者消费两种商品的不同数量，并且组合所得到的效用是相同的？

三、特殊无差异曲线

无差异曲线表示效用水平相同的条件下，两种商品的替代程度。一般情况下，由边际效用递减规律决定的无差异曲线的形状是凸向原点的，但是，对于完全替代品和完全互补品而言，相应的无差异曲线有着特殊的形状。

（1）完全替代品。完全替代品是指两种商品之间的替代比例是固定不变的情况。如若两种商品为相互替代的商品，无差异曲线为一条斜率不变的直线。在完全替代的情况下，两商品之间的边际替代率就是一个常数，相应的无差异曲线是一条斜率不变的直线。例如，在某消费者看来，一杯牛奶和一杯咖啡之间是无差异的，两者总是可以以 1∶1 的比例相互替代，相应的无差异曲线如图 3 –6 所示。

（2）完全互补品。完全互补品指两种商品必须按固定不变的比例配合同时被使用的情况。若两种商品为互补商品，无差异曲线则呈直角形状。在完全互补的情况下，相应的无差异曲线为直角形状，其边际替代率为0（平行于横轴）或为∞（垂直于横轴）。例如，一副眼镜架必须和两片眼镜片同时配合，才能构成一副可供使用的眼镜，则相应的无差异曲线如图 3 –7 所示。图 3 –7 中水平部分的无差异曲线部分表示，对于一副眼镜架而言，只需要两片眼镜片即可，任何超量的眼镜片都是多余的。换言之，消费者不会放弃任何一副眼镜架去换取额外的眼镜片，所以，相应的边际替代率为0。图 3 –7 中垂直部分的无差异曲线表示，对于两片眼镜片而言，只需要一副眼镜架即可，任何超量的眼镜架都是多余的。换而言之，消费者会放弃所有超量的眼镜架，只保留一副眼镜架与两片眼镜片相匹配，所以，相应的边际替代率为∞。

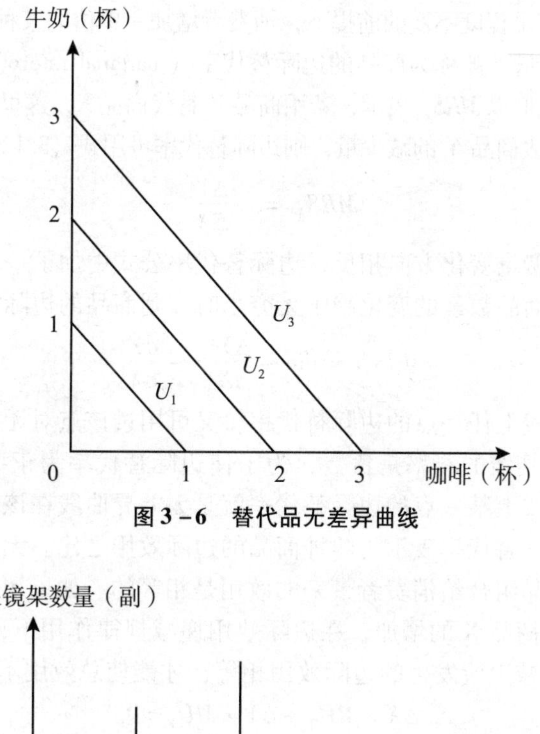

图 3 –6　替代品无差异曲线

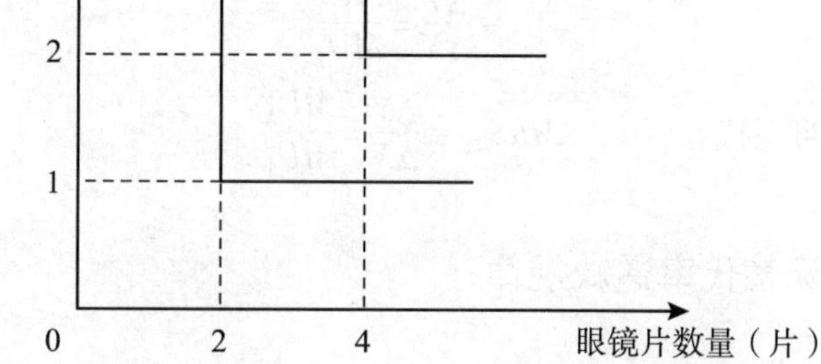

图 3 –7　互补品无差异曲线

第三节　商品边际替代率

当消费者沿着一条既定的无差异曲线上下滑动时，两种商品的组合会不断发生变化，但效用水平却保持不变。这就说明，在维持效用水平不变的前提下，消费者在增加一种商品的消费数量的同时，必然要放弃一部分另一种商品的消费数量，即两种商品的消费数量之间存在着替代关系。商品之间的这种替代关系用边际替代率来表示。

一、商品的边际替代率

在维持效用水平或满足程度不变的前提下，消费者增加一单位的某种商品的消费时所需要放弃的另一种商品的消费数量，被称为商品的边际替代率（marginal rate of substitution，MRS）。若用商品 X 替代商品 Y，我们以 MRS_{XY}表示，若用商品 Y 替代商品 X，这里以 MRS_{YX}表示。ΔX 代表商品 X 的增加量，ΔY 代表商品 Y 的减少量，则边际替代率可用式（3.12）来表示：

$$MRS_{XY} = -\frac{\Delta Y}{\Delta X} \tag{3.12}$$

为表示两种商品消费量变化方向相反，边际替代率公式中加了一个负号。这样使 MRS_{XY} 的计算结果取正值。当商品数量的变化趋于无穷小时，则商品的边际替代率公式为：

$$MRS_{XY} = \lim_{\Delta X \to 0} -\frac{\Delta Y}{\Delta X} = -\frac{dY}{dX} \tag{3.13}$$

这说明，无差异曲线上任一点的边际替代率，又可用过该点对无差异曲线所作的切线的斜率 dY/dX 表示。由于切线的斜率是负数，为了使边际替代率为正数，故在公式前均加上负号。所以，无差异曲线上某一点的边际替代率就是无差异曲线在该点的斜率的绝对值。

另外，还可以把边际替代率表示为两种商品的边际效用之比。无差异曲线表示在同一条无差异曲线上的不同商品组合给消费者带来的效用是相等的。如果用商品 X 代替商品 Y，则商品 Y 的减少必然导致商品 X 的增加，在边际效用递减规律作用下，商品 X 增加所发生的边际效用必定和商品 Y 减少所发生的边际效用相等，才能使总效用不变，所以，

$$\Delta X \times MU_X + \Delta Y \times MU_Y = 0 \tag{3.14}$$

或者写成

$$-\frac{\Delta Y}{\Delta X} = \frac{MU_X}{MU_Y} \tag{3.15}$$

则边际替代率也可写成

$$MRS_{XY} -\frac{\Delta Y}{\Delta X} = \frac{MU_X}{MU_Y} \tag{3.16}$$

二、商品的边际替代率递减规律

边际替代率递减规律是指在维持效用水平不变的前提下，随着一种商品消费数量的连续增加，消费者为得到每一单位的这种商品所需要放弃的另一种商品的消费数量是递减的。在

维持效用水平不变的前提下，随着一种商品的消费数量的连续增加，消费者为得到每一单位的这种商品所需要放弃的另一种商品的消费数量是递减的。之所以会普遍发生商品的边际替代率递减的现象，其原因在于：消费者对某一商品拥有量较少时，对其偏爱程度高；而拥有量较多时，偏爱程度较低。所以随着一种商品的消费数量的逐步增加，消费者想要获得更多的这种商品的愿望就会减少，从而，他为了多获得一单位的这种商品而愿意放弃的另一种商品的数量就会越来越少。

下面通过图 3－8 来说明商品的边际替代率递减规律和无差异曲线形状之间的关系。

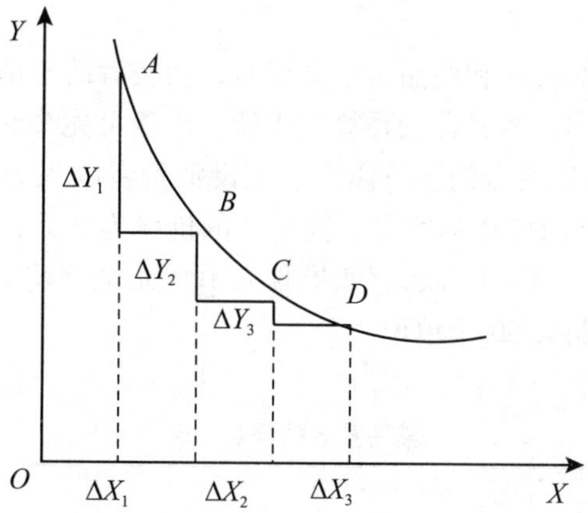

图 3－8　边际替代率递减规律

如图 3－8 所示，在 *A* 点消费者对商品 X 拥有数量较少，从而对商品 X 的偏好程度较大，对商品 Y 的拥有量较多，从而对商品 Y 的偏好程度较小，于是，此时消费者愿意以每一单位的商品 X 替代较多数量的商品 Y，即 *A* 点的边际替代率较大。但是，随着消费者由 *A* 点沿着既定的无差异曲线移动到 *B*、*C* 或 *D* 点时，其所拥有的商品 X 的数量会越来越多，对商品 X 的偏好程度也会变得越来越低；同时由于对商品 Y 的拥有量越来越少，对商品 Y 的偏好程度就会变得越来越高。这样，每一单位的商品 X 所能替代的商品 Y 的数量越来越少，即边际替代率越来越小。因此，由于边际效用递减规律的作用导致边际替代率呈递减趋势。

对一般商品的无差异曲线来说，其边际替代率是递减的，但对于一些特殊商品来说，其边际替代率不是递减的，无差异曲线也不凸向原点。例如，完全替代品的无差异曲线是一条斜率不变的直线，商品的边际替代率是常数。完全互补品的无差异曲线呈直角形状，与横轴平行的无差异曲线部分的边际替代率等于零，与纵轴平行的无差异曲线部分的边际替代率趋向于无穷大。

☞ **即问即答**

两种商品的边际替代率的含义是什么，为什么它是递减的？

第四节　消费预算线

无差异曲线描述了消费者对不同商品组合的偏好，属于人的主观意愿，但是，这种购买意愿要想转化为现实，还要受到消费者收入水平和市场上商品价格的约束。

一、预算线

预算线是指在消费者的收入和商品价格既定时，消费者的全部收入所能买到的两种商品的不同数量的各种组合。预算线又称为预算约束线、消费可能线和价格线。

下面通过表 3 -4 描述消费者的预算组合。假设消费者收入为 100 元，全部用来购买商品 1 和商品 2，其中商品 1 的价格为 5 元，商品 2 的价格为 2 元，其所能购买到的两种商品的数量组合（Q_1，Q_2）如表 3 -4 所示。如果收入 100 元全部购买商品 1 可以购买 20 个单位，全部购买商品 2 可以购买 50 个单位。

表 3 -4　　某消费者的预算组合

购买组合	Q_1	Q_2
A	20	0
B	14	15
C	10	25
D	6	35
E	0	50

更一般地，假设消费者将其全部收入 I 用于购买商品 1 和商品 2，其中商品 1 的价格为 P_1，商品 2 的价格为 P_2，X_1 和 X_2 分别表示商品 1 和商品 2 的购买数量，则消费者的预算方程可以表示为：

$$P_1X_1 + P_2X_2 = I \tag{3.17}$$

改写为

$$X_2 = -\frac{P_1}{P_2}X_1 + \frac{I}{P_2} \tag{3.18}$$

该方程表示预算线是一条斜率为 $-\frac{P_1}{P_2}$，纵截距为$\frac{I}{P_2}$的直线 AB 的一部分，如图 3 -9 所示。横截距$\frac{I}{P_1}$表示全部收入用于购买商品 1 所能购买的数量；纵截距 I/P_2 表示全部收入用于购买商品 2 所能够购买的数量。

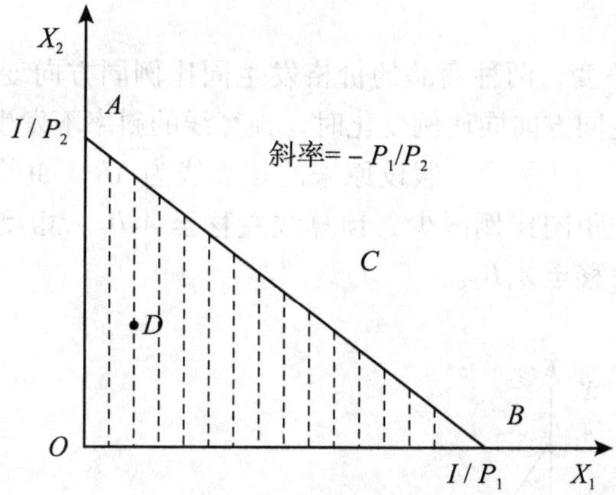

图3-9 预算线

预算线 AB 把平面坐标图分为三部分，预算线 AB 以外的区域中的任何一点，如 C 点，是消费者利用全部收入都不可能实现的商品购买的组合点。预算线 AB 以内的区域中的任何一点，如 D 点，表示消费者的全部收入在购买该点的商品组合以后还有剩余。唯有预算线 AB 上的任何一点，才是消费者的全部收入刚好花完所能购买到的商品最大数量的组合点。图中的阴影部分的区域（包括直角三角形 AOB 的三条边），被称为消费者的预算可行集或预算空间。

☞ **即问即答**

预算线上的每一点代表了当收入一定时，消费者可能购买的不同数量的商品组合？

二、预算线的变动

预算线的函数表达式是：

$$X_2 = -\frac{P_1}{P_2}X_1 + \frac{I}{P_2} \tag{3.19}$$

如果该函数的斜率和截距任何一个量发生变动，这条直线就可能发生变动。所以，当收入 I，商品1的价格 P_1 和商品2的价格 P_2 发生变化时，预算线就可能发生变动，其变动情况可以分为以下三种情况。

（一）预算线的平移

如果预算线的斜率不变，截距发生变化将会导致预算线的平行移动。

（1）两种商品的价格 P_1 和 P_2 不变，消费者的收入 I 发生变化所引起的预算线的平移。当收入增加时，由于两种商品的价格 P_1 和 P_2 不发生变化，消费者所能购买到的两种商品的数量都会增加，即预算线的纵横截距增加，预算线右移。如图3-10所示，假定原有的预算线为 AB，消费者收入增加使预算线右移至 A_1B_1；相反，消费者收入减少时，使预算线左移

到 A_2B_2。

（2）消费者的收入不变，两种商品的价格发生同比例同方向变化所引起的预算线的平移。当价格 P_1 和 P_2 发生同方向同比例变化时，预算线的斜率不发生变化，而预算线的横纵截距会发生变化。如图 3－10 所示，假设原来的预算线为 AB，如果两种商品的价格同比例上升，则预算线的横纵截距同比例减少，预算线左移至 A_2B_2。相反，如果两种商品的价格同比例下降，预算线将右移至 A_1B_1。

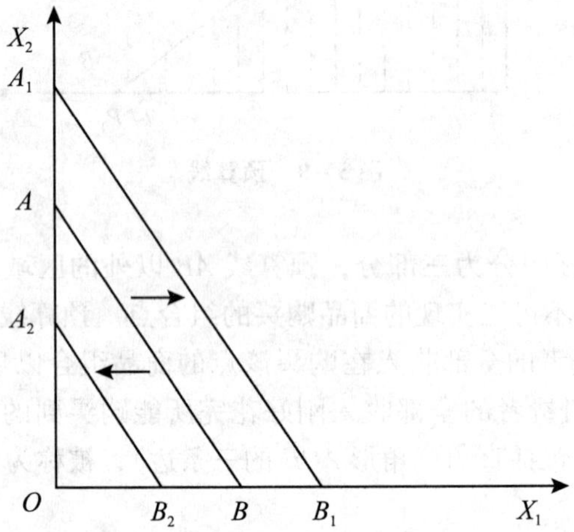

图 3－10　预算线的平移

（二）预算线的旋转

如果消费者的收入不变，两种商品的任意一种商品的价格发生变动将会导致预算线的旋转，预算线的旋转可以分为以下两种情况。

（1）围绕预算线与纵轴的交点旋转。当消费者的收入 I 以及商品 2 的价格 P_2 不变，商品 1 的价格 P_1 发生变动时，预算线围绕与纵轴的交点 A 旋转。当商品 1 的价格 P_1 下降时，全部收入用于购买商品 1 的数量增加，即横截距增大。如图 3－11 所示，预算线由最初的 AB 绕 A 点向右旋转到 AB_1。相反，当商品 1 的价格 P_1 上升时，预算线由最初的 AB 绕 A 点向左旋转到 AB_2。

（2）围绕预算线与横轴的交点旋转。当消费者的收入 I 商品 1 的价格 P_1 不变，商品 2 的价格 P_2 发生变动时，预算线围绕与横轴的交点 B 旋转。当商品 2 的价格 P_2 下降时，如图 3－12 所示，预算线由最初的 AB 绕 B 点向右旋转到 A_1B。相反，当商品 2 的价格 P_2 上升时，预算线由最初的 AB 绕 B 点向左旋转到 A_2B。

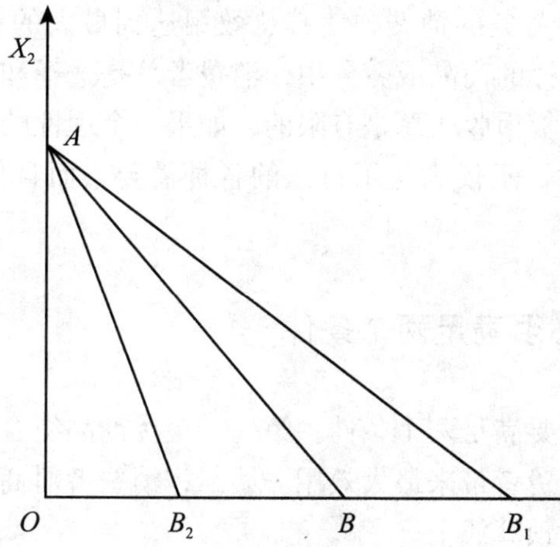

图 3-11 预算线的旋转

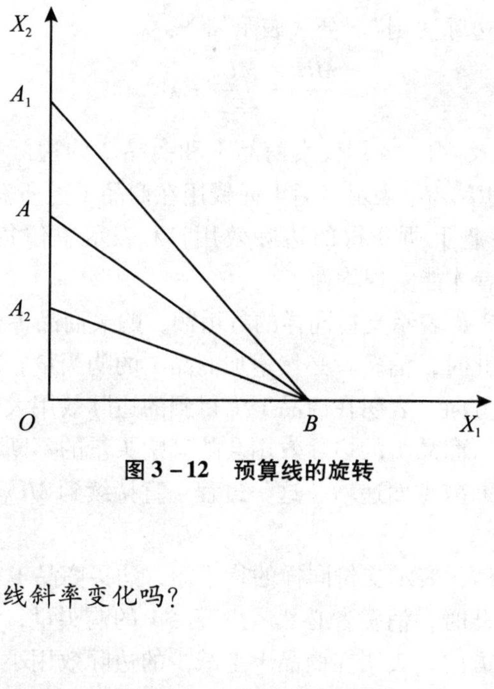

图 3-12 预算线的旋转

☞ **即问即答**

价格变化会引起预算线斜率变化吗?

(三)预算线不变

当消费者收入 I 不变，商品 1 和商品 2 的价格都同比例、同方向发生变化时，预算线不发生变动。因为预算线的斜率 $-P_1/P_2$ 不发生变动，同时预算线的横截距 I/P_1 和纵截距 I/P_2 也不变，所以预算线不发生变化。

第五节 消费者均衡

消费者均衡（consumer equilibrium）是指在一定收入和一定价格条件下，消费者把自己的收入全部用于各种物品与劳务的消费，使其总效用达到最大的状态。在分析消费者行为时，一般假定在各种可供选择的商品或劳务中，消费者总是选择和购买使他们得到最大限度满足的商品。但是，人们的货币收入总是有限的，如果一个理性的消费者在用其有限的货币收入购买各种商品或劳务时，不仅满足了自己的各种需要，而且使各种效用总和达到最大化，他就实现了消费者均衡。

一、消费者的均衡必须满足两个条件

消费者的最优购买行为要满足两个条件：第一，最优商品组合必须是消费者最偏好的消费组合，即该商品组合给消费者带来最大效用。第二，消费者对商品的购买组合满足收入预算约束，即该商品组合位于预算线上。

假定一个消费者将有限的收入分配在市场上两种商品的消费上，获得最大满足的分配原则是，最后 1 元钱用在商品 1 上所获得的边际效用，等于最后 1 元钱用在商品 2 上所获得的边际效用，即所谓的“等边际法则”。公式表示如下：

$$\frac{MU_1}{P_1}=\frac{MU_2}{P_2}=\lambda \tag{3.20}$$

式（3.20）中，MU_1 及 MU_2 分别代表商品 1 和商品 2 的边际效用，P_1 及 P_2 分别代表商品 1 和商品 2 的价格。MU_1/P_1 表示最后 1 元钱用在商品 1 上所获得的边际效用，MU_2/P_2 表示最后 1 元钱用在商品 2 上所获得的边际效用，λ 表示单位货币的边际效用。只有当 $MU_1/P_1=MU_2/P_2$ 时消费者才能实现均衡。

如果 $MU_1/P_1>MU_2/P_2$，表示支付同样的货币额，购买商品 1 得到的边际效用大于购买商品 2 得到的边际效用。此时，消费者必然增加商品 1 的购买量，减少商品 2 的购买量，每转移一个单位货币的购买方向，表明在商品 1 上得到的边际效用大于商品 2 上减少的边际效用，因而总效用不断增加。商品 1 的边际效用会随其购买量的不断增加而递减，商品 2 的边际效用会随其购买量的不断减少而递增。这一过程一直持续到 $MU_1/P_1=MU_2/P_2$，此时总效用达到最大。

如果 $MU_1/P_1<MU_2/P_2$，表示支付同样的货币额，购买商品 1 得到的边际效用小于购买商品 2 得到的边际效用。此时，消费者必然减少商品 1 的购买量，增加商品 2 的购买量，每转移一个单位货币的购买方向，表明在商品 1 上减少的边际效用小于商品 2 上增加的边际效用，因而总效用不断增加。商品 1 的边际效用会随其购买量的不断减少而递增，商品 2 的边际效用会随其购买量的不断增加而递减。这一过程一直持续到 $MU_1/P_1=MU_2/P_2$，此时总效用达到最大。

另外，还要讨论 MU_1 与 λ 的关系。当 $MU_1/P_1>\lambda$ 时，表示消费者花 1 元于商品 1 所获得效用大于其拥有 1 元的效用，或者说此时消费者对商品 1 的消费量是不足的，这样消费者会增加对商品 1 的支出，以获得更多的效用，直到 $MU_1/P_1=\lambda$ 为止。相反，若当 $MU_1/P_1<\lambda$ 表示消费者花 1 元于商品 1 所获得效用小于其拥有 1 元的效用，或者说此时消费者对商品 1 的消费量是太多了，这样消费者会减少对商品 1 的购买，以获得更多的效用，直到

$MU_1/P_1=\lambda$为止。

综上所述，只有当消费者在两种商品的消费上实现 $MU_1/P_1=MU_2/P_2=\lambda$ 时，才能获得最大满足，实现效用最大化，达到消费者均衡。

消费者实现均衡的图形表达（见图 3－13）。从几何图形上来看，无差异曲线表示了消费者对不同商品组合的主观态度，而预算线则显示了消费者在其货币收入和商品价格的约束下所可能购买到的商品数量的范围。为了说明消费者均衡，必须把消费者的无差异曲线和预算线结合起来考虑。或者说，只有消费者的主观愿望与其面对的客观现实相符合时，才能实现消费者均衡。一般认为，消费者预算线与其无差异曲线相切的切点即为消费者均衡点。在该点，消费者在既定的货币收入和商品价格条件下，从购买一定数量的商品组合中可以得到最大的满足。

假定消费者的偏好、消费者的收入和两种商品的价格给定。消费者的偏好给定意味着给定了一个由消费者无数条无差异曲线所构成的无差异曲线簇。为了简化分析，我们从中取出三条，这便是图 3－13 中三条无差异曲线 U_1、U_2 和 U_3 的由来。消费者的收入和两种商品的价格给定意味着消费者的预算线确定，即图 3－13 中的预算线 AB。

图 3－13 中有一条预算线和三条无差异曲线，但是只有预算线 AB 和无差异曲线 U_2 相切的 E 点，才是消费者在给定的预算约束下能够获得最大效用的均衡点，相应的购买组合为 $(X_1^*,\ X_2^*)$。为什么只有在 E 点消费者才能实现最大效用呢？无差异曲线 U_3 虽然代表的效用较高，但与预算线既不相交也不相切，这表明消费者的购买力无法达到 U_3 所代表的效用水平。无差异曲线 U_1 与既定的预算线 AB 相交于 a、b 两点，表明消费者可以购买到 a、b 两点之间的商品组合，但其效用低于无差异曲线 U_2。因此，理性的消费者不会用全部收入去购买无差异曲线 U_1 上的商品组合。所以，只有当既定的预算线 AB 和无差异曲线相切于 E 点时，消费者才能在既定的预算约束条件下获得最大满足。故 E 点是消费者实现效用最大化的均衡点。

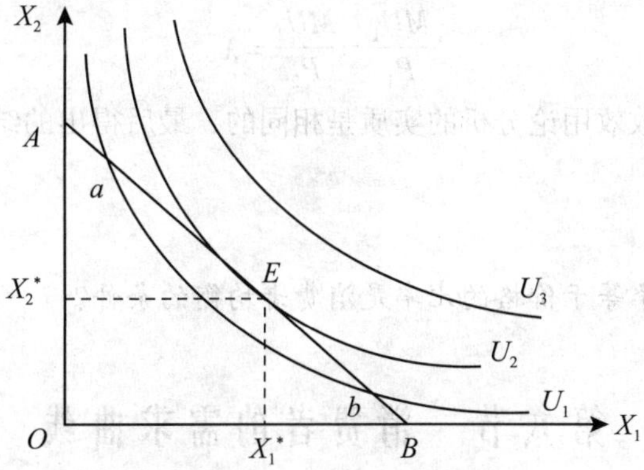

图 3－13　消费者均衡

消费者的均衡点 E 是无差异曲线和预算线的切点，所以在 E 点无差异曲线和预算线的斜率相等。无差异曲线斜率的绝对值是商品的边际替代率 MRS_{12}，预算线的斜率的绝对值可以用两种商品的价格之比 P_1/P_2 来表示。因此，在均衡点 E 满足以下等式：

$$MRS_{12}=\frac{P_1}{P_2} \tag{3.21}$$

式（3.21）说明达到消费者均衡的条件是：边际替代率等于两种商品的价格之比，或者说消费者在购买每一种商品时所花费的最后一单位货币的边际效用均相等。

☞ 即问即答

当某位消费者处于均衡状态时，如果所有商品的价格及其收入上升，他是否一定减少在低档品上的消费？

二、基数效用论和序数效用论实质相同

基数效用论运用边际效用分析法研究消费者行为，序数效用论通过无差异曲线分析法研究消费者行为。虽然两种理论运用的方法不同，但得出的消费者的均衡条件实质上是相同的。在保持效用水平不变的前提下，消费者增加一种商品的数量所带来的效用增加量和相应减少另一种商品数量所带来的效用减少量必定是相等的，即有：

$$|MU_1\times\Delta X_1|=|MU_2\times\Delta X_2| \tag{3.22}$$

式（3.22）可以改写为：

$$MRS_{12}=-\frac{\Delta X_2}{\Delta X_1}=\frac{MU_1}{MU_2} \tag{3.23}$$

由于序数效用论的消费者均衡点满足：

$$MRS_{12}=\frac{P_1}{P_2} \tag{3.24}$$

所以，

$$MRS_{12}=\frac{MU_1}{MU_2}=\frac{P_1}{P_2} \tag{3.25}$$

或

$$\frac{MU_1}{P_1}=\frac{MU_2}{P_2}=\lambda \tag{3.26}$$

即基数效用论和序数效用论分析的实质是相同的，最后得出的结论是相等的。

☞ 即问即答

为什么说边际替代率等于价格的比率是消费者均衡的条件？

第六节　消费者的需求曲线

消费者对商品的需求以实现效用最大化为原则。从第五节分析中可知，消费者效用最大化的均衡点是无差异曲线与预算线的切点。如果预算线发生变动，均衡点将随之变动，而预算线的变动与消费者的收入和商品的价格有关系。所以，如果消费者的收入和商品的价格发生变化，必然会引起均衡点的变化，进而消费者的选择也会发生变化。

一、价格—消费曲线

价格—消费曲线是在消费者的偏好、收入以及其他商品价格不变的条件下，与某一种商品的不同价格水平相联系的消费者效用最大化的均衡点的轨迹。在其他条件保持不变时，其中一种商品价格的变化将引起预算线的旋转，从而消费者的均衡点发生变化。

如图 3－14 所示，横轴表示商品 1 的数量，纵轴表示商品 2 的数量，商品 1 的初始价格为 P_1^1，AB 为相应的预算线，它与无差异曲线 U 相切于均衡点 E。如果商品 1 的价格下降为 P_1^2，则相应的预算线 AB 绕 A 点逆时针旋转到 AB_1，AB_1 将与另一条更高的无差异曲线 U_1 相切于均衡点 E_1。如果商品 1 的价格继续下降为 P_1^3，则相应的预算线 AB_1 绕 A 点逆时针旋转到 AB_2，从而 AB_2 将与更高无差异曲线相切于均衡点 E_2……商品 1 的价格下降将会有无数个像 E、E_1 和 E_3 这样的均衡点。反之，商品 1 的价格的上升也会找到无数个这样的均衡点，把这些所有的均衡点连接起来所形成的轨迹就是价格—消费曲线。

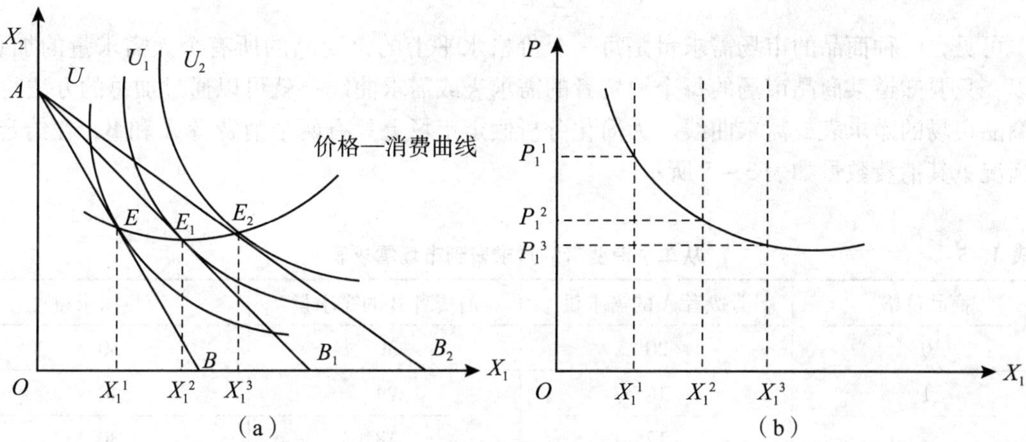

图 3－14　价格消费曲线和需求曲线

二、消费者的需求曲线

从价格—消费曲线上可以看出，在每一个均衡点上，都存在着商品 1 的价格和商品 1 的数量之间一一对应的关系。在均衡点 $E(P_1^1, X_1^1)$，商品 1 的价格为 P_1^1，相对应的需求量为 X_1^1；在均衡点 $E_1(P_1^2, X_1^2)$，当商品 1 的价格下降为 P_1^2 时，其需求量增加为 X_1^2；在均衡点 $E_2(P_1^3, X_1^3)$，当商品 1 的价格进一步下降为 P_1^3 时，其需求量相应增加为 X_1^3，…，把价格—消费曲线上的价格与需求量的均衡点绘制在价格数量坐标图 3－14（b）上，就得到了单个消费者对商品 1 的需求曲线，所对应的需求函数为 $X_1 = f(P_1)$。横轴表示商品 1 的需求量，纵轴表示商品 1 的价格。

运用序数效用论理论对消费者行为进行分析推导出了消费者的需求曲线。从

图 3－14（b）中可以看出，需求曲线是向右下方倾斜的，它表示商品的价格和需求量呈反方向变化，并且需求曲线上与每一价格水平相对应的商品需求量都是可以给消费者带来最大效用的均衡点。无论是用边际效用分析方法，还是用无差异曲线分析方法，都得出需求曲线向右下方倾斜的结论。所以基数效用论和序数效用论虽然运用的方法不一样，但分析结果是一致的。

三、市场需求曲线

一种商品的市场需求是指在一定时期内和不同的价格下，市场中所有的消费者对某种商品的需求数量。所以，一种商品的市场需求不仅跟每一个消费者的需求函数有关，还和该市场中的消费者的数目有关。

假设其他条件不变，在某一商品市场上有 n 个消费者，他们都具有不同的个人需求函数 $Q_i^d = f_i(P)$，$i = 1, 2, \cdots, n$，则该商品的市场需求是 n 个消费者需求的总和，其需求函数为：

$$Q^d = \sum_{i=1}^{n} f_i(P) = F(p) \tag{3.27}$$

可见，一种商品的市场需求量是每一个价格水平上的该商品的所有个人需求量的加总。所以，只要知道某商品市场的每个消费者的需求表或需求曲线，就可以通过加总的方法得到该商品市场的需求表或需求曲线。为简化分析假定市场上只有两个消费者 A 和 B，在给定收入情况下其消费数量如表 3－5 所示。

表 3－5　从单个消费者的需求表到市场需求表

商品价格	消费者 A 的需求量	消费者 B 的需求量	市场需求量
0	20	30	50
1	16	24	40
2	12	18	30
3	8	12	20
4	4	6	10
5	0	0	0

根据表 3－5 的数据，我们可以在坐标轴上绘制消费者 A、消费者 B 的需求曲线以及市场的需求曲线。市场需求曲线是 A、B 两个消费者的需求曲线的水平加总，即在每一个价格水平上，都有市场需求量 $Q^d = Q_A^d + Q_B^d$。据此，我们可以把单个消费者的需求函数和市场需求函数之间的关系表示为：

$$D(P) = \sum_{i=1}^{n} D_i(P) \quad i = 1, 2, \cdots, n \tag{3.28}$$

由于市场需求曲线是单个消费者的需求曲线的水平加总，所以，如同单个消费者的需求曲线一样，市场需求曲线一般也是向右下方倾斜的。市场需求曲线表示某商品市场在一定时期内在各种不同的价格水平上所有消费者愿意而且能够购买该商品的数量。更重要的是，根据上述推导过程可知，市场需求曲线上的每个点都表示在相应的价格水平下可以给全体消费者带来最大的效用水平或满足程度的市场需求量。

四、恩格尔曲线

收入—消费曲线是指在消费者的偏好和商品价格不变的条件下，与消费者的不同收入水平相联系的消费者效用最大化的均衡量的轨迹。我们可以设想保持商品的价格不变而让消费者的收入连续发生变化，这样可以得到许多相互平行的预算线。这些预算线分别与众多无差异曲线相切，得到若干个切点，连接这些切点便得到一条收入—消费曲线。

假定价格不变，货币收入的提高不会改变预算线的斜率，只是使预算线发生平移，下面通过图 3－15 来说明均衡点的变化。图 3－15 中横轴表示商品 1 的数量，纵轴表示商品 2 的数量，AB 表示初始预算线，E_1 是初始预算线 AB 和初始无差异曲线 U_1 的切点即均衡点。当收入提高时预算线 AB 会平移到 A_1B_1，从而与更高水平的无差异曲线 U_2 相切于 E_2 点；如果收入继续增加，预算线 A_1B_1 将会平移到 A_2B_2，与更高水平的无差异曲线 U_3 相切于均衡点 E_3。如果收入变化是连续的，则可以得到无数个这样的均衡点，把这些均衡点用一条平滑的曲线连接起来就形成了收入—消费曲线（income consumption curve，ICC），又称为收入扩展线。

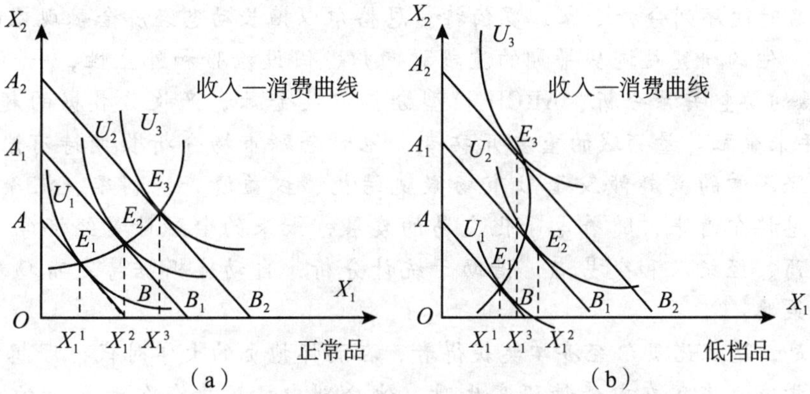

图 3－15　收入—消费曲线

一般情况下，随着收入水平的不断提高，消费者对每种商品的需求都会增加。这便是图 3－15（a）中所表示的向右上方倾斜的收入—消费曲线，它所代表的这种类型的商品成为正常商品。图 3－15（b）中所表示的收入—消费曲线是向后弯的，它表示随着收入水平的提高，消费者对商品 1 的需求量开始是增加的，但当收入增加到一定水平之后，消费者对这种商品的需求量反而减少了。这种商品称为低档品。例如，对某些消费者来说，当收入水平较低时，50 元 1 件的衣服是正常品，而在收入较高时，50 元 1 件的衣服就变成了低档品，减少其购买量，增加较高价格产品的购买量。

☞ 经济学家简介

罗伯特·恩格尔——2003 年诺贝尔经济学奖得主[①]

罗伯特·恩格尔（Robert F. Engle）1942 年 11 月出生在美国纽约州锡拉丘兹。1964 年从威廉姆斯学院（Williams College）毕业，获物理学学士学位；1966 年和 1969 年在康奈尔大学分获物理学硕士和经济学博士学位。他在 1969～1974 年任麻省理工学院助理教授。1975 年转到加利福尼亚大学圣迭戈分校任副教授，1977 年升为正教授，并于 1990～1994 年在该校担任经济学系主任。他从 1999 年开始到纽约大学斯特恩商学院任金融服务管理教授至今，现为美国计量经济学学会会员和美国艺术与科学学院院士。罗伯特·恩格尔和 C. 格兰杰（Clive Granger）曾经在加利福尼亚大学共事多年。

罗伯特·恩格尔的贡献在于建立了描述经济时间序列数据时变波动性的关键概念：自回归条件异方差（ARCH），并发展了一系列波动性模型及统计分析方法。瑞典皇家科学院称他不仅是研究员们学习的光辉典范，而且也是金融分析家的楷模，他不仅为研究员们提供了不可或缺的工具，还为分析家们在资产定价、资产配置和风险评估方面找到了捷径。罗伯特·恩格尔的 ARCH 理论模式现已成为经济界用来进行研究以及金融市场分析人士用来评估价格和风险的必不可少的工具。

作为一名时间序列分析专家，罗伯特·恩格尔以擅长动态经济金融现象的经验模型分析而著称。他的研究足迹从早期的波段谱回归、假设检验和外生性，一直遍及 20 世纪 80 年代后的协整关系分析、ARCH 模型分析以及金融资产收益数据的超高频分析。作为近 20 年来金融计量领域的重要开拓者，他对金融市场分析长期持有浓厚的兴趣，在金融计量经济学的兴趣涉及金融市场微观结构、权益资产、利率、汇率和期权等。在罗伯特·恩格尔看来，随着电子化交易的发展，未来的金融计量经济学可以使金融市场的做市商、经纪人和交易者，借助于统计分析，自动地根据特定市场环境和目标做出最优的策略。

有趣的是，这位诺贝尔经济学奖获得者，在满怀抱负的大学时代，理想竟是渴望成为一名物理学家。当年在申请读研究生时，他分别申请了康奈尔大学和伯克利的物理学专业。与伯克利研究生院的电话联系受到耽搁之后，最终选择了康奈尔大学，在那里，最初他还渴望成为超导研究小组的一员，但一年后受到启发，才同周围的很多朋友一样，决定转向经济系。物理学出身的罗伯特·恩格尔对于经济学的学习可以说是驾轻就熟，在拿到物理学硕士学位之后就很快拿到了经济学博士学位。事实上，历史上很多经济学家都有物理学背景，例如 2000 年诺贝尔经济学奖得主丹尼尔·麦克法登（Daniel L. McFadden）亦如此。

---

① 资料来源：https：//baike. baidu. com/item/罗伯特·恩格尔/11052505？fr = aladdin

扩展阅读

恩格尔系数[①]

"吃了吗?"这是过去相当一段时期中国人见面后再熟悉不过的口头语。那用意几乎相当于国际流行的"你好吗?"。渐渐地,"吃了吗?"这口头语我们听得越来越少了,因为"吃"对于中国人越来越不像过去那样重要了。换句话说,"吃"在中国人生活中所占的比重越来越小了。此现象在经济学上就叫作"恩格尔系数"降低。何谓"恩格尔系数"?恩斯特·恩格尔是19世纪德国统计学家,他在研究人们的消费结构变化时发现了一条规律,即一个家庭收入越少,这个家庭用来购买食物的支出所占的比例就越大。反之,亦同。而这个家庭用以购买食物的支出与这个家庭的总收入之比,就叫恩格尔系数。由此可以得出结论,对一个国家而言,这个国家越穷,其恩格尔系数就越高;反之,这个国家越富,其恩格尔系数越是下降。这就是世界经济学界所公认的恩格尔定律。

即问即答

收入—消费曲线是由于消费者收入的变化引起效用最大化变化的轨迹?

第七节 替代效应和收入效应

一种商品价格的变化会影响到该商品需求量,这种需求量的变化是由替代效应和收入效应共同作用的结果。一般情况下,当一种商品价格的上涨时,消费者对该商品的需求量就会减少,但有时也会出现相反的情况,即商品价格上涨,需求反而增加。需求量是增加还是减少主要取决于替代效应和收入效应的大小。

一、替代效应和收入效应的含义

当一种商品价格发生变化时,会对消费者产生两种影响:一是使商品的相对价格发生变化;二是使消费者的实际收入水平发生变化。这两种变化都会改变消费者对该种商品的需求量。

替代效应是指由价格变动所引起的商品相对价格变动,进而引起需求量的变动。指在实际收入不变条件下,某种商品价格的变动引起其他商品相对价格呈相反方向变动,从而引起比较便宜商品的购买对比较昂贵商品的购买的替代。当一种商品价格上升时,其他商品价格相对便宜了,消费者会多购买其他商品而少购买这种商品;当一种商品价格

① 资料来源:康云峰等. 微观经济学学习指导[M]. 北京:中国矿业大学出版社,2006

下降时，其他商品价格相对昂贵了。消费者会增加这种商品的购买而减少其他商品的购买。替代效应强调一种商品价格变动对其他商品相对价格水平的影响。例如，在茶叶价格上升以后，其他商品变得比以前便宜，而茶叶变得较为昂贵。消费者将用其他商品的购买来替代茶叶的购买。

收入效应是指由价格变动引起的实际收入水平变动，进而引起需求量的变动。在货币收入不变条件下，某种商品价格的变动引起消费者实际收入呈相反方向变动，从而也引起商品购买量的相反方向的变动。当一种商品价格上升时，消费者实际收入减少，商品购买量随之而减少；当一种商品价格下降时，消费者实际收入增加，商品购买量随之而增加。收入效应强调价格变动对实际收入水平的影响。比如一个家庭，它的收入用来购买商品 1 和商品 2 两种商品，在价格未变动以前，全部收入购买的两种商品是以使它获得最大满足的方式组合的。现在假定该商品的价格下降，在购买原来数量的商品 1 之后，家庭的收入将有所剩余。商品 1 的价格下降等于增加了这个家庭的实际收入，这剩余的收入可以用来购买商品 1，也可以用来购买商品 2。

某种商品价格变化的总效应是指一种商品价格变动所引起的该商品需求量的变动。在坐标图上应是当消费者从一个均衡点移到另一个均衡点时需求的总变动。这个总效应可以被分解为替代效应与收入效应两个部分。即总效应 = 替代效应 + 收入效应。

☞ 案例讨论

收入效应与替代效应①

“好消息！现在可口可乐便宜了，我们收入的购买力增加了。实际上我们的收入相对增加了，我们比以前更富了。我们可以买更多的可口可乐和其他商品。”（这是收入效应）“现在可口可乐的价格下降了，我放弃雪碧可以得到更多的可口可乐。”（这是替代效应）你发现哪一种说法更有说服力？事实上，这两种说法都有道理，可口可乐价格的下降使消费者状况变好。可口可乐与雪碧都是正常商品，消费者把购买力的提高用于这两种商品。但同时可口可乐消费比雪碧的消费变得更便宜了。这种替代效应使消费者选择更多的可口可乐和更少的雪碧。

问题：可口可乐的价格下降对其他商品的购买有什么影响？

☞ 即问即答

如果所有的商品包括闲暇都是正常品，那么如果小时工资率提高了，人们是否一定愿意工作更多小时？

① 资料来源：李明志等．微观经济分析学习指导［M］．北京：清华大学出版社，2009

二、正常物品的替代效应和收入效应

以图 3 - 16 来分析正常商品的替代效应和收入效应。横轴表示商品 1 的需求量，纵轴表示商品 2 的需求量，其中商品 1 是正常物品，AB 是消费者的初始预算线，该预算线与无差异曲线 U_1 相切于均衡点 E，在 E 点相应的商品 1 的需求量为 OX_1^1。假设商品 1 的价格下降，商品 2 的价格不变，则预算线 AB 将移动到 AB_1。新的预算线 AB_1 与更高的无差异曲线 U_2 相切于均衡点 E_2，在 E_2 点相应的商品 1 的需求量为 OX_1^3。比较 E、E_2 两个均衡点，商品 1 的需求量的增加量为 $X_1^1X_1^3$，这是由商品 1 的价格下降所引起的总效应。这个总效应可以分解为替代效应和收入效应。

为了分析替代效应，需要引入补偿预算线，补偿预算线是指以假设的货币收入增减来维持消费者实际收入水平不变的一种分析工具。在商品的价格发生变化引起消费者的实际收入水平提高时，假设可以取走消费者的一部分货币收入，从而使消费者的实际收入维持在原有的水平上。在图 3 - 16 中，为了剔除实际收入水平变化的影响，使消费者回到原来的无差异曲线 U_1 上，做一条平行于 AB_1 且与无差异曲线 U_1 相切于 E_1 点的补偿预算线 CD。补偿预算线 CD 与无差异曲线 U_1 相切，表示假设的货币收入的减少刚好能使消费者回到原来的效用水平。补偿预算线与预算线 AB_1 平行，则表示两条线的斜率相同，即两条线上商品 1 和商品 2 的相对价格是相等的，而且这个相对价格是商品 1 价格变化以后的相对价格。均衡点 E_2 与原来的均衡点 E 相比，需求量的增加量为 $X_1^1X_1^2$，这个增加量是在剔除了实际收入水平变化影响以后的替代效应。

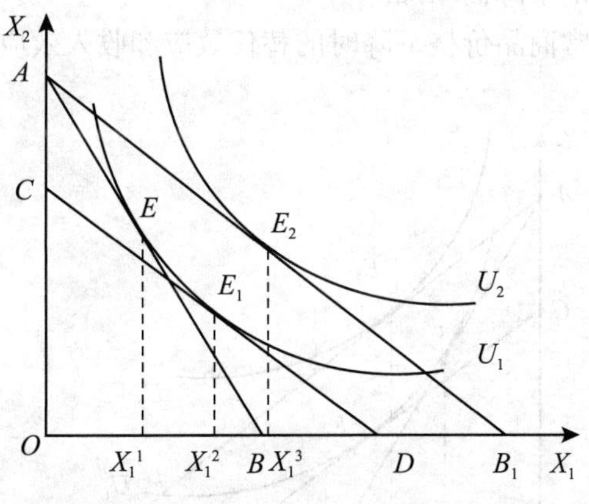

图 3 - 16　正常物品的替代效应与收入效应

预算线 AB 与补偿预算线 CD 都与无差异曲线 U_1 相切，但斜率不同。预算线 AB 的斜率的绝对值大于补偿预算线 CD 的斜率的绝对值，即预算线 AB 所表示的商品的相对价格 P_1/P_2 大于补偿预算线 CD 所表示的商品的相对价格。所以，当预算线由 AB 移动到 CD 时，随着商品的相对价格 P_1/P_2 变小，消费者为了维持原来的效用水平，必然会沿着无差异曲线

U_1 由 E 点滑动到 E_2 点，增加对商品 1 的购买，减少对商品 2 的购买，即用商品 1 去代替商品 2。对于正常物品，由价格下降引起的需求量的增加量是正值，即其替代效应的符号为正，正常物品的替代效应与价格呈反方向变化。

收入效应是从总效应中减去替代效应得到的。如果把补偿预算线 CD 推回到 AB_1 的位置上去，消费者的均衡点就会由无差异曲线 U_1 上的 E 点回到无差异曲线 U_2 上的 E_3 点，相应的需求量的变化量 $X_1^2X_1^3$ 就是收入效应。收入效应是由于商品 1 的价格变化所引起的实际收入水平的变化，它改变消费者的效用水平。正常物品的收入效应与价格呈反方向变化，当商品 1 的价格下降引起消费者实际收入水平的提高，从而增加对商品 1 的购买，即正常商品的收入效应为正。

综上所述，正常物品的替代效应与收入效应都与价格呈反方向变化且为正值，所以，其总效应也与价格呈反方向变动，其值必定为正。

☞ **即问即答**

若某产品的需求曲线向右下方倾斜，是否可判定它必是正常物品?

三、低档物品的替代效应和收入效应

商品可以分为正常物品和低档物品两大类。正常物品的需求量与消费者的收入水平呈同方向变化，即该种物品的需求量随消费者的收入水平提高而增加，随着消费者收入水平的下降而减少。低档物品的需求量与消费者的收入水平呈反方向变化，即其需求量随收入水平的提高而减少，随收入水平的下降而增加。

以图 3－17 来分析正常商品价格下降时的替代效应和收入效应。

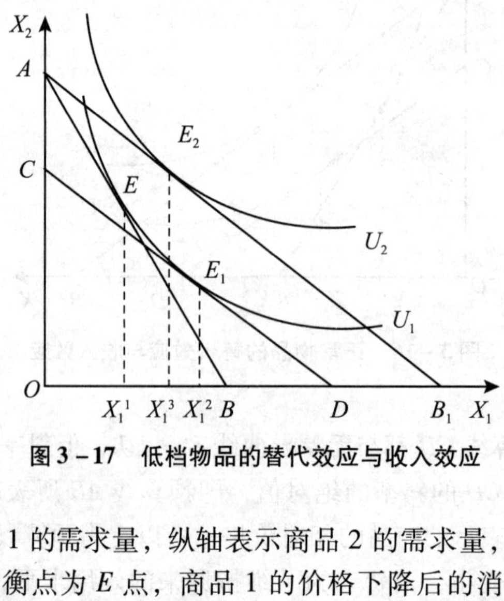

图 3－17　低档物品的替代效应与收入效应

其中，横轴表示商品 1 的需求量，纵轴表示商品 2 的需求量，其中商品 1 是低档物品。初始状态下，消费者的均衡点为 E 点，商品 1 的价格下降后的消费者均衡点为 E_2，因此，价格下降引起的商品 1 的需求量的增加量为 $X_1^1X_1^3$，这是由商品 1 的价格下降所引起的总效应。这个总效应可以分解为替代效应和收入效应。为了分离出替代效应和收入效应，运用上面的方法做补偿预算线 CD。商品 1 价格的下降引起的商品相对价格的变化，使消费者均衡点由 E 移动到 E_1，相应的需求增加量为 $X_1^1X_1^2$，这就是替代效应，它是一个正值。而商品 1 价格的下降引起的消费者的实际收入水平的变动，使消费者由均衡点 E_1 移动到 E_2，需求量由 X_1^2 减少到 X_1^3，这就是收入效应。收入效应 $X_1^2X_1^3$ 是一个负值，是因为低档物品的需求量和价格之间呈反方向变动的关系，商品 1 价格的下降会引起消费者实际收入水平的提高，从而对低档物品的需求量减少。所以，图 3－17 中 E_2 点位于 E 点和 E_1 点之间。

图 3－17 中商品 1 价格的下降所引起的商品 1 的需求量变化的总效应为，它是正的替代效应 $X_1^1X_1^2$ 和负的收入效应 $X_1^2X_1^3$ 之和，由于替代效应的绝对值大于收入效应的绝对值，即替代效应的作用大于收入效应的作用，总效应 $X_1^1X_1^3$ 是一个正值。

综上所述，对于低档物品来说，替代效应与价格呈反方向的变动，收入效应与价格呈同方向的变动，而且，在大多数的场合，替代效应的作用大于收入效应的作用（如图 3－17 所示），所以，总效应与价格呈反方向的变动，相应的需求曲线是向右下方倾斜的。但是，在少数场合下，某些低档物品的收入效应会大于替代效应的作用，于是，就会出现需求曲线向右上方倾斜的现象，这类商品称为吉芬商品。

四、吉芬物品的替代效应和收入效应

英国人罗伯特·吉芬在 19 世纪发现，在 1845 年爱尔兰发生灾荒时，土豆价格上升，但是，土豆的需求量反而增加了。这一现象在当时被称为“吉芬难题”。这类需求量与价格呈同方向变动的特殊商品被称为吉芬物品。下面通过图 3－18 来说明吉芬物品的替代效应和收入效应。

图 3－18 中的横轴和纵轴仍然代表商品 1 和商品 2 的需求量，其中商品 1 为吉芬物品。商品 1 的价格下降前后的消费者效用最大化的均衡点分别为 E 和 E_2，相应的商品 1 的需求量减少量为 $X_1^1X_1^3$，这就是总效应。通过做补偿预算线 CD 可知：$X_1^1X_1^2$ 为替代效应，它是一个正值；$X_1^2X_1^3$ 是收入效应，它是一个负值。而且，负的收入效应的绝对值大于正的收入效应的绝对值，所以，最后形成的总效应 $X_1^1X_1^3$ 为负值。在图 3－18 中，E 点必定在 E_2 点和 E_1 点之间。

由以上分析可以看出，吉芬物品是一种特殊的低档物品。作为低档物品，吉芬物品的替代效应与价格呈反方向的变动，收入效应则与价格呈同方向的变动。吉芬物品的特殊性就在于：收入效应的作用很大，以至超过了替代效应的作用，从而使得总效应与价格呈同方向的变动。这也就是吉芬物品的需求曲线呈现出向右上方倾斜的特殊形状的原因。

运用以上分析的结论就可以解释“吉芬难题”了。在 19 世纪中叶的爱尔兰，购买土豆的消费支出在大多数的贫困家庭的收入中占一个较大的比例，于是，土豆价格的上升导致贫困家庭实际收入水平大幅度下降。在这种情况下，变得更穷的人们不得不大量地增加对低档物品土豆的购买，这样形成的收入效应是很大的，它超过了替代效应，造成了土豆的需求量

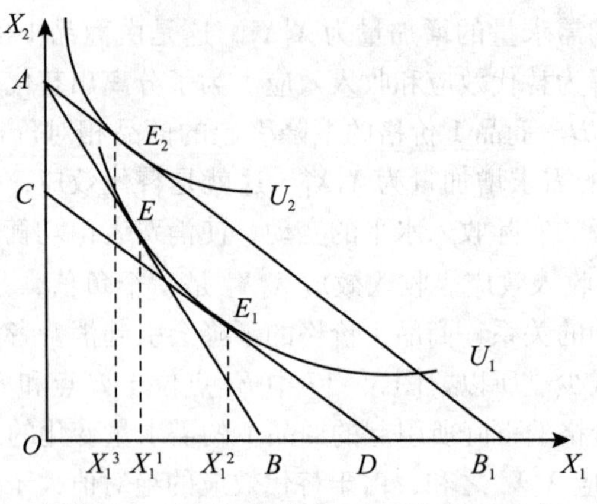

图 3－18　吉芬物品的替代效应与收入效应

随着土豆价格的上升而增加的特殊现象。

☞ 即问即答

如果我们知道某种商品是吉芬物品，那么可以断定它也是低档物品？

下面将正常物品、低档物品和吉芬物品的替代效应和收入效应总结于表 3－6 中。

表 3－6　商品的替代效应和收入效应

商品类别	替代效应	收入效应	总效应	需求曲线形状
正常物品	正值	正值	正值	向右下方倾斜
低档物品	正值	负值	正值	向右下方倾斜
吉芬物品	正值	负值	负值	向右上方倾斜

第八节　跨时期选择

消费者不但可以在不同商品组合中作出选择，而且可以在不同时期的消费中进行安排。有些人喜欢现在少消费多储蓄，从而将来可以更多地消费；有些人喜欢借钱来增加现在的消费，用明天的钱圆今天的梦。这就涉及跨时期选择的问题。

一、超前消费与储蓄

现在用一个简单模型来说明什么是跨时期选择问题。假定消费者可以把自己的收入选择在本期（假定为今年）和下期（假定为明年）消费，今年和明年的收入分别为 $I_1=12000$ 元

和 $I_2=12600$ 元，借贷市场的利率 $r=5\%$。如果把今、明两年的收入全部用于今年的消费，需把明年的收入按照市场利率折算成今年的现值，则今年的消费总额为今年的收入和明年收入的现值之和，即 $C_1=I_1+\frac{I_2}{1+r}=12000+\frac{12600}{1+5\%}=24000$（元）；如果把今、明两年的收入全部用于明年的消费，则明年的消费总额等于今年收入的未来值与明年收入之和，即 $C_2=I_1(1+r)+I_2=12000\times(1+5\%)+12600=25200$（元）。如果把上述情况用坐标图表示出来如图 3-19 所示，横轴表示今年的消费额，纵轴表示明年的消费额，*ON* 表示把今、明两年的收入全部用于今年消费的金额，*OM* 表示把今、明两年的收入用于明年消费的金额，*MN* 所形成的直线表示跨期消费预算约束线，*MN* 直线上每一点表示把今、明两年的收入用于今年和明年消费的所有可能组合。

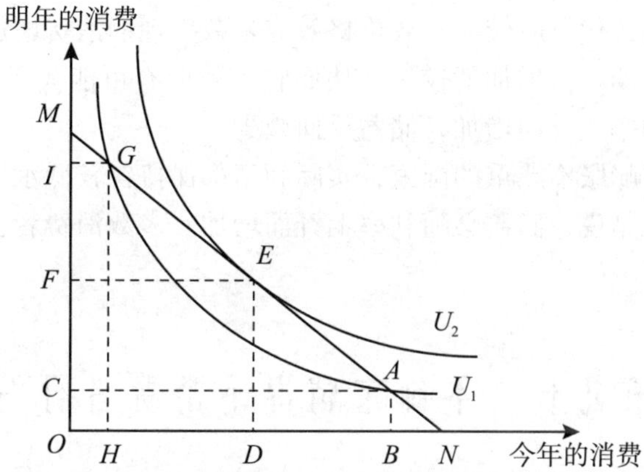

图 3-19　跨期消费者选择

二、跨期消费的均衡

假定某消费者的初始预算约束线为 *MN*，如图 3-19 所示，消费组合在 *A* 点，此时他将今年的收入用于今年的消费 *OB*，将明年的收入用于明年的消费 *OC*，在 *A* 点既不用借用明年的收入消费，也不储蓄钱到明年消费，该点成为禀赋点。U_1 为过 *A* 点的一条无差异曲线，U_1 上的所有的组合点表示该线上所有的点代表的今、明两年的各种消费量对消费者而言效用是相同的，而 *MN* 上的各点代表的今、明两年的各种消费量都是消费者两期收入所能够负担得起的。如果把 U_1 向上平移到 U_2，使 U_2 正好和 *MN* 线相切于 *E* 点，在 *E* 点无差异曲线的斜率和 *MN* 线的斜率相等。这时，就说该消费者的跨时期消费达到了均衡状态。消费者今年的消费是 *OD*，明年的消费是 *OF*。由 *A* 点向 *E* 点的移动表示，消费者今年少消费一点（*BD*），把这些钱储蓄起来到明年就可以多消费一点（*CF*），可以使无差异曲线从 U_1 提高到 U_2，该消费者的效用达到最大化。

相反，如果该消费者的初始禀赋点为 *G* 点，则消费者应借用明年的收入（*IF*）用于今年的消费（*HD*），从而使效用达到最大化。

三、跨期消费的两种效应

如图 3－19 所示，借贷市场上的利率如果发生变化将会对今、明两年的消费发生影响。利率变化会使消费者的预算约束线绕初始禀赋点发生转动。利率上升时，*MN* 线会变得陡峭；利率下降时，*MN* 线将变得平缓。这样两期消费的均衡点也会相应变动，就是说当期（今年）的消费和储蓄量值会发生变化，这种变化也可以称为价格效应。因为，利率是资金借贷的价格，利率越高表示今年消费相比明年消费来说代价或者成本越大，因此，消费者就会减少目前消费而增加未来消费，即用明年消费来替代今年消费，这就是利率提高的替代效应。同时，提高了利率，消费者实际财富增加，因此，消费也会增加，这是利率提高的收入效应。价格效应就是替代效应和收入效应的合成。利率较低时，提高利率所增加的财富较少从而收入效应较小，而替代效应较大，故价格效应是减少现期消费增加未来消费。随着利率提高到较高水平时，现期财富增加就较多，从而收入效应有可能大于减少消费的替代效应。这样，消费有可能随利率上升而增加，储蓄反而减少。

一般来说，在通货膨胀不严重的国家，实际利率都保持在较低水平，利率上升的替代效应大于收入效应，这就是说，储蓄会随利率上升而增加。多数消费者会以期待未来更多的消费取代当前消费。

第九节　不确定情况下消费者行为

本章前面的内容都是分析确定情况下的消费行为，没有涉及不确定情况下的消费行为。然而，在现实经济生活中存在着各种不确定因素。在充满不确定因素的经济活动中，消费者在风险情况下的态度及其行为决策，将是本节所要介绍的主要内容。

一、不确定性与期望效用函数

（一）不确定性

不确定性是指经济行为者在事先不能准确地知道自己的某种决策的结果。或者说，只要经济行为者的一种决策的可能结果不止一种，就会产生不确定性。例如，某消费者准备用一笔钱去购买一台某种型号的电视机，假定在该型号的电视机市场上，电视机的质量有的是合格的，有的是不合格的，这样，该消费者购买电视机的可能的结果有两种，一种结果是得到一台质量合格的电视机，另一种结果是得到一台质量不合格的电视机。在这种不确定的情况下，该消费者是否购买电视机的决策也许会取决于他得到一台质量合格或质量不合格的电视机的可能性即概率。类似这种不确定的情况，在经济生活中是经常可以碰到的。

在消费者知道自己某种行为决策的各种可能结果时，如果消费者还知道各种可能的结果发生的概率，则可以称这种不确定性为风险。在经济分析中，西方经济学家通常把消费者在不确定情况下面临风险的行为决策问题，假定消费者在面临一张彩票时的行为决策问题。这样一来，对不确定条件下消费者面临风险的行为的分析，可以通过对消费者在面临一张具有风险的彩票时的行为的分析来进行。

举例来说，假设某消费者持有100元的初始货币财富量，他面临是否购买某种彩票的选择。这种彩票的购买成本支出是5元。如果该消费者购买彩票，他中彩的概率为2.5%，不中彩的概率为97.5%。在中彩的情况下，他可以得到200元的奖金；在不中彩的情况下，他什么都得不到。于是，该消费者可以决定不购买彩票，那么，他总是可以稳妥地持有100元的初始货币财富量，当然，也不必支付5元的彩票购买成本。这样，他避免了购买彩票所可能遭受的损失，也失去了购买彩票所可能得到的更多财富。该消费者也可以决定购买彩票，如果他中彩的话，他就会拥有295元。因为初始货币财富量100元－购买彩票的支出5元＋中彩的奖金200元＝295元。如果他不中彩的话，他就只持有95元。因为，初始货币财富量100元－购买彩票的支出5元＝95元。

在经济分析中，可以用符号来表示消费者所面临的具有不确定结果的彩票。假定某消费者所面临的一种彩票具有两种可能的结果，这两种结果不会同时发生。当第一种结果发生时，该消费者拥有的货币财富量为 W_1；当第二种结果发生时，该消费者拥有的货币财富量为 W_2。第一种结果发生的概率为 p，$0<p<1$，第二种结果发生的概率为 $1-p$。于是，这张彩票可以表示为：$L=[p,(1-p);W_1,W_2]$。如果将这种彩票表示法具体运用到上面的例子中，则有 $p=2.5\%$，$1-p=97.5\%$；$W_1=295$ 元，$W_2=95$ 元。此外由于两种结果不会同时发生，所以，在知道了第一种结果的概率的同时，也就知道了第二种结果的概率。于是，以上彩票也可以简单地表示为：$L=[p;W_1,W_2]$。

（二）期望效用函数

如同在确定条件下，消费者行为追求的目标是为了获得最大的效用一样，在不确定条件下，消费者追求的目标也是为了得到更大的效用。但是，在不确定的情况下，由于消费者事先并不知道哪种结果事实上会发生，所以，他只是在事先做出最优的决策，以最大化他的期望效用。为此，西方经济学家建立了期望效用的概念。

对于一张彩票 $L=[p;W_1,W_2]$ 来说，彩票的期望效用函数为：

$$E\{U[p;W_1,W_2]\}=pU(W_1)+(1-p)U(W_2) \tag{3.29}$$

式中，p 和 $1-p$ 分别为 W_1 和 W_2 发生的概率。

以上的彩票的期望效用函数也可简写为：

$$E[U(W_1,W_2)]=pU(W_1)+(1-p)U(W_2) \tag{3.30}$$

期望效用函数也被称为冯·诺曼—摩根斯顿效用函数。由式（3.30）可见，消费者的期望效用就是消费者在不确定条件下可能得到的各种结果的效用的加权平均数。由于期望效用函数的建立，于是，对不确定条件下的消费者面临风险的行为的分析，就成了对消费者追求期望效用最大化的行为的分析。

二、消费者个体对待风险的态度

对于同一个具有不确定结果的事物，每个消费者对待风险的态度是不相同的，所以，他们各自的行为选择也是不一样的。以购买彩票为例，有的消费者可能害怕风险，他们一般不会去买彩票，而是稳妥地保持自己现已拥有的货币财富量；有的消费者可能喜欢冒险，他们总是去买彩票。有的消费者可能在风险面前采取中立态度，他们觉得买或不买彩票都是无所谓的。由此，消费者对待风险的态度，影响着消费者在不确定情况下的行为决策。

西方经济学家将消费者对待风险的态度分为三类：风险规避者、风险爱好者和风险中立者。这三类风险态度的判断标准如下，以消费者面临一张彩票 $L=[p;\ W_1,\ W_2]$ 为例来分析：假定消费者在无风险条件下可以持有的确定的货币财富量等于彩票的期望值即 $pW_1+(1-p)W_2$。如果某消费者认为无风险条件下持有一笔确定的货币财富量的效用大于在风险条件下彩票的期望效用，即 $U[pW_1+(1-p)W_2]>pU(W_1)+(1-p)U(W_2)$，则该消费者为风险规避者；如果某消费者认为无风险条件下持有一笔确定的货币财富量的效用小于在风险条件下彩票的期望效用，即 $U[pW_1+(1-p)W_2]<pU(W_1)+(1-p)U(W_2)$，则该消费者为风险爱好者；如果某消费者认为无风险条件下持有一笔确定的货币财富量的效用等于在风险条件下彩票的期望效用，即 $U[pW_1+(1-p)W_2]=pU(W_1)+(1-p)U(W_2)$，则该消费者为风险中立者。

与以上的分析相对应，消费者的风险态度也可以根据消费者的效用函数的特征来判断。

风险规避者。假定消费者的效用函数为 $U=U(W)$，其中 W 为货币财富量，且效用函数为增函数。风险规避者的效用函数是严格凹的，如图 3-20 所示，则是风险规避者。在图 3-20 中，$pU(W_1)+(1-p)U(W_2)$ 表示有风险的财富的期望值 $pW_1+(1-p)W_2$ 的预期效用，$U[pW_1+(1-p)W_2]$ 表示这一期望值的效用，曲线 $U(W)$ 表示效用函数。

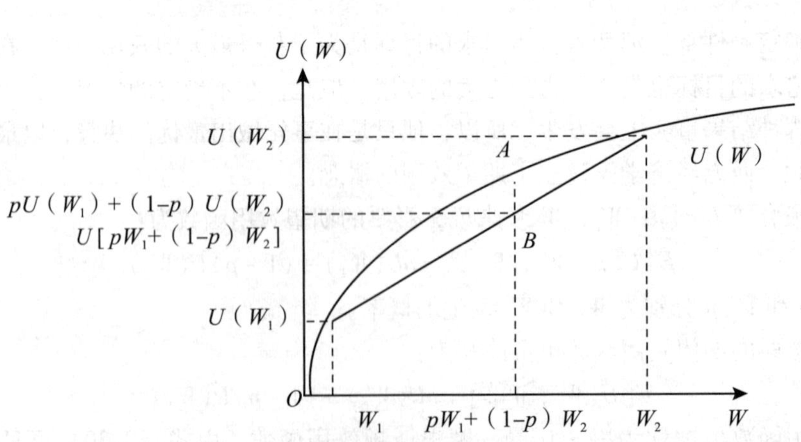

图 3-20　风险规避者的效用函数 $U(W)$

风险爱好者。风险爱好者的效用函数是严格凸的，如图 3-21 所示。当一个消费者的期望效用大于预期值的效用时，他是风险爱好者。

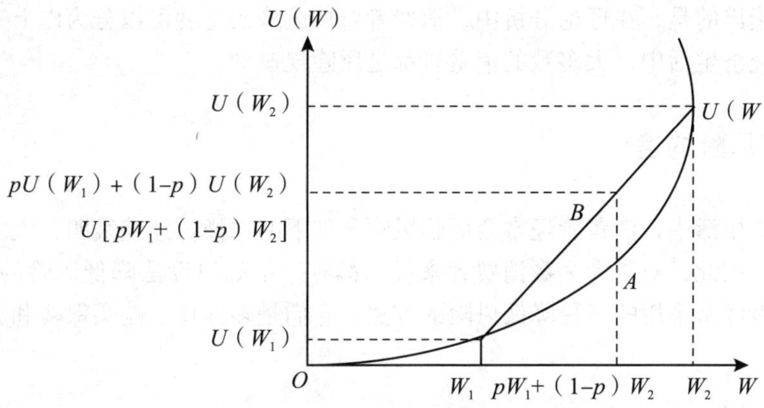

图 3-21 风险爱好者的效用函数 $U(W)$

风险中立者。风险中立者的效用函数是线性的，如图 3-22 所示。当一个消费者的期望效用等于期望值效用时，他是一个风险中立者，表示该消费者对选择的两种工作机会抱无所谓态度。在图 3-21 中，效用函数是线性的，因此，预期效用等于期望值效用。

由图 3-21 中可见，风险规避者、风险爱好者、风险中立者的效用函数 $U=U(W)$，分别满足前面提到的关于三种风险态度的判断标准，即它们分别满足彩票的期望值的效用 $U[pW_1+(1-p)W_2]$ 大于、小于和等于彩票的期望效用 $pU(W_1)+(1-p)U(W_2)$。具体分析图 3-20。其中效用函数 $U(W)$ 是严格凹的，效用曲线上任意两点间的弧都高于这两点间的弦。根据该消费者的效用曲线 $U(W)$，消费者在无风险条件下持有一笔确定的货币财富量的效用 $U[pW_1+(1-p)W_2]$ 相当于图中 A 点的高度，而拥有一张具有风险的彩票的期望效用 $pU(W_1)+(1-p)U(W_2)$ 相当于图中 B 点的高度。显然 A 点高于 B 点。所以，严格凹的效用函数 $U=U(W)$ 满足风险规避者的判定条件。至于对于图 3-21 和图 3-22 的分析，与对图 3-20 的分析是相似的，在此从略。

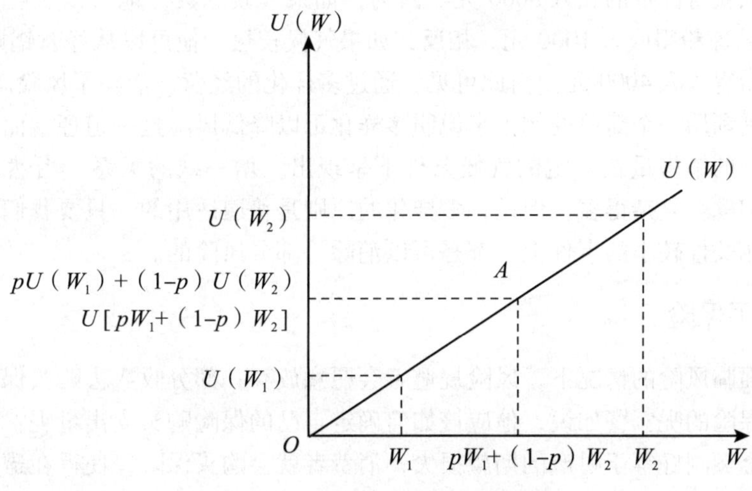

图 3-22 风险中立者的效用函数

最后需要指出的是，在理论分析中，消费者对待风险的态度可以分为以上三类。但一般来说，在实际经济生活中，大多数的消费者都是风险规避者。

三、降低风险的途径

在现实经济生活中，消费者经常会面临风险条件下的选择。经验表明，大多数消费者都是风险规避者。因此，对于大多数消费者来说，都有一个如何设法降低风险的问题。在此，我们介绍消费者经常采用的三种降低风险的方法，它们是多样化、购买保险和获取更多的决策信息。

（一）多样化

多样化指消费者在计划未来一段时间内的某项带有风险的经济活动时，可以采取多样化的行动，以降低风险。

为什么多样化可以降低风险呢？这里举一个例子来具体说明这一点。

假定某人准备开办一个小吃店，他可以单独经营锅贴或单独经营凉粉，也可以各用一半的规模同时经营锅贴和凉粉。若气候较凉爽，则顾客更多地选择锅贴；若气候较热，则顾客更多地选择凉粉。他现在需要做出的决定是：到底是用全部规模单独经营某一种食品，还是各用一半规模同时经营两种食品？

如果他单独经营锅贴，那么，在凉爽的气候条件下，他将获得收入 8000 元；在较热的气候下，他将获得收入 2000 元。如果他单独经营凉粉，那么，在凉爽的气候条件下，他将获得收入 2000 元；在较热的气候下，他将获得收入 8000 元。因此当他单独经营一种食品时，其收入或为 8000 元，或为 2000 元。显然，在这种单独经营一种品种的情况下，未来收入是不确定的，也就是说，存在着风险。

但是，如果他能够各用一半的规模同时经营这两种食品，则不管是气候凉爽，还是气候较热，他都可以获得固定的收入 5000 元。因为，如果气候凉爽，他可以从经营锅贴得收入 4000 元，从经营凉粉得收入 1000 元。相反，如果气候较热，他可以从经营锅贴得收入 1000 元，从经营凉粉得收入 4000 元。由此可见，通过多样化的经营，消除了风险。

以上仅仅是利用一个简单的例子来说明多样化可以降低风险这一道理。而且，在这个例子中，两种食品的销售量在一定的气候条件下呈现出一增一减的关系。当然，在现实生活中，多样化的问题会复杂得多，但是，多样化的原则是普遍适用的。只要我们将多样化的行动安排到一些相关性较小的事件上，都是可以消除一部分风险的。

（二）购买保险

在消费者面临风险的情况下，风险规避者会愿意放弃一部分收入去购买保险。消费者通常是如何购买保险的呢？譬如说，他应该如何确定自己的保险购买支出量呢？一般来说，如果支付的保险金额刚好等于财产的期望损失，消费者就会购买保险，使得在遭受任何可能的损失时得到全部的补偿。

假定某消费者拥有的初始财富为 W，他可能遭受意外事件（如火灾）使得财产损失 L，意外事件发生的概率为 p，且令消费者购买保险的支出为 S。在这一问题中，该消费者的财产期望值为：

$$p\times(W-L)+(1-p)\times W \tag{3.31}$$

根据消费者支付的保险金额等于财产的期望损失，可得：

$$S=p\times L+(1-p)\times 0=pL \tag{3.32}$$

根据以上两个式子，下式一定成立：

$$W-S=p\times(W-L)+(1-p)\times W \tag{3.33}$$

式（3.33）说明，消费者投保以后所拥有的稳定财产量 $W-S$ 等于风险条件下的财产的期望值 $p\times(W-L)+(1-p)\times W$。而对于风险规避者来说，确定的财产期望值的效用水平，肯定会大于风险条件下的财产的期望效用，所以，消费者愿意购买保险。或者，也可以这样理解：尽管投保并没有改变消费者的财产的期望值，但投保以后消除了风险，可以使消费者获得稳定的收入，从而达到一个更高的效用水平。

总之，只要消费者购买保险的支出等于财产的期望损失，消费者总是愿意购买保险，使自己在遭受损失时能获得全部的补偿，从而消除了风险。

（三）获取更多的信息

不确定性是指经济行为者在事先不能准确地知道自己某项决策的结果。或者说，经济行为者对自己将要做出的决策所涉及的所有经济变量缺乏足够的信息，由此而面临着风险。那么，如果经济行为者在做出决策时能掌握更多的、更确切的信息，就可以降低风险。而实际上，如果信息是完全的，不确定性和风险也就不存在了。

由于掌握更多的信息就可以降低风险，所以，信息是一种商品。要获得信息，就必须对信息进行支付。那么，信息的价值是如何确定的呢？一般地，就完全信息的价值而言，它等于经济行为人在完全信息条件下决策的所得期望值和信息不完全条件下决策的所得期望值之间的差额。

举例来说明信息的价值。

假定某鲜鱼销售商在考虑某种鲜鱼的每天进货量。这种鲜鱼的市场价格为 6.00 元/千克。如果他每天卖出 400 千克，则进货价为 4.20 元/千克；如果他每天进货 800 千克，则进货价下降为 4.00 元/千克。如果鲜鱼不能及时卖出，他就只能赔本以 2.50 元/千克的价格出售。

如果信息不完全，该鲜鱼销售商只知道每天卖出 400 千克鲜鱼和 800 千克鲜鱼的可能性各占 50%，但并不知道具体的每一天的鲜鱼需求量究竟是 400 千克，还是 800 千克。在这种情况下，他制定了每天进货 800 千克的计划。我们计算一下相应的期望利润。因为，若他能卖出全部 800 千克的鲜鱼的话，则利润 = 2.00 元 × 800 = 1600 元。若他能卖出 400 千克鲜鱼，其余 400 千克只能以赔本的价格处理掉的话，则利润 = 2.00 元 × 400 + (2.50 元 − 4.00 元) × 400 = 800 元 − 600 元 = 200 元。所以，信息不完全情况下订货 800 千克的期望利润 = 1600 元 × 50% + 200 元 × 50% = 900 元。

如果信息是完全的，该鲜鱼销售商就可以做出确切的计划。若他知道哪天的鲜鱼需求量是800千克，他就进货800千克；则获利润=2.00元×800=1600元。若他知道哪天的鲜鱼需求量是400千克，他就进货400千克，则获利润=1.80元×400=720元。于是，信息完全情况下的期望利润=1600元×50%+720元×50%=1160元。

比较以上信息不完全和信息完全情况下该鲜鱼销售商的期望利润可以得出：两种情况下的期望利润的差额为1160元-900元=260元。这就是完全信息的价值，从而稳定地获得利润，避免在风险条件下由于赔本买卖而带来的利润损失。

本章框架

本章主要介绍效用理论。首先，从基数效用论开始，从总效用和边际效用的角度推导出消费者均衡的条件；其次，重点讲解了序数效用论，通过无差异曲线和预算线推导消费者均衡的条件，并对基数效用论和序数效用论的均衡条件进行比较，又对跨时期的消费者均衡做了简单介绍；再次，推导了个人和市场需求曲线，讨论了替代效应和收入效应；最后，简单讨论了不确定情况下的消费者行为。本章逻辑关系如图3-23所示。

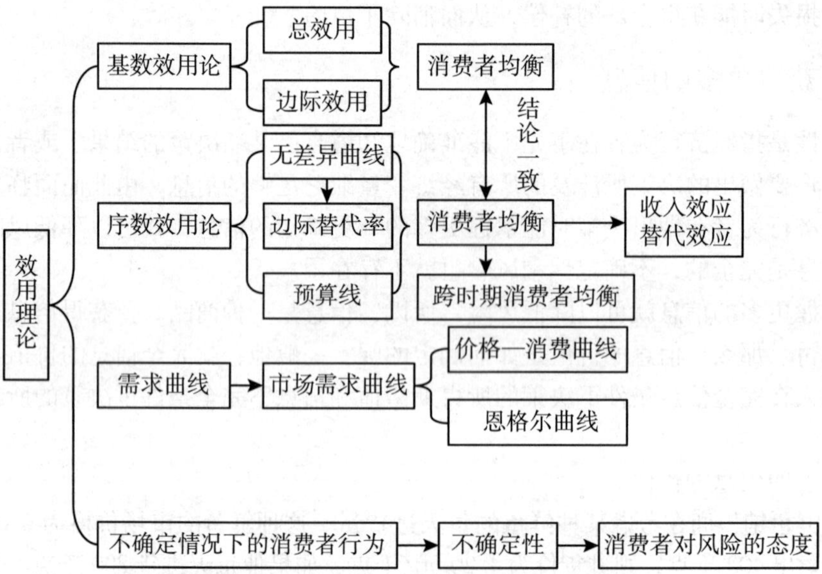

图3-23 本章逻辑结构

内容提要

1. 效用：效用即使用价值，是商品或劳务满足人的欲望的能力，或者说是消费者消费商品或劳务所获得的满足程度。商品对消费者有效用决定于两方面：消费者有消费此种商品的欲望以及商品本身具有满足其欲望的能力。

2. 基数效应和序数效应：基数效应论可以用基数衡量效用大小，序数效用论只用序数对效用大小排序。

3. 总效用与边际效用：总效用指消费者在一定时间内从一定数量商品的消费中所得到的效用量的总和。边际效用指消费者在一定时间内增加一单位的消费所得到的效用量的增量。边际效用为总效用的导数，总效用为边际效用的积分。

4. 边际效用递减规律：在一定时间内，消费者在其他商品的消费数量保持不变的条件下，随着消费者对某种商品的消费量的增加，消费者从该商品连续增加的每一单位消费中得到的效用增量是递减的。这种消费商品带来的边际效用递减的现象叫作边际效用递减规律。

5. 无差异曲线：无差异曲线是在序数效用论的基础上研究消费者行为的一种分析方法。它表示消费者在一定的偏好条件下，选择不同组合的商品时其满足程度没有差别。

6. 边际替代率及其递减规律：边际替代率是指在维持效用水平不变的前提下，消费者每增加一单位某种商品的消费数量时所需要放弃的另一种商品的消费数量。边际替代率递减规律等同于边际效用递减规律。

7. 预算线：预算线表示在消费者收入和商品的价格给定的条件下，消费者的全部收入所能购买到的两种商品的不同组合。预算线的斜率的绝对值等于两种商品的价格比，其位置取决于收入与商品价格的比值。

8. 消费者均衡：消费者均衡是在收入和价格既定的条件下，消费者购买各种商品的一定数量可以达到其总效用最大的这样一种状态。或者说，消费者均衡是消费者在给定的条件下，实现了满足程度的最大化。消费者均衡的条件是在给定预算的条件下，使得用于每一种商品上的最后一单位货币得到相同的边际效用，即货币的边际效用。

9. 价格消费曲线和收入消费曲线：消费者均衡的变动与价格消费曲线和收入消费曲线相一致。当商品价格变动时，预算线斜率变动，消费者均衡点也变动，其移动的轨迹即价格消费曲线，它反映价格与需求量之间的关系，故从此线可导出需求曲线。当价格不变而消费者收入变动时，预算线平行移动，消费者均衡点移动的轨迹是收入消费曲线，从此曲线可导出反映收入与需求量相互关系的恩格尔曲线。

10. 替代效应和收入效应：价格效应可分解为替代效应和收入效应。替代效应是指一种商品价格变动时引起的该商品被其他商品替代的数量或替代其他商品的数量。收入效应是指一种商品价格变动时引起实际收入变动从而导致该商品消费量的变化量。

复习与思考

一、名词解释

效用；基数效用；序数效用；总效用；边际效用；消费者均衡；消费者剩余；无差异曲线；商品的边际替代率；预算线；替代效用；收入效应；正常物品；低档物品；吉芬物品；不确定性。

二、选择题

1. 当总效用增加时，边际效用应该（ ）。

A. 为正值，且不断增加　　B. 为正值，但不断减少

C. 为负值，且不断增加　　D. 为负值，且不断减少

2. 当某消费者对商品 X 的消费达到饱和点时，则边际效用 MU_X 为（　　）。

A. 正值　　B. 负值　　C. 零　　D. 不确定

3. 无差异曲线为斜率不变的直线时，表示相结合的两种商品是（　　）。

A. 可以替代的　　B. 完全替代的　　C. 互补的　　D. 互不相关的

4. 一位消费者从额外 1 单位的苹果所获得的额外效用永远等于从额外 3 单位的香蕉所获得的额外效用。如果香蕉数量用横轴表示，苹果数量用纵轴表示，那么无差异曲线是（　　）。

A. 一条以 -1/3 为斜率的直线　　B. 一条以 1/3 为斜率的直线

C. 一条以 -3 为斜率的直线　　D. 一条以 3 为斜率的直线

5. 预算线的位置和斜率取决于（　　）。

A. 消费者的收入　　B. 商品价格

C. 消费者的收入和商品的价格　　D. 消费者的偏好、收入和商品的价格

6. 假定其他条件不变，如果某种商品的价格下降，根据效用最大化原则，则消费者会（　　）这种商品的购买。

A. 增加　　B. 减少　　C. 不变　　D. 不确定

7. 假定商品 X 和 Y 的价格不变，当 $MRS_{XY} > P_X/P_Y$ 时，消费者为达到最大满足，他将（　　）。

A. 增购 X 减少 Y　　B. 减少 X 增购 Y　　C. 同时增购 X 和 Y　　D. 同时减少 X 和 Y

8. 如果 X 产品的边际效用 $MU_X = 1/X$，Y 产品的边际效用 $MU_Y = 4/Y$，X 产品的价格为 1 元，Y 产品的价格为 2 元，消费者的预算为 60 元。那么，效用最大化时，消费者购买的 Y 产品数量为（　　）。

A. 6　　B. 12　　C. 20　　D. 24

9. 对于一名大学生来说，如果电影票对音乐会入场券的边际替代率为 1/2，那么他获得最大效用的条件是（　　）。

A. 电影票的价格是音乐会入场券价格的 1 倍　　B. 电影票的价格与音乐会入场券价格相等

C. 电影票的价格是音乐会入场券价格的 1 半　　D. 以上说法都不正确

10. 消费者剩余是消费者的（　　）。

A. 实际所得　　B. 主观感受　　C. 没有购买的部分　　D. 支出的货币的总效用

11. 正常物品价格上升导致需求量减少的原因在于（　　）。

A. 替代效应使需求量增加，收入效应使需求量减少

B. 替代效应使需求量增加，收入效应使需求量增加

C. 替代效应使需求量减少，收入效应使需求量减少

D. 替代效应使需求量减少，收入效应使需求量增加

12. 低档商品的价格下降，在其他情况不变时（　　）。

A. 替代效应和收入效应相互加强导致该商品需求量增加

B. 替代效应和收入效应相互加强导致该商品需求量减少

C. 替代效应倾向于增加该商品的需求量，而收入效应倾向于减少其需求量

D. 替代效应倾向于减少该商品的需求量，而收入效应倾向于增加其需求量

13. 吉芬物品的特点是（　　）。

A. 需求收入弹性和需求价格弹性均为正　　B. 需求收入弹性和需求价格弹性均为负

C. 需求收入弹性为正但需求价格弹性为负　　D. 需求收入弹性为负但需求价格弹性为正

14. 当商品价格不变，而消费者收入变化时，连接消费者各个均衡点的线称为（　　）。

A. 需求曲线　　B. 价格—消费曲线　　C. 收入—消费曲线　　D. 恩格尔曲线

15. 恩格尔曲线从（　　）导出。

A. 价格—消费曲线　B. 收入—消费曲线　C. 需求曲线　D. 无差异曲线

三、问答题

1. 试述基数效用论和序数效用论有何异同？

2. 钻石用处极小但价格昂贵，生命必不可少的水却非常便宜，请用边际效用的概念加以解释。

3. 如果你有一辆需要四个轮子才能开动的车子，有了三个轮子，那么当你有第四个轮子时，这第四个轮子的边际效用似乎超过了第三个轮子的边际效用，这是不是违反了边际效用递减规律？

4. 什么是边际替代率？边际替代率为什么呈现递减趋势？

5. 用替代效应和收入效应之间的关系解释低档商品与吉芬商品的区别。

四、计算题

1. 若研究生招生考试科目为高等数学、外语和专业课，录取工作将按照这样的原则：在每门课均及格的考生中，按总分排队，择优录取。某同学已经报考，尚有 6 个月复习时间，下表为他每门课复习时间及预计考分。

月数	0	1	2	3	4	5	6
高等数学分数	30	44	65	75	83	88	90
外语分数	40	52	62	70	77	83	88
专业课分数	70	80	88	90	91	92	93

试运用消费者行为理论分析该同学怎样分配复习时间才能使三门课的总成绩最高？

2. 已知某消费者每年用于商品 1 和商品 2 的收入为 540 元，两商品的价格分别为 $P_1=20$ 元和 $P_2=30$ 元，该消费者的效用函数为 $U=3X_1X_2^2$，该消费者每年购买这两种商品的数量各应为多少？他每年从中获得的总效用是多少？

3. 假设消费者张某对 X 和 Y 两种商品的效用函数为 $U=X^2Y^2$，张某收入为 500 元，X 和 Y 的价格分别为 $P_X=2$ 元，$P_Y=5$ 元，求：

（1）张某对 X 和 Y 两种商品的最佳购买组合。

（2）若政府给予消费者消费 X 商品以价格补贴，则消费者可以原价的 50% 购买 X，则张某对 X 和 Y 两种商品的购买量又是多少？

4. 考虑某消费者购买商品 A 的替代效应与收入效应。假定消费者关于商品 A 的需求函数为 $Q=0.02I-2P$，收入 $I=6500$，商品 A 的价格 $P=20$。如果目前的商品 A 的价格上升为 $P=40$。求商品 A 的价格变化的总效应是多少？其中，替代效应与收入效应又分别是多少？

5. 一个风险规避者有机会在以下二者之间选择：在一次赌博中，他有 25% 的概率得到 1000 美元，有 75% 的概率得到 100 美元，或者，他可以在无风险条件下得到 325 美元，他会怎样选择？如果他得到的是 320 美元，他会怎样选择？

五、问题与应用

我国许多大城市，由于水源不足，自来水供应紧张，请根据边际效用递减原理，设计一种方案供政府来缓解和消除这个问题，并请回答这种措施。

（1）对消费者剩余有何影响？

（2）对生产资源的配置有何有利或不利的效应？

六、经济综合练习

很多人都对街头随处可见的有白胡子老头的招牌不陌生，人们知道，肯德基快餐店到了。近年来，肯德基在亚洲各国的业务量都在不断增长，在中国、韩国，肯德基已经成为快餐业的老大。在2000年，肯德基在中国国内的营业额大约为20亿元人民币。在最繁忙的天安门广场分店，701个座位每年会接待250万人次。然而，在美国，肯德基的销量相对其他快餐业竞争者却在萎缩。

为什么肯德基在亚洲和美国的业绩回报出现如此的不同呢？其秘密就在于亚洲人和美国人在饮食偏好是不同的。用图3－24来表示这两种偏好。

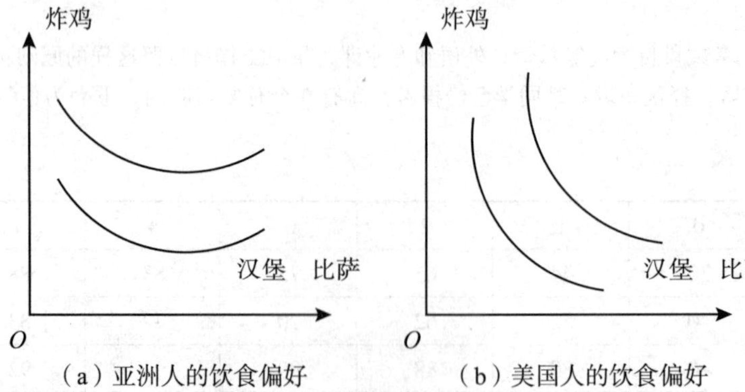

图3－24 对肯德基的不同偏好

大家都知道，肯德基的特点在于它提供一系列的炸鸡类食品：原味鸡块、上校鸡块、香辣鸡翅，等等。这类炸鸡很符合亚洲人的胃口。亚洲人本来就有吃鸡的传统，没有哪个民族或宗教是反对吃鸡肉的（当然有的宗教反对吃所有动物的肉）。因而相对于其他的快餐类食品，譬如汉堡类、比萨类，肯德基就以其符合亚洲人偏好而大行其道。如图3－24（a）所示是亚洲人的偏好。在图中，炸鸡对汉堡、比萨的边际替代率特别大。

然而在美国，由于富裕的美国人越来越注重建康，他们担心炸鸡类食品会导致心脏病，因而对肯德基的需求不断降低。如图3－24（b）所示，在美国，人们更偏好汉堡、比萨类食品。

问题：（1）边际替代率体现了两种商品之间的什么关系？

（2）从边际替代率的角度分析，为什么肯德基在亚洲国家比在它的发源地——美国，更受欢迎？

【参考文献】

1. 高鸿业．西方经济学［M］．北京：中国人民大学出版社，2008

2. 范里安．微观经济学：现代观点［M］．上海：上海三联书店，1994

3. ［美］N. 约瑟夫·斯蒂格利茨．经济学上册［M］．北京：中国人民大学出版社，1997

4. ［美］N. 格里高利·曼昆．经济学原理［M］．北京：生活·读书·新知三联书店，北京大学出版社，1999

5. 尹伯成．西方经济学简明教程［M］．上海：上海人民出版社，2009

6. 何忠伟，郑春慧．微观经济学［M］．北京：中国农业科学技术出版社，2009

7. 俞宪忠等．微观经济学［M］．北京：中国人民大学出版社，2010

8. 李明志等．微观经济分析学习指导［M］．北京：清华大学出版社，2009

9. 唐立峰等．微观经济学学习指导［M］．北京：中国矿业大学出版社，2006

10. 张云峰．微观经济学典型题解析及自测试题［M］．陕西：西北工业大学出版社，2003

11. 张卫东．微观经济学［M］．北京：首都经济贸易大学出版社，2003

【进一步阅读提示】

【报纸】

《国际商报》《国际金融》《中国经济时报》《国际经贸消息》

【杂志】

《经济研究》《经济学动态》《中国工业经济》《世界经济》《国际经济评论》《世界经济研究》《国际贸易》《国际经贸探索》

【数据来源及分析报告】

《世界经济展望》《世界经济年鉴》《中国统计年鉴》

【网址】

中国经济学教育科研网：http：//www. cenet. ccer. edu. cn

北京大学中国经济研究中心：http：//www. ccer. pku. edu. cn

博士咖啡－中国经济学人：http：//doctor-café. com

美国国民经济研究局：http：//www. nber. org

国际货币基金组织：http：//www. imf. org

经济合作与发展组织：http：//www. oecd. org

联合国贸易和发展会议：http：//www. unctad. org

第四章　生 产 理 论

美国的事业就是企业。

——卡尔文·柯立芝（J. Calvin Coolidge）

国有企业改革长时间没有取得突破，从经济资源配置的角度看，可以说改革的“大关”还没有过。

——吴敬琏

学习目的

本章是对厂商行为的分析。通过分析可以使我们加深理解供给规律，认识厂商追求最大利润的行为，即一定的投入追求产量最大，或一定的产量追求成本最低。本章是分析生产要素投入量与产量之间的物质技术关系（含短期生产理论和长期生产理论）。

学习目标

1. 了解生产函数的概念。
2. 了解边际报酬递减规律的含义。
3. 掌握总产量、平均产量、边际产量的关系。
4. 了解等产量线的含义与特征。
5. 了解等成本线的含义。
6. 掌握两种生产要素最优组合原理。
7. 认识规模经济原理。

关键概念

生产函数（production function）；边际产量（marginal product）；边际报酬递减规律（marginal revenue law of diminishing）；边际技术替代率（marginal rate of technical substitution）；等成本曲线（isocost curve）；扩展线（expansion path）；规模经济（economics of scale）。

☞ 案例思考

我国经济增长模式中的生产要素配置问题①

国家信息化专家咨询委员会副主任、国务院发展研究中心高级研究员吴敬琏2007年7月16日在乌鲁木齐表示，要让我国经济增长由资源投入、投资驱动模式向技术进步、效率提高模式转变。

吴敬琏说，改革开放以来，我国经济、社会发展取得了三大成就：经济高速增长、减贫显著和人民生活水平提高、国际经济地位提高，但我国经济增长却是建立在过度依赖资源投入和投资驱动的基础之上。

“这是一种不合理的经济增长模式，科学的增长模式应是依靠技术进步和效率提高”，吴敬琏说，现有的经济增长方式已引发两大问题：资源和环境问题突出、产品供给大于需求。

吴敬琏认为，过去近30年来，我国经济持续高速增长，主要是建立在大量消耗资源的基础之上。而我国资源人均占有量很少，有限的资源已不能支撑GDP进一步发展需求。与此相应，环境问题也随之显现，甚至出现了什么地方搞开发，什么地方环境问题就暴露的现象。

同时，经济增长过度依赖投资，会使每年生产出来的大量产品越来越多地用于投资，而用于消费的部分会越来越少，从而影响了人们生活水平的提高。目前，西方发达国家每年GDP中只有20%左右用于投资，而我国却高达50%左右，从而导致最终需求不足，越来越多的东西卖不掉，国家只好再投资，利用投资带动消费，久而久之就会进入经济发展的恶性循环。

吴敬琏表示，要改变我国经济增长模式，首先，要广泛应用建立在科技基础上的各种技术提高效率。其次，发展服务业。服务业对降低成本有重要意义，从20世纪开始，发达国家的服务业在经济发展中占据着绝对地位，而我国服务业目前只占GDP的40%左右，且有下滑趋势。再次，发展信息化。目前我国信息化组成部分中硬件占70%，而软件和服务业仅占30%。由于信息化可以改造整个社会，从而降低成本、提高效率，因此，我国要着重发展软件和服务业。最后，加快农村富余劳动力向非农产业流动。

问题：(1) 我国目前的经济增长模式现状如何？什么样的经济增长模式才是科学的？

(2) 我国的生产要素如何配置才更加合理有效？

企业在考虑了生产要素价格、生产技术和其他条件的情况下，当生产的成本或产量发生变化时，厂商必然选择最优的生产要素组合，从而实现既定成本条件下的最大产量，或实现既定产量条件下的成本最小。如果产量目标既定，要使成本达到最小，在能够达到既定产量水平的各种生产要素组合中，生产者必然选择最低成本的组合。本章将讨论短期生产可变生产要素的合理投入区域和长期生产过程中生产要素最优配置的问题。

① 资料来源：http://news3.xinhuanet.com/fortune/2007-07/17/content_6386004.htm

第一节　厂商及其目标

一、厂商的组织形式

（一）概念

厂商组织形式这一概念和企业制度、企业组织结构、企业法人治理结构、企业管理制度（方式）、企业联合（联盟）方式等名词容易相互混淆，实际上它们有着明确的区别。厂商组织形式是指企业财产及其社会化大生产的组织状态，它表明一个企业的财产构成、内部分工协作与外部社会经济联系的方式。企业组织形式是指企业的发起人采用何种方式建立该企业，以企业财产关系和企业所承担的法律责任作为划分标准。企业组织形式反映了企业的性质、地位、作用和行为方式；规范了企业与出资人、企业与债权人、企业与政府、企业与企业、企业与职工等内外部的关系。毫无疑问，它必须和我国的社会制度相适应，和我国的生产力发展水平相适应，同时要充分考虑到企业的行业特点。企业只有选择了合理的组织形式，才有可能充分地调动各个方面的积极性，使之充满生机和活力。

所谓企业制度，即指企业所有者和经营者关系的制度性安排，如家族企业、现代企业制度（委托—代理制）等。

所谓企业组织结构，是指企业为实现经营目标，其内部具体机构和职能部门的设置和组合方式、权力的分配及相互关系等，科层制（金字塔型）、事业部制等都属于这个范畴。近来流行的“扁平化”也是相对企业组织结构而言。

所谓的公司治理结构，是指一种契约制度。这种制度通过一定的治理手段，合理配置剩余索取权和控制权，以形成科学的自我约束和相互制衡机制，目的是协调利益相关者之间的利益和权利关系，促使其长期合作，以保证企业的决策效率，主要是为了解决因所有权和经营权相分离产生的代理问题。公司治理结构是所有者对一个企业的经营管理和绩效进行监督和控制的一整套制度安排。企业内部通过组织程序所明确的所有者、董事会和高级经理人员等利益相关者之间权力分配和制衡关系。其内容包括：如何配置和行使控制权，如何监督和评价董事会、经理人和职工，如何设计和实施激励和约束机制。如董事会领导下的总经理负责制、首席执行官（CEO）制等。

所谓企业管理制度（方式），是指企业内部进行组织和管理的方式，包括领导制度、生产管理制度等。如 JIT（即时）生产、精益化生产等都属于生产管理制度的范畴。

所谓企业联合（联盟）方式，就是企业间进行联合，协同生产或业务的方式。如业务外包、网络型企业联合体等。近来比较流行的“虚拟企业”，即指法律上相互独立、具有独特核心能力的企业、研究院（所）、个人等，在不涉及所有权（股权）的前提下，为了赢得某一市场机遇而结成的非永久性企业联合体（或称为动态联盟）。一旦合作使命完成，该联合体即解散。

（二）古典企业组织形式

一般认为，古典企业组织形式是指个人独资企业和合伙企业。从古代社会一直到中世纪漫长的历史时期内，个人独资企业和合伙企业一直是两种基本的企业组织形式，这两种企业组织形式已经存在了几千年。

1. 独资企业

在人类历史上，企业是随着商品生产和交换的出现而诞生的。自新石器时代开始，人类社会发展出现了两次社会大分工，即农业和畜牧业的分工和手工业与农牧业的分工，这种社会分工的结果促进了社会生产的发展。随着生产力的发展，商品生产和私有制相继出现，独家进行工商业活动或合伙型的商业机构纷纷出现在东方和西方的文明社会中。生产不再是为了自身的消费，生产开始在简单的专业化基础上进行，生产的规模性、连续性、有序性催生了创造企业组织形式的活动。一般认为，个人独资企业是企业的最初形式，是历史上最早出现的企业组织形式，是最古老、最简单的企业组织形式。

独资企业由单个自然人出资经营，归个人所有和控制，出资者负有无限责任。这种组织形式的企业以生产商品为目的和所有者与其财产相结合的特点，是由当时简单商品经济的社会经济条件所决定的。在那个历史阶段，商品生产和商业经营基本上是以个人为单位进行的，商品交换也主要发生在个人之间。个人独资企业应运而生，适应了社会商品生产对财产经济效率提高的要求，也满足了社会对交易安全的需要，推动了社会经济向前发展。

2. 合伙企业

个人独资企业在运转过程中，存在着对不断发展的商品经济和社会生产力不相适应和限制的一面。独资企业主的个人财产和管理能力有限，劳资矛盾的冲突也降低了企业组织的效率。它随着历史条件的变化逐渐失去其统治地位，让位于更适合于商品经济和社会化生产力要求的新型企业组织形式——合伙企业。从严格意义上说，合伙企业不是在独资企业制度失去其统治地位以后才出现的，它是与独资企业并存的。但是，它与独资企业相区别的多个投资人的特征，又使它成为以后发展起来的股份公司的原始形式。随着商品经济的进一步发展以及与之伴随的更高程度的社会分工，必然导致不同生产经营者之间的广泛协作。面临社会分工和协作的深入发展，各自分散独立的生产经营者趋向于联合和结合，从而在更广泛的社会领域和经营范围出现了各种合伙企业。

古典企业组织形式阶段的突出特点是“自发”。所谓“自发”，就是自然人通过个人或组织起来，自发地以一个机构的名义进行商业活动，并没有任何权力机关和任何正式的、有约束力的法律或法规作为制度基础。在古典企业组织形式几千年的发展史中，大部分时间都没有成文法对其进行规范。1807 年，法国颁布了《商法典》，对个人独资企业做出了详细而明确的规定，这被认为是第一部明确规范独资企业的成文法。法国《商法典》规定：独资企业必须以盈利为目的，必须经常进行商业活动。独资企业的财产与个人财产是不可分的，投资人可以随时把个人财产投入经营，也可以随时把独资企业的财产抽出为生活所用，因为整个企业都是他个人财产的一部分。同时，独资企业必须以个人全部财产对企业经营的债务和亏损负无限责任，从而否定了独资企业作为民事主体的法律地位，明确了个人独资企业不具备法人资格。1897 年，德国颁布的《商法典》对独资企业做了类似的规定，这两部法律的相关内容成为独资企业的法律基础，它们也成为其他国家制定相关法律的蓝本。

和个人独资企业一样，规范合伙企业的第一部成文法是 1807 年才由法国颁布的《法国商法典》。其中规定合伙企业是由 2 个或 2 个以上的出资人在一个共同的商号（企业名称）下组织起来以盈利为目的进行商业活动的企业，企业所有合伙人对公司债权人承担无限责任。1890 年，英国颁布的《1890 年合伙法》也做出了类似的规定。这两部法律奠定了合伙企业的法律基础。值得注意的是，英国赋予合伙企业法人资格，法国当时虽然没有明确赋予，但后来也承认合伙企业具有法人资格。

（三）现代企业组织形式

现代企业组织形式主要指股份有限公司和有限责任公司。由于它们在市场经济中的主导地位，被认为是现代企业制度的代表。中小企业组织体系的成熟和完善是以有限责任公司和股份有限公司的出现为标志的。有限责任公司是最后一个出现的重要组织形式，它使得中小企业组织形式的完整体系初步形成。

1. 股份有限公司

股份有限公司是通过法定程序，发行股票筹集资本的一种公司组织形式。它的主要特点是全部资本划分为等额的股份，其股东的责任仅限于按认定的股份出资，股票可以在社会上公开发行和转让，股东人数不限。有限责任公司指股东人数较少（一般有上限）、不公开发行股票、股东仅以出资额为限对公司负有限责任的一种企业组织形式。

一般认为，股份有限公司起源于 17 世纪英国和荷兰等国家所设立的殖民公司。第一次工业革命后，随着新能源、新动力的出现，机器化大生产开始普及，生产的社会化程度越来越高。生产力爆炸式的增长、社会经济的发展、人们追求财富的愿望都要求有新的企业组织形式与之适应。而独资企业、合伙企业、无限公司等企业组织形式不具备法人资格，股东承担无限责任，在制度上不能满足人们的要求，新的能够促进经济发展的公司法人制度的出现，就成为历史的必然。

1807 年，法国《商法典》第一次对股份有限公司作出规定，但过于简单。1844 年英国颁布了《英国合股公司法》，这部公司法为现代英国公司法确立了三大原则：第一，划清了个人合伙与合股公司的界限。凡超过 25 个成员的新公司必须登记，而且成员所持股份的转让无须其他成员的同意。第二，公司只需登记便可成立。设立公司只需依法登记注册即可，无须再经过女王特许。第三，公示主义。为防止欺诈，公司的一切事务都须公开。该法确认，股东可以自由地经注册设立公司而无须特许，这是具有划时代意义的创举。但该法对股东有限责任似是而非的规定，成为其在公司法发展史上最大的缺憾。1862 年英国颁布的《公司法》中，股份有限公司的三个基本特征——法人资格、有限责任、合股原则都已经完整地体现出来。股份有限公司能够发挥积聚资本的效率优势，适应了机器大工业时代对企业规模的要求。卡尔·马克思（Karl H. Marx）对股份有限公司的历史作用给予了高度评价，他说："假如必须等待积累去使某些单个资本增长到能够修铁路的程度，那么恐怕直到今天世界上还没有铁路。但是，集中通过股份公司转瞬之间就把这事完成了。"①

2. 有限责任公司

由于股份公司设立程序复杂，股东分散且流动性大，导致公司凝聚力不够，加之经营状况和会计事项须公开等规定，使其不适合于中小规模企业。经济发展的客观情况要求人们寻找新的企业组织形式，它应该是一种结合股份有限公司与无限公司优点的形式。所以，尽管有限责任公司规模一般比股份有限公司小，但它的诞生并不比股份有限公司早。反之，严格意义上的有限责任公司的形成历史要比股份公司晚，是最晚出现的一种企业组织形式，1862年，英国颁布了《公司法》，1867年法国颁布了《公司法》，都已经涉及了有限责任公司这一组织形式。1892年，世界上第一部明确、正式规范有限责任公司这一企业组织形式的成文法——德国的《有限责任公司法》诞生，至今也不过一百多年。

有限责任公司的出现在公司法的历史上具有划时代的意义。"与股份公司相反，它不是从实践中产生的，而是由法学家和立法者一手设计出来的。这种公司形式由1892年制定的有限责任公司法正式规定，使之诞生了一种小的股份企业形式。"② 有限责任作为第一种人为创设的企业组织形式，适应了人类追求财产效率和理性回避风险的需要。

现代企业组织形式的特点主要表现在"事前立法"和委托—代理制的出现。所谓"事前立法"，是指立法机构根据形势和需要，新创某种在实际生活中从来没有出现过的企业组织形式，最典型是有限责任公司。有限责任公司的法律创设表明，只要能保障和提高财产效率及其效益归属，任何企业组织形式，不论是先法律还是后法律存在，都可以创设和规范出来，并在实际运行中发挥其应有的作用。人工设计企业组织形式可以获得成功，具有可行性。1892年德国首先创设有限责任公司后，这一组织形式立即被其他国家广泛承认并得到了迅速发展，英国在1909年、法国在1919年先后允许设立有限责任公司。当今，有限责任公司已成为东西方国家中最重要的公司组织形式，其数量远远超过其他组织形式的公司，居于各类公司之首。自从有限责任公司首开人工创制企业组织形式的先河后，"一人公司"、担保有限公司等新型企业组织形式也先后诞生。近代以来，人工创制企业组织形式已成为产生企业组织形式的主要方式。

股份有限公司和有限责任公司的产生，使得企业规模有了几何级的扩大，这对企业管理者提出了更高的要求。企业投资者的多元化和专业化也使得企业所有者直接负责企业管理的难度加大。于是，一种更有效率的企业管理制度——委托—代理制诞生了。它实际上是企业所有权和管理权分离的结果，是企业产权所有者和职业经理人阶层之间的契约安排。委托—代理制催生了职业经理人这一阶层，极大地提升了企业管理的水平。直至今日，该机制仍是

① ［德］卡尔·马克思．资本论（第1卷）［M］．北京：人民出版社，1975

② ［德］托马斯·莱塞尔．刘兹彤译．德国股份公司法的现实问题［J］．法学家，1997（7）

绝大多数公司制企业的主流选择。

二、厂商存在的理由

（一）古典观点

古典企业理论首先要追溯到亚当·斯密。亚当·斯密在1776年所出版的划时代的巨著《国富论》中，对企业的本质进行了阐述。亚当·斯密的“市场容量限制劳动分工”的论断被称作为“斯密定理”，并在分工的基础上论述了企业的经济性。

随着产业的扩张，报酬递增功能会逐渐大到足以使某一厂商去专门承担某项生产任务，从而为新企业的出现创造了条件，企业的出现则是因为企业内部分工与协作所导致的生产力的提高。正是有了分工，才使得每个人不是先各自为政地工作再将制成品授予有需求的他人，而是将生产过程分割成几个小步骤，由工人在企业中分工作业，从而获得比市场交易更高的效率。亚当·斯密给出了他所观察到的制针业的典型案例“既未受过职业训练，又不熟悉机器使用的工人，尽其所能，一天可能生产不了1根针，更不用说生产20根针了。现在制针业是这样运作的，整个制针工作被当作一个专门职业，且这项工作被分割为若干个部分，其中大部分同样是专门职业。第一个人抽出铁丝，第二人拉直，第三个人切割，第四个人削尖，第五个人碾磨成针头，仅磨成针头就需要两到三道独立的工序，穿孔又是一道独立的工序，擦亮又是一道工序，甚至把针放到纸上包起来也是一道独立的工序。这样，制针的诀窍是把它分为数个鲜明的工序。这些工序，在有些工厂中，每个程序由不同的工人完成，而在有些工厂中，有时同一个工人负责两到三道工序。我曾经看到一家小型制针厂，它只雇用10个工人，有些工人完成两个或者三个相连续的独立工序。……如果竭尽全力，他们一天能生产12磅针，或者一天最高生产4800枚针。”

亚当·斯密认为，劳动分工能够大幅度提高生产效率的原因源于三种不同情况：第一是由于各个工人熟练程度的提高；第二是节省了转换工种过程中损失的时间；第三是大量机器的发明便利和节约了劳动力，使一个人能做许多人的工作。亚当·斯密认为，只要引入劳动分工，在任何企业中，劳动生产率都能相应提高。并且，由于劳动分工的结果，各种产品产量大增。

卡尔·马克思认为，实际上企业的本质包括两个方面：一方面，企业是一种生产职能的组织形式，是劳动和生产资料两大生产要素结合发挥生产职能的组织形式，从这种意义上说，企业是社会生产力的基本组织形式；另一方面，企业是资本雇用劳动进行生产而使自己增值的场所，是产权的组织和实现的一种契约形式，是生产资料所有者交易所拥有的生产要素的场所。因而可以认为，卡尔·马克思率先指出了企业本质中的生产属性与交易属性这两个方面。卡尔·马克思的企业理论认为，企业既是一个协作生产组织，又是一个生产价值和剩余价值的场所。但更根本的在于，分工协作使得企业得以产生并扩大规模，因为，协作可以提高生产力或节约生产成本，资本集中则加速了单个资本向联合资本的转化，从而使资本主义古典企业向现代企业过渡。概而一言之，在卡尔·马克思看来，生产力提高或生产成本节约是企业产生的根本原因。

（二）新古典经济学观点

新古典经济学认为，市场是充分竞争的，生产要素是充分流动的，企业需要的所有要素都可以通过市场公开获取，由此，也决定了企业之间的模仿是无成本的。在长期均衡中，市场是出清和充分有效率的，企业将不可能获得超额利润信息是充分的，如同个体的完全理性特征，企业对未来的预期是完全确定的。决定企业行为的唯一变量是价格，企业仅仅是价格的接受者。

在新古典经济学看来，企业是一个通过投入产出来追求利润最大化的专业化生产组织。由于完全竞争性市场的存在，这个生产组织可以做到精确地计量出生产要素的投入和产出，可以在其认为是最适合于需求条件和成本条件的产量水平上运行，在市场价格的决定作用下，要以使其在边际成本等于边际收益即市场价格的状态下运行，从而实现利润最大化。但由于生产要素的完全竞争性，企业之间无成本的模仿行为将使超额利润在长期均衡状态下消失，即企业在长期竞争中只能获得正常利润水平。

新古典经济学厂商理论，与其说是理论，不如说是对专业化生产者行为的两个基本假设。它们可以用一个生产函数式和一个目标函数式表示：

$$Q = Q(L, K) \tag{4.1}$$

$$\max\pi = R - C = PQ - C \tag{4.2}$$

其中，Q、P 和 C 分别代表企业产品的产量、价格和平均生产成本，L 和 K 表示企业生产所需的两种要素劳动和资本。π 表示企业的利润，它是产量、价格和成本的函数。公式（4.1）表示企业是包括两类要素投入的既定生产技术条件下的生产函数或生产组织形式。公式（4.2）则表示企业行为的唯一目的是实现资本所有者或股东利润的最大化。把两个公式综合起来，新古典经济学厂商理论的核心观点可以表述为，企业是以追求股东利益最大化为目标的专业化生产者。

新古典经济学对企业所做出的两个最基本的抽象：一是对企业本质的抽象，即企业在本质上是一个专业化生产者；二是对企业行为的抽象，即企业是完全同质的最优化行为者。

（三）新制度经济学派的现代企业理论

一般认为，罗纳德·哈里·科斯之后，西方经济学中才有了真正的企业理论，因而新制度经济学派的企业理论被称为现代企业理论。同时也应该看到，对企业本质的研究是新制度经济学派的重要起源，新制度学派的“帝国主义”与其在企业理论上的巨大成功紧密相连。

1. 罗纳德·哈里·科斯的交易成本理论

1937 年，罗纳德·哈里·科斯发表了《企业的性质》（*The Nature of the Firm*）的经典论文，首创了“现代企业理论”。在新古典经济学所描述的世界里，交易是没有摩擦的即零交易费用，信息可以无成本地获得，从而任何交易都可以在市场上达成，根本不需要一个企业来协调各要素之间的交易。罗纳德·哈里·科斯因而对此进行了质疑，并由此提出两大问题：什么是企业？什么是企业的边界？罗纳德·哈里·科斯的思考结果是，企业要想出现，交易费用必须大于零，而事实上，利用价格机制是有成本的。市场上的交易成本和企业内部的交易成本是不一样的，当市场上的交易成本过高时，放到企业内部则有可能下降，因为，企业可以节约交易费用，所以，市场上交易成本高的活动就内化到企业中来了。企业节约交易费用的原因在于企业配置资源的特征是“权威”，这一点是不同于市场的，这点不同决定了在某些情况下，企业配置资源的费用会低于市场但这存在一个限度，这个限度即企业的边界，其分析方法是一种边际分析法，由于存在着“管理收益递减”的因素，企业将倾向于扩展直到在企业内部组织一笔交易的成本，等于通过在公开市场上完成同一笔交易的成本或在另一个企业组织同样交易的成本为止。罗纳德·哈里·科斯还将企业视为一个契约，企业是用一个长期契约替代市场上的一系列契约，用企业家的权威指挥替代价格机制的协调，因而，企业的本质是一种和市场相区别的交易活动的契约形式，企业的显著特征就是作为价格机制的替代物。

O. E. 威廉姆森（O. E. Williamson）作为罗纳德·哈里·科斯的追随者，进一步发展了交易成本理论。他提出了资产专用性这个概念来分析纵向一体化，即企业的边界问题。O. E. 威廉姆森认为，由于某些投资只有用在某些地方才能产生最大的价值，即具有资产专用性，这种投资会弱化投资方在投资完成后的谈判地位，因为专用性投资有“拴住”效应，投资方没有办法防止另一方的机会主义行为。由于投资方会预期到这个结果，从而会减少投资。这样，由于契约无法达到完全规避签约方机会主义的完备程度，从而使得纵向一体化变得必要。纵向一体化可以防止市场交易中的机会主义，从而节约了交易费用。O. E. 威廉姆森的理论也被称为资产专用性理论。

2. 张五常的间接定价理论

张五常（1983）在另一个方向上发展了科斯企业替代市场的理论。张五常不认为企业不同于市场，也不认为企业会减少市场的机会主义。他认为，企业是一种契约，这种契约是生产要素所有者签署的，而市场上的契约则是中间产品商签署的，要说有什么不同的话，只不过是生产要素市场和中间产品市场之间的不同罢了。在中间产品市场上进行的是产品的直接定价，而在企业内部则是用企业的剩余权利来代替直接定价，是一种间接定价。只有当间接定价的费用小于直接定价的费用时，企业才会出现。企业的边界也是两种费用边际比较的结果。因此，张五常认为，企业是市场价格机制的替代物的观点并“不十分确切”，而应视为“一种契约形式取代另一种契约形式”，或者说是用劳动市场代替中间产品市场。人们把这一观点称作是张五常对科斯企业理论的重要发展，张五常的理论的重要意义在于，指出罗纳德·哈里·科斯关于企业替代市场的观点不完全正确，企业也是一种市场制度，其性质在于以生产要素市场取代中间产品市场，提高了交易效率，企业家或代理人依据合约赋予的有限的生产要素使用权来指挥生产。由于他强调企业与市场没有本质上的不同，关键在于市场是一种直接定价机制而企业是一种间接定价机制，他的理论也被称为间接定价理论。

3. 阿尔钦和德姆塞茨团队生产理论

A. A. 阿尔钦和 H. 德姆塞茨（A. A. Alchian & H. Demsetz，1972）认识到了企业的生产性质，认识到要素之间的联合生产可以带来合作剩余，在这个基础上，他们提出了团队生产理论。团队生产理论认为，企业区别于市场的本质原因在于企业具有团队生产性质，即它同时使用几种类型的生产要素，团队产出并不是团队各生产要素产出的简单之和，团队的生产要素并不属于同一个人。团队生产的问题就在于由于上述团队中团队成员的贡献在技术上具有不可分性，团队中各个成员的贡献是难以测量的，每个成员都有偷懒的动机。这样，就需要一个监督者。但谁来监督监督者呢？为了解决这个问题，最好是将其他成员的收入用合同固定化，然后赋予另一个人“剩余索取权”。由于剩余索取权与团队总产出呈现正相关的关系，所以这种产权安排是有效率的，团队理论进而定义企业所有权即“剩余索取权”。由于团队生产理论经常被用来证明“资本指非人力资本雇用劳动包括人力资本”的逻辑。因而 A. A. 阿尔钦和 H. 德姆塞茨也被誉为产权理论的创始人。

☞ **案例讨论**

百丽鞋业赢在纵向一体化——企业与市场的替代[①]

由于大环境的影响，2008 年以来，国内已有不少鞋企关门歇业。有业内人士测算，保守估计，倒闭鞋企的比率或达 30%。

不过也有例外，百丽国际控股有限公司（以下简称“百丽”）就是逆境中强势发展的代表企业。根据其 2008 年 9 月中旬发布的业绩报告：上半年，百丽国际控股有限公司总收入为 82.28 亿元，高于上年同期的 51.31 亿元，同比增长 60.4%。其中鞋类业务销售额由上年同期的 28.03 亿元增加至 42.53 亿元，运动服饰业务销售额由上年同期的 23.28 亿元增加至 39.75 亿元。鞋类业务及运动服饰业务的毛利率分别为 65% 及 35.6%，与上年同期相差无几。尽管低于市场预期，但这仍然算得上是一份比较漂亮的业绩。

那么，推动百丽强势成长的重要因素是什么？它占据了价值链上哪个最具价值的环节？

掌控整体产业链：

百丽鞋业于 1991 年 10 月创立，主要从事订单加工及鞋类产品的制造，与现在的绝大多数订单生产企业并无两样。1997 年，在鞋类制造方面积累了丰富经验后，百丽开始拓展全球零售网络，并开始打造自有品牌。之后几年，百丽女鞋逐渐成为中国市场同类产品中的领先品牌。

为了进一步加强对零售终端的掌控力，2002 年，百丽与分销商共同组建了百丽投资有限公司，以股权为纽带，将销售终端与百丽的发展捆绑在一起。

2004 年，百丽投资旗下的 1681 家零售店通过改签租约的方式，转移至离岸公司百丽国

① 资料来源：中国时尚品牌网。

际旗下；百丽投资旗下的办公设备等无形资产也出售给了百丽国际。2005 年，重组之后的百丽国际获得了摩根士丹利旗下两家基金公司的注资，在充足的资本支撑下，开始迅猛扩张，成为中国最大的女鞋零售商，拥有百丽、思加图、天美意、他她等自有品牌和真美诗、Bata 等授权品牌。去年 5 月，百丽在香港联交所挂牌上市。

纵向一体化模式，是百丽在中国鞋企中脱颖而出的重要发展模式——从产品的设计到开发、生产、营销、推广、分销、零售等产业链上的各个环节，全部由百丽自己承担。在倡导产业链分工协作的今天，这种模式似乎有点另类。实际上，它是百丽获得高额利润的保证。

在这种模式支撑下，百丽赚足了产业链上每一个关键环节的利润，企业的综合毛利率高于行业平均水平，比国内的其他优秀鞋企高出 10 个百分点左右。更重要的是，在瞬息万变的市场环境中，对零售网络的直接控制，使百丽在企业与消费者之间搭起了一个随处可见的高效运作平台，能够随时获得和掌控市场信息，把握市场趋势，在竞争中赢得主动。

同时，这种模式还可以让百丽最大限度地控制供应链，使产品一开始就比在国外研发的产品提前 4 个月左右上市。

在对销售环节进行强势掌控的同时，百丽并没有忽视对制造环节的投入。"2006 年，百丽投资 5 亿元兴建百丽工业园。这样做的目的，是将制造环节牢牢地掌握在自己手中，可以使企业在供应链后端发力，辅助前端很好地迎合市场。"百丽 CEO 盛百椒说。

百丽打造极速供应链化解库存。在服装鞋帽行业，库存是企业的"敌人"。而对库存的严格控制，正是百丽提高利润率的秘密武器。在这个过程中，西班牙品牌 ZARA 是百丽的标杆——以研究客户需求为中心，以市场需求为导向，满足时尚产品的平民化需求，其运作模式讲究团队高效协调、沟通无阻及运作的高速化，大大降低了库存压力。快速创新，使百丽形成了自己独特的极速供应链。

小批量，多品种。目前在百丽，一款鞋从生产到上架只需 20 多天；任何一款产品的首批订单永远只做 50%，其余通过补单的形式完成——首批产品上架后，各地零售终端的销售情况会迅速反馈到企业，企业根据这些信息，来决定其余 50% 产品的生产。另外，各产品的设计师也会在第一批货投入市场后迅速赶到一线，听取消费者的声音，并根据市场需求对产品设计进行改进。"小批量、多品种"的产品投放方式，成为百丽的一个重要特征。而构筑百丽强大市场能力的，正是遍布全国各地的零售网点，它们是百丽研究消费模式的直接窗口，也是百丽打造极速供应链的重要保障。对市场需求多样化的高度迎合，使百丽轻装上阵，将令行业普遍头痛的库存问题尽量化解。

大城市多开店，小城市开大店。令同业震撼的，还有百丽的开店速度。当然，与这种速度相匹配的，还有百丽独特的开店理念。"做品牌首要的是抓好产品的供应链，"盛百椒说，"大城市开店成本高，且进入的品牌多，竞争激烈，一个品牌无法以压倒性的优势占领市场，我们的策略是多开店，让品牌逐渐深入人心；小城市房租和人工都便宜，在较好的位置开大店，形成旗舰。"

多品牌制胜。有了这么多的零售店，如何在极速扩张的同时，把每个零售点的业绩做足？百丽的策略是：不断引进新的知名品牌，通过并购、代理等方式占据更多的细分市场份额。百丽旗下的品牌几乎都在国内市场赫赫有名，前段时间，百丽又并购了妙丽、森达等 4

个知名品牌，并新增4个代理品牌。多品牌策略为百丽赢得了广泛的客户群和细分市场的稳定收益。

扁平化决策。为了迎合各地消费者的不同需求及审美情趣，百丽将全国分为十大销售区，并将采购及销售权彻底下放。这种扁平化的决策程序，使百丽得以快速适应市场变化，提升了销售和盈利能力。

利用品牌、供应链和强势渠道，再加上精细化的管理，使百丽摆脱了多数鞋企所遭遇的微利尴尬。“凡是女人路过的地方，都要有百丽。”这是盛百椒的目标——他计划每年在全国新开1000家新店，其中包括建立更多的零售商城。

问题：(1) 根据罗纳德·哈里·科斯的理论，认为企业和市场是一种替代关系：企业的规模由市场交易成本和企业内部交易成本的对比来决定。请图示出百丽鞋业的市场替代规模和产业链的延伸，并分析其成功的主要原因是什么？

(2) 目前百丽的扩张和对整个产业链的掌控与许多跨国公司的外包做法，似乎反其道而行之，你认为这种策略的持续性如何？为什么？

三、厂商目标

在微观分析中，假定企业的目标是追求利润最大化。这一基本假定是经济学中理性人和完全信息的假定在厂商理论中的具体化。

关于利润最大化的假定，存在一些争议。比如在现实生活中，存在信息不完备。厂商面临的市场需求是不确定的，厂商也有可能对产量变化所引起的生产成本的变化情况缺乏准确了解，于是，厂商生存的经验做法也许就是实现销售收入的最大化和市场销售份额的最大化，以此取代利润最大化的目标。

在公司制企业中，厂商的所有者往往不是厂商的经营者，厂商的日常决策由厂商的经营者做出。厂商的所有者和经营者之间是委托人和代理人的关系。由于信息的不完全性，所有者并不能完全监督和控制公司经理的行为，经理会在一定程度上偏离厂商利润最大化的目标。例如，经理会追求自身效用的最大化，追求豪华舒适的办公环境，讲究排场。他们也可能追求销售收入最大化和销售收入持续增长，扩大厂商的生产规模，以此增加自己的收入，提高社会地位。

不管在信息不完全条件下实现利润最大化的策略有多么困难，也不管经理的偏离利润最大化目标的动机有多么强烈，但是在长期，一个不以利润最大化为目标的厂商最终会被市场淘汰。所以，实现利润最大化是一个厂商竞争生存的基本准则。

☞ 即问即答

经济学关于企业目标的假定是什么？你观察到的企业的目标和经济学里关于企业的目标有什么不同吗？

第二节　生 产 函 数

生产是对各种生产要素投入品进行组合以制成产品的行为。在生产中要投入各种要素并生产出产品，所以，生产也就是把投入（input）变为产出（output）的过程。

生产要素是指生产中所使用的各种资源。西方经济学家把这些资源划分为劳动、资本、土地与企业家才能四种类型。劳动指人类在生产过程中提供的体力和智力的总和。资本是用于生产物品和服务的人类创造的东西。资本分为人力资本和物质资本。物质资本是由工厂、机器以及其他人类创造的产品。人力资本由提高劳动生产率所必需的知识和技能组成。土地泛指地上和地下的一切资源，如森林、江河湖泊和矿藏等。企业家才能指企业家组织建立和经营管理企业的才能。

一、生产函数

生产要素投入的组合与数量和它所能生产出来的产量之间存在着一定的依存关系。生产函数（production function）正是表示在生产技术状况给定条件下，生产要素的投入量与产品的最大产量之间的函数关系。一般记为：

$$Q=f(X_1,\ X_2,\ X_3,\ \cdots,\ X_m) \tag{4.3}$$

式（4.3）中，X_1，X_2，X_3，…，X_m 代表各种生产要素投入品，如农产品生产的土地、种子、农具等的数量，Q 代表任一既定数量的投入品在给定技术条件下所生产出来的产品（如水稻）的最大产量。所以，生产函数的投入和产出都是指物质数量，而不是用货币表现的价值。任何生产函数都是以一定时期内的生产技术水平为前提的。因为一旦出现生产技术进步，一定量投入会产出更多产量，或者既定产量所需投入比以前减少，表现为新的生产函数产生。

为了论述简便，在下面假定投入的要素只有两种，即资本（K）和劳动（L），生产出一种产品。这样，生产函数可记为：

$$Q=f(K,\ L) \tag{4.4}$$

二、一些具体的生产函数

生产函数 $Q=f(L,\ K)$ 看起来仍然是一个抽象的表达式，当具体分析某一企业或者某一产业的生产情况时，需要给出 f 的具体形式。这并不是一件简单的事情，经济学家经常需要在函数形式的简便性（易于经济分析）和代表性（能够说明真实的经济情况）之间做出艰难的选择。下面介绍两种在经济分析中经常用到的两种生产函数。

（一）固定投入比例生产函数

固定投入比例的生产函数通常被称为里昂惕夫函数（Leontief function），是以诺贝尔经济学奖获得者 W. W. 里昂惕夫（W. W. Leontief）的名字来命名的。这种生产函数所描述的生产过程是，在每一产量水平上任何要素投入量之间的比例都是固定的。具体到前面设定的双变量生产函数，固定投入比例生产函数的通常形式为：

$$Q = \min(L/u,\ K/v) \tag{4.5}$$

其中，u 和 v 都是常数：

u 为固定的劳动生产系数，代表了单位产量要求配备的劳动数；

v 为固定的资本生产系数，代表了单位产量要求配备的资本数。

函数形式 $\min(L/u,\ K/v)$ 反映了固定投入比例生产函数的特点：产量取决于比值较小的那一要素投入量。这表明，若想取得产量的增加，必须使 L、K 按固定比例同时增加；如果两种要素其中之一数量不变，单独增加另一要素投入量，那么产量将没有变化。因此，如果要得到 n 个单位的产量，最有效的要素投入组合是（nL/u，nK/v）。也就是说当 L、K 投入量满足 $L/u = K/v$，即 L：$K = u$：v 时，要素投入量效率最大；否则，L/u 和 K/v 中数值较小的那个决定了产量水平，数值较大的那个无论多大都不会对产量做出贡献。

图 4-1 用直观的方式描述了固定投入比例生产函数中单一固定比例投入的等产量曲线。OR 的斜率代表了两种要素的投入比例，可见，只有沿着 OR 进行生产才能最为有效。

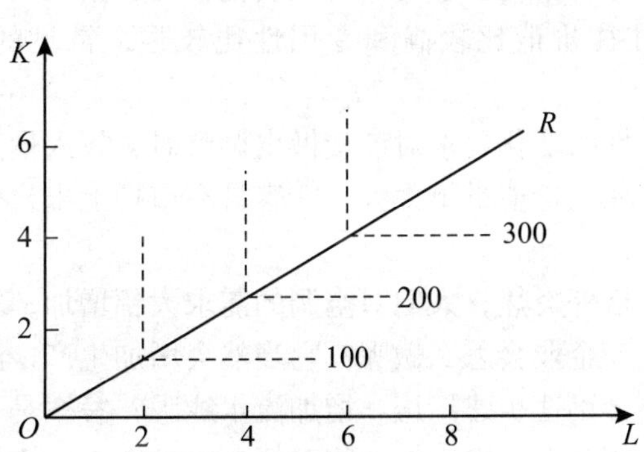

图 4-1　单一固定比例投入的等产量曲线

（二）柯布—道格拉斯生产函数

柯布—道格拉斯生产函数由美国数学家 G. W. 柯布（G. W. Cobb）和经济学家 P. H. 道格拉斯（P. H. Douglas）而提出，又称 C-D 生产函数，该函数的一般形式是：

$$Q = AL^{\alpha}K^{\beta} \tag{4.6}$$

与固定投入比例生产函数相同，这里的 Q 代表产量，L 和 K 分别代表劳动和资本的投入量；A 是规模参数（$A>0$），α 是劳动产出弹性，表示劳动贡献在总产量中所占的份额（$0<\alpha<1$），β 为资本产出弹性，表示资本贡献在总产量中所占的份额（$0<\beta<1$）。

这个函数是 G. W. 柯布和 P. H. 道格拉斯根据美国的经济数据提出的，之后不断加以修改和验证。两位学者根据美国制造业 1899～1922 年的产量 Q（实物量的指标）、劳动 L（不包括业主仅包含拿工资者平均数的指数）和资本 K（工厂、建筑物、工具和设备转化为不变购买力美元价值的指标）的数据，得到的生产函数为：$Q=1.01L^{0.75}K^{0.25}$。

这个结果的经济含义是：当资本投入量不变时，劳动投入量每增加1%，产量将增加1%这个结果的经济含义是：当资本投入量不变时，劳动投入量每增加1%，产量将增加1%的3/4，即0.75%；当劳动投入量不变时，资本投入量每增加1%，产量将增加1%的1/4，即0.25%。由此可见，劳动和资本对总量的贡献比例为3∶1，并且$\alpha+\beta=1$，表示规模报酬不变。如果$\alpha+\beta>1$，则表示规模报酬递增；如果$\alpha+\beta<1$，则表示规模报酬递减。

第三节　短期生产函数

生产理论可以分为短期生产理论和长期生产理论。短期内生产者没有足够的时间调整全部生产要素的投入，至少有一种生产要素的数量是固定不变的。例如，由于时期较短，厂房和机器设备等都是固定的，厂商只能通过改变投入的劳动数量来调整其产量。或者在农业生产中生产者租用的土地数量是固定的，农民只能改变其他投入物（如劳动、种子、肥料等）来改变其产量。在长期，生产者可以调整全部生产要素投入。

固定要素：当市场条件的变化要求对产量做出调整时，投入量不能随之变化的投入称为固定要素。这样的要素往往价值比较高和专用性比较强，常见的如厂房、机器设备、土地等。

可变要素：当市场条件的变化要求对产量做出调整时，投入量能立即随之变化的投入称为可变要素。这样的要素往往价值量不太大，并容易在市场上出售变现，常见的如劳动量的投入。

例如，当某一年夏天格外炎热，人们对空调的需求大幅增加，空调生产供不应求。海尔空调公司作为一家空调生产企业会怎么做呢？它当然会增加生产，满足需求，同时自己增加了收益和利润。但它会不会迅速扩建厂房、增加流水线呢？答案是不会，它一般的做法是让现有工人加班加点工作，或是在人力市场上临时招募大批工人，来增生产。这就是生产中的短期。我们看到的是海尔的资本——厂房、机器设备没变，而劳动发生了变化。

一、短期生产函数

考察这样一种生产情况：厂商生产某种产品所需要的生产要素中，只有一种要素可以变动，其余的要素都是固定不变的。例如，假定在短时期内，厂房、设备等资本给定不变，用$\bar{K}$表示，唯一可以变动的是投入的劳动数量（L），则生产函数可以表示为：

$$Q=f(\bar{K},\ L) \tag{4.7}$$

二、总产量、平均产量和边际产量概念

劳动的总产量TP_L指与一定的可变要素劳动的投入量相对应的最大产量。

$$Q = f(\bar{K},\ L) = f(L) \tag{4.8}$$

劳动的平均产量 AP_L 指平均每一单位可变要素劳动的投入量所生产的产量。

$$AP_L = \frac{TP(L,\ \bar{K})}{L} \tag{4.9}$$

劳动的边际产量 MP_L 指变动一单位可变要素的投入量所引起的产量的变动量。

$$MP_L = \frac{\Delta TP_L(L,\ \bar{K})}{\Delta L} \tag{4.10}$$

或

$$MP_L = \frac{\Delta TP_L(L,\ K)}{\Delta L} = \frac{dTP_L(L,\ \bar{K})}{dL} \tag{4.11}$$

三、总产量、平均产量和边际产量关系

从表 4－1 来看，随着工人人数的增加，总产量经历了很长时间的不断上升，在工人人数由 10 个增加到 11 个的时候出现了下降；边际产量也经历了先上升后下降的历程，在工人人数由 4 个增加为 5 个的时候出现了下降；平均产量也是先增后减，在工人人数为 5 个的时候达到最大值。

表 4－1　　工人人数变化对总产量、边际产量和平均产量的影响

工人人数（L）	总产量（Q）	边际产量（MP）	平均产量（AP）
0	0	0	0
1	26	26	26
2	60	34	30
3	120	60	40
4	208	88	52
5	268	60	53.6
6	312	44	44
7	336	24	48
8	352	16	44
9	360	8	40
10	360	0	36
11	352	－8	32

把上述总产量函数以及相应的平均产量函数和边际产量函数分别描绘成三条曲线，并据以说明，随着投入劳动的逐渐增加，与此相应的总产量、平均产量和边际产量这三者之间的

关系。图 4－2 的上半部是总产量曲线，下半部的两条曲线分别是平均产量曲线和边际产量曲线。

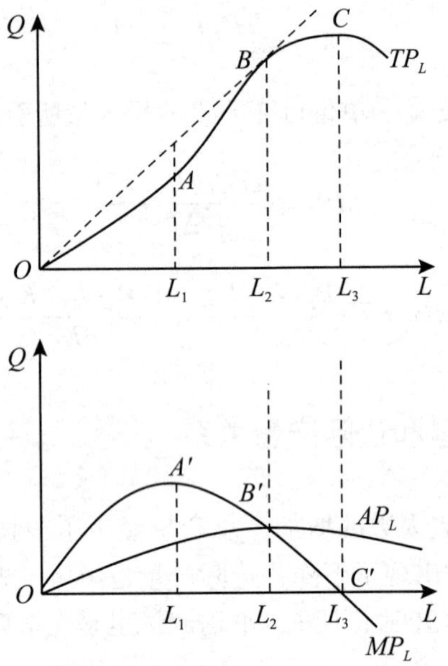

图 4－2　劳动力的总产量、平均产量和边际产量

（一）总产量曲线和边际产量曲线的关系

由边际产量的定义 $MP_L = \dfrac{\mathrm{d}TP_L(L,\ \bar{K})}{\mathrm{d}L}$ 可知，过 TP_L 曲线任何一点的切线的斜率就是对应的 MP_L 值。如图 4－2 所示，我们注意到 TP_L 曲线和 MP_L 曲线的对应的两个特殊点：(1) A 点是 TP_L 曲线的拐点，对应于 MP_L 曲线的最高点 A'。当劳动力投入数量 $L < L_1$ 时，边际产量 MP_L 随着投入量的增加而递增，相应地，TP_L 曲线的斜率递增。当 $L = L_1$ 时，MP_L 曲线达到最高点 A' 点，相应地，TP_L 曲线的拐点为 A 点。当 $L > L_1$ 时，边际产量 MP_L 随着投入量的增加而递减。(2) C 点是 TP_L 曲线的最高点，对应于 MP_L 曲线与横轴的交点 C' 点。当劳动力投入数量 $L < L_3$ 时，随着劳动力投入的增加，边际产量大于零（$MP_L > 0$），相应地，TP_L 曲线的斜率为正，总产量是递增的。当 $L = L_3$ 时，MP_L 曲线与横轴相交于 C' 点，边际产量为零时，总产量达到最大值。当劳动力投入数量 $L > L_3$ 时，随着劳动力投入的增加，边际产量小于零（$MP_L > 0$），相应地，TP_L 曲线的斜率为负，总产量是递减的。

（二）平均产量曲线和总产量的关系

根据平均产量的定义公式：$AP_L = \dfrac{TP(L,\ \bar{K})}{L}$ 可以得知，连接 TP_L 曲线上任何一点和坐标原点的线段的斜率，就是对应的平均产量的值。在图 4－2 中，当 AP_L 曲线在 B' 点达到最大值时，TP_L 曲线必然有一条从原点出发最陡的切线，其切点为 B 点。

（三）平均产量曲线与边际产量曲线的关系

根据劳动的平均产量 $AP_L=\frac{Q}{L}$ 和劳动的边际产量 $MP_L=\frac{dQ}{dL}$ 的定义，AP_L 与 MP_L 的关系如下。

（1）当平均产量处于递增阶段时（图 4－2 的 AP_L 曲线的 OB' 段），边际产量大于平均产量（$MP_L>AP_L$）。这表现为 MP_L 曲线位于 AP_L 曲线的上方。MP_L 曲线将 AP_L 曲线拉上。

（2）当平均产量处于递减阶段时，边际产量小于平均产量（$MP_L<AP_L$），这表现为 MP_L 曲线位于 AP_L 曲线的下方。MP_L 曲线将 AP_L 曲线拉下。

（3）在平均产量从递增转为递减的转折点 B'，即平均产量处于不增不减的点，这意味着边际产量等于平均产量（$MP_L=AP_L$），这在图形上表现为这两条曲线相交于 AP_L 曲线的最高点 B'。它也表示投入劳动为 L_2 时，平均产量达到极大值。

上述平均产量与边际产量的这三种关系，对于任何边际曲线与平均曲线的边际值与平均值都是通用的。对此可以举一个数字例子来说明。假设某个球队原有 6 名队员，平均身高为 1.8 米。现在假设新增一名队员的身高大于原来的平均高度例如为 2.5 米，这将使该队现有 7 名队员的平均高度提高到 1.9 米，但这个平均高度（1.9 米）一定小于新增队员的高度（2.5 米）。这显然是因为，新增队员超过原来的平均数为 0.7 米（2.5 米－1.8 米）。同理，假设新增一名队员的身高只有 1.5 米，这将引起现在 7 名队员的平均高度降为 1.76 米，但这个平均高度 1.76 米一定大于新增队员的高度 1.5 米。最后，假设新增一名队员的高度同原来 6 名队员的平均高度一样，也是 1.8 米，则 7 名队员的平均高度仍是 1.8 米，这表示如果边际值等于原来的平均值，则新增一个单位以后的平均值将与原来的平均值一样。

（四）边际报酬递减规律

由图 4－2 可以看出，边际生产曲线先上升后下降的态势表明：在短期生产中，技术条件和其他生产要素投入不变时，连续增加一种要素的投入量，其边际产量先增加后减少。边际产量的这一性质并不是一个个案，而是一条适用于大多数情况的规律，我们称为边际报酬递减规律（law of diminishing marginal returns）。如上所述，当两种（或两种以上）生产要素相结合生产一种产品时，若一种要素可以变动，其余要素固定不变，则随着可变要素增加，可变要素的边际产量$\left(MP_L=\frac{dQ}{dL}\right)$一般经历两个阶段。

（1）可变要素的边际产量递增阶段。如表 4－1 所示，当投入劳动从零开始逐渐增为 3 个单位，投入劳动每增加 1 个单位引起的总产量的增加量从 0 递增为 16。在这个阶段的边际产量出现递增现象的原因可以归结为固定要素的配合比例不恰当，即固定要素相对太多，而可变要素相对不足，因而，增加使用可变要素可以使每增加 1 个单位的可变要素所增加的产量递增。例如，一家百货商店最好能配备 15 个店员。假如现有 6 个店员增加到 7 个店员，则增加一个店员所增加的销售量可能递增。又如某种资本设备最少需要 6 个工人，才能有效运转。当可变要素为 5 个工人时，可能无法运转，或者运转的效率很低。而当可变要素逐渐增到一定限度即能有效运转。在这限度内可变要素的边际产量出现递增现象。

（2）可变要素边际产量递减阶段。当可变要素逐渐增加，到了可变要素的数目达到了足以使固定要素得到最有效的利用后，继续增加可变要素，意味着固定要素与可变要素的组合比例发生变化，即可变要素相对过多，而固定要素则相对不足。这时继续增加可变要素（固定要素不变）虽然可以使总产量增加，但总产量的增加量则出现递减现象。当可变要素增多到一定限度以后，再继续增加可变要素，反而会引起总产量减少，即边际产量成为负数。这种现象称为可变要素的边际产量递减规律，也称边际报酬递减规律（the law of diminishing marginal returns）。

边际报酬递减规律，同需求规律和边际效用递减规律等一样，是经济分析中的一条重要规律。这个规律所表达的内容，只是人们从实际经济生活中所观察到的在任何种类的生产中普遍适用的一种关系。

边际报酬递减规律需要注意三点。

第一，上述生产要素边际产量递减规律（或称生产要素报酬递减规律），是以生产技术不变为前提的。技术进步一般会使报酬递减的现象推迟出现，但不会使报酬递减规律失效。

第二，这里所说的生产要素报酬递减，是以除一种要素以外的其他要素固定不变为前提，来考察一种可变要素发生变化时其边际产量的变化情况。若使用的要素同时发生同比例变化，由此引起的产量变动情况，属于规模报酬（returns to scale）问题，将在本节第四部分说明。

第三，生产要素报酬递减，是在可变的生产要素使用量超过一定数量以后才出现的。在此之前，如上所述，当固定要素相对过多，即可变要素相对不足时，增加可变要素将出现报酬递增的现象。也可能出现这样一种情况，即继续增加可变要素时，在一定范围内要素的边际产量处于恒定不变状态，超过这个范围再继续追加可变要素时才进入报酬递减阶段。

☞ **案例讨论**

三季稻不如两季稻——边际产量递减规律①

1958 年“大跃进”是一个不讲理性的年代，时髦的口号是“人有多大胆，地有多高产”。于是一些地方把传统的两季稻改为三季稻，结果总产量反而减少了。从经济学的角度看，这是因为违背了一个最基本的经济规律：边际产量递减规律。

边际产量递减规律又称边际收益递减规律，最早是在 18 世纪由法国重农学派经济学家 A. R. J. 杜尔哥（A. R. J. Turgot）提出的。19 世纪英国古典经济学家 E. 威斯特（E. Wiest）、D. 李嘉图（D. Ricardo）、T. R. 马尔萨斯（T. R. Malthus）等人也提出了这个规律，T. R. 马尔萨斯的人口论证是以这一规律为基础的。正因为这一规律与人口论相关，所以，在 T. R. 马尔萨斯人口论遭到彻底否定的中国，这一规律也受到最严厉、最广泛的批判。

① 资料来源：梁小民．微观经济学纵横谈［M］．北京：生活·读书·新知三联书店，2002

边际产量递减规律的内容是：在生产技术没有发生重大变化的情况下，我们在短期内可以把生产要素分为固定生产要素和可变生产要素。当固定生产要素不变而可变生产要素增加时，产量的变动分为三个阶段：起初随着可变生产要素的增加，由于固定生产要素得到充分利用，边际产量（即增加的产量）递增，总产量以递增的速度增加；然后，随着固定生产要素接近于充分利用，可变生产要素增加引起的产量的增加仍可以是正数，但增长率递减，这时总产量仍在增加，但速度是递减的；最后，当生产要素得到充分利用时，可变生产要素的增加反而会使边际产量小于零，总产量绝对减少。举个例子说，一个面包坊有两个烤炉为固定不变，作为可变生产要素的工人从1个增加到2个时，面包的边际产量和总产量都会增加；如果增加到3个工人，1个工人打杂，尽管这个工人增加的产量不如第2个工人（边际产量递减），但总产量仍增加了；如果增加第4个工人，面包坊内拥挤，工人之间发生矛盾，总产量反而减少了。

边际产量递减规律在各部门都存在，但在农业中表现最突出，三季稻不如两季稻正说明了这一点。在农业仍为传统生产技术的情况下，土地、设备、水利资源、肥料等都是固定生产要素，两季稻改为三季稻并没有改变这些固定生产要素，只是增加了可变生产要素——劳动与种子。两季稻是农民长期生产经验的总结，它行之有效，说明在传统农业技术下，固定生产要素已经得到了充分利用。改为三季稻之后，土地过度利用引起肥力下降，设备、肥料、水利资源等由两次使用改为三次使用，每次使用的数量不足，这样，三季稻时的总产量就低于两季稻了。

四川省把三季稻改为两季稻之后，全省粮食产量反而增加了。江苏省邗江县1980年的试验结果表明，两季稻每亩总产量达2014斤，而三季稻只有1510斤，更不用说两季稻还节省了生产成本。群众总结的经验是“三三见九，不如二五一十”。这就是对边际产量递减规律的形象说明。

1958年“大跃进”年代也是一个大批资产阶级的时代，与“大跃进”并行的是经济学界对边际产量递减规律的口诛笔伐。否定规律不等于规律不存在，违背规律则要受到规律的惩罚。

在1958年这样风调雨顺的年份农业产量减少，以及以后引起的20世纪最严重的大饥荒，正是边际产量递减规律的惩罚，经历过共和国这一段历史的人，肯定会对这个规律有更深刻的认识。改革开始之后，对西方经济学的重新认识正是从给边际产量递减规律的“翻案”开始的。

当然，如同一切规律一样，边际产量递减规律的作用也是有条件的，只有在生产技术没有发生重大变化和固定生产要素不变的情况下才正确。在长期中，如果生产技术进步或固定生产要素增加（或者说一切生产要素都是可变的），边际产量递减规律也就不起作用了，代之而起的是其他经济规律。所以，我们也不能把边际产量递减规律绝对化。

边际产量递减规律不仅对农业重要，对其他部门也同样重要。企业富余人员存在，机关人浮于事，都是边际产量递减规律的表现形式，“减人增效”就是这一规律的运用。从这种意义上说，认识边际产量递减规律不仅有助于我们总结1958年的教训，也有助于当前的改革。

问题：边际收益递减规律发生作用的条件是什么？

☞ **即问即答**

边际收益递减规律给生产要素投入什么启示？

四、生产的三个阶段

根据总产量以及相应的平均产量和边际产量的变化，如图4－3所示，可以将短期生产分为三个阶段。第Ⅰ阶段投入劳动从零增到L_2，在这阶段总产量递增；平均产量递增到投入劳动为L_2时达到极大值（B'点）；边际产量递增到投入劳动增为L_1时达到极大值（A'点），然后逐渐转为递减。第Ⅱ阶段，投入劳动从L_2逐渐增加到L_3。在这个阶段，总产量随可变要素的增加而增加，当投入劳动的投入量为L_3时，总产量达到极大值，如图4－3的C点所示。在这一点对应的边际产量递减为零，如C'点所示。平均产量递减。第Ⅲ阶段，可变要素超过L_3个单位，总产量减少，即边际产量是负数，平均产量继续递减。

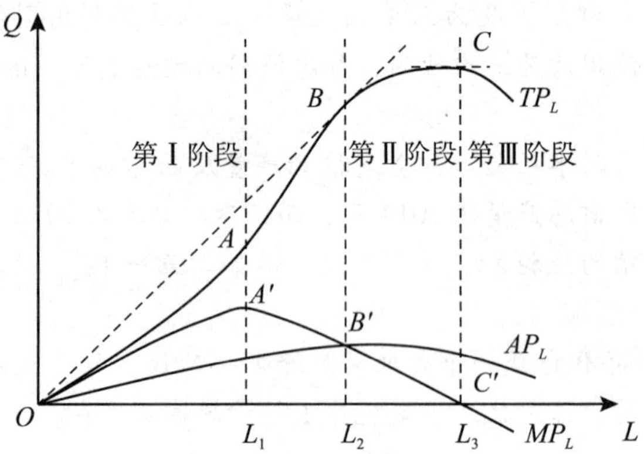

图4－3　短期生产的三个阶段

现在要问：假设产品都可以销售出去，那么，厂商投入的可变要素和生产的产量应该在哪个范围内？

首先，厂商的理性决策不会考虑第Ⅲ阶段，也就是使用的劳动量不会超过L_3。这一点是显而易见的。因为L_3以上的劳动与既定不变的固定要素相结合，反而使总产量减少。

其次，厂商也不会选择第Ⅰ阶段。就是说，厂商使用的劳动不会少于L_2。因为在这个阶段，平均产量处于递增状态。在平均产量递增阶段，边际产量总是大于平均产量，这意味着，增加可变要素的投入引起的总产量的增量，总会使得可变要素的平均产量有所提高。那么，只要边际产量大于平均产量，即增加可变要素总可使平均产量增加，从而使厂商的利润增加，所以，厂商使用的可变要素至少会增加到边际产量等于平均产量，即平均产量不再增加为止。

因此，厂商的理性决策空间将在第Ⅱ阶段。就是说，厂商将在劳动的平均产量达到极大值的 L_2 单位劳动，与劳动的边际产量为零的 L_3 个单位劳动之间进行选择。第Ⅱ阶段是短期生产的决策空间。在第Ⅱ阶段的起点处，劳动的平均产量和劳动的边际产量相交，即劳动的平均产量达到极大值。在第Ⅱ阶段的终点处，劳动的边际产量与横坐标相交，即劳动的边际产量为零。至于生产者会选择哪一个点生产以实现利润最大化，还有待于结合成本、收益和利润进行深入分析。

第四节　长期生产函数

我们考察这样一种生产函数：生产一种产品的一定数量使用的两种生产要素资本（K）与劳动（L）都是可以变动的，并且两种要素可以相互代替，即既可以多用资本少用劳动，也可以多用劳动少用资本，则两种可变要素的生产函数写为：

$$Q = f(L, K) \tag{4.12}$$

式（4.12）中，L 为可变要素劳动力的投入量；K 为可变要素资本的投入量；Q 为产量。

☞ **即问即答**

这里的长期是指时间的长短吗？

一、等产量曲线

（一）等产量曲线的含义

生产理论中的等产量曲线和效用理论中的无差异曲线类似。等产量曲线是在技术水平不变的条件下生产相同产量的两种生产要素投入量的所有不同的组合。两种可变投入要素的等产量曲线的函数表达式为：

$$Q^0 = f(L, K) \tag{4.13}$$

式（4.13）中，Q^0 代表既定的产量水平，L 和 K 分别代表劳动力和资本的投入量。

如图 4－4 所示，横坐标表示劳动投入量（L），纵坐标表示资本投入量（K），图 4－4 中有三条等产量曲线 Q_1、Q_2、Q_3，分别代表生产 40 单位、80 单位、120 单位产量的各种生产要素的组合。以 $Q_1=40$ 的等产量曲线为例进行分析，该曲线上的 A、B、C 点代表的产量相同，劳动力和资本的要素投入量不同。A 点使用的要素组合是 OL_1 单位的劳动力和 OK_1 单位的资本；B 点使用的要素组合是 OL_2 单位的劳动力和 OK_2 单位的资本；C 点使用的要素组合是 OL_3 单位的劳动力和 OK_3 单位的资本。从 A 点到 C 点移动，劳动的投入量逐渐增加，资本的投入量逐渐减少，即用劳动替代资本。

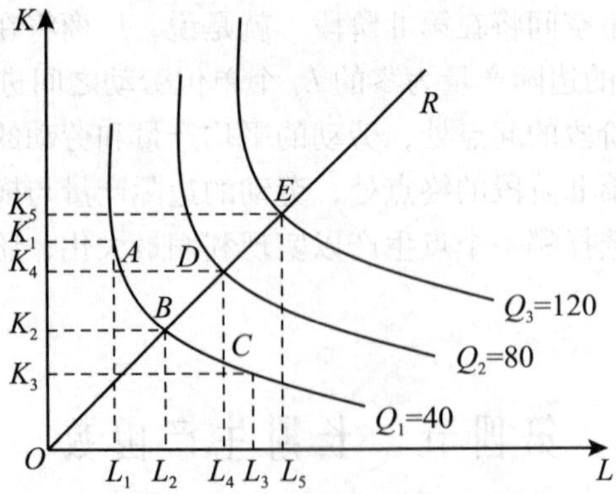

图 4－4　等产量曲线

（二）等产量曲线的特点

等产量线与无差异曲线（或称等效用曲线）的几何性质是相似的，经济分析也是一样。两者的区别是，无差异曲线分析的是消费者对两种消费品的效用大小的主观评价，等产量线说明的是投入品数量与产出量之间的纯技术关系，它表示要生产出一定数量的产品，等产量线上每一点所代表的两种要素数量组合都是有效率的。因此，等产量线和无差异曲线一样具有三个特点。

（1）由于生产函数是连续的，因此，任意两条等产量曲线之间有无数条等产量曲线。这些无差异曲线之间的数量关系是，离远点越远的无差异曲线代表的产量越高。例如，在图 4－4 中，无差异曲线 $Q_3 > Q_2 > Q_1$。

（2）在同一坐标平面内，任意两条等产量曲线不相交。

（3）无差异曲线的形态特征是向右下方倾斜而且凸向原点。无差异曲线向右下方倾斜，表明曲线每一点的斜率为负值。曲线凸向原点的形态特征表明，等产量曲线斜率的绝对值递减。

此外，在图 4－4 中，由原点出发的一条射线代表两种可变要素投入量的比例固定不变的所有组合。例如，从原点出发的 OR 射线上的 B、D、E 三点，产量分别是 40、80、120，从 A 点到 B 点，资本和劳动的投入量不断增加，但资本和劳动的投入比例固定不变，即 $\frac{OK_2}{OL_2}=\frac{OK_4}{OL_4}=\frac{OK_5}{OL_5}$。因此，从原点出发的一条射线表示要素投入数量固定比例的组合和可变产量之间的关系。

（三）固定投入比例的等产量曲线

图 4－5 等产量的形状说明：技术条件不变时，劳动和资本只能采用一种固定的比例进行生产，说明两种生产要素不能互相替代，等产量曲线呈直角形。这就是前面介绍过的固定投入比例生产函数。图 4－5 中等产量线的顶角（A、B、C 点）代表了要素投入的最优组合。例如，生产 Q_1 的产量，可以投入劳动 L_1 和资本 K_1 来得到。如果资本的投入量固定在

K_1 水平上的，那么无论 L_1 增加多少，产量也不会变化；同样，当劳动投入固定不变时，资本投入的增加也不能带来产量的增加；只有当劳动和资本同时按固定比例增加（如劳动和资本的投入组合从图中的 A 点增加到 B 点），才会引起产量的增加（图中相应产量从 Q_1 增加到 Q_2）。

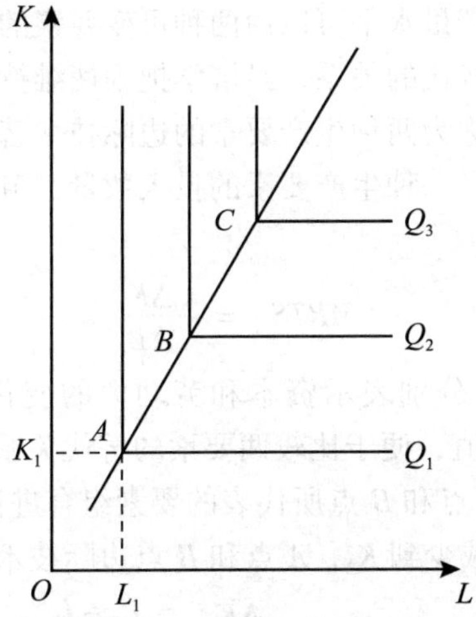

图 4－5　直角型等产量线

（四）劳动和资本之间可以完全替代

图 4－6 等产量线的形状说明：在技术条件不变时，劳动和资本之间可以完全替代并且替代比例为常数，此时的等产量曲线为一条直线。这样的生产条件下，企业在确定了一定的产量目标（如 Q_3）后，在投入生产资料时可以根据需要选择以资本为主（如在 A 点生产），或者以劳动为主（如在 C 点生产），或者其他任意组合（如在 B 点生产）。

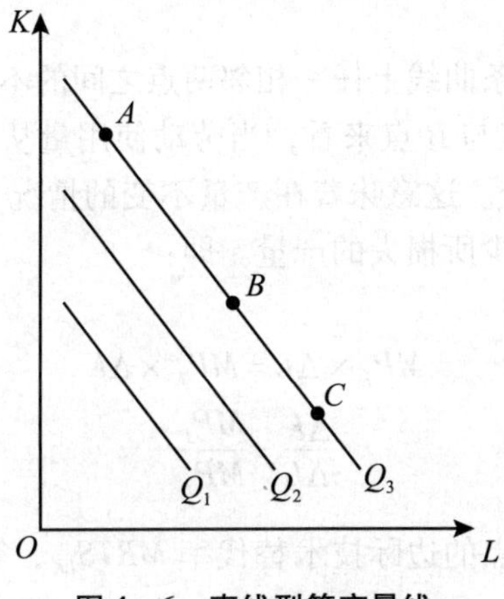

图 4－6　直线型等产量线

二、边际技术替代率

（一）边际技术替代率的定义

等产量曲线表示一个既定产量水平可以由两种可变要素的不同组合生产出来。为了表示投入要素资本与劳动之间相互替代的关系，经济学把为使维持产量给定不变，等产量线上资本与劳动之间相互替代的比率称为两种生产要素的边际技术替代率（$MRTS_{LK}$），即增加 1 单位某种生产要素投入所减少的另一种生产要素的投入数量。劳动对资本的边际技术替代率的公式为：

$$MRTS_{LK} = -\frac{\Delta K}{\Delta L} \tag{4.14}$$

式（4.14）中，ΔK 和 ΔL 分别表示资本和劳动力的变化量。公式中加负号是为了使 $MRTS_{LK}$ 的值在一般情况下为正值，便于比较两要素的替代关系。

例如，在图 4－4 中，对 A 点和 B 点所代表的要素组合进行比较，当劳动使用量从 L_1 增加为 L_2 时，资本使用量从 K_1 减少到 K_2，A 点和 B 点边际技术替代率为：

$$MRTS_{LK} = -\frac{\Delta K}{\Delta L} = -\frac{L_2 - L_1}{K_2 - K_1} \tag{4.15}$$

当 $\Delta L \to 0$ 时，边际技术替代率表示为：

$$MRTS_{LK} = \lim_{\Delta L \to 0} -\frac{\Delta K}{\Delta L} = -\frac{\mathrm{d}K}{\mathrm{d}L} \tag{4.16}$$

由于等产量线上任一点的边际技术替代率，从几何意义来看，即是过该点对等产量线所作切线的斜率，所以等产量线上任一点的边际技术替代率可定义为，过该点对等产量线所作切线的斜率的绝对值。

还可以看出，等产量线上任一点的边际技术替代率，等于这两种要素的边际产量的比率，即 $MRTS_{LK} = -\frac{\mathrm{d}K}{\mathrm{d}L} = \frac{MP_L}{MP_K}$。

根据等产量线的定义，这条曲线上任一相邻两点之间的不同的要素组合所生产的产量是相同的。例如从图 4－4 的 A 点与 B 点来看，当劳动使用量从 L_1 增为 L_2 时，资本使用量从 K_1 减少到为 K_2，产量维持不变。这意味着在产量不变的情况下，劳动投入量增加所带来的总产量的增加恰好等于资本减少所损失的产量。即：

产量的增加＝产量的损失：

$$MP_L \times \Delta L = MP_K \times \Delta K \tag{4.17}$$

故

$$\frac{\Delta K}{\Delta L} = \frac{MP_L}{MP_K} \tag{4.18}$$

就是说，等产量线的任一点的边际技术替代率 $MRTS_{LK}$、等产量线的斜率$\frac{\mathrm{d}K}{\mathrm{d}L}$，以及劳动的边际产量与资本的边际产量之间有下面的函数关系：

$$MRTS_{LK} = -\frac{\mathrm{d}K}{\mathrm{d}L} = \frac{MP_L}{MP_K} \tag{4.19}$$

即等产量线上的任一点的切线的斜率的负数值等于劳动的边际产量与资本的边际产量的比率。

（二）边际技术替代率递减规律

和无差异曲线的两种消费品的边际替代率 MRS_{XY}递减相似，等产量线两种生产要素的边际技术替代率 $MRTS_{LK}$也是递减的。如图 4－7 所示，从 A 点到 B 点，当劳动使用量从 2 个单位增为 3 个单位时，每单位劳动能替代 3 个单位的资本（8－5＝3）；从 B 点到 C 点，当劳动使用量从 3 个单位增为 4 个单位时，最后增加的这个单位劳动只能替代 1 个单位的资本（5－4＝1）。这表示，在产量不变的条件下，在劳动力投入量不断增加和资本的投入不断减少的过程中，边际技术替代率递减。在几何图形中表示为，等产量线沿着向右方向的倾斜度越来越平缓，即随着劳动力的增加，曲线上点的斜率的绝对值越来越小。因而和无差异曲线一样，等产量线的形状凸向原点。

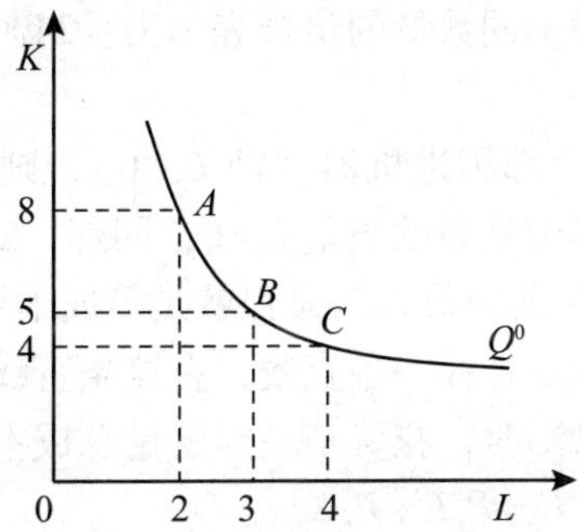

图 4－7 边际技术替代率递减

边际技术替代率递减的原因是，随着使用的劳动逐渐增加和资本数量的相应减少，劳动的边际产量是递减的。这里有两种力量在起作用，第一是当用较多劳动和固定数量的资本时，劳动的边际产量递减。第二是使用较多劳动时，却用较少的资本，这使劳动的边际产量递减得更快。

☞ **即问即答**

比较边际技术替代率和边际替代率的异同？

第五节　等成本曲线

一、成本方程与等成本曲线

（一）成本方程

等产量曲线仅表示投入要素数量与产出量之间的关系，它表示为了生产出某一给定数量产品，等产量曲线上每一点的要素数量组合都是技术上有效率的。那么，厂商将选择哪一种要素组合？这取决于生产这些产量的总成本，因而取决于每单位劳动和资本的价格。在此引入等成本线（isocost curve）这个概念。

例如，设每单位资本（一台机器）的价格 $P_K=20000$ 元，每单位劳动的价格（年工资）$P_L=40000$ 元，总成本 $C=240000$ 元。令 K 代表资本的投入量，L 代表劳动的投入量，则可以购买到的两种生产要素的各种不同数量的组合表示为：$240000=20000K+40000L$，或 $K=12-2L$。

这 24 万元的总成本，如果全部买进机器（即 $L=0$），则机器的数量 $K=12$；或者，如果全部雇用劳动（即 $K=0$），则劳动力的数量 $L=6$；同理，对于 L 的任一数值，可以从 $K=12-2L$ 这个方程中求出相应的 K 的数值，该方程就是等成本线对应的函数。

由上例可以看出，等成本线是这样一条直线，在这条直线上的任一点表示当劳动的价格（P_L）与资本的价格（P_K）为已知时，花费某一固定量总成本（C）所能购买的劳动量与资本的组合。等成本方程表示为：$C=P_LL+P_KK$。

等成本方程可以改写为：

$$K=-\frac{P_L}{P_K}L+\frac{C}{P_K} \tag{4.20}$$

（二）等成本线

生产论中的等成本线和效用论中的预算线是相似的分析工具。对于每一个给定的总成本可以画出一条等成本线，如图 4－8 所示。等成本线的斜率为 $-\frac{P_L}{P_K}$，即两种生产要素劳动和资本的价格之比的负数。该曲线的横截距为$\frac{C}{P_L}$，表示全部成本用于购买劳动力的数量。纵截距为$\frac{C}{P_K}$，表示全部成本用于购买资本的数量。

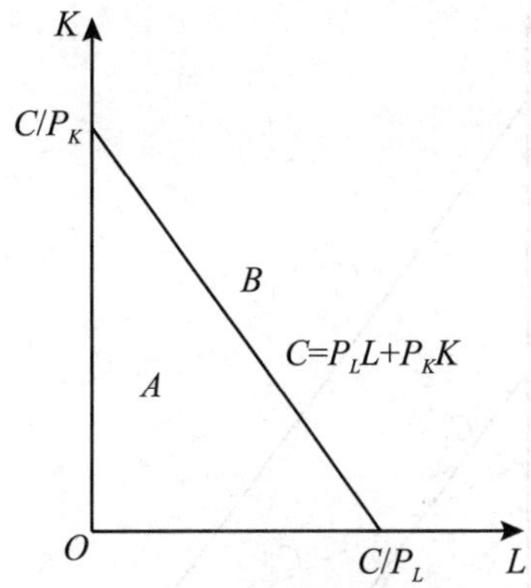

图 4－8 等成本线

（三）等成本线的特点

第一，等成本线以内的点表示既定的总成本没有用完，等成本线以外的点表示既定的成本不够购买该点的劳动和资本的组合，等成本线上的点则表示既定的成本所能购买的劳动和资本最大数量的组合。第二，同一等成本曲线图上的任意两条等成本曲线不能相交。第三，在要素价格给定的条件下，等成本曲线是一条向右下方倾斜的直线，其斜率为负。显然，在保持总成本不变的条件下要增加某一种要素的投入量，就必须相应地减少另一种要素的投入量。第四，离原点较远的等成本曲线总是代表较高的成本水平。

即问即答

比较等成本线和消费者预算线，看看形式有什么不同？

二、等成本曲线的变动

等成本曲线移动的两种基本情况：一是保持斜率不变而发生水平移动（例如，从图 4－9 中的 C_1 移动到 C_2），斜率不变说明两种生产要素的相对价格（注意不是绝对价格，而是两种要素价格之比）保持一定，距离原点的距离发生变化说明成本支出总额发生了改变（C_1 移动到 C_2 表明，劳动和资本的相对价格不变，总的成本水平提高了）；二是保持成本支出总额不变，等成本曲线发生转动（例如，从图 4－9 中的 C_1 移动到 C_3），转动导致斜率改变说明两种生产要素的相对价格发生了变化（C_1 移动到 C_3 表明，劳动相对于资本来说，价格降低了）。因此，生产要素相对价格的变动或者成本支出总额的变动都会引起等成本曲线的移动。当然，这种移动也可能是两种因素共同作用的结果。

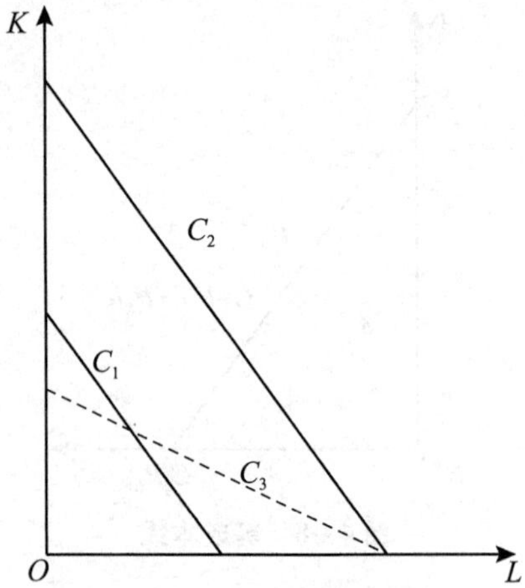

图 4 – 9　等成本曲线的移动

第六节　最优的生产要素组合

等产量曲线表示生产任一既定产量所需要的两种要素的各种组合。等成本线描述了任一给定总成本可能购买的两种要素的各种可能的组合。厂商的理性的决策就是确定一个他所购买的两种要素数量的组合，以实现用最低的总成本来生产既定数量的产品，或者使花费给定数量的总成本生产的产量最大。

一、产量既定要实现成本最小

假设生产出一定量产品所需两种生产要素的各种可能的组合为已知，即用以表示既定数量产品的等产量曲线已知，且生产要素的价格为已知，从而表示每一个总成本的等成本线为已知。现在的问题是：为了生产出一定数量产品所花费的总成本为最小，厂商使用的两种生产要素应各是多少？这个问题的答案是：图 4 – 10 中向右下方倾斜的曲线是产出量 $Q_1=50$ 的等产量线，AB 是由既定的资本与劳动价格决定的总成本为 $\bar{C}$ 的一条等成本线，A_1B_1 是总成本为$\bar{C}_1$的另一条等成本线，A_2B_2 是总成本为$\bar{C}_2$的第三条等成本线，其中 $\bar{C}>\bar{C}_1>\bar{C}_2$。

根据上述已知条件，在众多的等成本线中必有一条（也只有一条）等成本线与既定的等产量线相切，如图 A_1B_1 与 Q_1 相切于 E 点，则 E 点所代表的资本量（OK_e）和劳动量（OL_e）乘以各自的价格相加所费总成本（C_1），是厂商生产 50 个单位的产品的最小成本。这是因为，AB 所代表的总成本虽然小于 A_1B_1 所代表的总成本，但 AB 线上任何一点的资本量与劳动量的组合无法生产出 50 个单位的产品，而位于 A_1B_1 右上方的任何等成本线所代表的总成本又大于 A_1B_1，不能满足最小成本。

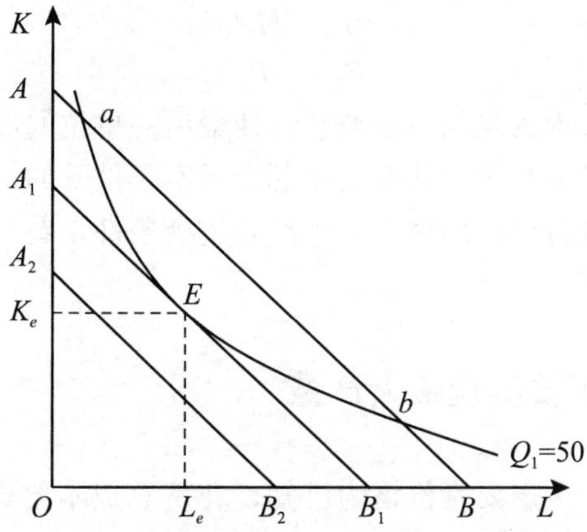

图4－10 既定产量条件下成本最小的要素组合

由于过等产量曲线上 E 点所作切线的斜率，是在 E 点的劳动与资本的边际技术替代率（$MRTS_{LK}=-\frac{\Delta K}{\Delta L}$=劳动的边际产量/资本的边际产量）；而这条切线即等成本线 K_1L_1 斜率的绝对值是两种生产要素价格的比值，即斜率$\frac{P_L}{P_K}$（即劳动的价格/资本的价格）。

因此，厂商生产出既定量产量耗费最小成本的均衡条件是：厂商购买的劳动和资本的数量应是等产量曲线上和等成本线的切点 E，这点的资本与劳动的边际技术替代率等于（既定的）劳动与资本的价格比率：$MRTS_{LK}=\frac{P_L}{P_K}$。

上述厂商均衡条件可以这样说明：第一，在 A_1B_1 上其他任何一点代表的资本量与劳动量所费的总成本，同 E 点所费总成本比较并未增加，但不能满足等产量曲线所要求的投入组合比例。第二，等产量曲线 Q_1 上除 E 点以外任何一点的组合满足生产技术要求，如果 $MRTS_{LK}=\frac{MP_L}{MP_K}>\frac{P_L}{P_K}$，上式可以改写成：$\frac{MP_L}{P_L}>\frac{MP_K}{P_K}$，如图4－10中的点 a 所示。

这意味着多花1元钱买进劳动所能增加的产量，大于少花1元钱使用资本所减少的产量，也就是说，为了补偿少花1元钱买进资本所损失的产量，所需增加使用的劳动所费将小于1元钱，因而增加劳动使用量而同时减少资本使用量将可使总成本减少。

相反，如果 $MRTS_{LK}=\frac{MP_L}{MP_K}<\frac{P_L}{P_K}$，上式可以改写成：$\frac{MP_L}{P_L}<\frac{MP_K}{P_K}$，如图4－10中的点 b 所示。要维持产量不变，减少劳动使用量而增加资本使用量也可使所花费的总成本减少。

总结上面的分析，只有资本与劳动的边际技术替代率和两要素的价格比例相等时，生产者才能实现既定产量下的最小成本。在图4－10中表现为等产量线 Q_1 和等成本线 A_1B_1 的切点 E。即生产均衡条件是：

$$MRTS_{LK}=-\frac{dK}{dL}=\frac{MP_L}{MP_K}=\frac{P_L}{P_K} \tag{4.21}$$

把上述厂商均衡的条件变换一下，可以得到：

$$\frac{MP_L}{P_L}=\frac{MP_K}{P_K} \tag{4.22}$$

即厂商通过对生产要素投入量的不断调整，使最后一单位的成本支出无论用来购买哪种生产要素所获得的边际产量都相等，从而实现既定成本条件下的最大产量。这一结论还可以推广到使用多种生产要素进行生产的情况，生产者均衡条件是花费最后1元钱所购买到的每一种要素的边际产量都相等。

二、既定成本条件下要实现最大产量

假定如图4－11所示，生产要素价格为已知，花费总成本给定，从而等成本线AB为既定。根据生产技术要求的等产量曲线为Q_1、Q_2、Q_3，则为了使花费一定量总成本获得的产量最大，均衡点将是既定的AB与Q_2相切的点E。显然，Q_3所代表的产量虽然大于Q_2，但所需总成本大于既定的总成本，如c点所示。至于等产量曲线Q_1与AB的交点，如a点和b点，总成本并不增加，其产量只有Q_1，即小于Q_2的产量，从点a或点b向E点滑动，产量将增加。因此，和上述均衡条件一样，厂商采用的两种生产要素的最优投入组合是等产量曲线Q_2和等成本线的切点E，在E点的生产要素的边际技术替代率恰好等于生产要素的价格比率。在均衡点E，劳动和资本的最优投入量分别为L_e和K_e。

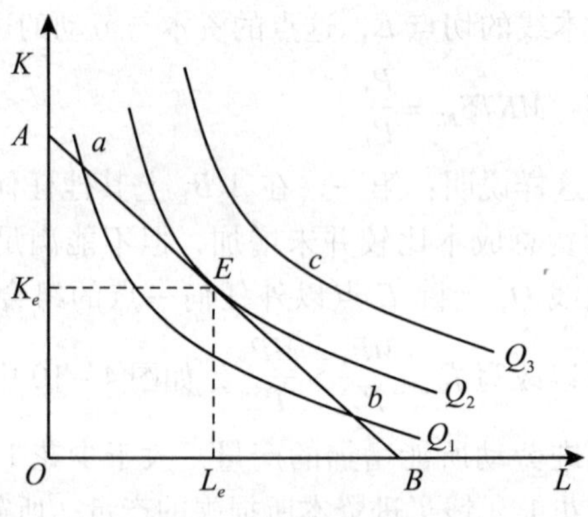

图4－11　既定成本条件下产量最大的要素组合

既定成本条件下产量最大的要素组合为E点。在均衡点E满足：

$$MRTS_{LK}=-\frac{\mathrm{d}K}{\mathrm{d}L}=\frac{MP_L}{MP_K}=\frac{P_L}{P_K} \tag{4.23}$$

该公式表示，厂商应该选择最优的生产要素组合，使两个要素的边际技术替代率等于两要素的价格的比。式（4.23）可以改写成：

$$\frac{MP_L}{P_L}=\frac{MP_K}{P_K} \tag{4.24}$$

即厂商通过对生产要素投入量的不断调整，使最后一单位的成本支出无论用来购买哪种生产要素所获得的边际产量都相等，从而实现既定成本条件下的最大产量。这一原则和厂商在既定产量下实现最小成本的两要素最优投入原则是相同的。

☞ 案例讨论

自动信笺分拣机的喜与忧①

据报道，我国邮政要实现信件分拣自动化，即用机器代替工人分拣信件。从经济学的角度看，这是好消息还是坏消息？

我们先从邮局的角度来看。假设邮局作为一个企业引入自动分拣机的目的是实现利润最大化，自动分拣机的运用能否达到这一目的，涉及两个重要概念：技术效率和经济效率。

当不增加投入（生产要素）就不能再增加产出时就实现了技术效率，换言之，技术效率是产出既定时投入最小，或者投入既定时产出最大。当不增加成本不能再增加收益时就实现了经济效率，换言之，经济效率是收益既定时成本最小，或者成本既定时收益最大。技术效率是生产中投入与产出之间的物质技术关系，不涉及产品与要素的价格。经济效率是生产中成本与收益之间的经济关系，涉及产品与要素的价格。企业利润最大化，既要实现技术效率，又要实现经济效率。技术效率是基础，没有技术效率，就谈不上经济效率；但只有技术效率而没有实现经济效率，也谈不上利润最大化。

假设某邮局引进一台自动分拣机，只需一人管理，每日可处理10万封信件。如果用人工分拣，则处理10万封信件需要50个工人。对邮局来说，这两种情况都实现了技术效率。

经济效率涉及价格。处理10万封信件，无论用什么方法，收益是相同的，但成本不同。假设分拣机一台为400万元，使用寿命10年，每年折旧为40万元；假定贷款利率为10%，每年利息为40万元（400万元×10%）；再假设分拣机每年维修、用电、人工费用为5万元。这样，使用分拣机的成本为85万元。假设每个工人每年工资为1.4万元，50个工人共70万元，其他支出为5万元。这样，用人工分拣的成本为75万元。在以上假设条件之下，使用人工分拣成本低，所以，用人工分拣实现了经济效率，而用分拣机没有实现经济效率。在这个例子中，是否实现了经济效率取决于生产要素（分拣机和工人）的价格。如果分拣机价格没变，而工人工资上升到每年1.6万元，则这两种方法都实现了经济效率；如果工人工资高于1.6万元，或分拣机价格下降，利率下降，则使用分拣机可以实现经济效率。

这个例子告诉我们：如果两种生产方法都能达到同样的技术效率，那么，使用哪种方法能实现经济效率则取决于生产要素的价格。在发达国家，资本设备便宜而劳动工资高，使用资本密集型方法（用分拣机）是合适的；但在发展中国家，资本设备贵而劳动工资低，如果使用机器和人工能达到同样的产品或劳务质量，还是使用劳动密集型方法（用人工）更为合适。

对一个社会来说，用哪种方法还要考虑不同方法对整体经济的影响。对像我们这样人口

① 资料来源：梁小民．微观经济学纵横谈［M］．北京：生活·读书·新知三联书店，2002

众多、就业压力大的国家来说，是否用自动分拣机代替工人，不仅要考虑企业利润最大化，而且还要考虑增加就业这个人的问题。从我们的具体国情出发，经济增长方式的选择要以扩大就业为中心。用自动分拣机替代的是不熟练工人，这是经济中失业率最高的一个群体，也是最难再就业的失业者，当他们被自动化分拣机代替时，在其他地方很难就业。

当然，如果邮局完全是企业化经营，使用什么方法是他们自己的决策，政府不应该干预，但政府可以用产业政策来影响邮局的决策。例如，对使用人工分拣给予税收优惠或吸收下岗工人的补贴，或者提高购买自动分拣机资金的利率等。在市场经济中，政府是不能干预企业决策的，但应该用经济政策引导企业作出有利于整个社会资源最优化的决策。

许多经济学家认为，发展中国家不应该盲目引进最先进的技术，而应该采用最适于自己国情的技术。如果先进的设备是提高产品质量或实现规模经济所必需的（如在汽车、石化、电子等行业中），那么就必须采用资本密集型方法；如果先进的设备作用仅仅在于代替劳动（如自动分拣机），那还是用劳动密集型方式更合适。历史经验也证明，盲目追求自动化、机械化并不一定能带来更好的结果。

总之，从我国目前的实际情况来看，实现信件分拣自动化未必是一个好消息。

问题：(1) 试分析经济效率与技术效率的不同。

(2) 从效率角度看，在经济决策时应该如何选择各种生产方案？

☞ 例题

已知某企业的生产函数为 $Q=L^{\frac{3}{5}}K^{\frac{2}{5}}$，劳动力的价格 $P_L=3$，资本的价格 $P_K=2$。求：

(1) 当成本 $C=5000$ 时，企业实现最大产量的 L、K 和 Q 的均衡值。

(2) 当产量 $Q=900$ 时，企业实现最小成本的 L、K 和 C 的均衡值。

解：

(1) 企业实现给定成本最大产量的均衡条件是：$MRTS_{LK}=\frac{MP_L}{MP_K}=\frac{P_L}{P_K}$

其中 $$MRTS_{LK}=\frac{MP_L}{MP_K}=\frac{\partial Q/\partial L}{\partial Q/\partial K}=\frac{\frac{3}{5}L^{-\frac{2}{5}}K^{\frac{2}{5}}}{\frac{2}{5}L^{\frac{3}{5}}K^{-\frac{3}{5}}}=\frac{3K}{2L}$$

劳动和资本价格的比值为：$\frac{P_L}{P_K}=\frac{3}{2}$

于是有$\frac{3K}{2L}=\frac{3}{2}$，整理得 $K=L$

又等成本方程为 $L\times P_L+K\times P_K=C$，根据已知得 $3L+2K=5000$

将 $K=L$ 代入成本方程 $3L+2L=5000$，解得：$L_e=1000$

且有 $K_e=L_e=1000$

将 $K_e=L_e=1000$ 代入生产函数，求得最大产量 $Q=(L_e)^{\frac{3}{5}}(K_e)^{\frac{2}{5}}=1000^{\frac{3}{5}+\frac{2}{5}}=1000$

因此，在成本 $C=5000$ 时，企业实现最大产量的 L、K、Q 的均衡值都为 1000。

（2）企业实现给定产量条件下最小成本的均衡条件为 $MRTS_{LK}=\dfrac{MP_L}{MP_K}=\dfrac{P_L}{P_K}$

其中
$$MRTS_{LK}=\frac{MP_L}{MP_K}=\frac{\partial Q/\partial L}{\partial Q/\partial K}=\frac{\frac{3}{5}L^{-\frac{2}{5}}K^{\frac{2}{5}}}{\frac{2}{5}L^{\frac{3}{5}}K^{-\frac{3}{5}}}=\frac{3K}{2L}$$

劳动和资本价格的比值为：$\dfrac{P_L}{P_K}=\dfrac{3}{2}$

于是有 $\dfrac{3K}{2L}=\dfrac{3}{2}$，整理得 $K=L$

将 $K=L$ 代入生产函数 $L^{\frac{3}{5}}K^{\frac{2}{5}}=900$ 得：$L_e=900$

由 $K=L$ 可得，$K_e=900$

将 $L_e=K_e=900$ 代入成本方程，可得 $C=L\times P_L+K\times P_K=900\times3+900\times2=4500$

因此，当产量 $Q=900$ 时，企业实现最小成本的 L、K 均衡值为 $L_e=K_e=900$，最小的成本 $C=4500$

三、导数方法：要素最优组合条件

企业在追求利润最大化的过程中，可以得到最优的生产要素组合。这一点可以用数学方法证明：我们对于利润函数求一阶导数，并令其分别等于零，即可推导出结论。

设产品在市场上出售价格为 P，利润函数为 $\pi(L,K)=P\times f(L,K)-(wL+rK)$

那么利润函数取得极大值的条件是：

$$\begin{cases}\dfrac{\partial\pi}{\partial L}=P\times\dfrac{\partial f}{\partial L}-w=0\\[2ex]\dfrac{\partial\pi}{\partial K}=P\times\dfrac{\partial f}{\partial K}-r=0\end{cases}$$

整理可得：

$$\frac{\frac{\partial f}{\partial L}}{\frac{\partial f}{\partial K}}=\frac{MP_L}{MP_K}=\frac{w}{r}$$

这与通过图示观察得出的结论是一致的。

我们还可以用边际分析的方法得出这个结论。试想，给定企业的成本支出水平和要素价格水平，企业所能做的是调整劳动和资本的购买进而投入数量来追求产量最大。我们来考察企业投入的最后 1 元钱（假设生产要素可以无限细分），如果这 1 元钱购买劳动投入生产所产生的边际产量大于购买资本投入生产带来的边际产量，企业就会把这 1 元钱购买劳动。这个时候再比较劳动和资本的边际产量，如果购买劳动的最后 1 元钱带来的边际产量仍然高于购买资本的最后 1 元钱带来的产量，企业就仍会把这 1 元钱由购买资本转而继续购买劳动。这个过程会无限进行下去么？当然不会，不管购买劳动的最后 1 元钱带来的边际产量和购买资本的最后 1 元钱带来的边际产量在最初的差距有多大，在边际报酬递减规律的作用下，随着劳动数量的增多新增 1 元钱购买劳动所能增加的边际产量将不断减少，而随着资本数量的下降减少 1 元钱购买资本所引起的边际产量降低幅度将不断增加。最终，当购买劳动的最后 1 元钱所带来的边际产量与购买资本的最后 1 元钱所带来的边际产量相等的时候，企业用劳动替代资本的过程就会终止，在这一点企业实现了生产者均衡。那么购买劳动的最后 1 元钱所带来的边际产量可以表示为 MP_L/P_L，购买资本的最后 1 元钱所带来的边际产量可以表示为 MP_K/P_K，二者相等 $MP_L/P_L = MP_K/P_K$ 则带来了 $MP_L/MP_K = P_L/P_K = w/r$。

第七节　扩　展　线

一、扩展线

当生产技术和要素价格一定时，企业可以通过扩大成本投入来提高产量水平，那么，企业的最优生产要素组合随着企业生产的扩大会发生什么样的变化？要素价格一定说明等成本线的斜率一定，随着成本投入的增加我们可以在图中画出一系列平行的等成本线。这些等成本曲线将与相应的等产量线相切，形成一系列生产者均衡点，把所有这些生产者均衡点连接起来形成的曲线叫作生产扩展线。图 4－12 中的曲线 OA 就是一条扩展线。由于生产要素的价格保持不变，生产者均衡约束条件又是边际技术替代率等于要素相对价格，因此，扩展线上的所有的生产均衡点的边际技术替代率都是相等的。在生产扩展线上，企业可以用最小的成本生产最大产量从而获得最大利润，所以理性的企业将选择沿着这条路径扩大生产。

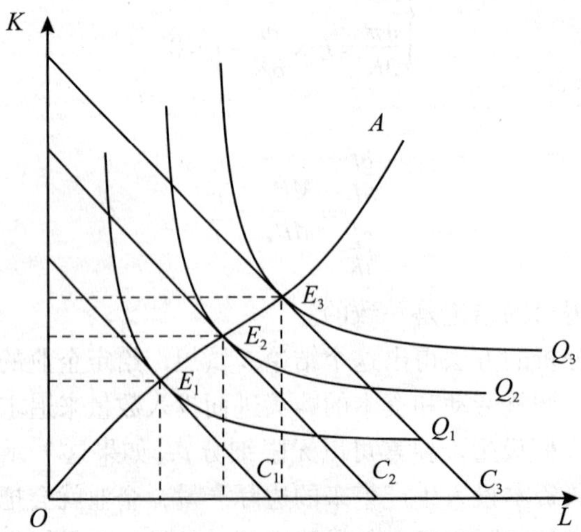

图 4－12　生产扩展线

把一组等产量曲线上，两要素的边际技术替代率相等的点所形成的轨迹称为等斜线。刚才得到的扩展线一定是等斜线。那么，等斜线一定是生产扩展线么？假定生产要素价格、生产技术和其他条件不变，厂商扩大产出与成本支出，生产要素的最佳投入组合点将服从于扩展线。扩展线是企业进行长期生产计划时必须遵循的路线。

☞ 即问即答

若是短期，企业会遵循扩展线么？你会不会觉得既然我们证明了这扩展线对企业最有利，那么无论如何企业都应该沿着这条路线来调整生产？

二、对比长期调整和短期调整

在长期生产中，企业能够对所有要素的投入数量进行调整，然而短期内这是无法实现的。我们来看一下，当企业只能调整劳动投入而资本投入量固定不变时，提高产量目标后企业的生产会发生什么变化。

图 4－13 中，企业开始在 E_1 进行生产，以 C_1 的成本得到 Q_1 的产量，点 E_1 代表了最优的生产要素组合。当企业的产量目标提高到 Q_2 时，在短期内企业不能变动资本的投入数量，因而只能在 B 点生产，投入要素组合为（L_2'，K_1），企业以 C_3 的成本得到了 Q_2 的产量。可以看出 B 点只是 C_3 和 Q_2 的交点而非切点，长期来看这一点肯定不是最优的，但短期内企业只能选择这个生产要素组合来达成产量目标。当企业可以调整资本投入量时，企业会选择用资本替代劳动，从而沿着等产量线 Q_2 一直移动到 Q_2 和 C_2 的切点 E。根据我们已经得到的知识，点 $E(L_2, K_2)$ 代表了企业长期生产的最优要素组合，显然这一点与短期生产点 B 相比实现了产量不变条件下的成本降低。

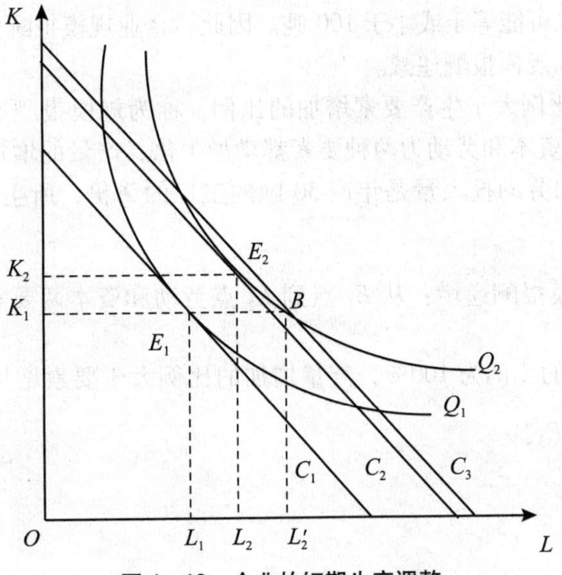

图 4－13 企业的短期生产调整

第八节　规 模 报 酬

一、规模报酬

（一）规模报酬的含义

一种可变投入的生产分析的是生产一种产品使用的生产要素只有一种可以变动其余要素固定不变，例如，一家已经建成投产的工厂厂房设备是固定的，厂商只能通过调整可变要素如劳动、原材料等的使用量来调整产量。当可变要素使用量增加到一定程度以后，继续增加的每单位可变要素所能增加的产量（即可变要素的边际产量）将出现递减现象；对于两种可变投入的生产，两种要素都可以变动，可以按照不同比例组合起来生产一种产品，但生产出同量产品，增加一种要素必须同时减少另一种要素。这两种情况表示，生产要素的组合比例是可变的，所以都可称为可变比例生产函数。

在这里探讨的规模报酬（returns to scale）是分析企业的生产规模变化与所引起的产量变化之间的关系。在生产理论分析中，通常以全部的生产要素都以相同比例发生变化来定义企业生产规模的变化。即探讨这样一种投入与产出的数量关系：当两种要素同时以相同比例增加（如 1 倍、2 倍或 50%）时，可能带来的产量的增加情况。例如，假设建造一座年产 50 吨的工厂使用的资本为 10 台机器，劳动为 100 单位。假如厂商决定要使年产量扩大 1 倍，即年产量为 100 吨，他可以重新设计一座工厂，为此所使用的资本和劳动是年产 50 吨的工厂的 2 倍，即使用 20 台机器和 200 单位的劳动。则新建工厂的年产量可能有三种情况，即可能大于 100 吨，但也可能等于或小于 100 吨。因此，企业规模报酬变化可以分为规模报酬递增、规模报酬不变和规模报酬递减。

（1）产量增加的比例大于生产要素增加的比例，称为规模报酬递增（increasing returns to scale）。假如使用的资本和劳动力两种要素都增加 1 倍，产量的增加大于 1 倍。如上例中新建工厂使用的资本和劳动投入量是年产 50 吨的工厂的 2 倍，所生产的产量大于 100 吨，属于规模报酬递增。

图 4 - 14 表示规模报酬递增：从 E_1 点到 E_2 点劳动和资本两要素增加的比例为 $\frac{L_1L_2}{OL_1}=\frac{K_1K_2}{OK_1}<1$，而产量增加的比例为 100%，产量增加的比例大于要素增加的比例。由该图可以看出，$OE_1>E_1E_2>E_2E_3$。

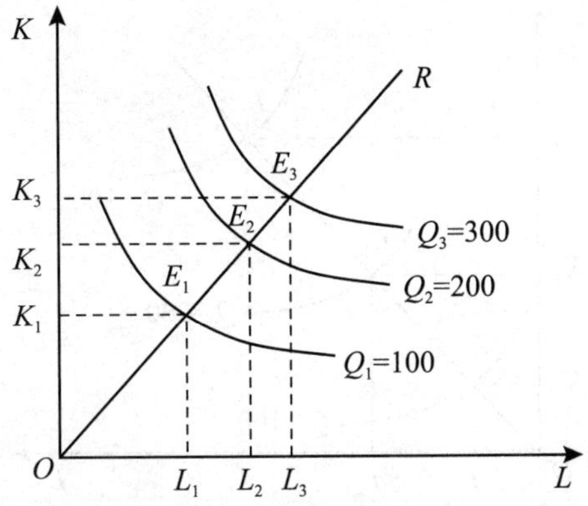

图 4－14　规模报酬递增

（2）产量增加的比例等于生产要素增加的比例，称为规模报酬不变（constant returns to scale）。假如使用的资本和劳动力两种要素都增加 1 倍，产量的增加等于 1 倍。如上例中新建工厂使用的资本和劳动投入量是年产 50 吨的工厂的 2 倍，所生产的产量是原来的 2 倍，即 100 吨，属于规模报酬不变。

图 4－15 表示规模报酬不变。从 E_1 点到 E_2 点劳动和资本两要素增加的比例为 $\frac{L_1L_2}{OL_1}=\frac{K_1K_2}{OK_1}=1$，而产量增加的比例为 100%，产量增加的比例等于要素增加的比例。由该图可以看出，$OE_1=E_1E_2=E_2E_3$。

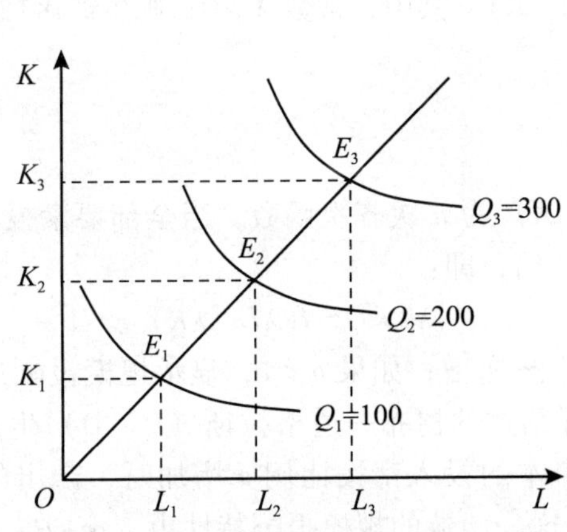

图 4－15　规模报酬不变

（3）产量增加的比例小于生产要素增加的比例，称为规模报酬递减（diminishing returns to scale）。假如使用的两种要素都增加 1 倍，产量的增加小于 1 倍，如上例中新建工厂使用的资本和劳动投入量是年产 50 吨的工厂的 2 倍，所生产的产量小于 100 吨，属于规模报酬递减，如图 4－16 所示。

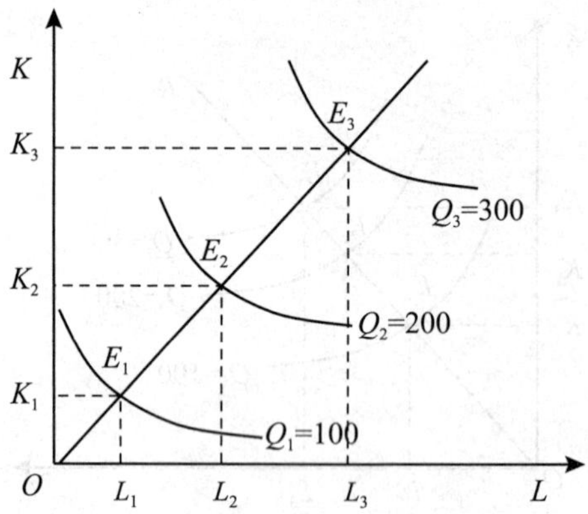

图 4－16　规模报酬递减

（二）规模报酬判定

1. 定义法

设生产函数 $Q=f(L, K)$，

如果 $f(\lambda L, \lambda K)>\lambda f(L, K)$，其中，常数 $\lambda>0$，则生产函数 $Q=f(L, K)$ 具有规模报酬递增的性质。

如果 $f(\lambda L, \lambda K)=\lambda f(L, K)$，其中，常数 $\lambda>0$，则生产函数 $Q=f(L, K)$ 具有规模报酬不变的性质。

如果 $f(\lambda L, \lambda K)<\lambda f(L, K)$，其中，常数 $\lambda>0$，则生产函数 $Q=f(L, K)$ 具有规模报酬递减的性质。

2. 指数法

假设生产函数 $Q=f(L, K)$ 为 n 次齐次函数，当全部要素投入量变动为原数量的 λ 倍时，产量变动为原水平的 λ^n 倍，即：

$$\lambda^n \times Q=f(\lambda L, \lambda K) \tag{4.25}$$

如果 $n>1$，显示规模报酬递增；如果 $n<1$，显示规模报酬递减；如果 $n=1$，显示规模报酬不变。以我们前面介绍过的柯布—道格拉斯（C－D）生产函数为例，其函数形式为：$Q=AL^{\alpha}K^{\beta}$。当劳动和资本的投入都按比例 a 增加时，产出的增加为 $A(aL)^{\alpha}(aK)^{\beta}=a^{\alpha+\beta}AL^{\alpha}K^{\beta}=a^{\alpha+\beta}Q$。可见，这一函数的规模报酬特性由（$\alpha+\beta$）的值决定：当（$\alpha+\beta$）< 1 时，规模报酬递增；当（$\alpha+\beta$）< 1 时，规模报酬递减；当（$\alpha+\beta$）= 1 时，规模报酬不变。

☞ 案例讨论

王永庆的成功之路——规模报酬①

台塑集团老板王永庆被称为“主宰台湾的第一大企业家”“华人经营之神”。王永庆不爱读书，小学时的成绩总在最后10名之内，但他吃苦耐劳、勤于思考，终于成就了一番事业。王永庆大概也没有读过什么经济学著作，但他的成功之路却与经济学原理是一致的。

王永庆的事业是从台塑生产塑胶粉粒PVC开始的。当时每月仅产PVC 100吨，是世界上规模最小的。王永庆知道，只有扩大产量、降低成本，才是打入世界市场、取得成功的关键。于是，他冒着产品积压的风险，把产量扩大到每月1200吨，并以低价格迅速占领了世界市场。王永庆扩大产量、降低成本的做法正是经济学中的规模经济原理。

规模报酬是说明各种生产要素增加，即生产规模扩大对产量或收益的影响。当生产规模扩大的比率小于产量或收益增加的比率时，就是规模收益递增。当生产规模扩大的比率大于产量或收益增加的比率时，就是规模收益递减。当这两种比率相等时，则是规模收益不变。企业生产规模变动对产量或收益的影响可以用内在经济与内在不经济来解释。内在经济就是一个企业规模扩大时由自身内部引起的效率提高或成本下降。这种效率的提高主要来自三个方面：第一，可以利用更先进的专业化设备实现更精细的分工，提高管理效率，从而使每单位产品的平均成本下降。特别应该强调的是，许多大型专用设备只有在达到一定产量水平时才能使用，这些设备的使用会使平均成本大幅度下降，或者说，只有达到一定产量水平时，平均成本才能最低。第二，规模大的企业有力量进行技术创新，而技术创新是提高效率、降低成本的重要途径。第三，大批量销售不仅在市场上具有垄断力量，足以同对手抗衡，而且降低了销售成本。

王永庆的成功正在于他敢于扩大产量，实现规模收益递增。当时台塑产量低是受台湾需求有限的制约，王永庆敏锐地发现，这实际陷入了一种恶性循环：产量越低成本越高，越打不开市场；越打不开市场，产量越低成本越高。打破这个循环的关键就是提高产量，降低成本。当产量扩大到月产1200吨时，可以用当时最先进的设备与技术，成本大幅度下降，就有进入世界市场、以低价格与其他企业竞争的能力。

当一个企业的产量达到平均成本最低时，就充分利用了规模收益递减的优势，或者说实现了最适规模。应该说，不同行业中最适规模的大小是不同的。一般而言，重工业、石化、电力、汽车等行业的最适规模都很大，这是因为在这些行业中所用设备先进、复杂，最初投资、技术创新和市场垄断程度都特别重要。王永庆经营的化工行业正属于这种最适规模大的行业，所以，规模的扩大带来了收益递增。近年来，全世界掀起一股企业合并之风，这无非是为了扩大规模，实现最适规模。合并之风最强劲的是汽车、化工、电子、电讯这些产量越多，收益增加越多的行业，世界500强企业也以这些行业居多。对这些行业的企业而言，“大的就是好的”。

---

① 资料来源：梁小民. 微观经济学纵横谈［M］. 北京：生活·读书·新知三联书店，2000

但千万别忘了《红楼梦》中王熙凤的一句话："大有大的难处。"一个企业大固然有许多好处，但也会引起一些问题。这主要是因为随着企业规模扩大，管理效率下降，管理成本增加。一个大企业也像政府机构一样会滋生官僚主义，同时，企业规模大也会缺乏灵活性，难以适应千变万化的市场。所以，"大就是好"并不适用于一切企业。当企业规模过大引起成本增加、效益递减时就存在内在不经济，发生规模收益递减。对那些"大才好"的企业来说，要特别注意企业规模大引起的种种问题。王永庆在扩大企业规模和产量的同时，注意降低建厂成本、生产成本和营销成本，并精减人员，提高管理效率，这对他的成功也很重要。对那些未必一定要大的轻工、服务之类行业的企业来说，"小的也是美好的"。船小好调头，在这些设备、技术重要性较低，而适应市场能力要强的企业中，就不要盲目追求规模，甚至有些大企业也因管理效率差而分开，美国 IBM 公司就曾一分为三。

其实企业并不是一味求大或求小，而是以效益为标准。那种盲目合并企业，以追求进 500 强的做法往往事与愿违。绑在一起的小舢舨绝不是航空母舰。王永庆的成功不在于台塑大，而在于台塑实现了规模收益递增的最优规模。

问题：（1）你认为企业的经营成败在于"大"还是在于"小"？

（2）现实中的企业是如何从"小"变"大"的？

二、规模经济

规模经济是指随着企业生产规模的扩张，企业的平均成本不断下降，经济效益不断提高。

经济学家对于规模经济来源的解释主要有：第一，企业扩大规模时可以加强生产要素专业化的程度，包括工人技术专业化和设备专业化等，适度的专业化有利于生产效率的提高；第二，企业扩大规模时在购买大型的生产设备，可充分利用副产品等方面优势增加，有利于利润的扩大；第三，当企业规模的扩大也伴随着整个行业规模扩大时，个别企业在修理、服务、运输、人才供给、信息搜集等方面的条件可以得到改善，从而降低企业的成本费用。

对于规模不经济的解释似乎同对规模经济的解释相对：第一，企业规模扩大导致专业化过度，例如，工人分工过窄会使工人工作单调，影响工人的积极性；第二，企业规模过大导致内部协调管理成本急速上升，例如，内部通信联系费用增加、购销方面需要机构的增加等都是具体表现；第三，当企业规模扩大也伴随着整个行业规模扩大时，可能导致招工困难、动力不足、交通运输紧张、地价上涨或引起严重的环境污染等，从而使个别企业的收益减少。

经济学家们认为，就一般情况而言，随着企业的生产规模扩大，最初往往规模报酬递增，然后可能有一个规模报酬不变的阶段；如果厂商继续扩大生产规模，就会出现规模报酬递减（这是否让你联想到了边际报酬递减规律的作用方式）。一个行业或一个厂商生产规模过大或过小都是不利的，每个行业或企业都应根据自己生产的特点确定一个适度规模。无论从一个企业还是一个行业、一个地区看，都有适度规模的问题。

☞ 案例讨论

分工与专业化[①]

亚当·斯密在其名著《国民财富的性质和原因的研究》中根据他对一个扣针厂的参观描述了一个例子。亚当·斯密所看到的工人之间的专业化和引起的规模经济给他留下了深刻的印象。他写道：

"一个人抽铁丝，另一个人拉直，第三个人截断，第四个人削尖，第五个人磨光顶端以便安装圆头；做圆头要求有两三道不同的操作；装圆头是一项专门的业务，把针涂白是另一项；甚至将扣针装进纸盒中也是一门职业。"

亚当·斯密说，"由于这种专业化，扣针厂每个工人每天生产几千枚针。他得出的结论是，如果工人选择分开工作，而不是作为一个专业工作者团队，那他们肯定不能每人每天制造出20枚扣针，或许连一枚也造不出来"。换句话说，由于专业化，大扣针厂可以比小扣针厂实现更高人均产量和每枚扣针更低的平均成本。

亚当·斯密在扣针厂观察到的专业化在现在经济中普遍存在。例如，如果你想盖一个房子，你可以自己努力去做每一件事。但大多数人找建筑商，建筑商又雇用木匠、瓦匠、电工、油漆工和许多其他类型工人。这些工人专门从事某种工作，而且，这使他们比作为通用型工人时做得更好。实际上，运用专业化实现规模经济是现代社会像现在一样繁荣的一个原因。

问题：（1）规模经济是如何实现的？

（2）你能不能再举一个现实中的例子？

☞ 即问即答

比较规模报酬和规模经济有什么异同？

三、范围经济

范围经济是指当一个企业同时生产多种产品的成本小于多个企业分别生产的总成本时，一个企业在生产原来产品的基础上，把产品生产领域拓展到生产其他关联产品从而带来整体成本下降和整体效益提高。一个企业同时生产多种产品的成本小于多个企业分别生产的总成本的关键在于生产相关性。举一个简单的例子，产品A和B是两种有关联的产品，生产Q单位的两种产品都需要一种价值V的固定设备；当两种产品分别由两个企业生产时总共需要$2V$的设备投入，才能得到Q单位的A和Q单位的B；当两种产品在同一企业内生产并且生产互不影响时，我们只需要V的设备投入就可以得到Q单位的A和Q单位的B，成本降低

① 资料来源：www. lntvu. com

了一半！

那个原本只生产蛋糕的企业由于蛋糕的品质好，在消费者中赢得了很好的口碑，消费者对这个品牌产生了很高的信任。当这个企业生产其他日常食品时，消费者会认为既然这个企业做蛋糕能兼顾美味与健康，那么生产其他食品也错不了。这样消费对于该企业生产蛋糕的认同，也促进了消费者对该企业生产其他产品的认同，企业在对新产品进行市场开拓、树立品牌从而扩大销售方面的成本开支，要比一个新企业推广新产品要少很多，该企业就实现了范围经济。那个原本只专注皮鞋生产的企业，对皮鞋的特性和优势等方面有很深入的了解，这对于其在销售中采取有针对性的促销措施提供了宝贵的信息；同时在销售环节企业可以直接面对消费者的需求状态，搜集相关信息为生产提供决策依据。这个企业也实现了范围经济。

规模扩大不一定就能保证规模经济的实现，同样，扩大范围并不意味着一定能够实现范围经济，也有可能造成范围不经济，这要取决于企业对于产品关联性的把握以及对于共同成本的有效利用。企业没经过慎重规划就盲目开始多元化而导致失败的实例也不在少数，很多人因此提出了“多元化陷阱”的说法。

☞ 案例讨论

“玉柴”的发展之路①

2008 年 6 月，广西玉柴机器集团有限公司来到资阳投资建厂，组建了玉柴机器资阳发动机股份有限公司。由于地理位置偏僻，交通不便，玉柴被迫自己做物流。玉柴的销售成本，大约比国内同行高出 10 个百分点。同样一个 280～300 马力的柴油机，玉柴的销售成本比别人多将近 2000 元钱。谢裕强说：“我们运进来零部件，造好发动机再运出去，光物流费用，一台发动机成本就比别人高 600 元。”“这么大个集团，这么多费用，不自己做物流根本不行。”最初“没当成一个事业来做”的物流汽贸，现在却已经成为玉柴一个重要的产业板块。物流、工程机械和零部件三大板块，被作为玉柴“重点培养对象”，正积极筹备上市。

被迫“自给自足”让玉柴精力分散，集团最核心的发动机板块发展受丰隆金股桎梏，也无法通过上市获得足够的资金，也使玉柴不得不寻求产业多元化，“发散式”发展。玉柴“过去做衣服、做水、做环保”，都干过。住在玉柴酒店时，我惊讶地发现连房间里的饮水机都是玉柴自己造的，出厂日期是 2002 年。

但在近几年，玉柴痛下决心，割舍诸多“副业”。2005 年至今，玉柴共剥离出十几个企业，“这些都不是玉柴的强项，不想要，或者没有竞争力。”革新后的玉柴，褪去一身繁冗，产业脉络逐渐清晰起来。现在的玉柴集团以发动机和工程机械两条产品链为核心，辅以物流汽贸、零部件、能源化工、专用汽车，形成六大板块。

① 中国行业研究网 http：//www. chinairn. com

在玉柴的架构中，物流等四个产业既独立发展，又为发动机和工程机械板块服务，六大板块紧密相连。还以物流汽贸为例。玉柴规定，只有配装玉柴发动机的汽车才能加入玉柴的物流，这样也能拉动发动机的销售。物流汽贸板块同时还联手整车厂，开展汽车展销等业务。走上"范围经济"发展模式，也许是玉柴无奈的选择，但却"意外"地开辟了一条新的成功之路。2010年，玉柴的主业发动机板块占集团销售收入的58%，其他产业占42%，而玉柴计划"在几年之后达到五五开"。

2011年3月7日，中国南车集团、玉柴集团强强联合与南骏集团共同出资组建南车玉柴四川发动机股份有限公司，在京举行揭牌仪式，将在四川资阳打造中国西部最大的发动机研发、制造基地，塑造我国机械制造行业资源整合、市场协作的典范。

问题：(1) 玉柴为什么要选择"范围经济"发展模式？

(2)"范围经济"发展模式是否意味着企业涉及的项目越多越好？

(3) 举出从生活中其他一些范围经济的例子。

☞ 即问即答

比较规模经济和范围经济有什么异同？

☞ 延伸阅读

实现经济模式转型的关键①

中国虽然在20世纪末期把市场经济制度的基本框架初步搭建起来，但是，市场化改革其实还处于"进行时"阶段，旧体制的许多部分还没有得到根本性的改造，政府职能还有待转变，国有经济布局的战略性重组和国有企业的公司制改革都还行在半途，所以我说"大关仍然未过"。在这种情况下，我们不能有丝毫的松懈。

凯恩斯框架失灵：　中国的问题是长期问题

近些年我们一直在说，必须注意中国经济存在的内外失衡。其中内部失衡的主要表现是投资率过高、消费率过低。过去30年中国的GDP一直保持着10%左右的高速增长，然而消费需求不足，却使GDP增长缺乏内在的动力。政府采取出口导向政策，用对外净出口（出超）弥补国内需求不足，维持了较好的增长。但到2008年以后，因为全球金融危机，连续几年出口受限，出现了经济下行的趋势。2009年，我国用超强的扩张性货币政策把增长速度又拉了起来，但消费需求不足的问题仍未解决。特别是在全球金融危机发生以后，美国的居民储蓄率提高了3~4个百分点，相形之下，我们依靠净出口维持高速增长方式的问题显得更为突出。

1999~2010年，在消费需求不足的情况下，出台了扩张性的货币政策来保持增长率，

---

① 吴敬琏. 实现经济模式转型的关键［J］. 新经济导刊，2011（12）

这种货币政策经过十余年的发展，使过剩的流动性大量积累。于是，经过一段时滞，货币超发和流动性泛滥所引起的一些消极的后续效应开始显现。主要的标志之一是资产价格的剧烈上升，其中最突出的是房地产价格飙升和泡沫急剧膨胀。此外，消费物价指数 CPI 也开始上升。这就导致了一种两难的状况：一方面，内在动力不足，想维持较高的增长率，就需要继续采取扩张性的宏观经济政策，特别是扩张性的货币政策；另一方面，货币超发后续的消极后果已经显现，又需要采取紧缩性的宏观经济政策来抑制房地产价格和物价上涨的势头。

为了破解宏观经济决策的这种两难问题，首先需要选择正确的分析方法，判明这种两难问题的根源是什么。2008 年以来，在分析中国宏观经济形势的时候，通常是对所谓的“三驾马车”——投资、消费和出口的状况来分析总需求的态势，认为经济之所以遇到困难，是因为决定总需求的“三驾马车”中有“两驾”（消费和出口）太弱，拉不动经济增长。如何能够在这“两匹马”都不跑的情况下把这个“车”往前拉？结论就是扩张性的宏观经济政策，就是用 4 万亿元的投资、10 万亿元的贷款来增加总需求。

问题在于，这种“三驾马车”的分析方法显然是凯恩斯主义宏观经济分析框架的变形。但学过宏观经济学的都知道，凯恩斯主义宏观经济分析处理的是短期问题，连约翰·梅纳德·凯恩斯本人也从来没有说过可以用它来分析长期问题。而中国经济目前出现的问题却是长期问题。研究这类问题，需要运用 R. M. 索洛（R. M. Sollow）提出的新古典增长模式。

中国经济发展的根本性问题：增长模式存在着严重缺陷

长期以来，我一直认为，中国的长期发展存在着一个根本性的问题，即增长模式存在着严重的缺陷。经济发展方式的核心还是经济增长模式。

那么，什么是增长模式？说得简单一点，就是靠投入资源，还是靠提高效率来实现增长。西方国家的早期，在 18 世纪后期到 19 世纪后期，两次产业革命之间的那种增长模式，其特点是靠投资来驱动增长。苏联在第一次五年计划之后沿袭了西方国家的早期增长模式，把它称为“社会主义的工业化道路”。这种方式存在很多弊病。按照卡尔·马克思的分析，它会导致两个主要问题：一是导致生产过剩的经济危机周期性地发生。二是造成了劳动者的贫困化和阶级斗争的尖锐化。这两个问题会导致资本主义走向灭亡，“资本主义的丧钟就要敲响”。

改革开放以前，我国沿着这条道路走，带来了很大的损失。到了“文化大革命”后期，经济上剧烈波动加上“文化大革命”的政治因素，经济和社会都濒于崩溃的边缘。

改革开放以后，社会经济出现了长时期的持续增长，并没有发生改革开放以前那样严重的经济困难，其中一个重要因素就是，在对外开放的过程中，我们学习了日本等一些东亚国家和地区的办法，采取了出口导向政策，用各种政策手段支持出口，发展对外贸易。这种做法造成了两个积极结果。

第一，出口加工业迅速发展起来，使得大约 2.5 亿人的农村低效劳动力转移到城市相对高效的加工业就业，也使得整个城市经济得到快速发展。当然，现在多数所谓的“农民工”的收入水平依然很低，我们应该努力提高他们的收入水平，不过，和在农村的收入情况相比，还是获得了相当程度的提高。第二，大量的出口（净出口）需求弥补了国内需求的不足，使得经济能够持续增长。1994 年汇率改革以后，出口导向政策全面展开，中国对外贸易的贸易盈余由负转正，而且不断增加。旺盛的出口需求有力地支撑了此后十多年GDP的高速度增长。

经济决策两难：增长乏力和通胀压力并存

在充分估计出口导向政策对于支持中国经济高速发展的作用的同时，也应当看到，正如采取这种政策的东亚国家和地区，包括日本、韩国、我国台湾地区等的经验告诉我们，这种政策在经过10年、20年的成功实施以后，都出现了问题，例如，货币超发、流动性泛滥、资产泡沫的膨胀等。这些问题和我们今天面临的问题非常相像。

出口导向政策成功地执行了10~20年之后就会出现两个问题：从微观上看，因为出口企业得到了政策优惠，它们的创新动力就会大大削弱，有些国家就此变成了产品没有自主技术含量的所谓“劳动密集产业专业户”。从宏观上看，在出口导向政策非常成功的情况下，外汇结余会大幅增加，这会造成本国货币升值的压力，形成贸易摩擦。许多国家的最终选择往往是让中央银行进行干预，继续保持本币低估的状态。而中央银行频繁干预外汇市场的结果就是，发行货币来收购外汇。这样，中央银行就变成了一个被动超发的货币政策工具。货币多了，流入资产市场就会形成资产泡沫，流入消费市场就会造成CPI提高，也就是通货膨胀。东亚的一些国家和地区，像日本、我国台湾地区，主要表现都是资产市场泡沫形成。泡沫一旦破灭，经济就会陷入低谷。

总之，目前中国一方面消费需求仍然不足，增长缺乏内在动力；另一方面货币超发，资产泡沫生成，通货膨胀压力增大，处在一种两难的状态之中。近几年关于宏观经济问题的很多讨论都是围绕着如何处理这种两难问题的。很显然，如果非要在消费需求不足的情况下保持很高的增长率，就要进一步用扩张性的货币政策去推动经济增长。但是货币超发的消极后果已经显现出来，此时再火上浇油就会出很大的问题。反过来，如果为了防止泡沫继续膨胀和CPI居高不下，就要紧缩。由于多年实行的扩张性货币政策，现在流通中的货币量M2对于GDP的比例达到180%以上，成为世界第一，中国历史上也从来没有过。如果紧缩的力度不够，经济过热的状态不会改变，房地产价格也下不来；而力度过大，也怕GDP增速下降过快，甚至出现经济的“硬着陆”。

政策调整方向：实现发展方式转型

那么，我们到底应该采取什么样的政策呢？在我看来，正确的政策应该是“长短兼顾”“标本兼治”。从短期层面来说，应该采取总体紧缩的宏观经济政策，但仍要充分灵活，否则稍有不慎就可能前功尽弃。有人说，我们已经实现软着陆了；也有人认为，中国恐怕就要硬着陆了。这两种说法恐怕都有些绝对化。一方面，硬着陆的可能性不能排除；另一方面，我们还有30年经济发展实力的积累，而我们的宏观当局——中央银行的专业水平较高，如果方针定得正确，他们维持经济的短期稳定是有可能的。问题在于，我们要认识到，短期政策不能解决根本问题，在用灵活稳健的宏观经济政策尽力维持经济稳定的同时，必须把主要注意力放到解决长期发展的问题上去。所谓解决长期发展的问题，就是要实现经济发展方式的转型。

“十二五”规划在这一点上是很明确的，提出了加快经济发展方式的转变是“十二五”的主线。为什么转变经济增长方式或者转变经济发展方式的任务，被反复提出了30多年，到现在还是没有实现？这是因为转变遇到了体制问题。总体来说，粗放发展是源于政府主导的发展方式。

政府主导有两个重要含义：一方面是政府掌握了太大的资源配置的权力；另一方面是发展服从于各级政府的政绩目标。1992 年党的十四大确定要建立社会主义市场经济，市场在资源配置中起基础性作用。然而，经过这么多年的改革，政府仍然保持着支配资源的大部分权力，特别是在城市化加速之后，基于现在的产权结构，政府又多了一个非常重要的资源可以支配，即土地。因为城市化的过程中存在一个征地问题——从集体土地变成国有土地，在现行体制下，各级政府很容易用很低的价格把土地收到自己手里，变成支撑 GDP 高速增长的重要手段。此外，金融改革虽然市场化了，但是，各级政府对金融机构发放信贷仍有很大的影响力。有了以上两个原因，各级政府官员就会用自己手中支配资源的权力来营造自己的"政绩"，主要表现为 GDP 的增长速度。要转变经济增长方式，就得消除这些体制性的障碍。但消除这些障碍并不容易，因此，转变经济发展方式就变得说得多、做得少了。特别是到了"十一五"时期，在某些地区还出现了一种"开倒车"的现象，不是朝着市场化方向发展，而是朝着加强政府和某些国有企业垄断权力的方向发展。

除了体制性障碍消除得不够快，还有一个问题，我们不是强调要靠技术创新提高经济效率吗？但技术创新的商品化和产业化却非常困难。经过 30 多年的改革开放，中国人的技术创新能力有了很大的提高。不要说我国受过高等教育的技术人员数量早已是世界第一了，就质量而论也不差，到处都可以看到一些相当先进的技术发明，有些技术甚至突破了世界前沿。但是遗憾的是，这些技术的商品化和产业化非常困难。而困难的根源就是缺乏有利于创新、有利于创业的制度环境。此外，由于存在司法的地方化，使得很多人不愿意创新。因为"你创新我仿冒"，"我只要争取到了司法管辖权（地方保护），你未必告得赢我"。

所以到了"十一五"最后一年，中共中央就在中央党校办了一个转变经济发展方式研讨班，胡锦涛同志在开班讲话中把这个问题提到了"刻不容缓"的高度。

改革要有顶层设计：明确建立一个怎样的体制

我们现在发现，2011 年以来，尽管各级政府加大了提升现有产业和扶持战略性新兴产业的步伐，但使用的往往还是"政府主导发展"的旧体制和老办法。这样做，不但欲速则不达，而且会造成种种消极的后果。为了推进改革，中共中央的"十二五建议"中提出了"改革要有顶层设计"。现在在中国的经济体制、法治国家建设、教育科研体制等具体体制中积累了大量亟待解决的问题。改革应该从哪里着手呢？我认为，首先得要有一个顶层设计。最顶层的设计是明确我们到底要建立一个什么样的经济社会体制？

在中国改革的早期阶段，不同的社会群体似乎都达成了一个阶段性的共识：建立一个比一般的欧美市场经济中政府起更大作用的"政府主导型的市场经济"。中国在 21 世纪初期初步建立起这样的经济体制。然而，"政府主导的市场经济"是一种过渡性的经济体制，它有两种发展前途：一种是政府在市场成熟起来以后逐步从微观经济领域退出，去做它应该做的事情。这会迎来一个更加开放、更加自由、更加富有竞争性的市场经济。另一种是加强政府对于经济的管控和市场的干预，这可能会变成国家资本主义经济。

而现在人们的思想则有不同的取向，例如，从"北京共识"到"中国模式"的讨论，意味着人们心中的目标模式是不同的，这就需要执政党对顶层设计做出恰当的选择。在大系统最顶层的设计作出以后，大系统下的各个子系统都应有相应的设计。例如，教育应当改革成什么样子，目前中国教育系统存在的两大“特色”，即“行政化”和“官本位”是否应当维护和保存，存在很大争议。不搞清楚这些重大的原则问题，改革就会变成一句空话。

经济体制改革：关注四大发展问题

从经济体制方面来说，目前有四个方面的问题需要明确。

关于国有经济。1997 年党的十五大提出了一个非常重要的方向，就是把国有经济改革归结为两方面内容：第一个是要对国有经济的布局进行有进有退的战略性调整，简单地说，就是国有经济要向战略性部门集中，而从一般的竞争性部门退出，或者叫“国退民进”。第二个是国有企业的公司化（股份化）改制。这两项工作在党的十五大之后有了相当大的推进，特别是在全国范围内进行的小企业改制，使中国社会的经济基础发生了根本性的变化。但是大企业的改革进行得不那么顺利。尤其到了 2000 年以后，垄断性国有大企业集团的改革明显放慢，有些地区和部门甚至出现了所谓的“国进民退”的“开倒车”现象。

关于财政体制的完善。大家议论得比较多的是地方政府的事权和财权不对称，即“财政收入和支出责任不对称”。也就是地方政府，特别是县和县级以下政府的支出责任过大而收入不足以应付。这个问题长期存在，引起了很多不良后果，包括公共服务提供不够。地方政府靠“土地财政”来增加收入。对于如何解决这个问题，原则上有两种不同意见：一种是让中央给地方更大的财权；第二种是中央和上级政府承担更大的支出责任。地方政府和媒体一般倾向第一种意见。当然，我国的财政转移支付没有规范化、制度化，一般性转移支付比重很小，赋予了中央官员和部门太大的自由裁量权，是一个很大的问题，不过这与中央、地方的支出结构不是同一个问题。许多财政学家认为，中国财政的支出责任过分下移，造成支出结构过于分散化，建议支出责任更多的由上级政府承担。如何选择需要经过充分讨论赶快作出决断。

关于金融市场。这些年来西方国家金融创新很多，但是监管上存在诸多问题，而中国目前两方面都有问题：一是金融创新不足，开放得不够；二是监管上也有问题。主要强调实质性审批，而不强调合规性监管。例如，风险投资（VC）和私募股权基金（PE）是发展高技术产业的重要制度安排。现在资金总规模很大，但是运作得不是很好，存在着有权力背景的人“临门一脚、强制入股、捞了就走”的情况。因此，这些方面的改革势在必行，否则，会对中国的资本市场造成破坏性的影响。金融体系的基准价格是利率，对外关系的基准价格是汇率。就利率形成机制来说，中央银行已经表明态度，要加快市场化的进程。对于汇率市场化的改革，中央领导在中美高层会议和其他场合也表明了态度，要继续进行汇率形成机制的改革。这两样的市场化改革都应当抓紧进行。

关于小企业。由于小企业是创新的主要来源，它们的融资难等经营环境问题，是转变经济发展方式必须解决的一个关键性问题。在目前的银行体制和监管形势下，小企业融资难的问题变得越来越尖锐。即便在大量注入信贷、扩需求保增长的时候，小企业也很难贷到款。如果小企业不能有一个好的经营环境，我们的技术创新、新技术的产业化就会碰到很大的障碍，甚至失业也会成为一个大问题。

总之，目前我国经济发展面临一系列棘手的问题需要解决。从根本上说，解决这些问题的关键是建立一个在法治基础上的公平竞争的市场，促进创新创业潜能的发挥和各行各业的蓬勃发展。而所有改革的关键其实都在于政府自身的改革，换言之，政府自身的改革是加快经济发展方式转变的关键中的关键。由于政府改革会涉及政府工作人员自己的权力和利益，所以容易形成"光说不练"、不能推进的顽疾。国务院领导人在多次政府工作报告中一再强调，政府管了许多不该管也管不好的事情，许多应该管的事情又没有管或没有管好。政府应该下定决心进行自我革命，做到有所为和有所不为。

我们一定要清醒地认识到，根据过去30年的经验，改革势必会遇到种种阻力和障碍。其中最主要的阻力和障碍，一个是来自所谓"特殊既得利益"；另一个是来自旧的意识形态。所以全面的改革不但要有顶层设计和具体的实施方案，还要有去除各种阻力障碍的决心和令行禁止的执行力，这样才有可能取得成功。

☞ 经济学家简介

罗纳德·哈里·科斯[①]

罗纳德·哈里·科斯（Ronald Harry Coase，1910～2013年）生于1910年，英国经济学家，交易成本理论及科斯定理的提出者。1932年获伦敦政治经济学院经济学学士学位，并于1951年获英国伦敦大学博士学位，移民美国一开始任教于纽约州立大学水牛城分校，1955年任教于弗吉尼亚大学，1964年后主要任教于芝加哥大学。"因为对经济的体制结构取得突破性的研究成果"，荣获1991年诺贝尔经济学奖。他的杰出贡献是发现并阐明了交换成本和产权在经济组织和制度结构中的重要性及其在经济活动中的作用。

罗纳德·哈里·科斯对产权理论、法律经济学与新制度经济学有极大贡献。罗纳德·哈里·科斯的代表作是两篇著名的论文，其一是1937年发表的《企业的本质》（*The Nature of the Firm*），该文独辟蹊径地讨论了企业存在的原因及其扩展规模的界限问题，罗纳德·哈里·科斯创造了"交易成本"这一重要概念来予以解释。其思想被概括为"在完全竞争条件下，私人成本等于社会成本"，并命名为"科斯定理"；其二是1960年发表的《社会成本问题》（*The Problem of Social Cost*），主张完善产权界定可解决外部性问题。

本章框架

本章是对厂商行为的分析。本章分析的是生产要素投入量与产量之间的物质技术关系（含长期生产理论与短期生产理论）。本章首先阐述和分析了厂商的组织形式及其目标；接

① 资料来源：https：//baike. baidu. com/item/罗纳德·哈里·科斯

着讲解了生产函数的含义，介绍了几种常见的生产函数；讲解了短期生产函数，分析了短期总产量、平均产量、边际产量的关系以及短期生产的合理的投入区域；接下来讲解了长期生产的分析工具——等成本曲线、等产量曲线，并分析了长期生产的最优要素组合问题；最后分析了规模经济问题。

本章的结构框架如图 4－17 所示。

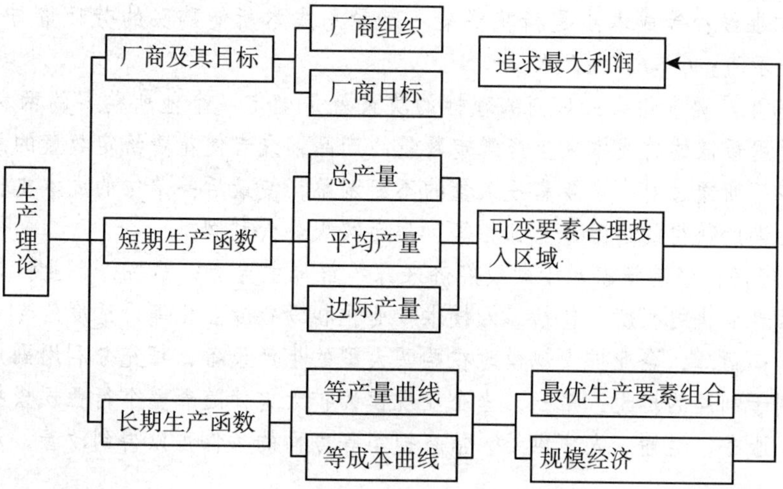

图 4－17 本章逻辑结构

内容提要

1. 厂商组织形式：厂商组织形式是指企业的发起人采用何种方式建立该企业，以企业财产关系和企业所承担的法律责任作为划分标准。企业组织形式反映了企业的性质、地位、作用和行为方式；规范了企业与出资人、企业与债权人、企业与政府、企业与企业、企业与职工等内外部的关系。

2. 厂商目标：在微观分析中，假定企业的目标是追求利润最大化。这一基本假定是经济学中理性人和完全信息的假定在厂商理论中的具体化。

3. 生产函数：生产要素投入的组合与数量和它所能生产出来的产量之间存在着一定的依存关系。生产函数正是表示在生产技术状况给定条件下，生产要素的投入量与产品的最大产量之间的函数关系。

4. 平均产量曲线与边际产量曲线的关系。

（1）当边际产量大于平均产量，平均产量递增。

（2）当边际产量小于平均产量，平均产量递减。

（3）当边际产量等于平均产量，平均产量达到极大值。

5. 边际报酬递减规律：在短期生产中，技术条件和其他生产要素投入不变时，连续增加一种要素的投入量，其边际产量先增加后减少。

6. 短期合理的投入区域：厂商合理的投入区域是可变要素投入的第Ⅱ阶段。即厂商将在劳动的平均产量达于极大值与劳动的边际产量为零的这个区间进行选择。第Ⅱ阶段是短期生产的决策空间。至于生产者会选择哪一个点生产以实现利润最大化，还有待于结合成本、收益和利润进行深入分析。

7. 等产量曲线：生产理论中的等产量曲线和效用理论中的无差异曲线类似。等产量曲线是在技术水平不变的条件下生产相同产量的两种生产要素投入量的所有不同的组合。

8. 等成本曲线：等成本线是指花费某一定量总成本所能购买的劳动量与资本的组合。等成本方程表示为：$C=P_L L+P_K K$。

9. 最优的生产要素组合：厂商的理性的决策就是确定一个他所购买的两种要素数量的组合，以实现用最低的总成本来生产既定数量的产品，或者使花费给定数量的总成本生产的产量最大。即厂商通过对生产要素投入量的不断调整，使最后一单位的成本支出无论用来购买哪种生产要素所获得的边际产量都相等，从而实现最大利润。

10. 规模经济：经济学家对于规模经济来源的解释主要有：第一，企业扩大规模时可以加强生产要素专业化的程度，包括工人技术专业化和设备专业化等，适度的专业化有利于生产效率的提高；第二，企业扩大规模时在购买大型的生产设备，可充分利用副产品等方面优势增加，有利于利润的扩大；第三，当企业规模的扩大也伴随着整个行业规模扩大时，个别企业在修理、服务、运输、人才供给、信息搜集等方面的条件可以得到改善，从而降低企业的成本费用。

复习与思考

一、名词解释

生产函数；固定投入比例生产函数；短期和长期；边际产量；边际报酬递减规律；等产量曲线；边际技术替代率；等成本曲线；扩展线；规模报酬；规模经济；范围经济。

二、选择题

1. 当劳动的总产量下降时，（　　）。

   A. AP_L 是递减的　　B. AP_L 为零　　C. MP_L 为零　　D. MP_L 为正

2. 如果连续地增加某种生产要素，在总产量达到最大时，边际产量曲线（　　）。

   A. 与纵轴相交　　B. 经过原点

   C. 与平均产量曲线相交　　D. 与横轴相交

3. 当 AP_L 为正但递减时，MP_L 是（　　）。

   A. 递减的　　B. 负的　　C. 零　　D. 上述任何一种

4. 下列说法中错误的一种说法是（　　）。

   A. 只要总产量减少，边际产量一定是负数

   B. 只要边际产量减少，总产量也一定减少

   C. 随着某种生产要素投入量增加到一定程度，边际产量的下降一定先于平均产量

D. 边际产量曲线一定与平均产量曲线的最高点处相交

5. 下列说法中正确的是（　　）。

A. 生产要素的边际技术替代率递减是由规模报酬递减造成的

B. 边际收益递减是由规模报酬递减造成的

C. 规模报酬递减是由边际收益递减规律造成的

D. 生产要素的边际技术替代率递减是由边际收益递减规律造成的

6. 如果以横轴表示劳动，纵轴表示资本，则等成本曲线的斜率是（　　）。

A. P_L/P_K　　B. $-P_L/P_K$　　C. P_K/P_L　　D. $-P_K/P_L$

7. 如果某厂商增加一单位劳动使用量，同时减少三单位资本使用量，仍能生产同样的产出量，则$MRTS_{LK}$为（　　）。

A. 1/3　　B. 3　　C. -1　　D. -6

8. 生产理论中的生产扩展线类似于消费者理论中的（　　）。

A. 恩格尔曲线　　B. 收入—消费曲线　　C. 价格—消费曲线　　D. 预算约束线

9. 等产量曲线上的各点代表（　　）。

A. 为生产等同产量投入要素的各种组合比例是不能变化的

B. 为生产等同产量投入要素的价格是不变的

C. 为生产等同产量投入要素的数量总是相等的

D. 投入要素的各种组合所能生产的产量都是等同的

10. 如果以纵轴表示要素 Y 的使用量，以横轴表示要素 X 的使用量，则等成本曲线围绕着它与纵轴的交点逆时针移动表明（　　）。

A. 生产要素 Y 的价格上升了　　B. 生产要素 X 的价格上升了

C. 生产要素 X 的价格下降了　　D. 生产要素 Y 的价格下降了

11. 在生产者均衡点上，（　　）。

A. $MRTS_{LK}=P_L/P_K$　　B. $MP_L/P_L=MP_K/P_K$

C. 等产量曲线与等成本曲线相切　　D. 上述说法都正确

12. 规模报酬递减是在下述情况下发生的（　　）。

A. 按比例连续增加各种生产要素

B. 不按比例连续增加各种生产要素

C. 连续地投入某种生产要素而保持其他生产要素的投入量不变

D. 上述说法都正确

13. 如果等成本曲线与等产量曲线没有交点，那么要生产等产量曲线所表示的产量，应该（　　）。

A. 增加投入　　B. 保持原投入不变　　C. 减少投入　　D. 上述三者都不正确

14. 如果规模报酬不变，单位时间里增加 20% 的劳动使用量，但保持资本量不变，则产出将（　　）。

A. 增加 20%　　B. 减少 20%　　C. 增加大于 20%　　D. 增加小于 20%

15. 经济学中短期与长期划分取决于（　　）。

A. 时间长短　　B. 可否调整产量　　C. 可否调整产品价格　　D. 可否调整生产规模

三、问答题

1. 边际产量曲线、总产量曲线和平均曲线之间存在什么关系？

2. 生产要素最优组合的条件是什么，它有什么意义？

3. 为什么说扩展线上的任何一点都是生产者均衡点？

4. 分析判断“如果生产函数具有规模报酬不变的特征，那么要素在生产上的边际替代率不变”？

5. 规模经济和范围经济有什么区别？

四、计算题

1. 已知某厂商的生产函数为 $Q=L^{\frac{3}{8}}K^{\frac{5}{8}}$，设劳动的价格 $P_L=3$ 元，资本的价格 $P_K=5$ 元。

（1）求产量 $Q=10$ 时的最低成本支出和使用的劳动 L 与资本 K 的数量。

（2）求总成本为 160 元时厂商均衡的 Q、L、K 的值。

2. 已知生产函数为 $Q=KL-0.5L^2-0.32K^2$，Q 表示产量，K 表示资本，L 表示劳动。令上式的 $K=10$，求：

（1）写出劳动的平均产量（AP_L）函数和边际产量（MP_L）函数。

（2）分别计算当总产量、平均产量和边际产量达到极大值时厂商雇用的劳动。

3. 已知某企业的生产函数为

$$Q=21L+9L^2-L^3$$

（1）求该企业的平均产出函数和边际产出函数；

（2）如果企业现在使用 3 个劳动力，试问是否合理？合理的劳动使用量应在什么范围内？

（3）如果该企业产品的市场价格为 3 元，劳动力的市场价格为 63 元，该企业的最优劳动投入量是多少？

4. 某企业现在使用 50 个单位的劳动和 60 个单位的资本进行生产，劳动和资本可以相互替代。假定再增加 1 个单位的劳动可以增加 8 个单位的产出，而增加 1 个单位的资本可以增加 12 个单位的产出，资本的价格为 10 元，劳动的价格为 8 元。

问：该企业的投入要素的组合比例是否合理，如果不合理，应作怎样的调整？

5. 已知生产函数为 $Q=L^{0.5}K^{0.5}$，试证明：

（1）该生产过程规模报酬不变。

（2）该生产函数受要素边际报酬递减规律的支配。

五、问题与应用

以汽车工业为例，结合我国的情况来说明规模经济的重要性。

六、经济综合练习

德国经济学家 E. F. 舒马赫（E. F. Schumacher）曾写过一本《小的是美好的》（*Small is Beautiful*）的书①，主张企业不要过大。同时，实践中许多大企业成绩显赫，成为世界 500 强。我们到底应该把企业做大，还是做小呢？

其实正如我们所分析的，企业大有大的好处，小也有小的好处，关键要具体情况具体分析。从客观条件来说，要分析本行业的生产技术特点和市场需求特点，一些行业越大越好，但有些行业规模小可以适于需求复杂的条件，经营就会更有利。要根据具体条件，要分析自己的资金与人员实力。有些企业的确是越大越好，跨行业越多越有利，但如果企业酬资能力有限，或者管理能力不够，做得越大反而越困难。

我国经济中该做大没做大，该做小的没做小，这种错误没少犯。过去强调各地区的独立发展，许多地方不顾实际情况上钢铁厂、化工厂、汽车厂（所谓五小企业），结果规模都不大，效益差。一些该分散、

① http：//wenku. baidu. com/view/f6719373f242336c1eb95e5f. html

灵活的企业，如商业服务业等反而做得很大。在市场经济的今天，仍然有一些人不顾条件想把企业做大，包括人为强迫企业合并，或者不顾条件限制进行多元化经营。其实企业大小也是市场竞争的结果，人为干预只会违背经济规律。这是我们学习这部分内容的意义。

问题：(1) 企业规模是不是越大效率越高?

(2) 我国国有企业在规模经济方面存在什么问题？应该如何改革?

【参考文献】

1. 高鸿业. 西方经济学 [M]. 北京：中国人民大学出版社，2008
2. 范里安. 微观经济学：现代观点 [M]. 上海：上海三联书店，1994
3. [美] 约瑟夫·斯蒂格利茨. 经济学上册 [M]. 北京：中国人民大学出版社，1997
4. [美] N. 格里高利·曼昆. 经济学原理 [M]. 北京：生活·读书·新知三联书店，北京大学出版社，1999
5. 尹伯成. 西方经济学简明教程 [M]. 上海：上海人民出版社，2009
6. 何忠伟，郑春慧. 微观经济学 [M]. 北京：中国农业科学技术出版社，2009
7. 俞宪忠等. 微观经济学 [M]. 北京：中国人民大学出版社，2010
8. 李明志等. 微观经济分析学习指导 [M]. 北京：清华大学出版社，2009
9. 唐立峰等. 微观经济学学习指导 [M]. 北京：中国矿业大学出版社，2006
10. 张云峰. 微观经济学典型题解析及自测试题 [M]. 西安：西北工业大学出版社，2003
11. 张卫东. 微观经济学 [M]. 北京：首都经济贸易大学出版社，2003

【进一步阅读提示】

【报纸】

《经济日报》《国际商报》《国际金融》《中国经济时报》《国际经贸消息》

【杂志】

《经济研究》《经济学动态》《中国工业经济》《世界经济》《国际经济评论》《世界经济研究》《国际贸易》《国际经贸探索》

【数据来源及分析报告】

《世界经济展望》《世界经济年鉴》《中国统计年鉴》

【网址】

中国经济学教育科研网：http：//www. cenet. ccer. edu. cn

北京大学中国经济研究中心：http：//www. ccer. pku. edu. cn

博士咖啡－中国经济学人：http：//doctor-café. com

美国国民经济研究局：http：//www. nber. org

国际货币基金组织：http：//www. imf. org

经济发展与合作组织：http：//www. oecd. org

联合国贸易和发展会议：http：//www. unctad. org

第五章 成本理论

在各项节约成本的措施中，以精减人员最为重要。

——王永庆

管理的第一目标是使较高工资与较低的劳动成本结合起来。

——弗雷德里克·W. 泰勒（Frederick W. Taylor）

学习目的

本章分析成本函数、成本曲线，即分析成本随产量的变化而变化的关系及变化的特征。通过本章的学习，使学生了解各种成本、利润的概念，短期成本函数和生产函数之间的关系，短期成本之间的关系及变动的特征，长期成本和短期成本的关系。

学习目标

1. 了解和掌握机会成本、显成本、隐成本的含义。
2. 了解和掌握会计利润、正常利润与经济利润的含义及关系。
3. 了解短期与长期的含义与区别。
4. 了解和掌握短期成本分类、相互关系及变动规律。
5. 了解长期平均成本与短期平均成本的关系。

关键概念

机会成本（opportunity cost）；显成本（explicit cost）；隐成本（implicit cost）；经济利润（economic profit）；会计利润（accounting profit）；短期成本（short-run cost）；长期成本（long-run cost）；边际成本（marginal cost）。

☞ 案例思考

成本上升对企业的冲击——广东服装外贸企业出现倒闭潮①

1998 年，广东服装外贸业利润超过 20%，到 2008 年缩减到 5% ~8%，2010 年众多企

① 资料来源：耿旭静，刘冉冉，刘幸．http：//finance. ifeng. com/news/region/20120103/5392609. shtml

业出现零利润和亏损。因欧美经济形势低迷，国内原料和人力成本上涨，企业无法调节则将关门，业内人士称，倒闭企业达三成。

在欧洲经济衰退、美国经济疲软的情况下，我国的外贸出口将面临更加严峻的挑战。目前业界普遍预测，2011 年是金融危机以来最难熬的一年，出口疲弱态势或将延续，甚至可能出现贸易逆差，出口寒潮来袭！

珠三角出口型中小企业以劳动密集型加工企业为主，一方面面对欧美经济不景气，另一方面技术壁垒使生存愈加困难。

32 岁的阿辉之前跟太太一起做外贸服装的来料加工领域。4 年前儿子出生后，太太就在家里做了全职主妇。阿辉说，10 年前刚入行时，他的月均收入过万元，有时自己私接一个单，就能赚到 20 万～30 万元，而这套房子就是那时候买的，"现在绝不会碰到这样大的订单"。

2010 年，外贸业务亏损严重，最重要的是国内人力成本太高，9 月老板不得不将厂子关停，将业务都转到越南去了。原来几十人的公司，有的同事跟老板去了越南，有的在广东其他公司做着差不多的行当，有的则放下架子进了工厂，而阿辉则失业在家差不多 2 个月了。

据阿辉回忆，当时吸引他加入朋友的服装外贸公司的主要原因就是利润高："感觉遍地黄金，怎么都能赚钱。"然而就是这个充斥着巨大诱惑的行业，也面临着巨大的陷阱。外贸业逐步遭遇海外技术壁垒的阻击，仅出口到欧盟的一批服装不合格，就要支付几千万元的违约金，朋友的厂一下破产了。

谈起做外贸的感受，阿辉总结了一个字"累"。品牌掌握在国外采购商的手上，风险却转嫁给制造商。现在，工厂的价格已经被压缩到底线了，只要不亏本工厂都会接下订单；即使亏一些，只要额度不大，而且有稳定的订单，工厂也会做下来，这是为了防止工人继续大规模的流失。

近八成服装企业认为前景不明朗。"服装外贸企业今年倒闭的有三成"阿辉告诉记者。"欧美经济寒潮、生产成本猛增、人民币持续升值、土地成本昂贵……在这样的环境下，坚持不下去的企业会越来越多，很多厂直接关停，或者搬迁到东南亚去了。"

在近日举行的"2011（第二届）广州服饰文化周高峰论坛暨颁奖典礼"上，记者对与会的百家服装企业进行了外贸生存状况的调查。中小服装企业融资成本困难，优惠扶持政策的宣传渠道较窄，税收、人力成本、电荒、普惠政策落实不力等仍是受访企业普遍面临的问题。

在发放的 100 份《企业调查表》中，收回 19 份，有效调查表 15 份，从事外贸的企业 5 份。出现利润下滑的企业 6 家，占有效调查比例的 37.5%。利润下滑幅度平均值为 10%，影响企业利润下滑的原因以原材料上涨及人工材料上涨为主，伴随有人民币升值、利润率下滑等原因。受访企业中，认为"前景不明朗，会有一部分企业倒闭"的企业占到 75%。

成本猛增两三成，部分企业关门。广州市制衣行业商会副会长、广州卡佛连有限公司执行董事李声治昨日告诉本报记者说，已经留意到部分做外贸的中小型服装生产企业因订单匮乏而临时关门的现象。番禺南村好几个老板原本是做外贸的，但是他们近期纷纷向其求救，希望在欧美采购量下降、汇率波动明显的背景下，找点时间短的"代工单"做做，好让企业不至于倒掉。

李声治说，国内品牌企业2010年最大的压力是成本上涨的。2010年原材料、人工成本的上涨导致企业的支出增加20%～30%，而在终端市场只能提价15%左右，解决一半的问题。剩下一半的成本上涨压力得靠劳动生产率的提高和使用机械代替人工来解决。只能解决部分的，就会导致2010年服装的利润率下降。解决不了的，企业就会倒下。

中国纺织工业协会副秘书长夏令敏昨日在电话中告诉记者，受欧美经济不明朗因素影响，导致欧美区域内服装需求增速下降，这个也是我国服装出口增速放缓的主要原因。受此影响，国内服装出口企业的利润率在4%～10%之间。

出口形势的恶化，将逐步向国内市场传导，首当其冲的是就业市场！广州大学纺织服装学院服装艺术系副主任吴郑宏告诉本报，2010年与2008年的情况有点类似，来自广州大学纺织服装学院的学生反映，2010年到外向型服装类企业就业难度明显增加。员工薪水的减少，也导致了消费能力降低，导致国内消费疲软。

危中有机。在危机当中，企业并非“无路可走”，有广州服装企业外贸做不下去，转做内销，更有精明的企业利用原有的外贸关系，甚至到国外买设计作品，然后在国内销售。“这在以前是不敢想象的！”吴郑宏说，因为经济景气的时候，国外设计师一般要价很高；如果国外经济低迷，很多设计师为了糊口都愿意把作品卖给中国。这些好的作品不仅仅是国内市场的敲门砖，其新潮的设计更是市场上制胜的法宝，如果能像国外优秀的设计看齐，广州可以成为又一个时尚之都。

问题：(1) 影响成本的因素有哪些？

(2) 企业应该如何降低成本提高效率？

企业从事生产经营的目的就是盈利，就是实现利润最大化。对于现在竞争激烈的大部分企业来说，不仅要尽力提高微薄的利润，同时还要实现快速扩张，抢占市场。企业如果不研究成本、不重视成本控制和管理，不实行低成本运营就难以生存，可谓成本决定企业存亡。当今企业的竞争，是资金规模、技术实力的竞争，是人才储备的竞争，是产品和服务质量的竞争，也是成本控制的竞争。在其他因素一定的情况下，成本的控制就决定一个企业的竞争力。在确保产品质量的前提下，降低成本是企业逐步扩大市场份额的重要途径，是提高企业经济效益的基础。企业管理者要转变传统狭隘的成本观念，结合企业的实际情况，充分运用现代的先进成本控制方法以加强企业的竞争力，迎接各方的挑战。本章我们从经济学的角度认识和分析成本的含义，了解成本的相互关系及变化的特征。

第一节　几个成本和利润的概念

一、会计成本与机会成本

会计成本是我们最常见的一种成本形式。企业购买生产要素时实际支付的货币数量将会在会计账目上有所反映：流动性要素按实际投入的货币支出计入成本；固定性要素中的机器厂房等按折旧计入成本，其余部分（例如借入资本的利息支出）可分摊计入成本。

某个东西的机会成本是为了得到它而放弃的东西。在企业生产领域，某项生产上的机会成本是将投入用于该项目而放弃用于其他用途上可能得到的最大收益。机会成本是经济学家考察决策时使用的基本概念，它反映了经济活动的真实代价，是经济学领域最重要的概念之一。机会成本的概念之所以有意义是因为经济资源的稀缺性，因而经济学家实际上是从资源配置的角度来研究生产一定数量某种产品所必须支付的代价。

☞ 案例讨论

上大学的成本——从机会成本角度看上大学的成本

王凯同学在一所大学国际经贸专业学习了4年，其个人耗费的经济资源：4年时间、5万元钱等。如果王凯同学把这些相同的经济资源不是配置在上大学方面，而是配置在其他领域、其他用途上，所能获得的收益如下：A：炒股票，收入20万元；B：开餐馆，收入15万元；C：经商，收入13万元。

问题：(1) 王凯上大学的代价或者说成本用5万元钱来衡量准确吗？

(2) 上大学的机会成本是多少？

(3) 既然上大学的机会成本这么高，为什么他还要上大学？

☞ 即问即答

现实中机会成本可以准确计算吗？

二、显成本和隐成本

按机会成本含义定义的生产成本由两种类型的成本构成，一是显成本（explicit cost），二是隐成本（implicit cost）。

显成本指厂商在生产要素市场上购买或租用所需的生产要素的实际支出。这些支出是在会计账上作为成本项目记入账上的费用，包括支付给劳动力的工资、购买原材料、燃料、动力和运输等所支付的费用，以及借入资本支付的利息。

与显成本相对的隐成本指厂商自己提供的资源所必须支付的费用。例如，为了进行生产，厂商除了雇用一定数量的工人，从银行借入资本和租用土地外，还动用了自有资金和土地，并亲自管理企业。既然借入资本需要支付利息，租用他人的土地需要付地租，那么厂商使用自有生产要素也应得到报酬。这些为自有生产要素支付的费用是隐成本。其中，厂商自己管理企业也应获得报酬，厂商对自己所提供的企业家才能的报酬支付是正常利润（normal profit）。正常利润属于隐成本。我们可以从机会成本的角度理解正常利润。当企业所有者拥有管理才能时，他面临两种选择：一种是在自己的企业当经理，另一种选择是在别人拥有的企业当经理。如果在自有企业当经理，会失去在其他企业当经理所能获得的报酬，而失去的这份报酬就是管理自有企业的机会成本。

总结以上内容，可以得到如下的关系式：

生产成本（机会成本）= 显成本 + 隐成本

= 作为成本项目列入会计账的成本 + 隐成本

三、沉淀成本

我们在做出决策时必须考虑机会成本。与之相对应的沉淀成本正好相反，决策时可以忽略沉淀成本。

在生活中，或许有人会对你说“覆水难收”，或者“过去的事就让它过去吧!”，这些谚语含有理性决策的深刻道理。当成本已经发生而且无法收回时，这种成本叫作沉淀成本。由于它是无法收回的，因而不会影响经济主体（如企业、个人）的决策。例如，设想你对看一场电影的评价是40元。你用了30元买了一张票，但在进电影院前，你丢了票。你应该再买一张吗？或者你应该马上回家并拒绝花60元看电影？回答是你应该再买一张票。看电影的利益（40元）仍然大于机会成本（30元）。你为丢了的那张票所支付的30元是沉淀成本。覆水难收，不要为此而懊恼。

☞ **案例讨论**

别让沉没成本误导决策①

沉没成本是决策非相关成本，但与其相伴随的机会成本却是决策相关成本，需要在决策时予以考虑。

中国航空工业第一集团公司在2000年8月决定今后民用航空不再发展干线飞机，而转向发展支线飞机。这一决策立时引起广泛争议和反弹。

该公司与美国麦道公司于1992年签订合同合作生产MD90干线飞机。1997年项目全面展开，1999年双方合作制造的首架飞机成功试飞，2000年第二架飞机再次成功试飞，并且两架飞机很快取得美国联邦航空局颁发的单机适航证。这显示中国在干线飞机制造和总装技术方面已达到20世纪90年代的国际水平，并具备了小批量生产能力。

就在此时，MD90项目“下马”了。在各种支持或反对的声浪中，讨论的角度不外乎两大方面：一是基于中国航空工业的战略发展；二是基于项目的经济因素考虑。如果仅从经济角度看，干线项目“上马、下马”之争可以说为“沉没成本”提供了最好的案例。

许多人反对干线飞机项目“下马”的一个重要理由就是，该项目已经投入数十亿元巨资，上万人倾力奉献，耗时六载，在终尝成果之际“下马”，造成的损失实在太大了。这种

① 资料来源：唐溯，周道洪．别让沉没成本误导决策．中华学习网（http：//www. chinaxuexi. corn），2005-4-27

痛苦的心情可以理解，但丝毫不构成该项目应该“上马”的理由，因为，不管该项目已经投入了多少人力、物力、财力，对于“上马、下马”的决策而言，其实都是无法挽回的沉没成本。

事实上，干线飞机项目“下马”完全是“前景堪忧”使然。从销路看，原打算生产150架飞机，到1992年首次签约时定为40架，后又于1994年降至20架，并约定由中方认购。但民航只同意购买5架，其余15架没有着落。可想而知，在没有市场的情况下，继续进行该项目会有怎样的未来收益？

现实经济中，骑虎难下的投资项目比比皆是，到底是继续投资还是决然退出，总是令投资决策者左右为难。在本案例中详细介绍了决策成本的概念，澄清了沉没成本和机会成本的区别，并提出了如何利用沉没成本建立企业竞争优势和减少沉没成本的办法，从而有助于投资决策者做出明智的投资决定。

（一）什么是沉没成本

究竟什么是沉没成本呢？沉没成本是指业已发生或承诺、无法回收的成本支出，如因失误造成的不可收回的投资。沉没成本是一种历史成本，对现有决策而言是不可控成本，不会影响当前行为或未来决策。从这个意义上说，在投资决策时应排除沉没成本的干扰。

从成本的可追溯性来说，沉没成本可以是直接成本，也可能是间接成本。如果沉没成本可追溯到个别产品或部门，则属于直接成本；如果由几个产品或部门共同引起，则属于间接成本。

从成本的形态看，沉没成本可以是固定成本，也可能是变动成本。企业在撤销某个部门或是停止某种产品生产时，沉没成本中通常既包括机器设备等固定成本，也包括原材料、零部件等变动成本。通常情况下，固定成本比变动成本更容易沉没。

从成本的数量角度看，沉没成本可以是整体成本，也可以是部分成本。例如，企业中途弃用的机器设备，如果能变卖出售获得部分价值，那么，其账面价值不会全部沉没，只有变现价值低于账面价值的部分才是沉没成本。

一般说来，资产的流动性、通用性、兼容性越强，其沉没的部分就越少。“现金为王”的观念也可以从这个角度去理解。固定资产、研究开发、专用性资产等都是容易沉没的，分工和专业化也往往与一定的沉没成本相对应。此外，资产的沉没性也具有时间性，会随着时间的推移而不断转化。以具有一定通用性的固定资产为例，在尚未使用或折旧期限之后弃用，可能只有很少一部分会成为沉没成本，而中途弃用的沉没程度则会较高。

（二）认识中的盲点

仅仅认识了沉没成本尚不足够。事实上，这当中仍有认识上的“盲点”。

（1）必须建立决策成本的观念。有这样一些例子：一些审慎的决策者因为将一些不相关的成本纳入决策成本考虑，而错失了本来可行的项目；另一些冒进的决策者则因为将相关成本错误地排除在决策成本之外，而对项目作出盲目乐观的估计。可见，在行动和决策时，建立决策成本的观念十分重要。

（2）衡量投资项目的成本，只能包含因进行或选择该行动方案而发生的相关成本。相关成本指与特定决策、行动有关的，在分析评价时必须加以考虑的成本，包括差额成本、未来成本、重置成本、机会成本等。非相关成本则指在决策之前就已发生或不管采取什么方案都要发生的成本，它与特定决策无关，因而，在分析评价和最优决策过程中不应纳入决策成本的范畴，如过去成本、账面成本等。

从决策的相关性看，沉没成本是决策非相关成本，若决策时计入沉没成本，将使项目成本高估，从而得到错误的结论。

考虑已投入资源的机会成本，沉没成本是决策非相关成本，但与其相伴随的机会成本却是决策相关成本，需要在决策时予以考虑。

（3）机会成本不是通常意义上的成本，它不是一种支出或费用，而是选定某方案可能损失的收入或收益。以中国干线飞机项目为例，终止该项目的机会成本是什么呢？显然，应当是继续进行该项目未来可能获得的净收益（扣除新增投资后）。如果不能产生正的净收益，“下马”就是最好的出路。即使有了正的净收益，也还必须看其投资回报率（净收益/新增投资）是否高于企业的平均回报率。倘若低于平均回报率，也应当忍痛“下马”。

事实上，干线飞机项目“下马”完全是“前景堪忧”使然。从销路看，原打算生产150架飞机，到1992年首次签约时定为40架，后又于1994年降至20架，并约定由中方认购。但民航只同意购买5架，其余15架没有着落。可想而知，在没有市场的情况下，继续进行该项目会有怎样的未来收益？

当然，决策中某一既定行动的机会成本有时是很难衡量的，成本估计可能是高度主观和随意的。此外，有关评价应当考虑资金的时间价值，以贴现指标为依据。这些都应引起决策者的注意。

（4）正确区分决策成本与会计成本。一般说来，沉没成本是就决策或经济评估而言的。从会计成本核算角度看，其实并不存在什么沉没成本。例如，一个已发生了咨询费和开办费的投资项目，当环境发生某种变化需要重新决策时，这些费用作为沉没成本不应当纳入决策成本范围考虑。但在进行具体会计核算时，则应视决策结果的不同而进行相应的处理。如果最后决定放弃该项目，这些费用应当计入当期投资损益；如果项目继续，则根据会计准则在该项目的受益期内进行成本分摊。可见，为财务报告目的而获得的某项经济活动的成本对于决策目的来说，并不总是恰当的。

（三）变劣势为优势

用“拿钱买教训”“交学费”的观点来看待沉没成本是片面的。事实上，除了投资决策失误造成沉没成本这一极端的情况外，很多时候沉没成本是一种必不可少的支出。但沉没成本也可以为企业在某些方面带来优势。

对一个行业或产业来说，其沉没成本的状况往往构成了进出壁垒的关键，并最终决定市场结构。贝恩咨询公司早在1956年就指出过，若一个产业的固定成本或沉没成本很高，就会形成进入门槛。

那些具有明显规模经济和庞大硬件投入的资本密集型产业，如能源、通信、交通、房地产、集成电路和医药等产业，其超额回报可谓“诱人”，但其惊人的初始投入和高退出成本则往往使许多市场“准进入者”却步，因为这首先是一场“谁输得起”的比拼。

由于这些高沉没成本的产业往往同时具备低边际成本的特性，“输得起”的一方最终会成为市场的赢家。许多资本实力雄厚的企业正是利用沉没成本来建立自己的竞争优势。小企业通常只能选择沉没成本较低的竞争性行业求得发展。

（四）努力减少沉没成本

无论怎样，在实现同样战略目的的同时，尽可能减少沉没成本的支出无疑是所有企业都希望的。正如2000年前后网络公司竞争白热化时那样，比谁“烧钱”最快、最多，可以说这是大多数投资者所不愿意看到的。

（五）尽量避免决策失误导致的沉没成本

这要求企业有一套科学的投资决策体系，要求决策者从技术、财务、市场前景和产业发展方向等方面对项目作出准确判断。

当然，市场及技术发展瞬息万变，投资决策失误在所难免。在投资失误已经出现的情况下，如何避免将错就错对企业来说才是真正的考验。

英特尔公司（Intel）2000年12月决定取消整个Timna芯片生产线就是这样一个例子。Timna是英特尔公司专为低端PC机设计的整合型芯片。当初在上这个项目的时候，公司认为今后计算机减少成本将通过高度集成（整合型）的设计来实现。可是后来，PC机市场发生了很大变化，PC机制造商通过降低其他系统成本的方法，已经达到了目标。英特尔公司看清了这点后，果断决定让项目“下马”，从而避免了更大的支出。

通过合资或双边契约减少沉没成本。很多时候，沉没成本并不是由企业自身造成的，而是由合作方或供应链的上游与下游方中断合作引起的。由于一项用于某一特定交易的耐用性投资往往具有专用性的特征，在这种情况下，如果交易突然终止，则所投入的资产将完全或很大部分会报废，从而产生相当一部分沉没成本。因此，通过合资或双边契约确保交易的连续性便显得格外重要，因为，契约性或组织性的保障可以大大降低交易费用。

从减少沉没成本的角度来看，采用非市场的规制结构对企业是比较有利的，因为，这一结构能为交易提供更有效的保障，可以最大限度地减少投资风险。现代企业经营中，技术合作、策略或战略联盟已经成为一个重要的趋势，其内在原因其实就包含了分散技术开发和市场拓展风险、减少沉没成本方面的考虑。

即问即答

1. 沉没成本和机会成本的区别有哪些？
2. 如何利用沉没成本建立企业竞争优势？

四、会计利润、正常利润和经济利润

与成本的不同考量标准相对应，利润的考察也有多种准则。会计利润由企业从销售收入中扣除会计成本得到；正常利润则是业主自有资源的机会成本，通常包括企业主对自己提供的企业家才能所支付的报酬或者还有对自己提供的其他自有资源（资金、设备等）的报酬；经济利润是从销售收入中扣除机会成本而得到的利润。根据成本和利润之间的关系我们可以得到：

正常利润 = 业主自有资源机会成本 = 隐性成本

经济利润 = 收益 - 机会成本

= 收益 - 会计成本 - 隐性成本

= 会计利润 - 隐性成本

= 会计利润 - 正常利润

这里所总结的关系，并没有考虑市场价格波动等因素对于同一事项的会计成本和机会成本所造成的差别，仅假设二者区别在于是否考虑了自有资源的代价。

图 5 - 1 概括了会计利润和经济利润。由于会计师忽略了隐成本，所以会计利润大于经济利润。从经济学家的角度看，要使企业有利可图，总收益必须弥补全部机会成本，包括显成本和隐成本。

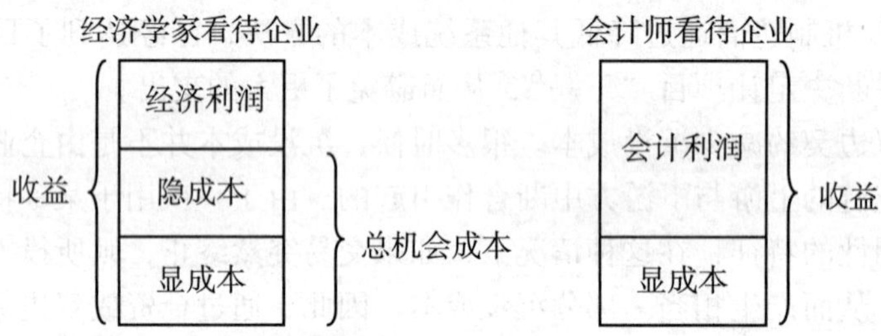

图 5 - 1　经济学家和会计师如何看待企业的利润

案例讨论

会计师和经济学家的不同结论——奶茶店收支情况[①]

张月是个大学生，利用课余时间开了个 QQ 奶茶店。她家一楼临街的屋子刚好可以腾出来作为店面，她的父母免费借给她3000 元作为启动资金。有课的时候张月就找钟点工来帮自己照看店面。

① 俞宪忠．微观经济学［M］．北京：中国人民大学出版社，2010

表 5-1 张月奶茶店的会计利润与经济利润 单位：元

会计师的算法		经济学家的算法	
项目	金额	项目	金额
销售收入	3000	销售收入	3000
原料成本	1000	原料成本	1000
其他支出	200	其他支出	200
钟点工工资	200	钟点工工资	200
封口机折旧	10	封口机市场价值减少	20
		张月本人工资估计	300
		临街屋子的商业租金	500
		3000 元月收益估计	30
总成本	1410	总成本	2250
利润	1590	利润	70

问题：（1）会计师和经济学家对成本和利润核算的差异何在？

（2）经济学家更苛刻吗？

第二节 短期成本曲线

所谓短期是指这样一段时期，在该时期内，厂商无法改变其固定设备所限定的规模。不同行业的短期，时间长短可以能差异很大，例如，钢铁业的短期可能是好几年，而一个面包店的短期可能是半年。由于在短期内，厂商的固定设备是无法改变的，所以，一家厂商的短期成本包含两类：一是固定成本；二是可变成本。而所谓长期的则是指在该时期内，包括固定成本在内的所有的成本项目都是可以变动的。

一、短期总成本函数

短期中，劳动价格 w 和资本价格 r 是固定的。同时资本投入固定在 $\bar{K}$ 的水平上，劳动投入为可变因素，产量 Q 的变动只取决于 L 的变动。

短期总成本是企业在工厂规模既定条件下生产每一产量水平所耗费的最低成本，其由两部分组成：总固定成本（total fixed cost，TFC）和总可变成本（total variable cost，TVC）。$r\times\bar{K}$ 是一个常数用 b 代替，因此，有：

$$STC = w\times L(Q) + r\bar{K} = \phi(Q) + b \tag{5.1}$$

二、短期成本分类与短期成本曲线

在短期，厂商的总成本分为固定成本和可变成本。具体地，短期成本有以下七种：总固定成本（*TFC*）、总可变成本（*TVC*）、总成本（*TC*）、平均固定成本（*AFC*）、平均可变成本（*AVC*）、平均总成本（*ATC*）和边际成本（*MC*）。

（一）总成本

同时：$STC = TFC + TVC$

产量线描述了要素投入与产量的关系，成本线则反映了一定产量水平上的要素投入价值。你想到了吗，成本线与生产线之间会有密切的关系。既然我们对生产线的分析已经有了不错的基础，那么有关生产线的知识对我们研究成本线的性质应该有帮助。接下来你将体会到通过产量线推导出成本线确实是一个非常有效的方法。

图 5－2 的产量线反映了当资本投入固定在 K_0 水平上时，其产量线是一条垂直于 K 轴的直线，资本以不变的投入量对应所有的产量水平。在成本线的坐标图上产量成为自变量而成本价格成为因变量，那么，所有产量水平都对应着相同固定成本支出 $r \times K_0$，这样就得到了总固定成本曲线。

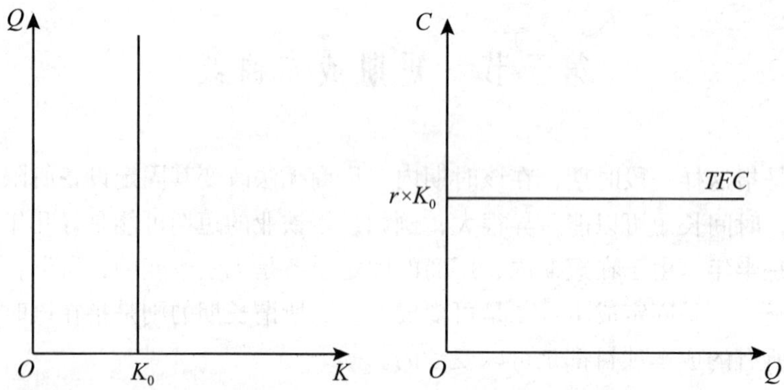

图 5－2　从固定成本的产量线到总固定成本曲线

用同样的方法可以从总产量曲线推导出总可变成本曲线，如图 5－3 所示。可以在总产量曲线上找到每一产量水平相对应的劳动投入量，再用这个数量去乘价格 w 便可得到每一产量的可变成本价格。将产量与可变成本价格的对应关系描绘在产量与成本的平面图中就得到了总可变成本曲线，如图 5－4 所示。为了便于观察在图 5－4 中分别选取了两个代表性的点。

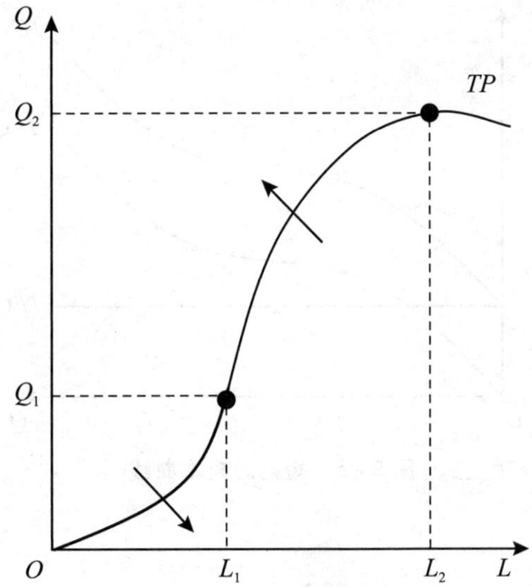

图 5－3　总产量曲线

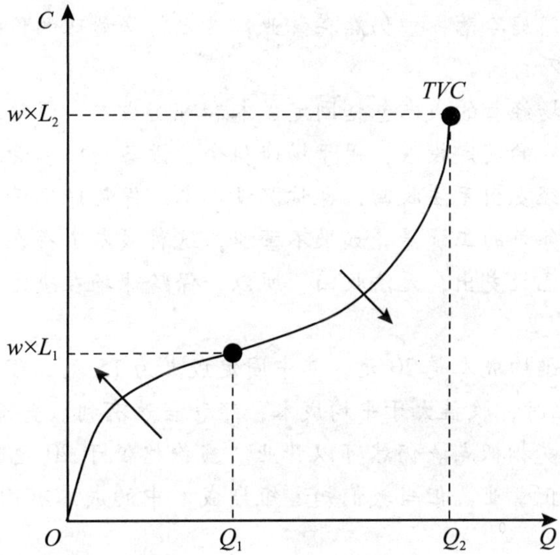

图 5－4　总可变成本曲线

有了总固定成本曲线和总可变成本曲线，我们将二者叠加就得到了图 5－5 的短期总成本曲线。由于总固定成本曲线是一条平行于横轴的直线，我们只需将总可变成本曲线平行向上移动 $r \times K_0$ 就得到了短期总成本曲线。可以看出即使没有产量时，短期总成本最小也要等于固定成本水平。接下来要引入与三个短期总量分别对应的平均量和边际量了。

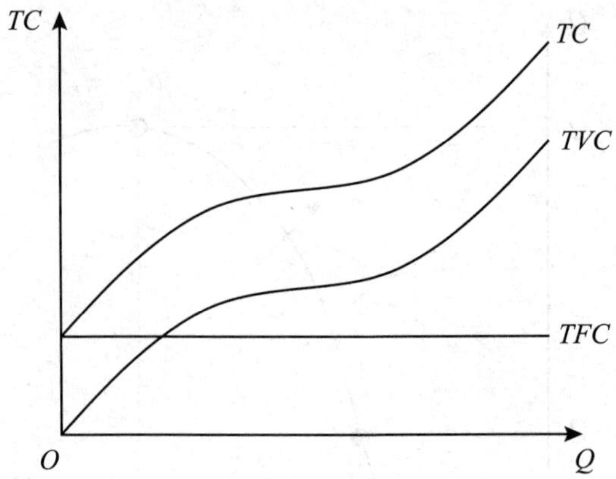

图 5－5　短期总成本曲线

☞ 案例讨论

门庭冷落的保龄球场为什么不停止营业?①

秋风保龄球馆目前门庭冷落，但仍然在营业，这里打保龄球的价格相当低，甚至低于成本，他们为什么这么做?

在短期中，保龄球场经营的成本包括固定成本和可变成本。保龄球场的场地、设备、管理人员是短期中无法改变的固定投入，用于场地租金、设备折旧和管理人员的工资的支出是固定成本。固定成本已经支出无法收回，也称沉没成本。保龄球场营业所支出的各种费用是可变成本，如电费、服务员的工资等。如果不营业，这种成本不存在，营业量增加，这种成本增加。由于固定成本已经支出，无法收回，所以，保龄球场在决定短期是否营业时，考虑的是可变成本。

假定每场保龄球的平均成本是 20 元，其中固定成本为 15 元，可变成本为 5 元。当每场保龄球价格为 20 元以上时，收益大于平均成本，经营当然有利。当价格等于 20 元时，收益等于成本，这时称为收支相抵点。仍然可以营业。当价格低于 20 元时，收益低于成本。乍一看，保龄球场应该停止营业。但当我们知道短期成本中的成本有固定成本和可变成本时，决策就不同了。

假设现在每场保龄球价格为 10 元，是否营业呢？由于可变成本是 5 元，在弥补了可变成本之后，仍可剩 5 元，这 5 元可以弥补固定成本。固定成本 15 元无论经营与否都要支出，能弥补 5 元，当然比一点也不弥补要好。因此要坚持继续营业。这时企业考虑的不是利润最大化，而是损失最小化——能弥补多少固定成本算多少。

当价格下降到与可变成本相等的 5 元时，保龄球场经营不经营是一样的。经营正好弥补可变成本，不经营这笔可变成本可以不支出。因此，价格等于平均可变成本之点被称为停止营业点。在这一点之上，只要价格高于平均可变成本，就要营业。在这一点之下，价格低于

① 资料来源：梁小民．西方经济学［M］．北京：中央广播电视大学出版社，2003

平均可变成本，无论如何不能营业。

门庭冷落的保龄球场仍在营业，说明价格高于平均可变成本。这就是这种保龄球场不停业的原因。

有许多行业是固定成本高而可变成本低，例如，旅游、饭店和游乐场所等。所以，现实中这些行业价格可以降得很低。但这种低价格实际上仍然高于平均可变成本。因此，仍然营业比不营业有利，至少可以弥补部分固定成本，实现损失最小化。

本案例说明的问题，短期成本分析对企业短期经营决策的意义。

问题：(1) 固定成本和可变成本的区别？

(2) 请说明固定成本和可变成本对企业经营的影响？

（二）平均成本

短期平均成本包括三个量：

短期平均成本（short-run average cost，SAC）$SAC=STC/Q$

平均固定成本（average fixed cost，AFC）$AFC=SAC-AVC$

平均可变成本（average variable cost，AVC）$AVC=TVC/Q$，或者 $AVC=SAC-AFC$

首先来看最简单的平均固定成本线。

平均固定成本反映了短期内平均生产每一单位产品所消耗的固定成本，由于总固定成本水平是个常数，平均固定成本必定随着产量增加而降低。图 5-6 中，AFC 随产量 Q 的增加一直趋于减少，但 AFC 曲线不会与横坐标相交，因为总固定成本不会为零。

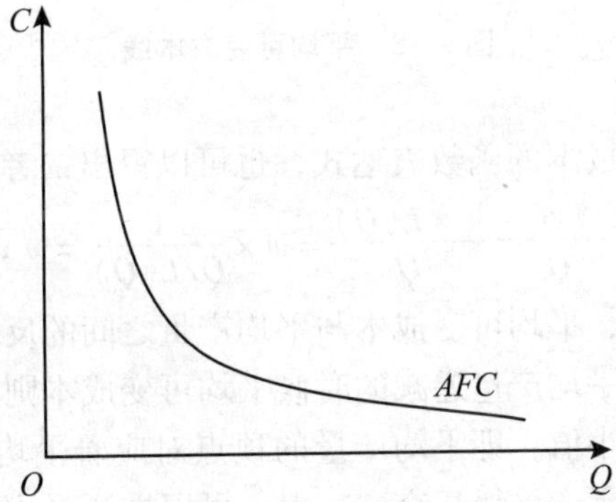

图 5-6 平均固定成本线

平均可变成本反映了企业在短期内生产每一单位产品平均消耗的变动成本。平均可变成本线可以通过短期生产函数的平均产量线推导而来，如同图 5-7 和图 5-8 中所展示。平均可变成本在初期随着产量增加而不断下降，产量增加到一定量时平均可变成本达到最低点，而后随着产量继续增加开始呈现上升态势。

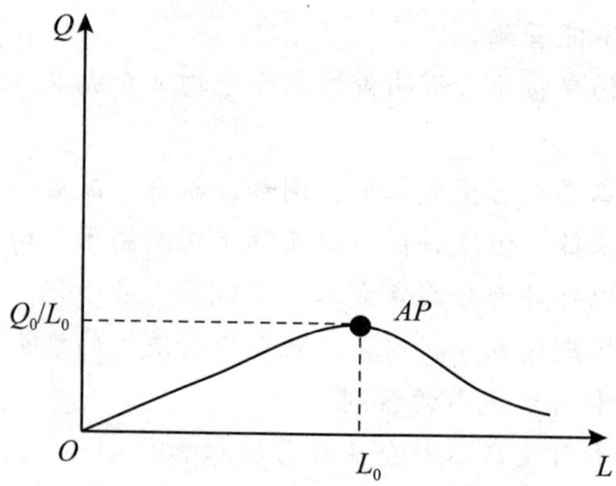

图 5-7　平均产量线

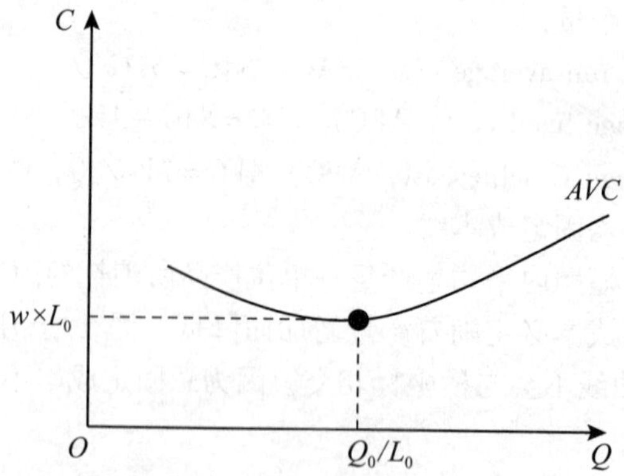

图 5-8　平均可变成本线

从平均产量与平均可变成本的函数表达式，也可以得出二者之间存在如下关系：

$$AVC=\frac{TVC}{Q}=\frac{w\times L(Q)}{Q}=w\times\frac{1}{Q/L(Q)}=w\times\frac{1}{AP_L} \tag{5.2}$$

上述表达式清楚地显示，平均可变成本与平均产量之间的反比关系：当平均产量递增的时候平均可变成本递减，而平均产量递减的时候平均可变成本则递增；平均产量达到最大值的时候平均可变成本取得最小值，即平均产量的顶点对应着平均可变成本的最低点。并且，根据平均产量线在顶点与边际产量线相交这一点，可以推测平均可变成本线将在最低点与边际成本线相交。

已知 $SAC=AVC+AFC$，因而短期平均成本曲线就是平均固定成本线和平均可变成本线的叠加，如图 5-9 所示。代表了生产每一单位产品平均所需要的成本。由于平均固定成本递减，短期平均成本线与平均可变成线之间的距离也就越来越小。

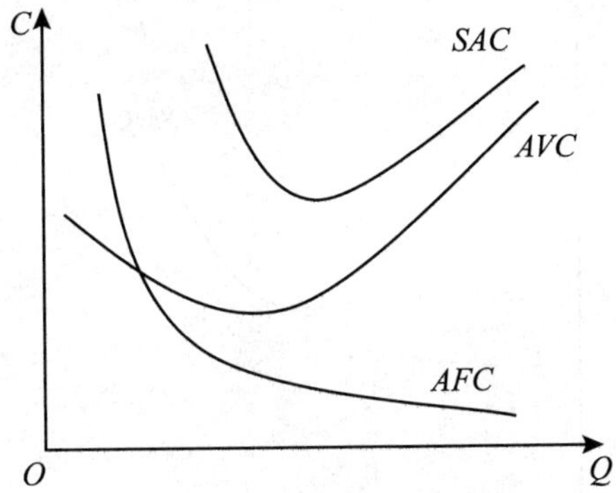

图 5-9 短期平均成本线

（三）边际成本

短期边际成本（short-run marginal cost，SMC），边际成本反映了每增加一单位产量所引起的总成本的增加量。

$$SMC = dSTC/dQ = dSVC/dQ \tag{5.3}$$

要素边际报酬递减规律发生作用的方式决定了边际产量曲线的形状，从而决定了短期边际成本的形状：先下降后上升。从函数表达形式来看：

$$MC = \frac{dTC}{dQ} = \frac{d[w \times L(Q) + r \times \bar{K}]}{dQ} = w \times \frac{dL(Q)}{dQ} + 0 = w \times \frac{1}{MP_L} \tag{5.4}$$

可见，边际成本与边际产量成反比关系：边际产量线先上升后下降，边际成本线则先下降后上升；边际产量线的顶点对应着边际成本线的最低点，这些也可以在图 5-10 和图 5-11 中看出来。由此，也可以解释图 5-3 和图 5-4 中所显示的总产量线与总可变成本线之间的关系：当总产量线递增的时候总可变成本线（进而短期总成本线）则是递减，总产量线递减的时候总可变成本线（进而短期总成本线）则是递增；总产量线的拐点对应着总可变成本线（进而短期总成本线）的拐点。

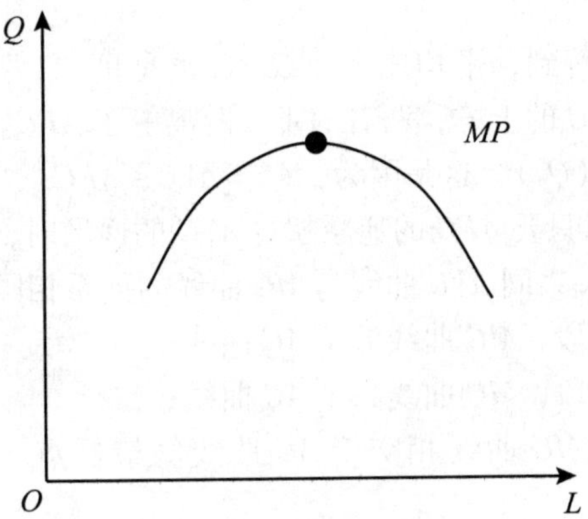

图 5-10 边际产量曲线

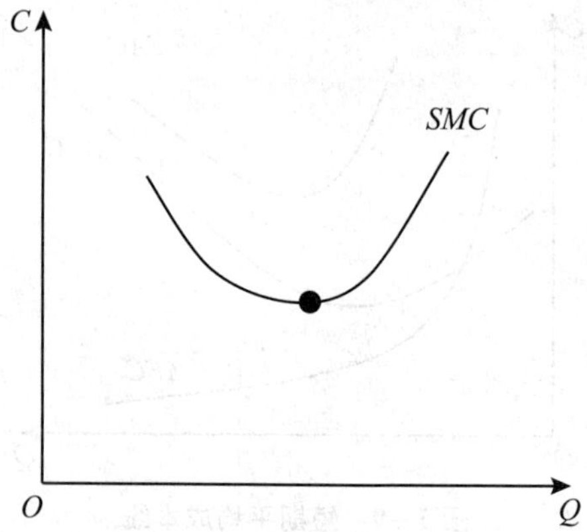

图 5 - 11　短期边际成本曲线

（四）平均可变成本、平均成本与边际成本的关系

由图 5 - 12 的 *TVC* 曲线上任一点与原点的连线的斜率即是该产量的平均可变成本的值，故图 5 - 12（b）的平均可变成本曲线 *AVC* 可以由 *TVC* 曲线上对应点与原点的连线的斜率得出。同理，由图 5 - 12 的 *STC* 曲线上任一点与原点的连线的斜率即是该产量的平均成本的值，故图 5 - 12（b）的平均成本曲线 *SAC* 可以由 *STC* 曲线上对应点与原点的连线的斜率得出。

从图 5 - 12（b）可见，*AVC* 曲线在产量增为 Q_2 之前处于递减阶段，然后转入递增，呈“U”型特征。因此，产量为 Q_2 的平均可变成本是 *AVC* 曲线从递减转为递增的转折点，即平均可变成本的最低点。对应于 *AVC* 的最低点，图 5 - 12（a）中从原点出发的射线 *Ob* 是 *TVC* 曲线在 *b* 点的切线。

AVC 曲线与 *MC* 曲线的相互关系是：

（1）在 *AVC* 曲线的下降段，*MC* 曲线低于 *AVC* 曲线；

（2）在 *AVC* 曲线的上升段，*MC* 曲线高于 *AVC* 曲线；

（3）当产量为 Q_2 时，*MC* 曲线相交于 *AVC* 曲线的最低点 *b* 点。其数学证明见本章的附录。

从图 5 - 12（b）可以看到，平均成本曲线 *AC* 也是呈“U”型，在产量 Q_3 之前递减，然后转入递增。*AC* 位于 *AVC* 的上方，两者的垂直距离等于 *AFC*。*AC* 达到极小的产量（Q_3）大于 *AVC* 达到极小的产量（Q_2）。这是因为，$AC = AVC + AFC$，当 *AVC* 达到极小值并转为递增时，*AFC* 仍在递减，所以只要 *AFC* 的递减超过 *AVC* 的递增时，*AC* 仍处于递减阶段。

AC 曲线与 *MC* 曲线的关系同 *AVC* 曲线与 *MC* 曲线的关系相同：

（1）在 *AC* 曲线的下降段，*MC* 曲线低于 *AC* 曲线；

（2）在 *AC* 曲线的上升段，*MC* 曲线高于 *AC* 曲线；

（3）当产量为 Q_2 时，*MC* 曲线相交于 *AC* 曲线的最低点 *c* 点。其数学证明见本章的附录。

此外，对于产量变化的反应，边际成本曲线要比平均成本曲线和平均可变成本敏感得多。反映在图 5 - 12 中，不管是上升还是下降，*MC* 曲线的变动都快于 *AC* 曲线和 *AVC* 曲线的变动。

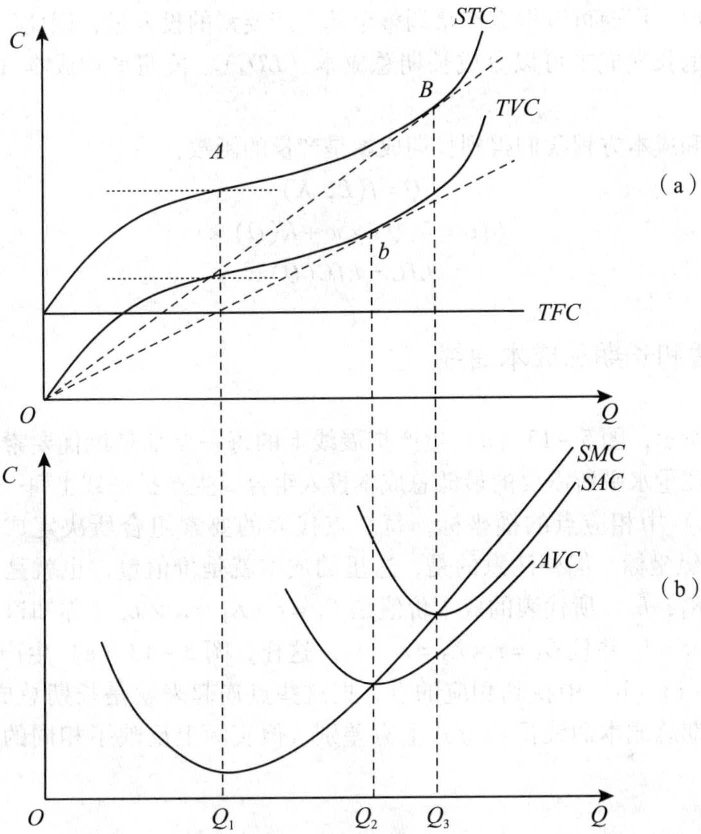

图 5 - 12　短期总成本线、平均成本线和边际成本线

第三节　长期总成本曲线

在长期分析中，厂商根据其预计的产销量可以调整变动的，不仅限于人工、原料、材料和电力等可变要素的投入量，而且指厂房设备的规模本身也是可以变动的。因而，它实际上涉及“规模报酬”问题谈到的“规模”大小本身的变动。所以，在厂商的长期成本中不存在固定成本与可变成本的区别，因为，包括厂房的大小和机器设备的规格、数量都是可以变动的。如果说，厂商短期成本分析的问题是既定规模的一座工厂的产量的变化与相应的总成本、平均成本和边际成本等的变量之间的关系。那么，厂商长期成本分析中所涉及的问题是分析，厂商从他打算提供的产量出发，根据技术状况可以利用的各种规模的厂房设备，来规划出与其打算提供的产量相应的生产规模。

一、长期总成本函数

由于在长期内，厂商可以根据产量调整全部生产要素的投入量，因此厂商所有的成本都是可变的。厂商的长期成本可以分成长期总成本（*LTC*）、长期平均成本（*LAC*）和长期边际成本（*LMC*）。

由生产函数和成本方程我们得到长期成本是产量的函数：

$$Q = f(L, K) \tag{5.5}$$

$$LTC = L(Q) \times w + K(Q) \times r \tag{5.6}$$

$$LTC = LTC(Q) \tag{5.7}$$

二、扩展线和长期总成本曲线

如图 5 - 13 所示，图 5 - 13（a）生产扩展线上的每一点都是最优要素组合，代表长期生产中达到某一产量水平所需要的最低总成本投入组合。生产扩展线上每一点所代表的产量就是图 5 - 13（b）中相应点的横坐标，每一点代表的要素组合所决定成本就是图 5 - 13（b）中相应点的纵坐标。但要注意的是，这里的成本就是价值量，也就是包含了要素的价格因素。组合（K_1，L_1）所代表的成本价值是 $C_1 = r \times K_1 = w \times L_1$（你知道为什么吗?）；同理，$C_2 = r \times K_2 = w \times L_2$ 并且 $C_3 = r \times K_3 = w \times L_3$。这样，图 5 - 13（a）生产扩展线上的每一点都可以在图 5 - 13（b）中找到相应的点，把这些点连起来就是长期总成本线。可以说，生产扩展线和长期总成本曲线虽然形式上有差别，但实际上反映了相同的内容——生产者均衡。

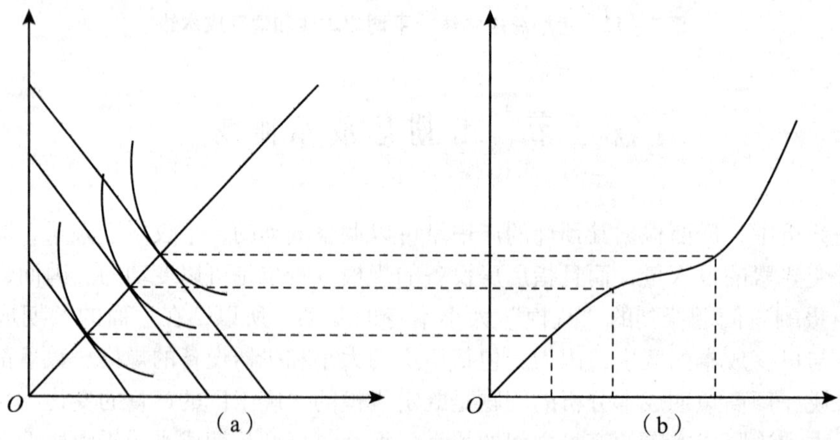

图 5 - 13　从生产扩展线到长期总成本线

三、长期总成本曲线推导

厂商在长期内能调整所有生产要素意味着企业可以调整生产规模。即在长期内，企业可以在每一产量水平通过选择最优的生产规模进行生产。长期总成本是指在每一产量水平上通过选择最优的生产规模所能达到的最低成本。长期总成本的函数表达式：

$$LTC = LTC(Q) \tag{5.8}$$

长期总成本可以由短期总成本推导得出。在图 5－14 中的三条短期总成本 STC_1、STC_2、STC_3 分别代表三个不同的生产规模。由于，短期成本曲线的纵截距表示相应的总固定成本 TFC 的数量，因此，从图 5－14 中三条短期总成本曲线的截距可知，STC_1 曲线所表示的总固定成本小于 STC_2 曲线所表示的总固定成本又小于 STC_3 所代表的总固定成本。而总不变成本的多少往往表示生产规模的大小。因此，从三条短期成本曲线所代表的生产规模看，STC_1 曲线代表的生产规模小于 STC_2 代表的生产规模，小于 STC_3 代表的生产规模。

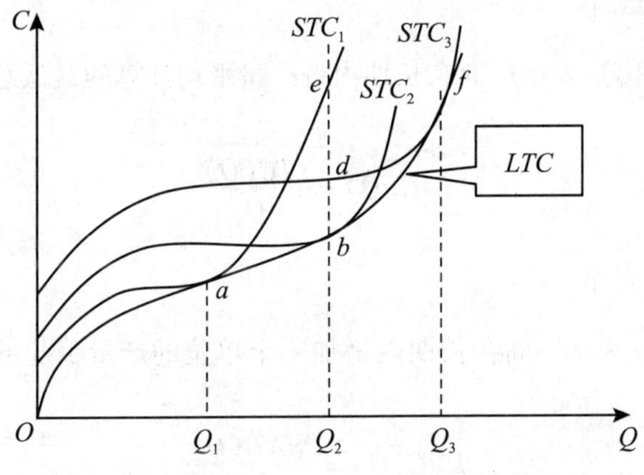

图 5－14　最优生产规模的选择和长期总成本曲线

我们考察厂商如何在长期选择最优生产规模以降低总成本。如果产量为 Q_2，对比分析短期和长期的决策。在短期，厂商可能面临 STC_1 曲线或 STC_3 曲线，STC_1 曲线代表过小的生产规模，STC_3 曲线代表过大的生产规模。于是，在短期内，厂商只能按照较高的生产成本生产 Q_2 的产量，即 STC_1 曲线上的 d 点和 STC_2 曲线上的 e 点进行生产。而长期内，企业可以调整生产规模，在 STC_2 曲线代表的生产规模的 b 点进行生产，从而实现最低的成本。在长期生产的最优规模下的成本 bQ_2 小于短期成本 dQ_2 小于 eQ_2。类似地，在长期内，厂商会选择 STC_1 曲线所代表的生产规模，在 a 点生产 Q_1 的产量。选择 STC_3 所代表的生产规模，在 f 点生产 Q_3 的产量。因此，厂商在每一既定的产量水平实现了最小的总成本。

厂商在每一产量水平上，都找到相应的最优生产规模，可以将总成本降低到最低水平。即可以找到无数多个类似于 a、b、c 的点，将这些点连接起来，就可以得到图 5－14 中的长期总成本曲线，显然长期总成本曲线是无数条短期总成本曲线的包络线（envelope curve）。

在这条包络线上，在每一产量水平，都存在着 *LTC* 曲线和一条 *STC* 曲线的相切点，该 *STC* 曲线所代表的生产规模是最优生产规模，该切点对应的成本是最小成本。所以，*LTC* 曲线表示长期内厂商在每一产量水平上选择最优生产规模带来的最小总成本。

长期总成本曲线的形态特征是从原点出发向右上方倾斜的。当产量为 0 时，长期总成本为 0，以后随着产量的增加，长期总成本是递增的。长期总成本曲线的斜率先递减，在拐点后再递增。

第四节　长期平均成本曲线与长期边际成本曲线

一、长期平均成本函数和长期边际成本函数

（一）长期平均成本

长期平均成本（*LAC*）表示厂商在长期内按产量平均计算的最低总成本。长期平均成本函数为：

$$LAC(Q) = \frac{LTC(Q)}{Q} \tag{5.9}$$

（二）长期边际成本

长期边际成本 *LMC* 表示厂商在长期内增加一个单位的产量引起的总成本的增加量，长期边际成本函数为：

$$LMC(Q) = \frac{\Delta LTC(Q)}{\Delta Q} \tag{5.10}$$

或

$$LMC(Q) = \lim_{\Delta Q \to 0} \frac{\Delta LTC(Q)}{\Delta Q} = \frac{\mathrm{d}LTC(Q)}{\mathrm{d}Q} \tag{5.11}$$

由长期边际成本的定义可以得出，每一产量水平上的 *LMC* 值都是相应的 *LTC* 曲线的斜率。

二、长期平均成本曲线

长期平均成本（*LAC*）的推导有两种方法。一是根据 *LTC* 曲线推导 *LAC* 曲线；二是根据 *SAC* 曲线推导 *LAC* 曲线。

根据长期平均成本的公式，厂商在长期实现每一产量水平的最小成本的同时，必然实现了相应的最小平均成本。长期平均成本可以由长期总成本曲线画出。长期总成本表示每一产量的最小生产成本。将长期成本每一产量的总成本除以产量，得到这一产量的长期平均成本值，再将该成本值画在对应的产量和成本构成的坐标平面内，可以得到 *LAC* 曲线。如

图 5-15 所示。

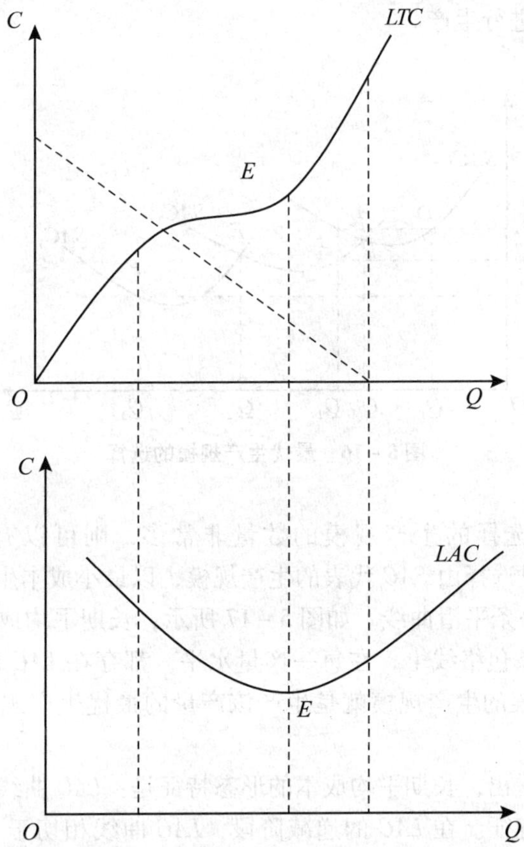

图 5-15 从长期总成本线到长期平均成本线

我们也可以根据短期总成本曲线（STC）推导长期总成本（LTC）曲线。在长期，厂商可以选择最优生产规模，实现最小平均成本。在图 5-16 中，有三条短期成本曲线 SAC_1、SAC_2、SAC_3，它们各自代表了不同的生产规模。如果厂商生产 Q_1 的产量，则厂商会选择 SAC_1 曲线代表的生产规模，平均成本为 OC_1。OC_1 是产量为 Q_1 时的最小成本。同理，假定厂商分别生产 Q_2 和 Q_3 的产量，则厂商会分别选择 SAC_2 和 SAC_3 代表的生产规模进行生产，相应的最小成本分别为 OC_2 和 OC_3。

如图 5-16 所示，如果厂商生产的产量为 Q_1'，此时 SAC_1 和 SAC_2 的交点为 A，则厂商既可选择 SAC_1 曲线所代表的生产规模，也可选择 SAC_2 所代表的生产规模。因为，这两个生产规模都以相同的最低成本生产同一产量。这时厂商有可能选择 SAC_1 代表的相对较小的生产规模，厂商的投资可以少一些。厂商也有可能考虑今后扩大规模的需要，选择 SAC_2 曲线代表的生产规模。厂商的这种考虑与选择，同样也适用于类似的两条短期平均成本的交点，如产量为 Q_2'处的交点 E。

在长期，厂商可以在每一产量水平上找到相应的最小生产规模，以最小成本进行生产。

在短期内，厂商不能做到这一点。例如，在短期，如果产量为 Q_2，假定厂商的现有生产规模为 SAC_1，那么短期内厂商只能以 SAC_1 曲线上的 OC_1 的平均成本进行生产，而不是 SAC_2 曲线上更低的成本 OC_2 进行生产。

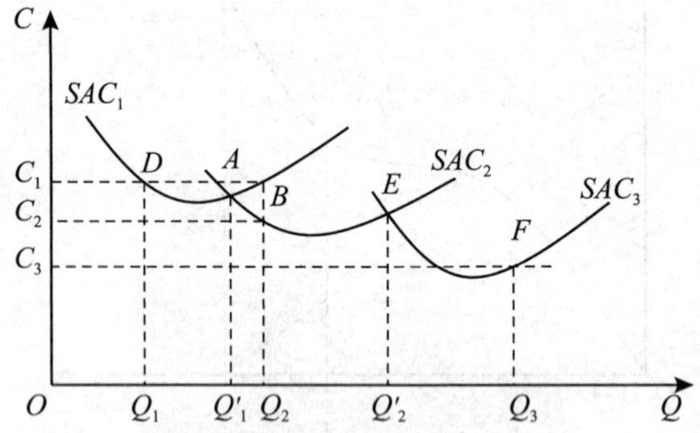

图 5－16　最优生产规模的选择

如果假设厂商可以选择的生产规模的数量非常多，则可以有无数条短期成本曲线（SAC）。厂商在长期可以选择由 SAC 代表的生产规模，以最小成本生产产品。这时长期平均成本曲线（LAC）成为一条平滑曲线。如图 5－17 所示，长期平均成本曲线是无数条短期成本曲线的包络线。在这条包络线上，在每一产量水平，都存在 LAC 曲线和一条 SAC 曲线的相切点。该 SAC 曲线代表的生产规模就是生产该产量的最优生产规模，该切点对应的成本就是最小成本。

从图 5－17 还可以看出，长期平均成本的形态特征是：LAC 曲线先递减，在最低点后递增，呈现出“U”型的特征。在 LAC 的递减阶段，LAC 曲线相切于 SAC 曲线的最低点的左边，如 a 点所示。在 LAC 的递增阶段，LAC 曲线相切于 SAC 曲线的最低点的右边，如 c 点所示。只有在 LAC 曲线的最低点上，LAC 曲线才相切于 SAC 曲线的最低点，如图 5－17 的 b 点所示。

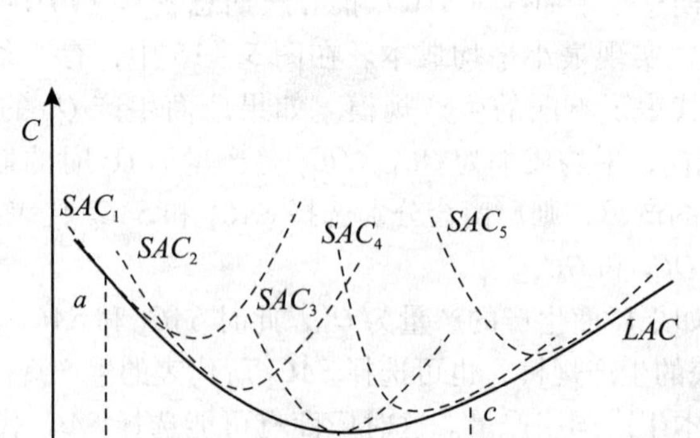

图 5－17　长期平均成本曲线

☞ 案例讨论

海尔采购降低成本①

海尔集团（以下简称“海尔”）的采购管理创新：2000 年以来，海尔在全集团范围内由物流推进本部统一协调和管理全集团的物流改革工作，本部下设采购、配送、储运三个事业部，使得采购、生产支持、物资配送从战略上实现了一体化。

改革后的采购事业的职责主要是负责向供应商采购产品所需要的零部件，并对供应商进行管理。具体包括以下内容：供应商的优化、招标、下达采购计划、零部件的选购以及全球网络资源。利用整合后的集团优势，大宗物料实现了大规模采购，从而获得国内同行业内最佳的性能价格比。例如彩色显像管，整合前只能拿到生产商二、三类用户的价格，统一采购后，就可享受生产商一类客户价格，平均每台至少可便宜 10 元，而且供货服务得到保证。仅此一项，海尔全年至少节约 580 万元，海尔一年的采购费用是 100 多亿元，大约 15000 个品种，供应商有 2000 多家海尔通过整合采购，加强采购管理，使供应商的数目减少到 1000 多家，集团采购人员减掉了 1/3，并且集中采购，招标竞价使成本低 5% 以上，一旦实施网上采购，采购价格更会大幅下降。

但海尔认为优化供应商比单纯降价更重要，因此，海尔与供应商建立长期的战略合作伙伴关系，让供应商与有关零部件设计，海尔美高美彩电的开发过程就是同供应商进行联合开发，并行开发的典型事例。美高美彩电的开发周期一般需要 6 个月的时间，但海尔与使供应商成为合作伙伴，让其参与开发过程，同供应商不断进行技术交流，并且让供应商提前进入了模具设计，通过联合开发使美高美彩电开发周期大大缩短，仅用了 2 个月的时间，世界 500 强企业有许多已成为海尔的供应商，如 GE 就是与海尔建立战略联盟，并且为了方便供货，有许多企业在青岛设厂，满足海尔 JIT 运作的要求。

海尔的物流系统打破了封闭的采购模式，吸收有参加整机产品前端设计能力的具有国际先进水平的分供方，使采购的目的是从库存采购转化为订单采购。通过三制 JIT，即 JIT 采购、JIT 送料、JIT 配送，实现以时间消灭空间，达到零库存的创新目标。

以下数据充分表现了海尔集团建设物流系统所取得的效益：呆滞物资降低了 90%，仓库面积减少了 20 万平方米，库存资金减少 63%，下达订单的周期由原来的 7 天以上缩短为现在的 1 小时以内；同时实现看板管理 4 小时送料到工位。通过先进的电子商务网络平台，园内的制造企业能够按订单进行采购、为订单而采购，消灭库存。

问题：（1）归纳一下海尔通过管理创新都降低了哪些成本？

（2）成本曲线如何移动？

---

① 资料来源：http：//www. docin. com/p－211825092. html documentinfo

三、长期边际成本曲线

长期平均成本（LAC）的推导有两种方法。一是根据 LTC 曲线推导 LMC 曲线；二是根据 SMC 曲线推导 LMC 曲线。

根据长期边际成本的定义 $LMC=\frac{dLTC(Q)}{dQ}$，只要把每一产量水平上的 LTC 曲线的斜率值描绘在产量和成本的平面坐标图中，就可得到 LMC 曲线。

长期边际成本（LMC）曲线也可由短期边际成本（SMC）曲线得到。上面谈到，长期平均成本曲线（LAC 曲线）是数目很多的一簇短期平均成本曲线（SAC 曲线）的包络线，下面即将看到，长期边际成本（LMC）曲线并不是一簇短期边际成本（SMC）曲线的包络线。长期边际成本曲线上的任一点总是与某一特定短期边际成本曲线相交，交点所代表的产量即是 LAC 与 SAC 相切之点相应的产量。

因为，LTC 曲线是 STC 曲线的包络线。因此，在长期的每一个产量，LTC 曲线都与一条代表最优生产规模的 STC 曲线相切，这说明两条曲线的斜率是相同的。由于 LTC 曲线的斜率是 LMC 值，STC 曲线的斜率是 SMC 值，因此，在长期的每一产量水平上，LMC 值都与代表最优生产规模的 SMC 值相等。根据这种关系，可以由 SMC 曲线推导 LMC 曲线。

如图 5－18 所示，在每一个产量水平，代表最优生产规模的 SAC 曲线都有一条相应的 SMC 曲线，每一条 SMC 曲线都过相应的 SAC 曲线的最低点。在 Q_1 的产量上，生产该产量的最优生产规模由 SAC_1 曲线和 SMC_1 曲线所代表，相应的短期边际成本由 A 点表示。由于在长期的每一产量水平上，LMC 值都与代表最优生产规模的 SMC 值相等。因此，A_1Q_1 既是最优的短期边际成本，又是长期边际成本，即有 $LMC=SMC_1=AQ_1$。同理，在产量为 Q_2 时，有 $LMC=SMC_2=BQ_2$。在产量为 Q_3 时，有 $LMC=SMC_3=CQ_3$。在生产规模无限细分的情况下，可以得到无数个类似于 A、B 和 C 的点，将这些点连接起来，可以得到一条光滑的 LMC 曲线。LMC 曲线先递减后递增，呈“U”型特征。

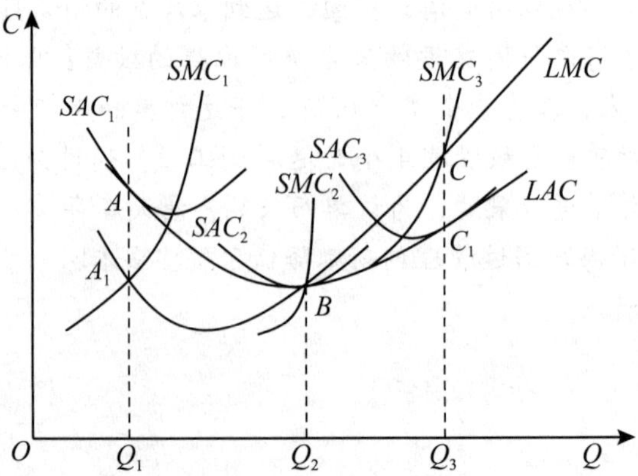

图 5－18　长期边际成本曲线

第五节 内部经济、外部经济与长期平均成本

一、内部经济与长期平均成本

（一）内部经济

企业通过自己成本的投入获得了经济效益提高，或者说，这种经济效益提高完全是由于企业自身努力的结果，我们把这种情况称为内部经济。

企业实现内部经济的原因或方式有很多，在前一章中已经对此有所涉及。规模经济是企业实现内部经济的重要来源。为了达成规模经济，企业以更多的资金购买高技术设备，以更科学的方法提高管理效率，以更具战略性的思路统筹内部资源的使用。总之，企业获得规模经济收益完全是由于企业自身更高质量的成本投入所造成。通过范围经济的方式企业也可以获得内部经济。在这种方式中企业通过多元化、一体化等战略的实施实现了自身经济效益的提高。

当然，企业生产中也可能遇到内部不经济，这是与内部经济相反的一种情况：企业扩大投入却带来了经济效益的下降。规模不经济或者范围不经济都是内部不经济可能的原因。这些内容我们在前一章中有了详细的说明，在这里只是提出内部经济的概念，以便对之前的概念做一总结。

（二）内部经济与长期平均成本曲线的形状

随着企业规模的扩张，内部经济导致长期平均成本下降，内部不经济导致长期平均成本上升。企业长期平均成本呈“U”型就是企业内部经济和内部不经济导致的，如图5－19所示。

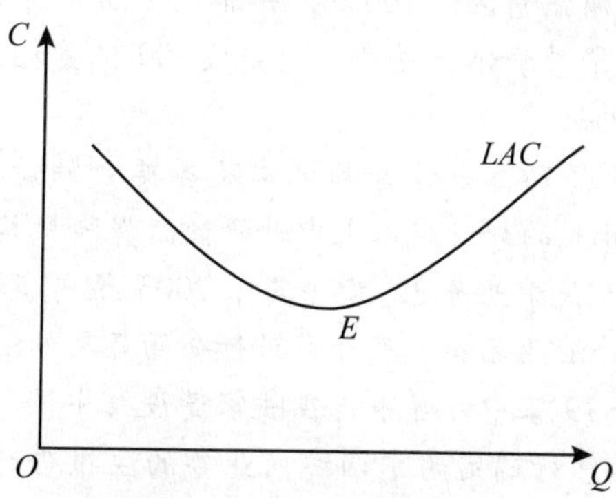

图5－19　长期平均成本曲线呈“U”型

二、外部经济与长期平均成本

（一）外部经济

内部经济只是现实情况的一个方面，另一方面就是外部经济。当一个企业效益提高不是企业自身投入的结果而是由于企业之外因素所造成，我们就称这个企业获得了外部经济。

在分析企业规模经济产生的原因时，我们已经提及了外部因素的作用。当行业规模扩大带来了基础设施、人才供给、配套服务等方面的改善时，企业就获得了外部经济。对于外部经济企业并没有付出相应的成本代价。有时候，企业的付出也可能为企业之外的人或组织带来收益，这种情况下，我们就称这些人或组织获得了外部经济。如果一个企业为了绿化厂区而植树种草，企业自身当然从中受益，但是生活在厂区周围的居民也可以因此享受到更好的空气，尽管这些居民并没有承担相应的绿化成本。

☞ 案例讨论

陆家嘴金融贸易区建立与发展[①]

截至2003年末，陆家嘴金融贸易区内，中外企业法人单位与经营性产业活动单位数量、固定投资总额和国内生产增加值（GDP）等占整个浦东新区的1/3；实收法人资本金、商品批零总额、房地产开发总量占整个浦东新区的1/2；智能化办公楼宇数量、一般贸易进出口金额、中介服务机构数量、星级酒店宾馆数量等占整个浦东新区的2/3；中外资金融保险证券机构数量、营运总额、要素市场交易额、大型国际会展、营业税超1000万元金融机构数量的比重接近或相当于整个浦东新区的100%，并涌现了陆家嘴金融贸易区功能开发十大崭新亮点：小陆家嘴中心区吸聚外资银行资产总额突破200亿美元，成为亚太新兴国际级“资本集聚极”（capital-pole）之一。

（1）金融板块发展势头强劲，中外金融机构及各类金融资源集聚强度得到继续提升。截至2003年底，在陆家嘴开业的分行级以上中外资金融保险机构已达146家（其中2003年新增8家）；外资银行开展人民币业务32家（其中2003年内新增3家），2003年内还新批准12家外资银行开办个人外汇业务和3家外资银行全面开展外汇业务；花旗、汇丰、渣打、德富泰、中国交通和浦发等19家中外资银行在陆家嘴设立中国（总部级）营运中心（全市22家）；24家外资银行被其总行确定为中国境内业务的主报告行，62家外资金融机构资产总额达2200亿元，占全国外资金融机构资产总额的57%，外资银行的营运效益也有较大优

---

① 资料来源：http：//course. shufe. edu. cn/course/gjmyx/xgal/ch4_2. htm

化，2003 年度内营业税超过 1000 万元的外资金融机构达到 11 家。小陆家嘴中心区创造“吸聚中外资金融保险机构数量、单位面积实收外资金融机构资本金额、外资银行营业领域与品种、外资银行营运资本总额和营业税超过 1000 万元的外资银行数量”等五项“全国第一”，已成为扬名中外的亚太新兴“资本集聚极”和上海国际金融中心的核心地域载体之一。

（2）以证券为主体的资本市场功能进一步拓展，交易规模显著扩大。2003 年上海证交所股票、国债等各类有价证券累计成交 8.28 亿元，同比增长 71%，占全国市场份额的 87%，在全球各大证券交易所中名列十三，在亚洲五强中名列第三（超过新加坡和吉隆坡）。在信息化技术的强劲支撑下，上海证券交易所的电子化自动撮合能力（matching ability）超过德国法兰克福证券交易所等一大批老牌知名交易所。

（3）要素大市场发展迅速——服务长三角，辐射全国。上海期货交易所异军突起，2002 年成交 2434.6 万手，成交金额达 16401.4 亿元；2003 年成交金额在此基础上实现新飞跃，达到 6.05 万亿元，占全国期货市场份额的 60% 以上。其中外省市成交额高达 80% 以上，充分体现了上海浦东开发及陆家嘴 CBD 的辐射效应。2003 年秋季起，上海期交所的期铜交易开始赶上或超过纽约期交所，成为世界第二，并开始参与国际经济规则的制定。期货天然橡胶品种则位居全球第一，成为全球交易的指示器。

（4）经由陆家嘴区内各类中外贸易类企业的“一般贸易”进出口额超过 165 亿美元，成为我国加入 WTO 后的重要国际接口（interface）和贸易平台。

（5）世界著名跨国公司和国际金融财团各类总部（包括区域总部、研发总部、培训总部、投资总部等）云集，机构层次高、科技含量高、人才级别高，形成我国利用外资格局中特有的“三高”现象。

（6）国际会展旅游与各类现代中介机构协同发展，着力培育现代服务产业制高点，陆家嘴区域内的法律与咨询业务量分别占全国 1/10；在全球国际经济中心城市国际金融贸易中心 CBD 区中增创“后发优势”。以上海国际会议中心、上海新国际博览中心、世纪公园、世纪广场等为主要载体，陆家嘴已成为亚太新兴的国际会议中心和旅游目的地。楼宇经济成为浦东薪新增长点，涌现出一批“亿元级（税收）办公楼”和“5000 万元级（税收）CBD 功能建筑集群”。10 万名中外白领及成功人士入住陆家嘴，区域内新增 58 万个就业机会，为新区社会稳定与两个文明建设做贡献。

（7）市场开发机制促使开发公司（陆家嘴集团）与金融贸易区同步发展，带动同期区域投资规模占同期全球十大国际 CBD 中心区域之首。

问题：能否从外部经济角度解释陆家嘴金融贸易区的跳跃性发展？

（二）外部不经济

与外部经济的情况相反，当企业由于外部因素的原因而遭受损失时，我们说，企业遭到了外部不经济。

☞ 案例讨论

三鹿奶粉事件的外部不经济

2004年，安徽省阜阳出现百余名儿童因吃了劣质奶粉成了“大头娃娃”，甚至多位儿童丧命的事件后，甘肃省又出现了14位不满1岁的婴儿集体患“肾结石”的悲剧，罪魁祸首还是奶粉。卫生部的初步调查显示，给婴儿带来“灾难”的是三鹿牌奶粉，“石家庄三鹿集团有限公司的三鹿牌奶粉受到三聚氰胺污染，三聚氰胺可导致人体泌尿系统产生结石。”石家庄三鹿公司也发布声明，称经公司自检发现，2008年8月6日前出厂的部分批次三鹿婴幼儿奶粉受到三聚氰胺的污染，并决定，立即对2008年8月6日以前生产的三鹿婴幼儿奶粉全部召回。

问题：三鹿奶粉事件是如何导致整个奶制品行业外部不经济的？

当外部（不）经济出现的时候，从产生外部（不）经济的方面来说，会出现做出贡献者没有享受到其贡献产生的全部收益，与之同理，制造不利者没有对不利造成的损失承担全部成本的情况；从获得外部（不）经济的方面来说，会出现享受收益的人没有为这种享受付出代价，或者受到损害的人没有得到相应的补偿。这些情况都会导致企业产品的成本没有得到完全的反映，从而产品价格不能说明其生产成本水平。我们知道，市场能够发挥作用的首要前提之一是价格的信号作用。如果产品价格不能说明其生产成本水平，那么价格的信号作用就要大打折扣，市场的有效性将受到影响，就会发生市场失灵。那么，我们应该怎样解决这个问题呢？在后面讨论外部性、公共品、不完全信息和社会选择的章节中，我们将会对此类问题展开进一步的讨论。

当然，有的时候内、外部经济有可能是同时发生作用而无法完全分开的。例如，企业为了追求规模经济而扩大生产，该行业其他企业也在扩大生产，那么整个行业都处在扩张之中。此时个别企业所获得的收益可能是由于自身扩大生产所造成，从而属于内部经济，也可能是由于行业规模扩大所带来，从而属于外部经济。这样，企业所获得的内部经济和外部经济可能是交织在一起，但这并不妨碍我们对企业所获收益的性质作出区别分析。

（三）外部经济与长期平均成本曲线整体的移动

外部经济引起的是长期平均成本曲线上下的位置移动。外部经济引起的是长期平均成本曲线整体向下移动，即长期平均成本下降；外部不经济引起的是长期平均成本曲线整体向上移动，即平均成本上升，如图5-20所示。

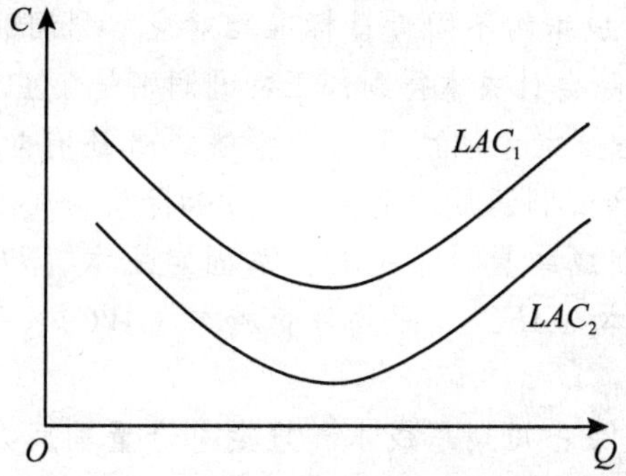

图 5－20　长期平均成本曲线整体的移动

本章框架

本章仍然是分析厂商行为，分析成本函数，即成本和产量的关系。首先，分析讲解了几个关键成本的概念；其次，分析了短期成本，包括短期成本和短期产量的关系、短期成本变动的特征、短期成本曲线之间的关系；最后，分析了长期成本和短期成本的关系、长期成本变动的特征、长期成本之间的关系（如图 5－21 所示）。

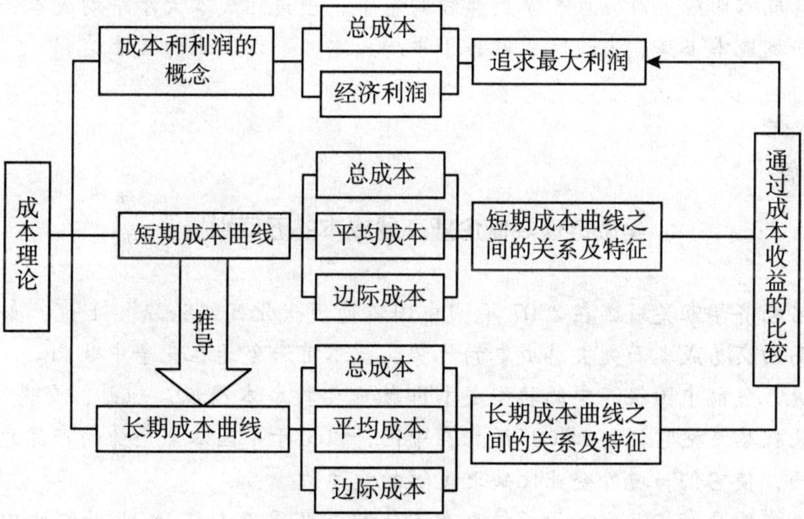

图 5－21　本章逻辑结构

内容提要

1. 几个成本概念：会计成本是最常见的一种成本形式。企业购买生产要素时实际支付的货币数量将会在会计账目上有所反映；按机会成本含义定义的生产成本由两种类型的成本构成：一是显成本；二是隐成本。

2. 几个利润的概念：与成本的不同考量标准相对应，利润的考察也有多种准则。会计利润由企业从销售收入中扣除会计成本得到；正常利润则是业主自有资源的机会成本，通常包括企业主对自己提供的企业家才能所支付的报酬或者还有对自己提供的其他自有资源（资金、设备等）的报酬；经济利润是从销售收入中扣除机会成本而得到的利润。

3. 短期成本分类：短期成本有以下七种：总固定成本（*TFC*）、总可变成本（*TVC*）、总成本（*TC*）、平均固定成本（*AFC*）、平均可变成本（*AVC*）、平均总成本（*ATC*）和边际成本（*MC*）。

4. 短期成本和产量的关系：短期总成本和短期总产量呈反方向变化；短期平均可变成本和短期平均产量呈反方向变化；短期边际成本和短期边际产量呈反方向变化。

5. 短期总成本、平均成本、平均可变成本和边际成本的关系：边际成本是总成本曲线上对应点的斜率；平均成本是总成本曲线上对应点和原点连线的斜率；当边际成本大于平均成本，平均成本上升；反之，平均成本下降，当边际成本等于平均成本，平均成本为最小值。平均可变成本和边际成本的关系同平均成本和边际成本的关系。

6. 长期成本曲线和短期成本曲线的关系：长期总成本曲线是无数条短期总成本曲线的包络线；长期平均成本曲线是无数条短期平均成本曲线的包络线；长期边际成本等于代表最有生产规模的短期边际成本。

7. 长期总成本、平均成本和边际成本的关系：边际成本是总成本曲线上对应点的斜率；平均成本是总成本曲线上对应点和原点连线的斜率；当边际成本大于平均成本，平均成本上升；反之，平均成本下降，当边际成本等于平均成本，平均成本为最小值。

☞ 扩展阅读

吴敬琏谈降低企业交易成本的五项举措[①]

中国著名经济学家吴敬琏在2007年“中国流通现代化高级论坛”上说，如果中国企业不能解决过高的交易成本而失去总成本的优势，就不可避免地在竞争中败北。

吴敬琏说，目前中国经济中的转型成本即物质变换成本很低，但是，交易成本却很高。于是境外企业就尽量把它们的加工厂设立在中国，以至于中国本土企业的产品总成本却往往并不低，因而，使它们与境外企业比缺乏足够的竞争力。

据介绍，中国具有极其优越的低转型成本优势，几乎无人怀疑21世纪的中国因为境外企业同样可以利用这种低转型成本优势，在中国设厂加工。如果中国企业不能解决过高的交易成本而失去总成本的优势，就不可避免地在竞争中败北。

吴敬琏认为，交易成本高有多种原因，如制度不健全、规则不透明、诚信状况不好等，都会增大交易成本。而中介组织发展不足（包括银行和非银行金融机构、批发零售业等），不能为生产和流通企业提供高素质的中介服务则是一个重要原因。

---

① 资料来源：http：//www. eyeworld. cn/trade/articles/article5322. html

中国内地经济交易成本高的一个突出表现，是商业部门的薄弱和成本居高不下。吴敬琏说，面对这种形势，中国必须加快市场化改革的步伐，以便把过高的交易成本降下来。

为此，这位经济学家提出五项举措。

(1) 按照国家有关规定，逐步放宽对非国有经济的准入限制，允许民营经济进入对外贸易、金融、保险等行业。

(2) 为商业组织营造透明的法治环境。

(3) 商业界也要根据不同行业的要求进行制度建设，提高自身的素质。

(4) 要有符合现代市场经济要求的政府监管框架。

(5) 社会各界，包括大众传媒要支持流通业勤勉执业，并对其进行监督。

☞ 经济学家简介

吴敬琏，1930 年 1 月 24 日出生于江苏省南京市，1954 年毕业于上海复旦大学经济系；现任国务院发展研究中心研究员、中国人民政治协商会议全国委员会常务委员兼经济委员会副主任、国务院信息化专家咨询委员会副主任、国务院发展研究中心学术委员会副主任。1984～1992 年，连续 5 次获得中国“孙冶方经济科学奖”；2003 年获得国际管理学会(IAM)“杰出成就奖”；2005 年荣获首届“中国经济学奖杰出贡献奖”。

吴敬琏是当代中国最有影响的经济学家之一，他对中国经济学的理论发展和经济与社会政策制定做出了多方面的贡献。

(1) 发展基础理论，推动市场取向改革。吴敬琏始终鲜明地坚持市场取向的改革主张。他和刘国光、董辅礽和赵人伟等经济学家共同工作，在 20 世纪 80 年代初期创建了中国的比较制度分析学科。2000 年，吴敬琏提出要建立“好的市场经济”，也就是建立在法治基础上的市场经济，警惕滑入“权贵资本主义”的泥坑。

(2) 在 20 世纪 80 年代中期提出适时转变到整体改革战略。1985 年，吴敬琏提出企业、竞争性市场体系和宏观调节体系“三环节配套改革”的主张。这套政策包括：企业从计划的消极执行者转变为自主的市场主体；形成能够灵敏地反映资源稀缺程度的相对价格体系的商品市场和要素市场；改变行政当局通过下达指令性计划直接在地区之间、部门之间和企业之间配置资源的体系，而以市场机制作为社会资源的基本配置者，政府只是运用财政政策、货币政策和收入分配政策进行需求总量的调节，以保持宏观经济的稳定。

以吴敬琏为首提出的这种“整体改革”的主张，是我国理论界最具代表性的学派之一。

(3) 规划国有经济布局调整和国有企业改革的基本路径。在 20 世纪 80 年代中期吴敬琏提出，国企改革的正确方向并不是放权让利，而是实现企业制度的创新；国有大中型企业的改革方向，则应当是改组为所有权与经营权相分离的现代公司。80 年代末 90 年代初，吴敬琏和他“整体改革学派”的同事阐明了现代公司及其治理结构，走到了企业和企业管理研究的前沿。沿着企业制度创新的方向，我国在 90 年代后期确立了公司治理结构（法人治理结构）的观念。吴敬琏关于确保所有者“在位”，防止“内部人控制”，确保董事会履行受托责任，确保董事会对高层经理人员的监督，对经理人员给予足够的激励，发挥证券市场在增强公司治理结构中的作用等论述，对于深化企业改革、完善公司治理起了重要的推动作用。

（4）论证发展民营经济、实现多种所有制经济共同发展的必要性。20 世纪 90 年代中期以后，吴敬琏对发展民营经济的问题给予了特别的关注。1998 年，吴敬琏向国务院领导提出应当以民营中小企业作为分流国企下岗职工、解决我国就业问题的主渠道；同时提出支持民营中小企业发展的具体措施。1993～2004 年，他对浙江民营经济发展进行过多次考察。他对温州、台州地区发展民营中小企业作出的总结对全国产生了重要影响。

（5）倡导建立以法治为基础的现代市场经济。1988 年，他运用现代政治经济学中的“寻租”理论对转轨过程中的腐败现象进行分析，揭示了“官倒”等腐败现象的实质，也为反腐倡廉指出了正确的途径。

吴敬琏指出，建立一个什么样的市场经济，是转型时期一个尖锐的社会问题。它的核心就是如何在大变革中力求保持社会公正。由此，政府在经济转型中的作用就显得格外重要。因此，必须加快政治改革，提升政治文明，建立民主政治，建设法治国家。

（6）在缜密分析的基础上提出宏观经济政策建议。1984 年 12 月，针对当时出现的经济增长过热、货币投放过多的情况，以吴敬琏为课题组向中央领导报送了《当前货币流通形势和对策》的专题报告，提出必须对此制定总体对策，进行综合治理。这份报告对 1985 年宏观经济调控起了重要的推动作用。

1988 年 4 月，针对在高通货膨胀情况下实行物价闯关的决策，他提出《控制需求，疏导货币，改革价格》的研究报告，指出：在需求膨胀和待实现购买力大量积累的情况下，对价格做较大的调整和放开部分商品的价格，“是一种成功的可能性很小的选择”，“有可能引发严重的通货膨胀”。

复习与思考

一、名词解释

机会成本；显成本；隐成本；会计利润；正常利润；经济利润；固定成本；可变成本。

二、选择题

1. 不随产量变动而变动的成本称为（　　）。
   A. 可变成本　　B. 不变成本　　C. 平均成本　　D. 总成本
2. 在长期中，下列成本中（　　）是不存在的。
   A. 可变成本　　B. 不变成本　　C. 平均成本　　D. 总成本
3. 某厂商使用自己的自有资金来生产，这种自有资金的利息从成本角度看是（　　）。
   A. 固定成本　　B. 隐含成本　　C. 会计成本　　D. 生产成本
4. 对应于边际报酬的递减阶段，*STC* 曲线（　　）。
   A. 以递增的速率上升　　B. 以递增的速率下降　　C. 以递减的速率上升　　D. 以递减的速率下降
5. 短期平均成本曲线为“U”型的原因与（　　）。
   A. 规模报酬有关　　B. 外部经济与不经济有关

C. 要素的边际生产率有关　　D. 固定成本与可变成本所占比重有关

6. 长期平均成本曲线为“U”型的原因与（　　）。

A. 规模报酬有关　　B. 外部经济与不经济有关

C. 要素的边际生产率有关　　D. 固定成本与可变成本所占比重有关

7. 当产出增加时，*LAC* 曲线下降，这是由于（　　）。

A. 规模的不经济性　　B. 规模的经济性

C. 收益递减规律的作用　　D. 上述说法都正确

8. 如果一个企业正经历规模报酬不变阶段，则 *LAC* 曲线是（　　）。

A. 上升的　　B. 下降的　　C. 垂直的　　D. 水平的

9. *LAC* 曲线（　　）。

A. 当 $LMC < LAC$ 时下降，而当 $LMC > LAC$ 时上升

B. 通过 *LMC* 曲线的最低点

C. 随 *LMC* 曲线的下降而下降

D. 随 *LMC* 曲线的上升而上升

10. 当 *LAC* 曲线下降时，*LAC* 曲线相切于 *SAC* 曲线的最低点（　　）。

A. 总是对的　　B. 绝不对　　C. 有时对　　D. 不能判断

11. *SMC* 取决于（　　）。

A. *TFC* 曲线的斜率

B. *STVC* 曲线的斜率但不是 *STC* 曲线的斜率

C. *STC* 曲线的斜率但不是 *STVC* 曲线的斜率

D. 既是 *STVC* 也是 *STC* 曲线的斜率

12. 长期成本曲线上的每一点都与短期成本曲线上的某一点相对应。这句话（　　）。

A. 总是对的　　B. 有时对　　C. 总是错的　　D. 无法判断

13. 假如增加一单位产量所带来的边际成本大于产量增加前的平均可变成本，那么在产量增加后平均可变成本（　　）。

A. 减少　　B. 增加　　C. 不变　　D. 都有可能

14. 在短期中随着产量的增加，平均固定成本（　　）。

A. 在开始时下降，然后趋于上升　　B. 在开始时上升，然后趋于下降

C. 一直趋于上升　　D. 一直趋于下降

15. 在 *LAC* 与一条代表最优生产规模的 *SAC* 曲线相切的产量上必定有（　　）。

A. 相应的 *LMC* 曲线和代表最优生产规模的 *SMC* 曲线的一个交点，以及相应的 *LTC* 曲线和代表最优生产规模的 *STC* 曲线的一个切点

B. 代表最优生产规模的 *SAC* 曲线达最低点

C. *LAC* 曲线达最低点

D. 都对

三、问答题

1. 机会成本和会计成本之间的区别是什么?

2. 试述成本曲线的变动规律与产量曲线的变动规律之间的关系?

3. 短期平均成本 *SAC* 曲线与 *SMC* 曲线的关系?

4. 长期成本和短期成本的关系?

5. 简要说明短期和长期成本曲线形成“U”型的原因？

四、计算题

1. 已知某企业的短期总成本函数是 $STC=0.04Q^3-0.8Q^2+10Q+5$。（1）指出该短期成本函数中的可变成本部分和不变成本部分。（2）写出下列相应的函数：$TVC(Q)$、$AC(Q)$、$AVC(Q)$、$AFC(Q)$ 和 $MC(Q)$。

2. 对于生产函数 $Q=\dfrac{8KL}{K+L}$，在短期中令 $P_L=1$，$P_K=4$，$K=4$。请推导出短期总成本、平均成本、平均可变成本函数及边际成本函数。（本题 10 分）

3. 假设某产品生产的边际成本函数是 $MC=3Q^2-8Q+100$，若生产 5 单位产品时总成本是 595，求总成本函数、平均成本函数、可变成本函数及平均可变成本函数。（本题 10 分）

4. 如果某个生产者的生产函数为 $Q=\sqrt{KL}$，已知资本 $K=4$，资本总值为 100，L 的价格为 10。求 L 的投入函数和生产 Q 的总成本函数、平均成本函数和边际成本函数。

5. 某公司用两个工厂生产一种产品，其总成本为 $C=2Q_1^2+Q_2^2-Q_1Q_2$，其中 Q_1 是第一个工厂的产量，Q_2 是第二个工厂的产量。求当公司生产的产量为 40 时能够使公司生产成本最小的两个工厂产量的组合。

五、问题与应用

列举一些我国经济实践中外在不经济的情况，并阐明你的解决对策。

六、经济综合练习

宝洁公司是美国大型的消费品企业，为保持在竞争中不断发展，其在降低成本、提高销售产量等方面付出了巨大努力①。

长期以来宝洁公司把一部分产品出售给美国最大的零售商——沃尔玛公司，利用沃尔玛公司在世界范围内的 5100 多家超市出售宝洁公司的产品。尽管这种销售方式要面临沃尔玛公司不断地压低价格，宝洁公司每年仍然通过沃尔玛公司销售价值 80 亿美元的消费品。通过合作，宝洁公司可以进入沃尔玛公司的电脑系统追踪其所有产品，以促进存货管理和成本降低，沃尔玛公司也可以帮助宝洁公司快速推广其产品；同时，宝洁公司也把自己的客户数据与沃尔玛公司进行分享，以期得到更有效的销售规划。

为了保持良好的合作关系，宝洁公司尽量满足沃尔玛公司对销售产品方面的要求。例如，为解决沃尔玛公司超市产品容易失窃的问题，宝洁公司派出 300 名员工专门负责监督公司分部向沃尔玛公司的供货，这些员工的工资是由宝洁公司支付的，而他们的工作性质更多的是在为沃尔玛公司服务，并且对其产品外包装进行调整，以更好地防止盗窃问题。

2005 年宝洁公司以 540 亿美元大举收购了吉列公司，使销售收入增加到 100 亿美元。此次收购，宝洁公司预期将每年节省 140 亿～160 亿美元，销量将增长 5%～7%，而利润也将有 25% 的增长。

在新产品研发方面，宝洁公司的玉兰油新生系列产品让消费者以较低的价格就可以得到抗衰老的效果；Whitestrip 美白牙贴使得大部分消费者以 25 美元的低价就可以轻松美白牙齿，不必再去牙科医院做昂贵的牙齿美白手术；Actonel 骨质疏松药物让妇女在商店里就可以轻易进行骨质密度的测试。这些新产品一经推出，马上就受到了广大消费者的欢迎，一时间人们争相购买，产品销售量猛增。

问题：（1）从成本角度考虑，尽管不断有来自沃尔玛公司的压力，为什么宝洁公司坚持利用沃尔玛公司销售其产品？

---

① 资料来源：http：//www.docin.com/p-153682946.html

（2）从规模经济的角度考虑，为什么宝洁公司要收购吉利公司？
（3）从产量角度考虑，为什么宝洁大力进行新产品研发？
（4）深入思考一下为什么所有企业家特别关心产量、价格和成本之间的关系问题。

【参考文献】

1. 高鸿业．西方经济学［M］．北京：中国人民大学出版社，2008
2. 范里安．微观经济学：现代观点［M］．上海：上海三联书店，1994
3. ［美］约瑟夫·斯蒂格利茨．经济学上册［M］．北京：中国人民大学出版社，1997
4. ［美］N. 格里高利·曼昆．经济学原理［M］．北京：生活·读书·新知三联书店，北京大学出版社，1999
5. 尹伯成．西方经济学简明教程［M］．上海：上海人民出版社，2009
6. 何忠伟，郑春慧．微观经济学［M］．北京：中国农业科学技术出版社，2009
7. 俞宪忠等．微观经济学［M］．北京：中国人民大学出版社，2010
8. 李明志等．微观经济分析学习指导［M］．北京：清华大学出版社，2009
9. 唐立峰等．微观经济学学习指导［M］．北京：中国矿业大学出版社，2006
10. 张云峰．微观经济学典型题解析及自测试题［M］．西安：西北工业大学出版社，2003
11. 张卫东．微观经济学［M］．北京：首都经济贸易大学出版社，2003

【进一步阅读提示】

【报纸】
《经济日报》《国际商报》《国际金融》《中国经济时报》《国际经贸消息》
【杂志】
《经济研究》《经济学动态》《中国工业经济》《世界经济》《国际经济评论》《世界经济研究》《国际贸易》《国际经贸探索》
【数据来源及分析报告】
《世界经济展望》《世界经济年鉴》《中国统计年鉴》
【网址】
中国经济学教育科研网：http：//www. cenet. ccer. edu. cn
北京大学中国经济研究中心：http：//www. ccer. pku. edu. cn
博士咖啡－中国经济学人：http：//doctor-café. com
美国国民经济研究局：http：//www. nber. org
国际货币基金组织：http：//www. imf. org
经济发展与合作组织：http：//www. oecd. org
联合国贸易和发展会议：http：//www. unctad. org

第六章　完全竞争市场

事实上，没有一次在总的经济理论上的重要改进能不影响到（完全）竞争的概念。但是，它终于证明了是一个坚韧而又能恢复活力的概念；它将以可公认的形式，长期和我们在一起。

——乔治·斯蒂格勒（George J. Stigler）

在一般的论述中，竞争的意思是个人之间的争胜；在其中，人人设法胜过他的已知对手。在经济中，竞争几乎意味着相反的事物。在竞争市场上，没有个人的争胜，没有个人的讨价还价。

——米尔顿·弗里德曼（Milton Friedman）

学习目的

通过本章的教学，要求学生了解供给曲线背后的生产者行为；要求学生重点掌握完全竞争市场下企业短期产量决策的最优条件，企业长期均衡的条件，并能够对完全竞争市场结构进行客观的评价。本章的重点是完全竞争产品市场价格与产量的决定。这一章分析方法非常抽象，而且是以静态分析为主的，与现实有较大差距，但同时它又是理解市场机制和微观经济学原理的关键。本章的难点是完全竞争市场厂商短期均衡和长期均衡。

学习目标

1. 了解完全竞争市场的基本假设。
2. 理解完全竞争条件下厂商和市场的需求曲线。
3. 掌握总收益、平均收益和边际收益的概念。
4. 理解和掌握利润最大化（亏损最小化）的条件。
5. 重点理解和掌握完全竞争厂商的短期均衡。
6. 理解生产者剩余的概念。
7. 理解完全竞争厂商的短期供给曲线。
8. 了解完全竞争厂商的长期均衡。

关键概念

完全竞争（perfect competition）；总收益（total revenue）；平均收益（average revenue）；边际收益（marginal revenue）；经济利润（economic profit）；利润极大化（profit maximization)；生产者剩余（producer surplus）；成本不变行业（constant cost industry）；成本递增行业（increasing cost industry）；成本递减行业（decreasing cost industry）；消费者统治（consumer sovereignty）。

☞ 案例思考

在全民皆“股”的岁月，经常听到“闭着眼随便买一只股票吧，不存在涨不涨的问题，只有涨得快涨得慢的‘烦恼’”。以为听人劝，能吃饱饭，没有胆量就没有产量！冲动之下，把刚买不久的新车打折处理掉，到银行取出所有存款，拿着全部家当“杀”入股市！梦想着赚了大钱后换辆新车，再买个大房子，把乡下的老爸老妈也接来，让他们享享福……

用 W. E. 巴菲特（W. E. Buflett）的一句话：当炒股的“热潮”退去以后，才悲哀地发现“沙滩”上只有我一个人“没穿内裤”。这句话形象地描述了股市由牛市转向熊市后的情形。

如今，股票账户早已惨不忍睹，真是应了那句“辛辛苦苦十来年，一赌回到解放前”。不仅银行存款为零，而且上班挤公交车（以前车虽小可那是自己的“专车”呀）。更惨的是，和朋友一起吃饭再也不敢抢着结账，每月“最浪漫的事”就是盼着快发工资……

当股市回暖，知道世上最痛苦的是什么吗？那就是眼一闭一睁，看别人兴高采烈地数我的钱，嚎……

以上股市涨跌的情况是中国股民近几年炒股的一个形象描述。应该说，规范运作的股票市场是一个接近完全竞争的市场。在这里，每种特定股票价格都是由供需双方的市场力量决定的。单个买者和卖者都无法对价格施加足够大的影响（也就是说他们都是价格的接受者）。同一个公司所有的股票都是同质的。股票经常被买进和卖出，频率很高，说明在这个市场中，资源在行业和地区间的流动和转移是很容易的。特别在目前信息技术很发达的时代，有关股票价格和公司信息的传递和获得是很方便的。因而在这样的市场中，股票价格就能比较充分地反映企业的价值，它能够对人们在国民经济中有效地分配投资，起到一定的引导作用。不过，也要看到在现实生活中，在股票市场中，大户的存在和不同程度的欺骗和操纵行为，损害了股票市场的正当竞争，干扰了市场在配置资本资源方面应起的作用。本章将讨论有关市场理论中完全竞争市场的基本理论。

第一节　市场的类型

市场是消费者和生产者进行交易的场所。市场可以是每周一次的集市，也可以是经年累月都在进行交易的商场；它可以是熙熙攘攘的有形市场，也可以是悄无声息的无形市场。比如，在现代社会，环球电讯业将全球所有的股票市场连成一片，人们通过电脑发出竞争指令，买卖双方却不用见面。

一、市场类型划分的原因

由均衡价格理论我们知道，市场的均衡价格和均衡数量取决于市场的需求曲线和供给曲线。消费者追求效用最大化的行为决定了市场的需求曲线，厂商追求利润最大化的行为决定了市场的供给曲线。厂商的利润等于收益减去成本，厂商的收益取决于市场对其产品的需求状况。在不同类型的市场条件下，厂商所面临的对其产品的需求状况是不同的，所以在分析厂商的利润最大化决策时，必须要区分不同的市场类型。

二、划分市场类型的标准

随着市场经济的发展，市场已不仅仅是从事商品买卖的交易场所，市场可以是一个有形的买卖商品的交易场所，也可以是利用现代化通信工具进行各种交易的接触点，市场是交换关系的总和。任何一种商品都有一个市场，有多少种商品，就有多少个市场。譬如这种市场可以是汽车市场、电视机市场、谷物市场等。为同一个商品市场生产和提供同一类产品的所有厂商的总体即是一个行业，行业与市场是紧密联系的，同一种商品的市场类型与行业类型是一致的，竞争的市场对应的是竞争的行业，垄断的市场对应的是垄断的行业。

市场类型是指某一经济市场的组织特征，而最重要的组织特征，是那些影响竞争性质及市场价格确定的因素。根据市场竞争程度的强弱，将市场划分为完全竞争市场、完全垄断市场、垄断竞争市场和寡头垄断市场四种类型。决定市场竞争程度的具体因素有四个：第一，卖者和买者的集中程度或数目，卖者和买者的数目越多，集中程度越低，竞争程度就越高；第二，不同卖者之间各自提供的产品的差别程度，各厂商提供的产品越是相似，可以预料，竞争就越激烈；第三，单个厂商对市场价格控制的程度，单个厂商若无法控制价格，表明市场竞争越激烈；第四，厂商进入或退出一个行业的难易程度，显然，厂商进出容易的市场，是竞争充分的市场，如果存在进入市场的障碍，意味着原有厂商拥有了一些新加入者不具备的有利条件。

三、市场类型与行业类型

经济学家一般把市场分为四种类型：完全竞争、完全垄断、垄断竞争和寡头垄断市场，来分别考察价格决定和厂商平衡问题。这四种类型的市场和厂商的特点可通过表 6－1 来描述。表 6－1 是对四种类型的市场的一个概括性介绍，在以后的章节中会对每一类市场的具体特征做详细的分析。

表 6-1　市场类型的划分和特征

市场结构类型	厂商数目	产品差别程度	厂商控制价格程度	厂商进入行业难易	现实中接近的行业
完全竞争	很多	无差别	没有	完全自由	农业
垄断竞争	很多	有些差别	有一些	比较自由	零售业
寡头垄断	几个	有或没有差别	相当有	有限	汽车制造业
完全垄断	一个	唯一产品无替代品	很大，但常受政府管制	不能	公用事业

与市场这一概念相对应的另一个概念是行业。行业是指为同一个商品市场生产和提供商品的所有厂商的总体。市场和行业的类型是一致的。例如，完全竞争市场对应的是完全竞争行业，垄断竞争市场对应的是垄断竞争行业等。

☞ 经济学家简介

莫里斯·阿莱斯——1998 年诺贝尔经济学奖获得者①

莫里斯·阿莱斯（Maurice Allais，1911～），法国人。他在市场理论及资源有效利用方面做出了开创性贡献。对一般均衡理论重新做了系统阐述，获得 1988 年诺贝尔经济学奖。

莫里斯·阿莱斯 1911 年生于法国巴黎。1931 年进入巴黎工学院，1933 年，莫里斯·阿莱斯以全班第一名的成绩毕业于巴黎工学院。此后进入巴黎国家高级矿业学院学习工程学，并于 1937 年在国家矿产与采矿部开始了他的工程师的生涯。

在学生时代，莫里斯·阿莱斯经历了 1929～1933 年的世界经济危机和接踵而来的大萧条时期。出于对 1929 年大危机造成社会大灾难的愤怒和解决社会经济问题的热情，他立志为市场经济中出现的若干问题找到解决办法，并为此贡献自己毕生的精力。由于具有工程学的背景，莫里斯·阿莱斯自学了经济学，并把数学的严密性引进到当时几乎没有定量分析的法国经济学派中。大学毕业后，莫里斯·阿莱斯当上了矿业工程师。他决定发挥自己所学之专长，先从矿业角度搞微观经济分析，然后逐步扩大自己的经济研究领域。1944 年，莫里斯·阿莱斯才 33 岁，便成了巴黎国家高级矿业学院矿业经济分析的著名教授，并担任法国经济与社会研究中心主任。尔后，莫里斯·阿莱斯在学术界的地位蒸蒸日上，担任的职务越来越多且越重要。

莫里斯·阿莱斯毕生致力于市场经济的潜心研究和经济学的教学工作。他“因为市场理论和最大效率理论方面”对经济学所作出的贡献，获得 1988 年诺贝尔经济学奖。莫里

① 资料来源：wiki. mbalib. com/wiki/莫里斯·阿莱斯

斯·阿莱斯是第一个获诺贝尔经济学奖的法国学者。他提出了许多市场经济模型，重新系统地阐述了一般均衡理论和最大效益理论。莫里斯·阿莱斯认为，从L. 瓦尔拉斯（Leon Walras）到A. 德布鲁（A. Debreu）的一般均衡模型均假定一个所有物品都集中在一起进行交换的市场，而且市场价格对所有市场参加者都是共同的、给定的，然后通过唯一的一轮交易作一次性移动，经济从不均衡状态过渡到均衡状态。这些假定都是不现实的，他称为“单市场经济模型”。针对这些缺陷，他提出：“多市场经济模型”，它假定导向均衡的交换以不同的价格连续发生，并且在任何给定时点上，不同经营者作用的价格不必是同一的，在“可分配剩余”的驱动下，每一次交易都趋近均衡。莫里斯·阿莱斯的“多市场经济模型”较之于“单市场经济模型”更接近现实，更一般化，即蕴涵了存在竞争和不存在竞争的所有可能的市场形态，而且能如同描述西方国家经济那样，描述东方国家经济和发展中国家的经济，而且其描述是动态的。由于莫里斯·阿莱斯把私人分散的、自由寻求和实现剩余看作是实现最大效率状态的基本的途径，因此，在政策主张上极力反对凯恩斯主义的政府干预。

第二节　完全竞争市场的需求曲线与收益曲线

一提到完全竞争，就会使人想到弥漫着各种吆喝声、买卖声、讨价还价声的摩肩接踵的集市，会想到买卖双方间的竞争和同行之间的竞争。经济学意义的完全竞争市场是理想的模型。完全竞争又称纯粹竞争，是一种不受任何阻碍和干扰的市场类型，指那些不存在足以影响价格的企业或消费者的市场。

一、完全竞争市场条件

完全竞争市场必须符合以下四个条件。

（1）大量的买者和卖者。由于市场上有无数的买者和卖者，使每个买者的购买量和卖者的销售量在整个市场的交易量中所占的份额是如此之小，任何一个买者买与不买，买多与买少，以及任何一个卖者卖与不卖，卖多与卖少，都不会对市场的价格水平产生任何影响。也就是说，市场中的生产者和消费者是既定价格的遵从者，而不是价格的决定者。

（2）商品完全同质。厂商之间提供的商品是完全无差别的，它不仅是指商品的质量、规格、商标等完全相同，而且其购物环境、售后服务等方面也完全相同，买者对任一厂商出售的商品都看作一样而无偏好，任何厂商都不生产有差别的产品并以之影响价格。这样同类商品之间具有完全替代性，任何厂商无法以产品差别来提高价格。在这种情况下，如果一个厂商提高了商品价格，那么其商品就完全卖不出去；同时，单个厂商也没有必要降低自己商品的价格，因为他们总是能够按照既定价格获得自己的那一部分市场份额。

☞ 即问即答

完全竞争市场中的商品同质假定是否意味着厂商生产的产品中，商标、专利、品牌等的差异都不存在？

（3）资源完全流动。这意味着市场没有进入或退出障碍，厂商进入或退出一个市场完全自由和毫无困难。这样，任何一种资源都可以及时地投向能获得最大利润的生产领域，并且能够从亏损的生产中退出。在这样的过程中，缺乏效率的企业将被市场淘汰，取而代之的是有效率的企业。但是厂商进入一个新行业存在着如专利权、巨额投资和规模经济等方面的困难，一个工人从一个岗位转向另一个岗位需要再训练，所以，这个条件在现实中很难得到满足。

（4）信息完全。市场信息是畅通的，厂商与消费者都可以获得完备的信息。这样，每一个消费者和每一个厂商都可以根据自己所掌握的完全信息，作出自己最优的经济决策，从而获得最大的经济利益。而且，由于每一买者和卖者都知道既定的市场价格，都按照该既定价格进行交易，这就排除了由于信息不畅通而可能导致的一个市场同时按不同的价格进行交易的情况。

符合以上四个假设条件的市场称为完全竞争市场。完全竞争市场是一个非个性化的市场，该市场中的每一个买者和卖者都是市场价格的被动接受者，而且他们中的任何一个成员都既不会也没有必要去改变市场价格；每个厂商生产的产品都是完全相同的，没有任何自身特点；所有资源都可以完全自由流动，不存在同种资源之间的报酬差距；市场上的信息完全，任何一个交易者都没有信息优势。所有的生产者都是相同的，所有的消费者都是相同的，对于整个市场来说他们都是无足轻重的，相互之间意识不到竞争。因此，我们说完全竞争市场中不存在现实生活中的那种真正意义上的竞争。

在现实生活中，要完全具备上述条件是不现实的。也就是说，完全竞争的市场类型是一种纯理论模式，在现实生活中不存在（农产品市场可以看作近乎完全竞争市场）。但完全竞争市场机制的理论，却是分析、研究其他市场结构的基础。通过对完全竞争市场的研究，有助于了解其他市场的情况。

☞ 即问即答

海尔冰箱厂所在行业存在激烈竞争，为争夺消费者，各制造商大做广告、采取降价措施、改进售后服务和产品外形设计来应对竞争。试问冰箱行业是否为完全竞争行业？

☞ 扩展阅读

有一农民想买牛，买头牛要1000元，可是他只有350元。和别人合买的话，挣的钱还要和别人分，那不行，于是他想到一个绝妙的好主意……

他对村里人说：如果有头牛，能耕自己的地，还可以给别人耕地挣钱，要是头母牛的话就更好了，可以生小牛，还有牛奶喝，喝不完的奶还可以卖钱，这样的话一定能挣很多的钱，大家都说这个主意非常好。农民说：这样吧，我们合伙买牛，我来经营，到时按股分钱，为了让大家放心，挣了多少钱，我会经常向大家汇报。牛算1000个股份，我自己出350股的钱，其余的大家买，每股10元，我给大家出具凭证，这个咱就叫“股票”。村里人你买几十股，他买十几股，农民一下子卖完了，收到了6500元。农民拿1000元买牛，剩余的钱装进口袋，自己的350元根本没动。

牛一个夏天挣了300元，农民兴奋地告诉大家。没有买股份的人后悔死了，便花13元的高价从别人手里购买“股票”，大家看到买卖“股票”也挣钱，于是村里有了“股票”市场，出现专门倒卖“股票”的人，也出现了许多靠“股票”吃饭的人，人们不惜借贷炒卖“股票”。农民觉得村里的热闹很好玩，他说生小牛了，“股票”一下涨很多；他说牛病了，马上又掉价；说牛奶卖钱了，又涨了上去。他发现了一个规律，于是他只说利好的消息。

年底该分红了，要将已经装进口袋的钱掏给大家，农民怎么想都心疼。于是他又有了好主意：“这样吧，不分钱了，给“股票”，每三股给一股……”村里人一心在“股票”上，早忘了要分钱，分“股票”，当然不拒绝。

日子一天天过去，村里人继续狂热地买卖“股票”。农民的牛也挣了很多钱，他在城里买了大房子，开着很好的车。他将牛挣的钱开了其他的产业，再也看不上牛挣的小钱。牛没人照料，终于累死了。农民想如果让村里人知道牛死了还不吃了他，他把牛皮吹起来像牛的样子摆在牛棚里。农民还不时说说牛的故事，村里人看见牛还在，继续安心炒卖牛的“股票”。

终于有一天，有人觉得不对劲，捅了捅牛，牛皮就破了……村里人震怒了，冲进农民家，农民早没了踪影，连铺盖都没了。找到几本烂账，发现了许多问题，虚报收入，转移财产……他们也发现牛的“股票”早已经成了废纸。村里人绝望了，许多人不仅倾家荡产，还欠许多的债。

二、完全竞争厂商的需求曲线

（一）市场需求曲线

在完全竞争市场的条件下，对整个行业来说，存在着大量的消费者和生产者，所有的消费者一起形成了市场需求曲线，需求曲线是一条向右下方倾斜的曲线。所有的生产者形成了市场供给曲线，供给曲线是一条向右上方倾斜的曲线，市场需求曲线和市场供给曲线的交点处的价格是均衡价格，如图6－1所示。整个行业产品价格就由这种需求与供给决定。

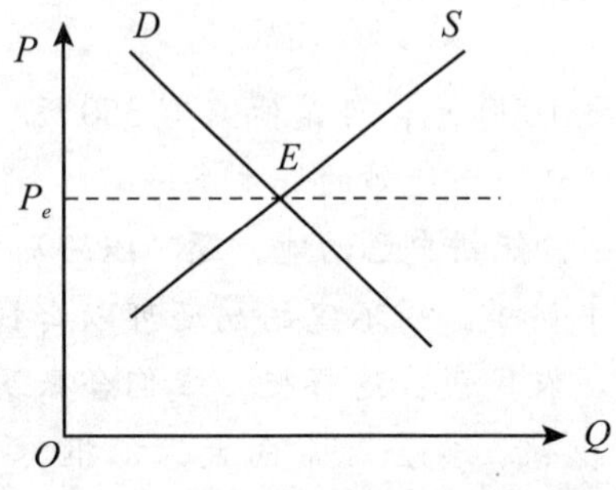

图6－1　完全竞争市场的需求曲线

（二）厂商需求曲线

在完全竞争市场上，由于厂商是既定市场价格的接受者，所以厂商的需求曲线是一条由既定的市场均衡价格水平出发的水平线，图 6－2 表示完全竞争厂商只能被动地接受既定的市场价格，厂商既不会也没有必要去改变这一价格水平。如果完全竞争厂商试图以高于均衡价格的价格来销售产品，那么他将销售不出一单位产品。因为，所有企业都销售同样的产品，单个厂商对于整个市场来说只是很小的一部分，而且所有的购买者都知道到哪里能买到更便宜的产品。同时，如果厂商追求利益最大化，那么他就不会以低于均衡价格来销售产品，因为，在该价格下厂商能卖掉所有想卖的产品。所以，对于完全竞争厂商来说只能有一个价格，他是既定价格的接受者。

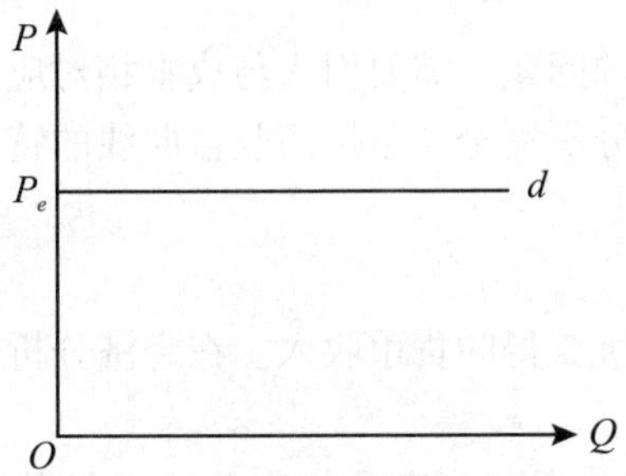

图 6－2　完全竞争厂商的需求曲线

（三）市场价格变动和厂商需求曲线

在完全竞争市场中，单个消费者和单个生产者不能改变市场价格，他们中的每一个人都被动地接受既定的市场价格，但这些并不意味着完全竞争市场的价格是不变的。如果影响需求的因素发生变动，如消费者收入水平普遍提高、先进技术的应用等，将使众多消费者的需求量和生产者的供给量发生变化，供求曲线的位置就会发生移动，从而均衡价格发生变动，形成新的均衡价格，得到由新的均衡价格水平出发的一条水平线，如图 6－3 所示。市场的

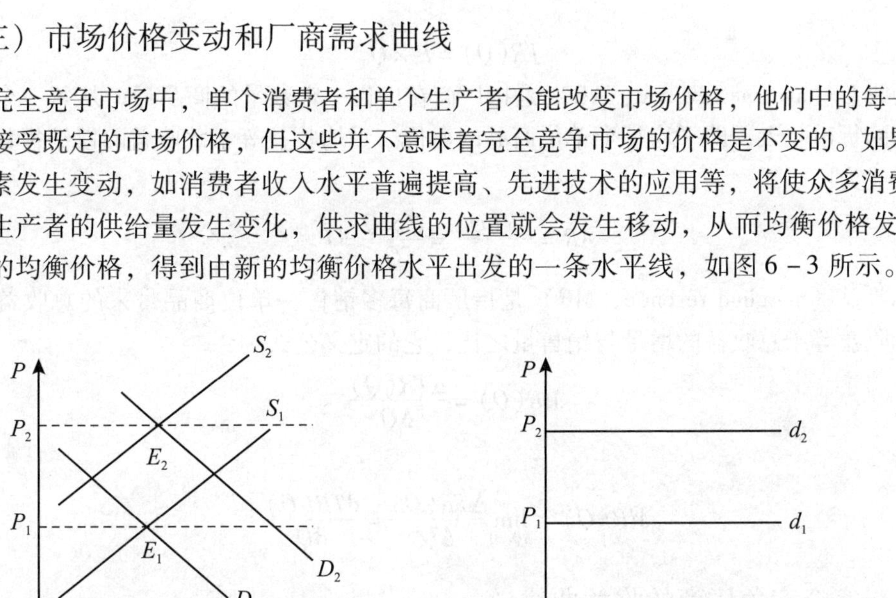

图 6－3　完全竞争市场价格的变动和厂商的需求曲线

起始需求曲线为D_1，供给曲线是S_1，两条线相交于E_1形成均衡价格P_1，相应的厂商需求曲线是由价格水平P_1出发的一条水平线d_1。当需求曲线由D_1移动到D_2，供给曲线由S_1移动到S_2时，市场均衡价格变为P_2，于是，相应的厂商需求曲线变为由价格水平P_2出发的一条水平线d_2。从以上分析中可以看出，各个不同的给定市场均衡价格决定厂商的需求曲线，而且，每条需求曲线都是水平的。

☞ 即问即答

在完全竞争市场上，为什么厂商是一个价格的接受者？

三、完全竞争厂商的收益曲线

为了分析厂商利润最大化的问题，需要引入与成本相对应的重要概念——收益。在这里先介绍厂商收益的概念，然后分析完全竞争厂商收益曲线的特征。

（一）厂商收益的概念

收益是指厂商出售产品后所获得的货币收入。在经济分析中，通常要使用总收益、平均收益和边际收益三个概念。

总收益（total revenue，TR）是指厂商出售产品后所获得的货币收入。它等于单位产品的售价乘以销售数量。如果以P表示既定的市场价格，Q表示销售总量，总收益的销售公式为：

$$TR(Q) = P \times Q \tag{6.1}$$

平均收益（average revenue，AR）是指厂商在出售一定数量的商品后，从每一个单位商品中得到的货币收入，即平均每个单位商品的卖价。平均收益等于总收益除以销售数量，它的定义公式为：

$$AR = \frac{TR(Q)}{Q} = \frac{P \times Q}{Q} = P \tag{6.2}$$

边际收益（marginal revenue，MR）是指厂商每多销售一单位商品带来的总收益的增加量。边际收益等于总收益的增量与销售量之比，它的定义公式为：

$$MR(Q) = \frac{\Delta TR(Q)}{\Delta Q} \tag{6.3}$$

或者

$$MR(Q) = \lim_{\Delta Q \to 0} \frac{\Delta TR(Q)}{\Delta Q} = \frac{\mathrm{d}TR(Q)}{\mathrm{d}Q} \tag{6.4}$$

（二）完全竞争厂商的收益曲线

在完全竞争市场的条件下，对整个行业来说，需求曲线是一条向右下方倾斜的曲线，供给曲线是一条向右上方倾斜的曲线。整个行业产品价格就由这种需求与供给决定。但对个别厂商来说，当市场价格确定之后，这一价格就是既定的，无论它如何增加产量都不能影响市场价格。因此，市场对个别厂商产品的需求曲线是一条由既定市场价格出发的平行线。这条需求曲线的需求价格弹性系数为无限大，即在市场价格为既定时，对个别厂商产品的需求是无限的。

在完全竞争市场上，因为厂商面临的需求曲线是一条水平线，在市场已经形成均衡价格且没发生变化时厂商所接受的市场价格是固定的。因此，厂商的总收益 $TR=PQ$，平均收益为 $AR=TR/Q=P$，边际收益 $MR=\mathrm{d}TR/\mathrm{d}Q=P$。这样，$AR=MR=P$，即在完全竞争市场上，厂商需求曲线，又是平均收益曲线和边际收益曲线，三条线重合在一起，如图 6－4（a）所示。在各种类型的市场上，平均收益与价格都是相等的，即 $AR=P$。但只有在完全竞争市场上，对个别厂商来说，平均收益、边际收益与价格才相等，即 $AR=P=MR$。

由于完全竞争厂商面临的是由市场供求情况决定的均衡价格，厂商的总收益曲线为从原点出发的一条向右上方倾斜的直线。如图 6－4（b）所示，$TR=P\times Q$，P 为 TR 曲线的不变斜率。

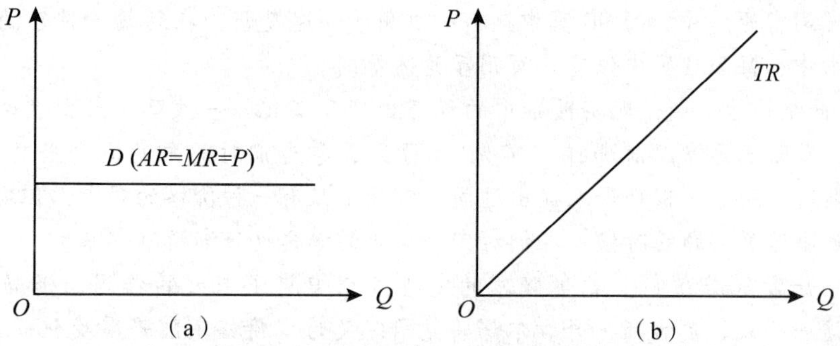

图 6－4　完全竞争厂商的收益曲线

☞ **即问即答**

在完全竞争条件下，企业是否只要提高产品价格便能增盈或减亏？

☞ **扩展阅读**

完全竞争概念的发展①

在现代有关经济学问题的理论中，完全竞争是一个核心的概念。在此基础上，我们可以讨论影响竞争的因素、不完全竞争、产业的竞争程度等种种问题。一般认为，完全竞争有四个核心条件。

---

① 资料来源：张云峰．微观经济学典型题解析及自测试题［M］．西安：西北工业大学出版社，2003

(1) 买卖双方都是价格接受者；

(2) 产品同质，不存在产品差异化的问题；

(3) 要素自由流动，市场进入、退出没有障碍；

(4) 信息完全，交易成本为零。

和任何重要的概念一样，完全竞争概念的形成，也经历了一个漫长而艰难的过程。在亚当·斯密的笔下，竞争被描述成竞争对手之间的比赛：当供给减少时，买方便急于得到产品；而当供给增加时，卖方便急于将产品出手。在亚当·斯密看来，竞争对手越多，竞争程度就越激烈，价格也就越低。亚当·斯密的另一个重要想法是，对要素所有者来说，他们之间也存在着竞争。竞争的结果便是各种要素的收益率最终相同。在此基础上，约翰·斯图亚特·穆勒提出了一个著名的观点："同一市场上不可能有两种价格。"

古典经济学家们对竞争的论述，基本上没有超出这一范围。他们没有对竞争作出更为精确的定义，自然也没有形成所谓的完全竞争的概念。究其原因，可能是在他们看来，竞争是非常常见的，与之对应的"垄断"则是非常罕见的。对常见的东西，例如，我们日常的吃饭穿衣，自然也不用作出严格的定义，因为这是大家都知道的事情。哈罗德·德姆塞茨曾做过统计，在《国富论》中，每90页中只有一页用于论述垄断；在约翰·穆勒的《政治经济学原理》一书中，每500页中仅有一页用于论述垄断。

到了19世纪的后半期，现实世界中的经济出现了变化——铁路、大型制造业及公用事业开始兴起，垄断不再像以前那样"罕见"。于是，学者们对竞争的概念兴趣日浓。另外，虽然亚当·斯密和约翰·穆勒等人提出过同一市场上只有一种价格的观点，但现实往往并不是这样。在解决这类问题的时候，人们对完全竞争的概念也日渐清晰起来。

奥古斯·丹古尔诺在完全竞争概念的完善过程中起了很大的作用。根据"利润＝收入－成本"这一公式，奥古斯·丹古尔诺将竞争定义为"价格不随产量变化而变化"。根据这个条件，奥古斯·丹古尔诺得出了一个重要的结论，即随着同类产品生产者数量的增加，价格会越来越接近于边际成本。其后，威廉·斯坦利·杰文斯论述了市场中交易方占有信息的问题，这一问题的补充是由约翰贝茨克拉克完成的。最终，弗兰克·H. 奈特在他的博士论文《风险、不确定性和利润》中对完全竞争市场作了完整的表述。

尽管完全竞争的核心条件不完全符合现代市场现实，但毕竟从理论上说明市场竞争为什么能够促进资源的优化配置，并将为经济学分析提供了一个范式。

第三节　完全竞争市场的短期均衡

厂商进行生产的目的是追求利润最大化，那么厂商实现利润最大化的原则是什么呢？有了收益曲线以后，即可与成本曲线结合，探讨完全竞争厂商应该生产多少产量才能获得最大利润。由于成本曲线有长期和短期之别，因而厂商均衡也有长期和短期之分。本节我们讨论完全竞争厂商的短期均衡。

一、利润最大化

厂商进行生产的目的是获得最大利润，完全竞争厂商也不例外。在这里，以完全竞争厂商的短期生产为例推导利润最大化的均衡条件。厂商的短期均衡与厂商面对的需求曲线有直接的关系。前面刚刚讲过，单个厂商是价格的接受者，它的需求曲线是一条由既定的市场均衡价格水平出发的水平线，厂商只能通过对产量的调整来实现最大利润，那么，厂商的均衡产量是多少呢？

厂商的利润 Π 在数值上等于总收益 TR 减去总成本 TC，即：

$$\Pi = TR - TC \tag{6.5}$$

已知 TR 和 TC 均为产量 Q 的函数，故 Π 亦为 Q 的函数。所以

$$\Pi(Q) = TR(Q) - TC(Q) \tag{6.6}$$

利润最大化的必要条件是利润函数的一阶导数为零，即：

$$\mathrm{d}\Pi/\mathrm{d}Q = \mathrm{d}TR/\mathrm{d}Q - \mathrm{d}TC/\mathrm{d}Q = 0 \tag{6.7}$$

因为，$\mathrm{d}TR/\mathrm{d}Q = MR$，$\mathrm{d}TC/\mathrm{d}Q = MC$，

所以，

$$MR = MC \tag{6.8}$$

要实现利润最大，厂商应把产量调整到 $MR = MC$，这一原则适用于所有市场结构中的厂商。

如图 6－5 所示，完全竞争厂商的一条短期生产的边际成本曲线 SMC 和一条既定价格水平 P_e 出发的水平的需求曲线 D，这两条线相交于 E 点。E 点就是厂商实现最大利润的均衡点，相应的产量就是实现最大利润时的均衡产量 Q_e。这是因为，在 E 点有 $MR = MC = AR = P$，由此决定的利润最大化的产量为 Q_e，当产量小于 Q_e 时，例如 Q_1 点时，厂商的边际收益大于边际成本，即有 $MR > SMC$，说明增加下一个单位产量带来的收益大于成本，也就是说厂商增加产量是有利的，可以使利润增加，理性的厂商就会增加产量。同时，随着产量的增加，厂商的边际收益 MR 保持不变而厂商的边际成本 SMC 是逐步增加的，最后，$MR > SMC$ 的状况会逐步变化成 $MR = SMC$。在这一过程中，厂商得到了扩大产量所带来的全部好处，获得了他所能得到的最大利润。相反，当产量大于 Q_e 时，例如 Q_2，厂商的边际收益小于边际成本，即有 $MR < SMC$，此时厂商每增加一单位产量所得到的收益小于成本，也就是说，厂商增加产量是不利的，会使利润减少。因此，在这一阶段上，理性的厂商会不断地减少产量。随着产量的减少，厂商的边际收益仍保持不变，而厂商的边际成本 SMC 是逐步下降的，最后 $MR < SMC$ 的状况会逐步变为 $MR = SMC$ 的状况。在这一过程中，厂商所获得的利润逐步达到最高水平。

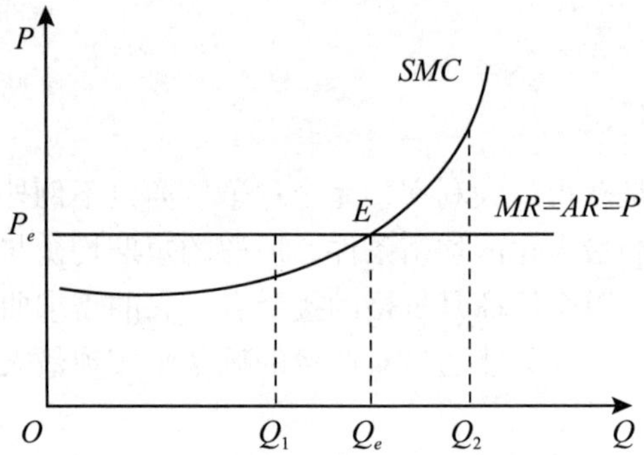

图 6-5　利润最大化

☞ 即问即答

企业产量最大时，利润是否也最大？

二、厂商实现利润最大化的条件

厂商实现利润最大化所遵循的原则是：在其他条件不变的情况下，厂商应该选择最优的产量，使得最后一单位产品所带来的边际收益等于所付出的边际成本。或者简单地说，厂商实现利润最大化的均衡条件是边际收益等于边际成本，即 $MR = MC$。

$MR = SMC$ 的均衡条件，有时也被称为利润最大或亏损最小的均衡条件。这是因为，当厂商实现 $MR = MC$ 的均衡条件时，并不意味着厂商一定能获得利润。从更广泛意义上讲，实现 $MR = MC$ 的均衡条件，能保证厂商处于由既定的成本状况（由给定的成本曲线表示）和既定的收益状况（由给定的收益曲线表示）所决定的最好的境况之中。这就是说，如果在 $MR = MC$ 时，厂商是获得最大利润的，则厂商所获得的一定是相对的最大利润；相反，如果在 $MR = MC$ 时，厂商是亏损的，则厂商所遭受的一定是相对的最小的亏损。

☞ 即问即答

利润最大或亏损最小的均衡条件是 $MR = MC$。这一条件是否只适用于短期均衡，因为当我们考虑长期问题时，不存在固定成本，所有成本都是可变的？

三、完全竞争厂商的短期均衡

由于在短期生产中，产品市场的价格是既定的，且厂商只能用既定的生产规模进行生产，所以厂商只能通过对产量的调整来实现 $MR = MC$ 的利润最大化的均衡条件，而厂商的短期均衡的盈亏状况将直接受市场价格的影响，厂商的短期均衡可以分五种情况。

（一）第一种情况：获得超额利润

获得超额利润的短期均衡条件为 $AR > SAC$，即有超过正常利润的利润，如图 6-6 所示。

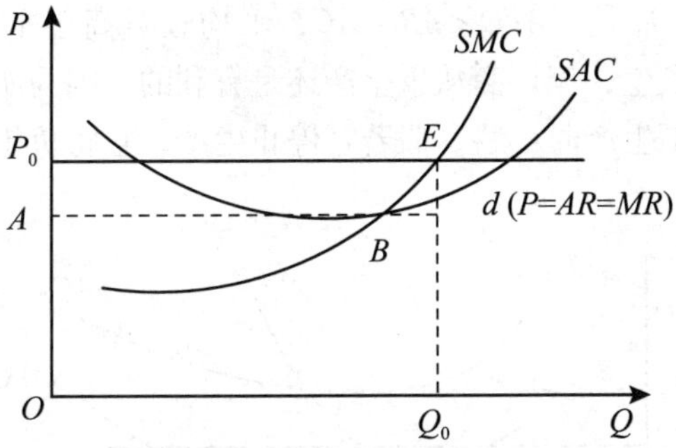

图 6 - 6　单个厂商的短期盈利

当一种商品由于各种原因出现供不应求时，价格必定上涨。MC 与 MR 的交点在 MC 与 AC 的交点上方，从而 $AR > AC$，此时总收益 $TR = AR \times Q_0$，总成本 $TC = AC \times Q_0$，而 $AR > AC$，所以 $AR \times Q_0 > AC \times Q_0$，即总收益 $TR >$ 总成本 TC，其值等于 $AR \times Q_0 - AC \times Q_0 = (AR - AC) \times Q_0$。由于这时，新的厂商不能参加进来，老的厂商不能扩大工厂规模，因而，厂商获得超额利润。

（二）第二种情况：获得正常利润

盈亏平衡的短期均衡条件为 $AR = AC$，厂商获得正常利润，如图 6 - 7 所示。当供求平衡时，MC 与 MR 的交点也正好是与 AC 的交点，即 $MR = MC = AR = AC$，此时总收益 $TR = AR \times Q_0$，总成本 $TC = AC \times Q_0$，而 $AR = AC$，所以 $AR \times Q_0 = AC \times Q_0$，即总收益 $TR =$ 总成本 TC。此时，厂商获得正常利润。在成本理论中讲过，正常利润是总成本的一部分。此时现有厂商不愿意离开这个行业，没有新的厂商愿意加入这个行业。

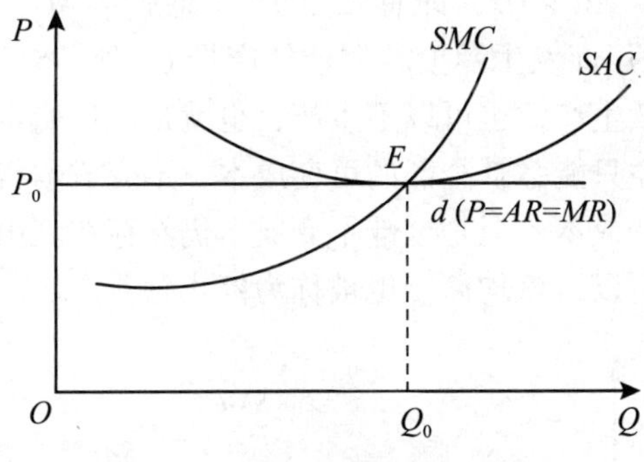

图 6 - 7　单个厂商的盈亏平衡

（三）第三种情况：有亏损，但仍可生产

当一种商品由于各种原因出现供过于求时，价格必定下跌。如图 6 - 8 所示。MC 与 MR（$= AR$）的交点在 MC 与 AC 的交点下方，从而 $AR < AC$，此时总收益 $TR = AR \times Q_0$，总成本 $TC = AC \times Q_0$，而 $AR < AC$，所以 $AR \times Q_0 < AC \times Q_0$，即总收益 $TR <$ 总成本 TC，其值等于 $AC \times Q_0 - AR \times Q_0 = (AC - AR) \times Q_0$。这时原有厂商来不及缩小规模或退出该行业，因而厂商

发生亏损。但在最佳产量 Q_0 处，$AVC<AR<AC$，平均收益高于平均可变成本，但仍小于平均成本。这时，虽然亏损发生，但厂商从事生产还是有利的，因为所得到的收益能弥补一部分固定成本，使得亏损额比不生产时小些。假若它停止生产，它将负担全部的固定成本损失。

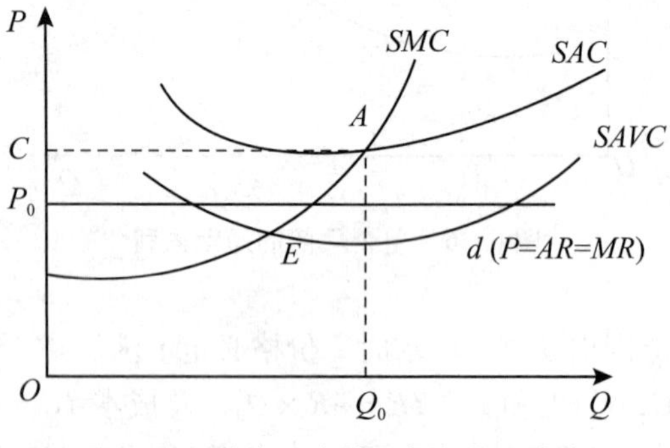

图 6－8　单个厂商的亏损但仍可生产

☞ **即问即答**

只要满足 $MR=MC$，企业是否必定盈利且最大？

（四）第四种情况：停止营业点

当价格等于 OP_0 时，平均收益恰好等于平均可变成本，厂商从事生产和不从事生产所受的亏损是一样的，其亏损额都等于固定成本，如图 6－9 所示。MC 与 $MR(=AR)$ 的交点在 MC 与 AC 的交点下方，从而 $AR<AC$，此时总收益 $TR=AR\times Q_0$，总成本 $TC=AC\times Q_0$，而 $AR<AC$，所以 $AR\times Q_0<AC\times Q_0$，即总收益 $TR<$ 总成本 TC，其值等于 $AC\times Q_0-AR\times Q_0=(AC-AR)\times Q_0$。这时厂商发生亏损。在最佳产量 Q_0 处，$SAVC=AR$，平均收益等于平均可变成本，厂商可以继续生产，也可以不生产，也就是说厂商生产或不生产的结果是一样的。如果生产，则全部收益只能弥补全部的可变成本，不变成本得不到任何补偿。如果不生产，厂商虽然不必支付可变成本，但是全部不变成本仍然存在。由于在这一均衡点上，厂商处于关闭企业的临界点，所以，该均衡点也被称为停止营业点。

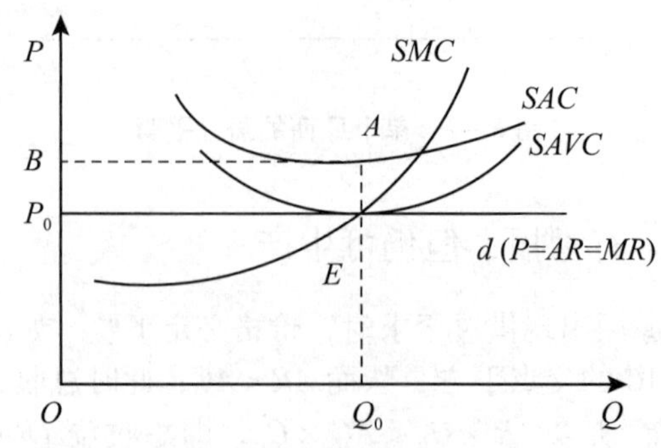

图 6－9　单个厂商的停止营业点

☞ 即问即答

如果在短期，一完全竞争厂商发现无论他选择何种产出水平（产出大于零）都会蒙受亏损，那么这个厂商还会继续经营吗?

（五）第五种情况：停止生产

当价格等于 OP_0 时，平均收益小于平均可变成本，此时，如果继续生产，则全部收益连可变成本都无法弥补，更谈不上对不变成本弥补了，如图 6－10 所示。而事实上只要厂商停止生产，可变成本就可以降为零，显然，此时不生产比生产强。

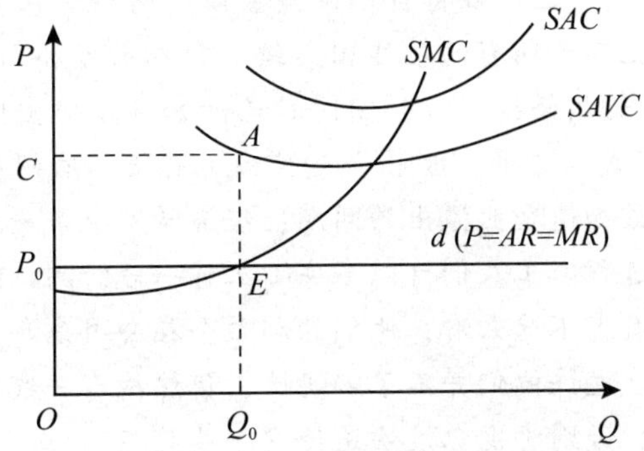

图 6－10　单个厂商的停止生产

综上所述，完全竞争厂商短期均衡的条件是：

$$MR = SMC \tag{6.9}$$

完全竞争条件下 $P = AR = MR$，在短期均衡时，厂商的利润可能大于零，可能等于零，或者小于零。以寻求利润最大化为目标的理性企业，总是要在 $P = MC$ 的产量水平上生产。除非 $P \leqslant AVC$ 时，它才停产。

☞ 案例讨论

泛美航空公司的终结①

泛美航空公司 1927 年就投入飞行，在之后的数十年中一直保持着国际航空巨子的骄人业绩。有人甚至认为，泛美公司的白底蓝字徽记（PAN AM）可能是世界上最广为人知的企业标识。

但是，对于了解内情的人来说，这个巨人的死亡算不上什么令人吃惊的新闻。1980～1991 年，除一年外，泛美公司年年亏损，总额接近 20 亿美元。1991 年 1 月，该公司正式宣布破产。细心的读者一定注意到，这个日子同公司关闭之日相距将近一年。究竟是什么力量

① 资料来源：张云峰．微观经济学典型题解析及自测试题［M］．西安：西北工业大学出版社，2003

支持垂死的巨人又多活了一段时间？而且，就在1980年出现首次亏损后，为什么不马上停止这家公司的业务？又是什么因素使这家公司得以连续亏损经营长达12年之久？

从经济学角度看，这是以市场供求曲线为基础的企业进出（市场）模式作用的结果。可变成本是随生产规模变化而变化的成本。按照企业进出模式，只要企业的平均成本高于平均销售价格，这个企业的经营就算是有经济意义的，也就是可以继续存在。当然，企业要想在亏损的情况下继续经营，必须通过出售其原有资产来维持。泛美公司在几十年的成功经营中积累了巨大的资产财富，足够它出售好一段时间的。自20世纪80年代起，这家公司先后卖掉了不少大型财产，包括以4亿美元将泛美大厦卖给美国大都会人寿保险公司，国际饭店子公司卖了5亿美元，向美国联合航空公司出售太平洋和伦敦航线，还把位于日本东京的房地产转手。到1991年末，泛美已准备将自己缩减成以迈阿密为基地的小型航空公司，主要经营拉美地区的航线，而把其余所有的航线出售给三角洲航空公司。换言之，在整个20世纪80年代，尽管泛美公司仍然坚持飞行，但同时已开始逐步撤出国际航空市场。其实，在现实世界里，“企业进出模式”中的“撤出”通常就意味着缩减规模。

至于市场经济是否应该加速企业撤出的问题，经济学家也是争论不休。从泛美公司的例子来看，撤出是一种渐进过程。工人们可以多安心工作一段时间，晚一点再考虑转换工作的事情。然而泛美的股票持有者不这么看，他们的利益全在公司多年积累的家当上，当然不同意公司出售资产维持经营。也许他们并不了解实情，仍然抱有一线希望，一个公司只要变卖一些家产就可以渡过难关，否则肯定会设法迫使它早些关门。

问题：泛美公司为什么在亏损的情况下依然经营？

☞ **即问即答**

短期内，企业生产与否，是否取决于市场价格和平均成本的比较，即如果市场价格较高，则企业会选择生产？

第四节　完全竞争厂商的短期供给曲线

完全竞争厂商只有选择使商品价格 P 等于边际成本 SMC 的最优产量 Q 才能获得短期的最大利润或最小亏损。

一、完全竞争厂商的短期供给曲线

因为完全竞争厂商的短期均衡条件为 $MR = SMC$，又 $AR = MR = P$，所以 $P = SMC$。即：当商品的价格和边际成本相等时，完全竞争厂商可获得短期的最大利润。从前面分析厂商的短期均衡的五种情况可知，每一个均衡产量都对应着一种价格。而每一个商品价格都是由市场给定的。所以，价格与厂商的最优产量之间存在着这样的一种函数关系：$Q^S = S(P)$，这就是完全竞争厂商的短期供给函数，如图6－11所示。

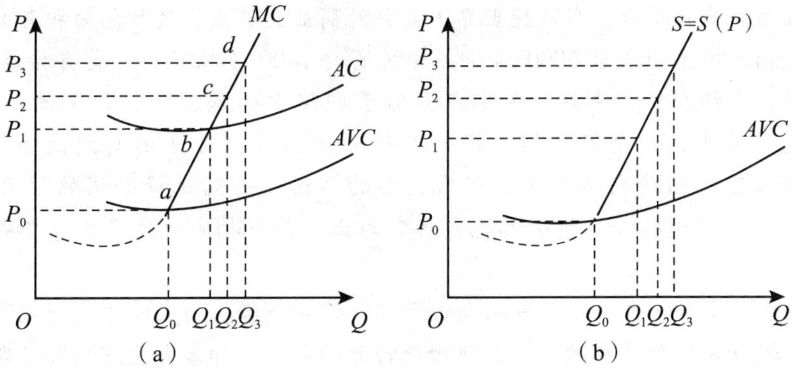

图 6－11　完全竞争厂商的短期供给曲线

（1）当市场价格 $P=P_0$ 时，若 P_0 正好等于 AVC 的最低值，则 $MC=P_0$ 的均衡点 a 正好落在 AVC 曲线的最低点上，此时厂商即愿意开始生产，其最优产量 $Q=Q_0$。P_0 与 Q_0 配对即（Q_0，P_0）成为厂商短期供给曲线的一个坐标点。

（2）当 $P=P_1>P_0$ 时，$MC=P_1$ 的均衡点 b 高于最优产量 $Q=Q_1$ 下的 AVC，此时在短期内厂商愿意生产。P_1 与 Q_1 配对即（Q_1，P_1）成为厂商短期供给曲线的另一坐标点。

（3）其余依次类推，当价格为 P_2 和 P_3 时，厂商的短期均衡点为 c 和 d。相应的最优产量为 Q_2 和 Q_3。P_2 与 Q_2 配对即（Q_2，P_2）、P_3 与 Q_3 配对即（Q_3，P_3）就成为厂商短期供给曲线的另外一些坐标点。

因此，根据以上分析可知，短期平均可变成本最低点以上部分的边际成本曲线的任何一点都存在着保证完全竞争厂商利润最大化的均衡产量和价格一一对应的关系，这种一一对应的关系就是完全竞争厂商的短期供给曲线。因此，MC 曲线高于 AVC 曲线最低点的一段即为厂商的短期供给曲线，如图（b）所示。由于边际成本曲线上与平均可变成本曲线交点以上的部分是递增的，所以完全竞争厂商的短期供给曲线一定是向右上方倾斜的。这意味着当价格上升时，厂商的供给量增加；当价格下降时，厂商的供给量减少。它表示了商品的价格和供给量之间同方向变化的关系。更重要的是，完全竞争厂商的短期供给曲线表示厂商在每一个价格水平的供给量是能够给他带来最大利润或最小亏损的最优产量。

☞ 即问即答

在短期供给中，企业的供给曲线是 MC 曲线在 AC 曲线之上的部分吗？

☞ 扩展阅读

拍卖市场①

在阿姆斯特丹 10 英里外的一座巨大的建筑物内，大约 2500 名买者一周 5 天聚集在一起

① 资料来源：唐立峰等．微观经济学学习指导［M］．北京：中国矿业大学出版社，2006

参加世界上最大的花卉拍卖。在这座世界上最大的商业大厦内，展厅总面积有100个足球场那么大，每天拍卖掉大约来自5000名花卉种植商的1400万株花卉。花卉按类（如长茎玫瑰，郁金香等）分组拍卖。许多买者坐在类似于剧院中的座位上，他们的手指触摸着按钮。一旦有花卉展出，一个钟表似的报价器便开始滴答滴答地由高到低连续报出价格，直至某个买者按下按钮使它停下来，然后获胜的递价者开始选择购买的项目和数量。同样的过程周而复始地进行，直到全部花卉售完为止。花卉拍卖速度很快，平均每4秒钟发生一笔交易。

这是荷兰式拍卖的一个例子，即从高价开始，逐步下降，当大量不完全相同但相似的项目要出售时，较多采用荷兰式拍卖，如阿姆斯特丹的花卉、加拿大的烟草及世界各个海港的鱼类。由于在一个特定的市场上待售的各种产品存在某些差别，例如一些花比另一些花好，所以这类市场并不是纯粹的完全竞争，完全竞争的市场出售的是同质的产品。

比荷兰式拍卖更常见的是英国式公开叫价拍卖。在这种方式下，递价从低价开始，逐步提高，直到只剩下一个买者。以这种方式销售的产品包括股票、债券、酒类、艺术品、古董、牲畜和汽车等。例如，在商品市场，如芝加哥商品期货交易所，咖啡、小麦、黄金等同质商品的市场价格在交易场上不停地通过各种各样的公开叫价拍卖方式来决定。

互联网的诞生使拍卖活动焕发出新的生机。诸如eBay，Auction Interactive 2000，Onsale，Internet Auction List，Z Auction以及数百家以上的其他网站进行着在线拍卖。个别网站还专门拍卖旧地图、旧电脑、酒类、机票、古董、战争纪念品、连环漫画、镇纸、比尼玩具熊等，应有尽有。最大的拍卖网站是eBay，它在一个仿真拍卖市场中出售1000多种物品。网络拍卖能够使专业拍卖商拥有世界各地的顾客。

在其他方面电脑也在逐步取代一些市场。在纽约、芝加哥、费城、伦敦和法兰克福，看上去像摇滚音乐会台前观众一样的挥手交易者正逐渐被电子交易者所取代。在法国期货交易所，当电子交易作为一种交易方式加入公开叫价系统后，几个月之内它就占据了支配地位。

二、生产者剩余

生产者剩余指厂商在提供一定数量的某种产品时实际接受的总支付和愿意接受的最小总支付之间的差额。它通常用市场价格线以下，厂商的供给线（即 SMC 曲线的相应部分）以上的面积来表示，即图6－12中的阴影部分。这是因为，在生产中只要价格大于边际成本，厂商进行生产总是有利的。这时厂商就可以得到生产者剩余。因此，在图6－12中在生产量从零到最大产量 Q_0 之间的价格线以下和供给曲线（即短期边际成本曲线）以上的阴影部分面积表示生产者剩余。其中价格线以下的矩形面积 OP_0CQ_0 表示总收益即厂商实际接受的总支付，供给曲线（即短期边际成本曲线）以下的面积 $OBCQ_0$ 表示总边际成本即厂商愿意接受的最小总支付，这两块之间的差额构成生产者剩余。

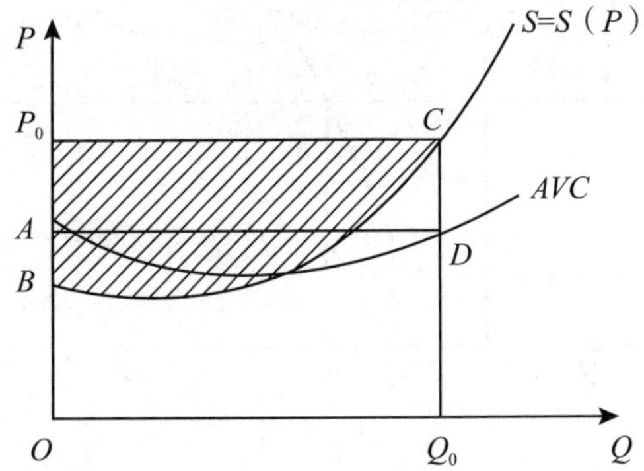

图 6－12 生产者剩余

生产者剩余还可以用数学公式来定义。令供给函数 $PS=f(Q)$，且价格为 P_0 时的供给量为 Q_0，则生产者剩余为：

$$PS=P_0Q_0-\int_0^{Q_0}f(Q)\,\mathrm{d}Q \tag{6.10}$$

式（6.10）中，PS 为生产者剩余的缩写，式子右边的第一项表示收益，第二项表示厂商愿意接受的最小总支付。

在短期内，由于固定成本是无法改变的，所以总边际成本必然等于总可变成本。这样，生产者剩余也可以用厂商的收益和总可变成本的差额来定义。在图 6－12 中，生产者剩余也可以由矩形 AP_0CD 来表示，它等于收益（OP_0CQ_0）减去总可变成本（$OADQ_0$）。从本质上说，在短期中，由于固定成本不变，所以，只要收益大于总可变成本，厂商进行生产就是有利的，就得到了生产者剩余。

以上分析了单个生产者剩余，类似的分析对于市场的生产者剩余也是适用的。在下一节学习了市场供给曲线的内容以后，可以用市场价格线以下和市场供给曲线以上的面积来表示市场的生产者剩余。

第五节 完全竞争行业的短期供给曲线

在任何价格水平上，一个行业的供给量等于行业内所有厂商的供给量的总和。假定厂商的技术水平和生产要素的价格不变，则一个行业的短期供给曲线由该行业内所有厂商的短期供给曲线的水平加总而得到。

如图 6－13 所示。假定完全竞争行业只有两家厂商，其短期供给曲线分别在图 6－13（a）和图 6－13（b）中，当市场价格为 P_1 时，厂商 1 生产的产量为 Q_1，厂商 2 生产的产量为 Q_3，则此时整个市场的供给量为行业（c）中的 Q_1+Q_3；当市场价格为 P_2 时，厂商 1 生产的产量为 Q_2，厂商 2 生产的产量为 Q_4，则此时整个市场的供给量为行业（c）中的 Q_2+Q_4。依次类推，由单个厂商价格与数量的一一对应关系可以得到整个行业的供给曲线。

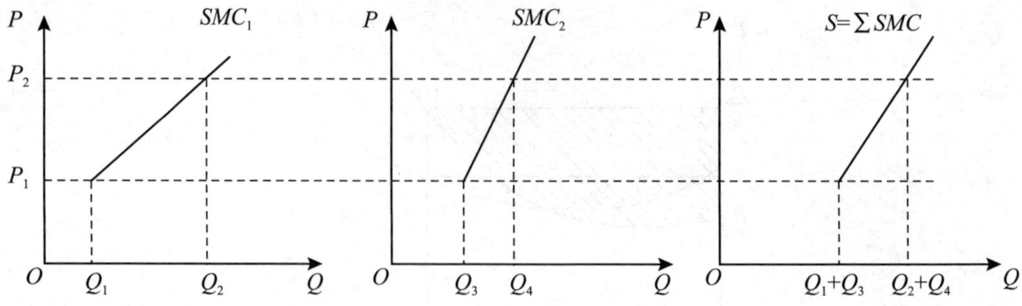

（a）厂商　　（b）厂商　　（c）行业

图 6－13　完全竞争市场的短期供给曲线

使用数学的方式也能推导出行业的供给曲线，假定整个行业有 n 家厂商，第 i 家厂商的短期供给曲线为 $SMC_i = S_i(P)$，那么厂商的短期供给曲线和行业的短期供给曲线可以用公式表示为：

$$S(P) = \sum_{i=1}^{n} S_i(P) \qquad (6.11)$$

$$i = 1, 2, \cdots, n$$

如果行业里的所有厂商的短期供给曲线都相同，则上述公式可以简化为：

$$S(P) = n \times S_i(P) \qquad (6.12)$$

显然，完全竞争行业的短期供给曲线保持了完全竞争厂商的短期供给曲线的基本特征。即行业的短期供给曲线也是向右上方倾斜的，它表示市场的产品价格和市场的短期供给量成同方向的变动。而且，行业的短期供给曲线上与每一价格水平向对应的供给量都是可以使全体厂商在该价格水平获得最大利润或最小亏损的最优产量。

☞ **即问即答**

说明完全竞争条件下行业的短期供给曲线和厂商的短期供给曲线之间的相互关系？

☞ **扩展阅读**

实验经济学①

经济学家们没有多少机会进行在物理学和生物学中可以进行的那种被控制的实验。但是，大约在40多年前，弗农·史密斯（Vernon L. Smith）为了观察一些实验主体如何迅速和有效率地达到市场均衡便开始进行了一些实验。他最初进行的实验包括22个学生，其中11个被指定为“买者”，11个被指定为“卖者”。每一个买者给一张卡片，用来标明供给一

① 资料来源：李明志等. 微观经济分析学习指导［M］. 北京：清华大学出版社，2009

单位这种假设的物品的成本，这些成本最低 0.75 美元，最高 3.25 美元，由低到高排列，形成一条向上倾斜的供给曲线。买者和卖者只知道他们自己卡片上的数值。

为了给市场以激励，弗农·史密斯告诉参与者在实验结束时，他们将根据各自的成本或价格与他们在公开市场上谈成的价格之间的差额获得一笔现金奖励。作为一种交易方法，弗农·史密斯根据一些类似于管理股票市场和商品交易所的规则，使用一种叫作双向连续拍卖的交易方法：按照这一方法，任何一个买者或卖者都向整个市场宣布买入价或卖出价。每当一个买者接受一个卖出价的时候，或者一个卖者接受一个买入价的时候，一笔交易就会发生。弗农·史密斯发现，价格很快趋向于市场出清的水平，在他的实验中这一出清价格等于 2 美元。

后来，经济学家们做了无数次测试市场性质的实验。这些实验表明，在大多数情况下，在促使物品由成本最低的生产者转移到出价最高的消费者的过程中，市场是特别有效率的。它使消费者剩余和生产者剩余之和达到最大，从而使社会福利达到最大。一个令人惊讶的实验结果是，确定一个市场价格所必需的参与者都能够买卖好几个单位。有些实验只使用两个卖者，然而在双向拍卖规则下，竞争均衡模型仍运行得非常好。

顺便指出，大多数美国零售市场如超级市场和百货商店都使用标价，即价格是标出来的，而不是谈成的。实验表明标价面对市场状况变化所进行的调整不像双向连续拍卖那样迅速。尽管标价对市场反应迟缓，但它可能是适合大型的、相对稳定的市场的一种选择，因为这种定价交易成本比较低。对比来看，连续拍卖定价涉及的交易成本比较高，在股票市场和商品期货市场上，需要成千上万的人们进行全天的谈判，以便把价格维持在均衡水平。

实验对经济理论提供了经验上的支持，并获得了市场规则如何影响市场结果方面的认识。实验也帮助建立了一些过去不存在的市场，如污染权市场和广播段权市场等。另外，实验也为新兴市场经济国家如波兰、俄罗斯和匈牙利等国提供了一条了解市场如何运行的安全、便捷的途径。

目前许多国际上著名的大学不但开设了实验经济学课程，而且把实验课程的内容和研究结果放在了网上。比如范德比尔特大学的 Market. Econ 将实验搬到了网上（http：//market. econ. vanderbilt. edu），输入你的 E-mail 地址，你便可以获得一个密码，玩他们提供的在线游戏，但一定要从头到尾仔细阅读一遍游戏规则。其他一些游戏的规则和结果可以从加利福尼亚理工大学实验经济学和政治学实验室（http：//eeps. caltech. edu）获得，该实验室主任为实验经济学的早期创始人查尔斯·普劳特（Charles R. Plott）。弗吉尼亚的一位在课堂中运用游戏的创始人查尔斯·霍尔特（Charles Holt）办了一个网站（http：//theweb. badm. sc. Edu/laury/games. html）提供某些实验的说明和游戏单。

第六节　完全竞争厂商的长期均衡

在长期中，完全竞争市场中的厂商行为与在短期中的情况不一样。首先，由于长期中所有投入要素都是可以变动的，所以厂商可以通过调整选择最优的生产规模来实现长期利润最大化；其次，完全竞争市场的厂商数量在短期中和在长期中是不同的。如果在短期，企业挣得了经济利润，那么新的企业将会被吸引到该行业中来，市场中的企业数量将会增加；如果市场中已有的企业持续亏损，一些企业将退出该行业，从而市场中的企业数量会减少。在完全竞争市场价格给定的条件下，厂商在长期生产中对全部生产要素的调整可以表现为两个方面：一方面表现为对最优的生产规模的选择；另一方面表现为对进入或退出一个行业的决策。

一、厂商对生产规模的调整——长期利润最大化

在长期中，企业可以通过选择最佳的要素组合和工厂规模来实现其长期利润最大化。现暂时假定该企业不会从事其他产业的生产活动，从而忽视其退出市场的决策。

如图 6－14 所示，假定完全竞争市场的价格为 P_1，某厂商有两个工厂规模 K_1 和 K_2，且 $K_1>K_2$（通常以企业的水平来衡量企业规模的大小）。相应的两条短期平均成本曲线为 SAC_1 和 SAC_2，长期平均成本曲线 LAC 便是短期平均成本的下包络线，相应的两条短期边际成本为 SMC_1 和 SMC_2，长期边际成本曲线为 LMC。如果该工厂已经选择工厂规模 K_1 进行生产，则相应的短期成本曲线为 SAC_1。要使短期利润最大化，该厂商必须根据 $P_1=SMC_1$ 的原则选择最佳产量 Q_1，而工厂规模在短期内不可变动，所获得的利润为图 6－14 中较小的那块阴影部分的面积 $AP_1E_1F_1$，企业不可能赚取更高的利润。然而从长期来看，情况就不同了。在长期，选择 Q_1 并不能保证长期利润最大化，因为在 Q_1 点，$P_1>LMC$。如果 P_1 在长期内不会改变，那么企业将逐步扩大其产量至 Q_2，选择工厂规模 K_2 进行生产，因为在 Q_2 点 $P_1=LMC$，此时总利润最大为图中较大部分阴影 $BP_1E_2F_2$ 的面积。很清楚，在长期，厂商通过对最优生产规模的选择，使自己的状况得到更大的改善，从而获得了比在短期内所能获得的更大的利润。

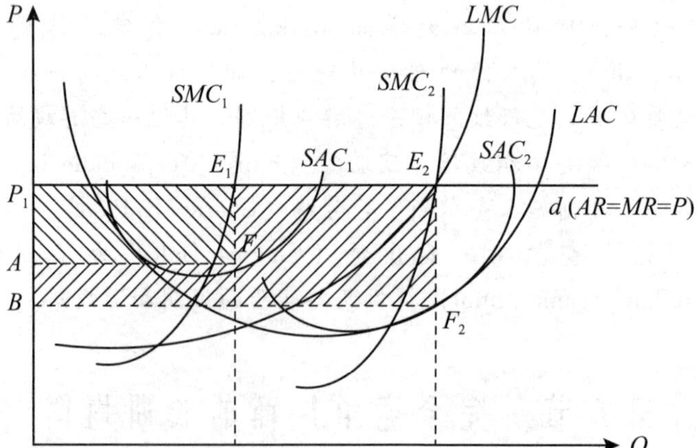

图 6－14　长期中厂商对最优生产规模的选择

二、厂商的进出决策——实现长期均衡

完全竞争厂商在长期中除了选择最佳的工厂规模之外，还有进出市场的自由。若代表性厂商的长期利润为正，就会吸引其他产业的厂商进入；若代表性厂商发生亏损，它便会退出。厂商在长期生产中进入或退出一个行业，实际上是生产要素在各个行业之间的调整，生产要素总是会流向能获得更大利润的行业，也总是会从亏损的行业退出。正是行业之间生产要素的这种调整，使得完全竞争厂商长期均衡时的利润为零。

如图6－15为例。如果开始时的市场价格较高为 P_1，根据 $MR=LMC$ 的利润最大化的原则，厂商选择的产量为 Q_1，相应的最优生产规模由 SAC_1 曲线和 SMC_1 曲线所代表。此时厂商获得超额利润，这就会吸引一部分厂商进入到该行业中来。随着厂商数量的逐步增加，市场上的产品供给就会增加，市场价格就会逐步下降，相应地，单个厂商的利润就会逐步减少。只有当市场价格水平下降到使单个厂商的利润减少为零时，新厂商的进入才会停止。相反，如果市场价格较低为 P_3 时，则厂商选择的产量为 Q_3，相应的最优生产规模由 SAC_3 曲线和 SMC_3 曲线所代表。此时，厂商是亏损的，这使得行业内原有厂商中的一部分退出该行业。随着行业中厂商数量的减少，市场中的产品供给也会逐渐减少，市场价格就会逐步上升。相应地，单个厂商的亏损就会减少。只有当市场价格水平上升到使单个厂商的亏损消失，即利润为零时，原有厂商的退出才会停止。总之，不管是新厂商的进入，还是原有厂商的退出，最后这种调整一定会使市场价格达到等于长期平均的最低点的水平，即图中的价格水平 P_2。在这一价格水平，行业内的每个厂商既无利润，也无亏损，但都实现了正常利润。于是厂商失去了进入或退出该行业的动力，行业内的每个厂商都实现了长期均衡。

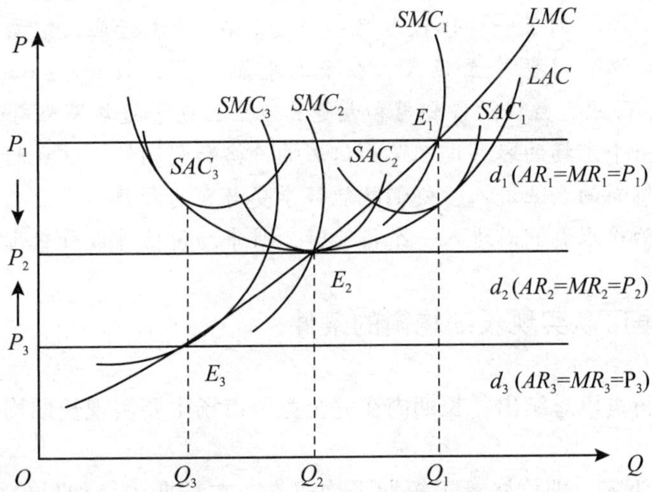

图6－15　厂商进入或退出行业

图6－15中的 E_2 点是完全竞争厂商的长期均衡点，在该点 *LAC* 曲线达到最低点，相应

的 *LMC* 曲线经过该点；厂商的需求曲线与 *LAC* 曲线相切于该点；代表最优生产规模的 SAC_2 曲线相切于该点，相应的 SMC_2 曲线经过该点。总之，完全竞争厂商的长期均衡出现在 *LAC* 曲线的最低点。这时，生产的平均成本降到长期平均成本的最低点，商品的价格也等于最低的长期平均成本。

☞ **即问即答**

在什么条件下企业将退出市场？

☞ **案例讨论**

当厂商为追求利润而进入一个行业时，会发生什么？[①]

1969 年，掌上计算器第一次被引进美国，它的价格是 395 美元；1975 年，索尼第一次推出盒式录像机（VCR），价格是 1400 美元；1977 年，苹果电脑公司推出了第一代个人电脑，它只有 4K 的随机访问存储器（RAM），当时的售价接近 1300 美元。2000 年，这三种产品的价格无论是名义价格还是实际价格（考虑了通货膨胀因素后）都大大下降，而且它们的质量都要远远好于以前的产品。

是什么导致了质量上升的同时，价格大幅度下降？部分原因是因为新的企业进入了计算器、VCR 和个人电脑行业。在不同的行业中，第一代企业实现正的经济利润吸引了新的企业，从而使商品的供给增加，价格下降。第一代掌上计算器出现一年后的 1970 年，德州仪器公司进入了这个行业。很快，佳能、惠普、国家半导体公司和希尔斯公司也都纷纷进入了这个行业，这里还只是提到了一些比较著名的公司。在 VCR 行业，继索尼之后，RCV、通用电气、Zenith 等其他公司也纷至沓来。在个人电脑行业，Tandy（Radio Shack）、施乐、IBM、日本电器、卡西欧、数据设备公司和大量其他企业也紧随苹果公司进入了这个行业。

这些例子说明一个市场的容易进入是如何影响价格和利润的。这也暗示着，如果现有的企业能够成功地限制新的企业进入，他们就能够享受潜在的利益。

问题：当厂商为追求利润而进入一个行业时，对市场价格造成什么影响？

三、完全竞争厂商实现长期均衡的条件

通过上面的分析可以总结出，长期内在完全竞争市场中要实现长期均衡，需要具备以下三个条件。

（1）经济利润为零，即价格等于短期平均成本。在长期内，如果价格高于短期平均成本，就会产生正的经济利润，会吸引别的企业进入这个行业从事生产经营活动。如果价格低

① 资料来源：李明志等．微观经济分析学习指导［M］．北京：清华大学出版社，2009

于短期平均成本，就会产生亏损，而亏损将会使一些现有的企业想要退出这个行业。如果由于盈利或亏损而使一些企业有进入或退出该行业的企图，长期竞争均衡将不能实现。长期均衡应该出现在没有任何企业有进入或退出行业的企图的时候。这种情况可以通过零经济利润（但有正常利润）来实现，此时的结果是均衡价格等于短期平均成本。

（2）厂商按 $MR=MC$ 的条件安排生产经营活动。对于完全竞争厂商来说，其边际收益与价格完全相等，并且在长期内，不仅要求其把生产规模调整到价格等于长期边际成本的水平上。而且要求一旦生产规模确定，当时的价格等于短期边际成本。这样在长期内，当厂商均衡时，$P=LMC=SMC$。

（3）没有企业愿意为生产现有的产量而改变工厂规模。也就是说，在 $P=MC$ 处的产量上，$SAC=LAC$。此时，企业将愿意在长期改变工厂规模，因为，它希望能够在使它的平均总成本（单位成本）最低的工厂规模上生产。但当企业是在价格等于边际成本且 SAC 等于 LAC 的情况下生产时，它将没有改变工厂规模的愿望。

综上所述，长期竞争均衡所必需的三个条件可以被表述为如下形式：当 $P=LMC=SMC=LAC=SAC$ 时就会实现长期竞争均衡。其中 $P=MR=AR$ 时，单个厂商利润为零。

☞ **即问即答**

“在长期均衡点，完全竞争市场中每个厂商的利润都为零。因而，当价格下降时，所有这些厂商就无法继续经营。”这句话对吗？

第七节 完全竞争行业的长期供给曲线

在前面的分析中，我们利用完全竞争厂商短期均衡的条件得出其短期供给曲线，然后假定短期内不管厂商的产量如何变动，投入要素的价格是不变的，由此，假定将厂商的短期供给曲线水平加总得出了完全竞争行业的短期供给曲线。现在，在我们知道了完全竞争厂商的长期均衡条件后，是否也可以推导出完全竞争行业的长期供给曲线呢？

长期内，由于随着利润的变化，厂商可以自由地进入或退出某行业，这样整个行业的总产量就会发生变化。在要素市场供给不变的情况下，由厂商产量的变化而导致的对要素需求的变化就会影响投入要素的价格。最后投入要素价格的变化又会反过来影响厂商生产成本的变化。依据要素价格变化所引起的厂商生产成本变化的不同情况，我们可以把长期内完全竞争行业划分为成本不变行业、成本递增行业和成本递减行业。这三类行业的长期供给曲线各有其自身的特征。

一、成本不变行业的长期供给曲线

成本不变行业是指在扩大生产规模时，要素的价格仍然保持不变，使厂商的成本函数仍维持不变的行业。在这种情况下，行业的长期供给曲线是一条水平线。形成这些行业成本不变的原因主要有两个：第一，这一行业在经济中所占的比重很小，所需要的生产要素在全部生产要素中所占的比例也很小，从而它的产量的变化不会对生产要素的价格产生影响；第二，这一行业所使用的生产要素的种类与数量与其他行业呈反方向变动。这样，它的产量的变动也就不会引起生产要素价格的变动，从而保持长期平均成本不变。

在图 6－16 中，由市场需求曲线 D_1 和市场短期供给曲线 SS_1 的交点 A 所决定的市场均衡价格为 P_1。在价格水平 P_1，完全竞争厂商在 LAC 曲线的最低点 E 实现长期均衡，每个厂商的利润均为零。此时，厂商的均衡产量为 Q_{i1}，行业均衡产量为 Q_1，且有 $Q_1 = \sum_{i=1}^{n} Q_{i1}$。假定由于外在因素影响使市场需求增加，需求曲线向右移动到 D_2，且与 SS_1 相交，相应的市场价格水平由 P_1 上升到 P_2。由于新的价格较高，厂商在短期内沿着既定生产规模的 SMC 曲线将产量由 Q_{i1} 提高到 Q_{i2}，并获得超额利润。

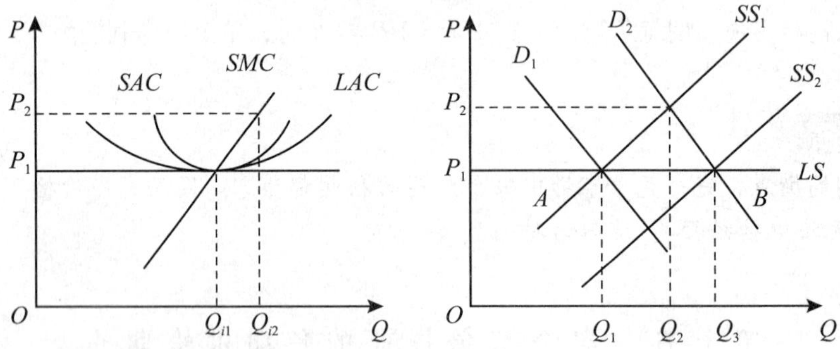

（a）厂商　　（b）行业

图 6－16　成本不变行业的长期供给曲线

从长期看，由于单个厂商获得了利润，便吸引新厂商加入到该行业中来，导致行业供给增加。行业供给增加会产生两个方面的影响。第一，它会增加对生产要素的需求。但由于是成本不变行业，所以，生产要素的价格不发生变化，企业的成本曲线的位置不变。第二，行业供给增加会使厂商的 SS_1 曲线向右移动，市场价格将逐步下降，单个厂商的利润也将逐渐减少。这个过程一直要持续到单个厂商的利润消失为止，即 SS_1 曲线一直要移动到 SS_2 曲线的位置，从而使市场价格又回到了原来的长期均衡价格水平 P_1，单个厂商又在原来的 LAC 曲线的最低点 E 实现长期均衡。所以，D_2 曲线和 SS_2 曲线的交点 B 是行业的又一个长期均衡点，此时有 $Q_3 = \sum_{i=1}^{n} Q_{i1}$。市场的均衡产量的增加量 Q_1Q_2，它是由新加入的厂商提供的，但行业内每个厂商的均衡产量仍为 Q_{i1}。

连接 A 和 B 两个长期均衡点的直线 LS 就是该行业的长期供给曲线，它是一条水平线。它表示：成本不变行业是在不变的均衡价格提供产量，该均衡价格水平等于厂商不变的长期平均成本的最低点。市场需求变化，会引起行业长期均衡产量的同方向的变化，但长期均衡价格不会发生变化。

二、成本递增行业的长期供给曲线

成本递增行业是指该行业产量增加所引起的生产要素需求增加，这将导致生产要素价格的上升。这种行业中各个厂商的长期平均成本要随整个行业产量的增加而增加。这种行业在经济中属于普遍情况，该行业的长期供给曲线是一条向右上方倾斜的曲线。形成这些行业成本递增的原因是：由于生产要素是有限的，所以整个行业产量的增加就会使生产要素价格上升，从而引起各厂商的长期平均成本增加。这也就是以前所说的由于外部因素，一个行业扩大给一个厂商所带来的“外在不经济”。这种情况在以自然资源为主要生产要素的行业中更为突出。

在图 6－17 中，根据利润最大化的原则，开始时单个厂商的长期均衡点 E_1 和行业的一个长期均衡点 A 相对应。它表示：在市场均衡价格水平 P_1，厂商在 LAC_1 曲线的最低点实现长期均衡，且每个厂商的利润为零。

假定市场需求增加使市场需求曲线向右移动到 D_2 曲线的位置，并与原市场短期供给曲线 SS_1 相交形成新的更高的价格水平。在此价格水平，厂商在短期内将仍以 SMC_1 曲线代表既定的生产规模生产，并由此获得利润。

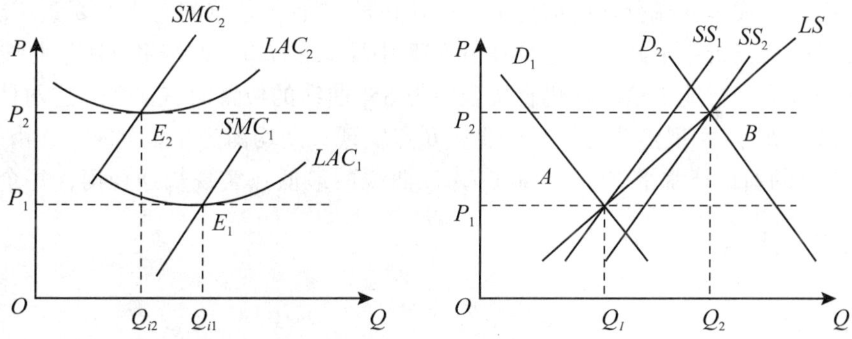

（a）厂商　　　　（b）行业

图 6－17　成本递增行业的长期供给曲线

在长期，新厂商会由于利润的吸引而进入到该行业中来，导致整个行业的供给增加。一方面，行业供给的增加会增加对生产要素的需求。与成本不变行业不同，在成本递增行业中，生产要素需求的增加使生产要素的市场价格上升，从而使厂商的成本曲线的位置上升。另一方面，行业供给增加直接表现为市场的 SS_1 曲线向右平移。那么，这里的 LAC_1 曲线和 SMC_1 曲线位置上移和 SS_1 右移的过程一直要持续到如图 6－17 所示，分别达到 LAC_2 曲线和 SMC_2 曲线的位置及 SS_2 曲线的位置，从而分别在 E_2 点和 B 点实现厂商的长期均衡和行业的长期均衡。此时，在由 D_2 和 SS_2 曲线所决定的新的市场均衡价格水平 P_2，厂商在 LAC_2 曲线的最低点实现长期均衡，每个厂商的利润都为零，且 $Q_2 = \sum_{i=1}^{n} Q_{i2}$ 。

连接 A 点和 B 点这两个行业长期均衡点的直线 LS 就是行业的长期供给曲线。成本递增行业的长期供给曲线是向右上方倾斜的。它表示：在长期，行业的产品价格和供给量呈同方向变动。市场需求的变动不仅会引起行业长期均衡价格的变动，同时还引起行业长期均衡产量的同方向变动。

三、成本递减行业的长期供给曲线

成本递减行业是指该行业产量增加所引起的生产要素需求的增加，反而使生产要素的价格下降了。这种行业中各个厂商的长期平均成本要随整个行业产量的增加而减少。这也就是以前所说的规模经济中的外在经济。形成这些行业成本递减的原因是，外在经济对这种行业特别重要。例如，在同一地区建立若干汽车制造厂，各厂商就会由于在交通、辅助服务等方面的节约而产生成本递减。但特别应该指出的是，这种成本递减的现象只是在一定时期内存在。在长期中，外在经济必然会变为外在不经济。因此，一个行业内的成本递减无法长期维持下去。

在图 6－18 中，开始时，厂商在 E_1 点实现长期均衡，行业在 A 点实现长期均衡，E_1 点和 A 点是相互对应的。所不同的是，当市场价格上升，新厂商由于利润吸引而加入到该行业中来。一方面，在成本递减行业的前提下，行业供给增加所导致的对生产要素需求的增加，却使生产要素的市场价格下降了，它使图 6－18 中原来的 LAC_1 曲线和 SMC_1 曲线的位置向下移动；另一方面，行业供给增加仍直接表现为 SS_1 曲线的位置向右移动。这两种变动一直要持续到厂商在 E_2 点实现长期均衡和行业在 B 点实现长期均衡为止。此时，在由 D_2 曲线和 SS_2 曲线所决定的新价格水平 P_2，厂商在 LAC_2 曲线的最低点实现长期均衡，每个厂商的利润又恢复为零，且 $Q_2 = \sum_{i=1}^{n} Q_{i2}$ 。

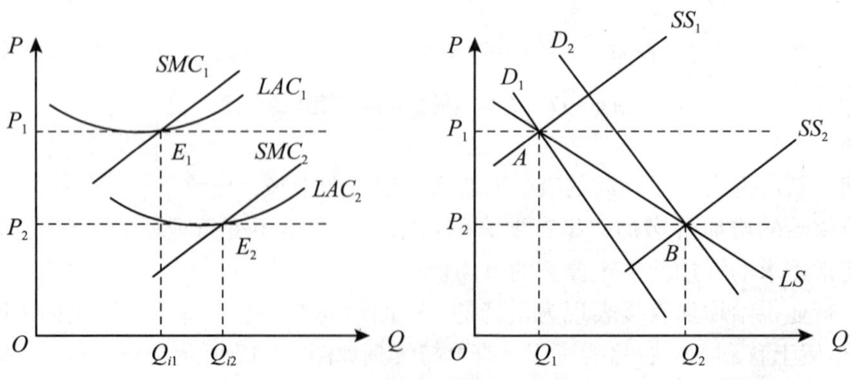

（a）厂商　　（b）行业

图 6－18　成本递减行业的长期供给曲线

连接 A 点和 B 点这两个行业长期均衡点的直线 LS 就是行业的长期供给曲线。成本递减行业的长期供给曲线是向右下方倾斜的。它表示：在长期，行业的产品价格和供给量呈反方向变动。市场需求的增加会引起行业长期均衡价格的反方向变动，同时会引起行业长期均衡产量同方向变动。

一般认为，成本递减行业只是一种理论上的可能性，就像吉芬商品一样，现实生活中是十分少见的。

☞ **即问即答**

“当行业处于长期均衡状态时，同一行业的所有厂商必须具有相同的成本曲线，且各厂商只能获得正常利润。”这句话是否正确？

第八节　完全竞争市场的短期均衡和长期均衡

效用论从效用最大化的角度分析了消费者的行为，生产论和成本论则从利润最大化的角度分析了生产者的行为，而消费者和生产者活动的场所即市场根据它的不同特征可以分为四大类，那么在完全竞争市场中，消费者和厂商的短期均衡和长期均衡之间的关系是什么呢？

一、完全竞争市场的短期均衡和长期均衡

利用图 6－19 来分析完全竞争市场中的综合均衡情况。根据效用论，单个消费者的需求曲线是从单个消费者追求自身效用最大化的行为中推导出来的，单个消费者需求曲线上的每一点表示在一定价格水平下能够给单个消费者带来最大效用的需求量。图 6－19（a）和图 6－19（b）中分别有消费者甲的需求曲线 d_1 和消费者乙的需求曲线 d_2。市场的需求曲线是由所有的单个消费者的需求曲线加总而得到的，图 6－19（c）中的市场需求曲线 D 是由图 6－19（a）和图 6－19（b）中两个消费者的需求曲线 d_1 和 d_2 水平叠加而得到的。市场需求曲线 D 上的每一点也同样表示在一定价格水平下能够给市场上每个消费者带来最大效用的需求量。

根据生产论、成本论和完全竞争市场论，厂商的短期供给曲线是由单个完全竞争厂商追求利润最大化的行为推导出来的，它是厂商的 SMC 曲线上等于和大于 AVC 曲线最低点的部分（图中略去 AVC 曲线），单个厂商短期供给曲线上的每一点都表示在一定价格水平下，可以给单个厂商带来最大利润的供给量。图 6－19（d）和图 6－19（e）中有 A、B 两个完全竞争厂商的成本曲线，则 SMC_1 曲线和 SMC_2 曲线分别表示厂商 A 和 B 的短期供给曲线。A 和 B 两个厂商的短期供给曲线，即 SMC_1 曲线和 SMC_2 曲线水平加总而得到图 6－19（c）中的行业短期供给曲线 SS。市场短期供给曲线 SS 上的每一点表示在一定价格下可以给行业中每一个厂商都能带来最大利润的供给量。

在图 6－19（c）中，市场需求曲线 D 和市场短期供给曲线 SS 相交于 E 点，E 点是市场

的一个短期均衡点，相应的均衡价格是 P_e，均衡数量是 Q_e。因为，有一条成本不变行业的长期供给曲线 LS 与市场需求曲线 D 也相交于 E 点，所以 E 点同时也是市场的一个长期均衡点，市场的长期均衡价格和长期均衡数量分别为 P_e 和 Q_e。就市场长期均衡价格 P_e 而言，它等于厂商的 LAC 曲线的最低点。这表明，在完全竞争市场的长期均衡点上，厂商的生产成本降到了最低的水平，它等于最低的长期平均成本，而且，市场的长期均衡价格也降到了这一最低水平。再就市场长期均衡数量 Q_e 而言，它既等于市场上所有消费者的需求量之和，又等于市场上所有厂商的供给量之和，所以市场刚好出清，既不存在供不应求，也不存在供过于求。更重要的是，此时，一方面所有的厂商都以最低的成本提供产品，并且都获得了最大的利润（尽管利润为零）；另一方面所有的消费者都以最低的价格购买产品，并各自都得到了最大效用。

正因为如此，西方国家学者推导出，完全竞争市场长期均衡状态的形成及其特征表明，完全竞争的市场机制能够以最有效的方式配置经济资源。这也是对完全竞争经济的“看不见的手”的原理论证的一个重要组成部分。

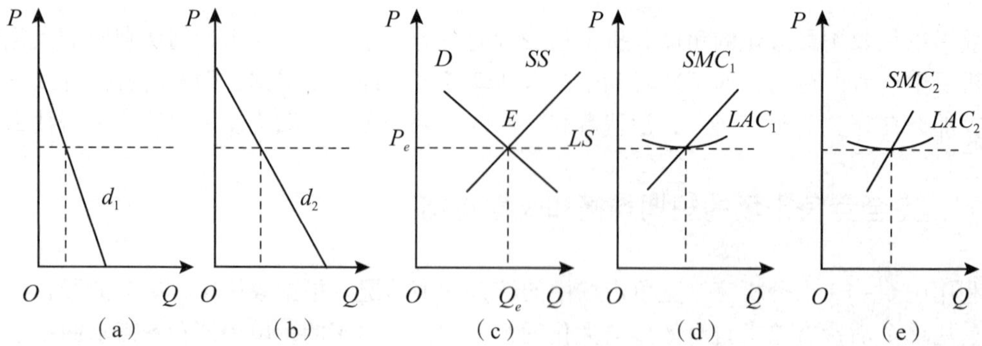

图 6－19　完全竞争市场均衡的综合图

二、对完全竞争市场结构的评价

对完全竞争市场长期均衡的分析是建立在完全竞争厂商的调整基础之上的。从长期来看，完全竞争市场上同时进行着两个方面的调整。一方面，厂商为了在既定的产量下花费最小的成本，将不断调整生产规模，使其成本最低；另一方面，行业中厂商数量的调整。行业如果存在经济利润，会吸引新厂商的进入；行业中代表性厂商出现亏损，某些厂商将退出该行业。

就单个厂商而言，边际收益既定，而厂商的边际成本在经过调整之后趋向于长期边际成本。利用利润最大化的一般原则可对代表性厂商获取经济利润、正常利润和亏损的状况进行分析。

在完全竞争市场的长期均衡状态下，厂商的平均成本、边际成本和边际收益相等，都等于市场价格，这意味着完全竞争市场是有效率的。

第一，从边际成本等于市场价格来分析。边际成本度量了社会生产一单位产品耗费资源的成本，而市场价格则衡量了消费者愿意支付给单位产品的货币数量，即社会给予该单位产品的价值评判。边际成本等于市场价格意味着，最后一单位的产量耗费资源的价值恰好等于该单位产量的社会价值，此时该产量达到最优。因为，如果边际成本大于市场价格，那么就意味着在消费者看来，最后一单位产品不值那么多，从而减少该单位产品的生产会提高全社会的价值总和；反之，如果边际成本小于市场价格，那么增加生产会提高社会的价值总和。这说明，完全竞争厂商的产量是最优的。

第二，从平均成本等于市场价格来分析。平均成本是厂商每单位产品所耗费的资源成本，而市场价格是消费者购买所有产量时，每单位支付给厂商的收益。平均成本等于市场价格意味着厂商提供该数量的产品所获得的收益恰好补偿厂商的生产费用，从而厂商没有获得经济利润，消费者也没有支付多余费用，这对于买卖双方都是公平的。从另一方面看，由于在完全竞争市场上，市场价格是一条水平直线，而在厂商处于长期均衡状态时，厂商的边际收益和平均收益都等于市场价格，所以，厂商提供的生产量恰好处于平均成本的最低点。这就是说，当提供该产量时，厂商在现有的生产规模中选择了成本最低的一个。所以，完全竞争市场的生产在技术上是最优的，因为厂商利用了现有技术提供了最低的生产成本。

第三，完全竞争市场的长期均衡是通过价格的自由波动来实现的。所以，当由于消费者偏好、收入等因素变动引起市场需求发生变动或由于生产技术、生产要素供给等因素变动引起市场供给发生变动时，市场价格可以迅速做出反应，及时根据市场供给的状况进行调整。另外，由于在完全竞争市场上厂商提供的产品没有差别，因而厂商没有必要通过广告之类的宣传媒介强化自己的产品在消费者心目中的地位。所以，在完全竞争市场上不存在非价格竞争所带来的资源浪费。

但是，完全竞争市场也不是完全令人满意的。

第一，尽管完全竞争市场可以实现产量最大和技术规模最优。但是没有差异的产品并不一定能准确地反映不同消费者的不同偏好，因为，对于同一用途的商品而言，完全竞争市场迫使消费者只能选择一种商品。

第二，完全竞争市场上的需求是由单个消费者的需求横向叠加得到的，而单个消费者的需求在很大程度上取决于消费者的收入。如果在经济系统中收入分配不均，那么收入高的消费者的需求对于市场需求的影响大，而收入低的消费者的需求对于市场需求的影响小。这样，市场需求的变化主要反映收入高的消费者的需求变化。因此，完全竞争市场的价格并不一定能准确地反映所有消费者的需求。

第三，完全竞争市场要求，每个厂商提供的产量只占市场份额的很小一部分，这就限制了厂商的规模。在市场需求既定的条件下，现有的技术为大规模生产提供了可能。也就是说，现有的技术使得平均成本有可能在很大的产量范围内处于递减阶段。但是，受到需求的制约，完全竞争市场不允许一家厂商提供过多的产出，迫使厂商只能选择小规模的生产技术。所以说，完全竞争市场未必能使厂商选择最优技术。或者说，选择最优技术进行生产不一定能满足完全竞争的假设条件。

☞ 即问即答

为什么说完全竞争市场是一种最有效的市场？

三、消费者统治的理论基础

消费者统治是指在一个经济社会中消费者在商品生产这一最基本的经济问题上所起的决定性作用。消费者统治的作用表现为，当消费者用货币购买某种商品时即是对该商品进行的“货币投票”。“货币投票”的投向和数量，取决于消费者对不同商品的偏好程度，体现了消费者的经济利益和意愿。而生产者为了获得最大利润，必须依据“货币投票”的情况来安排生产，决定生产什么、生产多少以及如何生产等。这说明，生产者是根据消费者的意志来组织生产、提供产品的。西方学者认为，这种消费者统治的经济关系，可以促使社会的经济资源得到合理的利用，从而使全社会的消费者都得到最大的满足。

从前面的分析中可以看出，完全竞争市场的长期均衡状态表明社会的经济资源得到了最优效率的配置，经济中的全体消费者都获得了最大的效用。正是基于此，微观经济学中对完全竞争市场的长期均衡状态的分析通常被用来作为对消费者统治说法的一种证明。

本章框架

本章主要介绍完全竞争市场理论。首先对市场类型进行了划分；其次，介绍了完全竞争厂商的需求曲线和收益曲线，进而推导其短期均衡条件，从中得出完全竞争厂商的短期供给曲线；再次，讨论了完全竞争厂商的长期均衡；最后，介绍了完全竞争行业的短期供给曲线和长期供给曲线。本章的逻辑结构关系如图 6－20 所示。

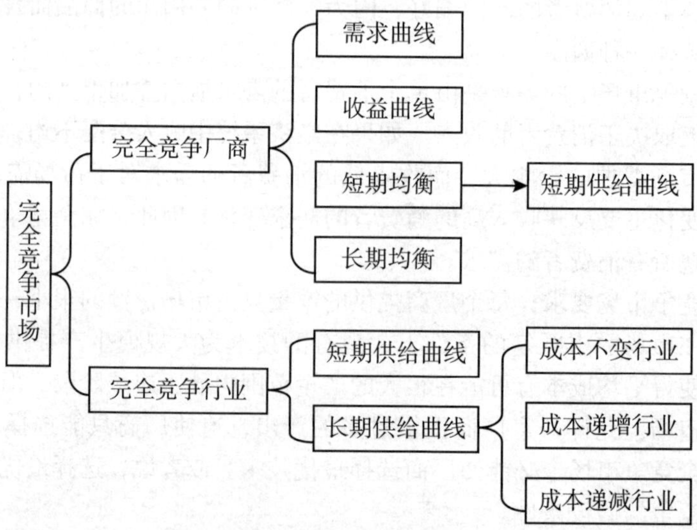

图 6－20　本章逻辑结构

内容提要

1. 完全竞争市场的基本假设：完全竞争市场是指不受任何阻碍和干扰的市场结构。其基本假设包括厂商和消费者数目众多、厂商所提供的产品不存在差别、厂商进入和退出市场自由、厂商和消费者都拥有充分信息。完全竞争市场是一种理想的市场。

2. 完全竞争条件下厂商和市场需求曲线：对单个企业来说，它没有影响价格的能力，所面临的需求曲线是一条水平线，价格水平、企业的平均收益和边际收益三线合一；而市场需求曲线通常是向下倾斜的一条曲线，满足需求法则。

3. 总收益：总收益是指厂商出售产品后所获得的货币收入。它等于单位产品的售价乘以销售数量。

4. 平均收益：平均收益是指厂商在出售一定数量的商品后，从每一个单位商品中得到的货币收入，即平均每个单位商品的卖价，平均收益等于总收益除以销售数量。

5. 边际收益：边际收益是指厂商每多销售一单位商品带来的总收益的增加量，边际收益等于总收益的增量与销售量之比。

6. 利润最大化（亏损最小化）的条件：利润最大化（亏损最小化）的条件是边际收益等于边际成本，通称 $MR=MC$ 法则。这一条件不仅适用于短期均衡，也适用于长期均衡；不仅适用于完全竞争市场，也适用于不完全竞争市场。

7. 完全竞争厂商的短期决策：厂商生产还是不生产，取决于平均变动成本（AVC）与市场价格（P）的比较——如果 $AVC \leqslant P$，应该生产；如果 $AVC>P$ 不生产。厂商盈余还是亏损，取决于平均成本（AC）与市场价格（P）的比较——如果 $AC<P$，有盈余；如果 $AC>P$，有亏损。

8. 生产者剩余：生产者剩余指厂商在提供一定数量的某种产品时实际接受的总支付和愿意接受的最小总支付之间的差额。它通常用市场价格线以下，厂商的供给线（即 SMC 曲线的相应部分）以上的面积来表示。

9. 完全竞争厂商的短期供给曲线：在短期中，厂商的供给曲线就是停产点（AVC 的最低点）以上的那部分边际成本曲线。

10. 完全竞争厂商的长期均衡：长期是指时间长到足以使厂商根据市场需求调整全部生产要素，进入或退出某一行业。若短期均衡中因价格高于平均成本而获得经济利润，厂商必然扩大规模，其他行业的厂商也会加入进来。结果整个行业的供给增加，价格下降，直至经济利润消失，即价格等于长期平均成本最低点。此时，价格、长期平均成本、长期边际成本、短期平均成本和短期边际成本相等。

复习与思考

一、概念解释

完全竞争；总收益；平均收益；边际收益；会计利润；经济利润；利润极大化；生产者剩余；成本不

变行业；成本递增行业；成本递减行业；消费者统治。

二、选择题

1. 下列行业中哪一个最接近于完全竞争市场（　　）。

A. 飞机　B. 卷烟　C. 玉米　D. 汽车

2. 在完全竞争市场上，厂商短期均衡条件是（　　）。

A. $P=AR$　B. $P=MR$　C. $P=SMC$　D. $P=AC$

3. 在一般情况下，厂商得到的价格若低于以下哪种成本就停止营业？（　　）

A. 平均成本　B. 平均可变成本　C. 边际成本　D. 平均固定成本

4. 若在最优产出水平 P 超过 AVC，但小于 AC 时，则企业是在（　　）。

A. 获取利润　B. 蒙受损失，但在短期内继续生产

C. 盈亏相等　D. 蒙受损失，应立即停产

5. 假定完全竞争行业内某厂商在目前产量水平上的边际成本、平均成本和平均收益均等于 1 元，则这家厂商（　　）。

A. 肯定只得到正常利润　B. 肯定没得到最大利润

C. 肯定得到了最少利润　D. 是否得到最大利润还不能确定

6. 在完全竞争条件下，如果厂商把产量调整到平均成本曲线最低点所对应的水平，（　　）。

A. 他将获取最大利润　B. 他没有获得最大利润

C. 他一定亏损　D. 他是否获得最大利润还无法确定

7. 如果某厂商的边际收益大于边际成本，那么为了获得最大利润（　　）。

A. 在完全竞争条件下应该增加产量，在不完全竞争条件下则不一定

B. 在不完全竞争条件下应该增加产量，在完全竞争条件下则不一定

C. 任何条件下都应该增加产量

D. 任何条件下都应该减少产量

8. 在完全竞争市场上，已知某厂商的产量是 500 单位，总收益是 500 元，总成本是 800 元，总不变成本是 200 元，边际成本是 1 元，按照利润最大化原则，他应该（　　）。

A. 增加产量　B. 停止生产　C. 减少产量　D. 以上任何措施都不采取

9. 完全竞争市场中的厂商总收益的斜率为（　　）。

A. 固定不变　B. 经常变动　C. 1　D. 0

10. 企业面临的需求曲线有完全价格弹性，则（　　）。

A. 可通过降价扩大需求量　B. 可通过提价增加总收益

C. 边际收益等于产品价格　D. 面临一条向右倾斜的平均收益曲线

11. 下列条件中与完全竞争市场中短期均衡条件不相符的是（　　）。

A. $P=MP$　B. $P=MR$　C. $P=SMC$　D. $SMC=MR$

12. 一完全竞争厂商在 $Q=12$，$TC=780$ 时，其商品的市场价格 $P=65$，如果厂商实现短期均衡，则正确的是（　　）。

A. 该厂商得到了超额利润　B. 该厂商得到了正常利润

C. 该厂商没有得到最大利润　D. 该厂商得到了最少利润

13. 在完全竞争市场中，行业的长期供给曲线取决于（　　）。

A. SAC 曲线最低点的轨迹　B. SMC 曲线最低点的轨迹

C. LAC 曲线最低点的轨迹　D. LMC 曲线最低点的轨迹

14. 成本递增行业的长期供给曲线是（　　）。

A. 水平直线　　B. 自左向右上方倾斜

C. 垂直于横轴　　D. 自左向右下方倾斜

15. 一个完全竞争厂商能生产产量 $Q=100$，其价格 $P=5$，总成本 $TC=200$，其规模收益不变，则为了得到更多的利润，企业将（　　）。

A. 进行技术创新　　B. 扩大生产规模，以便在长期得到超额利润

C. 将价格定为 6　　D. 使其产品有别于其他厂商的产品

三、问答题

1. 利润最大、亏损最小的原则为什么是边际收益等于边际成本定理？为什么在完全竞争条件下，该定理可表述为 $MC=P$？

2. 为什么完全竞争厂商的需求曲线为一条水平线，且有 $P=AR=MR$？

3. 厂商的 MC 曲线在产量增加时常可画成向下倾斜然后向上倾斜。市场供给曲线是在单个厂商的 MC 曲线基础上作出的，为什么当产量增加时，市场供给曲线从不画成向下倾斜然后再向上倾斜？

4. 为什么企业在短期内亏本还会继续经营？企业短期内在什么情况下应当关门？企业能否长期亏本经营？

四、计算题

1. 某企业新产品的需求曲线是 $Q=20000-100P$，其固定成本是 1000 元，每单位产品还需要支付 4 元的边际成本。求：

（1）总收益函数。

（2）总成本函数。

（3）为实现利润最大化，企业应生产多少该产品？

2. 假设完全竞争市场的需求函数和供给函数分别为 $Qd=50-2P$ 和 $Qs=40+3P$，求：

（1）市场均衡价格和均衡产量。

（2）厂商的需求函数是怎样的？

3. 若完全竞争厂商成本函数 $STC=Q3-6Q2+30Q+40$，单位用元计。求：

（1）若 $P=30$ 元时，是否亏损？若亏损，是多少？

（2）若 P 下降为 20 元时，该厂商是否退出该行业？

4. 完全竞争厂商短期成本供给函数为 $STC=0.1Q^3-2Q^2+15Q+10$，试求厂商的短期供给曲线。

5. 某成本不变的完全竞争行业的代表性厂商的长期总成本函数为 $LTC=q^3-60q^2+1500q$，产品价格 $P=975$ 美元。试求：

（1）利润极大时厂商的产量，平均成本和利润。

（2）该行业长期均衡时价格和厂商产量。

（3）若市场需求函数是 $P=9600-2Q$，试问长期均衡中留存于该行业的厂商数是多少？

五、经济综合练习

大型养鸡场为什么赔钱？

为了实现“市长保证菜篮子”的诺言，许多大城市都由政府投资修建了大型养鸡场，结果这些大型养鸡场反而竞争不过农民养鸡专业户或老太太，往往赔钱者多。为什么大反而不如小呢？

从经济学的角度看，这首先在于鸡蛋市场的市场结构。鸡蛋市场有四个显著的特点。第一，市场上买

者和卖者都很多。没有一个买者和卖者可以影响市场价格。即使是一个大型养鸡场，在市场上占的份额也微不足道，难以通过产量来控制市场价格。用经济学术语说，每家企业都是价格接受者，只能接受整个市场供求决定的价格。第二，鸡蛋是无差别产品，企业也不能以产品差别形成垄断力量。大型养鸡场的蛋与老太太的鸡蛋没有什么不同，消费者也不会为大型养鸡场的蛋多付钱。第三，自由进入与退出，任何一个农民都可以自由养鸡或不养鸡。第四，买者与卖者都了解相关信息。这些特点决定了鸡蛋市场是一个完全竞争市场，即没有任何垄断因素的市场。

在鸡蛋这样的完全竞争市场上，短期中如果供大于求，整个市场价格低，养鸡可能亏本。如果供小于求，整个市场价格高，养鸡可以赚钱。

但在长期中，养鸡企业（包括农民和大型养鸡场）则要对供求作出反应：决定产量多少和进入还是退出。假设由于人们受胆固醇不利于健康这种宣传的影响而减少鸡蛋的消费，价格下降，这时养鸡企业就要作出减少产量或退出养鸡业的决策。假设由于发生鸡瘟，供给减少，价格上升，原有养鸡企业就会扩大规模，其他人也会进入该行业。在长期中通过供求的这种调节，鸡蛋市场实现了均衡，市场需求得到满足，生产者也感到满意。这时，各养鸡企业实现成本（包括机会成本在内的经济成本）与收益相等，没有经济利润。

在完全竞争市场上，企业完全受市场支配。由于竞争激烈，成本被压得相当低。生产者要对市场供求变动作出及时的反应。换言之，在企业一点也无法控制的市场上，成本压不下来或调节能力弱，都难以生存下去。大型养鸡场的不利正在于压低成本和适应市场的调节能力远远不如农民养鸡者。在北京鸡蛋市场上，大型养鸡场就斗不过北京郊区和河北的农民。

大型养鸡场的成本要高于农民。在短期中，养鸡的成本包括固定成本（鸡舍、蛋鸡、管理人员等）和可变成本（鸡饲料、劳动等），大型养鸡场的固定成本（现代化养鸡设备和从场长、党委书记到职员的众多管理人员）远远高于农民（农民养鸡的固定成本除蛋鸡外其他很少）。甚至农民的可变成本也低（用剩饭菜等代替部分外购饲料，自己的劳动也可忽略不计）。这样，当价格低时，大型养鸡场难以维持或要靠政府财政补贴，而农民养鸡户却可以顽强地生存下来。长期中，大型养鸡场每个蛋的平均成本也高于农民，因为现代化大量养鸡带来的好处并不足以弥补巨额投资和庞大管理队伍的支出。农民则以低成本和低价格占领了鸡蛋市场。

大型养鸡场的市场适应能力也不如农民。当供大于求价格低时，农民可以迅速退出市场，不会有多大损失，大型养鸡场停产则很困难。现代化养鸡设备闲置下来比不用鸡窝的损失大得多。解雇管理人员比老太太不养鸡有多难？在供小于求且价格高时，大型养鸡场的产量要受设备能力的限制，但有什么能限制农民多养鸡呢？

在鸡蛋市场上需要的是“造小船成本低”和“船小好调头”。庞然大物的大型养鸡场反而失去了规模经济的好处。而且，即使就是将来农民养鸡也现代化了，也仍然是农民养鸡业的进步，难以有大型企业的地位。这是行业生产技术特点决定的。你听说过美国500强企业中有养鸡公司吗？或者说，你听到过什么有名的养鸡场吗？这类企业本来就应该是“小的是美好的”。

问题：（1）同样是养鸡，大型养鸡场为什么养不过老太太？

（2）大型养鸡场应走什么样的发展之路？

【参考文献】

1. 高鸿业．西方经济学［M］．北京：中国人民大学出版社，2008

2. 范里安．微观经济学：现代观点［M］．上海：上海三联书店，1994

3. ［美］约瑟夫·斯蒂格利茨．经济学上册［M］．北京：中国人民大学出版社，1997

4. ［美］N. 格里高利·曼昆．经济学原理［M］. 北京：生活·读书·新知三联书店，北京大学出版社，1999

5. 尹伯成．西方经济学简明教程［M］. 上海：上海人民出版社，2009

6. 何忠伟，郑春慧．微观经济学［M］. 北京：中国农业科学技术出版社，2009

7. 俞宪忠等．微观经济学［M］. 北京：中国人民大学出版社，2010

8. 李明志等．微观经济分析学习指导［M］. 北京：清华大学出版社，2009

9. 唐立峰等．微观经济学学习指导［M］. 北京：中国矿业大学出版社，2006

10. 张云峰．微观经济学典型题解析及自测试题［M］. 西安：西北工业大学出版社，2003

11. 梁小民．微观经济学纵横谈［M］. 北京：生活·读书·新知三联书店，2000

【进一步阅读提示】

【报纸】

《国际商报》《国际金融》《中国经济时报》《国际经贸消息》

【杂志】

《经济研究》《经济学动态》《中国工业经济》《世界经济》《国际经济评论》《世界经济研究》《国际贸易》《国际经贸探索》

【数据来源及分析报告】

《世界经济展望》《世界经济年鉴》《中国统计年鉴》

【网址】

中国经济学教育科研网：http：//www. cenet. ccer. edu. cn

北京大学中国经济研究中心：http：//www. ccer. pku. edu. cn

博士咖啡－中国经济学人：http：//doctor-café. com

美国国民经济研究局：http：//www. nber. org

国际货币基金组织：http：//www. imf. org

经济合作与发展组织：http：//www. oecd. org

联合国贸易和发展会议：http：//www. unctad. org

第七章　垄断市场

私人垄断很少是完全的垄断，更难长时期地存在下去，或者私人垄断通常不能忽视潜在的竞争。而国家的垄断则是一个受到国家保护的垄断——保护它不致受到潜在的竞争和有效批评。这在许多场合下就意味着，一个暂时性的垄断获得了一种总是保障其地位的权力，也就是一种差不多一定要被利用的权力。

——弗里德里克·A. 哈耶克（Friedrich A. Hayek）

学习目的

通过本章的教学使学生了解完全垄断市场的概念、特征以及形成完全垄断的原因，要求学生掌握完全垄断市场的短期均衡和长期均衡，并要求学生了解三种不同类型的价格歧视。本章的重点是完全垄断市场中价格与产量的决定。

学习目标

1. 理解完全垄断市场的概念、特征以及形成原因，明确完全垄断市场与完全竞争市场之间的区别。

2. 掌握完全垄断市场的短期均衡和长期均衡。理解完全垄断市场供给曲线不存在的原因。

3. 对价格歧视的相关知识要有所了解和认识。

关键概念

完全垄断市场（perfect monopoly market）；自然垄断（natural monopoly）；一级价格歧视（first-degree price discrimination）；二级价格歧视（second-degree price discrimination）；三级价格歧视（third-degree price discrimination）。

☞ 案例思考

宽带垄断降价比罚款更重要①

据中央电视台《新闻30分》报道，国家发展和改革委员会正在调查中国电信和中国联

① 舒圣祥. 宽带垄断降价比罚款更重要［N］. 中国青年报，2011－11－11

通涉嫌宽带接入领域垄断的问题。如果事实成立，上述两家企业或遭数十亿元巨额罚单。据有关部门的初步估算，如果能够推动市场上形成有效竞争，未来5年可以促使上网价格下降27%～38%，至少为消费者节约上网费用100亿～150亿元。

根据国家发展和改革委员会的调查，在互联网接入市场上，中国电信和中国联通占有2/3以上的市场份额，肯定具有市场支配地位。而两家企业涉嫌的垄断行为主要有价格歧视、未能充分实现互联互通等。事实上，宽带垄断的情形恐怕还不止这些，比如，电信运营商与房产开发商签署协议，在宽带接入上形成“最后一公里垄断”的新闻，就比比皆是而且屡禁不止。

宽带是否垄断，最有说服力的还是服务水平与价格水平。根据国家信息化专家委员会的报告，我国宽带上网平均速率位列全球71位，不及美国、英国、日本等30几个经济合作组织国家平均水平的1/10。但是，平均1兆每秒的接入费用，却是发达国家平均水平的3～4倍——两相比较，差距有30～40倍，已经是名副其实的“价高质次”。

如果拿宽带价格跟国民收入水平相比，发达国家互联网使用价格不到其收入水平的1%，而我国的比例则超过10%，是发达国家的10倍以上。国家信息中心信息化研究部发布的报告称，“如果考虑到收入差距的话，2008年韩国人均国民收入是我国的6.9倍，这意味着，我国的宽带资费水平相当于韩国的124倍”。如此高昂的宽带资费，显然不可能是充分市场竞争的结果。

经济学上有一个词叫规模效益，还有一个词叫边际成本。市场规模越大，服务成本越小，利润也就越高。截至2011年6月，中国网民规模达到4.85亿人，固网用户中宽带普及率已经高达98.3%。如此庞大的用户群，分别为中国电信、中国联通每年提供了500亿元和300亿元的“大蛋糕”。可是，我们却看不到规模效益的存在，一方面资费水平居高不下；另一方面连接速度远低于世界平均水平。

国家发展和改革委员会能重视电信巨头的垄断问题，并且准备开出最高数十亿元的罚单，令人鼓舞。但是，公众还是很担心，一张巨额罚单，是否足以改变电信巨头对宽带服务的垄断？如果不能，那么上网价格非但不会主动下降，甚至这张巨额罚单都有转嫁给消费者的可能。

消费者更为期待的是，作为价格主管部门的发改委，能否对被电信巨头垄断的宽带价格进行公开透明的成本审核，继而大幅下降宽带资费标准，让消费者真正能从这次反垄断行动中受益。此外，对于中国宽带网速如此之慢，相关部门也应促使电信巨头在技术上多投资，在非技术问题上更要有强制要求。

问题：（1）请思考垄断带来哪些弊端？

（2）如果是一个充分竞争的市场，会存在这样的现象吗？

第一节 完全垄断市场概述

垄断一词出自于希腊语，意思是“一个销售者”，也就是指某一个人控制了一个产品的全部市场供给。垄断市场又称纯粹垄断市场或完全垄断市场，是一种与竞争市场相对立的极端形式的市场类型，是指整个行业中只有唯一的一个厂商的市场组织。

一、垄断市场的特征

（1）市场上只有一个卖者，它控制着整个行业的全部供给。在垄断市场上，厂商和行业两个概念完全重合，行业中唯一的厂商是垄断厂商，而这个垄断厂商就代表了一个行业。

（2）垄断厂商的产品没有十分近似的替代品，它与其他产品的替代弹性是非常低的。由于垄断厂商控制全部供给，且产品具有永久特色，所以，垄断厂商是价格的决定者。

（3）不许有新厂商进入，垄断厂商控制着市场周围的种种进入障碍，这些进入障碍有的是由于政府征收关税、颁发特许证，给予专利以及提供其他形式的保护而形成的；有的是对某些自然资源的控制而形成的，有的是因为某些行业需要巨额投资或者高精尖技术而形成的；等等。

在这样的市场中，排除了任何的竞争因素，独家垄断厂商控制了整个行业的生产和市场的销售，所以，垄断厂商可以控制和操纵市场价格。

二、垄断市场的形成原因

垄断市场形成的原因很多，最根本的一个原因就是为了建立和维护一个合法的或经济的壁垒，从而阻止其他企业进入该市场，以便巩固垄断企业的垄断地位。垄断企业作为市场唯一的供给者，很容易控制市场某一种产品的数量及其市场价格，从而可连续获得垄断利润。具体地说，垄断市场形成的主要原因有以下四个方面。

（一）对生产资源的控制

单一厂商控制了生产某种商品的全部资源或基本资源的供给，这种对生产资源的独占，排除了经济中的其他厂商生产同种产品的可能性。例如，有一段时间，在非洲以及其他地区，大多数的钻石矿都被南非的德比尔公司控制。加拿大国际镍公司对世界已知的镍矿储藏量的控制已经近90%等。

☞ **扩展阅读**

德比尔的钻石垄断①

产生于一种关键资源所有权垄断的典型例子是南非的钻石公司德比尔。德比尔控制了世界钻石生产的80%左右。虽然这家企业的市场份额并不是100%，但它也大到足以对世界钻

① 资料来源：［美］N. 格里高利·曼昆. 经济学原理（第2版）（中文版）［M］. 北京：北京大学出版社，2002

石价格产生重大影响的程度。

德比尔拥有多大的市场势力呢？答案部分取决于有没有这种产品的相近替代品。如果人们认为翡翠、红宝石和蓝宝石都是钻石的良好替代品，那么，德比尔的市场势力就较小了。在这种情况下，德比尔任何一种想提高钻石价格的努力都会使人们转向其他宝石。但是，如果人们认为这些其他石头都与钻石非常不同，那么，德比尔就可以在相当大程度上影响自己产品的价格。

德比尔支付了大量广告费。乍一看，这种决策似乎有点奇怪。如果垄断者是一种产品的唯一卖者，为什么它还需要广告呢？德比尔广告的一个目的是在消费者心目中把钻石与其他宝石区分开来。当德比尔的口号告诉你"钻石永恒"时，你马上会想到翡翠、红宝石和蓝宝石并不是这样。如果广告是成功的，消费者就将认为钻石是独特的，不是许多宝石中的一种，而且，这种感觉就使德比尔有更大的市场势力。

（二）专利权

单一厂商拥有生产某种商品的专利权，使得厂商可以在一定的时期内垄断该产品的生产。专利是政府授予发明者的某些权利。这些权利一般是指在一定时期内对专利对象的制作、利用和处理的排他性独占权，从而使发明者获得应有的收益。某项产品、技术或劳务的发明者拥有专利权以后，在专利保护的有效期内形成了对这种产品、技术和劳务的垄断。专利创造了一种保护发明者的产权，在专利的有效保护期内其他任何生产者都不得进行这种产品、技术和劳务的生产与使用，或模仿这些发明进行生产。若不保护发明专利，社会和生产就难以进步与发展。

（三）政府的特许

政府往往在某些行业实行垄断的政策，于是，单一企业就成了这些行业的垄断者。政府通过特许经营，给予某些企业独家经营某种物品或劳务的权利。这种独家经营的权利是一种排他性的独有权利，是国家运用行政和法律的手段赋予并进行保护的权利。政府的特许经营，使独家经营企业不受潜在新进入者的竞争威胁，从而形成合法的垄断。政府对进入市场进行法律限制形成法律垄断，主要是基于三个方面的考虑：一是基于某种公司福利需要的考虑，例如，某些必须进行严格控制的药品的生产，必须由政府特许独家经营；二是基于保证国家安全的考虑，例如，各种武器、弹药的生产必须垄断；三是基于国家财政和税收收入的考虑，例如，国家对某些利润丰厚商品进行垄断经营等。

（四）自然垄断

有些行业的生产具有这样的特点：企业生产的规模经济需要在一个很大的产量范围和相应的巨大的资本设备的生产运行水平上才能得到充分的体现，以至于整个行业的产量只有由一个企业来生产时才有可能达到这样的生产规模。而且，只要发挥这一企业在这一生产规模上的生产能力，就可以满足整个市场对该种产品的需求。在这类产品的生产中，行业内总会有某个厂商凭借雄厚的经济实力和其他优势，最先达到这一生产规模，从而垄断整个行业的生产和销售。这就是自然垄断。通常情况下，这些具有自然垄断性的行业是由政府来经营的。如电力、电话、自来水、天然气以及公共运输等行业就是如此。这些具有自然垄断性行业的发展必然要求实行垄断经营。自然垄断性行业的发展之所以要求垄断经营，是因为自然垄断性行业的发展与垄断经营之间存在着紧密联系的技术经济因素。

总的来说，自然垄断性企业由于实行垄断经营，可以通过规模经济和范围经济产生利益，并且由于其垄断地位而不会产生过多的成本。具体来说，第一，具有自然垄断性行业的生产需要庞大的固定资本投资，实行垄断经营，生产规模就大，客户就多，单位成本就越小，就能得到规模经济效益。第二，具有自然垄断性企业进行联合生产经营要比企业单独生产的成本低，从而获得生产与分配的纵向统一利益和对多种用户提供多种服务的复合供给利益，即获得范围经济效益。第三，自然垄断性行业生产需要的设备投资巨大，折旧时间长，同时这些设备很难转移作为其他用途，所以，固定成本有较大的沉淀性。这三个方面的技术理由就形成了进入市场的重要技术壁垒，使新的企业很难进入该市场，从而自然形成垄断市场。

☞ **即问即答**

举出两个完全垄断的例子，并解释各自的原因。

第二节　完全垄断市场的均衡分析

一、完全垄断厂商面临的需求曲线和收益曲线

（一）厂商面临的需求曲线

在完全竞争市场，由于厂商数量众多，单个厂商只能按照既定的市场价格出售任何数量的商品，是价格接受者，因而厂商面临的是一条水平的需求曲线。而在完全垄断市场上，一个行业只有一家厂商，垄断厂商是独家卖主，他面对的需求也就是整个市场的需求。完全垄断厂商是价格的制定者，他可以制定高价，也可以制定低价，但他也要受市场需求规律的限制。因为，如果他制定高价，销售量就必然下降，要扩大销售量，就必须降低价格，这意味着完全垄断市场上需求量与价格呈反方向变动，垄断厂商面临的需求曲线是一条向右下方倾斜的曲线。

（二）完全垄断厂商的收益曲线

1. 完全垄断厂商的平均收益曲线

厂商的平均收益总是等于商品的价格。由于完全垄断市场上，厂商是价格的制定者，厂

商每出售不完全竞争市场一单位商品所获得的收益等于商品的价格，即平均收益等于商品的价格，平均收益曲线与需求曲线重叠。厂商的平均收益随着产品销售量的增加而减少。所以，在图7－2中，垄断厂商的 AR 曲线和需求曲线 D 重叠，都是同一条向右下方倾斜的曲线。

2. 完全边际收益与需求价格弹性

当厂商所面临的需求曲线向右下方倾斜时，厂商的边际收益、价格和需求的价格弹性三者之间的关系可以证明如下：

假定反需求函数为：$P=P(Q)$

$$MR=\frac{\mathrm{d}TR}{\mathrm{d}Q}=\frac{\mathrm{d}P(Q)\times Q}{\mathrm{d}Q}=\frac{\mathrm{d}P(Q)}{\mathrm{d}Q}\times Q+P\times\frac{\mathrm{d}Q}{\mathrm{d}Q}$$

$$=\frac{\mathrm{d}P}{\mathrm{d}Q}\times Q+P=P\times\left(\frac{\mathrm{d}P}{\mathrm{d}Q}\times\frac{Q}{P}+1\right)=P\times\left(\frac{1}{E_d}+1\right)$$

即
$$MR=P\times\left(1-\frac{1}{|E_d|}\right) \tag{7.1}$$

所以，当 $E_d>1$ 时，有 $MR>0$。此时，TR 曲线斜率为正，表示厂商总收益 TR 随销售量 Q 的增加而增加；当 $E_d<1$ 时，有 $MR<0$。此时，TR 曲线斜率为负，表示厂商总收益 TR 随销售量 Q 的增加而减少；当 $E_d=1$ 时，有 $MR=0$。此时，TR 曲线斜率为零，表示厂商的总收益 TR 达极大值点。

3. *AR* 曲线、*MR* 曲线和 *TR* 曲线相互之间的关系

垄断厂商的需求曲线 D 可以是直线型的，也可以是曲线型的。图7－1中垄断厂商的需求曲线 D 是直线型的，图7－1体现了垄断厂商的 AR 曲线、MR 曲线和 TR 曲线相互之间的关系。关于这一点具体分析如下：

假定线性的反需求函数为：

$$P=a-bQ \tag{7.2}$$

式中，a、b 为常数，且 $a>0$、$b>0$。由式（7.2）可得总收益函数和边际收益函数分别为：

$$TR(Q)=PQ=aQ-bQ^2 \tag{7.3}$$

$$MR(Q)=\frac{\mathrm{d}TR(Q)}{\mathrm{d}Q}=a-2bQ \tag{7.4}$$

根据式（7.1）和式（7.3）可求得需求曲线和边际收益曲线的斜率分别为：

$$\frac{\mathrm{d}P}{\mathrm{d}Q}=-b \tag{7.5}$$

$$\frac{\mathrm{d}MR}{\mathrm{d}Q}=-2b \tag{7.6}$$

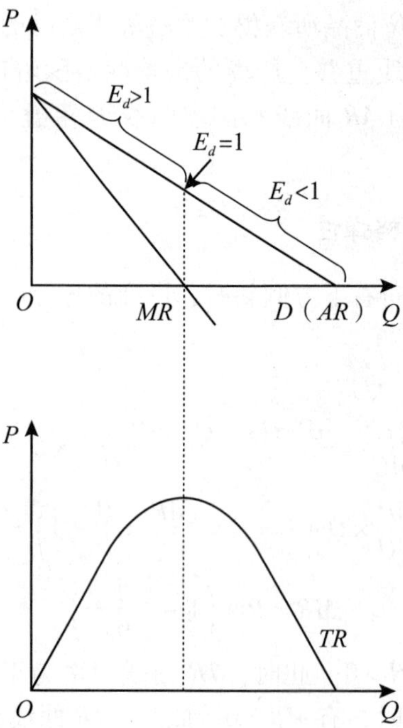

图 7－1　完全垄断厂商的收益曲线

所以，当垄断厂商的需求曲线 D 为直线型时，D 曲线和 MR 曲线的纵截距是相等的，且 MR 曲线的横截距是 D 曲线横截距的一半，即 MR 曲线平分由纵轴到需求曲线 D 的任何一条水平线。

最后需要指出的是，以上对垄断厂商的需求曲线和收益曲线所做的分析，对于其他非完全竞争市场条件下的厂商也同样适用。只要非完全竞争市场条件下厂商所面临的需求曲线是向右下方倾斜的，相应的厂商的各种收益曲线就具有以上所分析的基本特征。

二、完全垄断厂商的短期均衡

（一）完全垄断厂商的短期均衡

完全垄断厂商为了获得最大的利润，也必须遵循 MR＝MC 的原则。在短期内，垄断厂商无法改变不变要素投入量，垄断厂商是在既定的生产规模下通过对产量和价格的同时调整，来实现 MR＝SMC 的利润最大化原则的。事实上，垄断厂商在短期内不能总获得超额利润。垄断厂商在 MR＝SMC 的短期均衡点上，可能获得超额利润，也可能只获得正常利润，也可能是亏损的（尽管亏损额是最小的）。

1. 存在超额利润的短期均衡

在图 7－2 中，D 为厂商需求曲线，MR 为边际收益曲线，SAC、SMC 为短期平均成本曲线、边际成本曲线。当 D 位于 SAC 之上或与 SAC 相交时，垄断厂商根据 MR＝SMC 的利润最大化均衡条件，将产量和价格分别调整到 Q_1 和 P_1 的水平。在短期均衡点 E 上，垄断厂商的平均收益为 AQ_1，平均成本为 BQ_1，平均收益大于平均成本，垄断厂商获得利润。单位产品的平均利润为 AB，总利润为 $AP_1 \times AB$，相当于图 7－2 中的阴影部分 P_1ABC 的矩形面积。

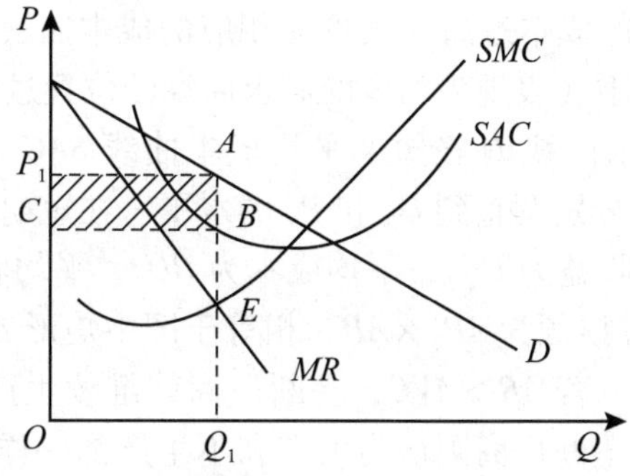

图 7－2　完全垄断厂商存在超额利润的短期均衡

为什么垄断厂商只有在 $MR = SMC$ 的均衡点上，才能获得最大的利润呢？

这是因为，当 $MR > SMC$ 时，垄断厂商增加一单位产量所得到的收益增量就会大于所付出的成本增量。这时，厂商增加产量就可以使利润增加。如图 7－2 所示，随着产量的增加，MR 会下降，而 SMC 会上升，两者之间的差额会逐步缩小，最后达到 $MR = SMC$ 的均衡点，厂商也由此得到了增加产量的全部好处。而当 $MR < SMC$ 时，情况则相反。所以，垄断厂商的利润在 $MR = SMC$ 处取得最大值。

2. 只有正常利润的短期均衡

假定垄断厂商的成本曲线保持不变，将图 7－2 中的需求曲线向左下方移动，在不断移动的过程中，一定会出现需求曲线 D 与短期平均成本曲线 SAC 相切的状况，如图 7－3 中 B 点。垄断厂商根据 $MR = SMC$ 的利润最大化均衡条件，将产量和价格分别调整到 Q_2 和 P_2 的水平。在短期均衡点 E 上，垄断厂商的平均收益为 BQ_2，平均成本也为 BQ_2，平均收益等于平均成本，垄断厂商获得正常利润。

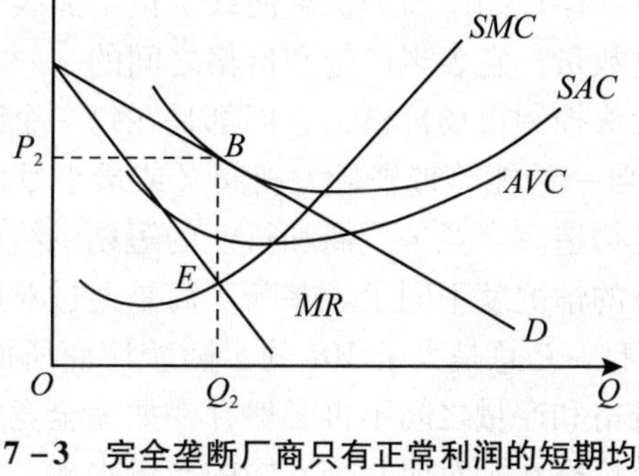

图 7－3　完全垄断厂商只有正常利润的短期均衡

3. 存在亏损的短期均衡

当垄断厂商的需求曲线低于短期平均成本曲线时，在 $MR = SMC$ 的短期均衡点上厂商也是亏损的（尽管亏损额是最小的）。造成垄断厂商短期需求曲线低于短期平均成本曲线的原因，可能是既定的生产规模的成本过高（表现为相应的成本曲线的位置过高），也可能是垄断厂商所面临的市场需求过小（表现为相应的需求曲线的位置过低）。

在图 7－4 中，厂商需求曲线 D 在短期平均成本曲线 SAC 之下。垄断厂商遵循 $MR = SMC$ 的原则，将产量和价格分别调整到 Q_3 和 P_3 的水平。在短期均衡点 E，垄断厂商是亏损的，这时，垄断厂商的平均收益为 CQ_3，平均成本为 BQ_3，平均收益小于平均成本，单位产品的平均亏损额为 BC，总亏损额为 $AP_3 \times AB$，相等于图中矩形 $ABCP_3$ 的面积。与完全竞争厂商相同，在亏损的情况下，若 $AR > AVC$，垄断厂商就继续生产；若 $AR < AVC$，垄断厂商就停止生产；若 $AR = AVC$，垄断厂商则认为生产和不生产都一样。在图 7－4 中，平均收益 CQ_3 大于平均可变成本 DQ_3，所以，垄断厂商是继续生产的。

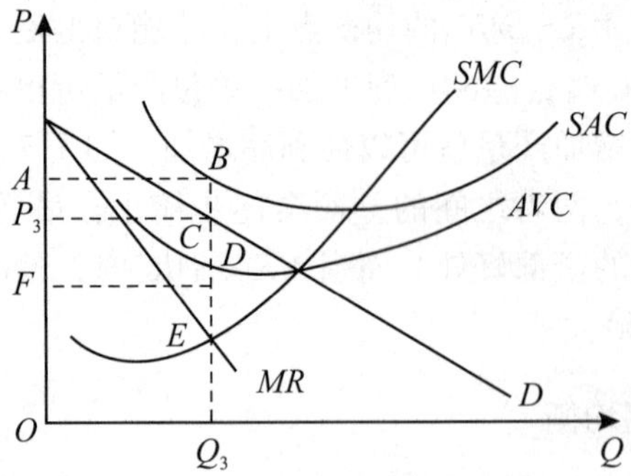

图 7－4　完全垄断厂商亏损的短期均衡

☞ **即问即答**

如何深刻理解完全垄断企业的短期经营亏损？

（二）完全垄断厂商的供给曲线

在垄断市场不存在具有规律性的厂商的供给曲线。供给曲线表示在每一个价格水平生产者愿意而且能够提供的产品数量。它表现产量和价格之间的一一对应的关系。在完全竞争市场条件下，每一个厂商都无法控制市场价格，它们都是在每一个既定的市场价格水平，根据 $P = SMC$ 的均衡条件来确定唯一的能够带来最大利润（或最小亏损）的产量。这种价格和产量之间一一对应的关系，是构造完全竞争厂商和行业的短期供给曲线的基础。

但是，垄断市场条件下的情况就不同了。垄断厂商是通过对产量和价格的同时调整来实现 $MR = SMC$ 的原则的，而且，P 总是大于 MR 的。随着厂商所面临的向右下方倾斜的需求曲线的位置移动，厂商的价格和产量之间不再必然存在如完全竞争条件下的那种一一对应的关系，而是有可能出现一个价格水平对应几个不同的产量水平，或一个产量水平对应几个不同的价格水平的情形。

在图 7-5（a）中，MC 曲线是固定的。当垄断厂商的需求曲线为 d_1 和边际收益曲线为 MR_l 时，由均衡点 E_l 所决定的产量为 Q_1，价格为 P_1。当需求曲线移为 d_2 和边际收益曲线移为 MR_2 时，由均衡点 E_2 所决定的产量为 Q_2，价格仍为 P_1。于是，同一个价格 P_1 对应两个不同的产量 Q_l 和 Q_2。在图 7-5（b）中，MC 曲线仍是固定的，d_l 曲线、MR_l 曲线和 d_2 曲线、MR_2 曲线分别为两组不同的需求曲线和边际收益曲线。比较 $MR_l = SMC$ 和 $MR_2 = SMC$ 的两个均衡点 E_1 和 E_2（为同一均衡点），可以发现，同一个产量 Q_1，对应的却是两个不同的价格 P_1 和 P_2。因此，在垄断市场条件下无法得到如同完全竞争市场条件下的具有规律性的可以表示产量和价格之间一一对应关系的厂商和行业的短期供给曲线。

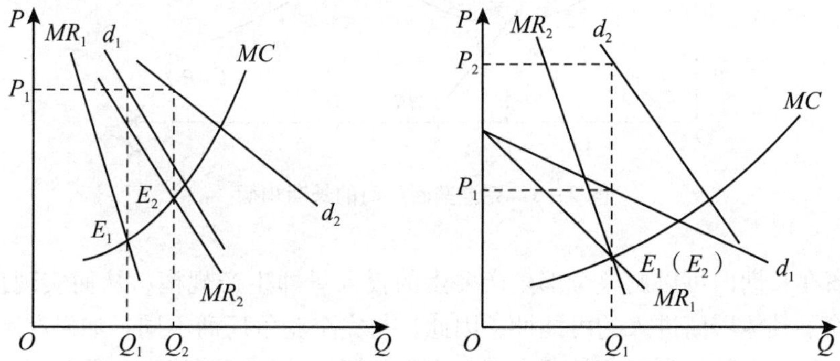

（a）　　　　　　　　　　（b）

图 7-5　完全垄断厂商的产量和价格

由此可以得到更一般的结论：凡是在或多或少的程度上带有垄断因素的不完全竞争市场中，或者说，凡是在单个厂商对市场价格具有一定的控制力，相应地，单个厂商的需求曲线向右下方倾斜的市场中，是不存在具有规律性的厂商和行业的短期和长期供给曲线的。其理由跟上面对垄断厂商不存在短期供给曲线的分析相同。这一结论适用于下面两章将要分析的垄断竞争市场和寡头市场。

三、完全垄断厂商的长期均衡

垄断厂商在长期内可以调整全部生产要素的投入量即生产规模，从而实现最大的利润。垄断行业排除了其他厂商加入的可能性，因此，与完全竞争厂商不同，如果垄断厂商在短期内获得利润，那么，他的利润在长期内不会因为新厂商的加入而消失，垄断厂商在长期内是可以保持利润的。

垄断厂商在长期内对生产的调整一般可以有三种可能的结果：第一种结果，垄断厂商在短期内是亏损的，但在长期，又不存在一个可以使它获得利润（或至少使亏损为零）的最优生产规模，厂商退出生产；第二种结果，垄断厂商在短期内是亏损的，在长期内，它通过对最优生产规模的选择，摆脱了亏损的状况，甚至获得利润；第三种结果，垄断厂商在短期内利用既定的生产规模获得了利润，在长期中，它通过对生产规模的调整，使自己获得更大的利润。至于第一种情况，不需要再分析。对第二种情况和第三种情况的分析是相似的，下面利用图 7－6 着重分析第三种情况。

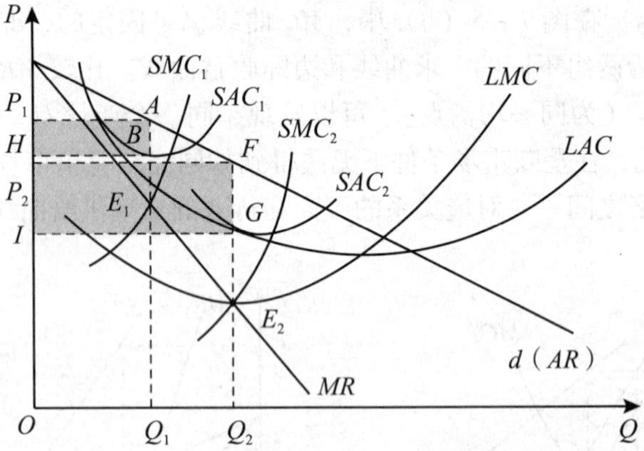

图 7－6　完全垄断厂商的长期均衡

垄断厂商在长期内可以调整全部生产要素的投入量即生产规模，从而实现最大的利润。垄断行业排除了其他厂商进入的可能性，因此，与完全竞争厂商不同，如果垄断厂商在短期内获得利润，那么，他的利润在长期内不会因为新厂商的加入而消失，垄断厂商在长期内是可以保持利润的。

图 7－6 中的 d 曲线和 MR 曲线分别表示垄断厂商所面临的市场的需求曲线和边际收益曲线，LAC 曲线和 LMC 曲线分别为垄断厂商的长期平均成本曲线和长期边际成本曲线。

假定开始时垄断厂商是在由 SAC_1 曲线和 SMC_1 曲线所代表的生产规模上进行生产。在短期内，垄断厂商只能按照 $MR = SMC$ 的原则，在现有的生产规模上将均衡产量和均衡价格分别调整到 Q_1 和 P_1。在短期均衡点 E_1 上，垄断厂商获得的利润为图中较小的阴影部分面积 P_1ABH。

在长期中，垄断厂商通过对生产规模的调整，能进一步增大利润。按照 $MR = LMC$ 的长期均衡原则，垄断厂商的长期均衡点为 E_2，长期均衡产量和均衡价格分别为 Q_2 和 P_2，垄断厂商所选择的相应的最优生产规模由 SAC_2 曲线和 SMC_2 曲线所代表。此时，垄断厂商获得了比短期更大的利润，其利润量相当于图中较大的阴影部分面积 IP_2FG。

由此可见，垄断厂商之所以能在长期内获得更大的利润，其原因在于长期内企业的生产规模是可调整的市场对新加入厂商是完全关闭的。

如图 7－6 所示，在垄断厂商的 $MR = LMC$ 长期均衡产量上，代表最优生产规模的 SAC 曲线和 LAC 曲线相切于 G，相应的 SMC 曲线、LMC 曲线和 MR 曲线相交于 E_2 点。所以，垄断厂商的长期均衡条件为：

$$MR = LMC = SMC \tag{7.7}$$

垄断厂商在长期均衡点上一般可获得利润。

最后，由于垄断厂商所面临的需求曲线就是市场的需求曲线，垄断厂商的供给量就是全行业的供给量，所以，本节所分析的垄断厂商的短期和长期均衡价格与均衡产量的决定，就是垄断市场的短期和长期的均衡价格与均衡产量的决定。

☞ 案例讨论

垄断者就该上天堂？——评歌华有线随意涨价①

2003 年 6 月 30 日，北京歌华有线电视网络股份有限公司（以下简称“歌华有线”）宣布自 7 月 1 日起，有线收视费由原来的 12 元上涨到 18 元，增幅高达 50%。此举引起了媒体和社会各界普遍关注，对其没有经过价格听证就随意涨价表示强烈不满。

歌华有线用户 220 万户，每户每月多收 6 元，一年多收 1.584 亿元。这新增的 1.584 亿元主业收入扣除上缴国家税收以外，基本上都是公司的净利润。

每一个用户在装歌华有线时都不会忘记，住楼房的用户交 300 元初装费；住平房的用户交 320 元的初装费。如果按最少 300 元计算，歌华有线已经从 220 万用户的口袋中最少收走 6.6 亿元。每月再交 12 元的收视费已经不算少了，为什么还要一下上涨 50%？

歌华有线说了提高收费的理由：“北京地区每户每月 12 元的有线电视收看维护费标准是在以微波方式传送的情况下制定的，已远远不能满足当前有线电视光缆网络的日常维护管理、缆线入地建设和技术升级改造等方面的支出需求，如继续执行现行收费标准将难以维持北京有线电视网络的正常运营和稳定发展。”歌华有线涨价还有一个所谓充分的理由是设备改造。固定资产的投入怎么能让消费者来承担呢？

北京市物价局根据 2003 年初歌华有线的涨价申请，核算了他们的运营成本，同意涨价。至于为什么没开价格听证会，物价局说有线电视价格则不在听证目录之列。

一台 29 寸的彩电在不到 10 年间，从 7000 ~ 8000 元跌到了不到 2000 元，而技术的进步、质量的提高更是如日中天。这样惊人的降幅并没有断送中国的彩电业，反而使中国的彩电业成了世界上首屈一指的、最强大的彩电业。为什么彩电、冰箱、微波炉、计算机等产品价格越来越低、质量越来越好、品种越来越丰富？这就是竞争与垄断的不同。

而歌华有线怎么就能如此反其道而行之，说涨就涨，而且如此霸气？原因很简单：都是垄断惹的祸。歌华有线是北京市政府批准的唯一一家负责建设、管理和经营北京市有线广播电视网络的公司，他是垄断行业的垄断企业，具有极高的垄断性和经营的稳定性。

众所周知，垄断行业的成本是最难估算的，电信部门说市话亏损、邮政部门说普通信件业务亏损、民航公司说航运亏损、自来水公司说亏损、有线电视公司也说自己亏损。但是人们都怀疑他们是不是真的亏损、搞不清亏损是怎么形成的，因为没有一个独立的会计或审计部门告诉我们垄断行业的成本到底是如何构成的。现在随处可见 IP 电话卡以 6 ~ 8 折“挥泪”大甩卖，电信部门却仍可泰然处之。民航票价更好比是进了自由市场，各航空公司竞

---

① 资料来源：孙敬水. 垄断者就该上天堂？——评歌华有线随意涨价 [N]. 经济学消息报，2003（599）

相大打折价牌，你今天打出6折票价，他明天就打出3折，甚至于出现了1折“跳楼价”，老百姓真不知其中的利润到底有多大。

有线电视行业具有比电信更加垄断的特点，目前有线电视用户没有任何可以选择的余地：唯一的网络接入商、唯一的服务内容。比如北京用户只有选择歌华有线电视网络，而且只能选择歌华提供的唯一一种服务。北京的用户说：“我不想多交钱，我也用不着看50多套节目，以前的20多套节目就够了，但我不能选择交原来20套的钱，只能被它牵着走。”

作为企业，歌华有线当然可以利字当头。当产品市场上只有一个卖主，并且对于垄断者所出售的产品市场上不存在相同或相近的替代品的时候，企业才拥有“想怎么样就怎么样”的自由。歌华有线当然可以理直气壮：在北京这个有着1350万人口的城市，只有我一家有线电视网运营商——我不上天堂，谁上天堂？

问题：应该如何解决垄断厂商随意涨价问题？

第三节　价格歧视

歧视就是差别待遇。以价格歧视为例，即同样的产品卖给不同的人，收取不同的价格，就形成了价格歧视。然而，推而广之，在同一个生活范围内，对不同的人给予不同的待遇的歧视现象，还有多种形式。

“不同的人”不仅仅是“经济特征”的不同，而且还可以是“种族特征”的不同，或是“性别特征”的不同，或是“地域特征”的不同。“不同的待遇”既可以是“不同的价格待遇”，也可能是“不同的就业待遇”，或者是“不同的美誉度的待遇”。由此，除了“价格歧视”之外，相应地还会产生“种族歧视”、“性别歧视”和“地域歧视”等。但在生活中最常见的应当是价格歧视。经济分析表明，一旦产品的卖方形成了垄断，就非常容易形成价格歧视。

价格歧视（price discrimination），又称价格差别，指厂商在同一时期对同一产品索取不同价格的行为。价格歧视既可以是对不同购买者索取不同价格，也可以对同一个购买者的不同购买数量收取不同价格。目的是剥夺消费者剩余，获得更多的利润。

随着社会经济的发展，零售业已经转向以超级市场和超大型百货商场为主的商业形式，沃尔玛、麦德龙等大型超级市场蓬勃发展，交易火爆，而传统百货商场和小杂货店却日渐冷清，经营难以为继。超级市场带给人们购物方便省时、物美价平的同时，也极大地促进了消费总量的上升。这种现象背后隐藏的规律到底是什么？不断进驻国内零售业市场的外资大型超级市场与传统商铺相比较，拥有雄厚的资金实力、先进的管理方法、完备的信息系统和高效的物流体系等诸多优势，最主要的原因却是大型超级市场大大地降低了商品零售的交易成本，满足了广大消费者的需要。在现实生活中，人们经常能看到不同的人购买同样的商品，付出的价钱是不同的，这其实就是一种价格歧视。人们在货比三家、与商家讨价还价时所花费的大量时间精力就是交易成本。交易成本的高低与是否实行价格歧视有很大的关系。

垄断厂商实行价格歧视，必须具备以下三个基本条件。

第一，市场存在不完善性。当市场不存在竞争，信息不畅通，或者由于种种原因被分割时，垄断者就可以利用这一点实行价格歧视。

第二，必须有容易区别的、对产品有不同需求弹性的顾客群。不同的购买集团对产品的需求价格弹性必须不同，并且为厂商所知，即厂商了解购买集团对产品的不同的需求程度。只有具备这一条件，企业才有可能采用逆弹性定价法，在需求弹性大的市场上制定较低的价格，在需求弹性较低的市场上制定较高的价格，通过价格歧视获得更多的消费者剩余。

第三，不同的消费者群体或不同的销售市场是相互隔离的。这样就排除了中间商由低价处买进商品，转手又在高价处出售商品而从中获利的情况。地区封锁和限制贸易自由的各种障碍往往有利于垄断者实行其价格歧视，因此，反垄断限制价格歧视应该尽力消除其实现的环境条件。

英国经济学家 A. C. 庇古（A. C. Pigou）于 1920 年提出，根据歧视程度的高低，价格歧视可以分为一级、二级和三级。

一、一级价格歧视

一级价格歧视（first-degree price discrimination），又称完全价格歧视，就是每一单位产品都有不同的价格，即假定垄断者知道每一个消费者对任何数量的产品所愿意支付的最大货币量，并以此决定其价格，所确定的价格正好等于对产品的需求价格，因而获得每个消费者的全部消费剩余。

假设某地区只有一个牙医，并且他清楚每一个患者愿意付的最高价格，他将对每一个患者收取不同的价格，使他们刚好愿意治疗，这样患者们的全部消费者剩余都转移到了牙医那里。这种情况是一级价格歧视。

一级价格歧视如图 7 - 7（a）所示：当厂商销售第一单位产品 Q_1 时，消费者愿意支付的最高价格为 P_1，于是，厂商就按此价格出售第一单位产品。当厂商销售第二单位产品时，厂商又按照消费者愿意支付的最高价格 P_2 出售第二单位产品。依此类推，直到厂商销售量为 Q_m 为止，即以价格 P_m 销售第 m 单位的产品。这时，垄断厂商得到的总收益相当于图中的阴影部分面积。而如果厂商不实行价格歧视，都按同一个价格 P_m 出售 Q_m 的产量时，总收益仅为 OP_mBQ_m 的面积。

下面，进一步利用图 7 - 7（b）分析一级价格歧视所产生的影响。图 7 - 7（b），垄断厂商根据 $MR = MC$ 原则所确定的均衡价格为 P_m，均衡数量为 Q_m。假定产量和价格的变化是连续的。如果存在一级价格歧视，我们发现，在产量小于 Q_m 的范围内，消费者为每一单位产品所愿意支付的最高价格均大于 P_m，所以，厂商增加产量就可以增加利润。在产量达到 Q_m 以后，消费者为每单位产品所愿意支付的最高价格仍均大于 MC，所以，厂商增加产量还可以增加利润。因此，厂商始终有动力增加产量，一直到将产量增加到 Q_1 水平为止。这时，厂商总收益相当于 $OPEQ_1$ 的面积，厂商获得了比按同一价格 P_1 销售全部产量 Q_1 时的更大的利润。而且，消费者剩余全部被垄断厂商所占有，转化为厂商收益（或利润）的增加量。

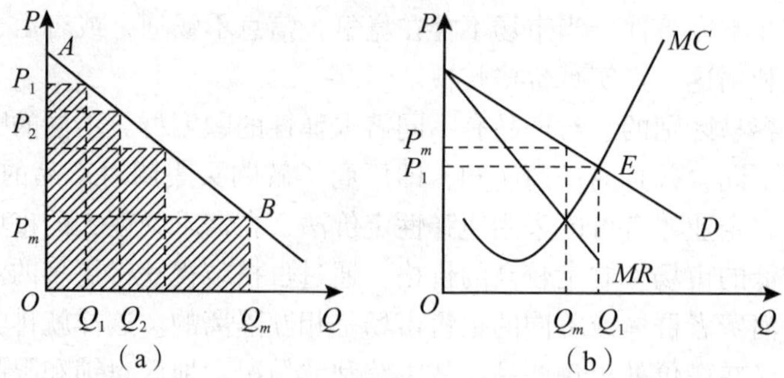

图 7－7　一级价格歧视

此外，在图 7－7 中还可以发现，在 Q_1 的产量上，有 $P=MC$。这说明此时 P_1 和 Q_1 竟然等于完全竞争时的均衡价格和均衡产量。所以，一级价格歧视下的资源配置是有效率的，尽管此时垄断厂商剥夺了全部的消费者剩余。

在实践中，完全一级价格歧视几乎是绝不可能的。首先，向每个顾客都索取一个不同的价格通常是不现实的。实行一级价格歧视时，企业在交易中向每个客户索要其愿意为所买商品支付的最高价格，商品价格应该随着客户对所购商品的价值期望和支付能力的不同而不同，而在现实中，由于企业获取每个客户个人消费信息的不完全以及获取信息的巨额成本，因此，向每个顾客都索取一个不同的价格通常是不现实的。其次，厂商通常不知道顾客的保留价格。消费者会隐藏自己对产品价值的看法，甚至向企业发出相反的信号，如掩饰强烈购买欲望或故意贬低商品价值等，这些都有可能使企业错误地估计客户的保留价格，在讨价还价中做出不适当的让步，使本该获得的消费者剩余落空。

二、二级价格歧视

二级价格歧视（second-degree price discrimination），又称差别定价，是指消费者就某一商品或服务支付的总价格同购买的总数量不成线性比例的一种定价方式，如通常所说的数量折扣和数量补贴。与此相反，单位产品或服务的价格始终保持不变的定价方式则是传统的线性定价。

在图 7－8 中，垄断者规定了三个不同的价格水平。在第一个消费段上，垄断者规定的价格最高，为 P_1；当消费者数量增加到第二个消费段时，价格下降为 P_2；当消费数量再增加到第三个消费段时，价格便下降为更低的 P_3。

如果不存在价格歧视，则垄断厂商的总收益相当于矩形 OP_3DQ_3 的面积，如果实行二级价格歧视，则垄断厂商的总收益的增加量（即利润的增加量）相当矩形 P_3P_1BE 加矩形 $EGCF$ 的面积，这一面积恰好就是消费者剩余的损失量。

由此可见，实行二级价格歧视的垄断厂商利润会增加，部分消费者剩余被垄断者占有。此外，垄断者有可能达到或接近 $P=MC$ 的有效率的资源配置的产量。

二级价格歧视也属于价格歧视领域，但这种方法不如一级价格歧视那么严重，有助于垄断厂商在识别消费者特征（比如，消费者口味）的基础上对消费者进行更为详细地区分。

二级价格歧视包括二部定价、三部定价和捆绑定价三种类型。

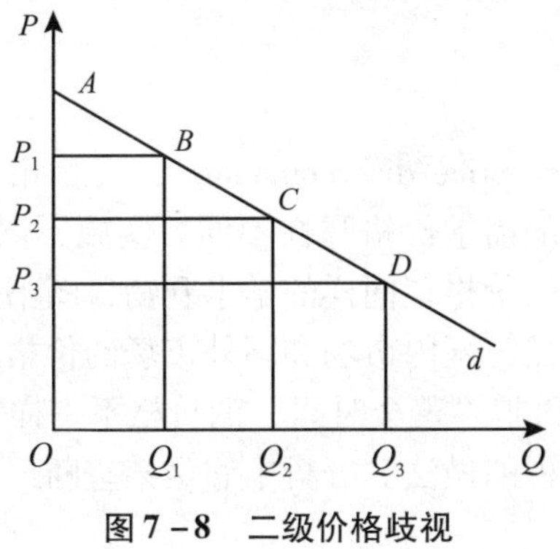

图7-8 二级价格歧视

（1）二部定价和可选择二部定价。所谓二部定价，是指价格中既包括一笔和消费量无关的固定费用，即月租费，又包括一笔按消费量计算的可变费用，即“从量费”。两部定价（two-part tariff）是其中最简单、最基本的一种，它要求消费者先交纳一笔固定的进入费，然后再根据消费量支付使用费，即总价格。如电力公司对大顾客收取的容量电价和电量电价，以及电信公司对固定电话或移动电话顾客收取的月租费和通话费。

（2）三部定价和可选择三部定价。在二部定价模式的基础上，衍生出了另一种模式——三部定价模式。这种模式也属于非线性定价。

（3）打包定价。在市场营销学中，“打包销售”是一种行之有效的市场营销策略。厂商为了吸引消费者，提供了一种可以包含多种产品的产品包，即实行捆绑销售的方式。在价格研究中，它实际也是非线性定价模式。

二级价格歧视具有两个最为重要的特征：一是发掘并模型化了消费者的异质性；二是可以同时提高生产者和消费者的福利，实现帕累托改进。因此，相对于传统的边际成本定价这种线性定价模式而言，非线性定价不论在理论上还是在实践上都是一种极大的创新。

二级价格歧视一方面反映了企业家对经济效率的追求，另一方面也说明了传统的困扰公用事业行业的固定成本回收问题可以通过这种灵巧的定价方式而得到一定程度的解决。目前，这一定价方式在西方工业化国家的公用事业定价中随处可见，它同H. 德姆塞茨（H. Demsetz，1968）的竞争性拍卖理论、E. H. 钱伯林（E. H. Chamberlin，1962）的模式间竞争理论（intermodel competition）、W. J. 鲍莫尔、J. C. 潘萨尔和R. D. 韦利格（W. J. Baumol，J. C. Panzar & R. D. Willig，1982）的可竞争市场理论（contestability market）等一起，成为20世纪70年代、80年代以来世界范围内的解除管制、引进竞争政策实践的理论基础。自20世纪70年代以来，工业化国家普遍放松了对诸如电力、通信、自来水、煤气、铁路、民航等公用事业企业（publicutility）的规制，非线性定价也因此在这些行业的价格政策中得到了广泛的应用，因此，它对于我国公用事业领域正在进行的市场化导向的改革也具有重要的现实意义。比如，电信公司对客户每月上网时间的不同，收取不同的价格，对于使用量小的客户，收取较高的价格；对于使用量大的客户，收取较低的价格。垄断卖方通过这种方式把买方的一部分消费者剩余据为已有。因此，二级价格歧视不是不同的人之间，而是不同的产量之间存在价格歧视。

三、三级价格歧视

三级价格歧视（third-degree price discrimination），又称市场分割，是指对于同一商品，完全垄断厂商根据不同市场上的需求价格弹性不同，实施不同的价格。例如，对同种产品，在富人区的价格高于在贫民区的价格；同样的学术刊物，图书馆购买的价格高于学生购买的价格。更一般地，对于同种产品，国内市场和国外市场的价格不一样；城市市场和乡村市场的价格不一样；“黄金时间”和非“黄金时间”的价格不一样等。

下面具体分析三级价格歧视的做法。分析中假定某垄断厂商在两个分割的市场上出售同种产品。

首先，厂商应该根据 $MR_1=MR_2=MC$ 的原则来确定产量和价格。其中，MR_1 和 MR_2 分别表示第一个市场和第二个市场的边际收益，MC 表示产品的边际成本。这是因为，第一，就不同的市场而言，厂商应该使各个市场的边际收益相等。只要各市场之间的边际收益不相等，厂商就可以通过不同市场之间的销售量的调整，来获得更大的利益。例如，当 $MR_1>MR_2$ 时，厂商自然会减少市场 2 的销售量而增加市场 1 的销售量，以获得更大的利益。这种调整一直会持续到 $MR_1=MR_2$ 为止。第二，厂商应该使生产的边际成本 MC 等于各市场相等的边际收益。只要两者不等，厂商就可以通过增加或减少产量来获得更大的利益，直至实现 $MR_1=MR_2=MC$ 的条件。

其次，根据式（7.1），在市场 1 有 $MR_1=P_1\left(1-\frac{1}{E_{d1}}\right)$ （7.8）

在市场 2 有 $MR_2=P_2\left(1-\frac{1}{E_{d2}}\right)$ （7.9）

根据 $MR_1=MR_2$ 的原则，可得 $\frac{P_1}{P_2}=\frac{1-\frac{1}{E_{d2}}}{1-\frac{1}{E_{d1}}}$ （7.10）

因此，三级价格歧视要求厂商在需求的价格弹性小的市场上制定较高的产品价格，在需求的价格弹性大的市场上制定较低的产品价格。实际上，对价格变化反应不敏感的消费者制定较高的价格，而对价格变化反应敏感的消费者制定较低的价格，是有利于垄断者获得更大的利润的。

☞ 扩展阅读

三级价格歧视在电信运营业中的运用①

在实践中，企业往往利用品牌差异、产品差异并结合其他营销手段来达到三级价格歧视

① 资料来源：魏海峰．价格歧视在电信运营业中的运用［J］．通信企业管理，2005（6）：70－72

的目的。

（1）品牌差异。随着电信市场竞争的日益激烈，电信运营商的品牌竞争将成为焦点，客户对运营商品牌和服务（产品）品牌的忠诚度将成为竞争的核心。如中国移动、中国联通建立了“全球通”“神州行”“如意通”等产品品牌；中国网通建立了“情传万家”服务品牌。但从总体上看，由于对消费者目标群体的细分程度不够，电信服务（产品）细分品牌的建立仍不够充分，还存在着对一些品牌的宣传力度不足、客户认知度不高的问题。规模较大的电信运营企业可以实施多品牌策略，拥有多个品牌，形成品牌群。这样可以利用不同的品牌、针对不同档次的消费者制订出不同的价格。如果企业规模较小，难以支撑多个品牌，也可以在一个品牌下采用多个品种、推出多个系列。只要产品有差别，并将有差别的产品个性化，形成不同品种或不同系列，利用品种或系列之间的不同就可对消费者进行价格歧视。只有通过对主品牌和细分品牌的宣传，实现客户对不同品牌价值认知的差异才能最终实现差异化定价策略。

（2）产品差异。电信语音业务经过多年的发展已进入成熟期。与此同时，由于电信技术不断发展，新业务层出不穷，形成了多种技术并存，业务多层次、多样化以及不同业务市场相互促进和竞争的格局。各种电信增值业务和数据业务将在电信市场竞争中发挥越来越重要的作用。电信运营企业可以通过新业务研发和业务组合实现电信服务（产品）的差异，进而实现差异化定价。如全球最成功的移动数据服务提供商之一的日本DoCoMo，就号称拥有1000多项移动增值业务。为了实现最大收益，DoCoMo采取了分步收入的模式和分客户群进行定价管理的方法，其差异化收费和差异化服务以及运用基于分组化信息流量的计价方式大大增加了其用户数量、用户忠诚度和用户使用率，提高了企业的经济效益。其成功的经验值得我国电信运营企业借鉴。

（3）服务差异。通过提供差异化的、不同等级的服务满足不同客户的服务需求（如为大客户提供个性化服务，为普通客户提供规范化服务等），进而实现价格的差异化。超越通信业务以外的服务和产业链服务联盟是电信运营企业服务创新的探索方向。根据“二八理论”对大客户实行个性化服务、建立客户经理负责制是开发和稳定大客户市场的关键。中国联通在这方面做了尝试和努力。通过建立各级大客户中心，为大客户提供上门服务、综合业务“一站式服务”，还为其提供交通港站和海关绿色通道等通信业务以外的服务，深受大客户的欢迎。

对一些基础资源，如天然气、水、电等，供求存在一定的缺口，且随着生产的发展，供求矛盾还有加剧的趋势，为遏制供求矛盾的加剧，有效配置资源，国家利用对这些资源供给的垄断地位，对资源的使用者区别对待，制定不同的价格。例如电力供应，对电解铝、钢铁等高耗能产业，制定较高的用电价格，对居民用电和农业用电，则实施优惠价格。对水的供应，区分民用水和工业用水，而在民用水中，又分为居民日常使用和洗浴业用等类别，制定不同的价格。这些措施，正是依据了三级价格歧视的市场分割原理，对不同市场的消费者收取不同的价格，促使那些资源消耗量大的企业，加强成本核算，提高经济效益，或减少对资源的过度使用，发挥价格杠杆有效调节资源配置的功能。因此，实施价格歧视，有利于扩大市场销售量，增加生产者剩余和消费者剩余，在一定程度上克服垄断造成市场效率低下的弊端。因而，它是一种积极的措施，对市场是有利的，其价格的形成也是符合市场运行规律的。

☞ 扩展阅读

机票价格的制定

美国的机票价格变化多端，不要说头等舱、商务舱和经济舱座位标价悬殊，就是相邻的两个座位也照样可以相差一倍，有时候经济舱的座位就比头等舱的还贵！这种现象，什么“价值决定价格”理论，什么“成本决定价格”理论，都是根本没有解释力的。

从需求原理出发的经济分析是这样解释的：航空公司根据各种“线索”，将乘客加以甄别（即“歧视”），根据乘客对飞行服务的不同需求，制定完全不同的价格，从而在不同类别的乘客身上分别实现收益的最大化。

还有一些“线索”是顾客不由自主表现出来的，比如顾客是否愿意花更多的时间在报纸和旅行社之间搜寻，是否愿意提前两个星期甚至半年预订机票，是否愿意耐心填写“里程奖励计划”的表格并随时留意各种优惠活动等。航空公司根据这些线索，把“闲人”（也就是时间成本较低的乘客）甄别出来，用低得多的价格吸引他们，从而创造本来不会发生的营业额，增加公司的总收益。

本章框架

首先，明确完全垄断市场的概念、特征以及形成原因；其次，分析完全垄断市场的短期均衡和长期均衡；最后，简单介绍价格歧视的相关知识。本章结构如图7－9所示。

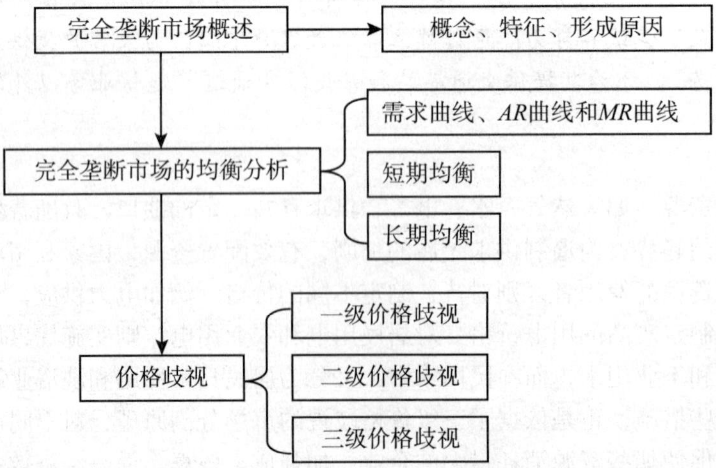

图7－9　本章的结构框架

内容提要

1. 完全垄断市场简称为垄断市场，它指的是一种特殊的商品市场结构，在这种市场中，该商品的销售者仅仅只有一个，这个单一的销售者又是该行业内唯一的生产者，而且厂商生产和销售的产品不存在相近的替代品，这个单一的销售者和生产者（垄断者）控制了整个市场。

2. 短期条件下，垄断厂商的固定要素投入量不变，即生产规模是给定的，厂商只能通过调整可变要素的投入来调整产出。根据垄断厂商短期内获得利润的不同，垄断厂商短期均衡有超额利润、正常利润和亏损三种情况。凡是或多或少存在垄断因素的市场中，或者说单个厂商存在一定垄断力的市场中，厂商所面临的需求曲线是向右下方倾斜的，这时，就不存在有规律的厂商短期供给曲线。

3. 垄断者的长期均衡是指垄断者在长期已进行生产规模调整，达到最优生产规模实现长期利润最大化的均衡。长期内垄断者进行规模调整要遵循两个原则：一是使得出售产品的平均收益至少可以弥补平均成本；二是使长期边际成本等于边际收益。不论短期内亏损与否，只要长期中存在一个最优的生产规模，在利润最大化约束原则下的垄断者都会进行规模调整，从而达到利润最大化。因此，对于存在长期均衡的垄断市场，垄断者肯定能获得超额利润（至少是正常利润）。垄断厂商长期均衡条件为：$MR = LMC = SMC$（MR 为厂商的边际收益，LMC 为厂商的长期边际成本，SMC 为厂商的短期边际成本）

4. 一级价格歧视是指垄断厂商对每一单位产品都按照消费者所愿意支付的最高价格销售，又被称为完全价格歧视。二级价格歧视也称为差别定价，是指垄断厂商对同一商品按不同消费数量段规定不同的价格，而对于每一个购买数量在相同数量段的消费者则收取相同的价格。三级价格歧视是指垄断厂商对同一商品在不同的市场（或者不同的消费群）收取不同的价格，而在同一市场中（或同一消费群）则收取相同的价格。三级价格歧视在现实经济中最为普遍。

复习与思考

一、名词解释

完全垄断；价格歧视；完全价格歧视；三级价格歧视。

二、选择题

1. 对于一个垄断厂商而言，下述说法不正确的是（　　）。

A. 一个厂商提供全部的市场供给量　　B. 利润最大化时，$MR = MC$

C. 垄断竞争厂商有一条水平的需求曲线　　D. $MR < P$

2. 一位垄断厂商所面临的需求函数为 $100 - 0.5P$，不变的边际成本是 40 元，如果他不实施差别定价，利润最大化的价格为（　　）。

A. 40　　B. 80　　C. 120　　D. 60

3. 如果上述厂商可以实施完全价格歧视，那么利润最大化时的边际收益是（　　）。

A. 40　　B. 80　　C. 0　　D. 60

4. 完全垄断市场上，厂商的需求曲线是一条（　　）。

A. 向右下方倾斜的曲线　　B. 与横轴平行的线

C. 与横轴垂直的线　　D. 与 MR 重叠的线

5. 在完全垄断市场上，平均收益与边际收益的关系是（　　）。

A. 平均收益大于边际收益　　B. 平均收益等于边际收益

C. 平均收益小于边际收益　　D. 以上均不正确

6. 在完全垄断市场，厂商长期均衡的条件是（　　）。

A. $MR=LMC$　　B. $MR=SMC$　　C. $MR=LMC=SMC$　　D. $MR=LAC$

7. 当需求（　　）时，垄断价格越会高于边际成本。

A. 越富于弹性　　B. 越缺乏弹性　　C. 具有单位弹性　　D. 具有完全弹性

8. 因为它们是单一的销售者，垄断可以获得（　　）。

A. 纯经济利润　　B. 纯会计利润　　C. 零利润　　D. 资本投资的正常回报

三、简答题

1. 为什么垄断企业不能把产品价格任意抬高？

2. 与产品销售相比，劳务的销售中价格歧视的现象更普遍，如医疗服务可按人们收入的不同收取不同的费用；交通运输服务可按年龄不同分别进行定价。试解释这种现象。

四、计算题

1. 假定一个垄断者的产品需求曲线为 $P=50-3Q$，成本函数为 $TC=2Q$，求该垄断企业利润最大化时的产量、价格和利润。

2. 设垄断者面临的需求函数和成本函数分别为 $P=100-3Q+4\sqrt{A}$，$C=4Q^2+10Q+A$，这里，A 是垄断者的广告费用支出。求解利润极大时的产量 Q、价格 P 和广告费用 A 值。

3. 已知垄断者成本函数为 $TC=6Q+0.05Q^2$，产品需求函数为 $Q=360-20P$，求：

（1）利润最大的销售价格、产量和利润。

（2）如果政府试图对该垄断企业采取规定产量措施使其达到完全竞争行业所能达到的产量水平，求解这个产量水平和此时的价格，以及垄断者的利润。

（3）如果政府试图对垄断企业采取限价措施使其只能获得生产经营的正常利润，求解这个限价水平以及垄断企业的产量。

4. 某垄断者的一家工厂所生产的产品在两个彼此分割的市场出售，产品的成本函数和两个市场的需求函数分别为：

$TC=Q^2+10Q$，$q_1=32-0.4P_1$，$q_2=18-0.1P_2$

试问：（1）若两个市场能实行差别定价，求解利润极大时两个市场的售价、销售量和利润；并比较两个市场的价格与需求弹性之间的关系。

（2）计算没有市场分割时垄断者的最大利润的产量、价格和利润；并与问题（1）比较。

5. 一垄断企业生产某产品的总成本函数为：$TC=\frac{1}{3}Q^3-30Q^2+1000Q$，产品在实行差别价格的两个市场上出售。在利润极大时产量为48。第一个市场的需求函数为 $P_1=1100-13q_1$；在第二个市场需求曲线

（也假定是直线）上，当价格为均衡价格时的弹性为 -3。试问：该企业的纯利润为多少？

【参考文献】

1. ［美］N. 格里高利·曼昆. 经济学原理（第2版）（中文版）［M］. 北京：北京大学出版社，2002

2. 尹伯成. 西方经济学［M］. 上海：上海人民出版社，2008

3. 高鸿业. 西方经济学［M］. 北京：中国人民大学出版社，1999

4. 刘冰. 经济学基础［M］. 北京：高等教育出版社，2011

5. 魏海峰. 价格歧视在电信运营业中的运用［J］. 通信企业管理，2005（6）：70-72

6. 孙敬水. 垄断者就该上天堂？——评歌华有线随意涨价［N］. 经济学消息报，2003（599）

【进一步阅读提示】

【报纸】

《经济日报》《国际商报》《国际金融》《中国经济时报》《国际经贸消息》

【杂志】

《经济研究》《经济学动态》《中国工业经济》《世界经济》《世界经济研究》《国际经济评论》《国际贸易》《世界经济研究》

【数据来源及分析报告】

《世界经济展望》《世界经济年鉴》《中国统计年鉴》

【网址】

中国经济学教育科研网：http：//www cenet. ccer. edu. cn

北京大学中国经济研究中心：http：//www. ccer. pku. edu. cn

国际货币基金组织：http：//www. imf. org

经济合作与发展组织：http：//www. oecd. org

联合国贸易和发展会议：http：//www. unctad. org

第八章　垄断竞争市场

垄断者，通过经常保持市场存货的不足……以远远高于正常的价格出售他们的产品，从而无论在工资还是在利润方面都提高他们的报酬。

——亚当·斯密（Adam Smith）

在一般的论述中，竞争的意思是个人之间的争胜；在其中，人人设法胜过他的已知对手。在经济事务中，竞争几乎意味着相反的事物。在竞争市场上，没有个人的争胜。没有个人的讨价还价。

——米尔顿·弗里德曼（Milton Friedman）

学习目的

通过本章的教学，要求学生了解垄断竞争市场的基本特征及需求曲线，学习垄断竞争厂商的短期均衡和长期均衡的形成及结果，比较垄断竞争厂商和完全竞争厂商在均衡价格和产量等方面的不同。

学习目标

1. 能够大致明白垄断竞争市场与完全竞争市场和完全垄断市场的区别。
2. 掌握厂商在这三类市场中短期均衡及长期均衡的条件；在均衡的产量和价格上的不同。
3. 重点了解垄断竞争市场的特点。

关键概念

垄断竞争（monopolistic competition）；垄断竞争厂商需求曲线（monopolistic competition firm's demand curve）；短期均衡（short-run equilibrium）；长期均衡（long-run equilibrium）；理想产量（ideal quantity）。

☞ 经济学家简介

E. H. 张伯伦[①]

E. H. 张伯伦（E. H. Chamberlin，1899~1967 年）美国著名经济学家。出生在美国华盛

---

① 资料来源：wiki. mbalib. com/wiki/爱德华·哈斯丁·张伯伦

顿，1920 年毕业于美国艾奥瓦大学（The University of Iowa），而后进入美国密执安大学（The University of Michigan）任讲师，1922 年获该大学硕士学位，1924 年又获哈佛大学硕士学位，1927 年获哈佛大学博士学位。1929 年起任哈佛大学副教授，1934 年以后一直任哈佛大学教授。

E. H. 张伯伦在他 1933 年出版的《垄断竞争理论》（*The Theory of Monopolistic Competition*）一书中提出的关于资本主义市场结构和价格形成的理论。他的理论和英国经济学家 J. V. 罗宾逊于同年出版的《不完全竞争经济学》（*Economics of Imperfect Competition*）共同构成了“垄断竞争论”，成为现代微观经济学的重要组成部分。他认为，实际的市场既不是竞争的，也不是垄断的，而是这两种因素的混合。在他看来，许多市场价格都既具有竞争因素，又具有垄断因素。因此，企业家心目中没有纯粹竞争，只有垄断竞争的概念。资本主义市场的整个价格制度，是由纯粹竞争市场、垄断市场以及由垄断和竞争力量相混合的各种市场上的价格关系组成的。E. H. 张伯伦认为，垄断与竞争力量的混合来源于产品差别，产品差别是造成垄断的一个决定性因素。一种产品具有差别，就意味着卖者对他自身的产品拥有绝对的垄断，但却要遭受非常接近的替代品的竞争。这样每一个卖者都是垄断者，同时也是竞争者，因此是“垄断的竞争者”。E. H. 张伯伦根据产品差别的概念建立了他的垄断竞争价值理论。他认为，在垄断竞争情况下，每家厂商的销售量受价格、产品性质和销售开发三个因素的影响。垄断竞争价值理论就是研究这三个因素和销售量的均衡关系。

E. H. 张伯伦在《垄断竞争理论》一书中，还分析了 A. A. 库尔诺（A. A. Cournot）、F. Y. 埃奇沃思（F. Y. Edgeworth）的传统寡头理论，提出纯粹寡头理论。寡头就是少数人的垄断。他区分了出售差别产品的许多销售者之间的垄断竞争和少数卖者之间的寡头竞争两种市场类型，研究了寡头竞争价格的形成。他假定市场上只有两个互相竞争的销售者。一家厂商变动其价格或产量，会引起对手做出反应，并间接地影响变动价格的厂商，所以要采取措施索取垄断价格。E. H. 张伯伦认为，这种决策不需要寡头或双头之间进行勾结即可实现。

“张伯伦革命”。亚当·斯密以后的 100 多年里是自由资本主义发展的鼎盛时期，那时垄断还是个别现象。当资本主义进入垄断阶段之后，经济学理论已无法对其进行解释，现实世界中的普遍垄断现象开始引起经济学家的关注。从 19 世纪初的 E. H. 西斯蒙第、E. H. 穆勒、E. H. 麦克库洛赫，到 19 世纪末和 20 世纪初的 A. 马歇尔、A. C. 古诺、E. H. 埃奇沃思、E. H. 西奇威克，尤其是 A. C. 庇古和 E. H. 斯拉法，他们早已对垄断理论和市场的不完全性作了大量的研究。但问题在于，他们始终沿袭着“斯密传统”，即将自由竞争作为普遍现象而把垄断作为例外来构造他们的理论框架。一直到 20 世纪 30 年代中期美国哈佛大学的 E. H. 张伯伦和英国剑桥的 J. V. 罗宾逊分别出版了《垄断竞争理论》和《不完全竞争经济学》才正式宣告“斯密传统”的彻底结束。始于 E. H. 张伯伦和 J. V. 罗宾逊二人的“张伯伦革命”的主要贡献在于：他们摒弃了长期以来以阿尔弗雷德·马歇尔为代表的新古典经济学关于把“完全竞争”作为普遍的而把垄断看作个别例外情况的传统假定，认为完全竞争与完全垄断是两种极端情况，提出了一套在经济学教科书中沿用至今的用以说明处在两种极端之间的“垄断竞争”的市场模式，并在其成因比较、均衡条件、福利效应等方面运用边际分析的方法完成了微观经济的革命，将市场结构分成了更加符合资本主义进入垄断阶段实际情况的四种类型。“张伯伦革命”的经济学意义就在于，20世纪中期宏观经济学之所以能够得到长足的发展，其天然逻辑的发展起点就是对垄断的分析，从这个起点出发，恰恰使得西方经济学比较正确地描述和表达了百年经济历史的本质和现状。

E. H. 张伯伦的主要著作有《双头垄断：卖方很少时的价值》（*Duopoly：Values where sellers are few*）、《垄断竞争理论》（*The Theory of Monopolistic Competition*）、《垄断竞争的再考察》（*Monopolistic Competition Revisited*）、《论“寡头垄断”的起源》（*On the Origin of Oligopoly*）、《走向更一般的价值理论》（*Towards a More General Theory of Value*）、《垄断竞争理论的起源和早期发展》（*The Theory of Monopolistic Competition：A Reorientation of the Theory of Value*）等。

☞ 案例思考

2010年11月3日晚，腾讯公司发布公告，在装有奇虎360公司软件的电脑上停止运行QQ软件。奇虎360公司随即推出了“WebQQ”的客户端，但腾讯公司随即关闭WebQQ服务，使客户端失效，事件仍在紧张发展。2010年11月10日下午，在国家工业和信息化部等三部委的积极干预下，腾讯公司与奇虎360公司已经兼容。2011年4月26日，“腾讯公司起诉奇虎360公司隐私保护器不正当竞争案”做出判决，奇虎360公司被判停止发行360隐私保护器，赔偿腾讯公司40万元。

而最初的腾讯公司与奇虎360公司之争早在2010年5月就开始了，有人说“以往在国外互联网发展的过程中，也出现过这样的情况。奇虎360公司针对腾讯公司推出扣扣保镖，腾讯公司认为奇虎360公司对腾讯公司软件存在恶意，腾讯公司和奇虎360公司应该对自己的用户负责，消费者应该选择对自己有利的软件”。也有人说“互联网发展到这个阶段，出现这样的状况也不可避免，但中国的互联网厂商应该有良性竞争，合作共赢。”① 腾讯公司与奇虎360公司之间是垄断竞争的结果吗？本章的垄断竞争理论会对这个问题有所帮助。

第一节　垄断竞争厂商面临的需求曲线

一、垄断竞争市场的条件

垄断竞争是一种介于完全竞争和完全垄断之间的市场组织形式，在这种市场中，既存在着激烈的竞争，又具有垄断的因素。垄断竞争市场是一种既有垄断又有竞争，既不是完全竞争又不是完全垄断的市场。

（1）市场中有着较多数量的厂商，彼此之间存在着较为激烈的竞争。

每个厂商都认为自己的产量在整个市场中只占有一个很小的比例，因而厂商认为自己改

① 资料来源：https：baike. baidu. com

变产量和价格，不会招致其竞争对手们相应行动的报复。

（2）厂商所生产的产品是有差别的，或称“异质商品”，又有一定的替代性。

产品差别是指同一产品在价格、外观、性能、质量、包装、品牌、服务及广告等方面存在某种差别。由于存在这些差别，使得产品成了带有自身特点的“唯一”产品了，也使得消费者有了选择的可能。从而厂商对自己产品的生产销售和价格具有控制力，即具有了一定的垄断能力，而垄断能力的大小则取决于它的产品区别于其他厂商产品的程度。产品差别程度越大，垄断程度越高。这是决定垄断竞争市场中存在垄断的重要原因，因为产品的差异造成了无数的独特的产品市场，厂商在其市场中具有控制能力，形成对各个产品市场的垄断。

（3）厂商进入或退出某一行业比较自由，资源流动性较强。

垄断竞争市场相较于完全垄断市场而言，厂商进入或退出一个市场比较容易，资源等生产要素是比较自由的。垄断竞争市场是常见的一种市场结构，如肥皂、洗发水、服装等日用品市场，牛奶、火腿等食品类市场，书籍、药品等市场属于此类。

☞ 案例讨论

产品差异化是垄断竞争市场上常见的一种现象，不同企业生产的产品或多或少存在相互替代的关系，但是它们之间存在差异，并非完全可替代的。垄断竞争厂商的产品差异化包括产品本身的差异和人为的差异，后者包括了方位的差异、服务的差异、包装的差异、营销手法的差异等，企业往往希望通过产品差异化来刺激产品的需求。

（1）产品的颜色——普通的牙膏一般都是白色的，高露洁有一种三重功效的牙膏，膏体由三种颜色构成，给消费者以直观感受：白色的在洁白我的牙齿，绿色的在清新我的口气，蓝色的在清除口腔细菌。

（2）产品功能组合——组合法是最常用的创意方法。海尔的氧吧空调在创意上就是普通空调与氧吧的组合。白加黑也是一种功能的分离组合，简单的功能概念却造就了市场的奇迹。

（3）产品构造——“好电池底部有个环”，南孚电池通过“底部有个环”给消费者一个简单的辨别方法，让消费者看到那个环就联想到了高性能的电池。

（4）隐喻的概念——瑞星杀毒软件用狮子来代表品牌，以显示其强大“杀力”；胡姬花通过隐喻概念“钻石般的纯度”来强化其产品价值。

（5）事件概念——相信全国人都知道海尔的“砸冰箱”事件，该事件为海尔的“真诚到永远”立下了汗马功劳，可见事件概念的传播也是威力巨大。事件营销要注意把握时机，如能与社会上的热点话题联系起来，则会起到事半功倍的效果。2003 年的一大热点当然是神五飞天，“蒙牛”及时“对接成功”，有效地提升了品牌形象，是近年来少见的优秀事件营销传播案例。

（6）广告传播创意概念——“农夫果园摇一摇”，“金龙鱼1:1:1”都属此类型。

（7）专业概念——专业感是信任的主要来源之一，也是建立“定位第一”优势的主要方法。很多品牌在塑造专业感时经常直称专家：方太——厨房专家；中国移动——移动通信专家。

（8）产地概念——总有许多产品具有前列的产地特点，如北京的二锅头、烤鸭，新疆的葡萄，还有人们常说的川酒、云烟等。

（9）服务概念——同样的服务，但如果有一个好的概念则能加强品牌的美好印象。比如海尔提出的“五星级服务”也为其“真诚到永远”做出了不少的贡献。

问题：产品差异化程度对需求曲线有什么影响？

☞ **即问即答**

垄断竞争市场上，厂商的产品有什么特点？

二、垄断竞争厂商的需求曲线

正如在前面需求部分所讲的，垄断竞争厂商所面临的需求曲线也是向右下方倾斜的。由于垄断竞争厂商可以在一定程度上控制自己产品的价格和产量，即通过改变自己产品的销售量来影响商品的价格。如同完全垄断厂商一样，垄断竞争厂商所面临的需求曲线是向右下方倾斜的，所不同的是，由于垄断竞争厂商的产品相互之间都是相似的替代品，市场中的竞争因素使得垄断竞争厂商的需求曲线具有较大的弹性。因此，相较于完全垄断厂商，垄断竞争厂商向右下方倾斜的需求曲线比较平坦，比较接近完全竞争厂商的水平状的需求曲线。

垄断竞争厂商所面临的需求曲线有两种，它们通常被区分为 d 需求曲线和 D 需求曲线。下面用图 8－1 分别说明这两种需求曲线的含义。

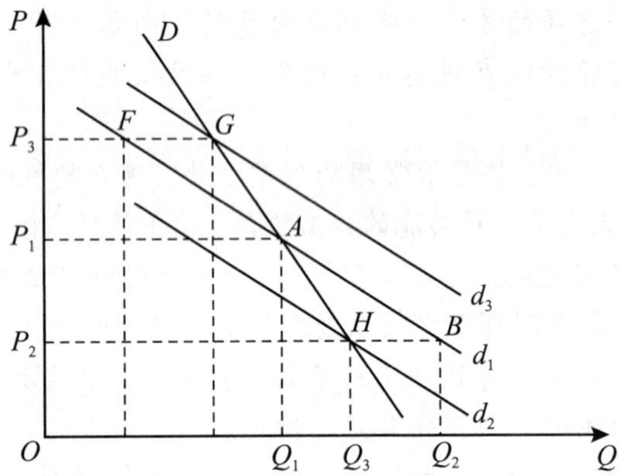

图 8－1　垄断竞争厂商的需求曲线

关于 d 需求曲线。d 需求曲线表示：在垄断竞争市场中的某个厂商改变产品价格，而其他厂商的产品价格都保持不变时，该厂商的产品价格和销售量之间的关系。在图 8－1 中，假定某垄断竞争厂商开始时处于价格为 P_1 和产量为 Q_1 的 A 点上，他想通过降价来增加自己产品的销售量。因为，该厂商认为，他降价以后不仅能增加自己产品的原有买者的销售量，而且还能把买者从市场的其他厂商那里吸引过来。该垄断竞争厂商相信其他厂商不会对他的降价行为做出反应。随着他的商品价格由 P_1 下降为 P_2，他的销售量会沿着 d_l 需求曲线由 Q_1 增加为 Q_2。因此，他预期自己的生产可以沿着 d_l 需求曲线由 A 点运动到 B 点。

关于 D 需求曲线。D 需求曲线表示：在垄断竞争市场中的某个厂商改变产品价格，而其他厂商也随之改变产品价格时，该厂商的产品价格和销售量之间的关系。在图 8-1 中，如果某垄断竞争厂商将价格由 P_1 下降为 P_2 时，其他厂商也都将价格由 P_1 下降为 P_2，于是，该垄断竞争厂商的实际销售量是 D 需求曲线上的 Q_3，Q_3 小于它的预期销售量即 d_1 需求曲线上的 Q_2。这是因为其他厂商的买者没有被该厂商吸引过来，每个厂商的销售量增加仅来自于整个市场的价格水平的下降。所以，该垄断竞争厂商降价的结果是使自己的销售量沿着 D 需求曲线由 A 点运动到 H 点。同时，d_1 需求曲线也相应地从 A 点沿着 D 需求曲线平移到 H 点，即平移到 d_2 需求曲线的位置。d_2 需求曲线表示当整个市场将价格固定在新的价格水平 P_2 以后，该垄断竞争厂商单独变动价格时在各个价格下的预期销售量。

所以，D 需求曲线是表示垄断竞争市场内的单个厂商在每一市场价格水平上的实际销售额[①]。若市场内有 n 个垄断竞争厂商，不管全体 n 个厂商将市场价格调整到何种水平，D 需求曲线总是表示每个厂商的实际销售额为市场总销售量的 $\frac{1}{n}$。

从以上的分析中可以得到，d 需求曲线也被称为主观需求曲线。D 需求曲线被称为实际需求曲线。

关于 d 需求曲线和 D 需求曲线的一般关系：第一，当垄断竞争市场内的所有厂商都以相同方式改变产品价格时，整个市场价格的变化会使得单个垄断竞争厂商的 d 需求曲线的位置沿着 D 需求曲线发生平移。d 需求曲线和 D 需求曲线相交意味着垄断竞争市场的供求相等状态。第二，很显然，d 需求曲线的弹性大于 D 需求曲线，即前者较之于后者更平坦一些。

由于垄断竞争厂商仍是根据边际成本等于边际收益来确定其最优产量，然后再调整价格，当厂商面临的需求曲线向下倾斜时，最优产量与价格不存在一一对应关系，故垄断竞争厂商与垄断厂商一样没有规律性的供给曲线。

☞ 案例讨论

连锁酒店价格之战[②]

当前，稳坐中国经济型连锁酒店六巨头宝座的可加盟酒店品牌分别是：如家、尚客优、7 天、锦江之星、格林豪泰、汉庭。2014 年，随着“去哪儿网”加强酒店直销和预订业务投入，“携程”和“艺龙”两大在线旅行社（online travel agent，OTA）的酒店业务竞争加入新的对手，通过返现等方式采取的价格战成为抢占市场份额的重要手段。价格战削弱 OTA 利润的同时，也在损害着卷入其中的各大品牌连锁酒店的利益。据如家 2015 年公布的第二季度财务报表，2015 年如家的平均每间客房每晚收入（ADR）和入住率同时下降，整

① D——比例需求。指市场内某个厂商改变产品价格，而其他所有厂商也使产品价格发生相同变化时，竞争对手会对厂商行为做出反应，以维持各自的市场份额不变。

② 资料来源：http://www.toutiao.com/a5360706301/

体利润下降近40%，至1亿元人民币，税前摊薄收益（EBITDA）也下降19%。为此，劲旅咨询首席执行官魏长仁表示，经济型酒店不惜以下架威胁叫停“返现”，源于“返现”打破了经济型酒店的价格体系，并侵蚀了会员利益及利润。因此，中国各大连锁酒店集团华住、如家、锦江之星、布丁等联手向OTA施压，要求后者停止网站上的相关返现促销活动。

问题：OTA的优惠策略有利于降低连锁酒店的价格，为什么各大连锁酒店要联合抵制它？

三、非价格竞争

由于垄断竞争厂商的产品间有一定替代性，垄断竞争厂商控制价格的能力就受到限制，而需求曲线较为平坦，进行价格竞争较为不利，因此垄断竞争厂商多进行非价格竞争。非价格竞争有很多方面，包括广告、产品变化、售后服务等。

（一）广告竞争

广告的基本分类有以下两种。

（1）信息性广告。向消费者提供与商品有关的信息，如价格、性能、出售地点等，使消费者扩大了选择的范围。

（2）说服性广告。试图让消费者相信他的确需要某种产品，或购买某种商品是他最好的选择。

现实生活中，广告已经无处不在。而关于广告的作用，人们的评价也褒贬不一。广告的拥护者认为：厂商用广告向顾客提供信息，广告提供用于销售的商品的价格、功能、特色、样式等。这些信息可以使顾客更好地选择想购买的商品，节省消费者搜寻市场信息的时间和费用。甚至形成厂商产品的品牌忠诚度，提高了厂商的“垄断”能力、价格调控能力。加强了竞争，因为提供更多替代产品信息，可削弱垄断力量。广告的批评者认为，广告影响消费者偏好，提高某种产品的垄断性，阻碍潜在竞争者的进入。厂商做广告是为了操纵人们的嗜好，让顾客盲目地根据广告而不是根据个人能力和需求购买商品。有些广告在于劝说消费者购买他们的产品，名不符实。许多广告是心理性的，而不是信息性的。例如，某些品牌的广告，只是向观看的人传达消费本商品可以感受到夏日的凉爽、冬日的温暖，甚至是零距离接触明星等，至于产品本身的性能少有说明，当然现在的广告就是这个趋势。

（二）品质竞争

改进产品功能、式样和提高产品质量，是非价格竞争的根本和基础做法。比如，让食品更美味，让产品更便利，更持久等，这样的信息传达给消费者是最有效的促销手段。

（三）销售竞争

改善销售条件，提高销售人员的素质，扩大销售网点，推出多种形式的促销手段等。

通过非价格手段进行竞争，也会引起竞争者的反应，但这种反应比起价格竞争引起的反应要慢一些。因为非价格因素的变化，不易快速被竞争者察觉，即使对方发觉之后，到有所反应也要一个过程（如设计新产品、训练推销人员、寻找合适的竞争方式等都需要一段时间）。用非价格手段进行竞争，一方面对方反应较慢；另一方面其效果又比较长久。非价格竞争的效果集中到一点，就是改善消费者对本厂商产品的看法，使本厂商产品在消费者头脑中与别的厂商产品区别开来，最大限度地抓住消费者对本厂商产品的销售。显然，一旦厂商在竞争中取得了这种效果，对方要把顾客重新夺回去是不太容易的。

☞ 案例讨论

广告与特色

说我们生活在一个广告的世界里一点也不夸张，那么，企业为什么会不惜巨额代价狂做广告呢？广告策划是在策划什么？广告的目的是借助于非价格竞争手段来改变厂商自己的主观需求曲线。因为形成了品牌特色以后，别的企业就不可能用价格手段来掠夺已经属于自己的客户了。同样，大学生在就业市场上也是如此，如果你有很强的竞争力，你就没有必要自跌身价去保住饭碗，当老板要降低工资时，你就敢说"NO"；相反，如果你普普通通，你就只能随波逐流。抓住大学时光，打造自己的特色才能活得更精彩！

问题：作为劳动要素或说人力资本的大学生应该如何进行差异化的竞争？

☞ 即问即答

给出垄断竞争的三个关键特征，并举出生活中的例子（厂商）。

第二节　垄断竞争厂商的短期均衡

一、均衡分析

在短期内，垄断竞争厂商是在现有生产规模下，通过对产量和价格的调整，来实现 $MR = SMC$ 的均衡条件，在均衡点上得到"最好的结果"，即可能获得最大利润，也可能是最小的亏损，这取决于均衡价格是大于还是小于平均成本。

在短期均衡实现过程中，垄断竞争市场同完全垄断市场一样，厂商也会出现超额利润、盈亏平衡（收支相抵）、亏损三种情况。与完全垄断市场不同之处在于垄断竞争厂商面对的市场需求曲线斜率较小。在考虑生产成本等因素之后，垄断竞争厂商会选择边际收益与边际成本相等的条件下生产，即如图 8－2 中的 E 点。E 点所决定的产量为 OQ_E，价格为 OP_E。由于此时的短期平均成本为 OG，所以，垄断竞争厂商是有利润的，其利润为图 8－2 中阴影部分。

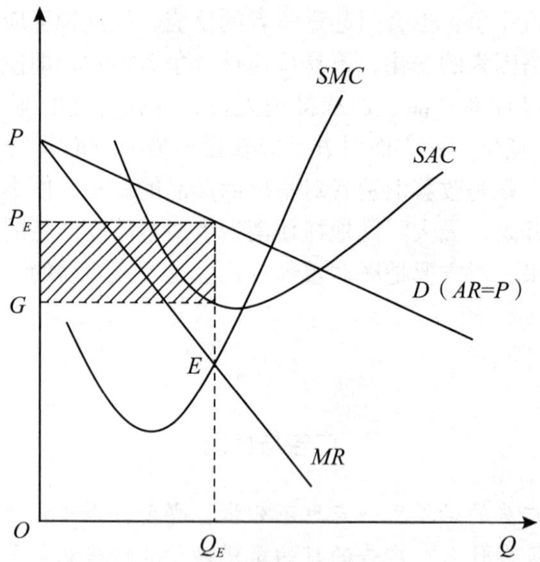

图 8－2　垄断竞争厂商存在超额利润

垄断竞争市场的短期均衡条件是：边际收益等于边际成本，$MR = SMC$

垄断竞争厂商在决定产量和价格的方式时与完全垄断厂商相同。另外，垄断竞争厂商也可能会有损失出现。在图 8－2 的产量 $OQ*$ 下，如果短期平均收益（P）低于短期平均成本（SAC），垄断竞争厂商就会亏损。如果短期平均收益（P）等于短期平均成本（SAC），那垄断竞争厂商既没有利润，也没有亏损。

☞ **即问即答**

厂商达到利润最大化时，是否产量最大或者成本最小呢？

二、短期盈亏分析

垄断竞争厂商在短期是盈利还是亏损也取决于该厂商的成本曲线。此外，垄断竞争厂商也存在收支相抵点（$P = SAC$）和停止营业点（$P = AVC$）。所以，垄断竞争厂商在短期中是可能存在超额利润，也可能亏损。分析过程同完全竞争市场（略）。

短期内，垄断竞争厂商是在现有的生产规模下（短期内来不及调整生产规模）通过对产量和价格的调整，来实现 $MR = SMC$ 的均衡条件。现用图 8－3[①] 来分析垄断竞争市场存在 d 需求曲线和 D 需求曲线的情况下，厂商短期均衡的形成过程。

① 高鸿业．西方经济学（微观部分）［M］．北京：中国人民大学出版社，2008

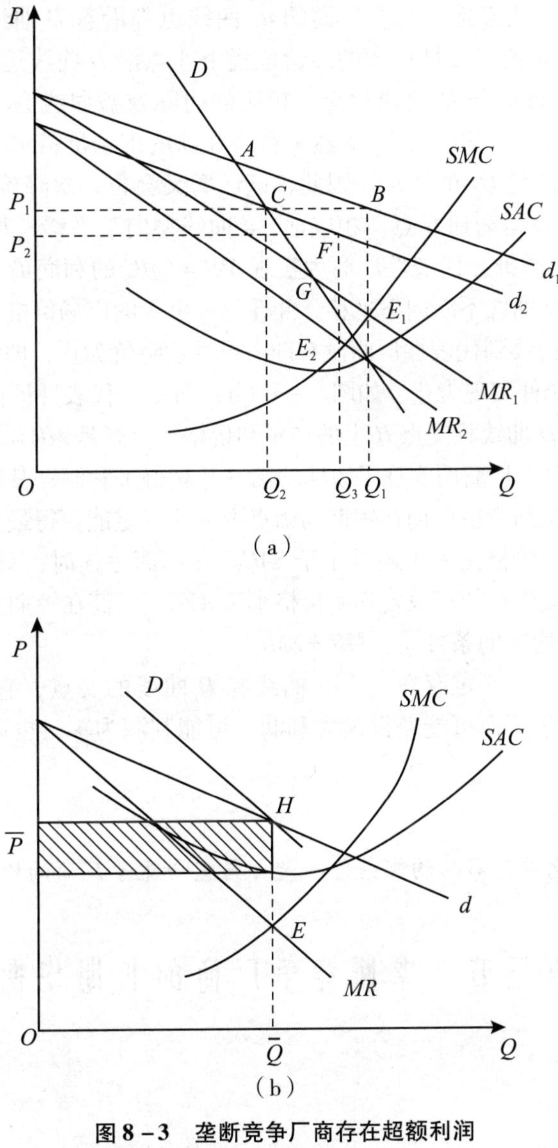

图 8－3　垄断竞争厂商存在超额利润

在图 8－3（a）中，SAC 曲线和 SMC 曲线表示代表性厂商的现有生产规模，d 曲线和 D 曲线表示代表性厂商的两种需求曲线，MR_1 曲线是相对于 d_1 曲线的边际收益曲线，MR_2 曲线是相对于 d_2 曲线的边际收益曲线。假定代表性厂商最初在 d_1 曲线和 D 曲线相交的 A 点上进行生产。就该厂商在 A 点的价格和产量而言，与实现最大利润的 $MR_1 = SMC$ 的均衡点 E_1 所要求的产量 Q_1 和价格 P_1 相差很远。于是，该厂商决定将生产由 A 点沿着 d_1 需求曲线调整到 B 点，即将价格降低为 P_1，将产量增加为 Q_1。

然而，由于市场内每一个厂商所面临的情况都是相同的，而且，每个厂商都是在假定自己改变价格而其他厂商不会改变价格的条件下采取了相同的行动，即都把价格降为 P_1，都计划生产 Q_1 的产量。于是，事实上，当整个市场价格下降为 P_1 时，每个厂商的产量都毫无

例外是 Q_2，而不是 Q_1。相应地，每个厂商的 d_1 曲线也都沿着 D 曲线运动到了 d_2 的位置。所以，首次降价的结果是使代表性厂商的经营位置由 A 点沿 D 曲线运动到 C 点。

在 C 点位置上，d_2 曲线与 D 曲线相交，相应的边际效益曲线为 MR_2。很清楚，C 点上的代表性厂商的产品价格 P_1 和产量 Q_2 仍然不符合在新的市场价格水平下的 $MR_2=SMC$ 的均衡点 E_2 上的价格 P_2 和产量 Q_3 的要求。因此，该厂商又会再一次降价。与第一次降价相似，厂商将沿着 D 曲线由 C 点运动到 G 点。相应地，d 曲线将向下平移，并与 D 曲线相交于 G 点（图 8－3 中从略）。依次类推，代表性厂商为实现 $MR=SMC$ 的利润最大化的原则，会继续降低价格，d 曲线会沿着 D 曲线不断向下平移，并在每一个新的市场价格水平与 D 曲线相交。

上述的过程一直要持续到代表性厂商没有理由再继续降价为止，即一直要持续到厂商所追求的 $MR=SMC$ 的均衡条件实现为止。如图 8－3（b）所示，代表性厂商连续降价行为的最终结果，将使得 d 曲线和 D 曲线相交点 H 上的产量和价格，恰好是 $MR=SMC$ 时的均衡点所要求的产量面和价格 P。此时，厂商便实现了短期均衡，并获得了利润，其利润量相当于图中的阴影部分的面积。当然，垄断竞争厂商在短期均衡点上并非一定能获得最大的利润，也可能是最小的亏损。这取决于均衡价格是大于还是小于 SAC。在厂商亏损时，只要均衡价格大于 AVC，厂商在短期内总是会继续生产的；只要均衡价格小于 AVC，厂商在短期内就会停产。

垄断竞争厂商短期均衡的条件是：$MR=SMC$

在短期均衡的产量上，必定存在一个 d 曲线和 D 曲线的交点，它意味市场上的供求是相等的。此时，垄断竞争厂商可能获得最大利润，可能利润为零，也可能蒙受最小亏损。

☞ **即问即答**

$MR=SMC$ 是垄断竞争厂商的均衡条件，是否与完全竞争厂商的均衡条件一样呢？

第三节　垄断竞争厂商的长期均衡

一、长期均衡

当垄断竞争市场中的厂商存在利润，新厂商就有进入市场的激励。这种进入增加了顾客可以选择的产品数量，因此，减少了市场已有的每家厂商面临的需求。换句话说，利润吸引厂商的进入，而新厂商的进入又使已有厂商面临的需求曲线向左移动。随着已有厂商产品需求的减少，这些厂商的利润下降了。

相反，当厂商存在亏损，市场上的厂商有退出的。随着厂商退出，顾客可选择的产品减少。厂商数量的减少增加了留存在市场上的厂商面临的需求。换句话说，亏损导致厂商的退出，退出使留下来的厂商的需求曲线向右移动。随着留下来的厂商产品需求的增加，这些厂商利润增加（或者说，亏损减少了）。

竞争的存在，会使这个进入和退出的过程一直持续到市场上的厂商刚好既没有利润也没有亏损，存在零经济利润时为止。

在长期，厂商可以任意变动一切生产投入要素。如果一行业出现超额利润或亏损，会通过新厂商进入或原有厂商退出，最终使超额利润或亏损消失，从而在达到长期均衡时整个行业的超额利润为零。因此，垄断竞争与完全垄断不同（完全垄断厂商在长期拥有超额利润），而是与完全竞争一样，在长期由于总收益等于总成本，只能获得正常利润。如图8-4所示。

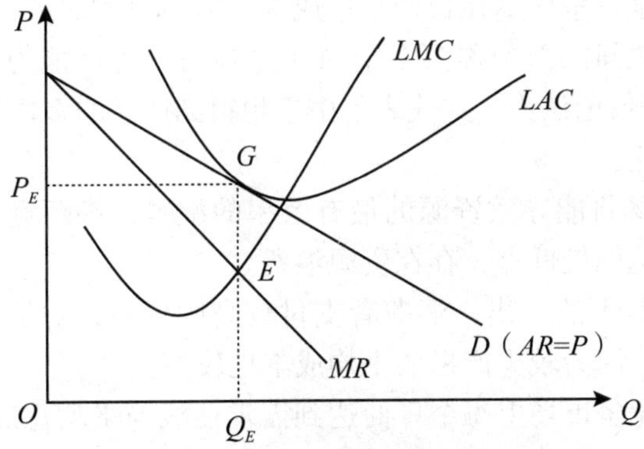

图8-4　垄断竞争厂商长期利润为零

在图8-4中，长期内垄断竞争厂商仍然会维持在 $MR=MC$ 条件下生产，即图8-4中的 E 点。E 点所决定的产量为 OQ_E，价格为 OP_E。在长期均衡时，平均收益等于平均成本，因此，利润为零。此时不会有新的厂商加入，也不会有旧的厂商退出，市场达到长期均衡。

垄断竞争市场的长期均衡条件是：（1）边际收益等于边际成本 $MR=MC$；（2）需求曲线与平均成本最低点相切时 $P=AR=AC$。

长期内，垄断竞争厂商是在通过对生产规模的调整，来实现 $MR=SMC$ 的均衡条件。现用图8-5来分析垄断竞争市场存在 d 需求曲线和 D 需求曲线的情况下，厂商长期均衡的形成过程。

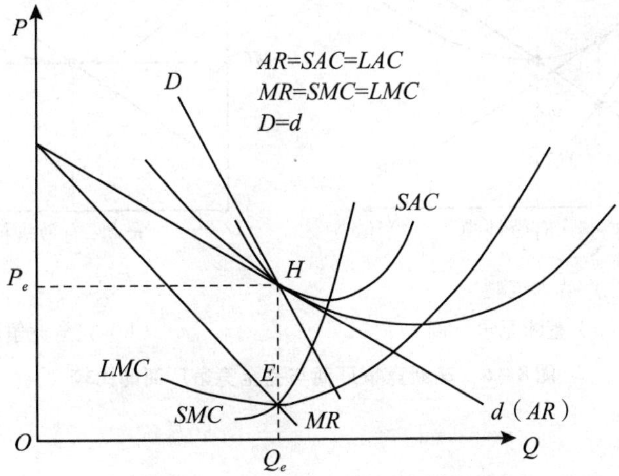

图8-5　垄断竞争厂商长期利润为零

☞ 即问即答

在垄断竞争市场中，厂商长期没有利润的话，如何经营下去？

二、垄断竞争与理想的产量

西方经济学家把完全竞争厂商在长期平均成本 *LAC* 曲线最低点上的产量称为理想产量，把实际产量与理想产量之间的差额称为多余的（过剩的）生产能力。多余的生产能力对社会是一种损失，E. H. 张伯伦认为，这代表了由于想得到产品的多样化而付出的代价。

与完全竞争市场相比：

（1）完全竞争的市场将能导致资源的最有效率的配置；垄断竞争厂商会出现过剩生产能力，成本较高，未能达到最低点，存在资源浪费。

（2）垄断竞争导致较少的产出，消费者支付较高的价格，对消费者不利。但生产者并未因此赚得更多的利润，因为较少产出的平均成本也较高。

进入与退出使垄断竞争市场上每个厂商达到需求曲线与平均总成本曲线相切的一点上。见图 8－6①。图 8－6（a）表示，这一点时的产量小于使平均总成本最小时的产量。因此，在垄断竞争之下，厂商的生产在其平均总成本曲线向右下方倾斜的那一部分上。在这方面，垄断竞争与完全竞争形成了鲜明对照。正如图 8－6（b）所示，完全竞争市场上的自由进入使厂商生产平均总成本最小的产量。使平均总成本最小的产量也被称为厂商的有效规模。在长期中，完全竞争厂商生产有效规模，而垄断竞争厂商的生产低于这一水平。可以说厂商在垄断竞争之下有过剩生产能力。换句话说，与完全竞争厂商不同，垄断竞争厂商可以增加其产量并降低生产的平均总成本。

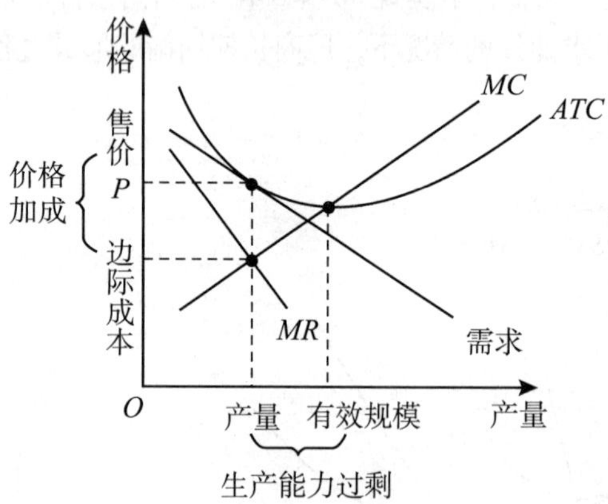

（a）垄断竞争厂商

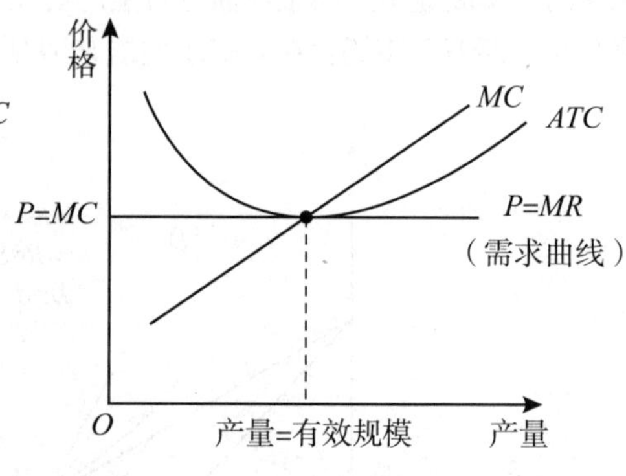

（b）完全竞争厂商

图 8－6　垄断竞争厂商与完全竞争厂商的比较

① ［美］N. 格里高利·曼昆．经济学原理（第四版）［M］．北京：生活·读书·新知三联书店、北京大学出版社，2006

垄断竞争行业与完全竞争行业相比，有一些相同的地方。如厂商数量较多，进入行业容易。但完全竞争行业的产品是同质的，厂商之间的产品具有完全的替代性；而垄断竞争是存在差别的，这种差别使每个厂商对于自己的产品有一定的排斥竞争者的垄断力量。因此垄断竞争厂商的产品需求曲线向右下方倾斜，这与完全竞争厂商的水平需求曲线不同。

垄断竞争厂商长期均衡时也只能获得正常利润，这与完全竞争市场一致。但垄断竞争厂商由于倾斜的需求曲线不可能与长期平均成本曲线相切于最低点，而是在最低点左侧，因此均衡产量低于完全竞争均衡时的产量，价格高于完全竞争时的价格。因此，说明垄断竞争厂商会出现生产能力过剩，是社会资源的一种浪费，但产品的差别对丰富消费者生活有利。

不能由此得出完全竞争市场就优于垄断竞争市场的结论。因为尽管垄断竞争市场上平均成本与价格高，但消费者可以得到有差别的产品，从而满足不同的需求。对于垄断竞争而言，它存在着生产能力的闲置，却使得整个社会的产品多样化，以满足不同消费者的个性化消费。而且垄断竞争市场上的产量要高于完全垄断市场，价格低于完全垄断市场。特别是垄断竞争有利于鼓励创新。因此，许多经济学家认为，垄断竞争从总体上看还是利大于弊的。

☞ 案例讨论

垄断竞争理论被西方经济学家认为是A. 马歇尔以来的西方经济理论的第一次重大突破。但是，它仍然没有脱离传统的经济理论，而且其本身也存在缺陷。

（1）垄断竞争理论是以边际效用论、生产费用论和供求论为基础，用边际效用论来说明需求价格、用生产费用论来说明供给价格、用供求论来解释市场价格。因此，垄断竞争的价值理论仍停留在资本主义经济现象的表面描述，只阐述社会生产活动中的物质技术关系，没有对资本主义生产关系的实质进行分析。

（2）垄断竞争理论歪曲了垄断的性质。垄断是资本主义生产关系在帝国主义阶段的基本特征，而垄断竞争理论则认为垄断是产品的自然属性，是由产品的差别决定的，从而得出垄断和生产关系没有联系的错误结论。产品差别存在于任何历史时期，从人类社会产生，就有了产品的差别，但当时并没有出现垄断；到将来的社会，仍会有产品差别存在，但资本主义的垄断将被消灭。因此，其理论实质是用产品的自然属性来否认垄断产生的深刻的经济和社会根源。

（3）垄断竞争理论掩盖剩余价值的真正来源。剩余价值是工人劳动创造的，被资本家无偿占有的价值。垄断竞争理论虽承认资本主义社会存在剥削现象，但却认为只有超额利润才是剥削；而超额利润在完全竞争市场和垄断竞争市场的长期均衡中是不存在的。他们认为，超额利润来源于垄断，即产品的差别，它是产品自然属性的产物，与资本主义生产关系没有必然的联系，这就掩盖了剩余价值的真正来源。他们还认为，正常利润是生产成本的必要组成部分，是对企业家才能的报酬，否认正常利润也是资本家对工人劳动的无偿占有。

（4）垄断竞争理论也有一些合理的因素。垄断竞争理论关于市场结构的分析，一方面突破了纯粹竞争的普遍假设，承认垄断的客观存在，相对于传统的西方经济理论，它比较符合垄断资本主义的实际情况。另一方面尽管用市场结构分析取代经济本质的分析是错误的，市场结构分析本身并不错。市场结构并不等于社会经济制度。同一个社会，可以存在多种市场类型，同一种市场类型也可以存在于不同的社会。因此，垄断竞争理论关于市场结构的分析，对各种市场类型特征的分析，对于我们认识社会主义市场结构的特点，有一定的参考价值①

问题：(1) 现实中的垄断竞争行业有哪些？

(2) 我国垄断竞争厂商进行差异化竞争的主要手段有哪些？

即问即答

什么是理想产量，在垄断竞争市场中厂商能否实现呢？

本章框架

本章主要介绍完全竞争市场理论。首先对市场类型进行了划分；其次，介绍了完全竞争厂商的需求曲线和收益曲线，进而推导其短期均衡条件，从中得出完全竞争厂商的短期供给曲线，接着讨论了完全竞争厂商的长期均衡；最后，介绍了完全竞争行业的短期供给曲线和长期供给曲线。本章的逻辑结构关系如图 8－7 所示。

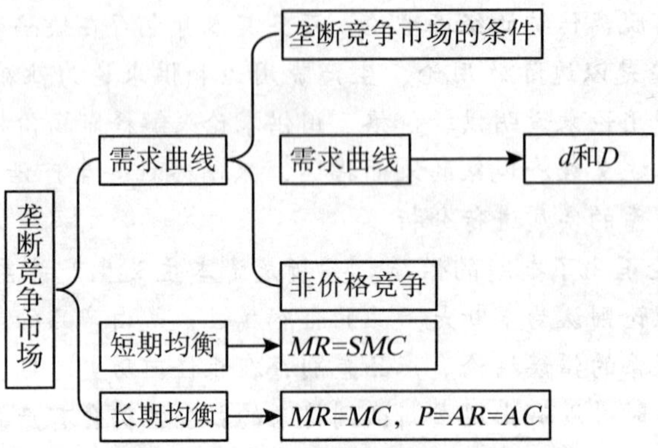

图 8－7　本章框架结构

内容提要

1. 垄断竞争市场的三个特征：市场中存在着较多数量的厂商，彼此之间存在着较为激烈的竞争。厂商所生产的产品是有差别的，有一定的替代性。厂商进入或退出该行业都比较自由，资源流动性较强。

2. 垄断竞争厂商的需求曲线是向右下方略微倾斜的，其边际收益曲线在需求曲线的下边。

① 周丰滨．垄断竞争理论的比较研究［N］．哈尔滨商业大学学报（社会科学版），2003

3. 垄断竞争市场接近于完全竞争市场。短期均衡的条件是边际收益等于边际成本，利润可以大于、小于、等于零。

4. 长期均衡的条件是 $MR = MC$；$P = AR = AC$。由于竞争力量的作用，最终所有厂商的超额利润消失，每一个厂商只能获得正常利润。此时，厂商需求曲线与平均成本曲线相切。

复习与思考

一、概念解释

垄断竞争；短期均衡；长期均衡；理想产量。

二、选择题

1. 无论在竞争性市场还是完全垄断市场，(　　) 厂商将扩大其产出水平。
   A. 价格低于边际成本　　B. 价格高于边际成本
   C. 边际收益低于边际成本　　D. 边际收益高于边际成本
2. 以下都是垄断的特征，其中哪一种不是垄断竞争行业的特征（　　）。
   A. 有进入限制　　B. 企业以利润最大化为目标
   C. 向右下方倾斜的需求曲线　　D. 企业生产有差别产品
3. 以下都是完全竞争的特征，其中哪一种不是垄断竞争的特征（　　）。
   A. 有许多企业　　B. 企业生产无差别产品
   C. 企业以利润最大化为目标　　D. 自由进入
4. 垄断竞争市场上的短期均衡（　　）。
   A. 与完全竞争市场上的相同　　B. 与完全垄断市场上的相似
   C. 与完全竞争和完全垄断都不相同　　D. 与完全竞争市场的长期均衡相似
5. 完全竞争和垄断竞争之间的重要相同点是（　　）。
   A. 长期中，价格等于平均成本，边际收益等于边际成本
   B. 长期平均成本上使厂商利润最大化的点是相同的
   C. 产品异质的程度
   D. 以上都对
6. 垄断竞争厂商短期均衡时（　　）。
   A. 厂商一定能获得超额利润
   B. 厂商一定不能获得超额利润
   C. 只能得到正常利润
   D. 取得超额利润，亏损及正常利润三种情况都能发生
7. 在垄断竞争厂商处于长期均衡时，下列说法错误的是（　　）。
   A. 价格高于边际成本
   B. 主观需求曲线的弹性绝对值小于实际需求曲线
   C. 边际成本等于实际需求曲线对应的边际收益
   D. 超额利润等于0

三、问答题

1. 比较垄断竞争市场的条件和完全竞争市场的条件的相近点和区别，并说明产品差别对垄断竞争市场形成的意义。

2. 试述垄断竞争厂商的两条需求曲线的含义及其相互关系，并进一步用图说明垄断竞争厂商的短期均衡和长期均衡的形成及其条件。

3. 比较完全竞争厂商的长期均衡与垄断竞争厂商的长期均衡的异同点。

四、计算题

1. 一家垄断厂商生产某产品的总成本函数为 $TC = 1/3Q^3 - 30Q^2 + 1000Q$，利润最大的总产量为48。产品在第一个市场的需求函数为 $P_1 = 1100 - 13Q_1$，第二个市场在均衡价格处的需求弹性为3，试求该厂商的纯利润为多少？

2. 垄断竞争市场中典型厂商的需求函数是 $P = A - 0.1Q$，长期成本函数为 $TC = 0.0025Q^3 + 0.5Q^2 + 384Q$。其中 A 为行业中厂商数目。求解长期均衡下典型厂商的均衡价格和均衡产量，以及 A 的数量。

五、经济综合练习

2008年9月，国际饮料生产巨头可口可乐公司宣布，将以每股12.20港元、总计179亿港元收购汇源果汁，再次触动了外资并购中国厂商的敏感神经。可口可乐中国公关负责人表示，如果收购成功，可口可乐会继续保留汇源品牌及其现有的业务运营模式，日后再对业务和协同效应作评估。

中华人民共和国商务部2009年3月18日正式宣布，根据《中华人民共和国反垄断法》（以下简称《反垄断法》）禁止可口可乐收购汇源。据悉，这是《反垄断法》自2008年8月1日实施以来首个未获通过的案例。

商务部依据《反垄断法》的相关规定，从市场份额及市场控制力、市场集中度、集中对市场进入和技术进步的影响、集中对消费者和其他有关经营者的影响及品牌对果汁饮料市场竞争产生的影响等几个方面对此项集中进行了审查。

经审查，商务部认定：此项集中将对竞争产生不利影响。集中完成后可口可乐公司可能利用其在碳酸软饮料市场的支配地位，搭售、捆绑销售果汁饮料，或者设定其他排他性的交易条件，集中限制果汁饮料市场竞争，导致消费者被迫接受更高价格、更少种类的产品；同时，由于既有品牌对市场进入的限制作用，潜在竞争难以消除该等限制竞争效果；此外，集中还挤压了国内中小型果汁厂商生存空间，给中国果汁饮料市场竞争格局造成不良影响。据此，根据《反垄断法》第二十八条，商务部做出禁止此项集中的决定。

问题：商务部否决可口可乐收购汇源的主要原因是什么？

☞ 阅读资料

经济学家的幽默

（1）从来不能互相说服的经济学家。

对于经济学家来说，100个人常常是有着100个以上的观点，而且这些观点可以很好地共存，这往往是其他学科难以看到的盛况。于是，有人说："两个观点截然相反的人能够分享同一届诺贝尔奖，这种情况只有在经济学中才会出现，如K. G. 缪尔达尔（K. G. Myrdal）和弗里德里克·A. 哈耶克。"

还有人说："叶利钦有100个保镖，其中一个想谋杀他，叶利钦不知道他是谁；W. J克林顿（W. J. Clinton）有100个经济学家，每次决策前W. J. 克林顿都听取这些经济学家的意见，但是每次只有一个人讲对了——而且每次都不是同一个经济学家。"

基于经济学家总是相互攻击的现实，也有人总结了所谓"经济学家第一定律"："对于每一位经济学家，都有相应的、观点相反的经济学家存在"。

（2）又聪明又"愚蠢"的经济学家。

"经济学家就是这样一种人，他并不知道他所谈论的，但是，他让你觉得这是你的错误。"这句话，很难判断人们是觉得经济学家聪明还是"愚蠢"。

H. S. 杜鲁门（H. S. Truman）也曾经被经济学家的含糊其辞折磨过。H. S. 杜鲁门总统曾经恨恨地说："我希望找到一个只有一只手的经济学家。为什么？因为经济学家在提出经济建议时总是说，一方面……另一方面……"

有不少学者旗帜鲜明地发表关于经济学家"愚蠢"的观点。在著名经济学家P. 克鲁格曼（P. Krugman）的一本著作中讲了一个故事：一个印度的经济学家向他的学生解释他个人领会的转世再生理论："如果你是一个尽职尽责、高尚的经济学家，你将转世为一个物理学家；如果你是一个邪恶的、水平低下的经济学家，那你就将转世为一个社会学家。"

G. J. 加尔布雷斯（G. J. Kenneth）似乎对经济预测比较反感。他说："有两类经济预测专家：一类是并不知道经济状况的；另一类是不知道自己不知道的。"与此有异曲同工之妙的幽默是比特所说的："经济学家是这样一种专家，他明天就会知道，为什么他昨天预言的事情在今天没有发生。"

经济学家追求的是经世济民，因而政策主张总是希望能够被采纳。但是，A.S. 布林德（A. S. Blinder）的"墨菲经济政策定律"给了当头一棒："经济学家们在他们最为了解、也是最易达成一致的领域，对政策的影响越小；而在他们最不了解、分歧最大的领域，对政策的影响最大。"

（3）双脚并不立在地面上的经济学家。

尽管经济学是经世济民之学，但是，为了保证分析的严谨和推理的严密，经济学家要从现实世界中抽象出许多假定。于是，有不少人认为经济学家是"双脚并不立在地面上"的脱离实际的人物。这个评价来源于一句戏语："经济学家和商人有什么区别？经济学家的脚并不放在地面上，而商人则把四只脚都放在地上。"至于经济学家所醉心其中的经济学，似乎用处也不大。有语为证："经济学在什么时候最有用？经济学只是在招考经济学家时才最有用。"

经济学家也常常自嘲："经济学并不能保证你不失业；但是，当你失业时，经济学可以让你明白你为什么失业。"

也有人认为经济学家讲的都是对的，但是没有什么用处。说是有两个热气球爱好者乘坐气球，结果被大风吹得偏离了方向，于是他们就将气球降低了高度，以便找一个人问问现在飘到哪里了。这时正巧过来一个人。一个气球爱好者问："请问我现在在哪里？"那人答："你现在在热气球的下边。"这时，另外一个热气球爱好者说："这个答案完全正确，但是绝对毫无用处。这个人一定是个经济学家。"

经济学家常常要设立很多的假定，保罗·萨缪尔森由此讲了一个故事：一个物理学家、一个化学家和一个经济学家漂流到孤岛上，十分饥饿。这时海面上漂来一个罐头，物理学家说："我们可以用岩石砸开罐头。"化学家说："我们可以生火，然后将罐头加热。"经济学家说："假设我们有一个开启罐头的起子。"

（4）简洁的、节约感情的经济学家。

尽管经济学著作汗牛充栋，但是在书摊上依然可以看见"五天成为经济学家"之类的小册子。这实际上从另外一个方面显示了经济学的简洁。当然，经济学在讲求简洁时，自然也就不分析感情等因素，而是用冷酷的"供给""需求""成本""效益"来剖析人们心目中温情脉脉的结婚生子等活动，如G.S. 贝克尔（G. S. Becker）的家庭经济分析。于是也有人说："经济学节约了感情。"

经济学的简洁的另一个重要表现，是供给和需求的广泛而深刻的运用。所以有人说："会说供给和需求的鹦鹉也是经济学家。"

经济学家的简洁还在于问题总是那些问题，但答案却一直随着环境的变化而变化。一位经济学家回到母校，他在校时对考试很有热情，所以，对当前学生的考试题目十分感兴趣。于是他到教授那里找到目前正在使用的试卷。令他惊讶的是，这些试卷上的问题与他十年前回答的一样。

经济学的冷冰冰自然也不会逃脱人们的幽默。一位颇有身份的教授即将结婚，他到珠宝店为他的未婚妻选购结婚戒指。好心的珠宝店老板认真地为他选购，并告诉他，只要另外花20美元，就可以将他未婚妻的名字刻在戒指里面。教授连连摇头："不行，不行，这样的话，会降低戒指转卖时的价值。"珠宝店老板大骇道："你怎么能够这样说，难道你是一个街头小贩吗?""不，"这位经济学家回答："我是一位经济学家。"

（5）乏味又有趣的经济学家。

经济学家有时是十分有趣的，这种有趣有时还表现出一定的杀伤力。话说美、苏两国冷战时期，常常互相炫耀实力，表彰破坏对方实力的有功之臣。一次苏联大阅兵，坦克部队走过、飞机飞过之后，走过来十位身穿黑色服装的人。旁观者好奇地问："他们是刺探美国情报有功的间谍吗?"一位克格勃官员回答说："他们是经济学家。你们可以想想，我们曾经把这些经济学家送到美国，结果给美国经济造成了多大的混乱。"经济学家的有趣表现在他们的职业："经济学家通过解释其他人为什么穷而富有。"经济学家的有趣也表现在他们的坦率："我宁肯含含糊糊的对，也不愿严谨无误的错。"这句由凯恩斯说出的话让大家觉得很有意思。经济学家的有趣还表现在他们的遮遮掩掩："经济分析就像比基尼，其所暴露的都是重要的；但是其所掩盖的，却是致命的。"

经济学家自然难免给人留下乏味的印象，以至于使大家对于经济学家的不满延伸到经济政策专家身上："经济政策专家没有律师的严密、不像神学家那样身体力行、但比经济学家更能卖弄学问。"

于是，就有人说："应当说，C. 哥伦布（C. Colombo）是第一个经济学家。当他出发去寻找美洲大陆时，他却不知道自己该往哪里去；当他到达美洲时，他也不知道自己在哪里。但是，他的所有活动都是由政府无偿支持的。"

【参考文献】

1. 厉以宁. 西方经济学［M］. 北京：高等教育出版社，2000
2. 梁小民. 寓言中的经济学［M］. 北京：北京大学出版社，2005
3. 陈建萍. 微观经济学：原理、案例与应用［M］. 北京：中国人民大学出版社，2006
4. ［美］N. 格里高利·曼昆. 经济学原理［M］. 北京：北京大学出版社，2006
5. 高鸿业. 西方经济学［M］. 北京：中国人民大学出版社，2008
6. 吕建军. 微观经济学原理［M］. 广州：暨南大学出版社，2008
7. 尹伯成. 西方经济学简明教程［M］. 上海：上海人民出版社，2009
8. 何忠伟，郑春慧. 微观经济学［M］. 北京：中国农业科学技术出版社，2009
9. 俞宪忠等. 微观经济学［M］. 北京：中国人民大学出版社，2010

【进一步阅读提示】

【报纸】

《国际商报》《国际金融》《中国经济时报》《国际经贸消息》

【杂志】

《经济研究》《经济学动态》《中国工业经济》《世界经济》《改革》《经济学家茶座》

【数据来源及分析报告】

《中国统计年鉴》及各地方统计报告

【网址】

中国经济学教育科研网：http：//www. cenet. ccer. edu. cn

北京大学中国经济研究中心：http：//www. ccer. pku. edu. cn

中国社会科学院 http：//www. cass. net. cn/webnew/index. asp

国务院发展研究中心 http：//www. drc. gov. cn/

国研网－教育版 http：//edu. drcnet. com. cn/DRCNet. Edu. Web/

国际货币基金组织：http：//www. imf. org

第九章　寡头市场

垄断者，通过经常保持市场存货的不足……以远远高于正常的价格出售他们的产品，从而无论在工资还是在利润方面都提高他们的报酬。

——亚当·斯密（Adam Smith）

亚当·斯密的“看不见的手”，就像皇帝的新装。之所以看不见，是因为本来就不存在的。信息总是不充分的，市场总是不完全的，也就是说市场总是不具有受约束的帕累托效率的。

——约瑟夫·斯蒂格利茨（Joseph E. Stiglitz）

学习目的

通过本章的教学使学生了解寡头市场的概念、特征以及形成寡头市场的原因，了解寡头之间的合作与竞争机制；并基本掌握几种重要的寡头市场模型；重点掌握完全竞争、垄断、垄断竞争与寡头市场之间的比较；理解博弈论的基本原理。

学习目标

1. 了解寡头市场的概念、特征以及形成寡头市场的原因。
2. 了解寡头之间的合作与竞争机制。
3. 掌握古诺模型的推导过程。
4. 了解斯威齐模型、卡特尔、价格领导等寡头市场理论。
5. 理解博弈论的基本原理。

关键概念

寡头垄断（oligopoly）；寡头市场（oligopoly market）；古诺模型（Cournot model）；伯特兰模型（Bertrand model）；斯威齐模型（Sweezy model）；卡特尔（Cartel）；价格领导（price leadership）；成本加成定价法（cost-plus pricing）；博弈论（game theory）；囚犯困境（prisoner's dilemma）；占优策略均衡（dominant strategy）；纳什均衡（Nash equilibrium）。

☞ 案例思考

如果你拥有汽车，当你的汽车需要加油时，你是否注意过加油站的大牌子上的标志？在中国的陆地上，除了少数的民营企业或地方性国有企业，几乎所有的加油站都属于中石油和中石化两大公司。中石油、中石化以及中海油三家公司则基本上瓜分了中国从陆地到海洋的石油资源。

请看2011年3月28日搜狐网的报道①：

"中国石油企业经营业绩相当辉煌。"中国石油企业协会常务副会长兼秘书长彭元正近日在广州接受《经济参考报》记者采访时表示，"其中，中国石油、中国石化和中海油三大石油集团公司去年的总利润超过3680亿元"。

彭元正是在广州召开《中国油气产业发展分析与展望报告蓝皮书》（2010年度）发布会期间做上述表示的。他说，根据中国石油企协掌握的数据显示，2010年，中国石油集团公司实现利润最高，达到1676亿元；中国石化集团公司利润为1033亿元；中国海洋石油总公司（即中海油）利润为974亿元。此外，作为第四大石油公司的陕西延长石油集团利润则刚刚超过100亿元，中国中化集团公司实现利润为5.2亿元。

根据上述资料，可以提出这样三个问题。

(1) 中国的石油市场是完全竞争市场吗？

(2) 中国的石油市场是垄断市场吗？

(3) 中国的石油市场是垄断竞争市场吗？

首先，它不是完全竞争。在完全竞争市场上，每家企业如此之小，以至于不能影响其产品的价格，因此只能接受市场价格，价格也等于边际成本，无法获得超额利润。其次，它不是垄断。在垄断市场上，只有一个企业为整个市场供给某种物品。最后，它也不是垄断竞争市场，根据上一章的分析，垄断竞争市场中也有大量的厂商，而且他们无法获得超额利润。可以发现，中国石油市场基本上被中石油、中石化以及中海油三家公司分割。

石油市场既不适合于竞争模型（完全竞争和垄断竞争），又不适合于垄断模型。类似于石油市场的市场结构被称为寡头市场。

第一节 寡头市场概述

在英语中，寡头（oligopoly）这个词来源于希腊语中"很少的卖者"，它同时包含垄断和竞争的因素，但比较接近于垄断。因此，寡头也被称为寡头垄断。它的最明显特点是少数几家厂商垄断了某一行业的市场，这些厂商的产量在全行业产量中占很高的比例，从而控制了该行业的产品供给。每个厂家的产量占市场总量的相当份额，对市场价格和产量有举足轻重的影响。

☞ **即问即答**

学校的食堂和理发店属于什么市场？说明原因。

① 资料来源：http://business.sohu.com/20110328/n280019954.shtml

一、寡头垄断市场的特征

寡头垄断市场又称寡头、寡占，意指为数不多的几家厂商控制着整个市场产品的生产或销售的这样一种市场组织。例如，我国的石油市场、家电、汽车、电脑芯片等行业。寡头垄断的基本特征是以下三个方面。

第一，厂商数量有限，每个厂商对价格都有相当的影响力，但不能完全控制价格。

第二，厂商之间相互依存，厂商的行动会影响到其他寡头的收益导致对手变更其行为。相互依存是寡头垄断市场的基本特征。由于厂商数目少而且占据市场份额大，不管怎样，一个厂商的行为都会影响对手的行为，影响整个市场。所以，每个寡头在决定自己的策略和政策时，都非常重视对手对自己这一策略和政策的态度和反应。作为厂商的寡头垄断者是独立自主的经营单位，具有独立的特点，但是他们的行为又互相影响、互相依存。

由于寡头垄断企业之间存在很强的相互依存性，使其在经营上有着与其他类型的企业不同的重要特点，即寡头垄断者的某项决策会产生什么结果完全取决于其对手的反应，并对这种反应作出估计。因此，寡头垄断者的竞争结果具有很大的不确定性。对实践中的企业来说，这种不确定性使其决策的难度相应提高。在此意义上，寡头垄断市场中的竞争比其他三种市场都更为激烈。

第三，进出困难。寡头垄断的市场存在明显的进入障碍。这是少数企业能够占据绝大部分市场份额的必要条件，也可以说是寡头垄断市场结构存在的原因。主要原因在于行业本身的规模效益、资源障碍、技术壁垒、法律障碍等。其中最重要也是最基本的因素是这些行业存在较明显的规模经济性。规模经济性使得大规模生产占有强大的优势，大公司不断壮大，小公司无法生存，最终形成少数企业激烈竞争的局面。对试图进入这些行业的企业来说，除非一开始就能形成较大的生产规模，并能占据比较可观的市场份额，否则，过高的平均成本将使其无法与原有的企业相匹敌。

☞ **即问即答**

分别举出两个寡头和垄断竞争的例子，并说明其区别。

二、形成寡头垄断市场的原因

形成寡头垄断市场的原因与垄断有些类似，主要有资源控制、政府特许及规模经济等。

（一）对资源的控制

假如所有资源都被一家企业所占有，垄断就会成为必然。同样，假如所有资源都被少数几家企业所占有，那就是寡头垄断。例如我国的石油市场，当前我国经济运行的石油供应与保障体系完全靠两大公司（中石油、中石化）来计划操控。国外进口石油，国内产出石油，由两大公司统购、排产，交由炼油厂加工。成品油出厂后两大公司销售板块制定年度销售计划，下达到各大区销售公司，各大区公司再将计划配置到各省级公司，省公司再分配到地市公司，最后到达零售网点。

世界铁矿石市场也属于寡头垄断市场。世界三大铁矿石企业：澳大利亚的必和必拓公司、力拓矿业公司和巴西的淡水河谷公司占据世界铁矿石出口市场的70%。必和必拓由两家巨型矿业公司合并而成，现在已经是全球最大的采矿业公司；力拓矿业公司也是老牌矿业公司，是在勘探、开采和加工矿产资源方面的全球佼佼者；巴西淡水河谷公司是世界第一大铁矿石生产和出口商，也是美洲大陆最大的采矿业公司。近几年来，国际铁矿石价格的变化主要由这三家公司控制。

（二）政府的特许

政府有时在某些行业只允许某些指定的人或机构进入，而不让其他人或机构进入，这不是出于经济方面的考虑，也不是出于公共利益的考虑，而是出于别的目的。政府之所以让这些行业采取寡头垄断，可以有种种难以在经济学上得到证明的理由，例如，政府可以说要控制经济命脉，而这些行业恰恰就是所谓的经济命脉。最明显的例子是中国移动和中国联通。假如你要经营一家移动通信公司，政府一般会不同意。

实际上，目前被政府特许寡头垄断经营的很多行业在经济学上都可以证明是竞争性行业，或者说，在这些行业引入竞争将会更有效率。以移动通信为例，你从山东烟台打电话到山东青岛就算长途，要收取漫游电话费用，实际上移动通信技术的发展已经使所谓漫游成本接近于0（实际上就是0）。但为什么运营商还要收取很高的费用？这不是技术问题，而是缺乏竞争导致的。

（三）规模经济

当平均总成本随着产量的增加而降低时，规模经济就出现了。此时，少量企业来提供产品比更多的企业提供产品更加合算，因此，这个行业就会只存在很少的企业。如图9－1所示。

任何企业进行生产时，它总会面临生产成本问题。企业的平均成本并不是不变的，除了技术等因素的作用，企业的单位生产成本（平均成本）也可以随着生产总产量的增加而趋于下降，原因在于当企业的总产品不断扩大时，原先的固定成本被逐渐摊薄。这在固定成本投资较大的企业表现得尤为明显。例如自来水行业，如果建设一个自来水厂仅仅是为一个家庭提供自来水，那么可以想象成本和价格将高得惊人；但当这个自来水厂为100万个家庭供水时，成本和价格就可以下降很多。

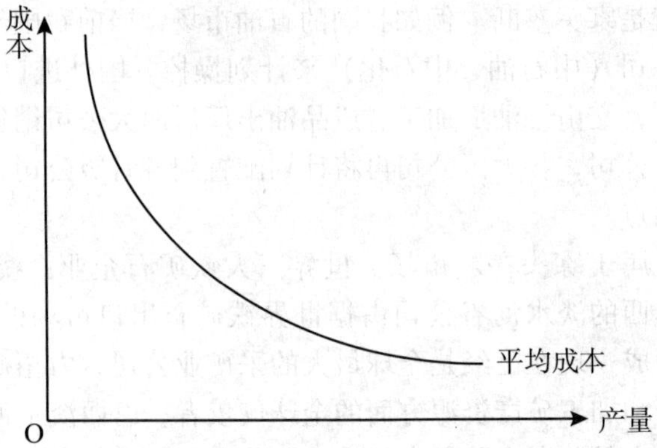

图 9-1　规模经济

扩展阅读

我们谈的主要是卖方寡头垄断，实际上还存在买方寡头垄断。在这样的市场上，通常一个市场中只有少数几个买家，而卖家往往数量很多。这种情况往往发生于少数几个购买者通过竞争获得生产领域的影响力。一个买方寡头垄断的例子为可可豆，其市场主要由三个大型公司：美国嘉吉公司（Cargill）、美国阿彻丹尼尔斯米德兰公司和嘉利宝（Callebaut）全球性购买绝大份额可可豆，其主要的生产地大多是第三世界国家。另外，你可以想象，在一个偏远地区的村庄里，有很多养猪的人，但收购生猪的厂商只有两个或几个，这也是买方寡头垄断。

三、寡头垄断的类型

寡头垄断市场有三种分类方法。

（1）根据产品的差别程度。纯粹寡头指几家厂商生产和销售的产品都是相同的，厂商之间的相互依存度高，例如，面粉行业和水泥行业。差别寡头指几家厂商生产和销售的产品在顾客看来是有差别的，厂商之间的相互依存度低。例如，家电行业和汽车行业。

（2）根据寡头市场上的厂商数目，可以分为双头垄断、三头垄断和多头垄断，在现实中多头垄断较为普遍。

（3）根据厂商的行为方式，分为独立寡头和勾结寡头。独立寡头指各个厂商之间不存在合作或协议而是相互竞争，勾结寡头指一个市场上的厂商之间就产量和价格达成协议，相互合作而不是相互竞争。

小结

寡头市场又称为寡头垄断市场。它是指少数几家厂商控制整个市场的产品生产和销售的这样一种市场组织。寡头市场被认为是一种较为普遍的市场组织。

形成寡头垄断市场的原因与垄断有些类似，主要有资源控制、政府特许及规模经济等。

案例分析

寡头垄断的中国牙膏市场[①]

中国的牙膏市场基本上走过了完全竞争—垄断竞争—寡头垄断的过程。

第一阶段为完全竞争时代，时间段为20世纪80年代初至90年代初。

20世纪80年代中期以来，中国日化行业经历了前所未有的繁荣，全国范围内，较有名气的有上海的中华，天津的蓝天六必治，重庆的冷酸灵，广西柳州的两面针，广州的洁银、黑妹，丹东的康齿灵，哈尔滨的三颗针……由于计划经济的原因，几乎每个省都有自己的牙膏厂。大部分牙膏的品质较差、包装粗糙，没有明确的品牌概念，品牌的含金量也谈不上，只是单纯地追求销量，并没有市场份额等概念。犹如群雄逐鹿的“春秋年代”。

第二阶段是垄断竞争时代，时间段为1994年——20世纪90年代末期。

1994年，美国高露洁公司在广州黄埔的工厂破土动工。2000年，高露洁就以超过20%的市场份额，站在了国内牙膏第一位的冠军台上。

1996年7月，宝洁公司推出佳洁士牙膏。高露洁和佳洁士的加入，使得中国的高端牙膏市场彻底启动。在高露洁和佳洁士的大集团营销攻势下，国内的品牌在市场上都溃不成军。曾经声名显赫的中华，不得不与联合利华公司合资。但经过角逐，佳洁士在2005年超越高露洁，变为市场第一名。

从此，中国的牙膏市场进入两雄争霸年代；兵败如山倒的是国内的众多国产品牌，几乎全军覆没。但尽管如此，由于中国市场实在是太大了，两强在总份额中也占的比重不大。

第三阶段是寡头垄断年代，时间为2005年之后。

2005年之后，佳洁士新品不断，促销攻势一浪高过一浪；高露洁则“兵败如山倒”，份额很快下滑到17%，勉强排在第二位。两“匹黑”马是联合利华的中华牙膏和好来化工的黑人牙膏。到2005年后半年，佳洁士、高露洁、黑人和中华四个品牌占据了国内70%的市场份额，大的战略格局终于形成。

国内牙膏市场实际上形成了三大板块：一是外资及合资强势品牌板块，主要由高露洁、佳洁士、黑人、中华组成；二是民族传统品牌板块，包括两面针、冷酸灵、黑妹、蓝天六必治、田七等；三是新兴品牌，如竹盐、纳爱斯、舒爽等。

虽然理论上是三大板块，但实际上2008年最新的市场份额显示，高露洁、佳洁士、黑人、中华这排在前四位的品牌合计份额已经超过了70%。

问题：(1) 牙膏市场形成寡头垄断的原因是什么?

(2) 为什么外资品牌的牙膏能占据领先地位?

---

① 资料来源：http：//wenku. baidu. com/view/61cdf9d48425435ecfd34cd. html

第二节　寡头之间的合作与竞争[①]

一、寡头之间的合作

由于寡头市场只有几个买者，所以寡头的关键特征是合作与竞争之间的冲突。如果寡头采取合作的策略，那么整个市场就和垄断一样，这对合作者都有好处——可以通过垄断带来超额利润。但由于每个寡头只关心自己的利润，所以有一种强大的激励在起作用，这使寡头之间很难维持垄断的结果。

分析一个存在两个寡头的市场，这被称为双头。双头的结论可以推广到更多的寡头。假设实力相当的 A 和 B 两厂商瓜分了一个市场，而且，为简单起见，假设他们的成本为零（边际成本和平均成本都为 0），这样，他们各自的利润就等于收益。市场的总需求曲线为 $Q=12-P$。

该市场的需求量、价格以及总收益如表 9 – 1 所示。

表 9 – 1　　寡头市场的需求状况

需求量	价格	总收益（总利润）
1	11	11
2	10	20
3	9	27
4	8	32
5	7	35
6	6	36
7	5	35
8	4	32
9	3	27
10	2	20
11	1	11
12	0	0

如果 A 和 B 采取合作态度，那么，两厂商就构成对市场的垄断。从表 9 – 1 中可以看出，当产量为 6 时，利润最大，为 36。如果双方达成协议，因为双方实力相当，那么 A 和

① 部分材料引自刘冰．经济学基础［M］．北京：经济管理出版社，2011

B 将各自生产 3 单位，价格为 6，利润都是 18。我们称这种寡头之间的合作为卡特尔。一旦形成了卡特尔，实际上就变成了垄断市场。

☞ **即问即答**

举出一个卡特尔的例子，并说明其存在的原因。

二、寡头之间的竞争

虽然分析证明：寡头间如果形成卡特尔就可以赚到垄断利润，但这往往是不可能的。首先有反垄断法的限制，寡头之间的公开协议是反垄断法要对付的重点。其次，卡特尔成员之间的勾心斗角争斗也使它们之间的协议成为不可能的。

以上文中 A 和 B 两厂商为例。

根据卡特尔的协议，因为双方实力相当，那么，A 和 B 各自生产 3 个单位，价格为 6，利润都是 18。

A 厂商会想：如果 B 遵守协议，生产 3 个单位，那么自己可以不遵守协议，而偷偷生产 4 个单位。这样，总产量为 7，价格为 5。B 得到利润 15，A 得到利润 20。这时，A 厂商的利润要高于双方都遵守协议时的利润。

同样，B 厂商也会这样想，如果 A 遵守协议，生产 3 个单位，那么，自己可以不遵守协议，而偷偷生产 4 个单位。这样，总产量为 7，价格为 5。A 得到利润 15，B 得到利润 20。这时，B 厂商的利润要高于双方都遵守协议时的利润。

但如果双方都这样想，结果是什么呢？

结果是双方都不遵守协议，都生产 4 个单位，总产量为 8，价格为 4。总利润为 32，各自的利润为 16。可以看出，双方都不遵守协议的代价是利润减少。

但事情并没有结束。双方都生产 4 个单位究竟是不是均衡呢？

考虑 A，假如给定 B 生产 4 个单位，A 会不会再度改变产量？如果 A 生产 5 个单位，总产量为 9，价格为 3，A 的利润为 15，利润减少。如果 A 生产 3 个单位，总产量为 7，价格为 5，A 的利润仍为 15，利润减少。可见 A 既不会增加也不会减少产量。

对于 B 也是如此，既不会增加也不会减少产量，因此，双方都生产 4 个单位是某种均衡。可以用两个表来展示各种情况下的产量和利润。

图 9－2 说明了寡头市场可能的产量，双方都遵守协议时产量均为 3，但双方都想在对方遵守协议的时候自己不遵守协议，于是结果是双方都不遵守协议，产量均为 4（见图 9－2 中的划线部分）。

图 9－3 说明了寡头市场可能的利润，双方都遵守协议时利润均为 18，但双方都想在对方遵守协议的时候自己不遵守协议，于是结果是双方都不遵守协议，利润均为 16（见图 9－3 中的划线部分）。

		B 遵守协议	B 不遵守协议
A	遵守协议	3，3	3，4
A	不遵守协议	4，3	4，4

图 9－2　寡头市场可能的产量

		B 遵守协议	B 不遵守协议
A	遵守协议	18，18	15，20
A	不遵守协议	20，15	16，16

图 9－3　寡头市场可能的利润

这个例子说明了合作和竞争之间的冲突。合作并达到垄断的结果会使寡头的状况更好，但由于它们追求自己的私利，他们最后不能达到垄断结果，并不能使他们共同的利润最大化。每一个寡头都有增加生产并占有更大市场份额的诱惑，当它们每一个都这样做时，总产量增加，利润下降。

在现实中，由于厂商行为的不确定性，使得没有一个完整的寡头理论囊括所有寡头的行为模式。根据厂商是独立行动还是相互勾结来介绍几种重要的寡头理论模型，如图 9－4 所示。

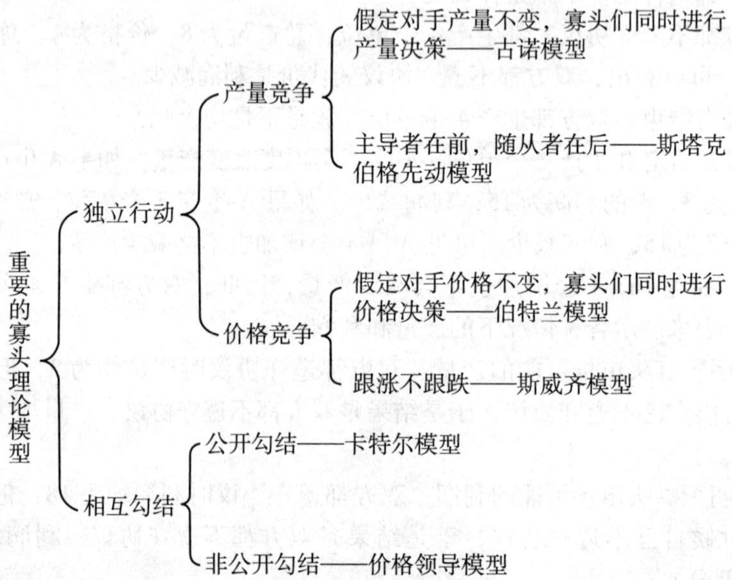

图 9－4　寡头理论模型

三、古诺模型

古诺模型（Cournot model）是由法国经济学家 A. A. 古诺（Antoine Augustin Cournot）于1838年提出的早期寡头模型。古诺模型通常被作为寡头理论分析的出发点。古诺模型是一个只有两个寡头厂商的简单模型，该模型也被称为“双头模型”。古诺模型的结论可以很容易地推广到三个或三个以上的寡头厂商的情况中去。

古诺模型假定一种产品市场只有两个卖者，并且相互间没有任何勾结行为，但相互间都知道对方将怎样行动，从而各自怎样确定最优的产量来实现利润最大化。这是产量竞争的典型方式。

古诺模型分析的是两个出售相同产品的生产成本为零的寡头厂商的情况。例如，一个行业里有两家厂商 A 和 B，他们生产和销售相同的产品，且实力相当。为简单起见假设生产成本为零；他们共同面临的市场的需求曲线是线性的，A、B 两家厂商都准确地了解市场的需求曲线；都是在已知对方产量的情况下，各自确定能够给自己带来最大利润的产量，即每一个产商都是消极地以自己的产量去适应对方已确定的产量。

观察图 9-5。

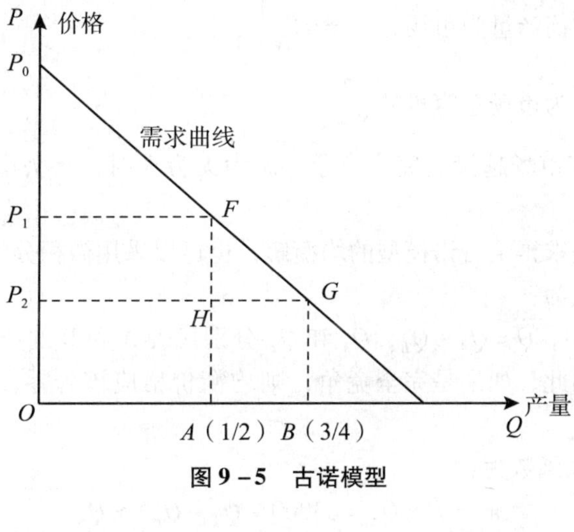

图 9-5 古诺模型

在图 9-5 中，横轴为产量，纵轴为价格。由于成本为零，在完全竞争市场，价格应该等于边际成本也为零，当价格为零时，产量应该为需求曲线与横轴的交点，为方便起见，假设该产量为 1。竞争（实际上是心理上的）开始。

第一轮，假设 A 厂商先行动，由于成本为零，因此，收益等于利润。A 厂商会选择生产多少产量？这实际上就是在三角形中内接一个矩形使其面积最大的问题。显然，A 厂商应该在位于 A 的 1/2 处生产，价格为 P_1，其利润为 OP_1FA。然后，B 进入市场，B 会生产多少？B 不会生产剩下的全部产量，因为那样的话，价格会变为零。B 会生产剩下市场份额的一半以保证在当前情况下的利润最大化，也就是说，B 会生产 1/4。市场价格降到 P_2，A 的利润下降为 OP_2HA，B 的利润为 $AHGB$。

但事情远远没有结束，A 发现，B 目前生产市场总容量的 1/4，A 将重新调整增加的生产，它会生产剩下市场的一半来获取最大利润，即生产 3/4 的一半即 3/8。与第一轮相比，A 的产量下降了 1/8。B 也要重新调整，生产剩下市场的一半来获取最大利润，B 将生产5/8 的一半 5/16，与第一轮相比，B 的产量增加了 1/16。

第三轮，A 发现，B 目前生产市场总容量的 5/16，A 将重新调整增加的生产，它会生产剩下市场的一半来获取最大利润，即生产 11/16 的一半即 11/32。与第二轮相比，A 的产量下降了 1/32。B 也要重新调整，生产剩下市场的一半来获取最大利润，B 将生产 21/32 的一半 21/64，与第一轮相比，B 的产量增加了 1/64。

可以发现，A 的产量逐渐减少：第一轮为 1/2，第二轮减少了 1/8，第三轮减少了 1/32，依次类推。B 的产量逐渐增加：第一轮为 1/4，第二轮增加了 1/16，第三轮增加了 1/64，依次类推。

最后达到均衡时 B 的产量为：$\frac{1}{4}+\frac{1}{16}+\frac{1}{64}+\cdots=\frac{1/4}{1-1/4}=\frac{1}{3}$

A 的产量为：$\frac{1}{2}-\frac{1}{8}-\frac{1}{32}-\cdots=\frac{1}{2}-\frac{1}{2}\left(\frac{1}{4}+\frac{1}{16}+\cdots\right)=\frac{1}{2}-\frac{1}{2}\times\frac{1}{3}=\frac{1}{3}$

以上的双头模型可以推广。令寡头厂商的数目为 N，则一般结论为：

每个寡头厂商的均衡产量为市场总容量的$\frac{1}{N+1}$ (9.1)

行业的均衡总产量为市场总容量的$\frac{N}{N+1}$ (9.2)

当 N 的值越大，该市场越接近完全竞争，N 为无穷大时，寡头市场就变成了完全竞争市场。

以上通过代数方法求得了古诺模型的均衡解，也可以采用微积分的方法求解。

假设市场需求曲线为：

$P=3000-Q$，其中，$Q=Q_A+Q_B$，Q_A 和 Q_B 分别代表 A 和 B 的产量。

由于成本为零，因此，如果是完全竞争，则均衡价格应该为零，产量应该为 3000，即市场总容量为 3000。

对于 A 来讲，利润函数为：

$$\pi_A=P\times Q_A=(3000-Q_A-Q_B)\times Q_A$$

用该利润函数对 A 的产量求导数，并令导数等于零，得到：

$$\frac{\mathrm{d}\pi_A}{\mathrm{d}Q_A}=3000-2Q_A-Q_B=0\Rightarrow Q_A=1500-\frac{Q_B}{2}$$

$Q_A=1500-\frac{Q_B}{2}$就是厂商 A 对厂商 B 选择产量的反应函数（reaction function），即每给定厂商 B 的一个产量，厂商 A 根据此函数进行反应。同理，可以求得厂商 B 对厂商 A 选择产量的反应函数 $Q_B=1500-\frac{Q_A}{2}$。

将两个反应函数联立，求解得到 $Q_A=Q_B=1000$。

可以发现：每个寡头厂商的均衡产量为市场总容量的1/3。如果将两个反应函数绘制成曲线，则均衡点就是两条曲线的交点，如图9－6所示。

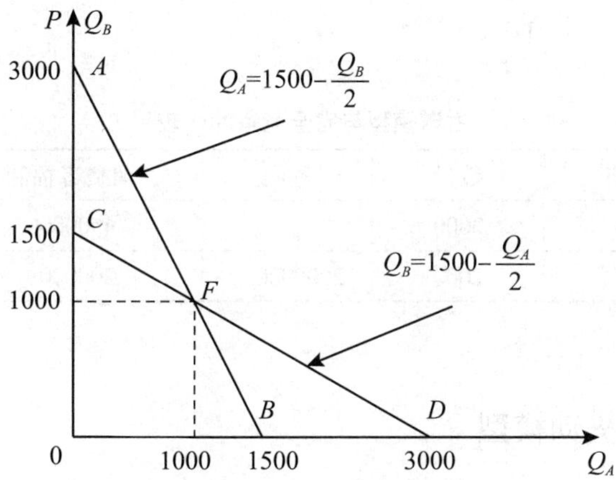

图9－6 反应曲线与古诺均衡

图9－6中AB为厂商A的反应函数的曲线，CD为厂商B的反应函数的曲线，两条反应函数曲线的交点E对应的产量值，就是两个厂商的均衡产量。

$$Q_A = Q_B = 1000$$

代入需求函数，$P = 3000 - Q_A - Q_B = 1000$

厂商A的利润为：

$$\pi_A = P \times Q_A = (3000 - Q_A - Q_B) \times Q_A = 1000 \times 1000 = 1000000$$

厂商B的利润为：

$$\pi_B = P \times Q_B = (3000 - Q_A - Q_B) \times Q_B = 1000000$$

可以比较一下古诺模型与完全竞争两种情况下社会福利的不同，如图9－7所示。

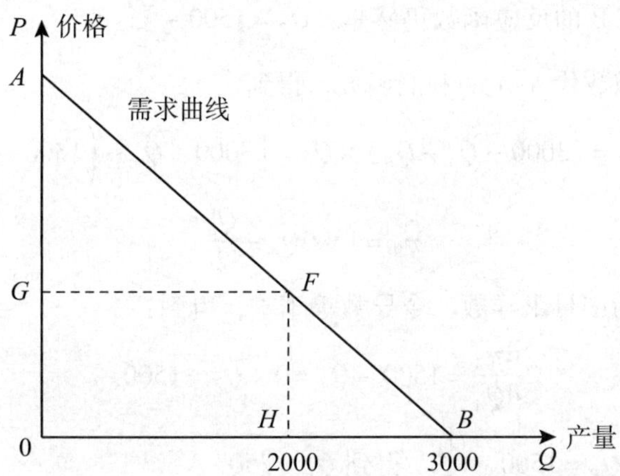

图9－7 古诺模型与完全竞争的比较

在图9－7中，如果在完全竞争市场，价格为零，数量为3000。注意A点的值也是3000。消费者总福利为三角形OAB，其面积为4500000。在寡头垄断市场，数量为2000，价格为1000，利润为2000000。而此时，消费者总福利变为三角形GAF，其面积为2000000，减少了2500000，如表9－2所示。

表9－2　古诺模型与完全竞争的比较

	价格	数量	利润	消费者福利	社会总福利
完全竞争	0	3000	0	4500000	减少2500000
古诺模型	1000	2000	2000000	2000000	

四、斯塔克伯格先动模型

在古诺模型中，两家实力相当的企业同时做产量决策。在这里，换一种假设，例如，在一个行业里有两家厂商A和B，两家厂商实力悬殊。A的实力更强，则命名为领导者，B为追随者。厂商A先行动，先做出产量决策，B在观测了A的产量后随即做出反应，选择自己的产量。

要注意，厂商A先行动，先做出产量决策，并不是指A可以随意决策，它在行动时必须事先考虑到B可能的反应。例如，B厂商的反应函数是$F_B(Q_A)$，那么，A的决策函数就是$F_A[F_B(Q_A)]$。也就是说，先求出B的反应函数，然后再将B的反应函数代入A的利润函数，求A的决策函数。

仍然利用古诺模型的例子，假设：

$P=3000-Q$ 其中，$Q=Q_A+Q_B$，成本仍然是0。

对于B来讲，其反应函数与古诺模型中没有区别，仍然是给定A的产量，求自身的利润最大化，因此：厂商B的反应函数仍然是：$Q_B=1500-\frac{Q_A}{2}$

将厂商B的反应函数代入A的利润函数，得到

$$\pi_A=P\times Q_A=(3000-Q_A-Q_B)\times Q_A=\left[3000-Q_A-\left(1500-\frac{Q_A}{2}\right)\right]\times Q_A$$

$$\pi_A=1500Q_A-\frac{Q_A^2}{2}$$

用利润函数对A的产量求导数，令导数等于零，得到：

$$\frac{\mathrm{d}\pi_A}{\mathrm{d}Q_A}=1500-Q_A=0\quad Q_A=1500。$$

将$Q_A=1500$代入$Q_B=1500-\frac{Q_A}{2}$，得到$Q_B=750$。

总产量为$Q_A+Q_B=2250$，价格为750。

厂商 A 的利润为：

$$\pi_A = P \times Q_A = 1125000$$

厂商 B 的利润为：

$$\pi_B = P \times Q_B = 562500$$

利润之和为 1687500。

可以发现，A 厂商作为领导者，具备一定的先动优势。与古诺模型相比，市场价格下降，总产量增加，利润略有减少。消费者福利略有增加。

五、伯特兰模型

数量竞争仅仅是寡头媒介竞争的一种方式，更为常见的是采取价格竞争。伯特兰德模型是由法国经济学家约瑟夫·伯特兰（Joseph Bertrand）于 1883 年建立的。伯特兰模型的假设为：

（1）各寡头厂商通过选择价格进行竞争；

（2）各寡头厂商生产的产品是同质的；

（3）寡头厂商之间也没有正式或非正式的串谋行为。

根据模型的假定，由于 A、B 两个企业的产品是完全替代品，所以，消费者的选择就是价格较低的企业的产品；如果 A、B 的价格相等，则两个企业平分需求。当企业 A 的价格低于 B 的价格，则 A 将占领全部市场，反过来，当企业 A 的价格高于 B 的价格，则将失去整个市场。

仍然假设一个行业中的两家企业 A 和 B。两家企业的产品基本相同，边际成本也相同，假设都为 0.5 元。起初，两家企业都以 1 元的价格销售产品，平均分割市场，但这个价格是不稳定的，两家企业都有动机将价格下降以占领全部市场将对手挤出，如图 9－8 所示。

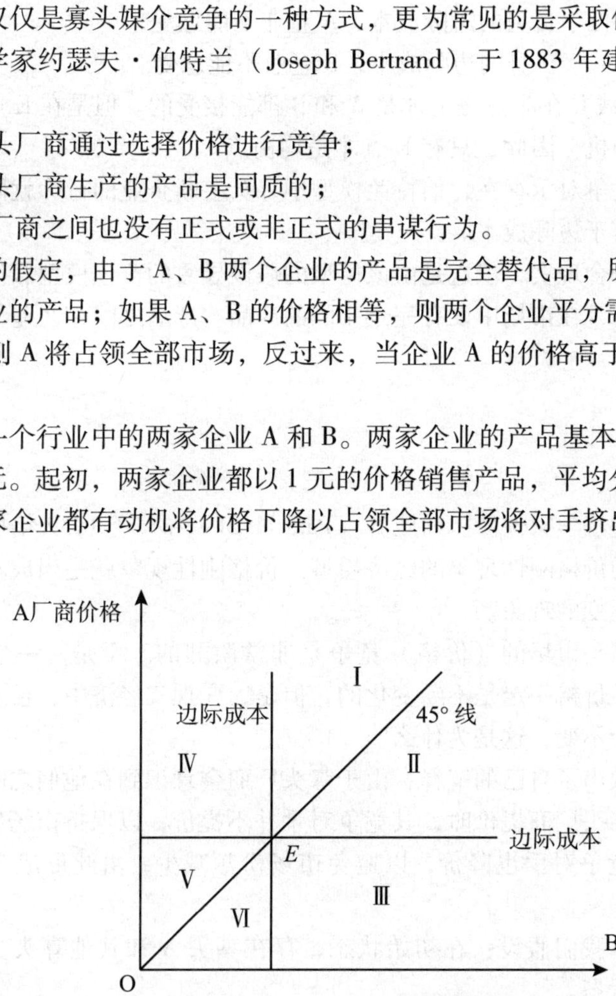

图 9－8 伯特兰模型

假设 A 将价格下降为 0.8 元，B 将完全失去市场。B 不会坐以待毙，也会将价格下降比如到 0.7 元，A 也会继续降价。这就是典型的“价格战”。

那么，价格下降到何时才会稳定下来呢？价格会一直下降到边际成本处即 0.5 元。这是双方所能承受的极限，利润为零。

这是个令人惊讶的结果，两个寡头垄断企业的竞争导致了完全竞争才有的结果，这有时被称为“伯特兰悖论”。

观察图 9 - 8，45°线和边际成本曲线将该空间分为六个部分。

Ⅰ区，A 厂商的价格高于 B 厂商的价格，A 企业不能生存；

Ⅱ区，B 厂商的价格高于 A 厂商的价格，B 企业不能生存；

Ⅲ区，A 厂商的价格低于自身的边际成本，A 企业不能忍受；

Ⅳ区，B 厂商的价格低于自身的边际成本，B 企业不能忍受；

Ⅴ区，A 厂商的价格低于自身的边际成本，A 企业不能忍受；

Ⅵ区，B 厂商的价格低于自身的边际成本，B 企业不能忍受。

综上所述，只有 45°线并在 E 点之上才是 A 和 B 都能接受的。但是在 E 点之上，双方都有降价从而驱逐对方的动机，因此，只有 E 点才是均衡点。

结论：只要有一个竞争对手存在，伯特兰模型中寡头垄断企业的行为就同在完全竞争的市场结构中一样，价格等于边际成本。

这看起来似乎并不符合现实，但这是由该模型的假设导致的。该模型假设双方生产的产品是没有差别的，实际上，在市场中没有完全相同的产品。产品之间存在差异，会影响伯特兰模型的结果。

六、斯威齐模型

斯威齐模型由美国经济学家保罗 · 斯威齐（Paul M. Sweezy）于 1939 年提出，用以解释寡头垄断市场上所存在的价格刚性现象的经济模型。价格刚性现象就是当成本在一定范围内变化时，而产品的价格不变的现象。

我们已经了解到：寡头市场的（价格）竞争是非常激烈的。于是，一个随之而来的看法就是：寡头市场的商品价格一定是不断变化的，但是，在现实经济中，很多寡头市场的产品价格在一段时间内保持不变，这是为什么？

保罗 · 斯威齐对此做出了自己的解释：由于寡头厂商会意识到在他们之间存在相互依赖的关系，因此，当一个寡头厂商提价时，其竞争对手并不提价，以保持市场份额；但是当一个寡头厂商降价时，其竞争对手也降价，以避免市场份额减少，由此形成有特点的需求曲线——拐折的需求曲线。

为解释斯威齐模型，我们假设：在初始状态，存在寡头 A 和其他寡头。假设开始时寡头市场处于暂时的均衡状态。

对于寡头 A 而言，如果自己涨价，而其他寡头不跟进，这样自己将失去很多客户（需求量减少比较多），于是自己将面临较为平坦的需求曲线（弹性较大），假设需求曲线为 D_1: $P = 10 - 0.2Q$；如果自己降价，而其他寡头跟进，这样自己也不会增加太多客户（需求量增加不太多)，于是自己将面临较为陡峭的需求曲线（弹性较小)，假设需求曲线为 D_2: $P=12-0.4Q$。

D_1 和 D_2 的交点可以求出：

$10-0.2Q=12-0.4Q$

$Q=10$，$P=8$

对于 D_1，其对应的边际收益曲线为 $MR_1=10-0.4Q$。

对于 D_2，其对应的边际收益曲线为 $MR_2=12-0.8Q$。

在 $Q=10$ 时，$MR_1=6$，而 $MR_2=4$，如图 9-9 所示。

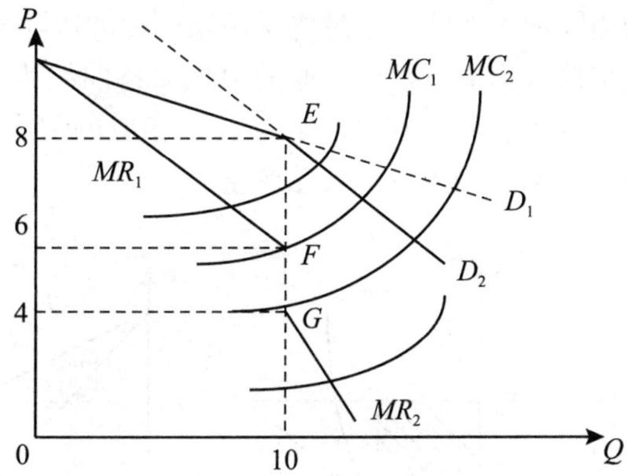

图 9-9　斯威齐模型

在图 9-9 中，E 点是初始点。对应价格是 8，产量是 10。当寡头 A 提高价格时，其他厂商不提高，对应的需求曲线是 D_1，由于该曲线较平坦，弹性较大。因此，销售量会减少很多；当寡头 A 降低价格时，其他厂商也降低，对应的需求曲线是 D_2，由于该曲线较陡峭，弹性较小。因此销售量增加不多。

与 D_1 对应的边际收益曲线是 MR_1，与 D_2 对应的边际收益曲线是 MR_2，由于在 E 点 D_1 和 D_2 的斜率不同，导致在产量为 10 时，MR_1 和 MR_2 不相交，而是出现一个间断 FG。

可以发现，当 MC 位于 FG 之间变化时，寡头厂商 A 不会改变价格和产量，价格总为 8，产量为 10。只有当 MC 与 MR_1 或 MR_2 相交时，寡头厂商 A 才会改变价格和产量。

斯威齐模型的意义在于：在改变价格或改变产量的效果不明显的情况下，寡头厂商不会轻易采取价格竞争。

七、公开勾结与非公开勾结

（一）公开勾结——卡特尔

卡特尔（Cartel）是一种正式的串谋行为，它能使一个存在竞争的市场变成一个垄断市场，属于寡头市场的一个特例。卡特尔以扩大整体利益作为它的主要目标，为了达到这一目的，在卡特尔内部将订立一系列的协议，来确定整个卡特尔的产量、产品价格，指定各企业的销售额及销售区域等。

卡特尔常常是国际性的。例如，欧佩克（石油输出国组织，OPEC）就是产油国政府间的一个国际协定，它在十多年间成功地将世界石油价格提高到远远高于本来会有的水平。其他成功地提高了价格的国际卡特尔还有：在 20 世纪 70 年代中期，国际铝矾土联合会将铝矾土价格提高到 4 倍；而一个秘密的国际铀卡特尔提高了铀的价格。一个被称为水银欧洲的卡特尔将水银价格保持在接近于垄断的水平；而另一个国际卡特尔一直都垄断着碘市场。但大多数卡特尔都没能提高价格。

如图 9－10 所示，假定两厂商的成本曲线分别如图 9－10（a）和图 9－10（b）所示，那么，卡特尔作为整体的边际成本曲线可通过将这两家厂商的边际成本曲线按水平方向加总得到。假定整个行业的需求曲线为 D，则全行业的边际收益曲线为 MR。这样，卡特尔即可根据$MR = MC$ 的利润最大化准则，确定其总产量为 Q_0，相应的“垄断价格”为 P_0。在此基础上，卡特尔将按照等边际成本原理来分配其总产量。

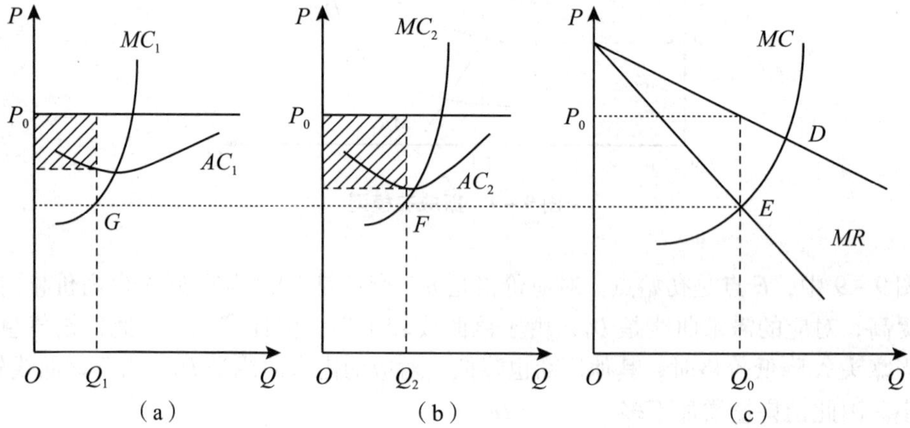

图 9－10　卡特尔模型

曲线 MR 与 MC 的交点确定了相同的边际成本水平（水平虚线），再由这条虚线与各厂商的边际成本曲线的交点确定各自的产量 Q_1，Q_2。$Q_1 + Q_2 = Q_0$。阴影部分为厂商各自的利润。可以看到，各厂商的利润是不同的。各厂商从自身利益出发，或对这种分配结果不满，或期望更多的利润等原因的驱使下，卡特尔的协议及相应的分配结果是不稳定的。各厂商在最大利润的驱使下很容易走上“背叛”之路。而一旦有某个成员违反协议，因为市场中厂商个数较少，其行动很容易被其他厂商察觉，从而引起连锁反应，最终导致卡特尔的崩溃。

主要有两个因素导致卡特尔具有天然的不稳定性。

第一，潜在进入者的威胁：一旦卡特尔把价格维持在较高水平，那么就会吸引新企业进入这个市场，而新企业进入后，可以通过降价扩大市场份额，此时卡特尔要想继续维持原来的高价就很不容易了。

第二，卡特尔内部成员所具有的欺骗动机：这是一个典型的“囚徒困境”[①]。给定其他企业的生产数量和价格都不变，那么一个成员企业偷偷地增加产量将会获得额外的巨大好处，这会激励成员企业偷偷增加产量，如果每个成员企业都偷偷增加产量，显然市场总供给大量增加，市场价格必然下降，卡特尔限产提价的努力将瓦解。如果卡特尔不能有效解决这个问题，最终将导致卡特尔的解体。事实上，经济学家研究得出，世界上卡特尔的平均存续期间约为6.6年，最短的两年就瓦解了。

此外，随着各国政府反垄断法的实施，卡特尔也可能因为违反了政府法律而被迫解体，也正因为如此，许多卡特尔都是国际性卡特尔，以规避国内的反垄断法。

☞ **扩展阅读**

1960年9月，由伊朗、伊拉克、科威特、沙特阿拉伯和委内瑞拉的代表在伊拉克的巴格达开会，决定联合起来共同对付西方石油公司，维护石油收入，14日，五国宣告成立石油输出国组织（Organization of Petroleum Exporting Countries，OPEC），简称“欧佩克”。随着成员的增加，欧佩克发展成为亚洲、非洲和拉丁美洲一些主要石油生产国的国际性石油组织。欧佩克总部设在维也纳。现在，欧佩克旨在通过控制石油价格的波动，保证各成员国在任何情况下都能获得稳定的石油收入。

（二）非公开勾结——价格领导

由于公开勾结和协议在很多国家被认为是非法的，因此寡头垄断厂商更多是采取暗中默契的非公开方式互相勾结。价格领导是其主要形式之一。

价格领导（price leadership）：是指在寡头垄断条件下，行业中的一家企业或几家企业开始变动产品价格，其他企业则相应跟着定价或变价。

也就是说，行业的价格变化总是由一厂商率先做出的。然后这个变化立即被其他厂商所采纳。该厂商一般叫领袖厂商，其确定的价格应为大家所承认，这种价格领导权来自于厂商效率高、成本低，或者是规模大、实力强，再或者是拥有丰富的洞察市场的能力和经验。一般来说，能起价格领导作用的厂商都是行业中的大厂商。如我国彩电行业的长虹，冰箱业中的海尔等。

晴雨表型价格领导是指晴雨表型厂商（barometric firm）根据市场行情首先宣布其价格，其他企业按这个价格对自己的价格进行调整。作为领导者的厂商能较准确地预测市场行情的变化趋势，合理而准确地反映整个行业基本的成本和需求状况的变化。这种价格领袖的地位带有“临时性”的特征，通常由最先感受或预测到市场条件变化的企业担任，可能是大企业，也可能是小企业。

支配型价格领导指首先调整价格的是行业内担任领导角色的企业。该企业在其同类企业中，由于市场所占份额较大而处于支配地位，该公司所制定的价格就具有支配作用，成为支

---

① 见本章第九节的相关内容

配型领导价格。在此模式下，领袖企业首先依据 $MR=MC$ 决定其最优产量和最优价格，然后其他企业按大企业定的价格定价并确定其产量（其方法是令价格等于自己的边际成本）。

（三）成本加成定价法

成本加成定价法（cost-plus pricing）是在估计的平均成本的基础上，加上一个赚头，据以确定价格的定价方法。它是指寡头垄断厂商不按 $MR=MC$ 原则追求利润最大化的一种最常见的定价方法。其具体方法是：

$$P=AC(1+r)$$

AC 指平均成本，r 是事先确定的一个百分比。

成本加成定价法可避免价格随产量变动而频繁变动，使价格比较稳定，巩固了寡头厂商的垄断地位。

八、不同市场的经济效率的比较

经济效率是指利用经济资源的有效性。高的经济效率表示对资源的充分利用或能以最有效的生产方式进行生产；低的经济效率表示对资源的利用不充分或没有以最有效的方式进行生产。

不同市场结构下的经济效率是不相同的。西方经济学家通过对不同市场条件下厂商的长期均衡状态的分析得出结论：完全竞争市场的经济效率最高。垄断竞争市场较高，寡头垄断市场较低，完全垄断市场最低。可见，市场的竞争程度越高，则经济效率越高；反之，市场的垄断程度越高，则经济效率越低。其具体分析如下。

（1）完全竞争市场，是一个理想中的市场，这个市场中有无数个生产者和消费者，双方信息完全对称，产品完全一致，厂商的需求曲线是一条水平线，生产者的利润率为零，进入退出市场无壁垒。在完全竞争厂商的长期均衡时，水平的需求曲线相切于 LAC 曲线的最低点；产品的均衡价格最低，它等于最低的生产的平均成本；产品的均衡产量最高。这种情况是希望经济学认为最有效率的市场，是所有经济学家希望的目标。

（2）垄断竞争市场，是目前大多数产品市场的表现，即众多厂商间展开竞争，产品有差异，厂家因各自不同的产品差异和地域差异而在各个细分市场中占据些许的垄断，进入退出都有一些壁垒。这个市场类型的经济效率不如完全竞争市场，但在现实生活中比比皆是。在垄断竞争市场上，厂商的长期利润为零，所以，在垄断竞争厂商的长期均衡时，向右下方倾斜的、相对比较平坦的需求曲线相切于 LAC 曲线的最低点的左边；产品的均衡价格比较低，它等于生产的平均成本；产品的均衡产量比较高；企业存在着多余的生产能力。

（3）寡头市场，是一种垄断市场，整个市场只有几家大企业存在，各企业间为了共同生存而需要制定价格同盟，策略同盟，这以早期的托拉斯，辛迪加联盟为主要表现。企业联盟会一起排挤新竞争者，维护自己的垄断利润，消费者只能接受其指定的垄断价格。这是一种没有效率的市场。厂商的需求曲线不太确定。一般认为，寡头垄断市场是与完全垄断市场比较接近的市场组织，在长期均衡时，寡头厂商的产品的均衡价格比较高，产品的均衡数量比较低。利润也较高。

（4）垄断市场是一个企业完全垄断的市场，没有竞争者，所以没有进步和研发的动力，信息完全不对称，价格偏离价值，消费者只能接受。生产者完全占据市场，新进入者无法与之抗衡，这是最没有效率的市场。在完全垄断市场上，厂商在长期内获得利润，所以，在完全垄断厂商的长期均衡时，向右下方倾斜的、相对比较陡峭的需求曲线与 *LAC* 曲线相交；产品的均衡价格最高，且大于生产平均成本；产品均衡数量最低。设想，完全垄断厂商若肯放弃一些利润，价格就可以下降一些，产量就可以增加一些。显然，完全垄断市场多余的生产能力是最高的。表 9－3 显示了不同市场效率的对比。

表 9－3　　不同市场效率的比较

市场类型	价格	产量	成本	利润	效率
完全竞争	最低（*LAC* 最低点）	最高（*LAC* 最低点对应的产量）	最低（*LAC* 最低点）	零	最高
垄断竞争	较低（*LAC* 最低点的左侧）	较高（需求曲线与 *LAC* 左侧切点对应的产量）	较低（*LAC* 最低点的左侧）	零	较高
寡头垄断	较高	较低	较高	较高	较低
完全垄断	最高	最低	最高	最高	最低

以上是西方经济学家在不同市场结构的经济效率比较问题上的基本观点。也有一些西方经济学家从技术进步状态、规模经济和产品差别程度等方面对四种市场的优劣进行了分析，如果从这几个方面看，三种不完全竞争市场似乎也有一定的可取之处。

一是关于技术进步，有不少西方经济学家认为，虽然垄断厂商有凭借垄断地位阻碍技术进步的一面，但垄断又有利于技术进步的一面。因为，一方面，垄断厂商利用高额利润所形成的雄厚经济实力，有条件进行各种科学研究和重大的技术创新；另一方面，垄断厂商可以利用自己的垄断地位，在长期内保持由于技术进步而带来的更高的利润。这恰恰是完全竞争市场上原子式的厂商所不具备的。

二是关于规模经济。寡头垄断市场和完全垄断市场比完全竞争市场和垄断竞争市场有利的另一个方面是，它能够取得规模经济效应。很难设想，无数个如同完全竞争行业或垄断竞争生产集团内的企业，可以将钢铁生产和铁路运输经营在有效率的水平上。

三是关于产品差别。在完全竞争的市场条件下，所有厂商的产品是完全相同的，它无法满足消费者的各种偏好。在垄断竞争市场条件下，众多厂商之间有差别的，多样化的产品使消费者有更多的选择自由，可以满足不同的需要。在产品差别这一问题上，产品差别寡头垄断行业也存在与垄断竞争生产集团相类似的情况。当然，也要认识到，垄断竞争市场和产品差别寡头垄断市场的产品也有一些是非真实性的虚假的差别，也会给消费者带来损失。与此同时，垄断竞争市场和产品差别寡头垄断市场往往伴随过于庞大的广告支出，会造成资源的浪费和抬高销售价格，再加上某些广告内容过于夸张和诱导，这些都是不利于消费者的。

第三节 博 弈 论

一、博弈论概述

什么是博弈论？也可以称为游戏理论，也可以称为竞赛理论。博弈论是描述和研究行为者之间相互依存和相互作用的一种决策理论，又叫游戏理论（game theory）和对策论。

博弈论有一个基本的假设，即理性人假设（hypothesis of rational man）是指作为经济决策的主体都是充满理智的，既不会感情用事。也不会盲从。而是精于判断和计算。其行为是理性的。在经济及其他活动中，主体所追求的唯一目标是自身利益的最优化。

博弈论说起来有些绕嘴，但理解起来很好理解，那就是每个对弈者在决定采取哪种行动时，不但要根据自身的利益和目的行事，而且要考虑到他的决策行为对其他人可能的影响，通过选择最佳行动计划，来寻求收益或效用的最大化。

博弈基本上可以划分为合作博弈（co-operative game）和非合作博弈（non-operative game）两类。当前，一般指非合作博弈。两者之间最大的区别就是是否有一个具有约束力的协议。如果有，就是合作的；如果没有，就是非合作的。合作博弈强调的是团体理性、效率和公平；而非合作博弈强调的是个人理性和个人最优决策。

来看一个最经典的案例——囚犯困境（prisoner's dilemma）。

假设：两名犯罪嫌疑人 A 和 B 被抓，他们不能订立攻守同盟，并且有坦白从宽、抗拒从严的条件（此类标语一般会出现于公安局审讯室的墙上）。如果双方都坦白，各判刑 5 年；如果一方坦白，另一方抵赖，则坦白者判刑 1 年，抵赖者判刑 7 年；如果双方都抵赖，则各判两年。图 9－11 是各种选择构成的支付矩阵。

		B 坦白	B 抵赖
A	坦白	5，5	1，7
	抵赖	7，1	2，2

图 9－11　囚徒困境

根据图 9－11，可以分析之。图 9－11 中四项数字组合中第一个代表 A 的结果，数字中第二个代表 B 的结果。

假如双方都抵赖，警方得不到充足的证据，每个人只判两年徒刑，这无疑是最好的选择，但这个结果会出现吗？

如果 A 坦白，B 的最好选择是什么？此时如果 B 坦白，B 判刑 5 年；如果 B 抵赖，则判刑7年。因此，B选择坦白。

如果A抵赖，B的最好选择是什么？此时如果B坦白，B判刑1年；如果B抵赖，则判刑2年。因此，B选择坦白。

也就是说，无论A坦白还是抵赖，B的最优选择都是坦白。

同样，如果B坦白，A的最好选择是什么？如果A坦白，A判刑5年；如果B抵赖，则判刑7年。因此，A选择坦白。

如果B抵赖，A的最好选择是什么？如果A坦白，A判刑1年；如果A抵赖，则判刑2年。因此，A选择坦白。

也就是说，无论B坦白还是抵赖，A的最优选择都是坦白。

均衡结果是，双方都坦白，个人理性最终战胜了团体理性，或者说理性的个人行为可能导致集体的非理性。

☞ 思考

假如我们改变一下图9-11中的数据，结果会怎么样？

实际上，囚徒困境是这样一种均衡：给定别人战略情况下，没有任何单个参与人有积极性选择其他战略，从而没有人有积极性打破这种均衡（关于这种均衡的定义我们随后加以解释）。

如何解决囚徒困境？解决个人理性和集体理性之间冲突的办法不是否认个人理性，而是设计一种机制，在满足个人理性的前提下达到集体理性。我们总是被教育：当个人利益与集体利益发生冲突时，应该选择集体利益。实际上，问题不在于选择哪一个，而在于机制设计。一个良好的机制应该减少个人利益与集体利益的冲突。

二、博弈论的基本概念

博弈论的基本概念包括：参与人、行动、战略、信息、支付函数、结果和均衡等。

参与人：博弈中选择行动以最大化自己效用的决策主体，可以是个人，也可以是团体、如国家和企业。

行动：参与人的决策变量。

战略：参与人选择行动的规则。战略与行动是不同的概念。例如，“人不犯我、我不犯人、人若犯我、我必犯人”是一种战略，其中的“犯”和“不犯”是两个不同的行动，而战略规定了什么时候选择“犯”，什么时候选择“不犯”。

信息：参与人在博弈中的知识，对手特征和行动的知识。

支付函数：参与人从博弈中获得的效用水平，是所有人战略或行动的函数。

结果：博弈分析者所感兴趣的所有东西，如均衡时的收益（支付）。

均衡：参与人最优战略或行动的集合。

参与人、行动、结果称为博弈规则；博弈分析的目的是使用博弈规则决定均衡。

我们以一个例子说明以上概念。这个例子叫性别战（battle of sexes）。设一对男女在谈恋爱，男的爱看足球，女的爱看芭蕾，但他们愿意在一起，不愿分开（这是个重要的假设，可以看出来这两个人确实只是在谈恋爱，而没有结婚）。支付矩阵如图 9－12 所示。

		女	
		足球	芭蕾
男	足球	2，1	0，0
	芭蕾	0，0	1，2

图 9－12　性别战

如果男方选择看足球，而女方也看足球，女方得到 1 的收益；如果女方坚持看芭蕾，得到 0 的收益。因此可以得到：如果男方选择看足球，女方也选择看足球。

如果女方选择看芭蕾，而男方选择看足球，男方得到 0 的收益；如果男方选择看芭蕾，得到 1 的收益。因此可以得到：如果女方选择看芭蕾，男方也选择看芭蕾。

这里有两个均衡，即要么一起看足球，要么一起看芭蕾。我们看一看这个例子中博弈的概念。

参与人：即一对男女；

行动：看足球或看芭蕾；

战略：看足球或看芭蕾；

信息：双方对对方选择以及对方选择能够带来什么后果的了解；

支付函数：见支付矩阵。

结果：（2，1）或（1，2）

均衡，或者是一起看足球，或者是一起看芭蕾。

注意：这里的“行动”和“战略”是一样的，但实际上战略与行动是不同的概念，战略是行动的规则而不是行动本身。在迄今我们谈论的博弈中，都属于静态博弈，战略与行动没有区别。

可以发现，在性别战中，存在先动优势（first-mover advantage）：即谁先买了票，就去看哪个。

三、博弈的分类

第一个分类原则是参与人的行动顺序，可以分为静态博弈和动态博弈。前者指参与人同时行动，或者即便不是同时，但后行动者不知道前者的行动；后者指，参与人有先后顺序，后行动者能够看到先行动者的行动。

第二个分类原则：从知识的角度，可以分为完全信息和不完全信息：对他人的特征、战略以及支付函数完全了解就是完全信息，否则就是不完全信息。

结果可以形成四类博弈，分别有不同的均衡：

完全信息静态博弈，可以归结为纳什均衡［约翰·纳什（John H. Nash），1994 年诺贝尔经济学奖得主］；

完全信息动态博弈，可以归结为子博弈精练纳什均衡［主要贡献者：R. 泽尔腾（R. Selten），1994 年诺贝尔经济学奖得主］；

不完全信息静态博弈，可以归结为贝叶斯纳什均衡［主要贡献者 J. C. 海萨尼（J. C. Harsanyi），1994 年诺贝尔经济学奖得主］；

不完全信息动态博弈，可以归结为精练贝叶斯均衡。

四种博弈的特征如表 9－4 所示。

表 9－4　　四种博弈类型的区分

行动顺序和信息	静态	动态
完全信息	完全信息静态博弈 纳什均衡， （约翰·纳什，1950，1951）	完全信息动态博弈 子博弈精练纳什均衡 （R. 泽尔腾，1965）
不完全信息	不完全信息静态博弈 贝叶斯纳什均衡 （J. C. 海萨尼，1967～1968）	不完全信息动态博弈 精练贝叶斯纳什均衡 （R. 泽尔腾，1965） （D. M. Kreps & J. H. Wilson，1982） （D. Fudenberg & J. Tirole，1991）

限于篇幅，这里仅介绍完全信息静态博弈和完全信息动态博弈的部分内容。

四、完全信息静态博弈

（一）占优策略均衡（dominant strategy）

在所有的博弈均衡中，占优策略均衡是最强的均衡，也就是要求最严格或出现最少的均衡。回到囚徒困境，如图 9－13 所示。

		B 坦白	B 抵赖
A	坦白	5，5	1，7
A	抵赖	7，1	2，2

图 9－13　囚徒困境

前面已经分析过，无论A坦白还是抵赖，B的最优选择都是坦白。同样，无论B坦白还是抵赖，A的最优选择都是坦白。我们于是可以认为："坦白"就是B的占优策略，同样，"坦白"也是A的占优策略。而由占优策略构成的均衡就叫占优策略均衡。这种均衡是相当稳定的，因为双方根本不在乎对方怎样想，而只坚持自己的占优策略。

再看一个例子，寡头之间可以合作，也可以竞争，我们可以用下划线法寻找均衡。支付矩阵如图9－14所示。

		乙	
		合作	不合作
甲	合作	10，10	6，12
	不合作	12，6	8，8

图9－14　竞争与合作

如果甲合作，乙合作得到10，不合作得到12，因此选择不合作，在支付矩阵右上角的"12"下划线。如果甲不合作，乙合作得到6，不合作得到8，因此选择不合作，在支付矩阵右下角的第二个数字"8"下划线。所以我们说，不合作是乙的占优策略。

如果乙合作，甲合作得到10，不合作得到12，因此选择不合作，在支付矩阵左下角的"12"下划线。如果乙不合作，甲合作得到6，不合作得到8，因此选择不合作，在支付矩阵右下角的第一个数字"8"下划线。所以说，不合作同样是甲的占优策略。

于是，（不合作，不合作）就是占优策略均衡。另外，可以发现，在支付矩阵右下角的两个数字下都被划线，它代表博弈的均衡。

☞ 即问即答

是否博弈双方都具有占优策略时，才会构成占优策略均衡？答案是"否"。

（二）重复剔除劣战略的占优均衡

以两个寡头之间的竞争与合作为例。假设市场上有一个垄断的在位者，如果没有其他企业进入市场，它将获得300的利润。市场上有一个潜在的进入者，它有两个选择，进入市场或不进入市场；在位者也有两个选择，斗争或者不斗争，如图9－15所示。

		在位者	
		默许	斗争
进入者	进入	150，150	－10，100
	不进入	0，300	0，200

图9－15　市场进入博弈

如果进入者进入，在位者默许，则双方分割市场，各得150；

如果进入者进入，在位者斗争，则两败俱伤，进入者得到 -10，在位者也付出巨大代价，得到100；

如果进入者不进入，在位者默许，则与最初状态没有区别。进入者得到零，在位者保持利润；

如果进入者不进入，在位者默许，则与最初状态没有区别。进入者得到零，在位者保持利润；

如果进入者不进入，在位者斗争，则在位者要保持斗争的态势也要花费成本，因此在位者利润减少为200，与最初状态没有区别。进入者仍然得到零。

可以用划线法找到均衡，如果进入者进入，在位者默许，在位者可以得到150，如果在位者选择斗争，得到100，因此，在位者选择默许，这里在支付矩阵中左上角方框中第二个数字“150”下面划线；

如果进入者不进入，在位者默许，在位者可以得到300，如果在位者选择斗争，得到200，因此，在位者选择默许，在支付矩阵中左下角方框中第二个数字“300”下面划线；

也就是说：无论进入者采取进入还是不进入，在位者的最优选择都是默许。于是，“默许”是在位者的占优策略。

反过来看进入者，如果在位者选择默许，进入者进入可以得到150，不进入得到0，因此选择进入，在支付矩阵中左上角方框中第一个数字“150”下面划线；如果在位者选择斗争，进入者进入得到 -10，不进入得到0，因此选择不进入。在支付矩阵中右下角方框中第一个数字“0”下面划线。也就是说，进入者并没有占优策略：对方默许，就进入，对方斗争，就不进入。

实际上可以简单一点。进入者也是有足够理性的，给定在位者一定会保持默许，那么进入者应该如何选择？给定在位者一定会保持默许，进入者进入可以得到150，不进入只能得到0，因此进入者一定选择进入。

最后的结果是（进入，默许）。这个结果可能不同于一般的认识，我们可能都会认为，垄断者必将阻挠进入者来保持垄断地位，但事实上，如果没有其他原因如政府特许等因素，只要进入者的实力足够强大，市场的垄断很难保持下去。

在这个博弈中，一方有占优策略，另一方没有占优策略，但仍然构成占优策略均衡，可以称为“单方占优策略均衡”，单方占优策略均衡也是稳定的。同时，这是一个重复剔除劣战略的占优策略均衡。

回到市场进入博弈，由于“默许”是在位者的占优策略，而“斗争”是它的严格劣战略，因此，可以将这个严格劣战略剔除。这样，图9－15就变成了图9－16。

		在位者
		默许
进入者	进入	150，150
	不进入	0，300

图 9－16　剔除劣战略的市场进入博弈

给定在位者默许，进入者的“不进入”就是严格劣战略，可以将其剔除，最后只剩下（进入，默许）。

再看一个重复剔除劣战略的例子如图 9－17 所示。

		乙		
		L	*M*	*R*
甲	*U*	1，0	1，2	0，1
	D	0，3	0，1	2，0

图 9－17　重复剔除劣战略之一

分析一下。如果甲选择 U，乙选择 M；甲选择 D，乙选择 L。乙没有占优策略。

如果乙选择 L，甲选择 U；乙选择 M，甲选择 U；乙选择 R，甲选择 D。甲也没有占优策略。看起来，两个人的最优战略是互相依赖的。但是，可以发现，对于乙来说，M 严格优于 R，因此可以将 R 剔除，博弈变为图 9－18。

		乙	
		L	*M*
甲	*U*	1，0	1，2
	D	0，3	0，1

图 9－18　重复剔除劣战略之二

此时，可以发现：甲存在占优策略，U 严格优于 D，因此将 D 剔除，博弈变为图 9－19。

		乙	
		L	*M*
甲	*U*	1，0	1，2

图 9－19　重复剔除劣战略之三

可以发现，对乙来说，M 优于 L，于是（U，M）成为唯一的均衡。

（三）纳什均衡（Nash equilibrium）

前面介绍了占优策略均衡和重复剔除劣战略的占优均衡。但是，完全信息静态博弈中，很多博弈无法使用重复剔除劣战略来寻找均衡。我们需要纳什均衡的概念。

纳什均衡的定义：假设有N个人参与博弈，每个人选择自己的最优战略（可能依赖别人也可能不依赖别人），所有人的最优战略构成一个战略组合。纳什均衡就是这样一种均衡，在给定别人战略的情况下，没有任何单个人有积极性选择其他战略。给定别人不动，自己也不动。纳什均衡的要点在于：如果其他参与者不改变策略，那么，每一个都不会改变策略。

例1：斗鸡博弈（chicken game）。

两个人拿着火棍相对走独木桥，继续前进，两败俱伤；一方进，另一方退，前者胜利，后者丢面子；若二人都退，都丢面子。支付矩阵如图9-20所示。

		B 进	B 退
A	进	-3，-3	2，0
	退	0，2	0，0

图9-20 斗鸡博弈

可以用划线法寻找均衡。如果A进，则B退；如果A退，则B进。同样，。如果B进，则A退；如果B退，则A进。可以发现：（进，退）和（退，进）都是均衡。这就是纳什均衡：你进则我退；你退则我进。我的策略依赖于你的策略。

例2：夫妻博弈。

很多夫妻之间存在博弈，但是我们发现：一般而言，要么夫妻二人总是不吵架，就像俗话说的“没有红过脸”；要么是两口子总是吵架。而出现一方吵架另一方沉默的情况不多。这是为什么（请考虑男女平等的因素）？

我们设计一个夫妻博弈，如图9-21所示。

		妻 和平	妻 战争
夫	和平	10，10	3，6
	战争	6，3	4，4

图9-21 夫妻博弈

如果丈夫选择和平，则妻子也选择和平，双方和平共处；如果丈夫选择战争，妻子也选择战争，针锋相对。同样，如果妻子选择和平，则丈夫也选择和平；如果妻子选择战争，丈夫也选择战争。这样，就存在两个纳什均衡：（和平，和平）和（战争，战争）。

☞ 思考

你能否修改夫妻博弈支付矩阵的数值，以得到不一样的结果？

例3：另一个市场进入博弈。

垄断市场上有一个在位者，一个进入者。前者试图阻挠后者。进入之前在位者的利润为100，进入后各得50；进入成本为10。如果进入者选择进入，在位者选择默许，支付分别为40（50扣除10的成本）和50；如果进入者选择进入，在位者选择斗争，进入者收益为－10，在位者收益为30。如果进入者选择不进入，在位者选择默许或斗争无差别如图9－22所示。

		在位者	
		默许	斗争
进入者	进入	40，50	－10，30
	不进入	0，100	0，100

图9－22　进入博弈

使用划线法可以发现，这个博弈存在两个纳什均衡，（进入，默许）和（不进入、斗争）。后者为什么是一个纳什均衡呢？因为只有在在位者斗争时，不进入才是最优选择。

（四）完全信息动态博弈

本小节主要讨论重复博弈。

1. 重复博弈的概念

重复博弈（repeated games）是动态博弈的一种，指同样结构的博弈重复许多次，其中的每次博弈称为“阶段博弈”。以囚徒困境为例，假如不是判刑很重，那么，他们可以刑满之后再作案，判刑，刑满再作案。他们之间就是重复博弈，每次都是一个阶段博弈。

2. 重复博弈的特点

阶段博弈之间没有物质上的联系，博弈结构不互相影响。

（1）阶段博弈之间没有物质上的联系，博弈结构不互相影响。

（2）所有参与人都可以看到博弈过去的历史。

（3）参与人的总支付是所有阶段博弈的贴现值之和或加权平均。

影响重复博弈均衡结果的因素：

（1）博弈重复的次数，次数越多，越考虑长远利益。

（2）信息的完备性。以囚徒困境为例，我们称选择抵赖的人是硬汉，称选择坦白的人是软汉。那么，你如何判断一个人究竟是不是硬汉？如果他在一次博弈中选择了抵赖，是否就可以说他是硬汉？他的抵赖是不是为了让你下一次选择抵赖而自己选择坦白（从而获得好处）所做的假象？同样，在现实中我们无法判断一个人究竟是不是好人：你不知道我究竟是不是好人，那么我就可以做一点好事来让你认为我是好人，这样我可以放心地干坏事。如果信息足够完备，就可以做出正确的选择。可惜，信息总是不完备的。

3. 有限次重复博弈——连锁店悖论

考虑图 9－23 所示意的市场进入博弈，唯一的子博弈精炼纳什均衡就是进入者进入，在位者默许，分别得到 40 和 50 的支付。

现在假定同样的市场有 20 个，或理解为在位者有 20 个连锁店，进入者每次进入一个市场，博弈就变为了 20 次重复博弈。我们也许会认为，为了保护 20 个连锁店的利益，在位者也许会斗争，但是这种猜想是错误的。

		在位者	
		默许	斗争
进入者	进入	40，50	－10，0
	不进入	0，100	0，100

图 9－23 进入博弈

在博弈中，在位者选择斗争的唯一原因是希望斗争能够起到威胁的作用，但是，在有限次博弈中，斗争不是一个可以置信的威胁。先考虑进入者现在进入第 20 个市场，因为，在最后阶段，选择斗争已经没有任何意义，因此，选择默许。考虑进入第 19 个市场，因为进入者知道在位者在第 20 个市场将选择默许，因此，在第 19 个市场也不会使用斗争来威胁，于是选择进入。如此倒退回去，在位者在每一个市场都选择默许，进入者总是选择进入。这就是“连锁店”悖论。

这个博弈还有其他的纳什均衡，如“在位者总是斗争，进入者总是不进入”。但这个纳什均衡不是最合理的。

在有限次重复的囚徒困境博弈中，存在类似的情况。只要重复的次数是有限的，那么“总是坦白”是唯一的合理均衡。

4. 无限次重复博弈

当博弈是重复无穷多次时，存在着不同于一次博弈的合理的纳什均衡。例如在囚徒困境中，如果有足够的耐心，（抵赖，抵赖）将是一个合理的纳什均衡，如图 9－24 所示。

		囚徒 B	
		坦白	抵赖
囚徒 A	坦白	－8，－8	0，－10
	抵赖	－10，0	－1，－1

图 9－24 囚徒困境

考虑这样一个“冷酷”战略。（1）开始选择抵赖；（2）选择抵赖直到一方选择了坦白，然后永远坦白。注意，一方一旦选择了坦白，就永远坦白。

这个战略是纳什均衡。假定囚徒 B 选择冷酷战略，冷酷战略是不是 A 的最优战略呢？因为博弈没有最后阶段，所以无法用逆向归纳法。

令 T 为贴现因子（两个人的贴现因子相同），如果 A 在博弈的某个阶段选择了坦白，他在该阶段得到 0 的支付，而不是 -1，但这个行动所触发的是对方永远坦白的惩罚，因此，囚徒 A 在以后的每一个阶段的最好支付都是 -8。因此如果下列条件满足，给定 B 没有选择坦白，A 将不会选择坦白：

$$0+T\times(-8)+T^2\times(-8)+\cdots\leqslant -1+T\times(-1)+T^2\times(-1)+\cdots$$

可以解出 $T\geqslant 1/8$；

现在假设 B 先选择了坦白，那么 A 是否有积极性坚持冷酷战略以惩罚 B 的不合作行为呢？给定 B 选择冷酷战略，一旦坦白就永远坦白，如果 A 坚持冷酷战略，在随后的每阶段支付都是 -8，但如果他选择其他战略，支付不会大于 -8，因此无论 T 为多大，A 有积极性坚持冷酷战略。

类似，给定 B 坚持冷酷战略，即使 A 先选择了坦白，也会坚持冷酷战略。

这样，冷酷战略是纳什均衡。

☞ 案例讨论

“打出来的和平”①

当 2013 年打车软件兴起时，滴滴公司与优步（Uber）公司之间的竞争异常激烈。优步的一名员工说：“我烧 10 亿元，他烧 30 亿元，如果不出意外的话，体量就是 1∶3，如果同等运营，只要不断花钱，基本上差不了多少。”滴滴公司如果在半夜 12 点推出下一阶段的奖励政策，优步公司就会在 1 点钟跟进，如果滴滴公司夜里 2～3 点推出奖励政策，优步公司就会在早晨发布。优步公司的创始人特拉维斯·卡兰尼克在接受《财经》杂志访问时曾说：“滴滴的存在，让我每晚少睡两小时，思考如何同它竞争的问题。”但是他十分明白，当优步公司在中国的规模越来越大，补贴就很难持续……“我们不能一直补贴下去，最终需要盈利。”因此，2016 年，滴滴公司和优步公司达成战略协议，滴滴出行将收购优步中国的品牌、业务、数据等全部资产，在内地运营。双方将相互持股，成为对方的少数股权股东。

问题：滴滴公司与优步公司之间的博弈策略为什么会发生变化？

5. 参与人不固定时的重复博弈

当参与人不固定时，也存在类似的均衡。如消费品市场交易：厂商是长期的固定参与人，不断重复提供产品，而消费者是不固定的，每个消费者只买一次或有限次商品（如耐

① 资料来源：http：//news. youth. cn/kj/201609/t20160915_8660757. htm

用消费品）。假定只有一个厂商、每个消费者只买一次、每个阶段只有一个消费者。在博弈的每一阶段，消费者决定是否购买，厂商选择是否提供高质量的产品。消费者不知道自己买的产品的质量，但知道之前所有消费者购买的产品的质量。如果消费者不购买，效用为0；如买到高质量产品，效用为1；如买到低质量产品，效用为-1；厂商生产高质量产品的利润为1，低质量产品的利润为2。支付矩阵如图9-25所示。

		厂商	
		高质量	低质量
消费者	购买	1，2	-1，2
	不购买	0，0	0，0

图9-25　质量博弈

在一次性博弈中，唯一的纳什均衡是（不购买，低质量）。但在无限次博弈中，如果厂商的贴现因子$T\geqslant 0.5$，那么下列战略组合是一个合理纳什均衡：厂商从生产高质量的产品开始；继续生产高质量产品，除非曾经生产过低质量产品；如果上一次生产过低质量产品，以后永远生产低质量。第一个消费者选择购买；只要厂商不曾生产过低质量产品，随后的消费者继续购买；如果厂商曾经生产过低质量产品，之后的消费者不再购买。均衡结果是（购买，高质量），每个消费者得到1单位的效用，厂商得到1单位的平均利润。

看过程：给定消费者的战略，如果厂商生产低质量产品，得到2单位的短期利润，但在之后每阶段利润为0，因为再也无人购买；如果总是生产高质量产品，第一阶段得到1单位利润，第二阶段贴现值为T，第三阶段为T^2，依次类推，总利润为$1/(1-T)$。如果$1/(1-T)\geqslant 2$，厂商就不会生产低质量的产品，即$T\geqslant 1/2$。厂商之所以这样，是因为害怕失去消费者。而一旦生产过低质量产品，就永远生产低质量的，“破罐子破摔”，因此再也不会有人买。

再看消费者。假定$T\geqslant 0.5$，因为每一个消费者只关心一阶段的支付，当且仅当他预期是高质量时，他才会购买；因为消费者预期不曾生产过低质量的厂商继续生产高质量产品；如果厂商生产过低质量产品，消费者预期他将继续生产低质量产品。所以不购买是最优的。

不过，“消费者永远不购买，厂商总是生产低质量产品”也是一个合理均衡。

这个模型可以解释为什么消费者不信任走街串巷的小贩，而愿意去大商场购物。因为前者根本没有长期的建立声誉的考虑。

本章框架

首先，明确寡头市场的概念、特征以及形成寡头市场的原因；其次，分析寡头之间的合作与竞争；并介绍几种重要的寡头市场模型；给出完全竞争、垄断、垄断竞争与寡头市场之间的比较；最后，简单介绍博弈论的相关知识。本章结构如图9-26所示。

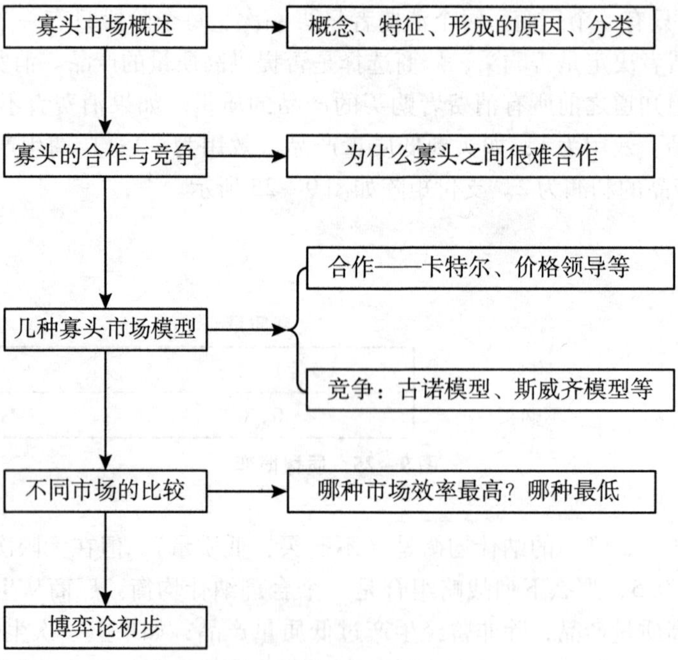

图 9－26　本章框架结构

内 容 提 要

1. 寡头市场接近于垄断，但寡头厂商的行为模式是不确定的：如果寡头之间采取真诚的合作态度，那么该市场就等同于垄断；但这种合作通常是不稳固的，由于它们追求自己的私利，他们通常不能达到垄断结果。

2. 有几种重要的寡头理论模型，见表 9－5。

表 9－5

<table>
<tr><td rowspan="6">重要的寡头理论模型</td><td rowspan="4">独立行动</td><td rowspan="2">产量竞争</td><td>古诺模型</td></tr>
<tr><td>斯塔克伯格先动模型</td></tr>
<tr><td rowspan="2">价格竞争</td><td>伯特兰模型</td></tr>
<tr><td>斯威齐模型</td></tr>
<tr><td rowspan="2">相互勾结</td><td colspan="2">卡特尔模型</td></tr>
<tr><td colspan="2">价格领导模型</td></tr>
</table>

3. 博弈论是描述和研究行为者之间相互依存和相互作用的一种决策理论，又叫游戏理论（game theory）和对策论。

复习与思考

一、名词解释

寡头垄断；古诺模型；伯特兰模型；囚徒困境。

二、简答题

1. 寡头垄断市场的特征是什么？
2. 寡头之间为什么不能长久合作？
3. 什么是拐折的需求曲线？
4. 解释卡特尔的定价方法。

三、问题与应用

1. “一个寡头垄断厂商面临一条拐折需求曲线。他像其他厂商一样，利润极大化时将有：$MC=MR=P\left(1-\frac{1}{|E_d|}\right)$。因此，如果知道了厂商的边际成本和价格水平，就能计算出该厂商面临的需求曲线上的点弹性值。”你认为这说法对吗？

2. 中国的汽车市场属于哪种市场结构？给出你的理由。

3. 在有支配厂商的价格领导模型中，除支配型厂商外，其他所有厂商的行为都像完全竞争市场中厂商的行为一样？

4. 某公司面对以下两段需求曲线：

$$P=25-0.25Q\text{（当产量为 0～20 时）}$$

$$P=35-0.75Q\text{（当产量超过 20 时）}$$

公司成本函数为：

$$TC_1=200+5Q+0.25Q^2$$

①说明该公司属于何种市场结构的行业；

②公司最优价格和产量是多少？这时利润（亏损）有多大？

③如果成本函数改为 $TC_2=200+8Q+0.25Q^2$，最优价格和产量是多少？

5. 假设警方逮捕甲、乙两名嫌疑犯，但没有足够证据指控二人有罪。于是警方分开囚禁嫌疑犯，分别和二人见面，并向双方提供以下相同的选择：

若一人认罪并作证检举对方，而对方保持沉默，此人将即时获释，沉默者将判监 10 年。若二人都保持沉默，则二人同样判监 1 年。若二人都互相检举，则二人同样判监 2 年。

利用博弈论的知识分析一下甲、乙可能的选择和结果。

【参考文献】

1. ［美］N. 格里高利·曼昆. 经济学原理（上）［M］. 北京：北京大学出版社，1996
2. 朱善利. 微观经济学［M］. 北京：北京大学出版社，1994
3. ［美］布拉德利·希勒. 经济学基础［M］. 北京：人民邮电出版社，2004
4. 尹伯成. 西方经济学［M］. 上海：上海人民出版社，2008

5. 高鸿业．西方经济学［M］. 北京：中国人民大学出版社，1999
6. 刘冰．经济学基础［M］. 北京：高等教育出版社，2011
7. 张维迎．博弈论与信息经济学［M］. 上海：上海人民出版社，1996

【进一步阅读提示】

【报纸】

《经济学消息报》《中国经济时报》

【杂志】

《经济研究》《经济学动态》《中国工业经济》《世界经济》《国际经济评论》《世界经济研究》《国际贸易》《国际经贸探索》

【数据来源及分析报告】

《世界经济展望》《世界经济年鉴》《中国统计年鉴》

【网址】

中国经济学教育科研网：http：//www. cenet. ccer. edu. cn

北京大学中国经济研究中心：http：//www. ccer. pku. edu. cn

第十章　生产要素的需求

价格体系正是人类偶然发现的，未经理解而学会利用的体系。通过价格体系的作用，不但劳动分工成为可能，而且也有可能在平均分配知识基础上协调地利用资源。

——弗里德里克·A. 哈耶克（Friedrich A. Hayek）

劳动创造世界。

——卡尔·马克思（Karl H. Marx）

学习目的

本章主要介绍要素的需求。明确决定要素价格形成的两个因素：需求和供给；掌握要素需求的特征；掌握厂商要素需求的一般原则，及不同市场上厂商的要素需求曲线；理解厂商的要素需求曲线推导市场需求曲线的过程。

学习目标

1. 明确决定要素价格的因素。

2. 明确要素需求的特征，掌握厂商要素需求的一般原则，认识厂商使用要素的边际收益、使用要素的边际成本与一般意义上的边际收益、边际成本的区别。

3. 掌握完全竞争厂商对要素的需求曲线，了解不完全竞争厂商对要素的需求曲线。

4. 了解从单个厂商的要素需求曲线到市场的要素需求曲线的推导过程。

关键概念

边际收益产品（marginal revenue product）；边际产品价值（value of marginal product）；边际要素成本（marginal factor cost）；工资（wage）；卖方垄断（monopoly）；买方垄断（monophony）。

☞ 案例思考

当你大学毕业后，你的收入将主要由你从事哪一类工作来决定。如果你成为一个证券公司的职员，你将赚得比你成为商店营业员时多。广州一家合资银行的普通员工在2009年全年收入为22万~24万元，而陕西省一个中学教师的工资同期的全年收入为2万元左右。工资差别是显而易见的，但我们要思考一下为什么是这样？是什么决定了工资之间的不同？

请看2006年12月25日深圳新闻网的报道①。

改革开放以来，社会成员收入差距扩大。从政府角度来说，以必要的调节、控制和规范手段介入收入分配、再分配，遏制收入差距悬殊，是其应尽之责，但需要对收入差距作出正确分析，并有针对性地实施调节政策。

收入差距扩大的原因可以从以下七个方面加以分析。

第一是源于诚实劳动中努力程度和辛劳程度不同而形成的收入差别。在传统体制平均主义大锅饭环境中，“干好干坏一个样”。改革开放之后，总体的“勤快”程度提高了，但“勤快人”和“懒人”的相对差异仍然存在，新的体制和机制使“勤快人”和“懒人”的收入差异明显扩大。

第二是源于各人禀赋和能力不同而形成的收入差别。一些特殊的、稀缺的能力与才干，如企业家才能、科技人员创新能力，一旦在市场中具体化为竞争力，则相关收入差别的扩大，比努力程度带来的差别往往要高出许多倍。

第三是源于要素占有状态、水平不同而形成的收入差别。由于种种客观原因，每一个社会成员在资金、不动产等方面必然有所差异，而由此带来的收入高低不同，也是客观存在的。

第四是源于机遇不同而形成的收入差别。不同的人做同样的事，可能纯粹由于时点不同，结果大相径庭。这里面机遇的因素也是不可否认的，在市场经济的某些场合，其作用还十分明显。

第五是源于现行体制、制度“明规则”因素而形成的收入差别。比如一般垄断行业职工的收入明显高于非垄断行业，又比如公职人员的收入水平与其具体位置关系较大。

第六是源于现行体制、制度中已实际存在的“潜规则”而形成的收入差别。这大体相当于一般人们所说的“灰色收入”。

第七是源于不法行为、腐败行为而形成的收入差别。这相当于一般人们所说的“黑色收入”。

这一段文字告诉我们什么？实际上它在告诉我们如何获得收入。获得合法收入的渠道无非这样几种：做一个勤快人、提供诚实劳动；提高自己的能力、培养特殊才能；利用已有的资金、资产获得收入；抓住各种机遇等。另外，我们不应该羡慕那些“灰色收入”和“黑色收入”，获得类似收入的人迟早要受到道德和法律的审判。

第一节　要素价格的决定

19世纪的西方经济学家们习惯于把生产要素分为三类，即土地、劳动和资本。这三类生产要素的价格，则被分别称作地租、工资和利润。到19世纪末，第四种生产要素——企业家才能被“发现”。于是，利润被看成是企业家才能的收益，而资本所有者的收益被看作

① 资料来源：http：//www. sznews. com/news/content/2006－12/25/content_717543. htm

为“利息”。

☞ 即问即答

为什么要引入“企业家才能”这个要素？其目的是什么？

我们暂不考虑企业家才能。这样，生产要素包括三种：劳动、资本和土地，这三种要素带来的收入分别是工资、利息和租金。工资收入并不是唯一的收入来源，人们以各种方式赚到收入。假如你有多余的钱，可以将钱存入银行获得利息或通过投资股票市场来赚钱（虽然可能性并不太高），这种收入被称为利息（或资本收入）。假如你有多余的土地，可以将土地租给别人使用以获得租金，这种收入被称为租金收入。

工资、利息和租金的高低由什么决定？正如经济学中的大部分问题一样，对这些问题的回答仍取决于供给与需求。劳动、土地和资本的供给与需求决定了支付给工人、土地拥有者和资本所有者的价格。

生产要素价格决定的主要理论基础是所谓的边际生产率分配论又称新古典分配理论。该理论最先由美国经济学家 J. B. 克拉克（J. B. Clark）提出。他认为，在其他条件不变和边际生产力递减的前提下，一种生产要素的价格取决于其边际生产力。后来的经济学家改进了其理论，认为边际生产力只是决定要素需求的一个方面。厂商在决定要素需求时还要考虑要素的边际成本。只有当使用要素的边际成本和边际收益（边际生产力）相等时，厂商才在要素使用上达到了利润最大化。

另外，经济学家认为要素的供给也是决定要素价格的重要因素。总之，要素的价格由供给和需求两方面决定。

以劳动为例，如图 10－1 所示。其中，横轴是劳动的数量，纵轴是劳动的价格。向上倾斜的曲线为劳动的供给曲线，向下倾斜的曲线为劳动的需求曲线。两者的交点决定了劳动的价格与数量。

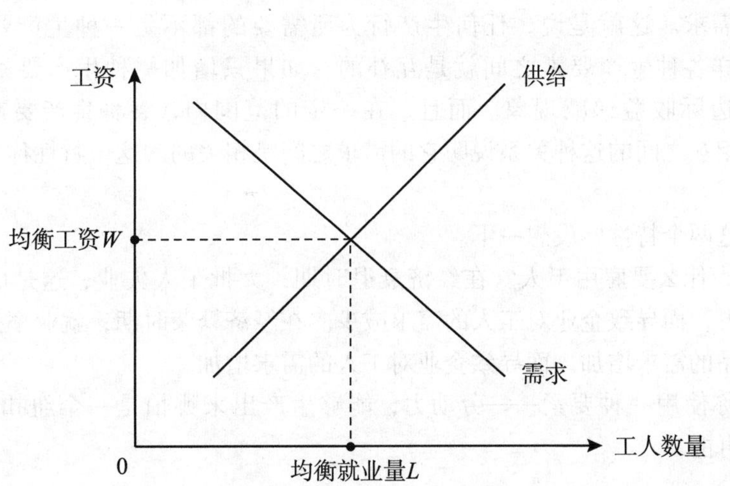

图 10－1　劳动的供给与需求

当然，在这里并没有解释劳动的需求曲线为什么向上倾斜，也没有解释劳动的供给曲线为什么向下倾斜。这就是本章和下一章要解决的问题。

最后，我们还要谈一谈要素的价格。要素一般有两个价格：源泉价格和服务价格。源泉价格指的是买卖生产要素的服务“载体（或称源泉）”的价格，也就是要素的所有权转移价格；服务价格指的是买卖要素提供的服务本身的价格，一般指使用权转移的价格。比如土地，我们可以一次性地买断土地的所有权和使用权，这个价格就是源泉价格①；也可以租用别人的土地，每年交付一定的租金，这个价格就是服务价格。有的生产要素的源泉及其服务都可以在市场中进行交易，如土地、资本，它们就具有两种价格；有的生产要素的服务可以交易，而其源泉是不能够交易的，如劳动、企业家才能，所以只有服务价格，而没有源泉价格。为了避免引起混淆，我们所讲的要素价格除非特别指明，指的都是要素的服务价格或出租价格。

第二节　要素需求的特征

就要素的需求来说，生产要素的需求来自厂商。厂商对要素的需求不同于一般消费者对消费品的需求。消费者对消费品的需求是一种直接需求，也就是为了直接满足自己的欲望。厂商购买要素不像消费者购买商品那样是为了直接满足消费的需要，而是为了用要素来生产产品以供应市场。所以，同消费者对产品的需求是取决于产品的效用和边际效用不同，厂商对生产要素的需求是取决于生产要素所具有的生产出产品的能力。换言之，厂商对要素的需求反映了或根源于人们对产品本身的需求，所以，经济学把厂商对生产要素的需求称为派生需求（derived demand）或引致需求，意指厂商对要素的需求是人们对要素所产出的产品的需求派生出来的。这个特性称为要素需求的派生性或引致性。

厂商对生产要素的需求不仅是一种派生的需求，也是一种联合的需求（joint demand）或相互依存的需求。这就是说，任何生产行为所需要的都不是一种生产要素，而是多种生产要素，这样各种生产要素之间就是互补的。如果只增加一种生产要素而不增加另一种，就会出现边际收益递减现象。而且，在一定的范围内，各种生产要素也可以互相替代。生产要素相互之间的这种关系说明它的需求之间是相关的。这个特性称为要素需求的共同性。

如何理解这两个特性？设想一下。

（1）企业为什么要雇用工人？在经济衰退时期，大批工人失业，这是因为人们对企业产品的需求减少，而导致企业对工人的需求减少。在经济繁荣时期，就业率提高，这是因为人们对企业产品的需求增加，而导致企业对工人的需求增加。

（2）如果你使用一种要素——劳动力，能够生产出来哪怕是一个纽扣或一颗钉子吗？答案是几乎不可能。

① 当然，在我国，土地所有权是不能交易的，它属于国家。

☞ **即问即答**

虽然要素需求有所谓的“共同性”，但不同要素之间的重要性不同。假如要生产玉米，哪种要素更重要？假如要生产汽车，哪种要素更重要？假如要生产巡航导弹，哪种要素更重要？

第三节 要素需求的一般原则

在第六章分析商品的均衡价格和产量的决定时已经指出，为了实现最大限度的利润，厂商需要作出决策，把他的产量调整到这样的水平，即该产量的边际收益 MR 等于该产量的边际成本 MC，即 $MR = MC$。

现在考察的问题是厂商对生产要素的需求，因而需要回答的问题是厂商将是怎样调整其某种生产要素的投入量，以使该要素生产的产品的销售收入与成本之差达到最大，即利润总量达到最大值。也就是说，厂商要实现使用要素的边际收益等于使用要素的边际成本。

一、使用要素的边际收益——边际收益产品

为方便起见，假设厂商只使用一种要素——劳动。

现在回顾一下曾经学习过的边际产量概念。边际产量（marginal physical product，MP）指增加一单位要素投入所带来的产量增加，在这里给它起另外一个名字：边际物质产品（marginal physical product，MPP），又称为边际产品，实际上就是边际产量。

但是边际物质产品的单位是商品本身的单位，而不是货币单位；例如，雇用一个工人工作 1 小时生产出来 1 瓶矿泉水，那么，这个工人的边际物质产品就是那瓶矿泉水。

再回顾一下曾经学习过的边际收益概念。边际收益（marginal revenue，MR）指增加一单位产品销售所带来的收益增加。

如何表达厂商使用一单位要素所带来的收益增加量？边际物质产品是不够的，因为，它指的是由于增加劳动带来的产品的增加，而不是收益的增加。边际收益也是不够的，因为，它指的是由于增加销售带来收益的增加。

但不妨将它们结合起来，并引进一个新的概念，厂商每增加一单位某种生产要素所增加的收益，或者说厂商每增加一单位某种生产要素所增加的产品所带来的收益，叫作边际收益产品（marginal revenue product，MRP），它等于边际产品与边际收益的乘积，即

$$MRP = MPP \times MR \tag{10.1}$$

实际上，MRP 完全可以由其定义来说明：

劳动的边际收益产品 $$MRP_L = \frac{\mathrm{d}TR}{\mathrm{d}L} = \frac{\mathrm{d}TR}{\mathrm{d}Q} \times \frac{\mathrm{d}Q}{\mathrm{d}L} = MR \times MP_L \tag{10.2}$$

☞ 即问即答

边际收益产品（*MRP*）和边际收益（*MR*）有何区别?

答：边际收益产品（*MRP*）指增加一单位某种要素投入带来的产量（边际物质产品）所增加的收益，它等于要素的边际物质产品和产品的边际收益之乘积。而边际收益（*MR*）指增加1单位产品所增加的收益。故二者有别，假定增加一单位产品所增加的收益是5元，即边际收益为5元。而增加一单位要素（如劳动）所增加的产量（边际物质产品，又称边际产量）是3单位，则边际收益产品是15元。

二、使用要素的边际成本——边际要素成本

什么是使用要素的边际成本？即增加一单位的生产要素投入所增加的成本。如何表达之？

前面曾经学习过边际成本。边际成本（marginal cost，MC）是指增加一单位产品生产所带来的成本增加量。边际成本是不是使用要素的边际成本？不是，边际成本代表的是增加产品生产所带来的成本增加，没有涉及要素投入。

为此，我们引入边际要素成本（marginal factor cost，MFC）概念：增加一单位的生产要素投入所增加的成本，也称边际要素成本。

$$MFC = MC \times MP \tag{10.3}$$

实际上，劳动的边际要素成本 *MFC* 完全可以由其定义来说明：

边际要素成本 $$MFC_L = \frac{\mathrm{d}TC}{\mathrm{d}L} = \frac{\mathrm{d}TC}{\mathrm{d}Q} \times \frac{\mathrm{d}Q}{\mathrm{d}L} = MC \times MP_L = W^e \tag{10.4}$$

三、厂商使用要素的一般原则

厂商通过调整产出量以实现最大利润所需具备的条件是 $MC = MR$，厂商通过调整某种生产要素投入量以实现最大利润的条件，是他把投入某种生产要素最后一个单位带来的收益（边际收益产品 *MRP*）恰好等于他增加最后那个单位的生产要素投入所增加的成本（边际要素成本），即 $MRP = MFC$。

其道理在于：假如 $MRP > MFC$，这表示继续增加该种生产要素的投入带来的收益会超过为此付出的成本，因而增加投入量可以使利润总量有所增加；反之，假如 $MRP < MFC$，这表示最后增加的单位生产要素反而会造成损失，从而导致利润总量的减少。因此，无论是 $MRP > MFC$，还是 $MRP < MFC$，厂商的利润都不是最大的。只有在 $MRP = MFC$ 时，利润才达到最大。也就是说，$MRP = MFC$ 是要素市场的厂商均衡的一般条件。

实际上，这个原则完全可以由 $MR = MC$ 推出：

$MR = MC$，即$\frac{\mathrm{d}TR}{\mathrm{d}Q} = \frac{\mathrm{d}TC}{\mathrm{d}Q}$，两边同乘以 *MP*，得到：

$$
\begin{aligned}
&MP \times \frac{\mathrm{d}TR}{\mathrm{d}Q} = MP \times \frac{\mathrm{d}TC}{\mathrm{d}Q} \Rightarrow \\
&\frac{\mathrm{d}Q}{\mathrm{d}L} \times \frac{\mathrm{d}TR}{\mathrm{d}Q} = \frac{\mathrm{d}Q}{\mathrm{d}L} \times \frac{\mathrm{d}TC}{\mathrm{d}Q} \Rightarrow \\
&\frac{\mathrm{d}TR}{\mathrm{d}L} = \frac{\mathrm{d}TC}{\mathrm{d}L} \Rightarrow MRP = MFC
\end{aligned}
\tag{10.5}
$$

可以发现，边际收益等于边际成本与边际收益产品等于边际要素成本是等价的，或者说 $MR = MC$ 与 $MRP = MFC$ 是等价的。

☞ 小结

厂商使用要素的原则是：投入某种生产要素最后一个单位带来的收益（边际收益产品 MRP）恰好等于增加最后那个单位的生产要素投入所增加的成本（边际要素成本），即 $MRP = MFC$。

第四节　完全竞争市场的要素需求曲线

和完全竞争产品市场一样，完全竞争要素市场的基本性质可以描述为：

要素供求双方人数都很多，想一想人头攒动、熙熙攘攘的人才招聘会。正是由于这个性质，单个要素供给者和需求者都无能力影响要素市场的交易量和价格；

要素之间没有任何区别，这样就决定了要素价格都是均等的。为什么通常情况下一个博士后的工资要高于一个没有文化的普通劳动力？这就是要素之间的区别。

要素供求双方都具有完全信息，不存在任何信息不对称现象①；

要素可以自由地流动，当一个行业的要素价格较高，劳动力、资本等要素会迅速无成本地进入该行业，使要素价格降低；同样，当一个行业的要素价格较低，劳动力、资本等要素会迅速无成本地离开该行业，使要素价格提高。这样，没有哪一个行业会拥有较高或较低的要素价格。

完全竞争要素市场的这些特征带来的结果就是该市场中的要素供求双方只能被动地接受要素价格，对他们来说，要素价格是给定的。

我们把同时处于完全竞争产品市场和完全竞争要素市场的厂商称为完全竞争厂商。按照这个规定，不完全竞争厂商包括如下三种情况：第一，在产品市场上完全竞争，但在要素市场上不完全竞争；第二，在要素市场上完全竞争，但在产品市场上不完全竞争；第三，在产品市场上和要素市场上都不完全竞争。

① 信息不对称是指在社会、政治、经济等活动中，一些成员拥有其他成员无法拥有的信息，由此造成信息的不对称。信息不对称会导致交易关系和契约安排的不公平或者市场效率降低问题。

☞ 即问即答

在完全竞争的要素市场，每一个单独的要素供给者或要素需求者都是价格的接受者，但实际上完全竞争要素市场的价格却是变化的（例如，工资），那么要素的市场价格究竟由谁决定呢？

一、完全竞争厂商的要素需求原则

为简单起见，仍然假设：完全竞争厂商使用一种要素——劳动，生产一种产品，追求最大利润。

前面已经介绍了厂商使用要素的一般原则：边际收益产品等于边际要素成本或者说 $MRP = MFC$。这个条件适用于任何类型的厂商。那么，在完全竞争市场中，这个原则会是什么样的形式？

（一）完全竞争厂商使用要素的边际收益——边际产品价值

我们知道边际收益产品 MRP 等于边际产品 MP 乘以边际收益 MR。在完全竞争市场，边际收益产品会以另一种形式出现。

举例说明。假如你有一片苹果园，某一年风调雨顺，你的苹果园喜获丰收①。你需要雇人帮你摘苹果。当你雇用第一个工人时，他在单位时间内（比如说一天）可以摘苹果 50 斤。那么，第一个工人的边际产量就是 50 斤。

设苹果市场是完全竞争的。这个工人采摘的苹果值多少钱呢？你打听了一下苹果的市场价格，很不幸，发现是 2 元/斤。那么，你使用这个工人的边际收益是多少？

显然，应该是 $50 \times 2 = 100$（元）。

我们把这个过程抽象化：边际收益产品 $MRP = MP \times MR$

而在完全竞争市场，边际收益就等于产品的市场价格，即 $MR = P$，因此：

$$MRP = MP \times MR = MP \times P \tag{10.6}$$

我们把 $MP \times P$ 命名为边际产品价值（Value of Marginal Product，VMP）。这看起来有些复杂，实际上就是说，由于在完全竞争市场下 $MR = P$，边际收益产品采取了边际产品价值的形式。

我们接着可以问：边际产品价值是不是变化的？

接着刚才苹果园的例子。你可能觉得一个工人不够，于是又雇用一个工人，两人的总产量为 90 斤。那么，第二个工人的边际产量就是 40 斤，边际产品价值为 80 元。

你可能觉得奇怪，两人的总产量为什么不是 100 斤呢？原因很简单。当你雇用第一个工人时，他会选择最容易采摘的苹果；第二个工人就不得不采摘高处较难采摘的苹果。因此，

① 注意：丰收不一定是好事情，想一想我们学习的“谷贱伤农”现象。

第二个工人单位时间的产量会下降①。

当你雇用三个工人时，其总产量为 120 斤，第三个工人的边际产量为 30 斤，边际产品价值为 60 元。当你雇用四个工人时，其总产量为 140 斤，第四个工人的边际产量为 20 斤，边际产品价值为 40 元。当你雇用五个工人时，其总产量为 150 斤，第五个工人的边际产量为 10 斤，边际产品价值为 20 元。雇用六个工人时，总产量为 155 斤，第六个工人的边际产量为 5 斤，边际产品价值为 10 元。数据如表 10－1 及图 10－2 所示。可以发现，边际产品价值随着劳动边际产量的递减而递减。

表 10－1　　边际产品价值

劳动（人）	产量（斤）	边际产量（斤）	产品价格（元/斤）	边际产品价值（*VMP*）（元）
0	0	—	2	—
1	50	50	2	100
2	90	40	2	80
3	120	30	2	60
4	140	20	2	40
5	150	10	2	20
6	155	5	2	10

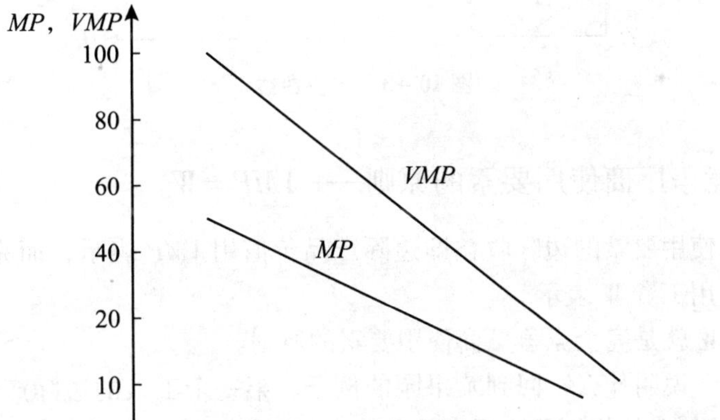

图 10－2　完全竞争厂商边际产品与边际产品价值曲线

（二）完全竞争厂商使用要素的边际成本——工资

在完全竞争条件下，如果只使用一种要素——劳动，那么完全竞争厂商使用要素的边际

① 回顾一下第四章学过的边际产量递减规律。例如给一块地施化肥，一亩地施 1 斤化肥，边际产量不大，然后边际产量随着化肥的增加而逐渐增加。但总有一个限度，比如施化肥 1 亿斤，庄稼肯定会死。

成本是什么？它对于完全竞争厂商实际上是个常数。因为工资是完全竞争厂商所不能控制的，他只有接受。

回到苹果园的例子。你的任务是和工人讨论工资。工人说，每天的工资不能低于 40 元。没有办法，你只能接受。这也说明劳动市场是竞争性的，厂商只能接受当前的工资率。

如果下一年，你的苹果园又丰收了，又需要雇人采摘。因此，你不得不重复上一年的事情，于是找到工人，有了去年的经验，你以为不用再讨论工资。但是很不幸，工人说，每天的工资不能低于 60 元。你愕然，问为什么。工人说，别人的苹果园都是每天 60 元的工资。没有办法，你只能接受。这样，我们就知道，工资不是单个企业决定的，而是由整个劳动市场决定。

工资曲线是一条水平线。如图 10－3 所示。

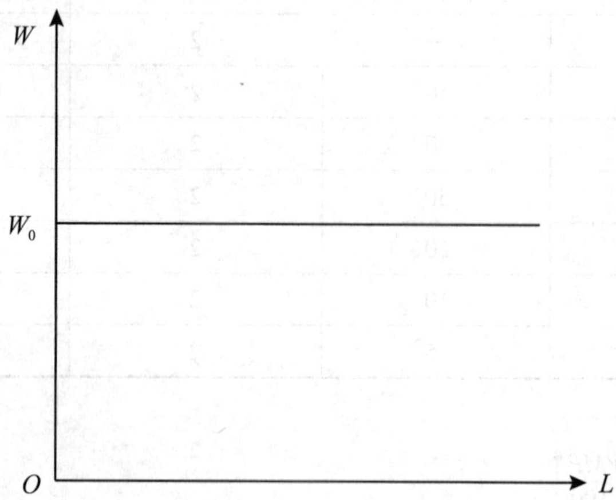

图 10－3　工资曲线

（三）完全竞争厂商使用要素的原则——$VMP = W$

完全竞争厂商使用要素的边际收益即边际产品价值用 VMP 表示，而完全竞争厂商使用要素的边际成本则用工资 W 表示。

于是，$VMP = W$ 就是完全竞争厂商使用要素的原则。

如果 $VMP > W$，说明什么？回到苹果园的例子，第一个工人的边际产量是 50 斤，苹果价格是 2 元/斤，他创造的价值即边际产品价值为 100 元，而工资是 40 元，这说明你雇用他创造的价值超过成本，于是应该增加雇用量。第二个工人的边际产量是 40 斤，苹果价格是 2 元/斤，他创造的价值即边际产品价值为 80 元，而工资是 40 元，还应该增加雇用量；依此类推。直到你雇用了第 4 个工人，他的边际产量是 20 斤，他创造的价值即边际产品价值为 40 元，而工资也是 40 元。好了，这是最佳选择。

假如你性格比较古怪，不顾苹果园已经人满为患、人浮于事的现实，坚持雇用第五个工人，此时第五个工人的边际产量为 10 斤，价值 20 元，而你为他支付的工资却是 40。显然，这不合算，工人数量太多了，应该减少雇用量。最终，均衡的雇用量应该满足 $VMP = W$ 时的劳动量。即在表 10－2 中所显示的，当工资为 40 元，对应的雇用量为 4 人。

表 10－2 边际产品价值与工资

劳动（人）	产量（斤）	边际产量（斤）	产品价格（元/斤）	边际产品价值（*VMP*）（元）	工资（元）
0	0	—	2	—	40
1	50	50	2	100	40
2	90	40	2	80	40
3	120	30	2	60	40
4	**140**	**20**	**2**	**40**	**40**
5	150	10	2	20	40
6	155	5	2	10	40

我们可以通过数学推导发现这个原则，推导过程：

$$\pi = PQ - TC = PQ - WL \Rightarrow$$

$$\frac{\mathrm{d}\pi}{\mathrm{d}L} = P \times \frac{\mathrm{d}Q}{\mathrm{d}L} - W = P \times MP - W = 0 \Rightarrow \tag{10.7}$$

$$W = P \times MP = VMP$$

☞ **案例分析**

全自动化推进“大失业”①

苹果 iPhone 主要装配商，我国台湾电子制造业巨头富士康公司近日宣布计划将用全自动化机器人代替中国内地的人工劳动力，这个计划将分三个阶段实行，富士康已经在其生产线上部署了 4 万个机器人。

自从 iPhone 6 推出以来，富士康已经用机器人自动化技术取代了一半以上的员工队伍，据《数据时代》(*Digitimes*) 报告称，该公司的自动化技术开发委员会总经理戴嘉鹏说，第一阶段会用自动化工作站替换个人工作岗位，从最危险和乏味的工作开始。第二阶段则是逐步取代独立式自动化机器人，而用全自动机器人开始代替，在第三阶段，整个工厂将被自动化，只有最少数量的工人被分配到生产、物流、测试和检验过程当中。

富士康在成都、深圳、郑州的工厂目前已经跨入第二和第三阶段，多达 10 条全自动化生产线在不同的地点运行。富士康的这项决议无疑会影响到美国总统唐纳德·特朗普让制造业市场重回美国的愿景，但这样的大幅裁员同时也会对国内经济造成一定不利影响。

问题：请从边际价值的角度分析，为什么现在越来越多的工厂倾向于全自动化？

① 资料来源：http：//digi. tech. qq. com/a/20170103/003303. htm

二、完全竞争单个厂商的要素需求曲线

还是苹果园。如果第二年苹果的价格还是 2 元/斤，工人的工作能力和上年比没有变化，但工资变为 60 元，你今年的最佳劳动雇用量还是 4 人吗？

如果你还是雇用 4 人，其总产量仍然是 140 斤，第四个工人的边际产量仍然为 20 斤，价值 40 元，而你为他支付的工资却是 60 元。显然，工人数量太多了。你必须减少雇用工人。

比如说，工人减少到 3 人，其总产量为 120 斤，第三个工人的边际产量为 30 斤，价值 60 元。你为他支付了 60 元工资。刚刚好，3 个工人就是最佳雇用量。

第三年，如果工资变为每天 80 元，最佳雇用量是多少？如果工资为每天 100 元呢（当然，没有哪一个苹果园会支付这样高的工资，只是假设）？

可以发现，每天 80 元、每天 100 斤的最佳雇用量分别是 2 人和 1 人。

最后，如果你足够细心，可以在你的苹果园日志上整理出这样一个数据系列：

工资为 40 元，最佳劳动雇用量为 4；

工资为 60 元，最佳劳动雇用量为 3；

工资为 80 元，最佳劳动雇用量为 2；

工资为 100 元，最佳劳动雇用量为 1。

恭喜！你发现了这样的一个关系，即工资和劳动需求量之间的关系：当工资较高时，劳动需求量较低；当工资较低时，劳动需求量较高。

将这个过程抽象化。给定一个工资水平，我们令工资等于边际产品价值，再根据边际产品价值所对应的边际产量可以确定一个最佳的劳动雇用量。实际上，就是让工资曲线与边际产品价值相交，确定一个最佳的劳动雇用量；工资变化后，让新的工资曲线与边际产品价值相交，确定另外一个最佳的劳动雇用量；依次类推。最后把（工资，劳动量）的组合点连接起来，就是完全竞争厂商的要素需求曲线，如图 10－4 所示。

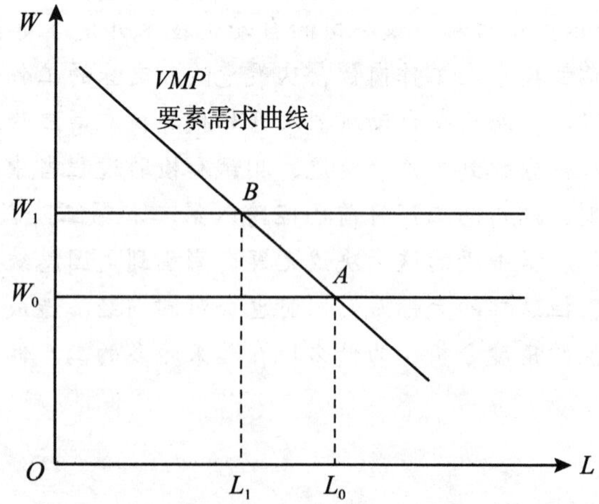

图 10－4　要素需求曲线

在图 10-4 中，W_0 与边际产品价值（*VMP*）曲线相交于 *A* 点，对应的劳动雇用量为 L_0；W_1 与边际产品价值曲线相交于 *B* 点，对应的劳动雇用量为 L_1。我们要做的是将 *A*、*B* 连接起来，构成要素需求曲线。很幸运，我们无须做这个工作，因为 *VMP* 曲线已经将 *A*、*B* 连接起来了。实际上，边际产品价值（*VMP*）曲线所在的位置就是要素需求曲线。

要注意，要素需求曲线只是与边际产品价值（*VMP*）曲线重合，并不能说 *VMP* 曲线就是要素需求曲线。*VMP* 曲线的自变量是要素（劳动），因变量是边际产量与价格的乘积；要素需求函数的自变量是要素（劳动），但因变量是价格。

另外，要素需求曲线与边际产品价值曲线重合是有条件的：第一，要素价格变化后，要素的边际产量是否变化；第二，要素价格变化后，产品的价格是否变化。只有要素的边际产量和产品价格保持不变，才能保证要素价格变化后边际产品价值曲线保持不变，要素需求曲线才与边际产品价值曲线重合。

☞ **练习**

假如一个完全竞争厂商，只雇用劳动进行生产，生产函数是 $Q=-L^2+10L$，产品价格是 2 元，求其劳动需求函数。

答：劳动的边际产量函数为 $10-2L$，*VMP* 方程为 $2\times(10-2L)=20-4L$，因此劳动需求函数为 $W=20-4L$。

☞ **案例讨论**

1992 年，一般的大学毕业生赚的钱比高中毕业生高 82%，为什么他们之间的收入有这么大的差距？

为什么妇女平均收入只是男人的 75%？

小张和小李在技工学校分别学习计算机和农业机械专业，两人学习都很努力，成绩优秀，可是毕业后收入水平却有不小差别。小张成为一名计算机维护员，小李在一家农机厂工作，工资只有小张的一半。

问题：使用要素需求理论解释以上现象。

☞ **即问即答**

在完全竞争的要素市场，单个厂商的要素需求曲线是向下倾斜的。其根本原因是什么？

三、完全竞争市场的要素需求曲线

前面介绍了完全竞争市场中单个厂商的要素需求曲线，发现它与边际产品价值曲线重合，那么完全竞争市场的要素需求曲线如何得到呢？

最简单的思路是：将单个厂商的要素需求曲线简单加总而得到市场的要素需求曲线，即将每一个要素价格下每一个厂商的最佳要素需求量相加，从而得到整个市场的要素需求量。

然后连接要素价格与整个市场的要素需求量的组合点构成完全竞争市场的要素需求曲线。但是，这种思路是错误的。

为什么？因为，在推导完全竞争市场中单个厂商的要素需求曲线时，让要素价格不断变化，而边际产品价值曲线不变，从而得到不同的最佳劳动雇用量，这种办法在推导市场的要素需求曲线中将会出现问题。因为，当要素价格提高时，要考虑这个价格的提高适用于所有的完全竞争厂商，因此，将导致完全竞争厂商成本的增加，从而会导致产品价格的提高，也因此会使边际产品价值曲线（等于产品价格乘以劳动的边际产量）发生变化（位置提高）。这样，当考察的范围由单个厂商扩展到整个完全竞争市场时，此时单个厂商的要素需求曲线就不再与边际产品价值曲线重合。如图 10－5 所示。

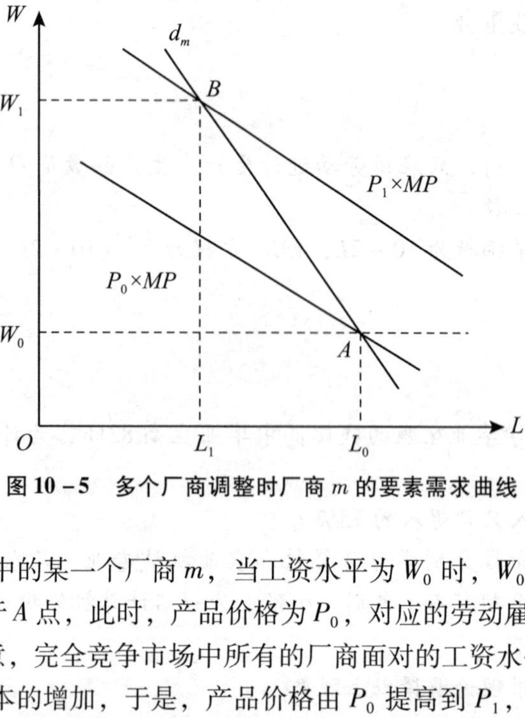

图 10－5　多个厂商调整时厂商 m 的要素需求曲线

考虑完全竞争市场中的某一个厂商 m，当工资水平为 W_0 时，W_0 与边际产品价值（VMP 即 $P_0 \times MP$）曲线相交于 A 点，此时，产品价格为 P_0，对应的劳动雇用量为 L_0；当工资水平为提高到 W_1 时，要注意，完全竞争市场中所有的厂商面对的工资水平都提高到了 W_1，这意味着，完全竞争厂商成本的增加，于是，产品价格由 P_0 提高到 P_1，因此，出现了一条新的边际产品价值曲线 $P_1 \times MP$。W_1 与边际产品价值曲线 $P_1 \times MP$ 相交于 B 点，对应的劳动雇用量为 L_1。将 A、B 连接起来，构成要素需求曲线 d_m。由于 d_m 考虑到了多个厂商同时调整（产品价格），因此，称 d_m 为 m 厂商的行业调整（要素需求）曲线。可以发现，d_m 也是向下倾斜的，但比单个厂商的要素需求曲线要陡峭一些。

d_m 是什么？它仍然是单个厂商的要素需求曲线，只不过它是考虑到了多个厂商同时调整后的单个厂商的要素需求曲线，那么，如何求得整个完全竞争市场或者说整个行业的要素需求曲线？

问题变得简单了，因为，此时 d_m 是行业中的一个代表性厂商，要得到整个行业的要素需求曲线只需要把每一个 d_m 水平相加即可。

假如整个完全竞争市场有 n 个厂商，每个厂商经过行业调整后的要素需求曲线分别为

d_1，d_2，…，d_n，则整个完全竞争市场或者说整个行业的要素需求曲线为：

$$D = \sum_{m=1}^{n} d_m \tag{10.8}$$

如果这些厂商完全一样，即：$d_1 = d_2 = \cdots = d_n$

则整个行业的要素需求曲线为：$D = nd_m$　　(10.9)

如图 10－6 所示。

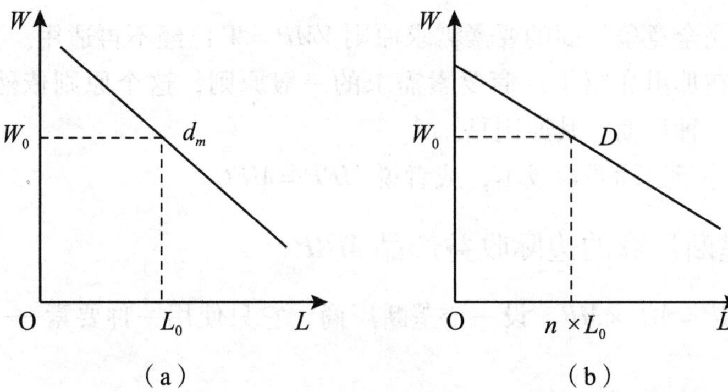

图 10－6　单个厂商（a）和整个市场（b）的要素需求曲线

☞ 小结

完全竞争厂商使用要素的原则是：边际产品价值等于要素价格（工资），即 $VMP = W$。

单个完全竞争厂商的要素需求曲线与边际产品价值曲线重合。

完全竞争市场的要素需求曲线不是单个完全竞争厂商要素需求曲线的简单累加。

第五节　不完全竞争市场的要素需求曲线

这里所说的不完全竞争，包括除完全竞争以外的所有含有或多或少垄断因素的产品市场结构。而不完全竞争有垄断竞争、寡头和垄断三种情况，为简单起见，我们主要分析垄断市场的情况。

垄断也分为三种情况：（1）产品市场垄断——要素市场完全竞争，即产品市场的卖方垄断，简称卖方垄断；（2）产品市场完全竞争——要素市场垄断，即要素市场的买方垄断，简称买方垄断；（3）产品市场和要素市场均为垄断。

一、卖方垄断市场的要素需求曲线

我们知道，在完全竞争产品市场上，对任一厂商来说，产品的销售价格是给定不变的，因此，厂商对可变要素的需求曲线可以由可变要素的边际产品价值（$VMP = MPP \times P$）曲线来表示。

但是，在卖方垄断市场上，产品的销售价格不是固定不变，而是随销售量的增加而下降，亦即厂商销售的产品的需求曲线是自左向右下方倾斜的，边际收益曲线位于需求曲线下方且越离越远，因为，边际收益比价格下降得更快。这样，被定义为边际收益与边际产品之乘积的边际收益产品曲线就再也不像前面那样与被定义的价格与边际产品的乘积的边际产品价值曲线重合（即 $MRP \neq VMP$），而是位于边际产品价值曲线的下方，且越离越远。

显然，上一节完全竞争厂商的要素需求原则 $VMP = W$ 已经不再适用。

回顾第三节，在那里介绍了厂商要素需求的一般原则，这个原则依然是适用的，实际上，它适用于任意一种厂商。其原则是：

边际收益产品等于边际要素成本，或者说 $MRP = MFC$。

（一）卖方垄断厂商的边际收益产品 MRP

我们知道，$MRP = MP \times MR$。设一个垄断厂商，它只使用一种要素——劳动。各种数据如表 10－3 所示。

根据表 10－3 可以发现：

随着劳动量增加，总产量增加，但边际产量递减；

随着总产量增加，产品价格递减；

随着总产量增加，总收益开始时递增，但到达最高点后递减；

随着总产量增加，边际收益递减，而且总是不大于价格，或者说，边际收益比价格下降得更快。

边际收益产品是边际产量和边际收益的乘积，也是快速下降的。

表 10－3　　垄断企业的边际收益产品

要素数量（L）	总产量	边际产品（MP）	产品价格（P）	总收益	边际收益（MR）	边际收益产品（MRP）
1	10	10	10	100	10	100
2	19	9	9	171	7.8	71
3	27	8	8	216	5.625	45
4	34	7	7	238	3.143	22
5	40	6	6	240	0.286	2
6	45	5	5	225	－3	－15

图 10－7 是根据表 10－3 中的数据画出的。可以发现 MRP 向右下方倾斜，它递减的原因有两个：一是由于劳动的边际产量递减。二是由于边际收益递减。回顾一下完全竞争厂商的 VMP 曲线，它也是向右下方倾斜的，它递减的原因只有一个，即由于劳动的边际产量递

减（由于产品价格不变）。因此，在同样的条件下，边际收益产品要比边际产品价值曲线更加陡峭。

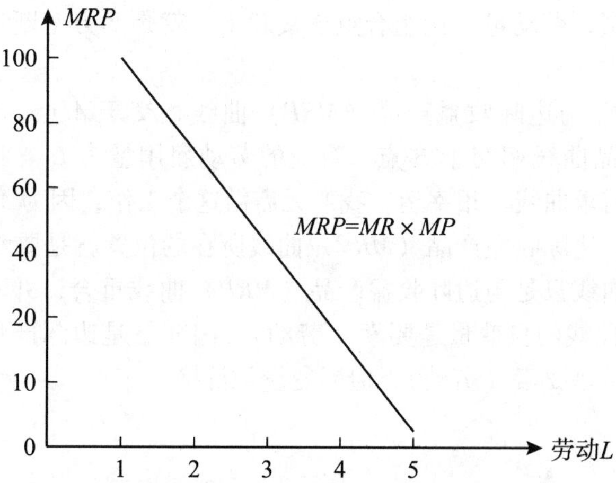

图 10－7　垄断企业的边际收益产品曲线

（二）卖方垄断厂商的边际要素成本——W

根据假设，卖方垄断厂商在要素市场上是完全竞争的，如果只使用一种要素——劳动，那么卖方垄断厂商使用要素的边际成本是什么？显然，应该等于工资 W。

（三）卖方垄断厂商使用要素的原则

这样，就可以得到卖方垄断厂商使用要素的原则：

$MRP=W$ 或者说边际收益产品等于工资（要素价格）。

如果 $MRP>W$，厂商使用要素的边际收益大于边际成本，则厂商应该增加要素使用量。随着要素使用量的增加，要素的边际产量会下降；同时，随着产量的提高，产品的边际收益也在下降。这样边际收益产品 MRP 会减少，最终实现 $MRP=W$。

如果 $MRP<W$，厂商使用要素的边际收益小于边际成本，则厂商应该减少要素使用量。随着要素使用量的减少，要素的边际产量会增加；同时，随着产量的减少，产品的边际收益也在增加。这样边际收益产品 MRP 会增加，最终实现 $MRP=W$。

（四）卖方垄断市场的要素需求曲线

1. 卖方垄断市场中单个厂商的要素需求曲线

根据卖方垄断厂商使用要素的原则，可以推导其要素需求曲线。将其原则改写为：

$$MR \times MP(L)=W \tag{10.10}$$

其中，$MP(L)$ 是劳动的边际产量，是劳动的函数。因此，在工资与卖方垄断厂商的最佳劳动雇用量之间，就存在一个一一对应的关系。给定一个工资水平，令工资等于边际收益产品，再根据边际收益产品所对应的边际产量可以确定一个最佳的劳动雇用量。实际上，就是让工资曲线与边际收益产品曲线相交，确定一个最佳的劳动雇用量；工资变化后，让新的工资曲线与边际收益产品曲线相交，确定另外一个最佳的劳动雇用量；依次类推。最后把（工资，劳动量）的组合点连接起来，就是卖方垄断厂商的要素需求曲线。如图 10－8 所示。

在图 10－8 中，W_0 与边际收益产品（*MRP*）曲线相交于 *A* 点，对应的劳动雇用量为 L_0；W_1 与边际收益产品曲线相交于 *B* 点，对应的劳动雇用量为 L_1。我们要做的是将 *A*、*B* 连接起来，构成要素需求曲线。很幸运，我们无需做这个工作，因为 *MRP* 曲线已经将 *A*、*B* 连接起来了。实际上，边际收益产品（*MRP*）曲线所在的位置就是要素需求曲线。

同样，要素需求曲线只是与边际收益产品（*MRP*）曲线重合，并不能说 *MRP* 曲线就是要素需求曲线。*MRP* 曲线的自变量是要素（劳动），因变量是边际产量与边际收益的乘积；要素需求函数的自变量是要素（劳动），但因变量是价格。

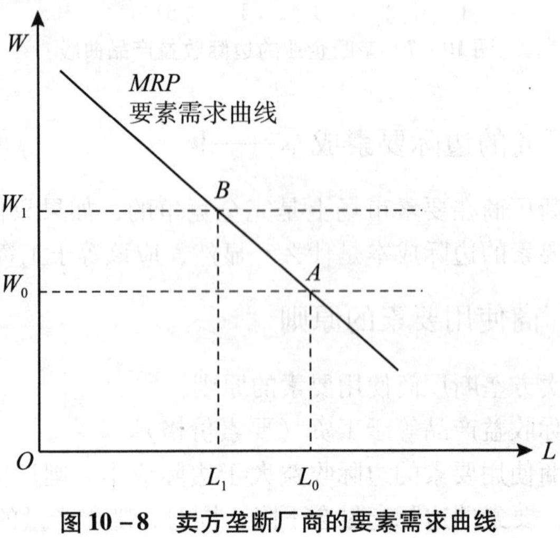

图 10－8　卖方垄断厂商的要素需求曲线

2. 要素的市场需求曲线

要明确这一点，卖方垄断市场指的是产品市场完全垄断，而要素市场完全竞争。也就是说，单个厂商的要素需求曲线肯定不同于要素的市场需求曲线。

另外，在推导卖方垄断厂商中单个厂商的要素需求曲线时，让要素价格不断变化，而边际收益产品曲线位置不变，从而得到不同的最佳劳动雇用量，这种办法在推导要素的市场需求曲线中能否适用呢？或者说：在要素价格变化时，边际收益产品曲线的位置是否改变？

回答一般是否定的。

假设：在要素市场，存在 *n* 个卖方垄断厂商，分别生产完全无关的产品①。考虑其中一

① 要注意，他们仅仅是产品市场的垄断者，而不是要素市场的垄断者。

个代表性厂商 m。即使要素市场中所有的卖方垄断厂商都像 m 一样面临要素价格的提高（例如工资的提高），也不会有什么影响。

第一，要素价格的提高一般不会影响厂商 m 的产品需求曲线，因为，其产品需求曲线由该产品市场上的消费者偏好、收入等因素决定。只要这些因素不发生大的变化，厂商 T 的产品需求曲线就保持不变，因而，其边际收益就不会改变。

第二，要素价格的提高可能会引起其他厂商产量的变化，但其他厂商产量的变化对厂商 m 的产品需求曲线没有什么影响，因为，他们之间的产品完全无关。

第三，要素价格的提高不会影响要素提供者的边际产量曲线。

由于厂商 m 的边际收益曲线以及要素提供者边际产量不变，边际收益与边际产量的乘积就不会改变，即边际收益产品曲线的位置不会改变。

这样，问题就简单了。如何推导要素的市场需求曲线？只需要将 n 个卖方垄断厂商的要素需求曲线水平累加就可以。设每个卖方垄断厂商的要素需求曲线分别为 MRP_1，MRP_2，…MRP_n，则整个市场的要素需求曲线为：

$$D = \sum_{m=1}^{n} MRP_m \tag{10.11}$$

☞ 案例分析

卡特彼勒美国工会罢工事件①

2012 年世界上最大的工程机械制造商卡特彼勒公司宣布伊利诺斯州（Illinois）工会与当地工厂签署协议，停止了长达 4 个月的罢工。

2012 年 5 月 1 日起，伊利诺斯州 Joliet 工厂工会放弃之前与卡特彼勒集团所签订的原始合同，组织 800 名员工开始罢工。原始合同规定每个员工标准月薪为 5000 美元并可获得公司年终奖。

工会表示原始合约规定的医疗保险费用和工资提成过低。卡特彼勒曾提出试探性合同。新合同规定 2005 年后入职的工人每年将涨薪 3%，2005 年前入职的工人将不享有 3% 升薪待遇，因为他们的工资已经超过行业平均水平。

卡特彼勒集团发言人鲁斯蒂·邓恩（Rusty Dunn）称："根据新合同，卡特彼勒集团将支付每名工人奖金约 3000 美元，罢工员工也于本星期重返工作岗位，恢复生产。"Joliet 工厂主要生产装载机和运煤卡车所需要的液压元件和其他系统。该工厂的管理者和临时工都参与了为期 4 个月的罢工。

问题：(1) 美国工会的罢工对劳动力市场的供需均衡产生了怎样的影响？

(2) 美国工会为什么会具有垄断的能力？而中国的工会却为何不具备这样的能力呢（即卖方垄断应该具有哪些条件）？

① 资料来源：http：//auto. gasgoo. com/News/2012/08/20030050050600811746 75. shtml

二、买方垄断市场的要素需求曲线

买方垄断市场是指：产品市场完全竞争而要素市场垄断，即要素市场的买方垄断，简称买方垄断。

由于买方垄断厂商在产品市场是完全竞争的，他面对的产品价格 P 不变且等于边际收益 MR，因此，其使用要素的边际收益为：

$$MRP = MP \times MR = MP \times P = VMP \tag{10.12}$$

即买方垄断厂商使用要素的边际收益为边际产品价值 VMP。

再看买方垄断厂商使用要素的边际成本。

实际上，对于任何厂商（无论何种类型），它使用要素的边际成本都等于 MFC，即等于总成本对劳动的导数。

由于假设只有劳动一种要素，因此，总成本 $= L \times W(L)$

其中，L 是劳动量，$W(L)$ 表示工资对劳动量的函数。总成本对劳动的导数为：

$$MFC = \frac{\mathrm{d}[L \times W(L)]}{\mathrm{d}L} = W(L) \quad + L \times \frac{\mathrm{d}W(L)}{\mathrm{d}L} \tag{10.13}$$

其中，第一项为工资函数，第二项为劳动量乘以工资函数对劳动的导数。第一项代表厂商为增加使用要素必须支付给新增加要素的价格，第二项中，$\frac{\mathrm{d}W(L)}{\mathrm{d}L}$反映了由于要素增加引起的要素价格的增加，而 $L \times \frac{\mathrm{d}W(L)}{\mathrm{d}L}$就代表由于要素价格上涨而引起的成本增加。

问题的关键在于 $W(L)$ 的性质。

（1）在完全竞争的要素市场，由于工资是完全竞争厂商所不能控制的。因此，对于完全竞争厂商来说工资实际上是个常数，他只有接受。于是 $W(L)$ 对劳动的导数等于0，即 $\frac{\mathrm{d}W(L)}{\mathrm{d}L} = 0$，所以 $MFC = W$。

（2）如果要素市场是完全垄断的，则情况完全不一样。垄断者面对 $W(L)$ 实际上是所有劳动者心目中工资和劳动量的关系。试想一下，对于整个劳动市场而言，工资与劳动量之间存在什么关系[①]？可以想象的是，劳动是工资的增函数：

即一般而言，工资越高，劳动量越多。试举一例，设工资为劳动的线性函数：

$$W(L) = a + bL \tag{10.14}$$

则 $MFC = W(L) + L \times \frac{\mathrm{d}W(L)}{\mathrm{d}L} = a + bL + bL = a + 2bL$

即 MFC 与 $W(L)$ 纵截距离相等，但 MFC 的斜率为 $W(L)$ 的两倍。如图 10－9 所示。

当然，由于 $W(L)$ 的函数形式并不确定，所以，只能抽象地认为：

买方垄断厂商使用要素的边际收益为边际要素成本 MFC。

---

① 关于工资与劳动的关系，见下一章：劳动的供给曲线。

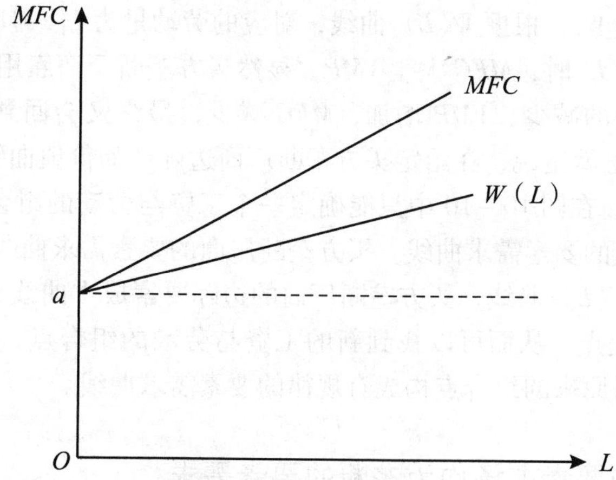

图 10－9　*MFC* 与 *W*(*L*)

于是，买方垄断厂商使用要素的原则为：

$$VMP = MFC \tag{10.15}$$

能否根据这个原则确定买方垄断厂商的要素需求曲线？答案是否定的。如图 10－10 所示。

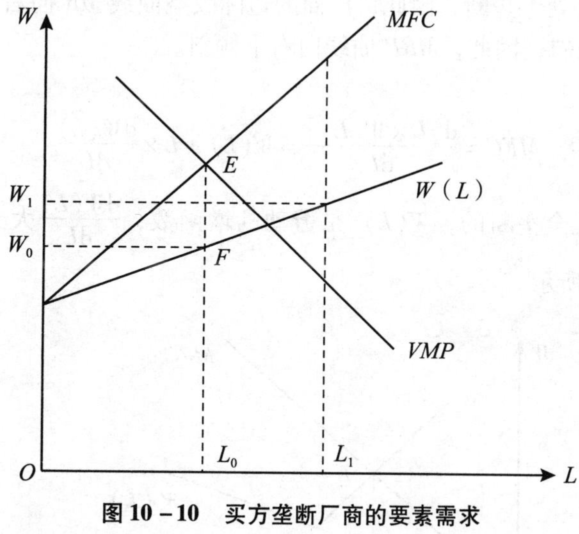

图 10－10　买方垄断厂商的要素需求

在图 10－10 中，边际产品价值曲线 *VMP* 与边际要素成本曲线 *MFC* 相交于 *E* 点，对应的最佳劳动雇用量为 L_0，工资是多少？工资应该在 *W*(*L*) 上找。图 10－10 中垂线（虚线）与 *W*(*L*) 相交于 *F* 点，对应的工资应该是 W_0。

看起来很顺利，我们已经找到了一个工资与劳动的组合点（W_0，L_0），根据以前的做法，我们可以让工资变化（如提高到 W_1），确定另外一个最佳的劳动雇用量（如 L_1）。依次类推。但这个办法行不通。

例如，工资提高到 W_1，根据 $W(L)$ 曲线，对应的劳动量为 L_1，但（W_1，L_1）不是均衡组合，因为在劳动量为 L_1 时，MFC 大于 VMP，显然买方垄断厂商雇用的劳动太多了，应该减少，随着劳动雇用量的减少，VMP 增加，MFC 减少，最终又会回到最佳劳动雇用量 L_0，工资也会退回到 W_0。也就是说，在给定买方垄断厂商边际产品价值曲线 VMP 与边际要素成本曲线 MFC 的情况下，在图 10－10 中只能确定一个工资与劳动的组合点（W_0，L_0），从而无法确定买方垄断厂商的要素需求曲线。买方垄断厂商的要素需求曲线不存在。

当然，如果改变 $W(L)$ 曲线，买方垄断厂商的边际要素成本曲线 MFC 也会改变，它与 VMP 曲线会出现新的交点，从而可以找到新的工资与劳动的组合点，但是这个新组合点的位置没有规律，无法与原来的组合点构成有规律的要素需求曲线。

三、产品市场和要素市场均为垄断的要素需求

如果产品市场和要素市场均为垄断（简称为双方垄断），厂商需求要素的原则仍然是使用要素的边际收益 MRP 等于使用要素的边际成本 MFC。不过，MRP 不能表示为 VMP，MFC 也不能表示为 W。双方垄断厂商需求要素的原则是：

$$MRP = MFC \tag{10.16}$$

其中 $MRP = MP \times MR$

由于在产品市场上处于垄断，因此，厂商的边际收益曲线 MR 向右下倾斜，另外，边际产量曲线 MP 也向下倾斜，因此，MRP 曲线向右下倾斜。

MFC 可以写为：

$$MFC = \frac{\mathrm{d}[L \times W(L)]}{\mathrm{d}L} = W(L) + L \times \frac{\mathrm{d}W(L)}{\mathrm{d}L} \tag{10.17}$$

由于要素市场是完全垄断的，$W(L)$ 是劳动的增函数，$\frac{\mathrm{d}W(L)}{\mathrm{d}L}$ 大于 0，因此 MFC 向右上倾斜，如图 10－11 所示。

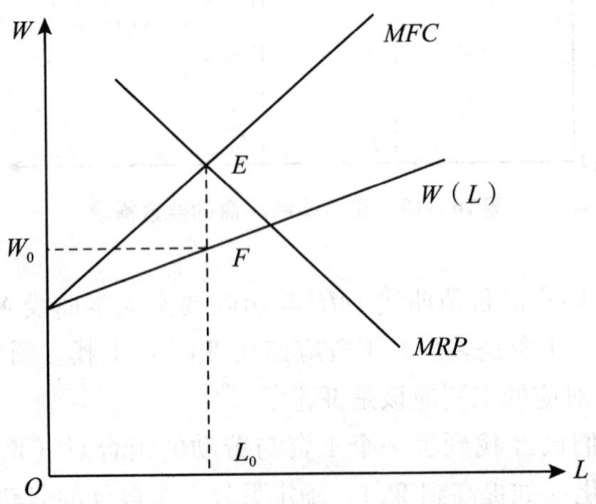

图 10－11　双方垄断厂商的要素需求

在图 10－11 中，边际收益产品曲线 *MRP* 与边际要素成本曲线 *MFC* 相交于 *E* 点，对应的最佳劳动雇用量为 L_0，图 10－11 中垂线（虚线）与 $W(L)$ 相交于 *F* 点，对应的工资应该是 W_0。这是双方垄断厂商的均衡点。同样，双方垄断厂商的要素需求曲线不存在。

☞ **小结**

卖方垄断厂商使用要素的原则是：边际收益产品 *MRP* 等于要素价格（工资），即 $MRP = W$。卖方垄断单个厂商的要素需求曲线与 *MRP* 重合，市场要素需求曲线是单个厂商要素需求曲线的累加。

买方垄断厂商使用要素的原则是：边际产品价值 *VMP* 等于边际要素成本 *MFC*，买方垄断厂商不存在有规律的要素需求曲线。

双方垄断厂商使用要素的原则是：$MRP = MFC$，不存在有规律的要素需求曲线。

本章框架

本章主要介绍要素的需求。首先，明确决定要素价格形成的两个因素：需求和供给；其次，分析要素需求的特征；介绍厂商要素需求的一般原则，以及不同市场上厂商的要素需求曲线；最后，由厂商的要素需求曲线推导出市场的需求曲线。本章结构如图 10－12 所示。

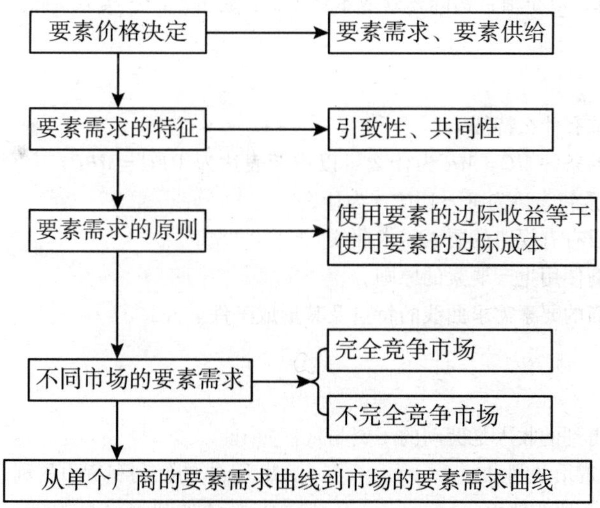

图 10－12　本章的结构框架

内容提要

1. 要素价格由两个因素决定：需求和供给。厂商对要素的需求有引致性和共同性两个特征。

2. 任何厂商使用要素的原则都可以表述为：使用要素的边际收益（边际收益产品

MRP）恰好等于使用要素的边际成本（边际要素成本），即 $MRP = MFC$。

3. 完全竞争厂商使用要素的原则是：边际产品价值等于要素价格（工资），即 $VMP = W$。单个完全竞争厂商的要素需求曲线与边际产品价值曲线重合。完全竞争市场的要素需求曲线不是单个完全竞争厂商要素需求曲线的简单累加。

4. 垄断市场分为三种情况。

（1）产品市场垄断——要素市场完全竞争，即产品市场的卖方垄断，简称卖方垄断。使用要素的原则是：边际收益产品 *MRP* 等于要素价格（工资），即 $MRP = W$。卖方垄断单个厂商的要素需求曲线与 *MRP* 重合，市场要素需求曲线是单个厂商要素需求曲线的累加。

（2）产品市场完全竞争——要素市场垄断，即要素市场的买方垄断，简称买方垄断。使用要素的原则是：边际产品价值 *VMP* 等于边际要素成本 *MFC*，买方垄断厂商不存在有规律的要素需求曲线。

（3）产品市场和要素市场均为垄断。使用要素的原则是：$MRP = MFC$，不存在有规律的要素需求曲线。

复习与思考

一、概念解释

边际收益产品；边际产品价值；边际要素成本；工资；卖方垄断；买方垄断。

二、简答题

1. 厂商对要素的需求有什么特征？
2. 厂商利润极大化的条件 $MC = MR$ 为什么可以重新表达为 $MFC = MRP$？完全竞争条件下出售产品的利润极大化 $MC = P$ 能否重新表述为 $W = VMP$，为什么？
3. 为什么买方垄断没有有规律的要素需求曲线？
4. 简述完全竞争厂商使用生产要素的原则。
5. 简述完全竞争厂商的要素需求曲线的特点及其形成条件。

三、选择题

1. 生产要素所有者得到的收入是劳动的工资与（　　）。
   A. 资本的利润和货币的利息　　B. 资本的红利和货币的利息
   C. 资本的利息和土地的地租　　D. 资本的利润和土地的地租
2. 派生需求的例子是（　　）。
   A. 对经济学学生派生的棉毛衫的需求　　B. 对劳动与资本生产的棉毛衫的需求
   C. 生产棉毛衫中使用的劳动的需求　　D. 对毛刷的需求
3. 增加一单位资本使用所引起的总收益的变动是（　　）。
   A. 资本的边际产量　　B. 资本的边际收益
   C. 资本的边际收益成本　　D. 资本的边际收益产量
4. 在实现了利润最大化的均衡时，下列哪一种情况是不正确的？（　　）。

A. 边际收益等于边际产量

B. 边际收益等于边际成本

C. 要素的边际收益乘边际产量等于要素的边际成本

D. 要素的边际收益产品等于要素的边际成本

5. 假定一个利润最大化的企业在竞争的劳动力市场上雇用劳动者。如果劳动的边际收益产量大于工资，企业将（　　）。

A. 提高工资率　　B. 降低工资率

C. 增加雇用的劳动量　　D. 减少雇用的劳动量

6. 企业产品价格的上升将引起（　　）。

A. 劳动的供给增加　　B. 所用的投入量减少

C. 边际产量增加　　D. 边际收益产量增加

7. 如果厂商处于完全竞争的产品市场中，且要素 a 是其唯一的可变要素，则该厂商对要素 A 的需求曲线由以下何者给出？（　　）

A. *VMPa* 曲线　　B. *MPPa* 曲线　　C. *MFCa* 曲线　　D. 以上都不是

8. 若厂商处于不完全竞争的产品市场中，且要素 a 是其唯一的可变要素，则该厂商对要素 A 的需求曲线由以下何者给出？（　　）

A. *VMPa* 曲线　　B. *MRPa* 曲线　　C. *MFCa* 曲线　　D. *MPPa* 曲线

9. 完全竞争产品市场与不完全竞争产品市场两种条件下的生产要素的需求曲线相比（　　）。

A. 前者与后者重合　　B. 前者比后者陡峭

C. 前者比后者平坦　　D. 无法确定

四、问题与应用

1. 某厂商以劳动作为唯一的可变要素，其生产函数为 $Q=-0.01L^3+1.25L^2+52L$。已知产品市场与生产要素市场都是完全竞争的，且产品价格为 2 元，工资率为 4 元。试问：

（1）厂商使用的劳动量是多少？

（2）如果固定成本为 10000 元，厂商的利润是多少？

2. 设某一厂商使用的可变要素为劳动 L，其生产函数为 $Q=-0.01L^3+L^2+36L$（Q 为每日产量，L 是每日投入的劳动小时数），所有市场（劳动市场及产品市场）都是完全竞争的，单位产品价格为 10 美分，小时工资为 4.80 美元。厂商要求利润最大化，厂商每天要雇用多少小时劳动？

3. 结合要素需求理论，谈一谈为什么大学生就业难？

【参考文献】

1. ［美］N. 格里高利·曼昆．经济学原理（下）［M］．北京：北京大学出版社，1996

2. 朱善利．微观经济学［M］．北京：北京大学出版社，1994

3. ［美］布拉德利·希勒．经济学基础［M］．北京：人民邮电出版社，2004

4. 尹伯成．西方经济学［M］．上海：上海人民出版社，2008

5. 高鸿业．西方经济学［M］．北京：中国人民大学出版社，1999

6. 刘冰．经济学基础［M］．北京：高等教育出版社，2011

7. ［美］保罗·萨缪尔森，威廉·诺德豪斯．经济学（第 18 版）［M］．北京：人民邮电出版社，2008

8. ［美］约瑟夫·斯蒂格利茨．经济学（第三版）［M］．北京：中国人民大学出版社，2005

【进一步阅读提示】

【报纸】

《经济学参考报》《二十一世纪经济报道》《南方周末》

【杂志】

《经济研究》《经济学动态》《中国工业经济》《世界经济》《国际经济评论》《世界经济研究》《中国农村经济》《改革》《读书》

【数据来源及分析报告】

《世界经济展望》《世界经济年鉴》《中国统计年鉴》

【网址】

中国经济学教育科研网：http：//www. cenet. ccer. edu. cn

北京大学中国经济研究中心：http：//www. ccer. pku. edu. cn

第十一章　生产要素的供给

土地是财富之母，劳动是其父。

——威廉·配第（William Petty）

资产阶级在它的不到一百年的阶级统治中所创造的生产力，比过去一切世代创造的全部生产力还要多，还要大。

——卡尔·马克思（Karl H. Marx）

学习目的

本章要求掌握要素供给的原则，并能够根据无差异曲线得到一般意义上的要素供给曲线。重点了解劳动供给的替代效应与收入效应以及向后弯曲的供给曲线，掌握地租的决定以及租金、准租金与经济租金等相关概念，并将需求曲线与供给曲线结合得到均衡地租；在资本市场，了解长期消费决策，并将需求曲线与供给曲线结合得到均衡利率。掌握洛伦兹曲线和基尼系数。

学习目标

1. 掌握要素供给的原则。
2. 了解劳动供给的替代效应与收入效应以及向后弯曲的供给曲线。
3. 掌握地租的决定，理解租金、准租金与经济租金等相关概念。
4. 理解利率的决定过程。
5. 掌握洛伦兹曲线和基尼系数。

关键概念

要素供给（factor supply）；地租（rent）；准租金（quasi-rent）；经济租金（economic rent）；利率（rate）；洛伦兹曲线（Lorenz Curve）；基尼系数（Gini coefficient）

☞ 案例思考

请看《新京报》2005年11月14日的报道[①]

北京市宣武区南横西街煤厂华严路门市部，现有15个运煤工，每天，他们蹬着三轮车

① 资料来源：http：//news. sohu. com/20051114/n227491138. shtml，有所删减。

穿过大街小巷，为半个宣武区的居民送去温暖。在不少人眼里，他们只是卑微的运煤工，一些居民的百般刁难甚至打骂，让这些汉子们很痛心。在煤价增长的同时，他们运一车煤平均3元钱的工资待遇10年不变。

他们大多是北京周边的农民，每年入冬时节，来到北京做运煤工，用劳力赚些辛苦钱。早上8点开工，但运煤工一般都早来半小时。黑漆漆的墙边到处堆满了蜂窝煤，造煤机器的轰鸣声响个不停。曹军熟练地将6块煤摞成两列放到板车上，直到板车装满400块煤。他甩了甩胳膊，用还算干净的手背擦了擦额头上的汗，又用黑漆漆的手指擦着发痒的鼻子，鼻子下就“长出了”小黑胡子。

蹬上三轮车，千斤重的煤车慢慢挪出煤厂，曹军和其他工友们开始上路了。在京城繁华的大街，运煤工们没有时间左顾右盼，一点点小的坡度就得让他们鼓着腮帮、低着头鼓足了劲站着蹬。

“远的话一天送六趟，近的可以多拉几趟”。运煤工的工资只算运费，按照每车费用的35%提成，平均下来每车能挣上3元钱，每天有7元补助，除去饭钱，一个月就只剩600～700元。今年煤价从去年的0.48元涨到了0.7元，可运煤工们的工资已经近10年没什么变化了。

煤厂有两个蜂窝煤炉，运煤工轮流做饭，很多人煮一锅白菜或土豆当作晚餐，有时嘴馋了便几个人搭伙煮一锅鸡腿，然后拿到隔壁小店喝点啤酒白酒什么的，花费小一些。

最近，已经在这个煤厂干了6年的赵军辞职回老家了。这次他是带着伤回家休养的，今年10月中旬，因为，在送煤过程中没理会对方的额外要求，老赵被对方叫来的3个人一起围殴，眼睛被打伤，视力受损，住了20多天的医院。

南横西街煤厂华严路门市部的裴秋水经理说，按煤厂的规定，运煤工只需将煤送到院子里就行了，不用进门进棚，但是居民们经常有额外的要求。尽管工作又脏又累，但他们并不在乎，只是每当遇到刁蛮的主顾或是受到侮辱，这些靠力气吃饭的男子汉们真的很难过。

53岁的邓高海是这里工龄最长的一个，刀刻般的皱纹被染成了一道道的黑线。华严路门市部去年有近30个运煤工，今年只有15个了，工龄在7～22年之间。“工作太辛苦了，又累报酬又低，好多人不愿意干了”，裴经理说，“真的很希望有更多的人关注这些运煤工人，他们真的很不容易”。

再看中国新闻网2011年4月21日的报道①：

农民工争夺战悄然打响

武广高铁上，一个广州市企业直接为打工者订购300多张团体票；上海市，近400辆长途大巴奔赴安徽省、江苏省、河南省、湖北省等地，到“家门口”接回农民工；成都市锦江区人力资源市场摆出了近10个富士康科技集团招工摊位，招工人员每人每天必须完成3个报名指标；浙江省、广东省、福建省的企业每天不断给省就业局来电要求输送务工人员。

在重庆市，富士康、英业达、广达等知名企业纷纷到龙头寺、菜园坝、陈家坪、朝天门

① 资料来源：http：//www.chinanews.com/gn/2011/02－12/2837124.shtml，有所删减。

等车站搭台招人，目光主要盯住返乡农民工。不仅仅是外省企业开始主动到处招工人，作为农民工输出大省的四川省自身也出现了“用工荒”“招工难”的现象。

劳动力无限供给时代结束

对此，中国社会科学院人口与劳动经济研究所社会保障研究室主任张展新指出，随着我国劳动力人口增幅下降以及中西部地区接受劳动密集型产业转移、经济发展，劳动力的供求关系发生了变化。“我国的劳动力无限供给的时代已经结束了”。

专家分析，现在的农民工后备力量每年比此前高峰时减少了600多万人，3年差不多少了2000万人。张展新从经济和人口结构两个角度进行了进一步的解释。

首先，我国推行计划生育政策已有30余年，人口结构的变化从城市、农村小学招生人数的下降，新增劳动力人口数量的减少等社会现象中已经有所体现。劳动人口增幅的下降和占总人口比例的下降导致劳动力市场的供给状况发生变化。从劳动力供给的源头上，已经不像从前能够“无限供给”了。

其次，必须看到，像我国这样一个农业人口占很大比重、社会经济处于上升阶段的国家，在通向现代化的道路上，必然面临着国民经济产业结构根本性调整的问题。

去年国务院发布了《关于中西部地区承接产业转移的指导意见》，要求依托中西部地区产业基础和劳动力、资源等优势，推动重点产业承接发展。在2010年，以电子信息产业为代表的产业西进开始加速。在这样的形势下，中西部农民工去东部的人数自然会下降。

促使“友好型” 政策的产生

2009年、2010年“民工荒”问题也曾困扰东部地区的经济发展，尤其是在珠三角地区。国家统计局2009年的调研显示，东部地区外出打工者的月收入为1455元，中部地区为1389元，西部地区为1382元，东部地区比西部地区仅高5%。

今年，在东部、西部地区都打出“加薪”牌的同时，东部发达地区将如何吸引更多的务工人员？张展新预测，劳动力市场的现状将会加速户籍人口政策的变化，劳动力最短缺的地区，将改变政策，通过农民工市民化，方便农民工融入城市、解决农民工定居问题等方式吸引更多外来务工人员。在制定和实施公共服务政策的过程中更多地考虑到农民工群体的需求和感受，不仅从工资待遇上，在养老、医疗保险、住房等多个领域将出现针对方便和实惠农民工的“友好型”政策。

“农民工是中国社会的重要‘符号’。”张展新表示，农民工问题的发展和解决的背后是中国社会的进步，城乡分割和不平等就业格局的被打破，还有对不同社会群体体现的人性化关怀。

问题：(1) 根据《新京报》的报道，为什么运煤工们的工资10年不变，一车只有3元钱？

(2) 根据中国新闻网的报道，东部地区外出打工者的月收入为1455元，平均每天50元，并且仍有加薪的趋势，这是为什么？

(3) 劳动力无限供给时代真的结束了吗？这是好事还是坏事？这意味着什么？

(4) 农民工问题究竟怎样解决？

第一节　要素供给概述

一、要素供给的主体、最大化行为

首先要明确的第一个问题是：什么是要素供给？要素供给指在各种价格水平下，要素所有者愿意并且能够提供的生产要素的数量。

第二个问题是：谁是要素的提供者？回答这个问题有两个角度。

（1）从要素所有者角度出发，所有的人（包括生产者和消费者）只要参与了生产，就是要素的提供者。例如，一个人在商场消费，他是消费者，而他到公司上班，则是劳动力的提供者；同样所有的土地所有者、资本所有者只要愿意投入生产，就是要素的提供者。

（2）根据要素在生产过程中所处位置不同，可以分为两种。

①中间要素的所有者：生产者生产许多将要再次投入生产过程的中间生产要素。这类要素所有者提供要素的目的是利润最大化。这一类所有者的行为已经在产品市场中分析过，现在主要分析第二类。

②原始要素的所有者：消费者向市场提供诸如劳动等“原始生产要素”。这类要素所有者提供要素的目的是效用最大化。这类要素供给具有一个特点：消费者拥有的要素数量（资源）在一定时期内总是既定不变的。例如：消费者拥有的时间一天只有 24 小时，其可能的劳动供给不可能超过这个数等。

第三个问题是：如何表述要素所有者的最大化行为？

可以这样想：原始要素的所有者（消费者）提供要素供给的目的是什么？一般的回答是获得收入，而获得收入的目的是什么？当然是为了通过花费收入而获得效用。因此，我们认为：要素的所有者（消费者）提供要素供给的目的是效用最大化。

由于资源是既定的，消费者只能将所拥有资源的一部分（如一天 24 小时中的 8 小时）用于要素供给，而其他部分则“保留自用”，因此，要素供给问题可以看成：消费者在一定的要素价格水平下，将其全部资源在“要素供给”和“保留自用”之间进行分配以获得最大效用。

有了这个原则，我们将在下面两小节分别使用基数效用论和序数效用论方法探讨消费者获得最大效用的条件。

☞ 即问即答

你是一个潜在的劳动力提供者。想一想，你为什么要去公司上班？你的根本目的是什么？

如果一个人非常勤快，天天加班，每天工作 16 小时，这样合理吗？同样，如果一个人非常不勤快，总是迟到早退，这样合理吗？

二、要素供给的原则——基数效用论

在第三章曾经学习过基数效用论，基数效用论认为消费者达到均衡的原则是：两种商品的边际效用之比要等于商品价格之比。例如，消费两种商品 X 和 Y，商品价格分别为 P_X 和 P_Y，则均衡条件为：

$$\frac{MU_X}{MU_Y}=\frac{P_X}{P_Y} \tag{11.1}$$

根据以上的原则，把消费者所面对的两个选择即提供要素参与生产与保留自用看成两种商品。第一种商品是要素供给，消费者供给要素的目的是为了获得收入，把收入称为 Y，有了收入就可以获得效用，称效用为 U。那么，消费者供给要素的边际效用就可以表示为：

$\frac{\mathrm{d}U}{\mathrm{d}Y}$，其中 U 为效用，Y 为收入量。

第二种商品是保留自用要素供给，消费者保留自用要素的目的是为了休息、生活、娱乐等，休息、生活、娱乐同样可以获得效用。保留自用的边际效用为：

$\frac{\mathrm{d}U}{\mathrm{d}l}$，其中 U 为效用，l 为要素保留自用量。

消费者要素供给的基本原则是：作为要素供给的资源的边际效用与作为保留自用的资源的边际效用之比等于作为要素供给的资源的价格与保留自用的资源价格之比。

再考虑价格比，作为要素供给的资源的价格是什么？它实际上是指收入的价格 W_Y，收入用货币来衡量，因此，收入的价格等于 1。保留自用资源的价格是什么？这个问题很关键。假如你是一个劳动者，每保留 1 小时时间自用就意味着减少工作 1 小时，就减少了 1 小时的收入，因此，保留自用的资源价格就是工资 W。保留自用的资源价格实际上就是指把资源保留自用所必须付出的代价，它显然是工资。

这样，消费者要素供给的基本原则是：

$$\frac{\frac{\mathrm{d}U}{\mathrm{d}Y}}{\frac{\mathrm{d}U}{\mathrm{d}l}}=\frac{W_Y}{W}=\frac{1}{W} \tag{11.2}$$

或者反过来写：

$$\frac{\frac{\mathrm{d}U}{\mathrm{d}l}}{\frac{\mathrm{d}U}{\mathrm{d}Y}}=\frac{W}{W_Y}=W \tag{11.3}$$

这个原则意味着什么？你每休息 1 小时所带来的效用应当等于你工作 1 小时获得收入所带来的效用。当你拥有很多休息时间（实际上就是失业），无事情可做，休息的效用很低时，这时候，你每休息 1 小时所带来的效用小于你工作 1 小时获得收入所带来的效用，你应该工作；当你拥有很多工作时间（实际上就是劳累过度），休息的效用很高时，这时候，你每休息 1 小时所带来的效用大于你工作 1 小时获得收入所带来的效用，你应该休息。

换一种说法：当两者不相等时，要从边际效用小的部分转移一部分要素到边际效用大的要素用途中去，这样才能使总效用最大。例如，给老板打工的总体收获如果要比自己自由闲暇的总体收获大时，则会尽力挤出时间去打工；反之，则不会去打工，而会充分地享受自由闲暇的美好时光。

☞ 扩展阅读

在很多经济学教材上，都是这样来表述消费者要素供给的基本原则：作为“供给”的要素的边际效用与“自用”的要素的边际效用相等。

设效用为 U，作为要素供给的资源量为 L（以劳动为例），劳动供给增加导致收入增加从而效用增加，$\Delta L \Rightarrow \Delta Y \Rightarrow \Delta U$，因此有：

$\frac{dU}{dL}=\frac{dU}{dY}\times\frac{dY}{dL}$，$\frac{dY}{dL}$实际上就是 W。因此，可以改写为：

$$\frac{dU}{dL}=\frac{dU}{dY}\times W$$

而保留自用的边际效用为：

$\frac{dU}{dl}$，其中 U 为效用，l 为要素保留自用量。在均衡时应该有：

$$\frac{dU}{dl}=\frac{dU}{dY}\times W$$

$$\frac{\frac{dU}{dl}}{\frac{dU}{dY}}=W$$

用 W_Y 表示收入的价格，W_Y 等于 1。上式为：

$$\frac{\frac{dU}{dl}}{\frac{dU}{dY}}=\frac{W}{W_Y}$$

可以发现，这种方法与本教材的方法的结果相同，但表述方法不同。读者可以自己判断哪一个更科学。

三、要素供给的原则——序数效用论

这一小节采用序数效用论对要素供给进行无差异曲线分析。

设消费者全部要素总量为 $\overline{L}$（如一天 24 小时），自用资源量为 l，在初始状态，设消费者拥有 $\overline{Y}$ 单位的其他收入，工资为 W。则如果消费者将全部要素用于要素供给，其总收入为 $\overline{L}\times W+\overline{Y}$，如果消费者将全部要素用于自用，则收入为 $\overline{Y}$，如图 11－1 所示。

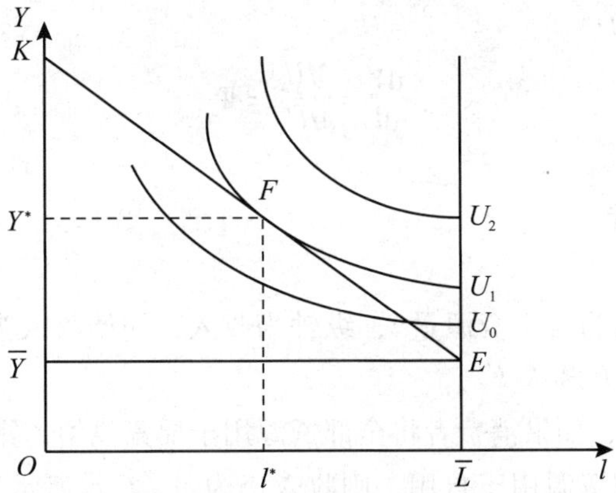

图 11 -1 要素供给的无差异曲线分析

在图 11 -1 中，横轴为自用资源量 l，纵轴为收入，初始收入为 $\overline{Y}$，当自用资源量为 0 时，消费者将全部资源用于要素供给，$K=\overline{L}\times W+\overline{Y}$，当自用资源量为 $\overline{L}$ 时，消费者用于要素供给的资源量为 0，收入为 $\overline{Y}$（以 E 点表示）。连接 E 点和 K 点，则构成消费者的预算线。

图 11 -1 中有三条无差异曲线，同一条无差异曲线上的点表示消费者对这些点代表的收入——自用组合是无差异的。与第三章类似，这里的无差异曲线也满足凸向原点的特征；且位置越高，代表效用水平越高。

消费者现在的问题是：在预算约束之下选择最优的收入 Y 及自用资源的组合。显然，这个组合在 U_1 与预算线 KE 的切点 F 处实现。在 F 点，消费者保留自用的资源量为 l^*，而将 $\overline{L}-l^*$ 作为要素供给以获得收入，收入为 Y^*。

在 F 点，无差异曲线的斜率与预算线的斜率应该相等。

如何求预算线的斜率？预算线的斜率可以表示为：

$$-\frac{K-\overline{Y}}{\overline{L}}=-\frac{\overline{L}\times W}{\overline{L}}=-W \tag{11.4}$$

无差异曲线的斜率如何表示？显然，可以表示为$\frac{\mathrm{d}Y}{\mathrm{d}l}$，即均衡条件为：$\frac{\mathrm{d}Y}{\mathrm{d}l}=W$。

而$\frac{\mathrm{d}Y}{\mathrm{d}l}$又可以表示为自用资源与收入的边际效用之比。

证明过程：

在无差异曲线上（非常接近的）两点 A、B 之间，假如从 A 到 B，自用资源增加，收入减少，则由于自用资源增加带来的效用增加量应该等于由于收入减少带来的效用减少量。

前者可以表示为：$MU_l\times\Delta l$

后者可以表示为：$MU_Y\times\Delta Y$

二者必须相等，否则，A 和 B 就不会出现在同一条无差异曲线上。于是有：

$$MU_l\times\mathrm{d}l=MU_Y\times\mathrm{d}Y\Rightarrow$$

$$\frac{MU_l}{MU_Y}=\frac{\mathrm{d}Y}{\mathrm{d}l} \tag{11.5}$$

则均衡条件可以写为：

$$\frac{dY}{dl}=\frac{MU_l}{MU_Y}=W \tag{11.6}$$

四、要素供给曲线

在图 11－2 中，横轴为自用资源量 l，纵轴为收入，初始收入为 $\overline{Y}$。图 11－2 中有三条预算线。分别为 K_0E、K_1E 和 K_2E。

当要素价格为 W_0 时，如果消费者将全部资源用于要素供给，则收入为 $K_0=\overline{L}\times W_0+\overline{Y}$，当然，如果消费者将全部资源用于自用，则收入仍为 $\overline{Y}$（E 点所示）。见图 11－2 中的预算线 K_0E。

当要素价格上升为 W_1 时，如果消费者将全部资源用于要素供给，则收入为 $K_1=\overline{L}\times W_1+\overline{Y}$，如果消费者将全部资源用于自用，则收入仍为 $\overline{Y}$。见预算线 K_1E。

当要素价格继续上升为 W_2 时，如消费者将全部资源用于要素供给，则收入为 $K_2=\overline{L}\times W_2+\overline{Y}$，如消费者将全部资源用于自用，则收入仍为 $\overline{Y}$。见预算线 K_2E。

可以发现，当要素价格提高时，预算线以 E 点为轴顺时针旋转。图 11－2 中有三条无差异曲线 U_0、U_1 和 U_2。

当要素价格为 W_0 时，无差异曲线与预算线 K_0E 相切，决定自用要素量为 l_0；

当要素价格为 W_1 时，无差异曲线与预算线 K_1E 相切，决定自用要素量为 l_1；

当要素价格为 W_2 时，无差异曲线与预算线 K_2E 相切，决定自用要素量为 l_2。

将这些切点连接起来，得到要素供给的价格扩展线 PEP。价格扩展线 PEP 反映了要素价格变化后自用资源的变化。

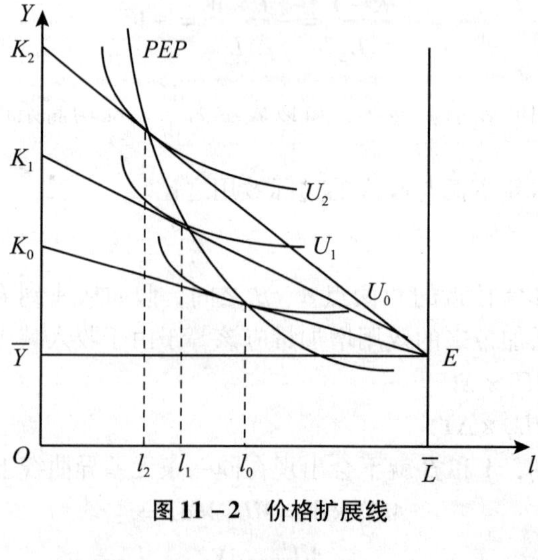

图 11－2　价格扩展线

但价格扩展线并不是要素的供给曲线，要素供给曲线可以将 PEP 转换得到：

当要素价格为 W_0 时，自用要素量为 l_0，则要素供给量为 $\bar{L}-l_0$；

当要素价格为 W_1 时，自用要素量为 l_1，则要素供给量为 $\bar{L}-l_1$；

当要素价格为 W_2 时，自用要素量为 l_2，则要素供给量为 $\bar{L}-l_2$。

于是我们得到：（W_0，$\bar{L}-l_0$），（W_1，$\bar{L}-l_1$），（W_2，$\bar{L}-l_2$）这样的组合点，将这些组合点画在图 11－3 上，可以得到一般意义上的要素供给曲线。

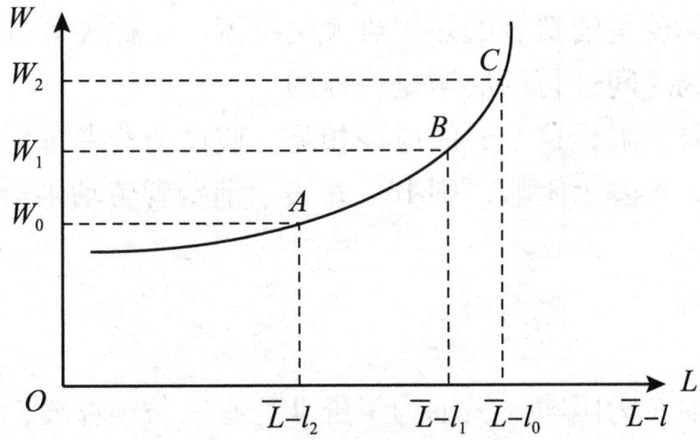

图 11－3　要素供给曲线

在图 11－3 中，要素供给曲线是向上倾斜的，似乎在说明：随着要素价格的提高，要素供给量增加。但实际上不一定是这样。要素供给曲线的形状取决于要素的性质：有的要素供给曲线是垂线，有的要素供给曲线可能向后弯曲。在下面几节，将分别探讨劳动、土地和资本的供给曲线。

☞ **小结**

要素供给问题可以看成：消费者在一定的要素价格水平下，将其全部资源在“要素供给”和“保留自用”之间进行分配以获得最大效用。

根据效用论的相关理论，消费者要素供给的基本原则是：作为要素供给的资源的边际效用与作为保留自用的资源的边际效用之比等于作为要素供给的资源的价格与保留自用的资源价格之比，或写为 $\dfrac{\dfrac{dU}{dl}}{\dfrac{dU}{dY}}=W$。

第二节　劳动供给曲线与工资的决定

一、劳动与闲暇

劳动供给是指劳动者所提供的一定劳动（工作）或服务的时间数，它涉及消费者对其拥有的既定时间资源在劳动和闲暇两个方面的分配。

我们知道，一个消费者每天能够利用的时间资源最多不可能超过 24 小时，消费者可以把 24 小时中的一部分供给市场（也就是消费者提供劳动），而把其他部分用于睡觉、吃饭、娱乐、休闲等活动，我们不妨把劳动之外的时间都称作是闲暇。消费者提供劳动可以带来收入，收入用于消费可以提高消费者的效用，闲暇本身就可以给消费者带来效用，所以消费者会把他每天 24 小时的时间在劳动供给和闲暇之间进行权衡。消费者会把多少时间用于闲暇，多少时间提供市场，实际就是消费者的效用最大化决策。这种决策过程和上一节所讲的消费者在自用资源和提供市场之间进行的决策是一样的。

当然，消费者每天要睡眠，这个时间应该扣除。假设消费者每天睡眠 8 小时，则全部资源为 16 小时。用 R(relax) 表示闲暇，则 $16-R$ 表示消费者劳动供给量。

二、劳动供给曲线

在图 11 -4 中，横轴 R 为闲暇，纵轴为工资 W。有三条预算线，分别与三条无差异曲线相切，切点分别为 A、B、C。

当工资为 W_0 时，预算线为 K_0E，与无差异曲线 U_0 相切于 A 点，决定闲暇量为 R_0；
当工资为 W_1 时，预算线为 K_1E，与无差异曲线 U_1 相切于 B 点，决定闲暇量为 R_1；
当工资为 W_2 时，预算线为 K_2E，与无差异曲线 U_2 相切于 C 点，决定闲暇量为 R_2。

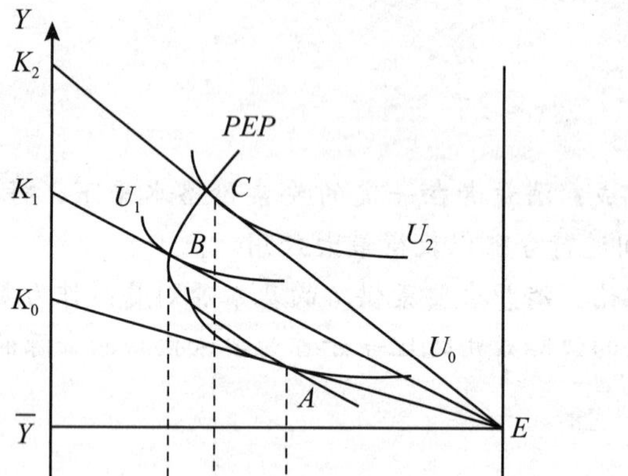

图 11 -4　时间在闲暇和劳动之间的分配

连接 A、B、C，可以得到劳动的价格扩展线。进一步将价格扩展线转化为劳动的供给曲线，如图 11 -5 所示。

当工资为 W_0 时，闲暇量为 R_0，则劳动量为 $16-R_0$；
当工资为 W_1 时，闲暇量为 R_1，则劳动量为 $16-R_1$；
当工资为 W_2 时，闲暇量为 R_2，则劳动量为 $16-R_2$。

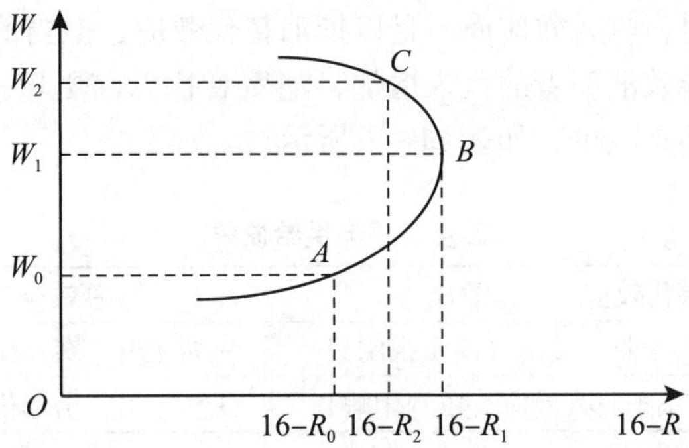

图 11 –5　劳动供给曲线

可以看到，消费者的劳动供给曲线具有明显的特点，在 B 点以下的部分是正常的向右上方倾斜的曲线，而在 B 点以上供给曲线是“向后弯曲”的，即向左上方倾斜。向后弯曲的劳动供给曲线意味着当劳动的价格上升时，劳动的供给非但不上升，反而下降。如何解释这一异常的供给曲线呢？

三、替代效应与收入效应

为了理解这一问题，不妨将闲暇看做一种能够给消费者带来效用的商品。一个消费者在一定时间内要增加闲暇就必须减少劳动投入，从而收入就会降低，所以，劳动收入就是闲暇的机会成本。这样，可以将劳动的价格即工资率看做是闲暇这种特殊商品的价格。于是，在消费者行为理论中所讲的价格变化对消费者均衡的影响的分析，完全适用于消费者对工作和闲暇的选择。

当工资率上升的时候，闲暇的价格提高，闲暇商品和其他商品的相对价格变得更加昂贵，在效用总水平不变的前提下，理性的消费者理所当然地会减少闲暇商品的消费，而增加劳动供给，也就是获取更高的收入，这就是替代效应。可以看出替代效应导致工资率与劳动供给呈同方向变化。另外，由于闲暇是一种正常物品，工资率的上升引起消费者的收入增加，收入的增加会提高消费者对闲暇商品的需求，这就是收入效应。显然收入效应导致工资率与劳动供给呈反方向变化。可以看到，工资率提高时，由于替代效应，消费者会增加劳动的供给，由于收入效应，消费者会减少劳动的供给。当替代效应大于收入效应时，总效应是劳动供给增加，当收入效应大于替代效应时，总效应是劳动供给减少。所以，劳动的供给曲线向右上方弯曲的部分是替代效应大于收入效应的结果，而向后弯曲的部分则是收入效应大于替代效应的结果。

那么，收入效应能否大于替代效应呢？一般来说，正常商品的替代效应是大于收入效应的。这是因为在消费者的购物篮子里通常某种商品只占很小一个比例，这种商品的价格变动通常对消费者的实际收入水平影响不大，但对商品之间的相对价格影响较大，因此，替代效应总是大于收入效应。但对闲暇商品来讲则不同，闲暇商品类似于奢侈品，当消费者收入增加后会增加对其购买量。由于消费者的收入大部分来自劳动供给，工资的上升会大大增加消费者的收入水平，因而消费者会增加购买闲暇，即闲暇商品具有较大的收入效应。当消费者的工资率处于较低水平时，收入效应尚不足以抵消替代效应，但当消费者的工资率处于较高水平时，工资率的上升导致消费者的收入增加，消费者比以前更珍视闲暇而宁愿放弃收入，这时劳动供给不是增加而是减少，如表 11 -1 所示。

表 11 -1　　工资水平与供给曲线

工资水平	替代效应与收入效应	总效应	供给曲线
较低时	替代效应大于收入效应（不重视闲暇）	工资上升，劳动供给增加	向右上倾斜
较高时	替代效应小于收入效应（重视闲暇）	工资上升，劳动供给减少	向左上倾斜

用一般的语言来讲就是：当工资提高到一定程度时，人们会更加珍视闲暇。即使工资继续提高，人们的劳动供给量反而会减少。

☞ 即问即答

我国目前实行 5 天工作制，即 40 小时工作制。而 1997 年 5 月，法国议会即通过了每周 35 小时工作制的法案。同时，法国带薪假期也不断延长。1969 年规定为每年 4 周，1982 年增加为每年 5 周。这是为什么？

☞ 案例分析

新《中华人民共和国劳动法》①

根据国务院颁布的《全国年节及纪念日放假办法》（国务院令第 270 号）规定，我国法定节假日包括三类。第一类是全体公民放假的节日（法定），包括：新年（1 月 1 日放假 1 天）、春节（农历除夕、正月初一、初二放假 3 天）、劳动节（5 月 1 日放假 1 天）、国庆节（10 月 1 日、2 日、3 日放假 3 天）、清明节（放假 1 天）、端午节（放假一天）和中秋节（放假一天）。

法定假日，用人单位安排加班的，须在正常支付员工工资的基础上，按不低于员工本人日或小时工资的 300% 另行支付加班工资。也就是说，10 月 1 日、2 日、3 日三天，加班费按 3 倍标准执行，同时，若 3 日出现法定假重叠情况，则将中秋节假调至 6 日，因此 6 日应当视同为法定假日，加班工资按 3 倍计算。

除了国家法定假期以外，我国港、澳地区部分优秀企业也会有内部的福利假期：例如公司的成立日、周年庆、甚至是工龄达到一定程度的无条件“带薪假期”。也就是享受假日的同时，还享有正常薪水待遇。公司福利假期一般没有固定日期，只有固定天数，由员工根据自己的需要安排放假日。近年来，也有少数我国港、澳地区企业将福利假期引入其在中国内地的分公司，如我国澳门元盛国际投资有限公司的福利假期，除了工龄带薪假期外，还有男性产假、旅游假等。由于福利带薪假期不同于国家法定假日，如果员工放弃福利假期，将不

① 资料来源：http：//laodongfa. yjbys. com/xin/194004. html

会得到加倍工资的补偿。

问题：请从替代效应和收入效应的角度分析，“三倍工资”对节假日劳动力供给的影响，并简要回答为什么大多数人宁愿放弃三倍工资而选择休假？

四、劳动的市场供给曲线和均衡工资的决定

（一）劳动的市场供给曲线

在完全竞争的要素市场中，一般地说，将以上所讲的单个消费者的供给曲线横向加总就可以得到劳动的市场供给曲线。但需要注意的是，劳动的市场供给曲线并不一定是向后弯曲的，这是由于在工资率提高时，尽管单个消费者的劳动供给可能会减少，但是，由于较高的工资率会吸引更多的消费者进入劳动市场，这就抵消了个人劳动供给量的减少，使得总的劳动供给依然是增加的。因而，劳动的市场供给曲线是正常的向右上方倾斜的曲线。

（二）均衡工资率的确定

在完全竞争的要素市场上，劳动的市场需求曲线就是经行业调整之后的边际产品价值曲线的加总，由于边际报酬递减规律的作用，该曲线是向右下方倾斜的；在卖方垄断（产品市场垄断、要素市场完全竞争）的情况下，劳动的市场需求曲线就是边际收入产品 *MRP* 的水平加总，因而，也是向右下方倾斜的。在这两种情况下，劳动的均衡价格由劳动的市场需求和市场供给共同决定。

在图 11－6 中，横轴为劳动的数量，纵轴为工资率，S 为劳动的市场供给曲线，D 是劳动的市场需求曲线。在需求曲线和供给曲线的交点 E，劳动的供给和需求趋于均衡，均衡的工资率为 W_0，均衡的劳动供给为 L_0。劳动的价格即工资率是由劳动的市场供给和市场需求共同决定的，劳动的市场供给和需求的变动就会引起劳动价格的变动。

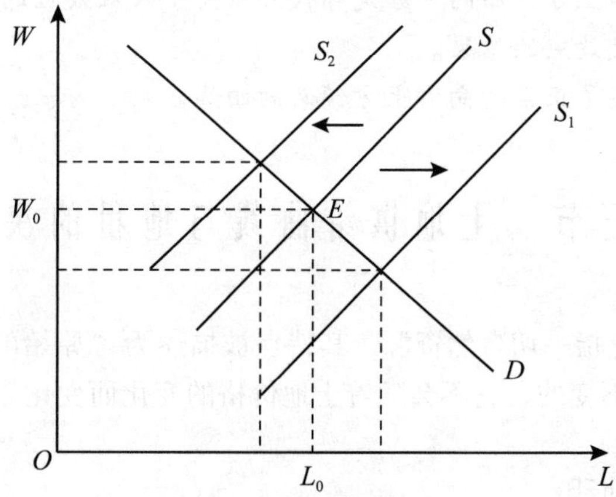

图 11－6　劳动市场的均衡

劳动均衡价格是否固定不变呢？显然不是。当劳动需求曲线和供给曲线变化时，都会影响均衡价格。在图 11－6 中，如果劳动供给增加，S 向右移动到 S_1，则均衡工资会下降，劳动量会增加；如果劳动供给减少，S 向左移动到 S_2，则均衡工资会上升，劳动量会减少。

劳动供给曲线变动的原因可能有：（1）消费者的非劳动收入的水平，如果消费者能够不通过劳动而通过如股票投资等途径获得较高的收入，那么劳动的供给将减少；（2）社会习俗，比如在中国及西方都有越来越多的妇女走出家庭从事劳动；（3）人口的总量、性别构成等的变化。

上述模型说明了工资决定的一般理论，并不说明工人在同一行业或不同行业里的工资水平都一样。实际的工资水平受到很多因素的影响。比如，有的行业舒适、安静、安全、有趣，有的行业则肮脏、吵闹、危险、枯燥，前者会吸引众多的求职者，后者则少有人问津，因此前者工资高后者工资低，这种工资差别叫作补偿性工资差别；劳动者之间的工作效率的差别也是工资差异的一个重要原因；工会在西方劳动市场上起着举足轻重的作用，工会对劳动市场的垄断会使得工人的实际工资水平高于竞争性的工资水平；政府的最低工资法等许多因素都会影响工人的工资；此外，劳动市场的信息不完全、对劳动者流动的限制、性别歧视等都是造成工资差别的因素。

☞ **即问即答**

如果劳动需求增加，均衡工资与劳动量如何变化；如果劳动需求减少，均衡工资与劳动量如何变化？

☞ **小结**

劳动供给是指劳动者所提供的一定劳动（工作）或服务的时间数，它涉及消费者对其拥有的既定时间资源在劳动和闲暇两个方面的分配。

劳动的供给曲线向右上方弯曲的部分是替代效应大于收入效应的结果，而向后弯曲的部分则是收入效应大于替代效应的结果。

劳动的市场供给曲线是正常的向右上方倾斜的曲线。

第三节　土地供给曲线与地租的决定

经济学上的土地，泛指一切自然资源，其特点被描述为“原始的和不可毁灭的”。土地的“自然供给”是固定不变的，它不会随着土地价格的变化而变化。

一、土地供给和地租

分配论中所论述的是生产要素服务价格的决定。下面讨论的土地、土地供给及土地价格

（资本、资本供给及资本价格）均是指土地的服务、土地服务的供给及土地服务的价格（资本服务、资本服务的供给以及资本服务的价格）。其中，土地服务的价格称为地租（资本服务的价格称为利息）。

（一）土地的供给曲线

经济学中的土地泛指一切自然资源。从短期来看，土地的自然供给可以看做是一个固定不变的量，但从长期来看，人类可以改造沙漠、移山填海、围海造田等增加土地的自然供给，人类也可能由于洪涝、风沙等自然灾害和污染、毁林、对土地的破坏性使用等人为因素导致土地的有效供给减少。但从整体来看，在一个较短的时期内，土地自然供给的增减在总的土地自然供给中所占的比例毕竟非常小，为了简化问题起见，通常把土地的自然供给看做是一个固定不变的量。

虽然土地的自然供给是固定不变的，并不意味着土地的市场供给一定也是固定不变的。我们知道土地所有者将多少土地供给市场，将多少土地保留自用，取决于土地所有者的效用最大化决策。与劳动的供给很类似，土地所有者将土地供给市场并不直接给他带来效用，而是通过供应土地获得收入，通过增加收入而增加消费，从而提高了自己的效用水平，所以，可以认为土地所有者的效用是由收入带来的。以 Y 代表土地所有者通过供给土地而获得的收入，以 q 代表土地所有者将保留自用的土地数量，则土地所有者的总效用 U 可看作 Y 与 q 的函数，则有：

$$U = U(Y,\ q) \tag{11.7}$$

$$Y = R \times Q \tag{11.8}$$

$$Q + q = Q_0 \tag{11.9}$$

其中，R 为土地的价格即地租，Q_0 为土地所有者拥有的土地总量。通常情况下，土地所有者保留自用的土地在所有土地中所占的比例是相当小的，因此，可以认为土地所有者的效用绝大部分来自出租土地所获得的收入。或假设自用土地的效用为0。这样我们在研究问题时，可以忽略保留自用的土地数量，而假定土地对土地所有者来说只有一种用途，就是出租以获得收入，这样土地所有者的效用函数可以简化为：

$$U = U(Y) \tag{11.10}$$

土地所有者的效用只与出租土地的收入有关，收入越高，效用越大。在竞争性的土地市场上，土地的价格由市场决定，即地租对于土地所有者来说是既定的，这样出租的土地越多，土地所有者的效用也越高，土地所有者会把他拥有的土地全部出租出去，以获取最大的收入，而不论土地的价格高低如何。于是有：

$$U = U(Q_0) \tag{11.11}$$

综上所述，当土地市场是完全竞争的时候，无论土地的价格如何，土地所有者都会将他拥有的全部土地提供给市场。由于土地的供给曲线是垂直的，土地的市场供给曲线是由个人供给曲线加总而成，因此土地的市场供给曲线也是垂直的，如图 11－7 所示。

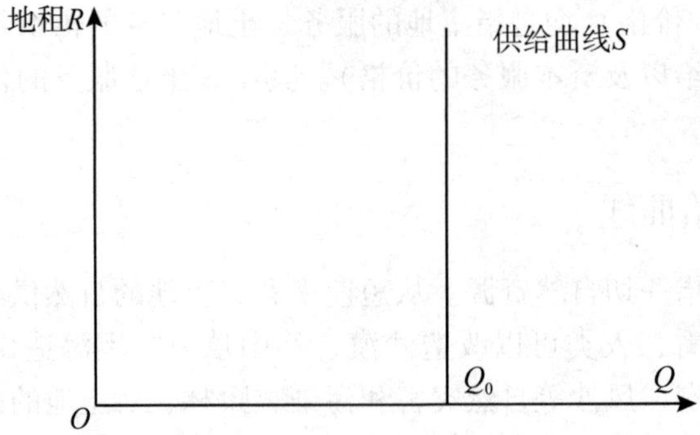

图 11－7　土地的供给曲线

图 11－7 是土地的供给曲线的示意图。图 11－7 中横轴为土地的供给量 Q，纵轴为土地的价格即地租，S 为土地的供给曲线，Q_0 表示土地的自然供给。

土地的供给曲线也可以通过无差异曲线分析方法得到。

在图 11－8 中，横轴为土地资源的自用量，纵轴为收入，初始收入为 $\overline{Y}$。图 11－8 中有两条预算线，分别为 K_0E、K_1E。

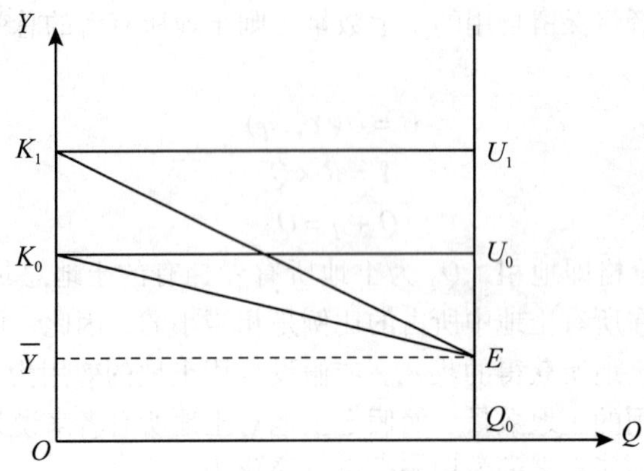

图 11－8　土地供给的无差异曲线分析

当地租为 R_0 时，如果土地拥有者将全部土地用于要素供给，则收入为 $K_0 = Q_0 \times R_0 + \overline{Y}$，当然，如果土地拥有者将全部土地用于自用，则收入仍为 $\overline{Y}$（E 点所示），见图 11－8 中的预算线 K_0E。

当要素价格上升为 R_1 时，如果消费者将全部资源用于要素供给，则收入为 $K_1 = Q_0 \times R_1 + \overline{Y}$；如果土地拥有者将全部土地用于自用，则收入仍为 $\overline{Y}$（E 点所示），见图 11－8 中的预算线 K_1E。

真正值得研究的是土地拥有者的无差异曲线：它们为水平直线。其原因是土地自用的效用为零，土地拥有者效用水平只取决于出租土地获得的收入，而与土地自用量无关。

因此，对于预算线 K_0E 来说，它所能达到的最高的无差异曲线就是 U_0，交点是 K_0（注意，此时无法保证相切），对应的土地自用量为 0，这意味着土地拥有者应该将全部土地用于供给而不是自用。

对于预算线 K_1E 来说，它所能达到的最高的无差异曲线就是 U_1，交点是 K_1，对应的土地自用量为0，这同样意味着土地拥有者应该将全部土地用于供给而不是自用。

因此，土地自用量为0，而土地供给量将一直是 Q_0，所以，土地的供给曲线是一条垂线。

需要说明的是，土地的供给曲线是垂直的，并非只是因为土地的自然供给是垂直的。土地的自然供给固定不变只是土地供给曲线垂直的必要条件而非充分条件。土地用途的唯一性（不具有保留自用的用途）相结合才能保证土地的供给曲线是垂直的。这个结论还可以进一步扩展成一般性结论：如果一种资源的自然供给是不变的，并且该资源只有一种用途，那么该资源的供给曲线是垂直的。

进一步，如果一种资源有多种用途，则该资源的供给曲线在其机会成本水平之上是垂直的。假设一块土地，可以搞房地产开发，也可以种玉米，种玉米一年收入2000元，则搞房地产开发的机会成本就是2000元。也就是说，只要支付给土地所有者的年租金高于2000元，土地所有者就会把土地全部用于房地产开发，即供给曲线在租金高于2000元以上的部分垂直。

（二）使用土地的价格和地租的决定

土地的服务价格称为地租，地租的大小由土地的供给和需求决定。如图11－9所示。

在完全竞争的经济中，土地的市场供给曲线 S 是垂直的，土地的市场需求曲线 D 是向右下方倾斜的，因此，土地的市场供给曲线和市场需求曲线的交点 E 是土地供求实现均衡的均衡点，在 E 点的地租为 R_0。

从图11－9可以看出，土地的供给不变的情况下，如果需求不断下降，即需求曲线下移，需求曲线下降到一定程度的时候，均衡的地租水平将变为0。随着土地的需求不断上升，地租也会不断地提高。所以说，产生地租的根本原因在于土地是稀缺的，供给不能增加，而需求不断上升。如果土地的供给不变，则地租的产生纯粹是由于土地的需求的不断提高。

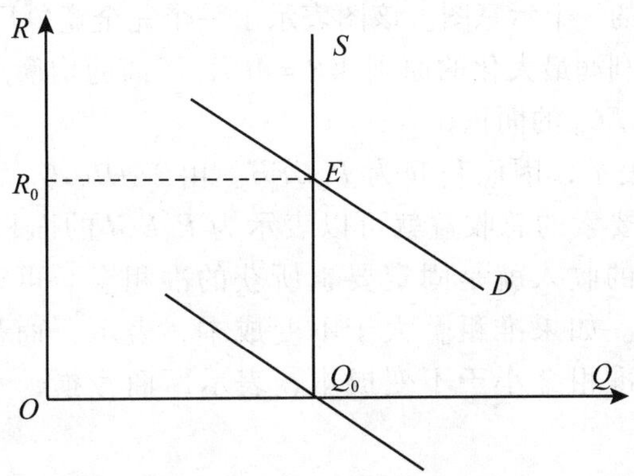

图11－9　地租的决定

二、租金、准租金和经济租金

（一）租金

租金指供给同样固定不变的一般资源的服务价格。如前所述，土地的供给曲线是固定不变的，由于需求的增加，土地所有者可以得到的收入叫作地租。我们看到，地租提高，土地的供给量也不会提高；地租降低，土地的供给量也不会减少。在经济中还存在着其他的一些要素，比如某些人的天赋才能，它们的供给数量也是不变的，不受价格涨落的影响，这些要素所得到的价格，我们统称为租金。可以看出，土地是一种特有的资源，所以地租只是租金的一个特例，是租金的一种，而租金是一般化的地租。

☞ **即问即答**

有一位著名画家，在他生前，他的画的价格是每平方尺 2000 元；在他去世后，价格马上涨到了每平方尺 5000 元，而且仍在不断上涨。这是为什么？

（二）准租金

准租金指对任何供给量暂时固定的（短期内相对固定）生产要素的支付。除土地外，任何一种在短期内供给量相对固定的生产要素的使用都须支付一定的价格。在现实中，有些要素在短期内是不变的，在长期中可变，这类要素所获得的收入，就叫作准租金。比如，厂商投资建设的厂房、机器等物品，在短期内，即使厂商不能盈利，它也无法把它们从现有的用途中转移到收益较高的领域，反之，即使厂商盈利很多，它也无法迅速增加这些物品的供给。因此，这些资本品在短期内供给是不变的，但在长期内却是可变的。

图 11－10 是准租金的一个示意图。该图表示了一个完全竞争厂商的短期决策情况。在价格为 P_0 时，按照厂商利润最大化的原则 $MR=MC$，厂商的均衡点为 E，均衡产量为 Q_0，因此厂商的总收益为 OP_0EQ_0 的面积。

总成本是 $OHF\ Q_0$ 表示，因而利润为 P_0EFH。由于 $OHGQ_0$ 可以看做是对可变要素支付的成本，因而固定要素的总收益就可以表示为 P_0EGI 的面积，如图 11－10 中的阴影部分所示，这一部分的收入就是固定要素所获的准租金。可以看出，准租金等于不变成本与经济利润之和。如果准租金大于不变成本，表示厂商盈利，利润为准租金减去不变成本的差；如果准租金小于不变成本，表示厂商亏损，亏损额等于准租金与不变成本的差。

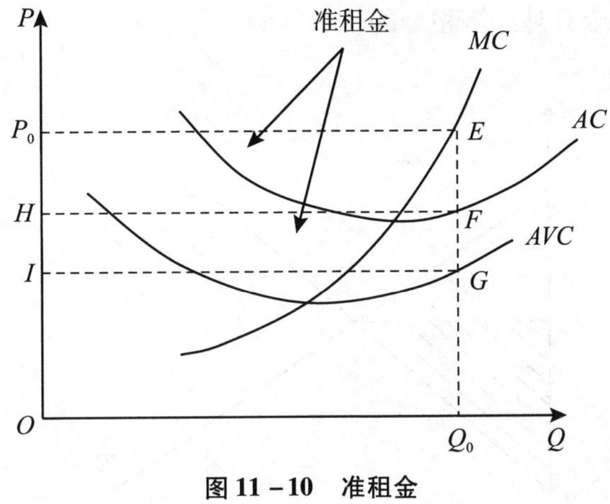

图 11－10　准租金

☞ 即问即答

你同意对图 11－10 的以上解释吗？以上解释意味着利润是由哪一种成本带来的？实际上，以上解释意味着利润是由固定成本带来的，而固定成本的投入者是资本家，所以，资本家应该获得利润（剩余价值）。这样合理吗？

（三）经济租金

经济租金可以定义为生产要素所得到的收入超过其在其他场所可能得到的收入部分。可以理解为要素的当前收入超过其机会成本的部分，简言之，经济租金等于要素收入减去机会成本。

从租金的分析可以看出，租金的特点在于要素价格的变化不会影响到租金的供给。有一部分要素收入类似于租金，即从要素收入中减去该部分并不会影响要素的供给。我们把要素的这一部分收入称为经济租金。也就是说，经济租金并不是吸引该要素用于当前使用所必需的。

经济租金类似于生产者剩余。图 11－11 是要素的供给曲线和需求曲线，均衡时，要素的价格是 R_0，要素的使用量是 Q_0。供给曲线告诉了我们，要素所有者提供要素所要求的最低价格或者说是要素所有者在某一价格下愿意提供的要素的数量，所以，要素所有者为提供 Q_0 的要素所能够接受的最低总价格相当于 $OAEQ_0$ 的面积，也就是供给曲线以下、EQ_0 左面无阴影的区域。图 11－11 中阴影部分的面积就是要素所有者所得到的收益超过其提供要素所要求的最低收入的部分，即价格以下供给曲线以上的部分，就是经济租金。

从图 11－11 可以看出，如果需求增加，即需求曲线向右移动，要素的价格会提高，从而经济租金提高。在需求不变的条件下，如果要素供给具有完全弹性，即供给曲线水平，经济租金为 0；当要素的供给弹性降低，即供给曲线变陡，经济租金就会增大；当要素的供给完全无弹性，即曲线变得垂直时，所有向生产要素的支付金额都是经济租金，因为，这时无论要素价格多高或者多低，要素的供给都不变，这时经济租金变得最大，这时的经济租金就是租金。可以看出，租金只是经济租金的一个特例。

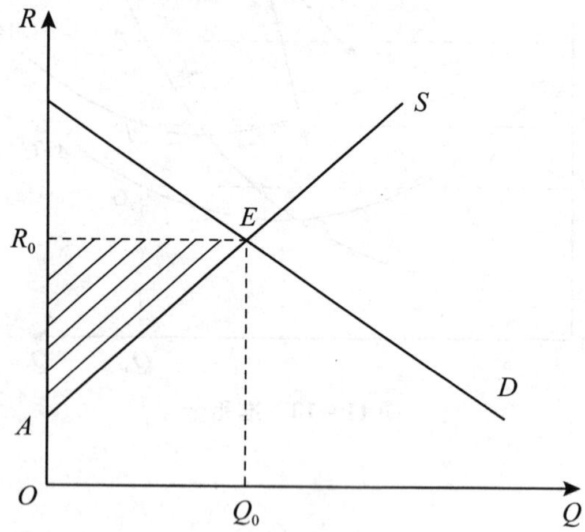

图 11－11　经济租金

案例讨论

（1）一位著名歌星的出场费高达数十万元，其年收入可以达到上千万元。假设一位歌星年收入是 1000 万元，而他除了会唱歌还会讲《微观经济学》，还会种地，而讲《微观经济学》年收入是 1 万元，种地的年收入是 5000 元。

问题：要使歌星留在唱歌这个行业，每年最少要给歌星多少钱？或者说他愿意接受的最低收入是多少？歌星的经济租金是多少？

（2）黑死病经济学。14 世纪的欧洲，鼠疫的流行在短短几年内夺去了大约 1/3 人口的生命。这个被称为黑死病的事件为检验我们提出的要素市场理论提供了一个可怕的自然试验。我们来看看黑死病对那些幸运地活下来的人的影响。你认为工人赚到的工资和地主赚到的租金会有什么变动呢？

为了回答这个问题，我们来考察人口减少对劳动的边际产量和土地的边际产量的影响。在工人供给减少时，劳动的边际产量增加了（这只是边际产量递减在相反方向起作用）。因此，我们估计黑死病提高了工资。

由于，土地和劳动共同用于生产，工人供给减少也影响土地市场，土地是中世纪欧洲另一种主要生产要素。由于可用于耕种土地的工人少了，增加单位土地所生产的额外产量少了。换句话说，土地的边际产量减少了。因此，可以认为黑死病降低了租金。

实际上，这两种判断都与历史证据相一致。在这一时期，工资将近一翻了一番，而租金减少了 50%，甚至更多。黑死病给农民阶级带来了经济繁荣，而减少了有土地阶级的收入。

小结

土地的供给曲线是垂直的，但是土地供给曲线垂直的原因不是因为其自然供给不变，而是因为假设其保留自用的效用为零。

租金指供给同样固定不变的一般资源的服务价格。准租金指对任何供给量暂时固定的（短期内相对固定）生产要素的支付。经济租金是生产要素所得到的收入超过其在其他场所可能得到的收入部分，即经济租金等于要素收入减去机会成本。

第四节　资本的供给曲线和利息的决定

一、资本与利息

（一）资本

资本是由经济制度本身所生产出来的并被用作投入要素以便进一步生产更多的商品和服务的物品。因此，作为资本需具备如下三个特征。

（1）资本是由人类的经济活动所生产，因而它的总量是可以改变的；

（2）它之所以被生产出来，并非为了消费，而是为了能够生产出更多的商品和劳务；

（3）它在生产过程中被作为投入要素使用。也就是说，一台机器投入生产以后才是资本，否则，只是一台机器而已。

由上述特点，资本区别于一般的消费品，也区别于土地和劳动等要素。

资本的供给来自消费者的储蓄。我们把消费者的货币收入中除消费以外的部分叫作储蓄，消费者的储蓄被企业借贷之后用于购买资本品，便转化为资本。为了将问题简化，我们假定储蓄全部转化为资本。这样资本供给问题就转化为消费者的储蓄决策问题。

资本的需求方是厂商，厂商购买资本品的目的是为了使用这些资本品以生产更多的产品和劳务从而实现自己的利润最大化。厂商购买资本品的行为称为投资，因此，投资形成了资本的需求。所以研究资本的需求问题可以转化为研究厂商的投资决策问题。

☞ **即问即答**

卡尔·马克思对于资本的定义是：资本是能够带来剩余价值的价值，资本是物化的劳动。那么资本究竟是不是生产要素呢？资本能够参与分配吗？存在剥削吗？生产的剩余（无论是剩余价值还是利润）到底应该给谁呢？

（二）利息

资本的源泉价格为资本价值，资本的服务价格为利息。利息指资本的服务价格，指为使用资本而支付的报酬。单位资本的服务价格用利息率表示。利息率等于资本服务的年收入与资本价值之比。r 表示利息率，Z 表示资本服务的年收入，P 表示资本价值。则：

$$r = Z/P$$

二、资本的供给

（一）储蓄

资本的供给主要取决于消费者的储蓄决策。消费者会把他的收入一部分消费掉，而把另一部分储蓄起来，留待以后消费。假设消费者本年储蓄 100 元，下一年他能够得到 110 元，那么，这增加的 10 元就是利息，以 10 元利息除以储蓄额 100 元，得到利息率 10%，这个利息率就是资本供给的价格。这里可以看出，消费者之所以没有把他的所有收入都在本年消费掉，而是储蓄了一部分，正是为了获取利息，这样本年他减少消费 100 元，下一年他可以消费 110 元，可见消费者本年减少一些消费正是为了以后能够多消费。

可以发现，消费者对于消费和储蓄的决策实际是一种跨时期决策，他要决定的是本年消费多少、下一年消费多少，而前面所讲的消费者对土地和劳动的决策则是一种当期决策。消费者直接把收入消费掉，从而直接地增加了资本的效用；他把收入的一部分储蓄起来下一年消费，可以得到一个额外的收入即利息，可以提高资本的效用水平。消费者的目的是实现资本的效用最大化，在这里就是要实现本年效用和下一年效用的总和的最大化。

（二）消费者长期决策均衡

图 11－12 中用无差异曲线作为工具来具体分析消费者的决策。

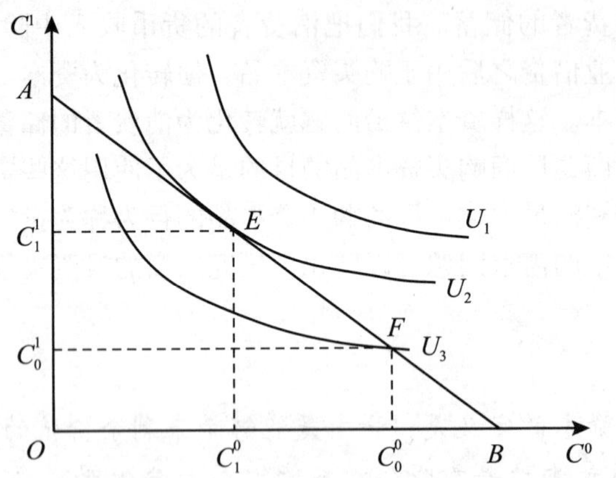

图 11－12　消费者长期决策

假定将研究的时间限定为本年和下一年两年。图 11－12 表示了消费者的跨时期决策情况。图 11－12 中横轴 C^0 为本年的消费。纵轴 C^1 为下一年的消费，F 为消费者的这两年收入初始组合点，即他本年收入 C_0^0，下一年收入 C_0^1。AB 为消费者的预算线，所以 AB 必定要通过 F 点。

下一年的最大消费量是多少？应该是 $C_0^1 + C_0^0(1+r)$，即 A 点的坐标；

本年的最大消费量是多少？应该是 $C_0^0+\frac{C_0^1}{1+r}$，即 B 点的坐标。

因此，曲线 AB 的斜率为 $-\frac{C_0^1+C_0^0(1+r)}{C_0^0+\frac{C_0^1}{1+r}}=-(1+r)$

实际上，如果沿着预算线向左上方移动，表明消费者减少本年的消费，增加储蓄，如果沿预算线向右下方移动，表明消费者本年就提前借入了下一年的收入。假设利息率为 r，那么本年消费者增加1元的储蓄，下一年他就可以消费（$1+r$）元，显然预算线的斜率是 $-(1+r)$。

图11-12中 U_1、U_2 和 U_3 是消费者的无差异曲线，它反映了消费者对本年消费与下一年消费之间的偏好。消费者的无差异曲线与预算线相切于 E 点，F 是消费者的均衡点，所以，消费者在均衡时选择的是本年消费 C_1^0、下一年消费 C_1^1，显然消费者是把一部分收入储蓄起来，储蓄额是（$C_0^0-C_1^0$）。

（三）储蓄或贷款供给曲线

假设消费者的收入组合不变，但是市场的利息率提高，均衡将如何变化？

设消费者处于图11-13中的 E_1 点，此时预算线 AB 与无差异曲线 U_1 相切于 E_1，实现了均衡。本年消费量为 C_1^0，下一年消费量为 C_1^1。如果市场的利息率提高，下一年的最大消费量应该增加，本年的最大消费量应该减少。预算线的斜率（绝对值为 $1+r$）将增加。

预算线将沿着收入组合点 E_1 顺时针旋转，假定旋转到 A_1B_1。新的预算线与无差异曲线 U_2 相切于 E_2 点，因此，E_2 点就是新的消费者均衡点。均衡时消费者选择本年消费 C_2^0、下一年消费 C_2^1。可见由于利息率提高消费者减少了本年的消费，增加了储蓄。从这个简单的模型可以看出，利息率提高使消费者减少当前消费，增加储蓄；利息率降低使消费者增加当前消费，减少储蓄。

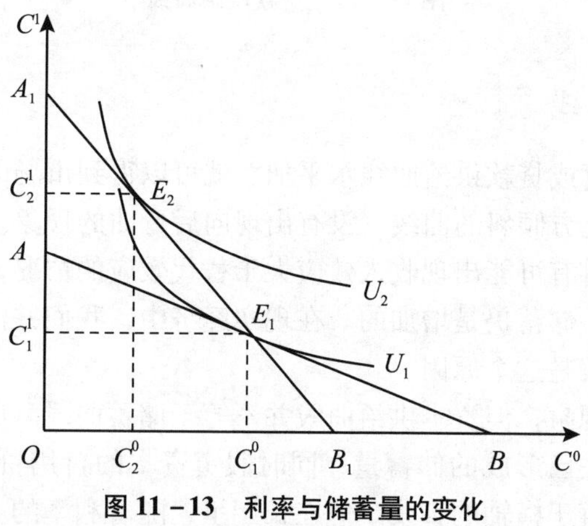

图11-13　利率与储蓄量的变化

利率也有所谓的替代效应和收入效应。利率的改变相当于改变了本年消费和下一年消费的相对价格，即提高利率相当于提高本年的消费价格，降低下一年的消费价格。消费者将减少本年消费，增加下一年消费，这是利率提高的替代效应，也就是说，利率提高的替代效应使消费者增加储蓄；同时，利率提高会引起人们收入的提高，从而增加当前消费，减少储蓄，这是利率提高的收入效应。所以利率提高时，储蓄是增加还是减少取决于替代效应和收入效应的总效应，如果替代效应大于收入效应，储蓄将增加，如果收入效应大于替代效应，储蓄将减少。一般来讲，利息收入只占消费者收入的一个很小的比例，所以替代效应往往是大于收入效应，但是当利息率提高到一定程度的时候，收入效应就可能超过替代效应，消费者会增加消费从而使储蓄减少。

如图 11－14 所示。储蓄或贷款的供给曲线是一条向后弯曲的曲线。曲线的下半部分向右上方倾斜，是正常的供给曲线形状，而上半部分向左上方倾斜，是利率很高时收入效应大于替代效应出现的异常的供给曲线。

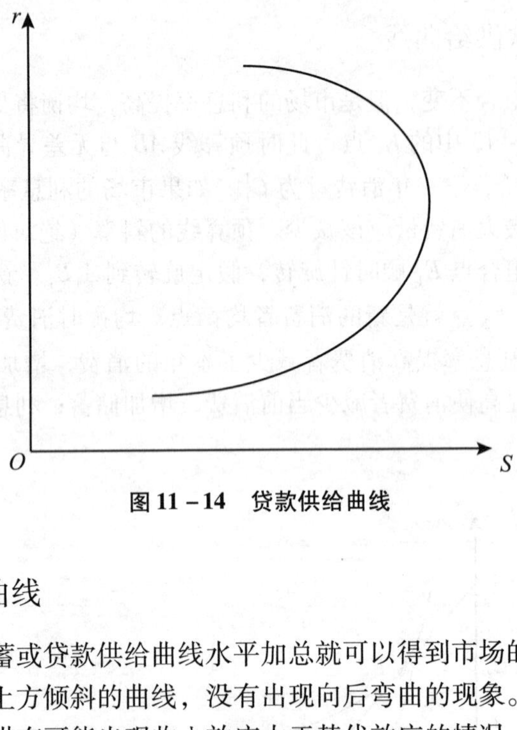

图 11－14　贷款供给曲线

（四）资本供给曲线

将单个消费者的储蓄或贷款供给曲线水平加总就可以得到市场的贷款供给曲线，但市场供给曲线是正常的向右上方倾斜的曲线，没有出现向后弯曲的现象。原因在于，虽然利率很高时，就单个消费者来讲有可能出现收入效应大于替代效应的情况，但就整个经济来讲，替代效应仍大于收入效应，储蓄仍是增加的。在现实经济中，我们并没有发现储蓄或贷款供给曲线向后弯曲的例子，就是这个原因。

储蓄是资本供给的源泉，但资本供给曲线并不等于储蓄曲线。就一个社会、一定时期而言，资本形成取决于过去已形成的储蓄量，同时假定资本的自用价值为 0，因此在短期里，资本供给曲线为一条垂直于横轴的直线。但在长期里，随着利率的上升，储蓄量的增加，则资本供给曲线被不断推向右方。

三、资本的供给

（一）资本的需求

从整个社会来看，对资本的需求主要来自厂商。前已述及，厂商的投资行为形成了对于资本的需求。那么，影响厂商投资决策的因素是什么呢？在厂商进行投资决策时，它追求的是利润最大化，它所考虑的主要方面是预期利润率和利息率，另外，还要考虑到投资风险。厂商一旦进行投资，其所花费的大部分成本就变为沉淀成本，并且一项投资往往持续的时间很长，所需资金庞大，所以，厂商的投资决策实际上是风险决策，它牵涉一系列影响因素，这里略过不谈。我们主要讨论利息率对厂商投资需求的影响。

厂商在进行投资决策的时候，如果厂商的各个投资项目的预期利润率不变，而市场利率提高，就会有许多的投资项目被否定，从而厂商的投资意愿降低，投资就会下降，从而对可贷资本的需求下降；如果利息率降低，厂商的成本降低，就会使一些原本不合算的项目变得有利可图，厂商的投资意愿上升，投资增加，对可贷资本的需求就会上升。因此，资本的需求曲线是向右下方倾斜的曲线。

（二）均衡利率的决定

在图 11－15 中，资本的短期供给曲线最初为 SS_1（SS 指 short-run supply），资本数量为 Q_1，与向下倾斜的资本需求曲线相交于 E 点，决定均衡利率为 r_1；而在经过一段时间后，在当前利率下，储蓄不断转化为资本，资本的供给曲线变为 SS_2，与向下倾斜的资本需求曲线相交于 F 点，资本数量为 Q_1，决定均衡利率为 r_2。

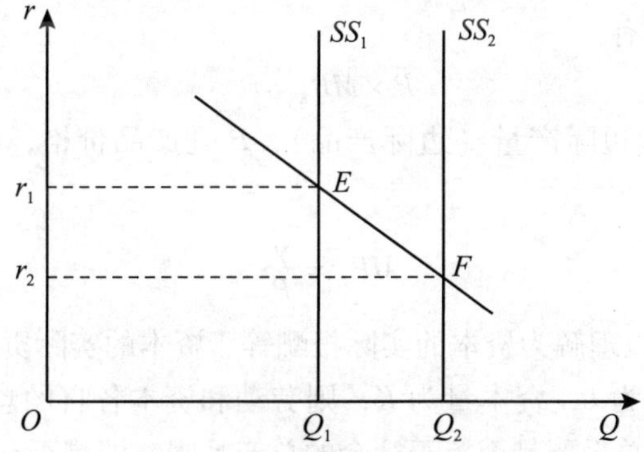

图 11－15　资本市场的均衡

在 r_2 上，利率降到储蓄量与投资量恰好和资本存量相等，于是资本存量稳定在 Q_2 水平上，资本市场达到了长期均衡，除非资本的需求曲线上移或者人们对未来消费偏好增强。

☞ 小结

资本是由经济制度本身所生产出来的，并被用作投入要素以便进一步生产更多的商品和服务的物品。

资本可以通过储蓄来增加。储蓄量与利率有关，利率提高有两种效应：替代效应和收入效应。一般来讲，利息收入只占消费者收入的一个很小的比例，所以，替代效应往往是大于收入效应，但当利息率提高到一定程度的时候，收入效应就可能超过替代效应，消费者会增加消费从而使储蓄减少。因此，储蓄或贷款的供给曲线是一条向后弯曲的曲线。

短期内资本供给曲线是一条垂线，长期内会不断向右移动。

第五节　欧拉定理

我们知道，在完全竞争的条件下，厂商使用要素的原则是：要素的边际产品价值等于要素价格。如果只有劳动一种要素，即：

$$P \times MP_L = W \tag{11.12}$$

其中，MP_L 是劳动的边际产量（边际产品），P 是产品价格，W 是工资。上式可以进一步转化为：

$$MP_L = \frac{W}{P} \tag{11.13}$$

式（11.13）中，$\frac{W}{P}$是劳动的价格与产品价格之比，可以看作劳动的实际工资。其含义就是劳动的实际报酬等于劳动的实际贡献。

如果还存在另外一种要素，例如资本，那么，厂商使用要素的原则仍然是要素的边际产品价值等于要素价格。即有：

$$P \times MP_K = r \tag{11.14}$$

其中，MP_K 是劳动的边际产量（边际产品），P 是产品价格，W 是工资。式（11.14）可以进一步转化为：

$$MP_K = \frac{\gamma}{P} \tag{11.15}$$

式（11.15）同样可以理解为资本的实际报酬等于资本的实际贡献。

假定全社会的劳动量为 L，资本量为 K，则劳动和资本各自的总报酬为 $L \times MP_L$ 和 $K \times MP_K$。那么，全部要素的总报酬是否等于社会的总产品呢？即是否存在下面的等式：

$$L \times MP_L + K \times MP_K = Q \tag{11.16}$$

欧拉定理指出：如果产品市场和要素市场都是完全竞争的，而且厂商生产的规模报酬不变，那么，在市场均衡的条件下，所有生产要素实际所取得的报酬总量正好等于社会所生产的总产品。该定理又叫作产品分配净尽定理。

欧拉定理的证明如下：

假设生产函数为：$$Q=f(L,\ K)$$

由于规模报酬不变，所以生产函数为一次齐次方程，因此有：

$$\frac{Q}{L}=f\left(\frac{L}{L},\ \frac{K}{L}\right)=f(1,\ k) \tag{11.17}$$

其中，Q/L 为人均产量，$k=\frac{K}{L}$即为人均资本，人均产量是人均资本 k 的函数。于是有：

$Q=L\times f(1,\ k)$，令 $\varphi(k)=f(1,\ k)$，则 $Q=L\times\varphi(k)$

令 Q 对劳动求偏导数：

$$\begin{aligned}\frac{\partial Q}{\partial L}&=\frac{\partial[L\times\varphi(k)]}{\partial L}=\varphi(k)+L\times\frac{\mathrm{d}\varphi(k)}{\mathrm{d}k}\times\frac{\mathrm{d}k}{\mathrm{d}L}\\&=\varphi(k)+L\times\varphi'(k)\times\frac{\mathrm{d}K}{\mathrm{d}L}=\varphi(k)+L\times\varphi'(k)\times\left(\frac{-K}{L^2}\right)\\&=\varphi(k)-\varphi'(k)\times\left(\frac{K}{L}\right)=\varphi(k)-k\times\varphi'(k)\end{aligned} \tag{11.18}$$

$$\begin{aligned}\frac{\partial Q}{\partial K}&=\frac{\partial[L\times\varphi(k)]}{\partial k}=L\times\frac{\partial\varphi(k)}{\partial k}=L\times\frac{\mathrm{d}\varphi(k)}{\mathrm{d}k}\times\frac{\partial k}{\partial K}\\&=L\times\varphi'(k)\times\frac{1}{L}=\varphi'(k)\end{aligned} \tag{11.19}$$

由式（11.18）和式（11.19），即可证明欧拉定理：

$$\begin{aligned}L\times\frac{\partial Q}{\partial L}+K\times\frac{\partial Q}{\partial K}&=L\times[\varphi(k)-k\times\varphi'(k)]+K\times\varphi'(k)\\&=L\times\varphi(k)-K\varphi'(k)+K\times\varphi'(k)=L\times\varphi(k)=Q\end{aligned}$$

在规模报酬递增情况下，如果按照边际生产力分配，则产品不够分配给各个生产要素，即：

$$L\times\frac{\partial Q}{\partial L}+K\times\frac{\partial Q}{\partial K}>Q \tag{11.20}$$

在规模报酬递减情况下，如果按边际生产力进行分配，则产品在分配给各个生产要素之后还有剩余，即：

$$L\times\frac{\partial Q}{\partial L}+K\times\frac{\partial Q}{\partial K}<Q \tag{11.21}$$

证明如下：

如果生产函数 $Q=f(L,\ K)$ 为 r 齐次，则有：$Q=L^r\times\varphi(k)$

因此有：

$$\frac{\partial Q}{\partial K}=L^{r-1}\varphi'(k)$$

$$\frac{\partial Q}{\partial L}=rL^{r-1}\varphi(k)-L^{r-1}k\varphi'(k)$$

$$L\times\frac{\partial Q}{\partial L}+K\times\frac{\partial Q}{\partial K}=rL^r\varphi(k)=rQ \tag{11.22}$$

显然在规模报酬递增时，$r>1$，所以有：

$$L\times\frac{\partial Q}{\partial L}+K\times\frac{\partial Q}{\partial K}>Q \tag{11.23}$$

在规模报酬递减时，$r<1$，所以有：

$$L\times\frac{\partial Q}{\partial L}+K\times\frac{\partial Q}{\partial K}<Q \tag{11.24}$$

为什么“在规模报酬递增情况下，如果按照边际生产力分配，则产品不够分配给各个生产要素”?

可以这样理解：我们可以假设只有劳动量 L 和资本 K 构成合成一种要素（$L+K$），于是规模报酬递增就变成了（$L+K$）的边际产量递增。（$L+K$）投入越多，其边际产量越大，也就是说，最后一单位的（$L+K$）投入效率最高或最后一单位的 $MP_{(L+K)}$ 最大，当边际产量增加时，边际产量要大于平均产量，也就是说：

$$MP_{(L+K)}>AP_{(L+K)} \tag{11.25}$$

式（11.25）同乘以（$L+K$），有 $(L+K)\times MP_{(L+K)}>Q$，产品不够分配给各个生产要素。

实际上，由于最后一单位的（$L+K$）投入效率最高或最后一单位的 $MP_{(L+K)}$ 最大，因此 $(L+K)\times MP_{(L+K)}$ 意味着是按照生产力最高的要素来发放报酬的，这显然会导致产品不够分配，因为之前的要素效率较低，但也拿到了同样的报酬。

例如，你雇用第一个工人，他效率很低，每天生产 1 个产品，产品价格是 10 元，劳动创造价值 10 元；雇用了第二个工人，他效率很高，每天生产 5 个产品，劳动创造价值 50 元。但工资是按照第二个工人的高效率来发放的，根据 $P\times MP=W$ 的原则，单位劳动的工资应该是 50 元，总工资是 100 元，但总收益只有 60［即（1+5）×10］元，你显然是吃亏了。

同样，也可以理解为什么“在规模报酬递减情况下，如果按照边际生产力分配，则产品在分配给各个生产要素之后还有剩余”。其原因在于：在这种情况下，厂商是根据生产力最低的要素来发放报酬的。

例如，你雇用第一个工人，他效率很高，每天生产 5 个产品，产品价格是 10 元，劳动创造价值 50 元；雇用了第二个工人，他效率很低，每天生产 1 个产品，劳动创造价值 10 元。但工资是按照第二个工人的低效率来发放的，根据 $P\times MP=W$ 的原则，单位劳动的工资应该是 10 元，总工资是 20 元，但总收益是 60 元，你显然会获得剩余。

第六节　贫富差距

一、洛伦兹曲线和基尼系数

前面分析了经济学的生产要素价格决定理论，这些理论构成经济学中分配理论的重要基础。但是还有一个重要的问题，那就是每个人的天赋和从小所受的教育不同，勤劳的程度不同；每个人在经济社会中所拥有的资本不一样；所拥有的土地资源也存在极大的差别；同时，还有带来收入差异的非要素因素。因而，在经济社会中人们所能得到的收入存在很大的差别，这就是收入分配的不平等问题。

一个经济社会如果收入分配过于不平等，国民收入的大部分落到少数人手里，而大多数人一贫如洗，这样的社会必然是一个不稳定的社会。反之，如果一个经济社会收入分配过于平均化，每个人无论工作的勤劳程度如何、工作业绩如何，都得到同样的收入，这个社会一定是一个缺乏效率的社会。正因为如此，建立一个能够测度一个国家收入分配不平等程度的标准或指标就是至关重要的。

（一）洛伦兹曲线（Lorenz curve）

为衡量一个国家或地区的贫富差距程度，美国统计学家 M. O. 洛伦兹（M. O. Lorenz）提出了著名的洛伦兹曲线。

在一个经济总体（国家、地区）内，首先对全部人口按收入高低排队，计算出收入最低的 20% 人口的收入所占总收入的百分比，再计算出收入最低的 40% 人口的收入所占总收入的百分比，依次类推到 60%、80% 和 100%。这样可以得到一个表格。例如，表 11－2 所给出的数据。

表 11－2　　2014 年美国五等分组家庭收入分配差距

人口累计（%）	收入累计（%）
20	3.1
40	11.3
60	25.6
80	48.7
100	100

资料来源：金志奇．美国收入分配差距变化与“美国梦”之关系研究［J］．中共天津市委党校学报 2017（5）

根据表 11－2 所给出的数据，可以画出图 11－16 所示的图形。图 11－2 中横轴是 *OH* 表示人口（按收入由低到高分组）的累积百分比，纵轴 *OI* 表示收入的累积百分比，*OL* 为 45°线，弧线 *ODL* 为洛伦兹曲线。

图 11－16 中洛伦兹曲线的弯曲程度有重要意义。一般来讲，它反映了收入分配的不平等程度。洛伦兹曲线与 45°线 *OL* 围成的阴影面积是“不平等面积”（由 *A* 代表）。此面积越大，收入分配越不平等。反之亦然。

特别是，如果所有收入都集中在一人手中，而其余人口均一无所获时，收入分配达到完全不平等，洛伦兹曲线成为折线 *OHL*；另一方面，若任一人口百分比均等于其收入百分比，从而人口累计百分比等于收入累计百分比，则收入分配是完全平等的，洛伦兹曲线成为通过原点的 45°线 *OL*。

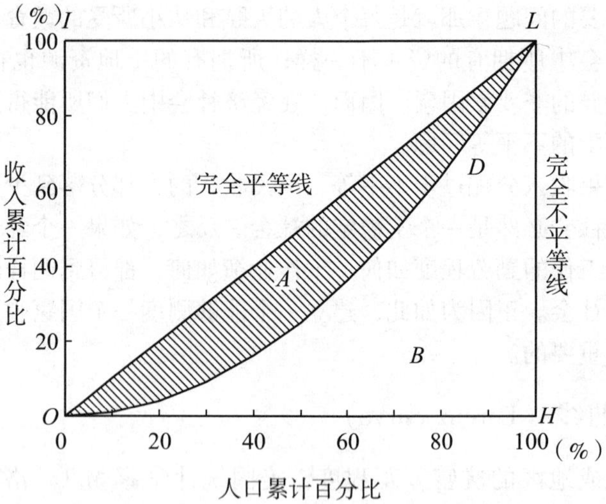

图 11－16　洛伦兹曲线

通常情况下，一个国家的收入分配，既不是完全不平等，也不是完全平等，而是介于两者之间。相应的洛伦兹曲线，既不是折线 *OHL*，也不是45°线 *OL*，而是像图中这样向横轴突出的弧线 *ODL*，尽管突出的程度有所不同。

（二）基尼系数

根据洛伦兹曲线，意大利经济学家 C. 基尼（C. Gini）提出可以用 *A*、*B* 的面积比来表示一个经济的收入分配不平等程度，这个比值就是基尼系数。具体计算公式为：

$$G=\frac{A}{A+B} \tag{11.26}$$

基尼系数是一个大于 0 且小于 1 的数。基尼系数越大，说明一个国家收入分配越不平等，即贫富悬殊程度越高；基尼系数越小，说明一个国家的收入分配越平等。国际上通常认为，当它处于 0.3～0.4 时表示收入分配比较合理，0.4～0.5 表示收入差距过大，超过 0.5 则意味着出现两极分化。从现实来看，世界各国对基尼系数的运用并不完全一致。很多国家都是把它与其他因素结合起来，综合判断收入差距。在不少国家，基尼系数都有不同的标准和界线。总的来说，基尼系数只可参考，不能绝对化。毋庸讳言，我国的基尼系数 2010 年超过 0.5，已跨入收入分配差距悬殊行列，财富分配非常不均。

二、收入差异以及解决办法

（一）收入差异

在完全竞争市场的假设下，每个人的工资都是相同的，但实际上是这样吗？在目前的中国，虽然足球水平并不高，但中超联赛的主力队员至少可以拿到税后年薪 500 万元人民币以上，中国大城市的医生平均每年赚到至少 28 万元左右，而工厂工人平均每年赚到 3 万～6 万元，农民呢？有的农民每年收入只有 1 万元左右。这几个例子说明，在我国经济中收入的巨大差距非常普遍。究竟是什么因素造成人与人的收入差别如此之大？

决定收入差别的因素很多，工资差异是其中一个重要原因，但工资差异并不能完全代表收入的差异。在这里我们要明白，带来收入差异的全部因素可以包括工资差异、权利差异（或权力差异，包括阶层之间的差异）和机遇之间的差异等。但抛开偶然性因素不谈，比如说有人可以在路上捡到 100 万元或者买彩票中大奖，机遇的不同在一定程度上可以归结为权利差异（或权力差异），而导致权利差异（或权力差异）的原因又在一定程度上可以归结为你的先辈之间的工资差异。在一个相对完善成熟的市场体制下，工资差异在一定程度上决定了目前和以后的收入差异。

经济学家把导致工资差异的因素归结为这样几种：劳动质量的差异、非货币利益的不同或补偿性工资差别、劳动市场的不完全竞争以及歧视。

1. 劳动质量的差异

人们之间总存在差别，智力、体力等方面的不同导致了劳动质量的不同以及劳动边际产量的不同，因此，工资就出现了差异。假如一个工作是把 50 千克的沙袋搬上 10 楼，搬得越多，工资越高，那么，那些身强力壮的人无疑会赚得更多。假如工作是编写一个非常复杂的电脑程序，这个工作将主要与智力有关，而与身高体重关系不大。

除了智力、体力这些几乎是天生的因素外，受教育程度、受训练程度的不同也是导致劳动质量差异的重要因素。受教育程度较高、受训练程度较高的人可以被认为具有较多的人力资本。毫不奇怪，人力资本较多的工人平均收入高于人力资本少的工人。例如，美国大学毕业生的收入比高中毕业的工人平均高 65%。这种巨大差距在世界上许多国家都得到证明，在发展中国家这种差距往往更大。发展中国家解决不平等的一个重要途径就是让教育惠及每一个人。

2. 非货币利益的不同或补偿性工资差别

当一个工人决定是否接受某个工作时，工资仅仅是这个工人考虑的许多工作因素之一。有些工作轻松、有趣又安全；而另一些工作艰苦、枯燥又危险。无疑，喜欢从事前者的人会更多。这样，那些艰苦、枯燥又危险的工作的劳动供给就会相对减少，因而，工资也应该更高。消防员的工作虽然充满刺激，但同样充满危险，因而消防员的工资是比较高的。这种差别被称为补偿性工资差别。煤矿工人得到的工资高于其他有相似教育水平的工人，他们的高工资用来补偿采煤的枯燥和危险性，以及对煤矿工人造成的长期健康问题。同样，为什么有那么多人热衷于做歌星、影星？除了潜在的巨大货币利益外，还能满足人类几乎普遍具有的虚荣心。

3. 市场的不完全竞争

现实中的劳动力市场往往是不完全竞争的。在完全竞争市场的假设下，要素的流动是无障碍的，实际上却不是这样。在中国，企业很多时候在招聘时要求应聘者有当地户口，这就将很多人排除在外。同样，完全竞争市场所要求的完全信息也不能得到满足，也许有一份工作非常适合你，但你不知道，这就是信息的不完全。另外，即便工作很好，你也可能会考虑生活环境问题。假如有一份工作是在撒哈拉沙漠上收集垃圾，工资为每天1000元，但你首先考虑的可能是自己能否适应那里干燥的环境。

4. 歧视

工资差异的另一个来源是歧视。这包括种族、宗教、性别、年龄等方面。一部分歧视反映了某些人对某个社会群体的偏见，如种族、宗教歧视；另一部分可能存在真实的经济学原因，如性别、年龄歧视。

种族、宗教歧视常常是个社会性问题，与文化有关，而与经济学关系不大。同样的劳动质量，美国黑人工人的平均工资比白人工人的平均工资低20%左右，这属于种族歧视。在某些国家，工作机会只向特定阶层的人开放，这可以称为阶层或阶级歧视。这些都是多文化、多种族、多宗教国家所面临的重大问题。

性别和年龄歧视普遍存在。很多企业在招聘员工时宣称：只要男性、25岁以下，等等。实际上工作性质与性别、年龄没有关系。但企业为什么要这样做呢？因为，女性也许要面临比男性更多工作以外的问题，比如生育、养育孩子等，企业或许是出于经济学的考虑而更喜欢男性。年龄问题同样是这样，25岁以下几乎可以保证潜在的员工没有家庭的负累。实际上，这样做的企业通常是短视的，因为结婚以后的男人（女人）更有责任感，无论是对工作还是对家庭。当然，中国的企业之所以敢于这样做，还有一个重要原因，即劳动力供给几乎是无限的。无论条件多么苛刻，企业总有足够的挑选空间。

另外一些歧视看起来匪夷所思，如身高歧视。有些企业在招聘员工宣称：男性要求1.70米以上、女性要求1.65米以上。也许企业在这样做的时候是在考虑公司的形象，但员工身高与公司业绩不存在什么明显的联系。还有残疾人歧视，尽管有些残疾并不影响岗位工作需要，但有调查显示，超过70%的残疾人在就业过程中有过被歧视经历，其中32%的人表示经常受到歧视待遇。

（二）如何解决收入不平等

收入不平等是一个世界性的问题。国与国之间、地区与地区之间的贫富差别是明显的。美国人均收入是埃塞俄比亚人均收入的100倍左右。同一国家的居民收入差距同样明显，1995年美国最富裕的5%的家庭平均年收入在11万美元以上，而最穷的20%的家庭平均年收入不到1.5万美元。

中国同样存在着严重的收入差距。在中国，得到最高收入的20%人口的平均收入是得到最低收入的20%人口的平均收入的10.7倍左右，而这项比较美国是8.4倍，俄罗斯是4.5倍，印度是4.9倍，最低的是日本只有3.4倍。改革开放以来，我国由世界上居民收入最平均的国家之一，变成世界上居民收入差距较大的国家之一，城乡、区域、行业、群体之间的收入差距持续扩大。

例如，在中国最大的城市之一上海，街头有很多外地的少年，在红绿灯的间隙，穿梭在拥挤的车流中，向宝马、奥迪等高档汽车的车主兜售小商品。他们中的一部分人就以城市的桥洞为家。在非洲和拉美一些国家的首都，这是司空见惯的景象。而在上海，这种情况在过去是非常少见的。实际上，任何一个中国大城市的地下通道都有大量这样的人群。他们的存在唤醒人们还有接近8000万人的中国人生活在国际贫困线之下。

政府在解决收入不平等方面能够做什么呢?

再分配政策可以是一个重要手段，通过政府税收和转移支付政策，对收入进行二次分配，调节收入在不同人群、不同地区之间的分配关系。这里的税收主要是指个人所得税，而个人所得税通常是累进的。例如，政府可以规定2000元为起征点，当你的月收入2500元时，超过2000元的那500元按5%纳税，纳税额是25元；当你的收入是3500元时，有1500元要纳税，其中500元按5%纳税，另外1000元按10%纳税，纳税额是125元。从理论上看，累进的个人所得税可以有效地遏止收入的不平等。

另外，健全的社会保险、社会救助机制也是必要的，以及通过构建社会安全网，保护弱势群体。当然，中国的问题非常复杂，政策设计要求全面而灵活。首先，对于因丧失或缺乏劳动能力而陷入困难的群体，如残疾人、慢性病患者、老年人等进行救助。其次，在劳动者生命周期的不同阶段进行平衡共济，如退休职工领取养老金，失业人员领取保险金等。再次，对由于政策因素承受特殊冲击群体进行补贴或救助，如对于资源枯竭型产业与企业脱离劳动关系的工人进行补偿。最后，对由于历史和自然原因造成的困难对象进行特殊支持和扶持。

但无论再分配政策，还是社会保险、社会救助机制都是事后的补救，遏止收入不平等的根本手段还是如何保证起点的公平以及机会的均等。其中普及性的教育可能是最有作用的。

☞ 小结

可以用洛伦兹曲线和基尼系数来衡量贫富差距，洛伦兹曲线的弯曲程度越大，不平等程度越大；弯曲程度越小，不平等程度越小。基尼系数大于0小于1，基尼系数越大，不平等程度越大。

经济学家把导致工资差异的因素归结为以下几种：劳动质量的差异、非货币利益的不同或补偿性工资差别、劳动市场的不完全竞争以及歧视。

本章框架

首先，介绍要素供给的一般问题，包括要素供给的主体、要素供给者的行为目标、研究方法，以及要素供给的原则，并利用无差异曲线得到一般意义上的要素供给曲线。

其次，对劳动力市场、土地市场、资本市场逐个分析。在劳动力市场，重点介绍劳动供给的替代效应与收入效应以及向后弯曲的供给曲线，并将需求曲线与供给曲线结合得到均衡工资；在土地市场，重点分析地租的决定以及租金、准租金与经济租金等相关概念，并将需求曲线与供给曲线结合得到均衡地租；在资本市场，重点分析长期消费决策，并将需求曲线与供给曲线结合得到均衡利率。

最后，介绍欧拉定理，贫富差距及其衡量。本章逻辑关系如图 11－17 所示。

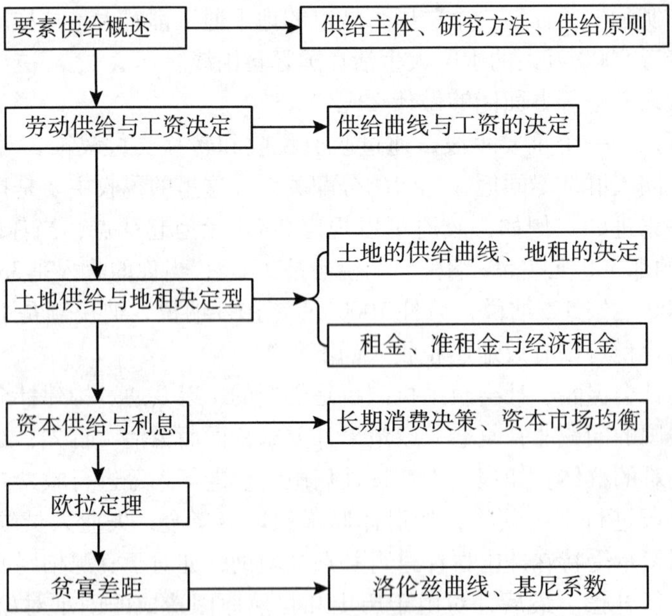

图 11－17　本章逻辑结构

内 容 提 要

1. 消费者要素供给的基本原则是：作为要素供给的资源的边际效用与作为保留自用的资源的边际效用之比等于作为要素供给的资源的价格与保留自用的资源价格之比。

2. 劳动的供给曲线是一条折弯的曲线，向右上方弯曲的部分是替代效应大于收入效应的结果，而向后弯曲的部分则是收入效应大于替代效应的结果。劳动的市场供给曲线是正常的向右上方倾斜的曲线。

3. 土地的供给曲线是垂直的，但是土地供给曲线垂直的原因不是因为其自然供给不变，而是因为假设其保留自用的效用为零。

4. 资本是由经济制度本身所生产出来的并被用作投入要素以便进一步生产更多的商品和服务的物品。储蓄或贷款的供给曲线是一条向后弯曲的曲线。

5. 短期内资本供给曲线是一条垂线，长期内会不断向右移动。

6. 可以用洛伦兹曲线和基尼系数来衡量贫富差距。导致工资差异的因素归结为以下几种：劳动质量的差异、非货币利益的不同或补偿性工资差别、劳动市场的不完全竞争以及歧视。

复习与思考

一、概念解释

地租；准租金；经济租金；资本；洛伦兹曲线；基尼系数。

二、判断正误

1. 劳动的市场供给曲线是一条向右上方倾斜的曲线。
2. 随着工资的提高，单个劳动者提供的劳动越来越多。
3. 土地的供给曲线中，有一段“向后弯曲”。
4. 经济租金等于要素收入与机会成本之和。
5. 所谓准租金就是对供给量暂时固定的生产要素的支付，即固定生产要素的收益。
6. 土地的供给曲线是一条垂直于横轴的直线，这是因为土地供给是不变的。
7. 基尼系数越大，表明收入分配越不平等。

三、选择题

1. 供给同样固定不变的一般资源的服务价格叫作（　　）。
   A. 地租　　B. 租金　　C. 准租金　　D. 经济租金
2. 使地租不断上升的原因是（　　）。
   A. 土地的供给、需求共同增加　　B. 土地供给不断减少，而需求不变
   C. 土地的需求日益增加，而供给不变　　D. 以上全不对
3. 土地的供给曲线是一条（　　）。
   A. 平行于横轴的直线　　B. 垂直于横轴的直线
   C. 供给弹性 =0　　D. 向右下方倾斜的线
4. 厂商的总利润与准租金相比（　　）。
   A. 总利润大于准租金　B. 总利润等于准租金　C. 总利润小于准租金　D. 上述情况均可发生
5. 洛伦兹曲线越是向横轴凸出，表示（　　）。
   A. 基尼系数越大，收入越不平等
   B. 基尼系数越大，收入越平等
   C. 基尼系数越小，收入越不平等
   D. 基尼系数越小，收入越平等

四、计算题

1. 一厂商生产某产品，其单价是 10 元，月产量为 100 单位，每单位产品的平均可变成本为 5 元，平均不变成本为 4 元。试求其准租金和经济利润。

2. 假定某地区劳动的需求由 $L_d = 500 - 50H$ 表示，劳动的供应由 $L_s = 200H$ 表示，L 表示劳动力人数，H 表示劳动的小时工资率。求该劳动市场的均衡劳动人数和劳动工资率。

五、简答题

1. 简析生产要素供给的原则。

2. 简述单个劳动的供给曲线的特征、含义、原因。

3. 用土地的需求、供给曲线解释一下我国房地产价格的持续上升。

4. 你的家庭主要收入来源是什么？与邻居相比，收入存在差异吗？如果存在差异，你认为原因何在？

【参考文献】

1. ［美］保罗·萨缪尔森，诺德豪斯．宏观经济学（第16版）［M］．北京：华夏出版社，1999

2. 朱善利．微观经济学［M］．北京：北京大学出版社，1994

3. ［美］布拉德利·希勒．经济学基础［M］．北京：人民邮电出版社，2004

4. 尹伯成．西方经济学［M］．上海：上海人民出版社，2008

5. 高鸿业．西方经济学［M］．北京：中国人民大学出版社，1999

6. 刘冰．经济学基础［M］．北京：高等教育出版社，2011

【进一步阅读提示】

【报纸】

《经济学参考报》《二十一世纪经济报道》《南方周末》

【杂志】

《经济研究》《经济学动态》《中国工业经济》《世界经济》《国际经济评论》《世界经济研究》《中国农村经济》《改革》《读书》

【数据来源及分析报告】

《世界经济展望》《世界经济年鉴》《中国统计年鉴》

【网址】

中国经济学教育科研网：http：//www. cenet. ccer. edu. cn

北京大学中国经济研究中心：http：//www. ccer. pku. edu. cn

第十二章　一般均衡与福利经济学

各种商品和劳务的供求数量和价格是相互联系的，一种商品价格和数量的变化可引起其他商品的数量和价格的变化，所以不能仅研究一种商品、一个市场上的供求变化，必须同时研究全部商品、全部市场供求的变化。只有当一切市场都处于均衡状态，个别市场才能处于均衡状态。

——里昂·瓦尔拉斯（Léon Walras）

学习目的

通过本章的学习，初步了解福利经济学的研究内容，即一个社会如何实现其资源的优化配置，这涉及三个主要问题：

1. 全社会各个市场之间是如何相互作用和影响的。
2. 全社会的资源如何配置才是最优效率。
3. 实现全社会资源优化配置的机制是什么？

学习目标

1. 了解一般均衡与局部均衡的差别。
2. 掌握一般均衡的定义及瓦尔拉斯一般均衡的基本模型。
3. 掌握帕累托最优的内涵与三个实现条件。
4. 了解衡量社会公平性的方法，即洛伦兹曲线。
5. 掌握基尼系数的内涵与计算方法。

关键概念

局部均衡（partial euilibrium）；一般均衡（general equilibrium）；福利经济学（welfare economics）；帕累托最优（Pareto optimality）；帕累托改进（Pareto improvement）；洛伦兹曲线（Lorenz curve）；基尼系数（Gini coefficient）。

☞ 案例思考

唐纳德·特朗普上台新能源汽车产业何去何从?①

2016年11月18日消息：白宫易主，所有的行业都在关注未来的政策走向。据外媒报道，随着共和党候选人唐纳德·特朗普（Donald J. Trump）当选美国总统，新一届美国政府或将更加倚重传统能源，在此前言论中，唐纳德·特朗普认为，石油是美国的生命线，应该增加油气产量，保护美国石油工人的就业机会，他上台后恐将取消美国光伏投资税收抵免等新能源补贴政策。电动汽车方面的优惠政策如果取消，这对美国的新能源生产企业来说，并不是一个好消息。

唐纳德·特朗普不看好新能源

唐纳德·特朗普曾公开表示，“环境保护局这种机构简直就是个笑话。它就是我们创造就业、实现经济增长的绊脚石”。他还认为全球气候变暖问题是个“骗局”，一旦胜选他将让美国退出《巴黎协定》，还将停止美国对所有联合国全球变暖项目的拨款。

与B. H. 奥巴马的极度重视汽车新能源不同，唐纳德·特朗普对之几乎是不屑一顾。他曾对外声称，将重新审视化石燃料方面的政策法规，并批准KeystoneXL石油管道项目（运输产自加拿大油沙的重原油），以提升煤炭行业的竞争力。

与此相反，唐纳德·特朗普对新兴汽车产业的冷漠，将导致特斯拉这样的公司面临危机。根据目前美国的政策，消费者购买电动汽车最高可获得7500美元（约5.1万元人民币）的优惠，这让特斯拉实现开发价格亲民、普通百姓都能负担得起的低成本电动汽车成为可能。然而未来，它将面对更多的不确定性。

特斯拉很受伤

按照此前美国政府出台的政策，只要生产电动汽车的制造商还没有达到联邦政府规定的税收减免截止期限，消费者在购买电动汽车时，就可享受7500美元的税收抵免优惠。这也就意味着，如果消费者选择购买一辆指导价为3.5万美元的特斯拉Model 3，在政府补贴的情况下可以节省20%的成本。

要知道20%的成本节约对于市场的驱动作用十分重要。美国不仅是特斯拉的第一大市场，也是包括日产、丰田以及通用等品牌新能源车销售的第一市场。

有销量统计显示，2015年特斯拉在美国的销量达到2.21万台，在全球销量中占比超过40%。日产聆风尾随其后，销量达到1.59万辆。通用雪佛兰品牌下第一款量产的电动车，沃蓝达2015年在美国的销量也达到1.33万辆左右。可以预见的是，如果唐纳德·特朗普政府有不利于电动车的新的政策出现，上述跨国车企的市场都将受到冲击。只不过，相较其余汽车品牌，特斯拉受到的冲击显然会更大。不仅包括销量，此后的盈利或也将受影响。

特斯拉在今年第三季度终于宣布盈利，虽然只有2200万美元的净利润，但也是其最近三年来首次盈利，不得不说这一切十分的难能可贵。不过，有分析称，特斯拉的盈利并非来

① 资料来源：http：//www. chinasmartgrid. com. cn/news/20161118/620402. shtml. 北极星智能电网，2016－11－18

自汽车营收，而有赖于向其他车企出售碳排放积分获得。在特斯拉第三季度的 22.98 亿美元的营业收入中，21.48 亿美元来自汽车交易，1.39 亿美元来自碳排放交易。如果没有碳排放交易的话，特斯拉依然会亏损超过 1 亿美元。

问题：(1) 试分析川普对新旧能源的态度将如何影响这两种能源的价格走势。

(2) 试分析政府补贴取消将如何影响新能源汽车市场一般均衡?

(3) 为什么与其他品牌的汽车相比，特斯拉受到的冲击更大?

微观经济学对均衡的分析是在三个不同层次上进行的：单个经济主体的均衡、单个市场的均衡与所有市场的同时均衡。前两种均衡称为局部均衡，最后一种均衡称为一般均衡。本章将在区分局部均衡与一般均衡的基础上，分析经济中生产和交换达到一般均衡的条件。一般均衡的存在证明了市场经济确实存在一种均衡状态，因此证明了亚当·斯密“看不见的手”的存在。通过竞争的市场机制可以实现交换与生产的一般均衡，达到帕累托最优，整个社会也可以达到资源配置的最优状态。

这种在一定的社会价值判断标准条件下，研究整个经济的资源配置与福利的关系，以及与此有关的各种政策问题的规范经济学，称为福利经济学。

第一节　一般均衡理论

在前面的章节里，我们采用的都是局部均衡的分析方法，即假定其他市场的情况不变，单独分析某个市场的供求如何决定价格。在这一节，我们放弃这一假定，认为所有市场是相互影响、彼此依存，所有商品价格都是变量，必须同时决定。此时达到的均衡我们称为一般均衡。

一、局部均衡与一般均衡

局部均衡是在假定其他市场条件不变的情况下，孤立地考察单个市场或部分市场的供求与价格之间的关系或均衡状态，而不考虑它们之间的相互联系和影响。局部均衡的代表人物是阿尔弗雷德·马歇尔。

一般均衡是指在承认供求与市场上各种商品价格和供求关系存在相互联系和相互影响条件下，所有市场上各种商品的价格与供求的关系或均衡状态。一般均衡理论的代表人物是里昂·瓦尔拉斯。

由于研究思路不同，一般均衡分析的结论可能与局部均衡分析的结论迥然不同。例如，从局部均衡分析来看，降低工资会降低成本，进而增加生产，增加就业。但从一般均衡分析的角度来看，降低工资将会导致收入水平下降，进而各个市场的需求和价格普遍下降，最终导致生产下降，失业增加。因此，降低工资到底会增加就业，还是会导致失业，从一般均衡的眼光来分析比局部均衡分析要复杂得多。

从图 12 - 1 可以看到从局部均衡到一般均衡的整个过程。

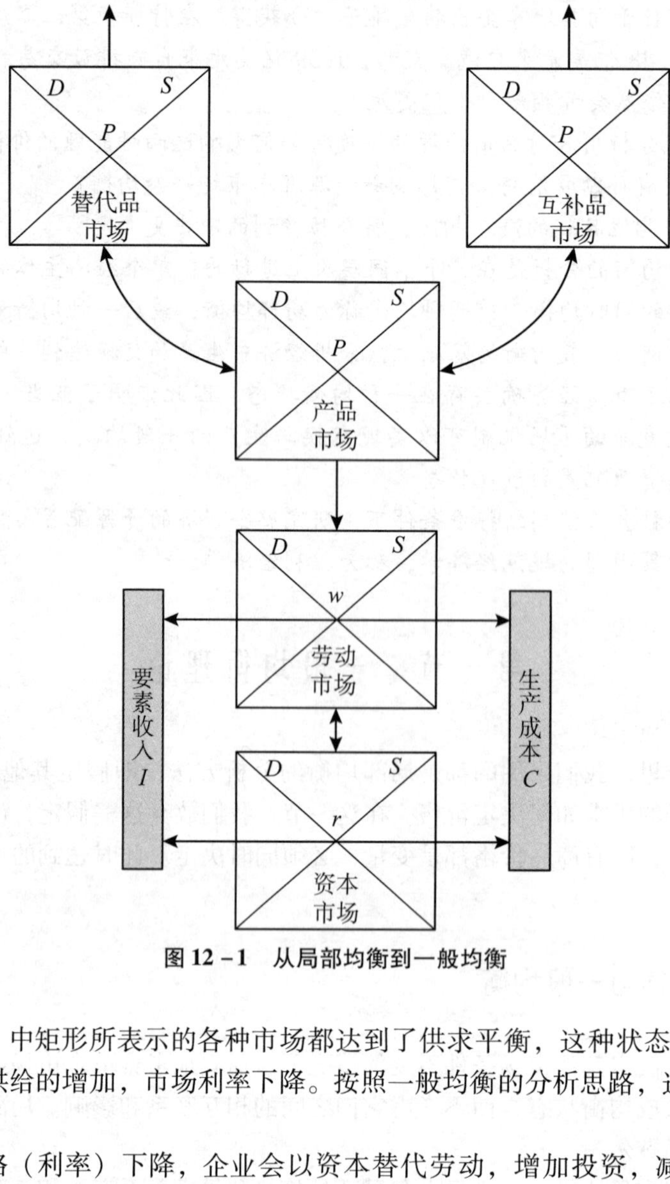

图 12－1　从局部均衡到一般均衡

假设图 12－1 中矩形所表示的各种市场都达到了供求平衡，这种状态就称为一般均衡。现在，由于资本供给的增加，市场利率下降。按照一般均衡的分析思路，这将导致一系列的连锁反应：

由于资本价格（利率）下降，企业会以资本替代劳动，增加投资，减少雇员。由于劳动需求下降，工资水平随之下降。

利率和工资的下降，意味着要素支出减少，这又产生两方面的影响：一方面，家庭和投资收益减少，收入下降；另一方面，企业的生产成本降低，利润上升。家庭收入下降使产品市场需求减少，企业利润上升使市场供给增加，两者的共同作用是供大于求，产品价格下降。产品价格的下降，又会使与其相关的产品价格发生变动：替代品价格下降，互补品价格则可能上升。相关产品价格的变动，又会引起与其相关的产品价格的变动。

产品自身价格和相关产品价格不断变动的总影响，很可能是产品价格水平下降，边际生产收益曲线左移，要素价格水平也下降。

如果工资水平下降，企业会以劳动替代资本，减少投资需求，导致利率下降。利率下降以后，又会引起第二轮的连锁反应。利率变动的最终结果，可能收敛在一种新的一般均衡状态，也可能是发散的、循环的不稳定状态。

☞ 即问即答

请阐述局部均衡与一般均衡的区别。

☞ 案例分析

经济学家的赌博①

经济学家都爱认死理。争论中双方各自坚持自己的观点，针尖对麦芒，各不相让，谁也无法说服谁，于是就打赌。

这次打赌的是两位美国经济学家。一位是马里兰州立大学的朱利安·西蒙（Julian Simon），另一位是斯坦福大学的保罗·埃尔里奇（Pawl Ehrltch）。在关于人类前途的问题上，保罗·埃尔里奇是悲观派，他认为由于人口爆炸、食物短缺、不可再生性资源的消耗、环境污染等原因，使人类前途不妙。朱利安·西蒙是乐观派，他认为人类社会的技术进步和价格机制会解决人类发展中出现的各种问题，人类前途光明。他们两人的这些观点代表了学术界对人类未来两种根本对立的观点。这个争论事关人类的未来，也格外受世人关注。

他们谁也说服不了谁，于是决定赌一把。他们争论涉及的问题太多，赌什么呢？他们决定赌不可再生性资源是否会消耗完的问题。不可再生性资源是消耗完就无法再有的资源，如石油、煤及各种矿石等。这些资源在地球上的储量是有限的，越用越少，总有一天会用完。悲观派的保罗·埃尔里奇的观点是：这些资源迟早会用完，这时人类的末日就快到了。这种不可再生性资源的消耗与危机，表现为其价格大幅度上升。乐观派的朱利安·西蒙的观点是：这些资源不会枯竭，价格不但不会大幅度上升，还会下降。

他们两人选定了五种金属：铬、铜、镍、锡、钨。他们各自以假想的方式买入 1000 美元的等量金属，每种金属各 200 美元。以 1980 年 9 月 29 日的各种金属价格为准，假如到 1990 年 9 月 29 日，这五种金属的价格在剔除通货膨胀的因素之后果然上升了，朱利安·西蒙就要付给保罗·埃尔里奇其中的价差；反之，保罗·埃尔里奇就要将价差支付给朱利安·西蒙。

这场赌博需要的时间真长。到 1990 年，这 5 种金属无一例外地跌了价，保罗·埃尔里奇输了。教授还是守信的，他将自己输的美元交给了朱利安·西蒙。

问题：(1) 保罗·埃尔里奇和朱利安·西蒙哪个人的分析思路更接近于局部均衡分析？哪个更接近一般均衡分析？

(2) 从这个案例可以看出，局部均衡分析和一般均衡分析哪个更符合现实情况？为什么？

---

① 梁小民．经济学家的赌博［J］．万象，2003（1）

二、里昂·瓦尔拉斯的一般均衡模型

里昂·瓦尔拉斯在经济学史上最先充分认识到一般均衡问题的重要性。他第一个提出了一般均衡的数学模型并试图解决一般均衡的存在性问题。除此之外，他对一般均衡的唯一性、稳定性及最优性等问题也做过探讨。

（一）模型概述

里昂·瓦尔拉斯的一般均衡体系是按照从简单到复杂的思路一步步建立起来的。他首先从最基本的产品市场入手，考察交换的一般均衡，而后从要素市场的角度来考察包括生产过程的一般均衡，然后再对资本积累进行一般均衡分析，最后他还运用一般均衡分析方法考察了货币交换和货币窖藏的作用而得出了他的“货币和流通理论”，从而把一般均衡理论由实物经济推广到货币经济。瓦尔拉斯的一般均衡理论后经维弗雷多·帕累托、J. R. 希克斯、H. J. 谢尔曼、保罗·萨缪尔森、K. J. 阿罗、L. 德布鲁以及 L. 麦肯齐等经济学家的改进和发展之后，形成了现代一般均衡理论。下面主要介绍里昂·瓦尔拉斯的一般均衡模型。

（二）模型的基本假设

瓦尔拉斯一般均衡模型的建立，是以一系列极为严格的条件为前提的。

（1）所有市场符合完全竞争条件。

（2）每个家庭都是产品需求者和要素供给者：收入来自要素供给，并全部用于消费，在收入约束下追求效用最大化。

（3）每个家庭的效用函数都是连续的，且既定不变，无差异曲线凸向原点。

（4）每个企业都是要素需求者和产品供给者，在生产函数的约束下追求利润最大化。

（5）每个企业的生产函数既定不变，不存在规模报酬递增，等产量线凸向原点。

（6）只考虑最终产品的交换和生产，没有中间产品。

（7）不存在外部性。

（三）模型描述

下面，分别从交换和生产两个方面来对瓦尔拉斯均衡模型进行描述。

1. 交换的一般均衡

里昂·瓦尔拉斯认为，当满足商品的效用或欲望方程式和最初所拥有的商品数量这两个条件时，均衡价格就可以确定了。也就是说，在纯交换经济中，进入市场的参与者带着既定数量的商品作为供给，根据他们的效用或欲望即需求进行交换，必定能达到均衡。用 S_i 表示进入市场进行交换的第 i 种商品的供给量（$i=1$，2，…，n）；用 P_i 表示第 i 种商品的价格（$i=1$，2，…，n）；用 D_i 表示第 i 种商品的需求量（$i=1$，2，…，n）。如果第 i 种商品的需求量不仅受到其本身价格的影响，而且，还受到其他商品价格的影响，那么需求函数可表示为：

$$D_i = D_i(P_1, P_2, \cdots, P_n) \tag{12.1}$$

按照上述定义，当存在一组价格 P_e 时，瓦尔拉斯一般均衡模型可表述为：

$$D_i(P_1^e, P_2^e, \cdots, P_n^e) - S_i = 0, \ i = 1, 2, \cdots, n \tag{12.2}$$

但式（12.2）所表示的几种商品的需求方程并不是完全独立的，而是通过供求均衡约束条件 $\sum_{i=1}^{n} P_i \times D_i = \sum_{i=1}^{n} P_i \times S_i$ 而相互关联。这个恒等式表明，就整个交换来说，在任何一组价格下，需求总量必须与供给总量相等。即在整个交换中，供给和需求双方相互受到对方的约束。

在恒等式 $\sum_{i=1}^{n} P_i \times D_i = \sum_{i=1}^{n} P_i \times S_i$ 的约束下，方程组 $D_i(P_1^e, P_2^e, \cdots, P_n^e) - S_i = 0$ 只有 $n-1$ 个独立方程，而待解的商品价格有 n 个。为了能够求解，瓦尔拉斯引入法定价值作为商品价格的计算单位。令某一商品的价格如商品 1 的价格为法定价值，则其他商品价格可以用来 P_1 计算，记为 P_i/P_1（$i = 1, 2, \cdots, n$）。这样商品 1 的价格等于 1，其他商品价格表现为和商品 1 的价格相比的相对价格。需求函数变成：

$$D_i = D_i(1, P_2/P_1, P_3/P_1, \cdots, P_n/P_1) \tag{12.3}$$

这样价格变量就变为 $n-1$ 个相对价格。运用 $n-1$ 个独立的方程式，求解 $n-1$ 个相对价格，均衡价格可以得到。

由于引入法定价值，得到的均衡价格是相对价格，即解得的均衡价格都要乘上某一个常数。恒等式 $\sum_{i=1}^{n} P_i \times D_i = \sum_{i=1}^{n} P_i \times S_i$ 被称为瓦尔拉斯定律，即 n 种商品的需求和供给中，如果当 $n-1$ 种商品处于均衡状态，则余下的一种也必然处于均衡状态。同时，也说明如果存在某种商品的超额需求，必然就存在某些商品的超额供给与之对应，且数量相等。这也就是说，在整个经济系统内部，存在着供求均衡的自动调节机制，通过价格的伸缩，可以调节超额供给与超额需求，最后使之达到均衡。

2. 生产的一般均衡

由于市场由消费者和生产者两类行为主体构成，则可以将市场分为生产要素和商品两个市场。这样，瓦尔拉斯一般均衡模型可以由以下五个方程组来进行表述：

（1）生产要素的需求方程。

$$\sum_{i=1}^{n} a_{ij} X_i = r_j \tag{12.4}$$

当生产技术既定不变，规模报酬也不改变以及各种要素都被充分利用的条件下，方程式（12.4）式左边所表示的对生产要素的需求量等于该式右边所表示的生产需求量，也就是生产要素市场处于均衡状态。其中，式（12.4）中的 a_{ij} 表示生产技术系数，X_i 为第 i 种商品的生产量，r_j 表示生产中所使用的第 i 种生产要素。

（2）商品的需求方程。

$$X_i = f_i(P_1, P_2, \cdots, P_n; V_1, V_2, \cdots, V_m), \ (i = 1, 2, \cdots, n, j = 1, 2, \cdots, m) \tag{12.5}$$

公式（12.5）中的 P_i 为第 i 种商品的价格，V_j 为第 j 种生产要素的价格。引入要素价格即生产要素所有者的收入，说明人们对某种商品的需求量不仅取决于各种商品的价格，而且还取决于人们的收入。事实上，它与前述的需求函数是一致的，这里只不过是把价格区分为商品价格和生产要素价格。

（3）成本方程或商品供给方程。

$$\sum_{j=1}^{m} a_{ij}X_j = P_i,\ (j=1,\ 2,\ \cdots,\ m) \tag{12.6}$$

公式（12.6）左边表示单位商品的生产成本，由于，假定商品市场是完全竞争市场，因而，长期均衡的商品价格等于各种商品每一单位的成本，而该式右边 P_i 就是第 i 种商品的均衡价格。所以，该方程又表示了价格的形成，故又称为价格方程。

（4）生产要素的供给方程。

$$r_i = G_i(P_1,\ P_2,\ \cdots,\ P_n;\ V_1,\ V_2,\ \cdots,\ V_m),\ (i=1,\ 2,\ \cdots,\ n,\ j=1,\ 2,\ \cdots,\ m) \tag{12.7}$$

公式（12.7）说明，生产要素的供给，不仅决定于该要素的价格，而且还决定于其他要素和其他商品的价格。

（5）均衡条件。

$$\sum_{i=1}^{n} P_iX_i = \sum_{j=1}^{m} V_jr_j \tag{12.8}$$

像交换的一般均衡一样，从公式（12.4）到公式（12.7）4 个方程中所表示的 n 种商品和 m 种生产要素的供求方程并不是完全独立的，也需要通过供求均衡约束而相互关联。

由于均衡条件可以从公式（12.4）和公式（12.6）中推导出来，模型中独立的方程个数为 $2m+2n-1$ 个，变量个数为 $2m+2n$ 个，因此仍需要引入法定价格，使变量个数减少为 $2m+2n-1$ 个，才能使模型有解。解出的价格向量同样是相对价格向量。

☞ 经济学家简介

里昂·瓦尔拉斯

里昂·瓦尔拉斯（Léon Walras，1834～1910 年），法裔瑞士经济学家，1834 年 12 月 16 日出生于法国。

里昂·瓦尔拉斯是边际效用价值论的创建人之一。他把边际效用称为“稀少性”，并在经济学中使用了数学，研究了使一切市场（不是一种商品的市场，而是所有商品的市场）都处于供求相等状态时的均衡，即一般均衡，成为西方数理经济学和一般均衡理论的创建者和主要代表。1874 年里昂·瓦尔拉斯的《纯粹政治经济学要义》（*Elements of Pure Economics*）一书出版，在边际分析的基础上，他又提出了一般均衡理论。之后，他的一般均衡分析方法被西方经济学所普遍使用。他把自由竞争的资本主义看作最理想的制度，但也主张国家根据正义原则干预经济。

里昂·瓦尔拉斯是三个边际革命的领导人之一，曾经被约瑟夫·熊彼特认为是“所有经济学家当中最伟大的一位”。

☞ 即问即答

里昂·瓦尔拉斯的一般均衡需要满足哪些条件?

☞ 案例分析

日本地震对中国电器产品价格的影响①

2011年3月，受日本地震造成部分日企停产的影响，日系家电和数码3C的价格也出现"微震"。广州日报记者3月24日巡访广州部分城区卖场获悉，单反相机镜头已比地震前普涨6%～7%，个别型号则上涨10%，部分闪存条和存储卡的身价也已顺势看涨。普通数码相机与笔记本的价格整体走稳，议价空间略有缩小，黑白电抗涨力较强价格持续走稳。

据时尚电器媒介主管陈权威透露，3～4月份通常是数码3C旧品清货、新品上市的旺季，卖场一般在新品发布会之后及时补进货源，但因地震因素的影响，除了索尼以外，包括佳能、尼康和东芝在内的日系数码品牌，其新品发布会都可能有所延滞。"我们已紧急补货，不过后期仅补充了佳能、索尼等为数不多的货源"。

"高端数码相机多为日产，这在单反方面表现得尤为明显，占比接近90%。"他表示，目前已收到单反镜头的相关调价通知，自本周起包括尼康、佳能等在内的日产单反镜头的价格已普遍上浮6%～7%。"尽管有的品牌就在东莞组装，但其核心元件仍在日本生产"，他补充说。

单反镜头身价看涨，是否将推高单反相机的零售价?东莞苏宁和东莞国美相关负责人则称，从目前市场上的情况来看部分型号已有所上调，上浮区间为200～300元，但目前上市的主要为前期集中采购的货源，因此价格并未有所变动，"一般上游出现供货短缺后，下一批新采货品才可能作出实际调整"。

就普通数码相机价格走势，上述卖场表示中低端机型主要以三星、柯达和通用等品牌为主，日系品牌也颇具实力，但基本影响不大。

"就日系品牌而言，至今尚未收到这方面的调价通知。"时尚电器相关负责人透露，原来标价2000元左右的日系数码相机，现在的议价区价格不低于1700～1900元，"议价空间已相应缩小"。

记者走访城区部分电脑城发现，包括日系品牌在内的笔记本价格暂未出现明显变化，但部分闪存条和存储卡的身价已顺势看涨，涨幅普遍在10%左右。据促销人员介绍，"上游厂商货源紧缺，从而导致其价格上涨"。

"电脑方面目前的品牌和型号较多，且日系品牌电脑多为代工生产，预计短期内不会出现涨价的情况。"东莞国美广宣部经理张彤分析称，如果相关材料供应商迟迟走不出地震影响，今后部分品牌的供货可能出现短缺。

① 日本地震对中国电器产品价格的影响［N］. 广州日报，2011－3－25

时尚电器媒介主管陈权威则认为，日本地震对电脑市场的冲击暂时不大，也很难对笔记本的价格造成直接影响。

东莞苏宁和时尚电器有关负责人分析称，目前国内空冰洗以及彩电的整体产业链成熟，生产规模庞大，技术方面也已具备了一定的抗衡实力，尤其是近年来国产品牌相继发起价格攻势，从而使其普遍处于价格下行通道。日本地震后，或为国内的黑电和白电行业带来一次全新的机遇，进一步提高国产品牌的市场占比。

上述卖场表示，“部分日系品牌身价可能会下降，但变化不会太大”。

问题：(1) 为什么日本地震会对中国电器产品的价格产生影响?

(2) 为什么不同商品受日本地震影响的程度不同?

第二节　福利经济学

福利经济学（welfare economics），是研究社会经济福利的一种经济学理论体系，属于规范经济学的研究范畴。

一、福利经济学的含义

福利经济学作为一个经济学的分支体系，首先出现于20世纪初期的英国。1920年A. C. 庇古的《福利经济学》（*The Economics of Welfare*）一书的出版是福利经济学产生的标志。第一次世界大战的爆发和俄国“十月革命”的胜利，使资本主义陷入了经济和政治的全面危机。福利经济学的出现，是资本主义世界、首先是英国阶级矛盾和社会经济矛盾尖锐化的结果。西方经济学家承认，英国十分严重的贫富悬殊的社会问题由于第一次世界大战变得更为尖锐，因而，出现以建立社会福利为目标的研究趋向，导致福利经济学的产生。1929~1933年资本主义世界经济危机以后，英、美等国的一些资产阶级经济学家在新的历史条件下对福利经济学进行了许多修改和补充。

由A. C. 庇古完成的旧福利经济学，以基数效用为理论基础，采用局部均衡的分析方法，研究国民收入的增长及其分配。以维弗雷多·帕累托（Vilfredo Pareto）为代表的新福利经济学，以序数效用为理论基础，采用一般均衡分析方法，研究社会资源的最优配置。

二、帕累托最优状态

（一）帕累托最优的定义

帕累托最优（Pareto optimality），也称为帕累托效率（Pareto efficiency），是指社会经济达到了这样一种状态，不可能在使某一成员受益的同时，不使其他成员受损。此时，社会资源得到最优配置，经济运行达到最高效率。

与帕累托最优相对应，帕累托改进（Pareto improvement）是指：通过社会资源重新配置，在不使其他成员境况变坏的情况下，使某一（或某些）成员的境况变得更好。因此，帕累托最优是不存在帕累托改进的资源配置状态。如果社会资源重新配置后符合帕累托改进准则，则称改进后的状态为帕累托更优（Pareto superior）。

帕累托最优是从效率出发的一种理想状态。从理论上说，一个社会有无穷多个帕累托最优状态，这些状态的集合就是福利边界曲线（welfare frontier curve）。

☞ 经济学家简介

维弗雷多·帕累托[①]

维弗雷多·帕累托（Vilfredo Pareto，1848～1923 年），意大利经济学家、社会学家，洛桑学派的主要代表人物之一。

维弗雷多·帕累托运用立体几何研究经济变量间的相互关系，发展了里昂·瓦尔拉斯的一般均衡的代数体系；提出在收入分配为既定的条件下，为了达到最大的社会福利，生产资料的配置所必须达到的状态，这种状态称为“帕累托最适度”。维弗雷多·帕累托对经济学、社会学和伦理学做出了很多重要的贡献，特别是在收入分配的研究和个人选择的分析中。他提出了帕累托最优的概念，并用无差异曲线来帮助发展了个体经济学领域。他的理论影响了 B. A. 墨索里尼（B. A. Mussolin）和意大利法西斯主义的发展。帕累托因对意大利 20% 的人口拥有 80% 的财产的观察而著名，后来被约瑟夫·朱兰和其他人概括为帕累托法则（20/80 法则），并进一步概括为帕累托分布的概念。维弗雷多·帕累托认为，社会分层结构的存在是普遍和永恒的，但并不意味着社会上层成员和下层成员的社会地位是凝固不变的。

（二）帕累托最优状态的条件

帕累托最优是一种非常理想的经济状态，要想达到这一状态，需要满足以下三个条件。

1. 交换的最优条件

假定一个社会的最终产品已经生产出来，并进行了初始分配，帕累托最优要求这些产品在消费者之间分配，通过交换满足以下条件：对所有的消费者来说，任何产品的边际替代率都相等，即

$$MRS^{i}_{XY} = MRS^{j}_{XY} = \cdots = \frac{p_X}{p_Y} \qquad (12.9)$$

① 资料来源：https：//baike. baidu. com/item/帕累托/6667349

其中，MRS_{XY}^i表示消费者 i 消费产品 X 与 Y 的边际替代率，$\frac{p_X}{p_Y}$表示产品 X 与 Y 的价格之比。

为简单起见，下面以两个消费者、两种商品为例，用艾奇沃斯箱来对帕累托最优的交换条件进行说明。如图 12－2 所示，箱中任何一点表示产品 X、Y 在消费者 A、B 之间的一种特定分配，u_{A1}、u_{A2}…表示消费者 A 不断提高的等效用曲线，u_{B1}、u_{B2}…表示消费者 B 不断提高的等效用曲线。在这些等效用曲线的切点 E、G…上，X、Y 的边际替代率相等。A、B 所有等效用线切点的连线，就形成了交换契约曲线，曲线上每一点都是帕累托最优状态，A、B 对 X、Y 的边际替代率相等。如果某种交换状态不在交换契约曲线 $AEGB$ 上，则说明其不属于帕累托最优状态。如点 H，如果通过产品 X、Y 的交换，点 H 移至点 E，则 A 效用不变，B 效用从 u_{B1} 增加到 u_{B2}；如果点 H 移至点 G，则 B 效用不变，A 效用从 u_{A1} 增加到 u_{A2}。

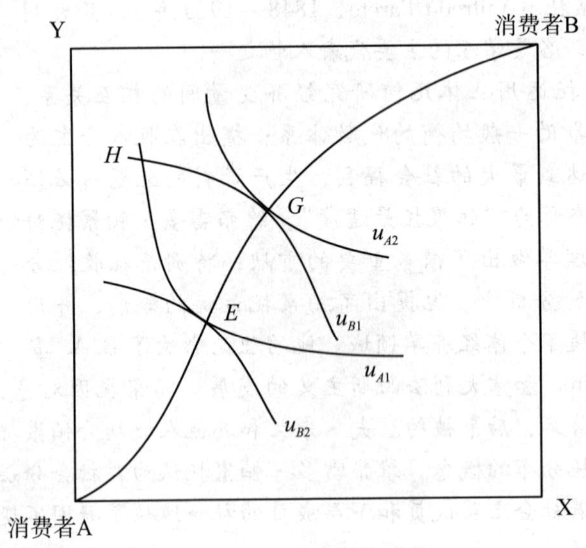

图 12－2　交换契约曲线

2. 生产的最优条件

假定一个社会拥有一定禀赋要素，并已进行了某种初始分配，帕累托最优状态要求这些生产要素在生产者之间的配置，通过调整满足以下条件：对所有生产者来说，任何生产要素的边际技术替代率彼此相等，即

$$MRTS_{LK}^X = MRTS_{LK}^Y = \cdots = \frac{w}{r} \tag{12.10}$$

式（12.10）中，$MRTS_{LK}^X$表示生产产品 X 的两种要素 L、K 的边际技术替代率，$\frac{w}{r}$表示要素 L、K 的价格之比。

为简单起见，下面也以两种产品、两种要素为例加以说明。如果有两种产品 X、Y 的生产者，都需要投入要素 L、K。如图 12 – 3 所示，箱中任何一点，表示要素 L、K 在产品 X、Y 生产者之间的一种分配方式。q_{X1}、q_{X2}…表示产品 X 生产者不断提高的等产量线；q_{Y1}、q_{Y2}…表示产品 Y 生产者不断提高的等产量线。则箱内任何一点，要么处于 q_X、q_Y 的交点，要么处于 q_X、q_Y 的切点。若某一点没有处于 q_X、q_Y 的切点，而是处于其交点，如点 F，则从点 F 到点 C，产品 X 产量保持不变，产品 Y 的产量可以从 q_{Y1} 增加到 q_{Y2}；从点 F 到点 D，产品 Y 产量保持不变，产品 X 的产量可以从 q_{X1} 增加到 q_{X2}。可见，所有交点都不是帕累托最优状态，存在帕累托改进的余地。而对于 q_X、q_Y 切点上的点，如点 C、D，则再也不能在不减少一种产品产量的情况增加另一种产品的产量。在这些等产量线的切点 C、D…上，要素 L、K 的边际技术替代率相等，都是帕累托最优状态。这些切点的集合，形成生产契约曲线。

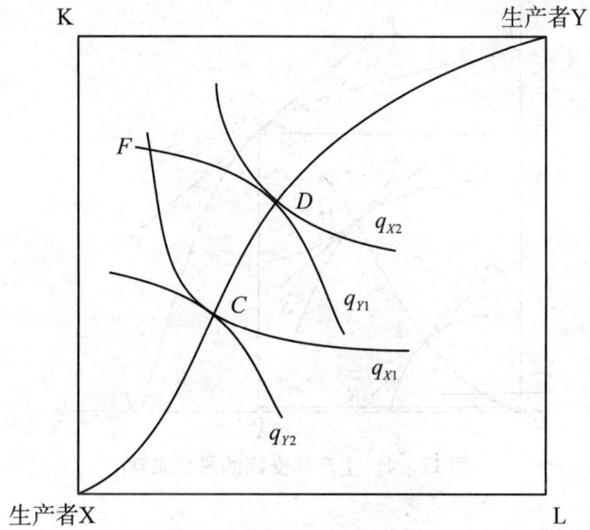

图 12 – 3　生产契约曲线

3. 交换和生产的最优条件

满足交换的最优条件，只是说明消费最有效率；满足生产的最优条件，只是说明生产最有效率。交换和生产分别达到最优，并不能说明整个资源配置也达到最优。要实现整个社会资源的最优配置，还有满足帕累托最优的第三个条件：对于任何产品来说，边际替代率与边际转换率相等。即

$$MRS_{XY}^{i} = MRS_{XY}^{j} = \cdots = MRT_{XY} \tag{12.11}$$

式（12.11）中，MRS_{XY}表示产品 X、Y 的边际替代率，MRT_{XY}表示产品 X、Y 的边际转换率。对于任何产品来说，如果 MRT 不等于 MRS，我们就可以多生产一些产品而少生产另一些产品，从而使社会的整体福利得到改善。

下面，通过图 12 – 4 对交换和生产的最优条件进一步加以说明。图 12 – 3 中的生产契约曲线表示，产品 X、Y 生产者对要素 L、K 的最优组合。每一个要素组合都对应着一个 X、Y 的最优产量，这些最优产量的轨迹就形成了图 12 – 4 中的生产可能曲线 PP'。图 12 – 4 中的

交换契约曲线 *AEGB* 表示，消费者 A、B 对产品 X、Y 的最优组合。需要注意：尽管交换契约曲线上任何一点都满足交换的帕累托最优条件，但只有 A、B 等效用线公切点切线斜率与生产可能性曲线的边际转化率相等时，才同时成为生产与交换的最优条件。

交换契约曲线 *AEGB* 上任何一点，都表示在产量 $\bar{X}$、$\bar{Y}$ 组合（对应着生产可能性曲线上的点 B）下，消费者的最优选择。在点 *E*，A 与 B 等效用线公切点切线 *RR′* 的斜率绝对值，大于生产可能性曲线在点 *B* 切线 *TT′* 的斜率绝对值，即 $|MRS_{XY}| > |MRT_{XY}|$，就表示存在帕累托改进的空间。而在点 *G*，A 与 B 等效用线公切点切线 *SS′* 的斜率，正好等于生产可能性曲线在点 B 切线 *TT′* 的斜率绝对值，即 $MRS_{XY} = MRT_{XY}$，满足生产与交换的最优条件。

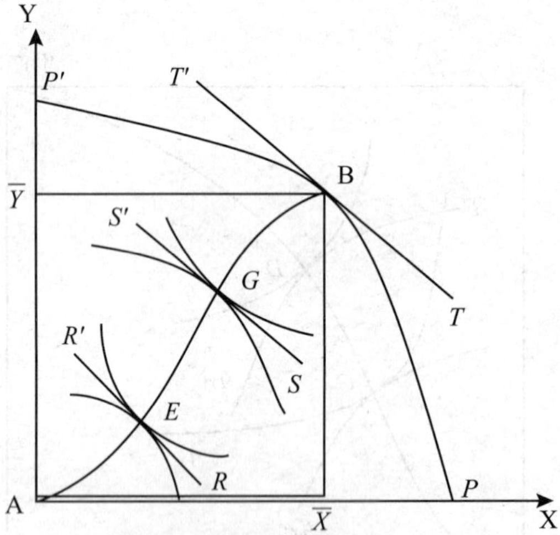

图 12－4　生产和交换的最优条件

☞ **即问即答**

请列出实现帕累托最优的三个条件。

（三）福利经济学第一定律与第二定律

通过分析可以发现，当完全竞争市场达到长期均衡时，帕累托最优的三个条件都能得到满足，这就是福利经济学第一定律。它的具体表述如下，如果一个经济符合以下条件：消费者偏好具有完备性、反身性和可传递性，需求是非饱和的，且边际替代率递减；边际技术替代率递减，规模报酬不变或递减；生产和消费都不存在外部性，那么，完全竞争市场的一般均衡就是帕累托最优的。

福利经济学第一定律的逆定律是福利经济学第二定律，也就是在前面相同的前提条件下，每一种符合帕累托最优的资源配置方式都可以通过完全竞争的一般均衡来实现。

三、公平与效率的关系

帕累托最优只是从效率的角度出发来研究社会资源的优化配置，没有考虑社会的公平问题。如图 12－5 所示，福利边界曲线 u_1u_1'上任一点都是帕累托最优状态。因此，我们知道 u_1 是一个帕累托最优状态，但此时成员 A 获得全部资源的效用，成员 B 却一无所有，这显然是极不公平的。如果将 A 的资源分配给 B 一部分，使福利组合从点 u_1 移动到点 C'，A 会损失福利 u_1u_2，但比 B 获得的福利 u_2C'要少得多，全社会的福利因此得到了提高。但这种公平得多的状态，由于不在福利边界曲线 u_1u_1'上，是缺乏效率的，不符合帕累托改进原则，不是一个帕累托更优。在这里，效率与公平之间存在着矛盾。

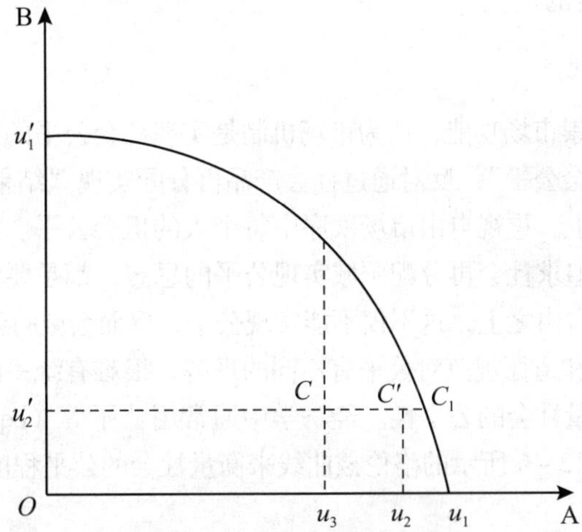

图 12－5　福利边界曲线

实际上，效率与公平也是互为影响的。如果分配不公，将挫伤某些成员的积极性，从而影响效率。如果缺乏效率，无“蛋糕”可分，也就谈不上公平。因此，不能将效率作为评价经济运行的唯一标准和社会发展的唯一目标，而应该统筹兼顾效率与公平。

（一）公平的定义与衡量

不同的机构和学者对公平的定义有很大的差别，概括来说主要有以下四种代表性的公平观点。

1. 平均主义的公平观

平均主义公平观的实质就是“均等”，即社会所有成员都得到等量的收入（或商品）。然而，由于人们的偏好不同，消费同样的商品，也往往得不到相等的效用，这就背离了平均主义公平观的初衷。要求每个人的效用相等的公平观也存在问题，主要就是没有考虑各人付出的努力与辛苦程度不同，对社会的贡献不同。这种“公平”分配实际上是不公平的，也是不合理的，“多劳不多得”，从而影响人们的劳动积极性。

2. 罗尔斯主义的公平观

约翰·罗尔斯（John B. Rawls）认为，无论人们所处的社会地位如何，分配制度应该保障人们获得均等的收入。因而，罗尔斯主义公平观的实质就是使境况最糟的人的效用最大化。按照这种观点，某种分配方式即使增加了各社会成员的效用加总之后的总效用，但如果社会中原来境况最糟的成员的境况现在变得更糟，社会福利就会下降，这种分配就不是公平的分配。

3. 功利主义的公平观

功利主义的公平观认为，不管产品或效用在社会成员之间如何分配，只要各社会成员的效用加总之后的总效用增加，这种分配就是公平的分配。显然，功利主义的公平观着眼于结果，将效率放在比较重要的地位。

4. 市场主义的公平观

市场主义的公平观推崇市场功能，认为市场机制是实现社会公平的根本保障。市场主义者强调自由市场秩序中的“机会公平”，反对通过社会产品再分配实现“结果公平”。他们在分立的财产制度和个人权利的基础上，重视自由市场秩序中每个人的机会公平。在自由主义者看来，任何试图超越机会公平原则去追求社会再分配领域实现公平的思想，都是要将某一社会群体的意志或利益凌驾于整个社会经济自由之上，这不仅不能实现公平，反而会威胁到自由制度本身。

尽管不同的社会制度和道德规范对公平有不同的理解，很难有统一的标准，我们还是可以设法用一些公认的指标来衡量社会的公平性。经济学中通常用“平等（equality）”这个指标来衡量社会的公平程度，并用图 12－6 所示的洛伦兹曲线来衡量社会的公平程度。

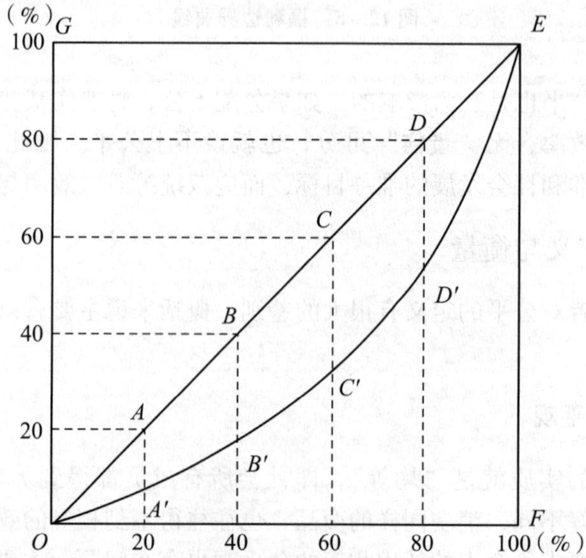

图 12－6 洛伦兹曲线

图 12－6 中，纵轴表示拥有财富的百分比，横轴表示收入从低到高排列的家庭百分比。将一定百分比的家庭与其拥有的财富百分比作为一个坐标点，然后，将这些点连接成一条曲线——洛伦兹曲线，它能够直观表现出社会总财富是如何在各阶层家庭中分布的。

若总财富是平均分配于每个家庭，则洛伦兹曲线就是对角线 OE（直线），这条线也被称为完全平等线（Line of perfect equality）。若总财富由唯一一家最富有的家庭所拥有，则洛伦兹曲线就变成折线 OFE，这条线也被称为完全不平等线。一般经济社会都处于完全平等线 OE 与完全不平等线 OFE 之间，如 $OA'B'C'D'E$。可以看出，洛伦兹曲线越靠近完全平等线，社会财富分配越公平。

目前，国际上用来分析和反映居民收入分配差距的方法和指标很多。基尼系数（Gini coefficient）由于给出了反映居民之间贫富差异程度的数量界线，可以较客观、直观地反映和监测居民之间的贫富差距，预报、预警和防止居民之间出现贫富两极分化，因此，得到世界各国的广泛认同和普遍采用。图 12－6 中，对角线 OE 与曲线 $OA'B'C'D'E$ 之间部分面积占三角形 OFE 面积的比例，即为基尼系数。

以 y 代表财富百分比，以 x 代表家庭百分比，洛伦兹曲线可表示为 $y=f(x)$，则基尼系数 g 为

$$g=\frac{0.5-\int_0^1 f(x)\,\mathrm{d}x}{0.5}=1-2\int_0^1 f(x)\,\mathrm{d}x \qquad (12.12)$$

由式（12.12），可以知道：基尼系数的取值在 0～1 之间。基尼系数为 0，表示社会财富分配完全平等，等于 1 时则表示社会财富分配完全不平等。按照国际惯例，一个社会的基尼系数在 0.3 以下为最佳状态，0.3～0.4 为正常状态，超过 0.4 为警戒状态，达到 0.6 为社会动乱会随时发生的危险状态。

☞ 即问即答

如何从基尼系数来判断一个国家的贫富差距？

☞ 案例分析

中国的基尼系数变化

改革开放 30 多年来，我国经济持续快速增长，到 2010 年，按美元汇率计算的我国国内生产总值（GDP）已跃居世界第二位。但是，由于长期积累形成的三大方面的收入分配失衡，导致我国的收入差距日益扩大，降低了我国的经济安全性和长远发展的潜力，甚至已经影响社会稳定。

（1）领导阶层与普通劳动者之间的收入分配失衡。30 多年来，我国企业特别是广大职工和基层科技人员为发展我国制造业、扩大对外贸易和开拓国内外市场都做出了很大贡献。然而令人遗憾的是，这些年来，财富却越来越多地向企业高管集中，而广大职工却没有相应

提高收入和福利。全国总工会2010年4月发布的一个调研显示，我国的国民收入分配格局中劳动者报酬占GDP的比重不断下降，而资本所有者和政府占比却大幅提高。从1997～2007年，劳动者报酬占GDP的比重从53.4%下降到39.74%；企业盈余占GDP比重从21.23%上升到31.29%，而在发达国家，劳动者报酬占GDP的比重大多在50%以上。

（2）不同行业劳动者之间的收入分配失衡。据国家统计局统计，职工平均工资最高的三个行业中，证券业平均17.21万元，是全国平均水平的6倍，其他金融业人均8.767万元，是全国平均水平的3.1倍，航空业人均7.58万元，是全国平均水平的2.6倍。而电力、电信、石油、金融、保险、水电气供应、烟草等国有行业的职工不足全国职工总数的8%，但工资和工资外收入总额却相当于全国职工工资总额的55%。

（3）城乡之间的收入分配失衡。我国城乡人均收入差距之比已从改革开放初期的1.8∶1扩大到2007年的3.33∶1。

在农村，不仅社保、医保普及面小、福利低，而且长期在城市从事建设和服务业的农民工也是同工而得不到同等的社保和医保。截至2009年第二季度末，全国农村外出务工者达1.51亿人，其中参加养老保险者占15.88%，参加医疗保险者占27.5%，参加失业保险者占10.1%，参加工伤保险者也仅占33.5%。按三口之家计算，1.5亿农民工涉及4.5亿人的负担。由于大多数农民收入低，加上缺少社会保障和医疗保险，消费能力被极度压抑。

以上三大失衡导致我国贫富差距不断扩大，社会矛盾愈加尖锐。国际上通常认为，基尼系数0.4是警戒线，一旦基尼系数超过0.4，表明财富已过度集中于少数人，该国社会处于可能发生动乱的“危险”状态。我国基尼系数已从改革开放初的0.28上升到2007年的0.48，近两年不断上升，实际已超过了0.5，这是十分危险的信号。

问题：（1）请描述一下改革开放以来中国基尼系数的变化情况。

（2）基尼系数变化反映了中国社会的什么问题？

（3）造成中国基尼系数变化的原因有哪些？

（4）基尼系数过高对社会有什么影响？

（二）公平与效率

长期以来，公平与效率问题是哲学家、社会学家和经济学家一直探索和争论的一个重要问题。我国改革开放初期提出的“效率优先、兼顾公平”的原则，也曾引起全社会对公平与效率关系的大讨论。

（1）公平与效率是相互影响、相互促进。效率与公平都是实现社会福利最大化所必需的：效率是实现社会福利最大的必要条件，公平是实现社会福利最大化的充分条件。效率与公平相互促进：一方面，效率越高，收入就越多，政府就可以获得更多的税收收入来用于收入的再分配，以增加社会公平；另一方面，在收入分配较为公平的社会里，人们的生产积极性更高，从而生产效率也更高。

（2）公平与效率是相互对立的，两者之间存在着交替关系。公平要求收入平均分配；而效率要求按照要素的边际产品价值来分配收入，即多劳多得，这必然导致不公平。另外，政府通过收入的再分配（即将富人的一部分收入转移给穷人）来实现公平，必然降低人们的劳动积极性，进而损害效率。因此，公平与效率这两个政策目标是相互抵触的，存在此消彼长的替代关系：如果要实现公平，就要牺牲一部分效率（即无法实现资源的有效配置）；反之，如果要提高效率，就可能扩大收入差距。因此，政府需要对公平与效率这两个目标加以权衡。

本章框架

本章主要包括两大部分，即一般均衡理论和福利经济学。第一部分介绍一般均衡与局部均衡的差别及瓦尔拉斯的一般均衡模型；第二部分在介绍福利经济学含义的基础上，进一步介绍帕累托最优状态、公平与效率的关系（见图12－7）。

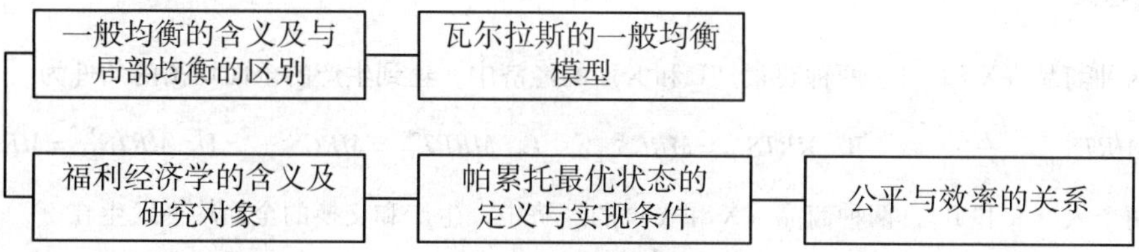

图12－7　本章的结构框架

内容提要

1. 局部均衡是在假定其他市场条件不变的情况下，孤立地考察单个市场或部分市场的供求与价格之间的关系或均衡状态，而不考虑它们之间的相互联系和影响。

2. 一般均衡是指，在承认供求与市场上各种商品价格和供求关系存在相互联系和相互影响条件下，所有市场上各种商品的价格与供求的关系或均衡状态。由于研究思路不同，一般均衡分析的结论可能与局部均衡分析的结论迥然不同。

3. 里昂·瓦尔拉斯提出了一般均衡的数学模型，并论证了一般均衡的存在性问题。

4. 福利经济学（welfare economics），是研究社会经济福利的一种经济学理论体系，属于规范经济学的研究范畴。

5. 帕累托最优（Pareto optimality），也称为帕累托效率（Pareto efficiency），是指社会经济达到了这样一种状态，不可能在使某一成员受益的同时，不使其他成员受损。此时，社会资源得到最优配置，经济运行达到最高效率。

6. 实现帕累托最优的3个条件。

（1）交换的最优条件 $MRS^i_{XY}=MRS^j_{XY}=\cdots=\dfrac{P_X}{P_Y}$；

（2）生产的最优条件 $MRTS^X_{LK}=MRTS^Y_{LK}=\cdots=\dfrac{w}{r}$；

（3）交换和生产的最优条件 $MRS^i_{XY}=MRS^j_{XY}=\cdots=MRT_{XY}$。

7. 对公平的定义存在很大差异，目前存在四种比较典型的公平观：（1）平均主义的公平观；（2）罗尔斯主义的公平观；（3）功利主义的公平观：（4）市场主义的公平观。

8. 基尼系数（Gini coefficient）由于给出了反映居民之间贫富差异程度的数量界线，可以较客观、直观地反映和监测居民之间的贫富差距，预报、预警和防止居民之间出现贫富两极分化，因此，作为衡量贫富差距的主要指标被世界各国普遍采用。

复习与思考

一、名词解释

局部均衡分析；一般均衡分析；帕累托最优；帕累托改进；交换契约曲线；生产契约曲线；产品转换率。

二、选择题

1. 在两种商品（X 和 Y）、两种要素（L 和 K）的经济中，达到生产的全面均衡的条件为（　　）。

A. $MRTS_{LK}=\frac{P_L}{P_K}$　　B. $MRTS_{LK}=MRCS_{XY}$　　C. $MRPT_{XY}=MRCS_{XY}$　　D. $MRTS_{LK}^{X}=MRTS_{LK}^{Y}$

2. 在两个人（A 和 B）、两种商品（X 和 Y）的经济中，生产和交换的全面均衡发生在（　　）。

A. $MRPT_{XY}=\frac{P_X}{P_Y}$　　B. A 与 B 的 $MRCS_{XY}=\frac{P_X}{P_Y}$

C. $MRCS_{XY}^{A}=MRCS_{XY}^{B}$　　D. $MRPT_{XY}=MRCS_{XY}^{A}=MRCS_{XY}^{B}$

3. 一个社会要达到最高的经济效率，得到最大的经济福利，进入帕累托最优状态，必须（　　）。

A. 满足交换的边际条件：$MRCS_{XY}^{A}=MRCS_{XY}^{B}$

B. 满足生产的边际条件：$MRTS_{LK}^{X}=MRTS_{LK}^{Y}$

C. 满足替代的边际条件：$MRCS_{XY}=MRPT_{XY}$

D. A、B 和 C

三、简答题

1. 简述福利经济学第一定律的内容。
2. 简述福利经济学第二定律的内容。
3. 解释为什么边际转化率和边际替代率不相等时，资源配置没有达到最优状态。

四、计算题

1. 假设一个经济社会除了一个生产者之外满足帕累托最优条件。该生产者为其产品市场上的完全垄断者，和用于生产该产出品的唯一投入的要素市场的完全垄断购买者。他的生产函数为 $Q=0.5x$，产出的需求函数为 $P=100-4Q$，投入要素的供给函数为 $r=2+2x$。试求：

（1）该生产者利润极大化时的 Q、x、P 及 r。

（2）该生产者满足帕累托最优时的上述各值。

2. 由 A、B 两人及 X、Y 两产品构成的经济中，A、B 的效用函数分别为 $UA=XY$，$UB=40(X+Y)$，X、Y 的存量为（120，120），该经济的社会福利函数为 $W=UAUB$。求：

（1）该经济的效用边界。

（2）社会福利最大化时的资源配置。

3. 已知商品 X 的生产函数为 $X=5L^{0.4}K^{0.6}$，商品 Y 的生产函数为 $Y=4L^{0.5}K^{0.5}$，若社会上有 $\overline{L}=100$，$\overline{K}=200$，且只生产 X 与 Y 商品，试问：该社会的生产契约曲线是什么？

五、论述题

试解释为什么存在生产的外部性时，经济不能达到帕累托最优状态。

【参考文献】

1. ［意］阿列桑德洛·荣卡格利亚著．罗汉等译．西方经济学思想史［M］. 上海：上海社会科学出版社，2009

2. 高鸿业．西方经济学［M］. 北京：中国人民大学出版社，2008

3. 范里安．微观经济学：现代观点［M］. 上海：上海三联书店，1994

4. 黎诣远．西方经济学［M］. 北京：高等教育出版社，2003

5. ［美］N. 格里高利·曼昆．经济学原理［M］. 北京：生活·读书·新知三联书店，北京大学出版社，1999

6. ［美］R. S. 平狄克，D. L. 鲁宾费尔德．微观经济学（第 3 版）［M］. 北京：中国人民大学出版社，1997

7. ［美］约瑟夫·斯蒂格利茨．经济学上册［M］. 北京：中国人民大学出版社，1997

8. 尹伯成．西方经济学简明教程［M］. 上海：上海人民出版社，2009

9. 俞宪忠等．微观经济学［M］. 北京：中国人民大学出版社，2010

【进一步阅读提示】

【报纸】

《经济日报》《国际商报》《国际金融》《中国经济时报》《国际经贸消息》

【杂志】

《经济研究》《经济学动态》《中国工业经济》《世界经济》《国际经济评论》《世界经济研究》《国际贸易》《国际经贸探索》

【数据来源及分析报告】

《世界经济展望》《世界经济年鉴》《中国统计年鉴》

【网址】

中国经济学教育科研网：http：//www. cenet. ccer. edu. cn

北京大学中国经济研究中心：http：//www. ccer. pku. edu. cn

国际货币基金组织：http：//www. imf. org

经济合作与发展组织：http：//www. oecd. org

联合国贸易和发展会议：http：//www. unctad. org

第十三章　市场失灵和政府微观经济政策

当今没有什么东西可以取代市场来组织一个复杂的大型经济。问题是，市场既无心脏，也无头脑，它没有良心，也不会思考，没有什么顾忌。所以要通过政府制定政策，来纠正某些由市场带来的经济缺陷。

——保罗·萨缪尔森（Paul A. Samuelson）

学习目的

了解造成市场失灵的原因，即：(1) 垄断；(2) 外部性；(3) 公共物品；(4) 信息不对称；掌握政府针对市场失灵的不同情况，采取的微观经济政策。

学习目标

1. 了解垄断造成市场失灵的内部机理及相应的应对政策。
2. 了解外部性造成市场失灵的内部机理及相应的应对政策。
3. 了解公共物品造成市场失灵的内部机理及相应的应对政策。
4. 了解信息不对称造成市场失灵的内部机理及相应的应对政策。

关键概念

市场失灵（market failure）；外部性（externality）；科斯第一定理（first Cause theorem）；科斯第二定理（second Cause theorem）；公共物品（public goods）；私人物品（private goods）；搭便车（free rider）；公共选择（public choice）；信息不对称（asymmetric information）；逆向选择（adverse choice）；道德风险（moral hazard）；委托—代理（principal - agent）。

☞ 案例思考

改革开放后中国农村水利设施建设滞后的影响①

2011 年，中央水利工作会议召开，这是中华人民共和国建立以来第一次以中共中央名

① 笔者根据《中国经营报》2011 年 7 月 16 日。相关报道整理。

义召开的水利工作会议。这次会议的背景是，当前频发、多发的极端天气事件已经给经济社会发展和人民生活带来了严重影响。

这让望“水”欲穿的安徽宿州村民们看到了希望，由于连续4个月没有有效降水，再加上没有储水可用，村民们只能眼睁睁地看着田里的庄稼枯黄。宿州村民并不知道，虽然没有使用上农田水利设施灌溉，但“十一五”期间农田水利总投入却高达7000亿元。

但每次发生大旱大涝，我们能够听到、看到的多是“50年一遇”“100年一遇”等报道，把什么都轻飘飘地推给了天气，到底是什么在阻碍农田水利工程建设的发展？为什么在农民收入和资金投入能力都大幅提高的情况下，农田水利工程依然难以抗衡大旱大涝等灾情考验？下面是《中国经营报》记者的相关采访。

安徽水利调查：水利“无维护”

“我们村60年来没有修一口灌溉井，没有任何财政补助修水利。”山后村的村民陈明质指着村后大片裸露着黄土的麦田对《中国经营报》记者说。“我们这里旱得很，3个多月了一直没有水浇地”。

山后村是隶属于安徽宿州符离镇褚庄村的一个自然村。这里是典型的山坡地，既无地表水也无机井，地下水位很深且含水层分布呈断续状，打井昂贵且不易出水。一遇到干旱天气，村民就只能眼睁睁地等着老天下雨，固守着农业靠天吃饭的传统模式。

从宿州市区往北，有些地方大半亩甚至整亩的小麦都发了黄。而沿公路的本应该是用来排灌的水渠，全都长满了荒草。不只山后村，整个褚庄村4200亩地也没有一口灌溉井。村支书李继新想出来的办法就是在一些地下水位高的地方挖塘蓄水。村里已经开始挖了，但效果如何目前还不知道。

“我们的人工湖是‘文革’的时候修的，水渠是20世纪70年代修的，”夹沟镇五柳村支书许胜栾说。这个村子离褚庄村不远，曾经因为特产“夹沟香稻米”而声名远播，但是现在“种水稻的人少了，因为种水田比种旱田要累，”许胜栾说道。五柳村的人工湖和水渠只能灌溉全村5000多亩地中便于沟渠输水的土地，数量不到一半。本来说有国家扶贫款可以帮助打20眼井解决灌溉问题，但是款项没有到位，现在村民也只能等着下雨。

像五柳村这样的例子还有一些，比如淮北百善镇大李庄和濉溪县青管镇郑楼村：有着计划经济年代修建的水井和沟渠，但是明显数目太少且多数水利设施年久失修，很难满足灌溉需要。

中国大力兴修农田水利是在20世纪60年代和70年代，由当时的村集体组织——生产队带领农民投工投劳搞建设。但是，当时的建设标准本来就低，后期维护又不到位，投入严重不足，导致这些水利设施年久失修，有的一直“带病运行”，有的就慢慢废掉了。

淮北市濉溪县水利局规划室主任张治伟在接受记者采访时说，在计划经济时代，规模大的沟渠、跨村的沟渠是由乡镇一级来管理的，中小规模的沟渠、小桥、小井是由村一级来管理的。更大规模的水利设施则是由县一级来管理。20世纪80年代后，对农村水利的管理政策确实没有以前严格。实行一家一户的土地承包经营政策后，农民就对土地看得特别重，能多占点就多占点，逐渐开始占用共有的土地。“以前我在大队当书记的时候，路边都有沟渠。现在，路边的沟渠几乎都给毁坏殆尽了。农民看到沟渠一两年没有用，他就占来种地了”。

农民 "无动力"

"我们曾经想组织大家一事一议来打井灌溉，可是有些人不同意，没打起来。" 在五柳村的支书许胜栾家光线昏暗的屋子里，许说这话时口气有点激动、有点懊丧。

村内的农田水利设施的建设和维护，按照国务院办公室2007年颁布的、由农业部会同有关部门和单位制定的《村民一事一议筹资筹劳管理办法》，应当纳入一事一议筹资筹劳范畴，而那些符合当地农田水利建设规划，政府给予补贴资金支持的相邻村共同直接受益的小型农田水利设施项目，应该先以村级为基础议事，涉及的村所有议事通过后，报经县级人民政府农民负担监督管理部门审核同意，亦可纳入筹资筹劳的范围。

但是在实践中，一事一议修水利，却很难行得通。一事一议规定，需要本村18周岁以上村民的半数参加或者有本村2/3以上农户代表参加，所作决定要经到会人员的半数通过才能有效。许胜栾说，当时"有些人觉得不会年年都会这么旱"，不同意打井。而且，打井也需要协调农户的利益，因为打井需要占地，村集体要为占的每块地每年赔偿农户100元，用水管运水还不可避免会毁坏到秧苗。

一事一议中，"农民筹集2/3的资金，中央、省、县财政出1/3的资金"，濉溪县财政局农村局局长黄欣说。为了减轻农民负担，一事一议筹资部分上限是每人每年最多15元，这样能筹集来的钱是很有限的。在淮北平原这个地方，有些地方水源丰富，能引水的就用河水灌溉，离河远的，就得打井灌溉。据了解，新打一眼灌溉机井视深度不等和挖掘难易程度，需要投入的资金也不等，据宿州市水利局防汛抗旱室主任夏军说，一般挖20多米深的机井要3000元以上，一眼井的灌溉范围是50亩上下，而据褚庄村和五柳村当地人讲，他们打一眼井至少要10万元。修一座排灌站也需要10万元，这还不包括后续的维护费用。如果是挖塘、修水渠，一方土大约要4元钱。这样的支出，显然是个体农民无法承受的。

黄欣局长说，2009年全县一事一议筹资筹劳完工的项目有179个，其中修路占了146个，水利项目只有15个，"毕竟水利投入太大，一事一议做不了的"。

虽然这个筹资还可以包括村集体资金和捐赠，但据记者了解，村集体大多资金有限，也很少有人捐赠，"只有那些赚了大钱的人才有可能捐赠，一般人打工一个月赚的钱很少，不会捐的。" 许胜栾说。

县上 "无冲动"

近年来，中央财政资金对水利建设投入加大，从2007~2009年，中国水利建设基础投资分别为945亿元、1088亿元、1894亿元，而之前的投入更低，并且主要都是用于治理大江大河大湖工程，对农田水利的投资极为有限。

而2009年华北、黄淮、江淮一带大旱和2010年西南五省大旱，严重暴露了中国农田水利设施的普遍不足。旱情虽是气候造成的，但是农田水利设施老化失修非常严重使得旱灾来临时，不能有效地化解灾情才是主要原因。因为投入有限，所以自2009年开始国家建立小型农田水利重点县项目，由中央财政划出一部分资金，要求省、县财政都加大投入，集中资金支持重点县。从2009~2010年，中央财政共投入100亿元治理850个重点县，平均每个县投资800万元。这一计划总计要囊括的县市有1200个。

为了实现重点支持治理的目的，"要坚决杜绝一方面要求中央增加重点县名额，另一方面省级资金安排继续分散的现象。优先支持耕地面积大、建设任务重的粮食主产区小型农田水利建设。”财政部农业司司长赵鸣骥在2010年全国小型农田水利重点县建设现场会上如是说。

安徽省级财政2009年给予当地农田水利重点县拨款是80万元，2010年是200万元（实际上均为下一年拨付），要求县级财政给予项目配套资金。

即使是加大了投入的省、市、县，目前采取的仍然是进行重点片治理，如安徽省这两年安排了19个重点县（安徽共有105个县、区）。在农田水利治理上先行一步的宿州市计划从2008年冬开始到2011年春，用三年的时间进行农田水利恢复性治理，恢复、新建沟渠、打井，维修涵闸，治理全市322万亩易涝农田，目前，从2008～2010年已经投入8.5亿元（包括县投入、筹资筹劳、个人捐赠），重点治理了全市225万亩易涝农田、192个大片。2011年宿州打算继续治理剩下的97万亩易涝农田和加强配套工程建设。然而，这322万亩农田所占比重还不到宿州全部农田数量的一半。

淮北市濉溪县2010年投入2420.19万元（其中包括部分筹资筹劳）给三个小型农田水利重点县项目片和其他5个治理片，用于农田灌排工程建设、除涝。这些治理取得了一定成果，但一个不能忽视的事实是：目前来说，大多数村镇被排除在重点支持之外。

集体“无经济”

政府顾不上，个人承受不起，集体经济能否承担起重任呢？黄桥村的文书王传奇说计划经济时代村集体还是比较富裕的，比如一年生产了一万斤粮食，村集体可以把8000斤分给社员，将2000斤卖出，卖的钱就可以搞水利。但是农村实行家庭联产承包经营后，生产队就逐渐退出了历史舞台，也不再是小型农田水利建设者和管理者，导致了农民只用水、不管水，水利设施严重老化、毁坏的境地。

小型农田水利设施是集体受益的，如果由集体来搞建设和管护，看起来正合适。但是由于集体经济的萎缩，村集体基本没有什么收入，即使有收入，也有比修水利更紧急的事情要先做。即使修了水利，后期的管护成本也是一大负担。

淮北市黄桥村目前为止唯一的集体收入来自承包出去的荒堤废潭，每年可以有1万元的收入。而这个收入还是在2010年淮北市建委陈勇带了5万元资金到该村蹲点搞建设才开始有的。王传奇说，村里很想致富，可是有项目没资金，想要抵押贷款，信用社还要求只有城里的房子才能抵押，“我如果在城里有两套房子我还待在农村干吗？”王传奇气愤地说。

宿州市五柳村每年可以从承包出去的人工湖景区收入10万元，因此，“村里已经好多年没向农民要过钱了”，村支书许胜栾说。但是这部分款项主要用来修路了。谈到发展集体经济，许说，以前曾经尝试过生产塑料和编织袋，可是一没资金、二没销路，没有做起来。

即使修了水利，维修费用也是个麻烦事。淮北市濉溪县水利局规划室主任张治伟说，如果水利设施坏了，村集体就拿钱出来维护一下，但是要聘用专门人员管理还是很难，因为村里一般支付不起这样的费用，“比较富裕的村子能做到，在淮北大约只有20%的村子能出得起这笔钱，像那些矿区的村子，或是有机动地出租的村子；但是穷的村子就没可能了。”

“大部分村子不可能办集体企业，因为没有一定的经济基础投入，不可能发展起来。”中国社科院农村发展研究所研究员朱钢认为，“而且我们也不太主张发展集体企业，因为可能会出现当年大力发展乡镇企业所带来的债务问题”。

那引入社会资本修水利呢？对于这一点，接受采访官员均表示，尽管尝试过引入社会资本管理维护农田水利设施，比如机井拍卖或是租给个人，水塘承包给个人养鱼，由他负责管理维护。但是总的来说，农田水利是项公益事业，很难在短期内收到效益。对于资本来说，盈利模式还不清晰。

问题：(1) 为什么改革开放后中国农村地区的水利建设出现滞后？

(2) 你认为中国应如何加强农村水利设施建设？

通过前面的学习，我们了解了西方经济学中的非常重要的“看不见的手”的原理，即：在完全竞争的市场条件下，市场机制可以导致整个经济自动达到均衡，从而实现资源的帕累托最优状态配置。但是，由于完全竞争市场的一系列理想化的假定在现实中很难达到，因此，“看不见的手”原理在现实生活中也不是总能成立。

第一节　市场失灵与垄断

一、市场失灵的含义与原因

市场机制在现实社会的很多场合不能导致资源的有效配置。这种情况被称为“市场失灵”(market failure)。

通常认为，导致市场失灵的原因主要在于以下四个方面。

(1) 垄断。对于经济生活中存在的垄断的利弊得失，直到目前，不同的人也是观点各异。不过，目前大家在某些问题上的观点基本一致。那就是：某些具有自然垄断特性的行业，如电力、电信，实行一定的垄断经营是必要的，但对于绝大多数的竞争性行业，实行垄断弊大于利，通常认为会降低效率。

(2) 外部性。在市场经济里，外部性使个人利益与社会利益不一致，因此，对个体是最优的决策，对社会不是最优的，从而无法实现资源的最优配置。

(3) 公共物品。公共物品具有的非排他性和非竞争性属性决定了其很难通过市场机制来实现其有效供给。

(4) 信息不对称。完全竞争模型的一个重要假定就是信息完全。信息不对称的存在使经济活动的参与人具有的信息是不同的，一些人可以利用信息优势进行欺诈，这会损害正当的交易。当人们对欺诈的担心严重影响交易活动时，市场的正常作用就会丧失，市场配置资源的功能也就失灵了。此时市场一般不能完全自行解决问题，为了保证市场的正常运转，政府需要制定一些法规来约束和制止欺诈行为。

本章的下面几节将从以上四个方面入手，逐一讨论政府应对市场失灵的微观经济政策。

☞ **即问即答**

造成市场失灵的原因主要有哪些？

二、垄断的低效率与对策

垄断为人们所诟病的主要原因在于其会影响经济运行的效率。垄断厂商的低效率主要表现为以下四个方面。

（一）产出受到限制，价格升高

图 13 - 1 表示的是一个典型垄断厂商的利润最大化情况。曲线 D 和 MR 表示该厂商面临的需求曲线和边际收益曲线。此外，为简单起见，假设厂商的边际成本与平均成本相等且固定不变，由图 13 - 1 中水平直线 $AC = MC$ 表示。

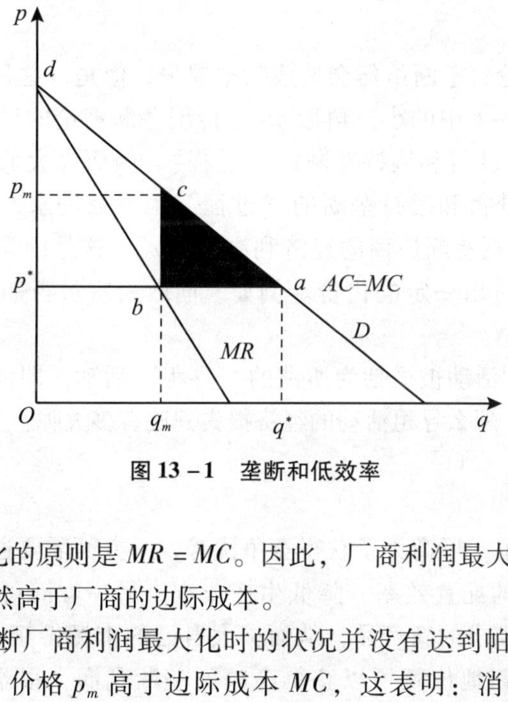

图 13 - 1　垄断和低效率

垄断厂商利润最大化的原则是 $MR = MC$。因此，厂商利润最大化的产量为 q_m，与之相对应的垄断价格 p_m，显然高于厂商的边际成本。

显而易见，上述垄断厂商利润最大化时的状况并没有达到帕累托最优状态。由于在利润最大化产量 q_m 上，价格 p_m 高于边际成本 MC，这表明：消费者愿意为增加额外一单位产量所支付的价格超过生产该单位产品所引起的成本。因此，存在帕累托改进的空间。

现在，我们来考虑一下：是否有某种方式可使垄断厂商和消费者的状况都变好呢？如果让垄断厂商再多生产一单位产量，让消费者以低于垄断价格但大于边际成本的某种价格购买该产品，则垄断厂商和消费者都会从中得到好处。由于最后一单位产量给垄断厂商带来的收益大于它支出的成本，因此，其利润进一步得到提高；另外，消费者对最后一单位产量支付的价格低于他本来愿意支付的价格，其福利也会得到进一步提高。

既然垄断产量和垄断价格不满足帕累托最优条件，那么，什么位置符合帕累托最优状态呢？答案是：q^*点。在q^*点，需求曲线与边际成本曲线相交，即消费者为额外一单位产品愿意支付的价格等于生产该单位产品所需的额外成本。此时，不存在任何帕累托改进的空间。因此，q^*是符合帕累托最优的产量，p^*则是符合帕累托最优的价格。相对于完全竞争条件下帕累托最优时的社会福利水平 ap^*d 来说，垄断状态下的福利水平 $bcdp^*$ 缩水了，abc 所代表的区域就是福利缩水部分。

☞ **即问即答**

为什么垄断会造成产量降低，价格升高？

（二）容易导致寻租行为

寻租行为是垄断厂商广受诟病的另一个重要方面，也是垄断造成低效率的一个重要原因。

根据传统的经济理论，垄断虽然会造成效率损失，但是，这种损失从数量上看并不是很大，仅仅相对于图 13－1 中的小三角形 abc。传统垄断理论的局限性在于其着重分析垄断的“结果”，而忽略了获得和维持垄断的“过程”，因而大大低估了垄断所造成的效率损失。如果将垄断企业获得和维持垄断的“过程”也考虑进来，垄断的经济损失不仅包括“纯损失” abc，还包括垄断厂商的经济利润 bcp_mp^*。这是因为，为了获得和维持垄断地位好处，厂商通常要付出一定的代价。例如，向政府官员行贿，或者雇用有影响的相关人士向政府游说。

这种非生产性的寻利活动被概括为所谓的“寻租”活动，即为获得和维持垄断地位从而获得垄断利润的活动，那么寻租活动的经济损失到底有多大呢？

（三）不利于创新

在竞争的市场环境中，厂商为了获得竞争优势，一方面需要通过不断创新、开发新的技术和工艺来提高资源的配置效率，降低生产成本；另一方面可以通过创新来提高产品质量、推出更符合市场需求的新产品，从而扩大自己的市场份额。与完全竞争厂商不同，垄断厂商凭借自己的垄断地位就可以获得高额的垄断利润，很难有足够的动力去创新。因此，垄断厂商在研究开发方面投入的费用通常要小于竞争厂商。在第二次世界大战结束时，美国的汽车工业和钢铁工业已经在世界上占有主导地位。在享受了多年的高额垄断利润之后，美国的这些产业逐渐丧失了其主导地位，占世界市场的份额大幅降低。究其原因，除了美国汽车和钢铁工人高昂的用工成本之外，其普遍缺失的创新精神也是造成其衰落的一个重要原因。

表 13－1 列出了美国不同规模的企业在 1983 年和 1997 年的研发费用情况。从中可以看出，充满竞争的中小企业似乎有更大的动力去增加创新投入。

表 13－1　美国不同规模的企业的研发费用情况

企业的规模（雇员的人数）（人）	研发费用占销售额的比率（%）		企业研发费用总额（10 亿美元）1997 年
	1983 年	1997 年	
少于 500	2.2	6.3	24.0
500～999	—	3.0	4.9
1000～4999	2.0	2.7	19.6
5000～9999	1.3	2.5	14.3
10000～24999	2.3	2.6	21.5
25000 以上	3.4	3.9	73.1

资料来源：［美］保罗·萨缪尔森等．经济学［M］．北京：人民邮电出版社，2006

（四）组织的低效率

垄断企业的低效率已成为世人的共识。产业经济学界通常用“X－非效率”来描述垄断企业的这种低效率状况。

“X－非效率”是美国哈佛大学教授勒伯斯坦提出的反映大企业内部效率及水平状况的一个概念。他认为，大企业特别是垄断性的大企业，外部市场竞争压力小，内部层次多，关系复杂，机构庞大，加上企业制度安排方面的原因，使企业费用最小化和利润最大化的经营目标难以实现，导致企业内部资源配置效率降低。勒伯斯坦称这种状态为“X－非效率”（X-Inefficiency）。

垄断企业中产生“X－非效率”的原因主要是以下三点。

（1）两权分离的制度安排，往往易于产生“内部人控制”问题，即企业经营者置企业所有者利益于不顾，片面追求规模扩大，过度投资和耗用资产；不注意降低成本和过分的在职消费，导致企业利润费用化；工资、奖金增长过快，侵蚀企业利润等。

（2）垄断性的大企业与中小企业相比，公司绩效与职工物质利益不易直接挂钩。当市场竞争压力较小时，企业就倾向于用增加人员和提高工资的办法来维持生产经营规模，通过提价的办法向消费者转嫁增加的那部分成本，从而导致企业整体效率的降低和竞争力的削弱。

（3）随着垄断企业规模扩大、管理层次增加，信息交换的传输量和组织协调的工作量将按几何级数增加。与此同时，由于信息传输或转换中某些障碍，有意或无意地出现错误的可能性也将大大地增加。

三、政府应对垄断的微观经济政策

垄断不仅会造成资源配置的扭曲，降低经济运行效率，而且通过垄断获得超额利润对社会其他成员也是不公平的。因此，目前世界各国都普遍对垄断行为进行管制。管制的方法主要有价格管制、数量管制和反垄断法。其中，在实践中应用最多的是价格管制和反垄断法。

（一）价格管制

在现实中，电力、电信等自然垄断行业通常都属于垄断经营，需要政府对其进行价格管制。自然垄断行业的一个非常显著的特点就是固定成本很高，边际成本很低，因此，其平均成本通常是随产品数量的增加而不断下降的。下面，我们就以一个自然垄断厂商为例，介绍政府价格管制的具体思路。

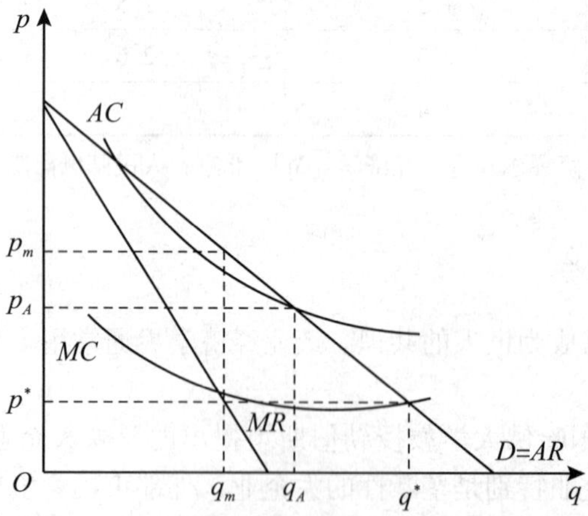

图 13 – 2　政府对自然垄断厂商的价格管制

如图 13 – 2 所示，由于自然垄断行业平均成本曲线 AC 一直在下降，故边际成本曲线 MC 总位于其下方。在不存在政府价格管制的情况下，根据 $MR = MC$ 的利润最大化原则，垄断厂商最优的产量和价格分别是 q_m 和 p_m。此时，由于消费者愿意付出的价格 p_m 大于垄断厂商的边际成本 MC，因此，没有达到帕累托最优状态。为了实现帕累托最优，政府需要对垄断厂商的价格进行管制，使其边际成本 MC 等于消费者愿意付出的价格 AR，也就是价格 p^*，此时垄断企业厂商的产量为 q^*。值得注意的是，此时，垄断厂商的平均收益小于平均成本，从而出现亏损。因此，在这种情况下，政府必须对垄断厂商的亏损进行补贴。

（二）反垄断法

当前，包括中国在内的很多国家都制定了《反垄断法》，以打破个别企业对市场的垄断，维护正常的市场秩序。其中，美国是世界上较早出台反垄断法的国家之一。

2007 年 8 月 30 日，第十届全国人民代表大会常务委员会第二十九次会议表决通过了《中华人民共和国反垄断法》，并于 2008 年 8 月 1 日正式实施。

《中华人民共和国反垄断法》包括了各国反垄断法一般所具备的主要内容，如确定了反垄断法律制度三大支柱，即禁止垄断协议、禁止滥用市场支配地位和控制经营者集中。此外，根据我国经济发展的现状，《反垄断法》对滥用行政权力排除、限制竞争行为，即行政性垄断行为也作了禁止性规定。相应地，在借鉴国际经验和充分考虑我国实际情况的基础上，《中华人民共和国反垄断法》确立了垄断协议豁免制度、市场支配地位推定制度、经营者集中申报制度、经营者承诺制度等，明确了《中华人民共和国反垄断法》基本法律框架，为今后更好地执行法律奠定了基础。

在中国，由国务院设立的反垄断委员会，负责组织、协调、指导反垄断工作，相关执法工作由国家发展和改革委员会、商务部和国家工商总局分头负责。这样一个权力分散的执法格局必然会造成相关部门的相互掣肘，影响执法效果。中国的反垄断工作才刚刚起步，未来任重道远。

☞ 扩展阅读

美国的反垄断法案

19 世纪末 20 世纪初，美国企业界出现了一次兼并浪潮，形成了一大批实力雄厚的大企业。一些行业（如汽车、钢铁等）内的大企业又联合在一起，形成垄断市场的“托拉斯”。垄断的形成和发展，深刻地影响到美国社会各个阶层的利益。

从 1890 ~1950 年，美国国会通过一系列法案，反对垄断。其中包括《谢尔曼法案》(1890)、《克莱顿法案》(1914)、《联邦贸易委员会法案》(1914)、《罗宾逊 – 帕特曼法案》(1936)、《惠特 – 李法案》(1938) 和《塞勒 – 凯弗维尔法案》(1950)。这些法案统称为反托拉斯法案。

美国的这些反托拉斯法案规定，限制贸易的协议或共谋、垄断或企图垄断市场、兼并、排他性规定、价格歧视、不正当的竞争或欺诈行为等，都是非法的。

美国反托拉斯法案的执行机构是联邦贸易委员会和司法部反托拉斯局。前者主要反对不正当的贸易行为，后者主要反对垄断活动。对违反者可以由法院提出警告、罚款、改组公司直至判刑。

第二节　外　部　性

一、外部性的含义与分类

市场经济活动是以互惠的交易为基础，因此，市场中人们的利益关系实质上是同金钱有联系的利益关系。例如，甲为乙提供了物品或服务，甲就有权向乙索取补偿。当人们从事这种需要支付或获取金钱的经济活动时，还可能对其他人产生一些其他的影响，这些影响对于他人可以是有益的，也可以是有害的。然而，无论有益还是有害，都不属于交易关系。这些对处于交易关系之外的其他人的影响被称为外部影响，也被称为经济活动的外部（在）性。例如，建在河边的工厂排出的废水污染了河流对他人造成损害。工厂排废水是为了生产产品赚钱，工厂同购买它的产品的顾客之间的关系是金钱交换关系，但工厂由此造成的对他人的损害却可能无需向他人支付任何赔偿费。这种影响就是工厂生产造成的外部影响。当这种影响对他人有害时，就称之为外部不经济。当这种影响对他人有益时就称之为外部经济。比如你摆在阳台上的鲜花可能给路过这里的人带来外部经济。

外部性通常有两类：正外部性（外部经济）和负外部性（外部不经济）。

（1）正外部性或外部经济：当某一市场主体的经济活动使其他市场主体或社会成员受益，而他自己却不能由此得到补偿，那么，这种行为所导致的外部结果就是“正外部性”，亦称“外部经济”。例如，某个公司支付巨额费用对自己的雇员进行了长期的技术培训后，受训的雇员却“跳槽”到其他单位而又不付给公司任何费用或只付给较低的费用。在此情况下，公司雇员的行为显然会使为培训雇员而支付了巨额费用的公司遭受经济损失，但却给其他公司或社会带来好处。这表明，为培训雇员支付了巨额费用的公司所获得的私人收益一定会小于公司外部的社会收益，而由公司承担的私人成本则会高于公司外部的社会成本，此即为正外部性，亦称外部经济。

（2）负外部性或外部不经济：当某一市场主体的经济活动使其他市场主体或社会成员的利益受损，而又并不为此进行相应的赔偿，那么，这种活动所导致的外部影响就是“负外部性”，亦称“外部不经济”。例如，某企业在生产过程中，由于排放大量的烟尘和污水，从而造成严重的环境污染而又不为此付出任何代价或只付出很小的代价，这时，企业所获得的私人收益就会高于社会收益，而私人成本则会低于社会成本，于是就会产生负外部性或外部不经济。

不仅厂商的生产活动会产生外部经济或外部不经济，消费者的消费活动也会产生正的外部影响或负的外部影响。前者被称为生产的外部性，后者被称为消费的外部性。

二、外部性与资源配置

外部性的存在会对资源配置产生什么影响呢？

（1）正外部性或外部经济，通常会使市场主体的经济活动水平低于社会所需要的最优水平。

（2）负外部性或外部不经济，通常会使市场主体的经济活动水平高于社会所需要的水平，并给其他经济主体乃至整个社会带来巨大损失。

无论是外部经济还是外部不经济的存在，都表明资源没有实现最优配置，帕累托最优未能实现。外部性的存在，在很大程度上与产权不清晰有关，而对产权的明确界定，市场机制通常是无能为力的。显然，市场机制在外部性面前失去了或部分失去了自己的作用，市场失灵就是难免的。

1. 正外部性与社会福利损失

下面，通过一个例子来分析正外部性如何造成社会福利的损失。

假定养蜂人和种植苹果的果农相邻而居。由于蜜蜂在采花蜜的同时可以帮助苹果树授粉，增加苹果的产量。因此，养蜂人饲养的蜜蜂越多，苹果的产量就会越高，果农的收益也越多。假设养蜂人养蜂的边际收益、边际成本即给果农带来的边际收益如表 13－2 所示。

表 13－2　　养蜂的边际收益与边际成本

养蜂数量（箱）	边际成本（元）	养蜂人的边际收益（元）	果农的边际收益（元）
10	200	360	55
20	220	320	54
30	245	290	53
40	270	270	52
50	300	250	50
60	335	230	48

根据表 13－2 的数据，养蜂人为实现其收益的最大化，按照边际收益＝边际成本的原则，其最优的养蜂数量是 40 箱。此时，每箱蜜蜂能给养蜂人带来的边际收益为 270 元，正好等于其付出的边际成本。但是，从整个社会的角度来看，养蜂的边际收益不仅应该包括蜜蜂给养蜂人带来的边际收益，还包括蜜蜂给果农带来的边际收益。因此，为实现整个社会的收益最大化，就应该使社会的边际收益＝社会的边际成本，其最优的养蜂数量是 50 箱。此时，每箱蜜蜂给社会带来的边际收益为 300 元（养蜂人的边际收益 250 元＋果农的边际收益 50 元），正好等于每箱蜜蜂的边际成本 300 元。

在存在正外部性的情况下，私人边际收益小于社会边际收益。如图 13－3 所示，私人边际收益与边际成本相交于图中的 A 点；社会边际收益与边际成本相交于 B 点。如果从养蜂人的角度考虑，其收益最大化的条件是私人边际收益等于私人边际成本，此时最优的养蜂数量是 Q_P；如果从社会收益最大化的角度出发，应该满足社会边际收益等于社会边际成本的条件，此时，最优的养蜂数量是 Q_S。

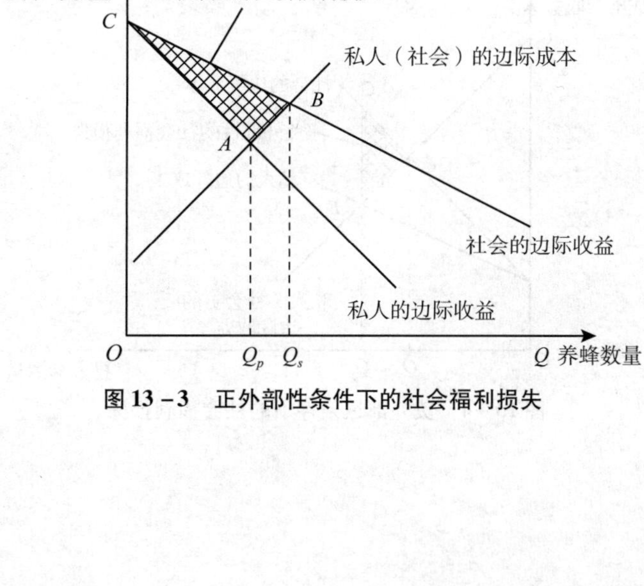

图 13－3　正外部性条件下的社会福利损失

因此，在存在正外部性的情况下，私人的产出水平小于社会最优的产出水平。由于产量从 Q_S 减少到 Q_P，将使社会总收益减少图中阴影部分 ABC 的面积。

2. 负外部性与社会福利损失

接下来，再通过一个例子来分析负外部性如何造成社会福利的损失。

假定养牛人与种植蔬菜的菜农相邻而居。牛群时常越过围栏，破坏蔬菜，给菜农造成损失。养牛人养的牛越多，牛越过围栏的概率越大，给菜农造成的损失也就越大。假如养牛人的边际收益、边际成本及给果农造成的边际成本如表 13－3 所示。

表 13－3　养蜂的边际收益与边际成本

养牛数量（头）	养牛人的边际成本（万元）	养牛人的边际收益（万元）	菜农的边际成本（损失）（万元）
1	1.00	2.20	0.35
2	1.05	2.10	0.38
3	1.15	1.95	0.41
4	1.30	1.75	0.45
5	1.50	1.50	0.50
6	1.75	1.20	0.56

按照表 13－3 的数据，养牛人要获得最大收益的养牛数量是 5 头，此时其私人边际收益＝私人边际成本，也就是图 13－4 中 B 点。但从整个社会的角度来看，养牛的成本不仅包括养牛人的成本，还包括菜农损失的成本，按照社会边际收益＝社会边际成本的原则，最优的养牛数量应该是 4 头，也就是图 13－4 中的 A 点。

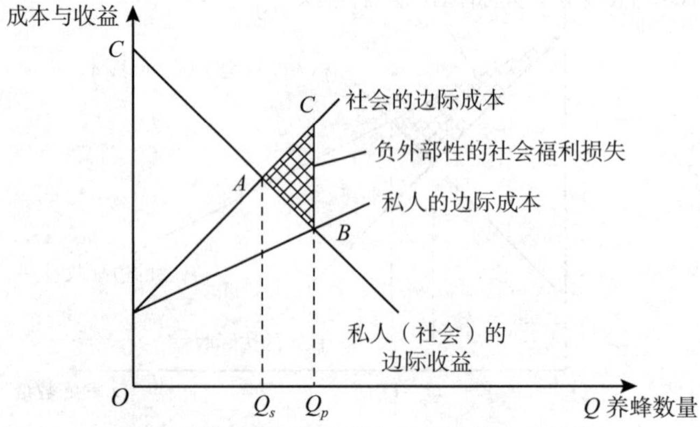

图 13－4　负外部性条件下的社会福利损失

因此，在存在负外部性的情况下，私人的产出水平大于社会最优的产出水平。由于产量从 Q_S 增加到 Q_P，将使社会总收益减少图中阴影部分 ABC 的面积。

☞ 案例讨论

塞罕坝的奇迹①

首都北京向北400多公里，河北省最北端，一弯深深的绿色屏障镶嵌于塞罕坝。据新华社报道，这片地处风沙前缘的112万亩人工林海，每年为京、津地区输送净水1.37亿立方米、释放氧气55万吨，是守卫京、津的重要生态屏障。而从昔日飞鸟不栖的荒原，变成世界上面积最大的一片人工林，背后是几代务林人对植树造林55年的坚持。

55年、112万亩、氧气55万吨……这些数字，串起了塞罕坝“绿色奇迹”的梗概：从清朝时皇家猎苑的木兰围场，到后来成了白沙弥天、林木罕见的茫茫荒原，到1962年塞罕坝机械林场肇建，再到今天，是“造福后人”的信念和接力植绿的坚持，孕育了巨变。

如今，当人们在草地恣意奔逐，在林间低吟浅唱，呼吸着清新空气，沉醉于松树的挺拔与白桦林的浪漫时，想必也会有深深的感慨：人间仙境的背后，是一代代造林人、守林人的努力与奉献；看似齐整、规矩的人工林背后，是塞罕坝人同样被格式化的奋斗人生。

从当年红松洼仅有一株挺立百年的落叶松，到如今百万亩苍茫林海；从最初369名开拓者，到如今近2000人的守业者；从沙尘蔽日的残破猎苑，到“河的源头、云的故乡、花的世界、林的海洋、珍禽鸟兽的天堂”，塞罕坝人55年间只做了一件事情，老一辈筚路蓝缕，以启山林；新一代接力传承，发扬光大。故事很简单，甚至不无老套，脚下的路却是千难万难。

荒原染绿，是个土壤科学、林业技术命题，也是对人类过度活动的警醒；森林存续，也会在开发与保护之间存在诸多维度的诱惑。一片林子能在持续半个多世纪的岁月中，不断扩大，并形成自己的小环境、小气候，牢牢钉在北方风沙的前缘，风可以过，沙尘留下；清水可以过，洪水留下，殊为不易。

塞罕坝从初具规模到蔚为壮观，并非没有波折。赖以支撑塞罕坝人坚持下来并一以贯之的，无非是一种坚执与使命。比如，不少人认为他们“不开窍”，不会“靠山吃山”“靠林吃林”；又如，也有人不理解，那么多知识分子何以会把一生都抛洒在山林等。事实上，正是因为有这样的不乏“愚钝”、生死以之的精神，才造就了今天的宏大生态格局。

这也是这个时代最稀缺的精神：摒弃急功近利的“技巧”，放下世俗意义的“成功”，在笃实的坚守中，在缓慢的挺进中，在枯燥的重复中，寻求个体价值的实现。戒急用忍，才能行稳致远。55年，三代人，一片森林，看似平淡的故事背后，有着多少精神的狂飙与情绪的瀚海！

与自然界的风沙相比，做事情时遇到的狂风暴雨往往更难坚守。“收拾山河”，从来都是

① 源自：王晓易．笃定与坚守：塞罕坝奇迹的另一重“遗产”［N］．新京报．2017-8-6，www.bjnews.com.cn/opinion/2017/08/06/453116.html

从收拾心情开始的。无论是一个人，还是一个团队，做事创业，均不例外。急功近利，或许可以获得一时的辉煌，如不凡的个人履历、亮眼的GDP，抑或可以借此觅得“向上的台阶”。然而，终成大事者多沉潜，恪守内心的追求，坚守既定的理念，永远都是事业成功的前提。

问题：(1) 从经济学的角度来看，塞罕坝具有什么性质？

(2) 用经济学理论解释在塞罕坝建设过程中为什么政府的作用远大于市场？

☞ 即问即答

外部性的存在会对资源配置产生什么影响？

三、科斯定理与解决外部效应的对策

经济学家们普遍认为，外部性的存在会导致市场失灵，使社会资源的配置缺乏效率，但是，对于如何纠正这一问题却存在不同的看法。

A. C. 庇古认为，导致市场配置资源失效的原因是经济当事人的私人成本与社会成本不相一致，从而私人的最优导致社会的非最优。因此，纠正外部性的方案是政府通过征税或者补贴来矫正经济当事人的私人成本。只要政府采取措施使得私人成本和私人利益与相应的社会成本和社会利益相等，则资源配置就可以达到帕累托最优状态。这种纠正外部性的方法也称为“庇古税”方案。

☞ 经济学家简介

A. C. 庇古①

A. C. 庇古（Arthur Cecil Pigou，1877～1959年）是英国著名经济学家，剑桥学派的主要代表之一。

A. C. 庇古青年时代进入剑桥大学学习。最初的专业是历史，后来受当时英国著名经济学家阿尔弗雷德·马歇尔的影响，并在其鼓励下转学经济学。毕业后投身于教书生涯，成为宣传他的老师阿尔弗雷德·马歇尔的经济学说的一位学者。他先后担任过英国伦敦大学纪念杰文斯讲座讲师和剑桥大学经济学讲座教授。当时他年仅31岁，是剑桥大学历来担任这个职务最年轻的人。他任期长达35年，一直到1943年退休为止。退休后，他仍留在剑桥大学从事著述研究工作。另外，他还担任英国皇家科学院院士、国际经济学会名誉会长、英国通货外汇委员会委员和所得税委员会委员等职。

他的著作很多，比较著名的有：《财富与福利》（*Wealth and Welfare*）、《福利经济学》

① 资料来源：http：//baike. baidu. com/item/庇古

(*The Economics of Welfare*)、《产业波动》(*Industrial Fluctuations*)、《失业论》(*The Theory of Unemployment*)、《就业与均衡》(*Employment and Equilibrium*) 等。

而罗纳德·哈里·科斯认为，外部性是因为产权界定不明确或界定不恰当而造成的。只要能够界定并保护产权，随后产生的市场交易就能使资源的配置达到最优。

(1) 科斯第一定理。针对外部性问题，科斯提出了一个著名的论点：如果产权是明确的，而且谈判协商的成本是零，则无论初始由哪一方拥有产权，都能带来资源的有效配置。这一论点后来被称作"科斯第一定理"。

(2) 科斯第二定理。在科斯第一定理中，交易成本为零是一个必要条件。但是，在现实生活中，交易成本常常不能忽略。这样，就出现了"科斯第二定理"：在交易成本大于零的情况下，不同的权利界定会对经济运行的效率产生不同的影响。

科斯第二定理才是科斯产权理论的核心部分。"科斯第二定理"把权利安排即制度形式与资源配置直接对应了起来，使人们认识到权利（产权）的初始界定与经济运行效率之间存在的内在联系。科斯第二定理中的交易成本就是指在不同的产权制度下的交易费用。在交易费用至上的科斯定理中，它必然成为选择或衡量产权制度效率高低的唯一标准。推而广之，不同的产权制度和法律制度，会导致不同的资源配置效率，产权制度是决定经济效率的重要内生变量。

☞ 案例讨论

中国的 SO_2 排放控制措施①

随着经济发展，能源消耗量增加，中国二氧化硫（SO_2）总排放量从 1985 年 1324 万吨增至 2008 年的 2321 万吨。酸雨污染面积也在不断扩大，已占国土面积的 30% 左右。仅 2008 年 SO_2 和酸雨污染造成的经济损失就高达 1400 亿元。

中国控制 SO_2 的经济政策主要为排污收费制度。1992 年 9 月，国务院批准颁布了《关于开展征收工业燃煤 SO_2 排污收费试点工作的通知》，确定在酸雨问题比较突出和 SO_2 排放强度较高的广东省、贵州省两省和重庆市、宜宾市、南宁市、桂林市、柳州市、宜昌市、青岛市、杭州市和长沙市九市开展 SO_2 排污收费试点工作。1998 年，国家环保局等单位根据《国务院关于 SO_2 排污收费扩大试点工作有关问题的批复》(国函［1996］24 号)，联合颁发了《关于在酸雨控制区和 SO_2 控制区开展征收 SO_2 排污费扩大试点的通知》（环发［1998］6 号)，将 SO_2 收费扩大到两控区，实施排污就收费的政策，费率为 0.20 元/千克 (SO_2)。2000 年颁布和实施的《中华人民共和国大气污染防治法》首次确立了排污收费的法律地位。自从实行 SO_2 收费和总量控制以来，全国的 SO_2 排放总量有所下降。2003 年 7 月 1 日正式实施的《排污费征收使用管理条例》(简称《条例》) 取代了 1982 年的排污收费

① 资料来源：Daniel J. Dudek. 王昊，张建宇，林红 . SO_2 排污权交易在中国的发展与挑战［N］. 电力环境保护，2007 (2)

暂行办法。该条例将SO_2收费的征收对象由“两控区”试点收费变为全国范围收费；征收方法由超标收费变为总量收费，由以前的单因子收费变为多因子收费；收费标准将逐年提高，自2005年7月1日后提至0.63元/千克（SO_2）；明确规定排污费全部用于环境污染防治，征收和使用上严格实行“收支两条线”原则。

此外，对SO_2排污权交易也进行了一系列的试点工作。1989年，国家环保局在16个城市开展了大气污染物排放总量控制和排污许可证试点工作。1994年在16市试点的基础上，包头市、开远市、柳州市、太原市、平顶山市、贵阳市六市进行了大气排污交易政策试点。1996年，国务院将污染物排放总量控制计划列入了“九五”环保规划和2010年远景目标。1999年9月，美国环境保护协会与国家环境保护总局在中美合作框架下，开展总量控制与排污权交易的研究与试点工作。2000年4月中国修订了《大气污染防治法》，明确了大气污染物总量控制政策和排放许可证制度。2001年9月，江苏省南通市天生港发电有限公司和南通醋酸纤维厂进行了我国首例在《合同法》范围内的SO_2排污权交易。2002年3月国家环境保护总局发布了环办函［2002］51号文件，与美国环境保护协会一起，在山东省、山西省、江苏省、河南省、上海市、天津市、柳州市以及中国华能集团公司开展“推动中国二氧化硫排放总量控制及排污交易政策实施的研究项目”（简称“4+3+1”项目）。同年10月，江苏省环保厅与江苏省经济贸易厅共同制定了《江苏省电力行业二氧化硫排污权交易管理暂行办法》，第一次建立了省级排污权交易的执行依据。12月，江苏省太仓市的太仓港环保发电有限公司与南京市下关电厂进行了我国首例交易双方跨越行政区域的SO_2排污权交易。

问题：(1) 从经济学的角度来看，政府为什么要对企业排放SO_2的行为进行控制？

(2) 中国控制SO_2的手段主要有哪两大类？

(3) 中国控制分别依据什么经济学原理？

第三节　公共物品

一、公共物品的含义与分类

经济社会生产的产品大致可以分为两类，一类是私人产品，另一类是公共物品。简单地讲，私人物品是只能供个人享用的物品，例如食品、住宅、服装等。而公共物品是可供社会成员共同享用的物品。

公共物品具有两个显著特点。

(1) 公共物品的消费具有非排他性。这是指公共物品的消费权或享用权并不是由某个人所独有，而是由整个社会共同所有，一个人对公共物品的享用并不影响另一个人的享用。例如，国防就是公共物品。它带给人民安全，公民甲享用国家安全时一点都不会影响公民乙对国家安全的享用，并且人们也无需花钱就能享用这种安全。

(2) 公共物品的供给具有非竞争性。这是指公共物品的消费增加时，成本并不会增加；

也就是说，增加一个公共物品使用者的边际成本是零，而不像私人物品那样，增加一个单位的供给，就会增加一定的成本。

公共物品具有的上述特点，决定了公共物品主要由政府来提供。因为，公共物品具有的非排他性，使每个人都能够免费的享受这类物品或服务。

☞ **即问即答**

为什么公共物品主要由政府来提供？

二、“搭便车”

公共品的非排他性，决定了公共品不适宜由私人生产；因为不能排他，使收费变得困难，“搭便车”现象在所难免。“搭便车”理论首先由美国经济学家曼柯·奥尔逊（Manko Olson）于1965年发表的《集体行动的逻辑：公共利益和团体理论》（*The Logic of Collective Action Public Goods and the Theory of Groups*）提出。

“搭便车”现象的存在，决定了公共物品的供给应该主要由政府来提供。政府提供公共物品并不等于政府生产全部公共产品，单纯由政府生产和经营公共产品，由于多种原因往往缺乏效率，因此，政府的职能应该是提供公共产品，而不是生产公共产品。特别是对准公共产品，政府常常通过预算或政策安排给企业甚至私人企业进行生产。还有政府也可能通过对生产公共产品的企业进行补贴的方式来鼓励公共产品的生产。公共物品提供的方式主要有如下五种。

（1）政府提供。政府直接向公民提供各种公共物品，这是现实生活中最普遍的方式。如国防、安全、公共道路、给排水等。

（2）政府与私营机构签订合同。这是最普遍、范围最大的一种形式。适应这一形式的公共产品，主要是具有规模经济的自然垄断性产品，如大部分基础设施。如国家允许私人企业以建设—经营—转让（BOT）的方式参与公共基础设施及服务的提供，即政府允许私人企业投资建设公共基础设施，并通过若干年的特许独家经营，等到收回自己的投资并获得利润后，再由政府接收该公共基础设施。

（3）政府授予私营机构经营权。政府将现有的公共基础设施以授予经营权的方式，委托给私人公司经营，如自来水、供电等。

（4）政府给提供公共物品的私营机构提供补贴。例如，补助津贴、优惠贷款、减免税收等，政府提供财政补贴的主要领域是科学技术、基础研究、教育、卫生保健、住房、图书馆、博物馆等。

（5）私人提供。以广播节目为例，其是公共物品，既无竞争性，也无排他性，但却由私人提供。在中国的公办电台里，一些节目也承包给私人。提供广播节目的私人，如私人电台或承包公办电台的节目的个人或者企业，虽然不能从广播节目的消费者中收取费用，但却可以向广告发布者收取广告费。一些海上灯塔也是由私人经营的，经营者虽然没有办法向使用灯塔的船只收费，但却可以向港口收费，因为如果港口不交费，灯塔经营者就关闭灯塔，从而船只也就不能来你这个港口了。这与广告商愿意交付广告费是同样的道理。这两个例子涉及复杂的合约安排问题，希望详细了解的读者可以学习《新制度经济学》中的合约理论。

三、公共选择理论

公共选择理论（theory of public choice），也称为“公共选择经济学”（economics of public choice）、“政治的经济学”（economics of politics）或“政治的经济理论”（economic theory of politics）等。公共选择理论是当代经济学领域中一个相对较新的理论分支与学说：它帮助人们理解和加深对公共产品、公共权力、公共选择等核心概念的认识，主要从新政治经济学理论的视角介绍国家的起源、政府的权利和义务、公共所有权、公共资源、公共政策、宪法、宪政、共和、民主和自由、市场与国家等方面的基础理论与基本知识。

公共选择理论是在研究现实经济问题的推动下，通过对传统市场理论的批评产生的，并且成功地运用了经济学的分析方法，坚持“经济人”假设，采用个人主义的方法论，用交易的观点来看待政治过程。用其奠基人詹姆斯·麦基尔·布坎南（James M. Buchanan）的话来说：“公共选择是政治上的观点，它将经济学家的工具和方法大量应用于集体或非市场决策而产生。”

按照另一个公共选择学者 D. C. 穆勒（Dennis C. Muller）的说法，公共选择理论可以定义为非市场决策的研究，或简单的定义为将经济学运用到政治科学；它所使用的是经济学的方法，其基本假定是经济学的“经济人”假定，即人是自利的、理性的效用最大化者。

詹姆斯·麦基尔·布坎南将公共选择学科所使用的经济学方法归纳为三个方面，或称为研究政治问题的公共选择方法或公共选择思路。

（一）方法论上的个人主义

詹姆斯·麦基尔·布坎南强调，无论是在集体活动还是在私人活动中、在市场过程还是政治过程中，个人都是最终的决策者、选择者与行动者，而不管产生总体结果的过程与结构有多复杂。

（二）经济人理性原则与利己主义本性

詹姆斯·麦基尔·布坎南认为：理性原则并不总是意味着利己主义或一味追求个人主义，另外，他在理论分析中又实际上把利己主义因素放在主要地位，认为个人即使在公共选择活动中也主要是追求个人物质利益，只是可能比在私人市场活动中要弱一些，但绝不是像传统理论中认为的那样，只存在公共利益而不存在个人利益，不过，詹姆斯·麦基尔·布坎南也指出理想行为假设有其局限性：第一，与经济活动相比，政治活动有更大的不确定性，从而难以做到行为理性化，甚至连理性行为的定义都难以给出；第二，与经济活动相比人们在政治活动中对活动的结果承担的责任要轻得多，因而，不大会进行理性的比较计算。

（三）政治的交换过程性质

詹姆斯·麦基尔·布坎南认为民主政治活动中的个人活动也具有交换的性质，人们在政治活动达成协议、协调冲突、制定规则无不建立在自愿的基础上，因而类似市场中的交换，另外，詹姆斯·麦基尔·布坎南也特别强调把政治作为一种过程来理解，理解为一个在解决利益冲突时进行交换达成协议的过程。

☞ 经济学家简介

詹姆斯·麦基尔·布坎南①

詹姆斯·麦基尔·布坎南（James Mcgill Buchanan，1919～），美国经济学家。他将政治决策的分析同经济理论结合起来，使经济分析扩大和应用到社会—政治法规的选择上，1986年获诺贝尔经济学奖。

詹姆斯·麦基尔·布坎南突出的贡献是创立了公共选择理论。公共选择经济学的基础是一个从根本上说十分简单但却很有争议的思想——即担任政府公职的是有理性的、自私的人，其行为可通过分析其任期内面临的各种诱因而得到理解。这一思想的主要推论是政府不一定能纠正问题，事实上反倒可能使之恶化。公共选择学说受到许多学术界人士的抵制，因为，它攻击了势力强大的两大学术集团所珍视的观念：一批经济学家认为政府采用“福利经济学”的处方即可实现公众利益，而另一批政治学家则认为各利益集团之间的多元化竞争将为公众谋得利益。搞政治报道的报界人士也倾向于否定公共选择学说。

公共选择学说是有争议的，因为，它推翻了几十年来盛行的政治经济学思想，麻省理工学院的经济学家保罗·萨缪尔森是主流派思想的典型，他在其1958年出版的著名教材《导论性分析》（*Introductory Analysis*）中赞同政府调节应取代强韧的个人主义以使生活更为人道的观点。

第四节　信息不对称

一、信息不对称

信息不对称（asymmetric information）是指在市场经济活动中，各类人员对有关信息的了解是有差异的；掌握信息比较充分的人员，往往处于比较有利的地位，而信息贫乏的人员，则处于比较不利的地位。一般而言，卖家比买家拥有更多关于交易物品的信息，但相反的情况也可能存在。前者例子可见于二手车的买卖，卖主对该卖出的车辆比买方了解。后者

① 资料来源：www.baike.com/wiki/布坎南

例子比如医疗保险，买方通常拥有更多信息。

信息不对称这一现象早在20世纪70年代便受到约瑟夫·斯蒂格利茨、乔治·阿克尔洛夫（George A. Akerlof）和迈克尔·斯彭斯（A. Michael Spence）三位美国经济学家的关注和研究，它为市场经济提供了一个新的视角。现在看来，信息不对称现象简直无处不在。名牌本身也在折射这一现象，人们对品牌的崇拜和追逐，从某种程度上恰恰说明了较一般商品而言，名牌商品提供了更完全的信息，降低了买卖双方之间的交易成本。这一理论同样也适用于广告，在同质的情况下，花巨资广而告之的商品因为比不做广告或少做广告者提供了更多的信息，所以，它们更容易为消费者接受。

信息不对称理论的价值体现在以下三点。

（1）该理论指出了信息对市场经济的重要影响。随着新经济时代的到来，信息在市场经济中所发挥的作用比过去任何时候都更加突出，并将发挥更加不可估量的作用。

（2）该理论揭示了市场体系中的缺陷，指出完全的市场经济并不是天然合理的，完全靠自由市场机制不一定会给市场经济带来最佳效果，特别是在投资、就业、环境保护、社会福利等方面。

（3）该理论强调了政府在经济运行中的重要性，呼吁政府加强对经济运行的监督力度，使信息尽量由不对称到对称，由此更正由市场机制所造成的一些不良影响。

信息的非对称性可从以下两个角度进行划分：一是非对称发生的时间，二是非对称信息的内容。从非对称发生的时间看，非对称性可能发生在当事人签约之前（ex ante），也可能发生在签约之后（ex post），分别称为事前非对称和事后非对称。研究事前非对称信息博弈的模型称为逆向选择模型（adverse selection），研究事后非对称信息的模型称为道德风险模型（moral hazard）。从非对称信息的内容看，非对称信息可能是指某些参与人的行为（action），研究此类问题的，我们称为隐藏行为模型（hidden action）；也可能是指某些参与人隐藏的知识（knowledge），研究此类问题的模型我们称为隐藏知识模型（hidden knowledge），参见表13－4。

表13－4　　信息不对称

项目	隐藏行动（hidden action）	隐藏信息（hidden information）
事前（ex ante）		1. 逆向选择模型 2. 信号传递模型 3. 信息甄别模型
事后（ex post）	4. 隐藏行动的道德风险模型	5. 隐藏信息的道德风险模型

☞ **即问即答**

研究信息不对称的模型主要有哪四种？

二、逆向选择

逆向选择（Adverse choice）是指由于信息不对称所造成市场资源配置扭曲的现象。经常存在于二手市场、保险市场。虽然“逆向选择”的含义与信息不对称和机会主义行为有关，却超出了这两者所能够涵盖的范围之外，“逆向选择”是制度安排不合理所造成市场资源配置效率扭曲的现象，而不是任何一个市场参与方的事前选择。

乔治·阿克尔洛夫在1970年发表了名为《柠檬市场：质量不确定性和市场机制》（*The Markets for“Lemons” Quality uncertainty and The Market Mechanism*）的论文，被公认为是信息经济学中最重要的开创性文献。在美国俚语中，“柠檬”俗称“次品”，这篇研究次品市场的论文因为浅显先后被多次杂志退稿。然而，乔治·阿克尔洛夫在这篇论文中提出的逆向选择理论揭示了看似简单实际上又非常深刻的经济学道理。逆向选择问题来自买者和卖者有关车的质量信息不对称。在旧车市场，卖者知道车的真实质量，而买者不知道。这样卖者就会以次充好，买者也不傻，尽管他们不能了解旧车的真实质量，只知道车的平均质量，愿以平均质量出中等价格，这样一来，那些高于中等价的上等旧车就可能会退出市场。接下来的演绎是，由于上等车退出市场，买者会继续降低估价，次上等车会退出市场；演绎的最后结果是：市场上成了破烂车的展览馆，极端的情况一辆车都不成交。现实的情况是，社会成交量小于实际均衡量。这个过程称为逆向选择。

这个例子尽管简单，但给出了逆向选择的两点基本含义。

（1）在信息不对称的情况下，市场的运行可能是无效率的，因为在上述模型中，有买主愿出高价购买好车，市场——“看不见的手”并没有实现将好车从卖主手里转移到需要的买主手中。市场调节下供给和需求是总能在一定价位上满足买卖双方的意愿的传统经济学的理论失灵了。

（2）这种“市场失灵”具有“逆向选择”的特征，即市场上只剩下次品，也就是形成了人们通常所说的“劣币驱逐良币”效应。传统市场的竞争机制导出的结论是——“良币驱逐劣币”或“优剩劣汰”；可是，信息不对称导出的是相反的结论——“劣币驱逐良币”或“劣剩优汰”。

逆向选择理论深刻地改变了分析问题的角度，可以说给人们提供了逆向思维的路径，会加深市场复杂性的认识，由此能改变很多被认为“常识”的结论，使市场有效性理念又一次遭受重创。

由于信息不对称在市场中是最普遍存在的最基本事实，因而乔治·阿克尔洛夫（George Akerlof）的旧车市场模型具有普遍经济学的分析价值。他讲的故事虽然是旧车市场，但可以延伸到烟、酒等所有产品市场、劳动市场和资本市场等。也能解释为什么假冒伪劣产品充斥这些市场，是因为交易双方的信息不对称，一方隐藏了信息。逆向选择的理论也说明如果不能建立一个有效的机制遏止假冒产品，会使假冒伪劣泛滥，形成“劣币驱良币”的后果，甚至市场瘫痪。

☞ 案例讨论

汽车保险业的逆向选择问题

随着个人购买家庭轿车的数量逐渐增多，汽车保险业务近年增长得很快。这些购买了汽车保险的人由于有了保险，开起车来跟开坦克似的，横冲直撞，反正汽车坏了有保险公司负责修理。结果就是汽车交通事故频繁发生，致使保险公司收取的保险费不够赔付汽车修理公司的汽车修理费。两年下来，××保险公司已经在汽车保险项目上赔了几百万元。通过分析，大家一致认为，汽车保险业务亏损的主要原因是保险费收取得比较低，结果就造成了收入不抵支出。要解决这一问题，唯一的办法是提高保费的额度。保险公司的这一决策不仅没有收到预期的效果，反而使汽车保险的保费收入开始出现下降。这是他们的决策者们所始料不及的。

保险公司的决策者们不知道在经济行为中存在着逆向选择。愿意购买保险的人常常是最具有风险的人，而收取较高保险价格会阻止具有较低风险的人购买保险。保险公司的保费收得高，出险率低，如果你进一步提高保险价格，顾客干脆不买保险了。这种逆向选择效应的根源在于保险公司所掌握的信息是不完全的。尽管公司也知道，在它的顾客中有些肯定比其他人具有更低的风险，但它不能确切知道谁是风险低的人。也就是说，保险公司知道个人之间肯定存在差别，应该努力把他们划分为较好的和较差的风险类别，并征收不同的保险费。但是它做不到，因为，它不能知道哪些人是高风险的，哪些人是低风险的。凡是那些积极买保险的人都是容易出险的人，因为他们容易出事故，所以常常渴望购买保险，以便出险之后有保险公司为他们付费。而出险概率较低的人则往往犹豫不决，如果保险价格提高了，反而会把他们首先拒之门外。这就是典型的逆向选择效应。提高保险价格导致那些事故倾向较小的人退出了保险市场，而高风险顾客比例的上升直接影响的是保险赔付的上升。

问题：如何解决保险业的逆向选择问题？

三、道德风险

亚当·斯密在《国富论》中就已经意识到了道德风险（moral hazard）的存在，只是没有采用这样一个名词。

道德风险并不等同于道德败坏。道德风险是20世纪80年代西方经济学家提出的一个经济哲学范畴的概念，即“从事经济活动的人在最大限度地增进自身效用的同时做出不利于他人的行动。”或者说是：当签约一方不完全承担风险后果时所采取的自身效用最大化的自私行为。道德风险亦称道德危机。

由于企业中普遍存在的契约的不完备性和信息的非对称性，诱发了员工的机会主义行为。员工会尽可能选择以付出较少的努力换取较多的收入或报酬。假定经理目标是以利润最大化为准则的，那么，他希望工人多努力以增加利润。如果契约是完备的、信息是对称的，个人的行为及目标选择都置于组织的监控之下，那么，个人只有通过完成组织目标并在组织目标的约束下才能实现个人目标。但是，企业契约并不能明确规定未来所有各种可能出现的状态及各方的责权利关系，经理并不能完全观测到员工的工作方式和努力程度，那么，对于一个理性的员工来说，他就有动机利用契约的“漏洞”和行为的不可观测性为谋求自身效用最大化而背离经理所希望的目标。工人可以采用偷懒或“磨洋工”的方式，甚至利用组织资源，如偷窃、泄露企业技术秘密等为个人谋取福利。这样，个人目标偏离组织目标，人力资源道德风险也由此而生。

企业中普遍存在着契约的不完备性。由罗纳德·哈里·科斯开创的被称为“企业的契约理论”（L. H. Coase，1937）中一个基本命题是：企业是一系列契约（合同）的组合，是个人之间交易产权的一种方式，相对于市场而言，企业是一种不完备的契约（Grossman & Hart，1986）。一个完备的契约是指，这种契约准确地描述了与交易有关的所有未来可能出现的状态，以及每种状态下契约各方的权力和责任。具体到人力资源管理，契约的完备性意味着劳动合同不仅要规定工人上下班的时间、每月的工资，还要说明工人每天在什么地方干什么具体的工作；不仅要规定工人通过努力达到预定产出水平时应该得到的报酬，还要规定在未达到预定产出时对应于每一项努力水平应该获得的报酬等。但非常明显的事实是，这样的完备性契约在企业中不可能存在，它源于未来世界的不确定性。在一个不确定的世界里，要在签约时预测到所有可能出现的状态几乎是不可能的，对每种状态下契约各方的权力和责任也不可能得到完全的明确。实质上，一个完备的契约无异于否定企业的存在。劳资合同的不可避免的“漏洞”表明：仅仅依靠契约不能形成对工人的有效管理。

企业中普遍存在着信息的非对称性问题。对称信息是指每一个参与人对其他所有参与人的特征、战略空间及支付函数有准确的知识。各方所拥有的个人信息都成为所有参与人的“共同知识”。在人力资源管理中，对称信息要求经理明确知道每个员工在工作中的知识、技能、努力程度、努力所花费的成本、从事其他工作的机会成本。但一般来说，经理对每个员工在其所从事的业务范围内所拥有的知识和信息并不能清楚地知道；工人的工作方式和努力程度也是很难被观察到的，即使能被观察到，也往往因搜集信息所需成本太高而不可行。

☞ 案例讨论

保险业的道德风险

2001 年度诺贝尔经济学奖得主约瑟夫·斯蒂格利茨在研究保险市场时，发现了一个经典的例子：美国一所大学学生自行车被盗比率约为 10%，于是几个有经营头脑的学生发起了一个对自行车的保险，保费为保险标的 15%。按常理，除去赔偿的丢车成本，这几个学生应获得 5% 左右的利润。但该保险运作一段时间后，这几个学生发现参加保险的自行车被盗比率迅速提高到 15% 以上，于是对自行车的保险就无法进行下去。

问题：(1) 是什么原因造成参加保险的自行车被盗比例上升？

(2) 要想将这项保险进行下去，你认为采取什么样的措施会比较有效？

四、委托—代理问题

委托—代理理论是建立在非对称信息博弈论的基础上的。非对称信息（asymmetric information）指的是某些参与人拥有但另一些参与人不拥有的信息。信息经济学把博弈中拥有私人信息的局中人（即参与博弈的人）称为代理人，不拥有私人信息的局中人称为委托人。所谓私人信息，是指被一些局中人掌握，而不被其他局中人掌握的信息。

委托代理理论是过去30多年里契约理论最重要的发展之一。它是20世纪60年代末70年代初通过一些经济学家深入研究企业内部信息不对称和激励问题发展起来的。委托代理理论的中心任务是研究在利益相冲突和信息不对称的环境下，委托人如何设计最优契约激励代理人。

委托代理理论有一个较为严格的数学模型，以此来研究非对称信息下的激励模型和监督约束机制。詹姆斯·莫里斯（James Mirrless）用分布函数的参数化法建立了标准的委托代理模型。

标准的委托代理模型抓住了委托人与代理人之间的信息不对称这一基本前提。即委托人不能直接观测到代理人的行动，而只能观测到其行动的结果，但结果受到行动和其他因素的共同影响。e表示代理人的某一特定的努力程度。θ表示不受代理人控制的外生变量（自然状态），e和θ共同决定一个成果π（如利润），即$\pi=\pi(e,\ \theta)$。e、θ和π中，只有π可以准确观察到。S是委托人付给代理人的报酬，其大小同利润的多少有关，即其为π的函数$S=S(\pi)$。C是代理人努力程度带来的负效用，为e的函数，$C=C(e)$。则委托人和代理人的效用函数分别是$V=V[\pi-S(\pi)]$和$U=U[S(\pi)-C(e)]$。

委托人在最优化其期望效用函数时，必须面对来自代理人的两个约束。第一个约束是参与约束，即代理人在接受该委托事务时期待的效用至少不低于其从事其他任何事务的效用；第二个约束是代理人的激励相容约束，即委托人为实现自身效用最大化而要求代理人的努力程度必须也使代理人自身的效用最大化。

简而言之，委托代理模型的基本分析框架就是委托人在考虑“激励相容约束”和“参与约束”两个条件下如何选择激励计划，让代理人的行为符合委托人的利益。

☞ 即问即答

博弈中，哪一方被称为代理人？哪一方被称为委托人？

本章框架

本章主要介绍市场失灵及政府与之相适应的微观经济政策。首先，介绍市场失灵的含义；其次，分别从垄断、外部性、公共物品及信息不对称四个方面具体介绍造成市场失灵的内部机理及政府的应对措施（见图13－5）。

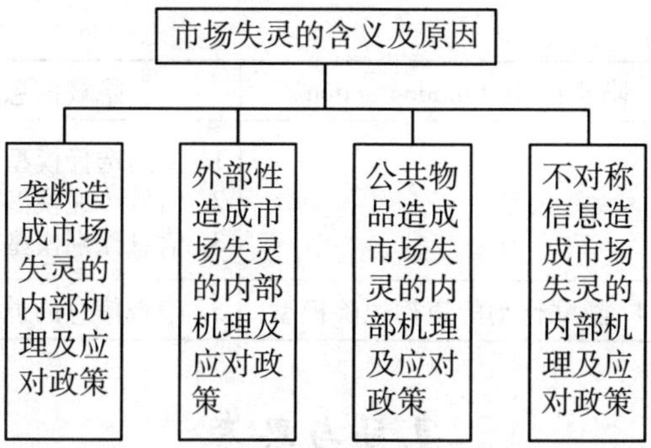

图 13-5　本章的结构框架

内 容 提 要

1. 市场机制在现实社会的很多场合不能导致资源的有效配置，这种情况被称为“市场失灵（market failure）”。造成市场失灵的原因主要有四类：（1）垄断；（2）外部性；（3）公共物品；（4）信息不对称。

2. 垄断企业的低效率体现在四个方面：（1）产出受到限制，价格升高；（2）容易导致寻租行为；（3）不利于创新；（4）组织的低效率，即 X－非效率。

3. 经济活动对处于交易关系之外的其他人的影响被称为外部影响，也被称为外部性。外部性通常分为正外部性和负外部性两大类。正外部性，通常会使市场主体的经济活动水平低于社会所需要的最优水平。负外部性，通常会使市场主体的经济活动水平高于社会所需要的水平。不管正外部性还是负外部性都会给社会带来福利损失。

4. “科斯第一定理”：如果产权是明确的，而且谈判协商的成本是零，则无论初始由哪一方拥有产权，都能带来资源的有效配置。“科斯第二定理”：在交易成本大于零的情况下，不同的权利界定会对经济运行的效率产生影响。

5. 公共物品具有两大主要特点：（1）非排他性；（2）非竞争性。因为不能排他，使收费变得困难，公共物品消费过程中的“搭便车”现象在所难免。

6. 信息不对称（asymmetric information）是指在市场经济活动中，各类人员对有关信息的了解是有差异的；掌握信息比较充分的人员，往往处于比较有利的地位，而信息贫乏的人员，则处于比较不利的地位。信息的非对称性可从以下两个角度进行划分：一是非对称发生的时间，二是非对称信息的内容。从非对称发生的时间看，非对称性可能发生在当事人签约之前（ex ante），也可能发生在签约之后（ex post），分别称为事前非对称和事后非对称。研究事前非对称信息博弈的模型称为逆向选择模型（adverse selection），研究事后非对称信息的模型称为道德风险模型（moral hazard）。从非对称信息的内容看，非对称信息可能是指某些参与人的行为（action），研究此类问题的，我们称为隐藏行为模型（hidden action）；也可能是指某些参与人隐藏的知识（knowledge），研究此类问题的模型我们称为隐藏知识模型（hidden knowledge）。具体如表 13－5 所示。

表 13－5

项目	隐藏行动（hidden action）	隐藏信息（hidden information）
事前（ex ante）		1. 逆向选择模型 2. 信号传递模型 3. 信息甄别模型
事后（ex post）	4. 隐藏行动的道德风险模型	5. 隐藏信息的道德风险模型

复习与思考

一、名词解释

市场失灵；外部性；科斯第一定理；科斯第二定理；公共物品；私人物品；搭便车；公共选择；信息不对称；逆向选择；道德风险；委托—代理。

二、简答题

1. 简述垄断带来的社会成本。
2. 阐述科斯第一定理的内容。
3. 阐述科斯第二定理的内容。

三、计算题

设一个公共牧场的成本是 $C=5x^2+2000$，x 是牧场上养牛的头数。每头牛的价格 $P=1800$ 元。

（1）求牧场净收益最大时的养牛数。

（2）若该牧场有 5 户牧民，牧场成本由他们平均分摊，这时牧场上将会有多少养牛数？若有 10 户牧民分摊成本，养牛总数将有多少？

（3）从中可得出什么结论？

四、论述题

公共物品有什么特点？为什么公共物品只能靠政府来提供？

【参考文献】

1. ［意］阿列桑德洛·荣卡格利亚著，罗汉等译．西方经济学思想史［M］．上海：上海社会科学出版社，2009

2. 范里安．微观经济学：现代观点［M］．上海：上海三联书店，1994

3. 黎诣远．西方经济学［M］．北京：高等教育出版社，2003

4. ［美］N. 格里高利·曼昆．经济学原理［M］．北京：生活·读书·新知三联书店，北京大学出版社，1999

5. ［美］R. S. 平狄克，D. L. 鲁宾费尔德．微观经济学（第 3 版）［M］．北京：中国人民大学出版社，1997

6. ［美］约瑟夫·斯蒂格利茨．经济学（上册）［M］．北京：中国人民大学出版社，1997

7. 尹伯成．西方经济学简明教程［M］．上海：上海人民出版社，2009

8. 俞宪忠等．微观经济学［M］．北京：中国人民大学出版社，2010

9. 张维迎．博弈论与信息经济学［M］．上海：上海人民出版社，2004

10. J. Laffont. *The Economics of Uncertainty and Information*［M］. The MIT Press，1990

【进一步阅读提示】

【报纸】

《经济学消息报》《中国经济时报》

【杂志】

《经济研究》《经济学动态》《中国工业经济》《世界经济》《国际经济评论》《世界经济研究》《国际贸易》《国际经贸探索》

【数据来源及分析报告】

《世界经济展望》《世界经济年鉴》《中国统计年鉴》

【网址】

中国经济学教育科研网：http：//www. cenet. ccer. edu. cn

北京大学中国经济研究中心：http：//www. ccer. pku. edu. cn